Theodor von Bernhardi

Denkwürdigkeiten aus dem Leben des Kaiserl. russ. Generals von der Infantrie Carl Friedrich Grafen von Toll

Theodor von Bernhardi

Denkwürdigkeiten aus dem Leben des Kaiserl. russ. Generals von der Infantrie Carl Friedrich Grafen von Toll

ISBN/EAN: 9783743634039

Hergestellt in Europa, USA, Kanada, Australien, Japan

Cover: Foto ©ninafisch / pixelio.de

Weitere Bücher finden Sie auf **www.hansebooks.com**

Toll's Denkwürdigkeiten.

Autor und Verleger reserviren sich das Uebersetzungsrecht von

„Toll's Denkwürdigkeiten"

in was immer für eine andere Sprache.

Denkwürdigkeiten

aus dem Leben

des

kaiserl. russ. Generals von der Infanterie

Carl Friedrich Grafen von Toll.

Von

Theodor von Bernhardi.

Erster Band.

Leipzig
Verlag von Otto Wigand.
1856.

Vorwort.

Diese Denkwürdigkeiten sind in doppelter Absicht geschrieben. Zuerst und vor Allem um dem Andenken eines bedeutenden Mannes gerecht zu werden, der als Mensch wie als Krieger ausgezeichnet war. Dann auch um der Geschichte eine Reihe von Thatsachen zu sichern, die bisher wenig oder gar nicht bekannt waren.

Gewöhnlich bemüht man sich in den Vorreden zu Schriften dieser Art nachzuweisen, aus welchen Quellen der Bericht geschöpft ist. Das scheint in dem gegenwärtigen Falle nicht nöthig. Es ergiebt sich aus dem Buche selbst; hoffentlich gewährt dieses dem Leser die Ueberzeugung, daß der Verfasser über Manches gut unterrichtet ist, und einfach und redlich sagt was er weiß.

Inhalt.

Erstes Buch.
Kindheit und erste Jugend.
1777—1801.

Erstes Kapitel.
Herkunft des Grafen Toll. — Erziehung im Cadetten-Hause zu St. Petersburg. — Oberst Fromendières. — Graf v. Anhalt. — General Kutusow. . Seite 1.

Zweites Kapitel.
Regierungs-Antritt des Kaisers Paul I. — Toll's Beförderung zum Offizier. — Erste Dienstjahre in der Suite des Kaisers vom Quartiermeister-Wesen. — Oberst Gerhard. — Erste Bekanntschaft mit dem Kammerpagen Paskiewitsch. — Graf Araktschejew. — General Hermann. — Toll's Entsendung nach dem südlichen Rußland. . . . . Seite 16.

Drittes Kapitel.
1799. Feldzug in Italien.
Veränderte Bestimmung. — Gen. Rehbinder. — Marsch durch Galizien, Ungarn und die Lombardei nach Piacenza. — Bajonet-Uebungen. — Ein Brief Suworow's. — Belagerung von Tortona. — Schlacht bei Novi. — Toll's erstes Zusammentreffen mit Suworow. — Serravalle. — Zweites Zusammentreffen mit Suworow. — Beförderung zum Capitain. — Ein Brief des Kaisers Paul an Suworow. . . . . Seite 34.

Viertes Kapitel.
1799. Zug durch die Schweiz.
Marsch nach Taverne und Bellinzona. — Einnahme des St. Gotthart. — Gefecht an der Teufelsbrücke. — Altdorf. — Zug durch das Schächen- nach dem

Muttenthal. — Gefecht bei Muotta. — Zug durch das Klönthal. — Rückzug durch das Sernftthal und über den Pantnerberg. — Ilanz. — Chur. — Feldkirch. — Lindau. — General Korsakow. — Cantonirungen in Schwaben. — Marsch nach Böhmen. — Winterquartiere in Budweis. . . . Seite 58.

Fünftes Kapitel.

Rückmarsch. — Pharao=Bank in Krakau. — Brest=Litewski. — Suworow in Kobryn. — Rückkehr nach Petersburg. — Aufnahme der Stadt. — Regierungsantritt des Kaisers Alexander. . . . . . Seite 91.

Zweites Buch.
Allmäliges Emporsteigen zu höheren Stellungen unter dem Kaiser Alexander 1801 -- 1811.

Erstes Kapitel.

Erste Truppenübungen bei Krasnoie=Selo und Peterhof. — Feldmarschall Graf Kamensky. — Fürst Peter Wolkonsky. — Persönliche Berührungen mit dem Kaiser Alexander. . . . . . . Seite 103.

Zweites Kapitel.
Feldzug in Mähren 1805.

Die allgemeinen Verhältnisse. — General Graf Burhöwden. — Marsch nach Mähren. — Kaiser Alexander und General Weyrother. — Schlacht bei Austerlitz. . . . . Seite 111.

Drittes Kapitel.

Kutusow's Entfernung vom Herr. — Eindruck den die Schlacht bei Austerlitz in der russischen Armee zurückläßt. — Eindruck den sie auf Toll macht. — Studien. . . . . Seite 171.

Viertes Kapitel.

Umbildung des russischen Heeres. — Bildung einer Dniester=Armee. — Toll's Anstellung bei derselben. — General Michelson. — Besetzung von Jassy und Bucharest. . . . . Seite 176.

Fünftes Kapitel.

Kriegserklärung. — Gefechte bei Turbat und Giurgewo. — Blokade von Ismail. — Gefechte vor diesem Platz. — Ende des General Michelson. — Waffenstillstand von Slobodzie. . . . . . Seite 185.

Sechstes Kapitel.

Der Fürst Prosorowsky Oberbefehlshaber der Moldau-Armee. — Kutusow sein Gehülfe. — Verstärkung des Heeres. — Toll's Beförderung zum Obristlieutenant. — Sein Verhältniß zu Kutusow. — Neue Einrichtungen im Heere. — Unterhandlungen. — Revolutionen in Konstantinopel. — Lager bei Kalieni. — Einfluß des Erfurter Congresses auf die Verhältnisse an der Donau. — Neue Staatsveränderung in Konstantinopel. — Erneuerung der Feindseligkeiten. — Feldzug 1809. — Belagerung von Brailow. — Kutusow's Entfernung von der Armee. — Toll's Versetzung zum 20. Jägerregiment nach Samogitien. — Leben in den dortigen Cantonirungen. — Studien. — Rückversetzung in den Generalstab. — Topographische Arbeiten in der Nähe von Petersburg. . . . . Seite 196.

Drittes Buch.
1812 unter Barclay-de-Tolly's Oberbefehl.

Erstes Kapitel.

Der entscheidende Krieg mit Frankreich. — Allgemeine Verhältnisse und Vorbereitungen. — Toll's Anstellung bei dem Hauptquartier der ersten Westarmee in Wilna. — Zahl und Aufstellung des russischen Heers. — Toll's Operationsplan. . . . . Seite 223.

Zweites Kapitel.

Verhältnisse des Oberbefehls. — Barclay und sein Stab. — Bagration. — Die Umgebung des Kaisers. — Fürst Wolkonsky. — Grf. Araktschejew. — Gen. Phull. — Wolzogen. — Grf. Armfeldt. — Grf. Bennigsen. — Phull's Operations-Plan. — Barclay's, Bennigsen's und Armfeldt's widersprechende Ansichten. — Intriguen und Ungewißheit. — Das Schlachtfeld bei Wilna. — Toll's Gutachten. — Wolzogen's Ansichten. . . . Seite 247.

Drittes Kapitel.

Eröffnung des Feldzugs. — Napoleon's Uebergang über den Niemen. — Barclay's erste Befehle. — Vereinigung der ersten West-Armee bei Swencianh. — Die dem Fürsten Bagration ertheilten Befehle. — Clausewitzens Bericht über das Lager bei Drissa. — Ankunft des Grafen Liewen, seine Ansichten. — Barclay's Zaudern. — Berathung in Widzy. — Rückzug nach Drissa. — Oberst Michaud. — Barclay's Vorstellungen. — Phull's Rücktritt. — Aufgeben des Lagers bei Drissa. — Ernennung Barclay's zum Oberbefehlshaber, Yermolow's zum Chef des Generalstabs, Toll's zum Generalquartiermeister. . . . . Seite 277.

Viertes Kapitel.

Rückzug von Drissa. — Polotzk. — Abreise des Kaisers. — Stellung bei Witepsk. — Gefechte am 25., 26. und 27. Juli. — Nachrichten von Bagration. — Weiterer Rückzug. — Vereinigung der ersten und zweiten Westarmee bei Smolensk. . . . . Seite 308.

Fünftes Kapitel.

Das Hauptquartier des vereinigten russischen Heers; Barclay's schwierige Stellung. — Weisungen des Kaisers in Beziehung auf die Operationen. — Toll's Plan zum Angriff auf die feindlichen Quartiere. — Barclay's Ansicht. — Kriegsrath und Beschluß. — Gefecht bei Molewo-Boloto. — Napoleon's Marsch auf Smolensk. — Schlacht bei Smolensk. — Beschluß sich zurückzuziehen. — Abreise des Großfürsten Konstantin und Gr. Bennigsen. . . . Seite 328

Sechstes Kapitel.

Gefecht in der Petersburger Vorstadt von Smolensk. — Barclay's Rückzug auf die moskauische Straße. — Treffen bei Lubino. — Toll's Antheil daran. — Stellung an der Ula; Bagration's Einwendungen. — Stellung bei Dorogobusch. — Stellung bei Zarewo-Saimischtsche. — Kutusow's Ankunft beim Heer. . . . . Seite 373.

Beilagen.

Beilage 1.

Unternehmungen des Generals Korsakow am 7. Oktober 1799.   Seite 411.

Beilage 2.

Operationsplan 1812.   Seite 413.

Beilage 3.

Schlachtordnung der russischen Armee bei Eröffnung des Feldzugs 1812. Seite 420.

Beilage 4.

Verzeichniß der, zur Zeit als Toll zum Generalquartiermeister der 1. Armee ernannt wurde, bei derselben angestellten Offiziere vom Quartiermeisterstab. Seite 427.

Beilage 5.

Feldmarschall Müffling über den russischen Operationsplan 1812.   Seite 428.

Erstes Buch.

Kindheit und erste Jugend.

1777—1801.

Erstes Kapitel.

kunft des Grafen Toll. — Erziehung im Cadetten=Hause zu St. Petersburg. — Oberst Fromentières. — Graf v. Anhalt. — General Kutusow.

Wenn wir die Geschichte, namentlich die der neueren Zeiten, rdenken, und uns Rechenschaft geben, wer die Männer waren, , gleichwie auf dem unermeßlichen Gebiet des Gedankens und der at überhaupt, so auch auf dem besonderen, engeren Felde der gerischen Thätigkeit, als vorzugsweise bedeutende hervorragen, m sehen wir uns fast zu dem Schluß genöthigt, daß diejenige enslage, die in so mancher Hinsicht die günstigste genannt werden ß, gerade am wenigsten geeignet ist die eigenen Kräfte des Men= n energisch zu entwickeln. Aus der Zahl derer, denen eine vornehme rkunft, bedeutende, einflußreiche Verbindungen und reiche Glücks= er im Verein das Leben und jede Laufbahn erleichtern, sind ver= tnißmäßig nur wenige tüchtige Feldherren hervorgegangen.

Dagegen zählt allerdings fast jedes europäische Heer eine ver= tnißmäßig größere Anzahl ruhmgekrönter Führer aus fürstlichem amm. Es ist als ob der nahe liegende bedeutende Wirkungskreis, fast unmittelbar erreichbare Ruhm, um den keine Ungunst der Ver= tnisse den Strebenden betrügen kann, wenn er sich nur selbst seiner ellung werth und gewachsen zeigt, auf edlere Naturen einen mächtig ebenden Einfluß übten. Aber noch größer ist unter den Heerführern sich als tüchtige bewährt haben, die Zahl derjenigen, denen keine

Gunst der Umstände die ersten Schritte im Leben erleichterte, die, auf sich selbst angewiesen, durch die eigene Kraft des Strebens sich aus unbedeutenden und beengenden Verhältnissen emporarbeiten mußten.

Zu diesen letzteren gehörte auch Carl Friedrich von Toll. Zwar war er von gutem altem Adel. Sein Geschlecht, ursprünglich in den Niederlanden einheimisch, blühte dort erweislich schon zu der Zeit, zu der Familien-Namen und Wappen zuerst erblich wurden. Im sechszehnten Jahrhundert (um 1560) war einer seiner Vorfahren, Lucas v. Toll, mit dem dänischen Prinzen Magnus, der eine Zeit lang die Rolle eines Königs von Liefland durchzuführen suchte, in die jetzt russischen, bis zu jener Zeit herab vom deutschen Orden beherrschten Ostseeländer gekommen. Von diesem Lucas Toll, den der Prinz Magnus vielfach in diplomatischen Sendungen nach Schweden und Polen und an den Zarenhof gebrauchte, stammen alle später und jetzt in Schweden und den Ostseeprovinzen ansässigen Mitglieder der Familie ab. Ein aus Ehstland nach Schweden übersiedelter Zweig seiner Nachkommenschaft hat dort die Grafenwürde erlangt, und zu Anfang dieses Jahrhunderts befehligte namentlich unter Gustav IV. ein Feldmarschall Graf v. Toll (Johann Christoph) das schwedische Heer in Pommern. Andere Familien des Namens waren in Ehstland begütert. Unmittelbar aber gehörte Carl Friedrich einem verarmten Zweig seines Geschlechtes an.

Sein Vater hatte einige Jahre in Kriegsdiensten gestanden. Es war damals in Rußland gebräuchlich daß junge Edelleute als freiwillige Gemeine, — zur Unterscheidung von der dienstpflichtigen Mannschaft Towariszczy, Genossen, genannt — in Dienst traten. So wollte es sogar seit Peter dem Großen ausdrücklich das Gesetz; nur die Zöglinge des Pagen-Corps und der Cadetten-Häuser, die als Offiziere zum Heer kamen, machten eine Ausnahme; alle anderen sollten von unten auf beginnen. Aber wie es eben für die Reichen und Mächtigen immer Mittel giebt sich mit dem Gesetz abzufinden, war das auch hier der Fall. Die wohlhabenden Edelleute, denen es an bedeutenden Verbindungen nicht fehlte, ließen ihre Söhne, wenn sie kaum drei oder vier Jahre alt waren, als Grenadiere oder Kürassiere bei den Garde-Regimentern einschreiben. Dort wurden sie dann der Reihe nach), wie sie auf der Liste standen, zu Unteroffizieren und weiter befördert, ohne daß ihre Gegenwart nöthig gewesen wäre, bis sie denn am Ende, höchstens einige zwanzig Jahre alt, etwa von Reisen heimgekehrt, vielleicht einmal als Garde-Wachtmeister bei einer Parade erschienen, um den wirklichen Dienst als Garde-Cornets, das heißt als Majore in der Armee, zu beginnen. Die ärmeren dagegen, die den Ansprüchen wie sie bei der Garde gemacht wurden, nicht genügen konnten, sahen sich häufig genöthigt als Jünglinge bei den Feldregimentern einzutreten, und wirklich in Reihe und Glied zu stehn.

So auch Carl Friedrich's Vater, der den polnischen Conföderationskrieg (1768—1772) erst als Soldat, dann als Unteroffizier in einem Infanterie-Regiment mitgemacht hatte, und am Schluß desselben zum Offizier — Fähnrich — befördert wurde. Bald darauf rückte er zum Unterlieutenant vor, und wenig später nahm er als Lieutenant den Abschied, um mit einer Fräulein v. Ruckteschel vermählt, in der Heimath als Landwirth zu leben.

In solchen Verhältnissen wurde Carl Friedrich v. Toll den 8/19. April 1777 auf dem seinem mütterlichen Großvater gehörigen Rittergute Keskefer unweit Hapsal in Ehstland geboren. Die Eltern waren nicht in der Lage ihm daheim eine angemessene Erziehung zu geben, sie gingen daher gern auf den Vorschlag seines Oheims, Herrn v. Tuckteschel ein, der als Fähnrich bei dem Semenoff'schen Garde-Regiment diente, und auf Urlaub nach Ehstland gekommen, sich erbot den Knaben nach Petersburg mitzunehmen, um ihn dort im „adeligen (jetzt ersten) Land-Cadetten-Corps" unterzubringen. Das geschah im Frühjahr 1782. Kaum fünf Jahre alt mußte der Knabe in die Fremde wandern; von so früher Zeit an mußte der junge Toll die liebende Pflege der Mutter, das Vaterhaus, die freie Bewegung der Kindheit, den heimathlichen Herd und seine Erinnerungen entbehren.

Doch war in einer Beziehung wenigstens sein Loos nicht so schlimm als es auf den ersten Blick scheinen könnte. Militair-Schulen, Cadetten-Corps, haben gleich wie andere Anstalten Glanzperioden, in denen sie durch die Umstände begünstigt, durch vorzügliche Männer gehoben, einen gewissen Höhepunkt erreichen und sich eine Zeit lang auf ihm erhalten. Wie alles wechselt, sinken sie dann auch wieder unter dem Einfluß veränderter Grundsätze der oberen Leitung, und da sich der rechte Mann nicht leicht wiederfindet, können sie nur zu oft kaum nach langer Zeit einen neuen lebendigen Aufschwung gewinnen. Einen solchen Höhepunkt erreichte um jene Zeit das adelige Land-Cadetten-Corps unter der Leitung des edlen und verständig milden Grafen von Anhalt, eines nahen Verwandten der Kaiserin Catharina II., der eben in diesem Verhältniß zur Monarchin die Mittel fand, seiner Einsicht unbedingtere Geltung zu verschaffen als ein Anderer, und sich weniger durch alle die mannichfachen Rücksichten gebunden fühlte, die so oft störend wirken.

Und stand auch der Knabe Toll, bei Gelegenheit einer Aufnahme neuer Zöglinge am 10/21. Juni 1782 unter die Cadetten eingereiht, ohne mächtigen Schutz, ohne bedeutende Verbindungen, ohne Vermögen, in einer keineswegs günstigen Lage am Eingang des Lebens, so hatte ihm dafür die Natur eine kräftige Gesundheit gegeben, eine mehr als gewöhnliche körperliche Gewandtheit, ein heiteres Gemüth, einen scharfen und hellen Verstand, einen sehr entschiedenen Willen, und vor allem einen strebenden Sinn; den Geist nie rastender, immer vorwärts treibender, energischer Thätigkeit. Wenn man seine frühesten Verhältnisse bedachte, mußte es als eine besondere Eigenthümlichkeit seines Wesens bemerkenswerth erscheinen, daß gerade er, wie wenige Menschen, ein inniges Gefühl für die Bande der Familie hatte; das Bedürfniß empfand einen Familienkreis um sich zu versammeln, und ausschließlich in ihm und mit den geprüften Gefährten seiner früheren Feldzüge zu leben, so daß alle anderen Berührungen im Allgemeinen für ihn unwesentliche und mehr äußerliche blieben. Ein anderer liebenswürdiger Zug in seinem Charakter war ein sehr reges, lebendiges Gefühl der Dankbarkeit für alle die sich seiner angenommen, die besonders seinen erwachenden Geist gepflegt hatten —: ein Gefühl, das auch im Alter, bei jeder Gelegenheit, so oft die Erinnerungen der Vergangenheit berührt wurden, stets ungetrübt hervortrat.

Im Land-Cadetten-Corps bestanden damals im Allgemeinen noch die Einrichtungen, die der Feldmarschall Münnich zur Zeit der Kaiserin Anna angeordnet hatte. Da Zöglinge im zartesten Alter

aufgenommen wurden, wie das der damalige Zustand der allgemeinen
Bildung in Rußland gebot, war der vollständige Erziehungsplan im
Ganzen auf fünfzehn Jahre berechnet. Das gesammte Corps zerfiel
in fünf Altersklassen, die zwei größere Abtheilungen bildeten. In der
ersten, drei Altersklassen umfassenden Abtheilung, hatte die Erziehung
einen ganz allgemeinen Charakter; die neun Jahre welche die Zög=
linge hier zubrachten, waren durchaus der körperlichen, sittlichen und
allgemeinen geistigen Entwickelung gewidmet. Erst in den beiden
höheren Altersklassen, welche die zweite Abtheilung bildeten, waren
sowohl der Unterricht als alle sonstigen Einrichtungen darauf be=
rechnet, die jungen Leute bestimmt zu Kriegern zu bilden. Toll sah
sich zunächst der jüngsten Klasse zugezählt, in der die Knaben, ihrem
Alter gemäß, weiblicher Pflege und Obhut anvertraut blieben. Je fünf=
undzwanzig Zöglinge standen unter der Leitung einer Gouvernante.
Toll's erste Lehrerin, eine Wittwe Assenburg, war zu seinem Glück
eine sehr würdige, gute Frau, und seiner Heiterkeit, seiner Gewandt=
heit wegen gefiel ihr der Knabe; sie gewann ihn vor andern lieb, ge=
währte ihm kleine Auszeichnungen, freute sich daß er durch seine Fort=
schritte den ersten Rang unter seinen Gefährten einnahm, und erweckte
dadurch, wie Toll in späteren Jahren glaubte und sagte, zuerst den
Ehrgeiz in ihm, der ihn fort und fort antrieb, den einmal gewonnenen
ersten Platz mit Ehren zu behaupten, Alles aufzubieten, um nicht
daraus verdrängt zu werden. Seine Fortschritte bestanden übrigens
darin, daß er am Schluß der ersten drei Jahre in drei Sprachen —
russisch, deutsch und französisch — besser las als seine Gefährten, leid=
lich schrieb, die vier Species ziemlich inne hatte, und die Hauptstädte
aller europäischen Staaten zu nennen wußte.

In der zweiten Altersklasse wurde der Unterricht schon etwas ernst=
hafter. Der Kreis erweiterte sich natürlich nach und nach, so daß der
Lehrplan im Ganzen außer dem Unterricht in den drei genannten Spra=
chen, besonders auch Geschichte und Geographie, die mathematischen,
und zuletzt die militairischen Wissenschaften umfaßte. Der Graf
v. Anhalt, immer freundlich und milde, väterlich wohlwollend gegen
die Zöglinge, dagegen wachsam und streng in Beziehung auf Lehrer
und Aufseher, die unter ihm sehr pünktlich ihre Pflicht thun mußten,

sorgte dafür, daß der Unterricht nicht unfruchtbar blieb. Nicht nur, daß er die besten Handbücher der verschiedenen Wissenschaften über=setzen, und bei dem Vortrag zum Grunde legen ließ —: er wachte auch persönlich darüber, daß Lehren und Lernen nicht, wie in solchen Anstalten so leicht geschieht, in bloßes Gedächtnißwesen, in trockenes, gedankenloses Vorsagen und Nachbeten ausartete; und nicht minder lag ihm die sittliche Wahrung der jungen Leute in ernster Weise am Herzen. Wie es die künftige Bestimmung der Zöglinge mit sich brachte, wurden auch die ritterlichen Uebungen, Tanzen, Fechten und Reiten, mit Sorg=falt getrieben und man legte Werth darauf. Auch suchte man die Knaben in mannichfacher Weise abzuhärten ohne ihre Gesundheit zu gefährden; selbst im Winter erhielten sie keine warme Kleidung.

Toll besonders hatte das Glück überall die Liebe seiner Lehrer und Vorgesetzten zu gewinnen. So auch in der zweiten Altersklasse, wo ein Lehrer Sawin sich viel mit ihm beschäftigte. Um den Geist seiner Schüler zu wecken, ihr Interesse auf einen immer weiteren Kreis neuer Gegenstände hin zu lenken, las dieser Mann, im Sinn der Zeit, in den Freistunden, mit denjenigen Knaben von denen er sich am meisten versprach, De Foe's Robinson Crusoe. Die Reise des Abenteurers, dessen Lage auf der unbewohnten Insel nie verfehlt auf Kinder einen lebhaften Eindruck zu machen, und ihre Einbildungskraft zu reizen und zu beschäftigen, wurde auf der Karte verfolgt; die Erzählung selbst führte vielfache Fragen herbei, und der Lehrer wußte so eine lebendige Unterhaltung in Gang zu bringen, zur großen Freude der Knaben, die immer die dazu bestimmten Stunden mit Ungeduld erwarteten. Sawin benützte das so erweckte Interesse seiner Zöglinge um auch ihren Ehr=geiz und Wetteifer rege zu machen. Zu dieser Unterhaltung zugezogen zu werden war eine Belohnung, auf die man nur durch eine untadel=lige Aufführung Anspruch erwarb. Toll setzte seinen Stolz darein nie ausgeschlossen zu sein.

Im zwölften Jahr seines Alters wurde er in die dritte Klasse versetzt, wo ihn Beschäftigungen, Spiele und Erfahrungen anderer Art erwarteten. Die ältesten Enkel der Kaiserin Catharina II., die Großfürsten Alexander und Constantin hatten damals ungefähr die Jahre der Cadetten dieser Abtheilung erreicht; die Kaiserin behandelte

sie mit großer Vorliebe und beschäftigte sich in jeder Weise viel mit
ihrer Erziehung und ihrem Zeitvertreib; sie liebte es unter Anderem,
die jungen Fürsten häufig von Knaben ihres Alters umgeben zu sehen.
Auch Zöglinge des Cadettenhauses wurden daher öfter nach Hof ent-
boten, und wie denn in solchen Dingen selten ein ernster Gedanke vor-
waltet, oder festgehalten wird wenn er ja einmal auftaucht, fiel die
Wahl natürlich auf diejenigen Knaben, von denen man erwartete, daß
sie die jungen Prinzen am besten unterhalten würden. Auf diejenigen
also, die am geläufigsten französisch sprachen, und unter der Leitung
eines französischen Meisters der Declamation, Mr. Surville, mancherlei pomphafte Anreden und Prologe, nebst Bruchstücken aus Corneille
und Racine auswendig gelernt hatten. Doppelte Ansprüche gewannen
dann diejenigen, mit denen außerdem noch der Tanzmeister Mr. Neudin
kleine artige Ballette eingeübt hatte. Damit sie im Stande wären die
jungen Fürsten vielseitiger zu zerstreuen, mußten die Auserwählten nun
auch noch kunstreich Schrittschuh laufen lernen, um dann ihre kleinen
Künste in den Sälen des Winterpalastes, oder auf einer Eisfläche im
schwebenden Wintergarten der Eremitage zu zeigen. Außer seinem
Talent für die Tanzkunst verdankte Toll die Auszeichnung zu der Zahl
der Gewählten zu gehören, hauptsächlich der Sorgfalt des Inspectors
dieser Klasse, eines Franzosen, Majors Fromendières, der als Vorgesetzter streng, dabei aber thätig und verständig, die Knaben genau
beobachtete, und denen, die ihm vorzügliche Anlagen zu haben schienen,
auf jede Weise weiter zu helfen suchte. Er lud solche Knaben, unter
ihnen auch Toll, oft in den Freistunden zu sich in seine Wohnung ein,
wo er besonders ihre Kenntniß der französischen Sprache zu vervollständigen und ihr Interesse dafür rege zu erhalten suchte.

Gleich zu Anfang war Toll, besonders seiner guten Aufführung
wegen, zum „Unter-Sergeanten" einer Abtheilung Knaben ernannt
worden; auch zeichnete er sich im Studium der Sprachen und der
Geographie, wie in Kalligraphie und im Zeichnen besonders aus. In
den beiden letzten Zweigen des Unterrichts war er sogar der Erste der
Klasse. Weniger wollte es ihm in der Mathematik gelingen, obgleich
sein treuer Freund, der Cadet Jegorow, der als bester Schüler weit
über allen Anderen und in allen Wissenschaften obenan stand, redlich

bemüht war ihm fortzuhelfen, und oft seine Lection mit ihm durchging. Dergleichen will zwar im Ganzen sehr wenig bedeuten; doch einmal in dieser Beziehung zurückgeblieben, kam Toll nur durch große Anstrengung später wieder empor.

Der Uebergang aus der dritten in die vierte Altersklasse machte im Leben der Cadetten einen großen, entscheidenden Abschnitt, wie selbst der Eintritt in die folgende, letzte, wenngleich von Wichtigkeit, ihn dann nicht mehr machen konnte.

Dort war es der fühlbare Eintritt in das Standesleben des Kriegers, der einen mächtigen Eindruck auf Geist und Gemüth der Zöglinge machte. Sie begannen hier Uniform zu tragen; die Klasse war, wie die nächstfolgende, militairisch in Companien und Züge eingetheilt; sie hatte ihre Fahnen, und wurde in Reihe und Glied geübt; an die Stelle einer Schulordnung, der sich der Knabe bisher gefügt hatte, trat hier ernste kriegerische Zucht und Disciplin. Der Einfluß den diese neuen Verhältnisse auf alle Gemüther übten, war unverkennbar. Manche Zöglinge, die bisher mit für die ausgezeichnetsten gegolten hatten, waren wie verloren in diesem neuen Element und wußten sich nicht darein zu finden; ihre gute Führung blieb zwar dieselbe, aber sie machten in ihren Kenntnissen und in allen Uebungen nicht mehr die Fortschritte, die man von ihnen erwartet hatte. Andere dagegen schienen wie neu geboren, erwachten aus der Trägheit, in der sie sich früher hingeschleppt hatten, schüttelten tadelnswerthe Unarten ab, und zeigten sich im Gewand des Kriegers vom freudigsten Eifer beseelt.

Uebrigens wußte man mit dem Exerciren, mit den Uebungen in Reihe und Glied, das rechte Maß zu halten. Diese Uebungen nahmen keineswegs die Zeit, und besonders die Kräfte der Zöglinge in dem Grade in Anspruch, daß darüber alles übrige Lehren und Lernen zu einem leeren, nothdürftigen Scheinwesen herabgesunken wäre. Sie wurden auf eine bestimmte Zeit des Jahres, auf sechs Sommerwochen aufgespart, während welcher der sonstige Unterricht großentheils unterbrochen war, und die daher als Ferien betrachtet wurden. Die anderen elfte-halb Monate über lagen die Flinten mit der gehörigen Sorgfalt bewahrt im Zeughaus des Cadetten-Corps, und kamen nicht zum Vorschein. Die Folge war, daß die Cadetten die frohe Zeit dieser

Uebungen mit der lebhaftesten Ungeduld erwarteten und kaum erwarten konnten; und bei der natürlichen Gewandtheit der Jugend, der Freude an der Entwickelung ihrer Kräfte, bei der allgemeinen Lust mit der die Uebungen betrieben wurden, genügte die vorgeschriebene Zeit auch vollkommen, um sich den Dienst in Reihe und Glied hinreichend zu eigen zu machen, eben weil hier nicht der Ueberdruß eines durch das Uebermaß solches mechanischen Treibens für alles Andere, und zuletzt für dies Treiben selbst abgestumpften Sinnes störend einwirkte.

In der letzten Altersklasse waren dann die bereits zu Jünglingen herangewachsenen Cadetten durch die Aussicht auf eine nun schon näher gerückte Zukunft, die sich in bestimmteren Umrissen gestaltete, zu ernsteren Betrachtungen veranlaßt. Nach drei Jahren sollten sie die Anstalt verlassen, und es war für ihr künftiges Schicksal von entscheidendem Einfluß, welche Stellung sie durch Talent und Fleiß im Cadettenhause selbst erworben hatten. Die sechs ausgezeichnetsten unter den abgehenden Zöglingen kamen nämlich als Hauptleute zur Armee; eine nicht bestimmte Anzahl derjenigen, die ihnen in Fähigkeiten und Kenntnissen am nächsten standen, als Lieutenants; solche, die weiter zurückgeblieben waren, als Unterlieutenants, und die schlechtesten Zöglinge als Fähnriche. Dieser Letztern waren unter der Leitung des Grafen von Anhalt selten mehr als zehn. Da fühlte sich dann mancher zu verdoppeltem Eifer angespornt, um hier so hoch als möglich zu stehen.

In der vierten Altersklasse hatte Toll nicht ganz seinen früheren Rang behaupten können. Zwar blieb er auch hier, besonders seiner guten Führung wegen, Unter=Sergeant einer Abtheilung, aber in der Mathematik sah er sich aus der Zahl der besseren Schüler in die untere Klasse versetzt. Glücklicherweise aber gewann er die Gunst des Lieutenants Bézac, der mit seiner Stellung als Vorgesetzter die eines Professors der Mathematik verband. Privatstunden, welche Bézac aus eigenem Antrieb dem hoffnungsvollen Knaben gab, verhalfen diesem bei dem Uebergang in die letzte Altersklasse wieder zu seiner früheren Stellung unter den ausgezeichneteren Zöglingen. Besonders aber fühlte sich Toll während der drei letzten Jahre in dieser fünften Klasse durch den Unterricht in der Befestigungskunst und Artillerie angezogen, den ein Profeſſor Tſcherkaſſow geiſtreich und lebendig zu behandeln wußte. Toll träumte nur Artillerie und Befeſtigungskunſt, und da er Talent zum Zeichnen hatte, nahm er bald auch hier, wie in der Gunſt des Lehrers, ſo auch unter ſeinen Mitſchülern, einen ausgezeichneten Rang ein. — Bei den Uebungen in Reihe und Glied war er vermöge ſeiner natürlichen Gewandtheit ganz in ſeinem Element, ſo daß er eben deshalb ſehr häufig als Ordonnanz zu dem Grafen Anhalt commandirt wurde, der ihn immer mit der ihm eigenen Milde und ſelbſt mit auszeichnender Güte behandelte.

Dieſen väterlichen Freund und verſtändigen Führer ſollten übrigens die Cadetten verlieren, noch während Toll ſich in der fünften Altersklaſſe auf ſeine weitere Beförderung vorbereitete. Der Graf von Anhalt ſtarb im Mai 1794, und ergriffen von dem Gefühl ihres Verluſtes folgten die Zöglinge der beiden letzten, militairiſchen Klaſſen des Cadettenhauſes ſeiner Bahre.

Die letzten Jahre ſeines Lebens waren ihm nicht ungetrübt verfloſſen, denn ſein redlicher Sinn hatte ihm mächtige Feinde erweckt. Verhältniſſe, die für ihn ungünſtig nachwirkten, ergaben ſich namentlich zur Zeit als Rußland jenen Türkenkrieg begann, der das öſtliche Europa umgeſtalten ſollte, von dem die Kaiſerin Folgen hoffte, in deren Erwartung ſie bereits viele Jahre früher ihrem zweiten Enkel den bedeutungsvollen Namen Conſtantin beigelegt hatte, und mit wachſamer Aufmerkſamkeit dafür ſorgte, daß er geläufig neugriechiſch ſprechen lernte. Sie hatte zu dem Ende ſeine Umgebung zum Theil aus Griechen zuſammengeſetzt, von denen einige, wie der nachherige General von der Infanterie Kurutta, bis an ſein Ende in ſeiner unmittelbaren Nähe blieben. — Die Wahl des Oberfeldherren, durch den ſo große Dinge geſchehen ſollten, war freilich, wie bekannt, nicht die glücklichſte. Der Fürſt Potemkin, der die ſeltſamſten Widerſprüche in ſich vereinigte, ließ das Heer, durch das er ſo Viel und ſo Glänzendes, nicht nur für Rußland, ſondern auch für ſeinen eigenen Ehrgeiz erlangen wollte, darben und verkümmern. Zwar wußte er dabei die Kaiſerin durch Berichte hinzuhalten, die Alles in einem täuſchend ſchönen Licht erſcheinen ließen, indeſſen langte doch eine ſchwankende Kunde von dem wahren Zuſtand der Dinge bis zum Thron. Catharina II. hörte flüſtern

daß die Regimenter nicht vollzählig seien und an Kleidung und Nahrung
drückenden Mangel litten; daß besonders auch die Lazarethe von Allem
entblößt und gänzlich vernachläßigt seien, und das Alles schien um so
wahrscheinlicher, da der Feldmarschall Rumeänzow aus dem Zustande
des ihm anvertrauten zweiten Heeres durchaus kein Geheimniß gemacht
hatte. In ihrer Verlegenheit suchte die Kaiserin einen redlichen Mann,
der ihr die Wahrheit sage, und da der gesammte Hof, da ganz Ruß=
land vor Potemkin zitterte, konnte sie den nur in dem Grafen v. Anhalt
finden. In ihrem Auftrag reiste der Graf an die Ufer des Dniesters
und des schwarzen Meeres, und fand das Heer so, wie es auch der
geistreiche Fürst de Ligne geschildert hat; nur daß er wohl nicht die
Leiden der russischen Krieger mit so vielem Witz und so vieler Grazie
aufgefaßt haben wird. Die Kaiserin ließ sich darauf gegen den gefürch=
teten Taurier merken daß sie unterrichtet sei. Weiter führten die Be=
richte des Grafen v. Anhalt eigentlich zu nichts. Sie konnten natürlich
nichts bewirken so lange Potemkin an der Spitze stand, und der war
nicht zu beseitigen. So hatten sie denn im Grunde keine andere wesent=
liche Folge, als daß Potemkin des Grafen unversöhnlicher Feind wurde,
und es versteht sich von selbst, daß ein großer und einflußreicher Theil
des Hofs sogleich bereit war in den Ton einzustimmen, den der Mäch=
tige andeutete. Während alle wirklichen Patrioten, alle Verständigen,
dem Grafen v. Anhalt eine aufrichtige Verehrung zollten, wurde er
fortan von einer anderen Seite her in jeder Weise verdächtigt. Man
wollte auch seine Anordnungen im Cadettenhause lächerlich sentimental
und gesucht finden; nicht weniger sein gütiges, in edler Weise höfliches
Benehmen gegen die Zöglinge, und es fehlte nicht an Winken, daß auf
diese Weise die Bande der militairischen Zucht und strengen Unterord=
nung gelöst würden; daß die jungen Leute unter so schwacher Leitung
die schuldige Ehrfurcht vor ihren Vorgesetzten verlören. Es gelang
auch am Ende die Kaiserin wenigstens theilweise gegen ihn einzuneh=
men, indem man glauben machte daß er unter den Cadetten, die darauf
angewiesen würden sich an Voltaire's und Rousseau's Schriften zu
bilden, einen verderblichen Geist des Jacobinismus verbreite. Der
Unbefangene mochte vielleicht Mühe haben zu begreifen, wie gerade ein
Graf v. Anhalt darauf verfallen sein sollte, oder was überhaupt ein

Mensch der seiner Sinne mächtig war, zu jener Zeit in Rußland von solchem Beginnen erwarten konnte. Aber man fürchtete nun einmal jene Gesinnung, an der man sich so lange spielend erfreut hatte; jenes Gerede blieb nicht ohne Wirkung, und das Verhältniß des Grafen v. Anhalt zur Kaiserin war nicht mehr das alte. — War indessen der Graf auf diese Weise vielfach verkannt und verleumdet, so hatte er sich dagegen in dem Andenken der jungen Leute, die unter seiner Obhut aufgewachsen waren, ein schönes Denkmal gesetzt. Selbst im Alter konnte Toll nie ohne Bewegung von dem edlen Grafen von Anhalt sprechen.

Die Cadetten sollten, wenn auch nur vorübergehend, eine Nachwirkung des verdächtigenden Geredes empfinden. Das Land-Cadetten-Corps war in den Augen der Kaiserin eine sehr wichtige Anstalt. Sie bezeichnete es oft als „die Pflanzschule großer Männer" — und darin lag schon daß jedenfalls nur ein Mann der bereits eine gewisse Bedeutung hatte, der Nachfolger des Grafen v. Anhalt werden konnte. Nun vollends suchte sie einen Befehlshaber, dem sie die Willenskraft und Tüchtigkeit zutrauen durfte, die nöthig schien, um den, wie man glaubte, erweckten verderblichen Geist zu bekämpfen und zu bändigen. Ihre Wahl fiel auf den General Michael Ilarionowitsch Golenischtscheff-Kutusow, der sich schon als Kriegsmann und Diplomat einen Namen gemacht hatte.

Dieser neue Befehlshaber hielt seine Aufgabe für sehr schwierig, und zwar nicht blos jener gefürchteten Gesinnung wegen: er glaubte auch daß er eine gänzlich aufgelöste Zucht und Ordnung unter verwöhnten jungen Leuten wieder herzustellen habe. Da trat er denn zunächst im Cadetten-Corps mit einer mißtrauenden Zurückhaltung und den Formen der Strenge auf. Das Mißtrauen wurde bemerkt, und man empfand die herben Formen um so mehr, da die väterliche Milde, die durchaus ritterliche Haltung des Grafen von Anhalt noch nicht vergessen sein konnten. Kutusow's Erscheinung machte daher anfangs auf die Zöglinge eben nicht einen wohlthuenden Eindruck. Als er die Cadetten der letzten Altersklasse zum erstenmale besichtigte, äußerte er: sie seien für ihre Stellung viel zu weit im Alter vorgerückt; in solchen Jahren müsse die Erziehung bereits vollendet sein. Es schien als ob er glaube, er könne diese jungen Leute, die wohl nach seiner Ansicht die schlimmsten sein mochten, nicht schnell genug los werden. Indessen, da auch die schärfste Beobachtung, wie sich von selbst versteht, zu keinerlei Art von Entdeckungen führte, und da Kutusow bald die Ueberzeugung gewinnen mußte, daß Alles im Corps mit der ruhigsten und pünktlichsten Ordnung vor sich ging, fand sich doch nach und nach Alles so ziemlich wieder in das frühere Geleise.

So rückte die Zeit heran wo (1795) die Zöglinge, die damals in der höchsten Altersklasse ihre Studien beendet hatten, entlassen werden sollten, um ihre Stellen im Heer einzunehmen. Toll hatte die besten Aussichten; er wurde zu den ausgezeichneten Schülern gerechnet, und war Untersergeant in der zweiten Companie. Kutusow kam die jugendliche Schaar vor ihrer Entlassung zu mustern, und wie er die Front der aufgestellten Companien entlang dahin schritt, fragte er Toll nach seinem Namen —: „Untersergeant Toll." — „Schade daß er so klein von Wuchs ist," bemerkte Kutusow gegen seine Umgebung gewendet, „der muß noch ein Jahr hier bleiben." — Toll erbleichte bei diesen Worten, und da Kutusow es bemerkte, suchte er ihn zu trösten: „Höre, Toll," sagte er zu ihm, „der Unterricht folgt dir nicht aus dem Corps, der Dienst dagegen, der geht dir nicht verloren!" — (зла тобою науки не уйдутъ, а служба не пропадаетъ) Die Anordnungen des Befehlshabers gingen natürlich in Erfüllung, und ganz im Widerspruch mit der früher ausgesprochenen Ansicht Kutusow's mußten nebst Toll noch einige andere der ausgezeichnetsten Cadetten, Peter Poletika, Gustav Scheffler und Demetrius Kotschetow, sowie etwa zwanzig weniger vorgerückte Zöglinge der Klasse, als zu klein von Wuchs, für ein weiteres Jahr in der Anstalt zurückbleiben.

Der sehr gute Ruf den das Land-Cadetten-Corps im Heere hatte, und trotz alles verdächtigenden Geredes bei Hofe dort auch behauptete, veranlaßte immer eine große Anzahl Obersten, die Regimenter befehligten, um die Zeit, wenn eine Entlassung der Zöglinge statt fand, nach Petersburg zu kommen. Man ließ nämlich den Cadetten die Wahl, nicht nur der Waffe, sondern auch des Regiments in dem sie dienen wollten, und jeder Oberste suchte nun ihrer so viele als möglich für sein Regiment zu gewinnen. Bei der Entlassung wurden jedem abgehenden Zögling zur Ausrüstung 100 Rubel ausgezahlt, was auch bei den damaligen Preisen wenigstens für die erste Bekleidung genügte. Ehe sich dann alle zum Heer in die Provinzen zerstreuten, wurden sie noch einmal zu einem Festmahl im großen Versammlungssaal des Cadettenhauses versammelt. Aber so froh und freudig auch für einen jeden der Tag war, an dem er sich zuerst im Gewand und mit den Rangzeichen eines Offiziers sah, nahm doch dies Abschieds-Banquet immer einen mehr bewegten als heiteren Charakter an. Man fühlte hier vorzugsweise die Trennung von den Gefährten der Kindheit und des ersten Jünglingsalters, mit denen man zusammen aufgewachsen war; auch das Gefühl der Dankbarkeit erwachte und die Trennung von beliebten Lehrern und gütigen Vorgesetzten fiel nicht minder schwer. Diesmal nun besonders, wenn da schon der frohe Sinn der Abgehenden, wie jedesmal, durch die eigenthümliche Bewegung die ein solcher Augenblick herbeiführt, vorübergehend getrübt wurde, konnten die Zurückbleibenden, die sich ohne ihr Verschulden in ihren Hoffnungen und Lebensplanen um ein ganzes Jahr zurückgesetzt sahen, vollends nicht ohne ein bitteres Gefühl von ihnen Abschied nehmen.

Kutusow suchte sie zu trösten indem er Toll und Poletika zu Feldwebeln der ersten und zweiten Companie, die übrigen zu Unterfergeanten ernannte. Toll sah sich also an der Spitze einer kleinen Schaar, die nach der damaligen Einrichtung außer ihm selbst aus 4 Unterfergeanten und 64 Cadetten bestand, zu denen noch 8 Gymnasiasten kamen, d. h. Zöglinge, die früher in anderen Anstalten erzogen, erst in diese oder die vorige Klasse als Cadetten eingetreten waren; da die neu in diese Altersklasse beförderten Zöglinge den zurückgebliebenen natürlich ziemlich fremd waren, nicht mit ihnen durch alle Klassen herangewachsen, hatte der Befehl, den diese Unteroffiziere führten, diesmal vielleicht mehr Wirklichkeit und einen entschiedeneren Charakter, als sonst wohl der Fall sein mochte. Eben deshalb aber wurden sie im Allgemeinen von ihren jugendlichen Untergebenen nicht geliebt; auch Toll nicht, der sich ganz als Befehlshaber fühlte, und seine Autorität sehr bestimmt geltend zu machen wußte. Um so mehr fühlte der junge Mann, den übrigens der Befehlshaber der Compagnie, Oberst Reuter, immer als einen musterhaften Feldwebel rühmte, das Bedürfniß, sich auch in den verschiedenen Zweigen des Unterrichts an der Spitze seiner Abtheilung zu behaupten. Er arbeitete mit aller Anstrengung, und saß oft die Nächte auf mit Schiefertafel und Griffel, um die mathematischen Aufgaben zu lösen, die ihm gestellt waren; getreulich unterstützt von seinen Freunden, dem Untersergeanten Scheffler und dem Feldwebel der 3. Compagnie Parpura, der in der Mathematik die erste Nummer hatte; und beiden leistete er in Beziehung auf Artillerie und Befestigungskunst dieselben Dienste.

So wurde die Verzögerung seines Eintritts in das Heer um ein ganzes Jahr, die Toll als ein Unglück beklagt hatte, glücklich in ihren Folgen. Sie führte für ihn ein zunächst gründlicheres Studium mancher Zweige der Kriegswissenschaften herbei, und brachte ihn dem General Kutusow nahe, was von wichtigen Folgen sein sollte.

Kutusow richtete nämlich, gleich nachdem er den Befehl im Cadettenhause übernommen hatte, eine Klasse der höheren Taktik ein, die sowohl die dort angestellten Offiziere als die Cadetten der letzten Altersklasse besuchen sollten, und behielt den Vortrag dieser Wissenschaft sich selbst vor. Da Toll Talent zum Zeichnen hatte, ließ er durch diesen unter seiner eigenen unmittelbaren Leitung die nöthigen Plane entwerfen, und fand bald Veranlassung ihn in jeder Weise vorzuziehen.

Der General machte Haus, wie man das nennt; er gab sehr glänzende Abendgesellschaften, zu denen auch fünf bis zehn der besten Cadetten gezogen wurden. Toll war unter diesen, und mußte selbst öfter mit Kutusow's Töchtern zusammen, auf dem Privat=Theater, das bei diesem eingerichtet wurde, in Lustspielen und Operetten auftreten. Er wurde zuletzt fast als Mitglied der Familie betrachtet und behandelt.

Im Jahre 1796 sollte abermals eine Beförderung der Zöglinge stattfinden. Das Examen sollte ihren Rang bestimmen, und Kutusow nahm es mit großer Sorgfalt in seinem eigenen Hause vor. Er wußte sehr gut welcher Unterschleif bei solchen Prüfungen nur all zu gewöhnlich getrieben wird, und da er selbst in manchen Fächern des

Wissens wirklich ausgebreitete Kenntnisse besaß, richtete er sehr oft, um etwa verabredeten Betrug, namentlich das Herbeten einer auswendig gelernten Antwort auf eine schriftliche Frage die man vorher wußte, zu entdecken, sehr häufig unerwartete Querfragen an die Cadetten. In dieser Weise dauerte die Prüfung mehrere Wochen, und als am Ende die Ergebnisse zusammengestellt wurden, mußte der Cadet-Feldwebel Parpura als der erste in allen Zweigen des Unterrichts bezeichnet werden; die zweite Stelle erhielt hier der Feldwebel Poletika; Toll die dritte. Nun mußten aber auch noch die Fortschritte in den ritterlichen Uebungen berücksichtigt werden, in denen Toll es allen seinen Gefährten zuvorthat, im Reiten, Fechten und Tanzen — wie auch namentlich in den Uebungen in Reihe und Glied, und da ergab sich denn als letzter Schluß, daß Toll als erster unter den abgehenden Zöglingen ganz oben an gestellt wurde. Doch wurden alle drei Genannten zu Hauptleuten vorgeschlagen. Freilich diesmal nur diese drei; alle übrigen erhielten nur den Lieutenants-Rang.

So durfte sich Toll schon als Capitain in einem selbstgewählten Regiment betrachten; aber ein in dem Augenblick wenigstens unerwartetes Ereigniß gab, wie den größten Verhältnissen, so auch seinem persönlichen Geschick eine andere Wendung.

Zweites Kapitel.

Regierungs-Antritt des Kaisers Paul I. — Toll's Beförderung zum Offizier. — Erste Dienstjahre in der Suite des Kaisers vom Quartiermeister-Wesen. — Oberst Gerhard. — Erste Bekanntschaft mit dem Kammerpagen Paskiewitsch. — Graf Araktschejew. — General Hermann. — Toll's Entsendung nach dem südlichen Rußland.

Unerwartet verschied die Kaiserin Catharina II. den 6/17. November 1796, Paul I. bestieg den Thron, und der scharf ausgeprägte eigenthümliche Charakter der neuen Regierung trat gleich in den ersten Tagen sehr entschieden hervor. Mit durchgreifender Energie und über-

eilender Hast wurden alsbald mancherlei Mißbräuche, wie sie eine
großentheils durch Günstlinge geleitete Frauenregierung mit sich bringt,
rücksichtslos angegriffen. In Beziehung auf die Verfassung des Heers
wurde jenem bequemen Dienen von unten auf alsbald ein Ziel ge=
setzt. Niemand durfte fortan' in den Listen der Regimenter geführt
werden, der nicht wirklich gegenwärtig war, und in Reihe und Glied
stand. Nebenher wurde aber auch, gleich in den ersten Tagen, der Ge=
neralstab als überflüssig abgeschafft. Die Offiziere die ihn bildeten
wurden nach eigener Wahl zu verschiedenen Regimentern eingetheilt,
und in alle vier Weltgegenden zerstreut. Auch die Vorrechte des Ca=
detten=Corps sollten einigermaßen beschränkt werden, man wußte nicht
wie weit; die Beförderung der zur Anstellung beim Heere vorgeschla=
genen Cadetten gerieth in Mitten dieser überspannten, neuernden Thä=
tigkeit ins Stocken, ihre Lage und Bestimmung blieben ungewiß.

Doch besuchte der Kaiser Paul die verschiedenen militärischen Bil=
dungsanstalten fast unmittelbar nach seinem Regierungsantritt. Das
adelige Land=Cadetten=Corps am 29. Novbr./10. Dzbr., zu einer
Zeit wo Toll an einem beschwerlichen Halsübel krank im Lazareth lag.
Der neue Kaiser besuchte alle Abtheilungen der Anstalt, ging durch die
Hörsäle der verschiedenen Klassen, und fand in einem der letzten Alters=
klasse bestimmten Raum den Unterricht im Situationszeichnen eben im
Gange. Der Cadet=Sergeant Demetrius Kotschetow hatte einen
Plan der Schlacht bei Poltawa fast vollendet, und zeichnete noch
daran. „Was ist das für ein Plan? fragte der Kaiser der zu ihm
heran trat, hast Du ihn allein gezeichnet oder mit Hülfe des Leh=
rers?" — Kotschetow's Antworten schienen sehr zu befriedigen,
und da er nun vollends die verschiedenen Bewegungen der beiden
Heere, den Gang der Schlacht auf dem Plane nachzuweisen verstand,
war der Kaiser entzückt; sichtlich in eine freudige, gehobene Stimmung
versetzt, ernannte er den jungen Mann auf der Stelle zum Lieutenant
„in seiner Suite." Fromenbières, unterdessen zum Obersten vorge=
rückt, dem neuen Kaiser seit längerer Zeit persönlich bekannt, begleitete
diesen auf seinem Gang durch das Cadettenhaus. Er hatte Toll,
wie schon bemerkt wurde, früh lieb gewonnen, und seither nie aus
den Augen verloren; um so weniger, da er in Folge seiner eigenen Be=

förderung gleichsam mit Toll zusammen zu den höheren Altersklassen übergegangen war, nämlich als Vorgesetzter, wie jener als Zögling. Seines Schülers auch jetzt zu guter Stunde eingedenk, erlaubte er sich dem Kaiser vorzutragen daß der Feldwebel Toll in den Prüfungen die erste Stelle unter den zur Beförderung vorgestellten Cadetten erworben habe, und fügte hinzu daß der junge Mann, der sehr geschickt im Planzeichnen sei, gewiß auch das Glück gehabt hätte von dem Monarchen bemerkt zu werden, wenn er nicht durch Krankheit im Lazareth zurückgehalten wäre. Der Kaiser, ohnehin günstig gestimmt an diesem Tage, und nun vollends durch Manches, was ihm gefallen hatte in der Anstalt, in die heiterste Laune versetzt, wünschte sogleich auch dem abwesenden Toll Glück zu seiner Beförderung zum Lieutenant „in der Suite." Fromendières eilte sobald er konnte, diese frohe Nachricht seinem jungen Freunde mitzutheilen, und Toll fühlte sich so freudig ergriffen daß die innere Bewegung eine glückliche Krisis in seinem Zustande beschleunigte. Ein Geschwür in der Kehle ging auf, es folgte unmittelbar eine große Erleichterung und bald auch vollständige Genesung.

Zwei Tage später wurden außer den beiden genannten auch noch die Cadetten Parpura, Scheffler und Rüdinger auf den Vorschlag des Directors Kutusow, und ferner durch Gunst des Obersten Baratinski und des Viceadmirals Kuschelew, die beide dem neuen Kaiser vermöge ihres früheren Dienstes in Gatschina nahe standen, deren Verwandte, die Zöglinge Baratinski und Alayew zu Lieutenants „in der Suite Sr. Majestät des Kaisers, vom Quartiermeisterwesen" befördert —: kein Mensch hatte vor der Hand eine Ahnung davon was das heißen sollte.

Es mußte nun an die Kleidung und sonstige Ausrüstung der jungen Leute gedacht werden. Weite grüne Röcke nach einem etwas abenteuerlichen, längst veralteten Schnitt, der dem alten preußischen mit einiger Uebertreibung nachgebildet war, wildlederne weiße Beinkleider, Stulpstiefel mit Stiefelmanschetten wurden sofort angefertigt; die neuen Kleiderordnungen waren kaum wenige Tage alt, aber die Speculation hatte bereits dafür gesorgt daß steife Locken und ellenlange Zöpfe überall in dem großen Kaufhof der Hauptstadt und bei

allen Haarkräuslern fertig zu haben waren. Die vorgeschriebenen
Rohrstöcke mit Elfenbeinknopf waren noch leichter zu beschaffen. In
diesem alterthümlich neuen Anzug wurden die neuernannten Lieutenants eines Morgens früh um fünf Uhr, bei der strengsten Kälte,
den neuen Vorschriften gemäß in der Uniform allein, ohne Mäntel,
über das Eis der festgefrorenen Newa nach dem Winterpalast geführt,
um dem Kaiser in ihrer neuen Eigenschaft vorgestellt zu werden. Es
gehörte eine kräftige Natur und das rasche Blut der Jugend dazu, um
sich dabei und danach noch leiblich wohl zu befinden. Zunächst mußten sie sich nun bei dem Viceadmiral Kuschelew melden, in dessen Vor-
zimmer sie jedoch nicht lange zu warten brauchten; denn wer dem
neuen Herren nahe stand, mußte von dieser frühen Stunde an darauf
gefaßt sein zu ihm beschieden zu werden, da der Kaiser selbst immer
schon um sechs Uhr vollständig und auf das pünktlichste vorschrifts-
mäßig gekleidet war. So wurde auch jetzt Kuschelew durch einen
kaiserlichen Boten abgerufen, und wie er, ein ehrwürdiger Greis mit
weißen Haaren, an den jungen Offizieren vorüber ging, sagte er ihnen
höflich und freundlich: es sei nicht nöthig daß sie sich dem Kaiser
vorstellten; sie sollten sich bei dem Ingenieur-Obristlieutenant Oppermann melden, und dann das sogenannte Brucische Haus beziehen,
in welchem ihnen der Kaiser Wohnungen habe anweisen lassen. —
Die jungen Leute eilten demnach zu Oppermann, und dann zurück in
das Cadettenhaus, um ihre wenigen Habseligkeiten zusammenzupacken.
Von dem hergebrachten Abschiedsbanquet war unter dem Drang so
vieler neuen Verhältnisse gar nicht die Rede, und schon am folgenden
Tag bezogen die zusammen beförderten Offiziere das ehemals Brucische
Haus, das sich, nun der Regierung gehörend, neben dem Winter-
Palast erhob —: dort wo später das große Exercier-Haus stand, das
nun auch wieder abgetragen worden ist, um dem vor kurzem vollen-
deten Palast des Garde-Stabes Platz zu machen.

Hier waren die jungen Leute zunächst so ziemlich sich selbst überlassen und hatten in der ersten Zeit durchaus gar nichts zu thun; Niemand erklärte ihnen was ihre Stellung eigentlich bedeuten, und
worin eigentlich ihr Dienst bestehen sollte. Sie selbst glaubten sich bestimmt die beständige militärische Umgebung des Kaisers zu bilden;

2*

die neue Benennung, die man dieser jugendlichen, und fürs erste in keiner Weise, weder gut noch schlecht eingerichteten und gegliederten Schaar beigelegt hatte, schien auf so etwas zu deuten, und außerdem hatte man ihnen durchaus gar nichts befohlen als täglich auf der Wachtparade zu erscheinen, auf der auch der Kaiser niemals fehlte.

Das war nun freilich ein nicht sehr schwieriger Dienst, aber er hatte denn doch sein Beschwerliches. Fern wie der Kaiser Paul als Großfürst zur Zeit Catharina's von allen Staatsgeschäften gehalten war, hatte die tägliche Wachtparade, zur großen Beschwerde der wenigen Truppen die ihn in seiner gewöhnlichen Residenz zu Gatschina um=
gaben, einen großen Theil seiner müßigen Stunden ausfüllen müssen—: jetzt freute er sich derselben Beschäftigung in einem erweiterten Maaß=
stab, unter Bedingungen, die dem Ganzen mehr den Zuschnitt eines wirklichen, ernstlich gemeinten Geschäfts gaben; und da er wirklich, eben wie sein Vater, und wie so mancher andere große und kleine Herr neuerer Zeit, alle Kleinlichkeiten des sogenannten Kamaschen=
Dienstes für sehr wichtige Dinge, für die Grundlage und das Wesen aller kriegerischen Zucht und Ordnung hielt, wurden die Ceremonien beim Abholen und Empfang der Fahnen, bei ihrer Rückbegleitung an den Ort wo sie aufbewahrt wurden, bei allen vervielfältigten Mel=
dungen deren Inhalt man vorher wußte, da sie natürlich jeden Tag dieselben waren, bis in das Unglaubliche vermehrt. Die Sache dauerte von neun Uhr Morgens bis gegen Mittag, und nicht nur jene jungen Offiziere —: alle in Petersburg anwesenden Generale und die sämmtlichen Offiziere der Garnison mußten dabei jeden Tag erscheinen, insofern sie nicht durch ein bestimmtes Dienst=Geschäft ver=
hindert waren, und da der Kaiser seinen Stolz darein setzte hier auch der schlechtesten Witterung in der blanken Uniform ohne Pelz oder Mantel Trotz zu bieten, versammelte sich natürlich alles in derselben Tracht, die gegen das Petersburger Klima keinen genügenden Schutz gewährte; auch nicht als ein schnell erbautes Exercierhaus zu Gebote stand, da doch nur ein Theil der Feierlichkeit in diesen geschlossenen und bedeckten Raum verlegt wurde. Der Kaiser erschien mit seiner zahlreichen Umgebung immer sehr pünktlich, ehe noch das Garde=Ba=
taillon, das für den Tag die Wache hatte, an Ort und Stelle war;

der Standort, den er wählte, bezeichnete den Punkt wo der rechte Flügel hinkommen sollte, und die jungen Offiziere der Suite vom Quartiermeister-Wesen wurden oft als Jalons aufgestellt um die Punkte zu bezeichnen, auf die das Bataillon aufzumarschiren hatte. Die ängstliche Richtung der drei Glieder erforderte, wie das zu geschehen pflegt, unter der persönlichen Leitung des Kaisers, eine sehr lange Zeit; dann wurden die Fahnen aus dem Winterpalaste abgeholt und mit klingendem Spiel, mit Trommelwirbeln und präsentirtem Gewehr empfangen, wobei auch der Kaiser selbst den Hut abnahm, und alles seinem Beispiel folgte. Nachdem dann der Kaiser zur einzelnen Besichtigung durch das Bataillon gegangen war, ließ er eine Reihe von Evolutionen ausführen, indem er selbst das Commandowort einem dienstthuenden höheren Offizier gab, der es laut wiederholte. Das dauerte mindestens eine Stunde; zwei Kavalerie-Piquets, eins von 50 Kürassieren der Garde, das andere von 25 Husaren, mußten darauf eine ähnliche Prüfung bestehen; dann folgten Rapporte, die neu ernannten Offiziere mußten hier vorgestellt werden, und der Kaiser dictirte einen Parole-Befehl, der alle Beförderungen, Belohnungen und Strafen umfaßte. Den Beschluß machte der Parade-Marsch, der selbst als das Exercierhaus fertig war im Freien stattfand, und im langsamsten Ceremonial-Schritt ausgeführt wurde. Auch hier mußte Alles was nicht mit in Reihe und Glied stand, dem Beispiel des Dienstherren folgend, den Fahnen zu Ehren den Hut abnehmen; fing es dann an zu schneien, so sammelte sich wohl der Schnee auf den unbedeckten Häuptern der Generalität, was besonders für die älteren Herren, die zum Theil ihre Gesundheit in so manchem beschwerlichen Feldzug zugesetzt hatten, nur höchst unerfreulich sein konnte. Bebend vor Frost trotz seines stoischen Willens, in unruhiger Bewegung, um die Füße zu erwärmen, sonst in sehr grader Haltung, die linke Hand auf dem Rücken, schlug der Kaiser mit seinem starken spanischen Rohr den Tact, und zählte mit schallender Stimme: „Eins! — zwei! — eins! — zwei!" die jungen Großfürsten Alexander und Constantin marschirten, so gut es bei vieler Anstrengung in sehr schweren Stulpenstiefeln im Schnee gehen wollte, auf dem rechten Flügel der beiden ersten Züge. Der Kaiser folgte dann noch jedesmal dem

Commando das die Hauptwache im inneren Hof des Palastes zu beziehen hatte, sah dort mit allen Ceremonien die Wache ablösen, und besorgte persönlich daß die Fahnen mit der gehörigen Weihe an ihren Ort in die Säle des Palastes zurück gebracht wurden.

Wie peinlich mußte das Alles erscheinen, besonders nachdem zur Zeit der Kaiserin Catharina der Dienst, namentlich bei den Garderegimentern, mit einer wirklich nicht zu lobenden Lässigkeit betrieben worden war. Damals war es ganz in der Ordnung gewesen daß Bataillone der Garde ganz ohne Offiziere, blos von Unteroffizieren geführt, zur Uebung oder zur Parade ausrückten. Erst lange nachher, wenn Alles bereits fertig und gerichtet in Reihe und Glied stand, kamen dann die vornehmen jungen Offiziere einzeln, meist in vierspännigen Wagen, angefahren, und ließen sich vom Feldwebel den Platz zeigen, den sie in der Fronte einzunehmen hatten.

Nach etwa vierzehn Tagen eines solchen Lebens erhielten die Offiziere der Suite durch den Oberst-Lieutenant Oppermann die Weisung sich bei dem Obersten Gerhard zu melden, und dieser trug ihnen nun endlich auf Befehl des Kaisers eine Arbeit auf. Sie sollten, nach Materialien die ihnen geliefert wurden, einen großen Plan der Stadt Moskau entwerfen, der zu der Zeit der Krönung fertig sein mußte. Nie war eine ähnliche Arbeit im Cadettenhause vorgekommen; die armen jungen Leute, denen Niemand eine weitere Anweisung gab, wußten durchaus nicht wie man so etwas macht, und an welchem Ende sie die Sache anfangen sollten. Indessen so groß auch ihre Verlegenheit war, arbeiteten sie doch an dem Plane so gut es eben gehen wollte — um so fleißiger, da ihnen der Oberst Gerhard zugleich eröffnet hatte, es sei nicht nöthig daß sie täglich der Wachtparade beiwohnten; sie brauchten dort nur zwei- oder dreimal in der Woche zu erscheinen. Nach einiger Zeit wurde ihnen unerwartete Hülfe.

Toll und seine Dienstgefährten erfuhren nämlich eines Tages zu ihrer Ueberraschung, daß ein großer Theil der Offiziere die früher den Generalstab gebildet hatten, wieder zurückberufen sei, um in die „Suite des Kaisers vom Quartiermeisterwesen" — einzutreten, und so löste sich das Räthsel. Man errieth nun wohl daß dies neue Corps den

Generalstab der Armee ersetzen sollte. Freilich mußte es da doppelt seltsam erscheinen daß der Kaiser die Offiziere, die es bilden sollten, in den Cabettenhäusern aufsuchte, daß er zunächst Niemand dazu bestimmt hatte, als ganz junge Leute, die durchaus keinerlei Art von Erfahrung haben konnten, denen er selbst einen Augenblick vorher noch nicht recht zutraute, daß sie den Plan einer Schlacht ohne Hülfe eines Lehrers zeichnen könnten, die ihn überraschten indem sie sich fähig zeigten den Bewegungen eines Heeres auf solch einem Plane zu folgen. — Jetzt war man, wie sich ergab, auch wieder ohne recht bestimmte Veranlassung zu der Einsicht gelangt, daß es auf diese Weise nicht ging und dabei denn doch sein Bewenden nicht haben könne. Oberst Gerhard hatte den Auftrag erhalten die besten jener vor Kurzem entfernten Offiziere für diese neue Anstellung zu wählen, und noch im Laufe des Winters wurde die Gesellschaft im Brucischen Hause durch die Obersten Lehn und Kalemberg, den Obrist-Lieutenant Rubséwitsch, den Major Bolwiler, den Capitain Chomentowsky und mehrere Lieutenants, unter denen zwei Brüder Eichen, vermehrt. Alle diese Offiziere erschienen in ihren verschiedenen Regiments-Uniformen und bildeten eine wunderlich bunte Schaar, aber sie brachten die nöthige Erfahrung mit, Alles nahm eine andere Gestalt an, und die anbefohlenen Arbeiten förderten nun doch wenigstens, wie sie auch an sich beschaffen sein mochten. So wurde nun der Plan von Moskau unter der Leitung eines Offiziers vollendet, der bei der Aufnahme von Lithauen unter dem General Hermann eine große Uebung erlangt hatte — und Toll befreundete sich mit diesem Offizier, dem damaligen Lieutenant, nachherigen General-Lieutenant und Commandanten zu Peterhof, Jacob v. Eichen, auf das engste und für das Leben.

Da Toll eine sehr schöne Hand schrieb wurde ihm der Auftrag die Schrift in den fertigen Plan einzutragen, und als Oberst Gerhard dem Kaiser das vollendete Werk vorlegte, zeigte sich dieser außerordentlich zufrieden, besonders mit der schönen Schrift, und fragte von wem sie herrühre. Toll's Name wurde so dem Kaiser bekannter, und zwar in einer Weise, die sich später als eine ungemein günstige erwies. Es kamen fortan häufig Papiere in den umgetauften Generalstab mit dem ausdrücklichen Befehl des Kaisers: der Lieutenant Toll solle sie abschreiben —: Kleinigkeiten, die einen nicht unwichtigen Einfluß auf den Lebensgang des jungen Mannes üben sollten.

Nahe bei dem Pagen-Corps einquartirt hatten die jungen Offiziere mehrfach Gelegenheit mit den Zöglingen dieser Anstalt bekannt zu werden, und um so leichter, da dort eben nicht die strengste Zucht gehandhabt wurde. Man kam und ging da, wie man wollte; ein Jeder konnte zu jeder Stunde da seinen Besuch machen. Man besuchte sich gegenseitig, und unter den Pagen die Toll auf diese Art insbesondere kennen lernte, waren namentlich ein Graf Siewers, dann Potemkin und Chrapowitzky, die beide später Generale der Infanterie wurden, und von denen der letztere 1831 Militair Gouverneur von Wilna, dann Militair-Gouverneur von Petersburg war; endlich, neben anderen, auch der Kammer-Page Paskiewitsch, der jetzige Feldmarschall, mit dem Toll erst spät wieder in unmittelbare Berührung kommen sollte. Man erfuhr bei dieser Gelegenheit wie es im Pagen-Corps zuging, was da für Studien getrieben wurden, und die Zöglinge des Grafen v. Anhalt fühlten sich veranlaßt aus einer gewissen Höhe auf die des Pagen-Corps herabzusehen; denn die selten erreichte Stufe, auf der das Cadetten-Corps damals stand, bildete sehr entschieden eine Ausnahme; von dem Pagen-Corps konnte man etwas Aehnliches durchaus nicht rühmen. Die jungen Leute lernten dort eigentlich durchaus gar nichts als geläufig und elegant französisch reden — was freilich in einem nur allzu weiten Kreise für den Inbegriff einer guten Erziehung galt.

Im Frühjahr 1797 wurden die Offiziere vom Quartiermeisterwesen bedeutet sich Wohnungen in der Stadt zu suchen. Die Wachtparaden ganz im Freien hatte denn doch selbst der Kaiser schon den ersten Winter etwas allzu beschwerlich gefunden. Das Brucische Haus sollte abgerissen und an seine Stelle während der wenigen Sommermonate ein großes Exercierhaus errichtet werden, das auch dem kaiserlichen Befehl gemäß zum Herbst schon fertig dastand. Für diejenigen, die, wie Toll, ohne Vermögen, darauf angewiesen waren von ihrem Gehalt zu leben, war die neue Einrichtung nicht eben bequem, obgleich einem Jeden 10 Rubel monatlich Quartiergelder angewiesen wurden. Da die jüngeren Offiziere ohnehin noch vom Cadettenhause her an ein cameradschaftliches Zusammenleben gewöhnt waren, miethete sich Toll mit mehreren anderen die nicht reicher waren als er, mit Parpura, Baratinsky, Scheffler und Rüdinger zusammen auf Wassily=Ostrow ein; auch der bescheidene Mittagstisch wurde gemeinschaftlich besorgt; ja die Gemeinschaftlichkeit der Haushaltung war so vollständig, daß alle zusammen einen Friseur annahmen — eine damals besonders für Krieger ganz unentbehrliche Person — und jeder mußte dazu monatlich zwei Rubel beitragen.

Das Geschäftslocal wurde in den Winterpalast selbst verlegt; seltsamerweise gerade in die Zimmer, die unter der vorigen Regierung eine bekannte Reihe von Bewohnern beherbergt hatten —: zuletzt den Fürsten Subow. Dort wurde nun in einem großen Saale gezeichnet, in welchem die Offiziere, und keineswegs blos die jüngsten unter ihnen, gar schlimme Stunden hinbringen sollten.

Der Kaiser wollte nämlich dem neuen Generalstab, wie wir die Suite vom Quartiermeisterwesen der Kürze wegen nennen wollen, eine bestimmtere Gestalt und gesteigerte Bedeutung geben; er ernannte zu dem Ende am 19/30. April 1797 den nachherigen Grafen, damaligen General=Major Baron Alerei Andreyewitsch Araktschejew zum General= Quartiermeister der Armee, und damit zum Befehlshaber des General= stabs. Es ist der Mühe werth die Laufbahn und das Wesen dieses in eigenthümlicher Weise sehr merkwürdigen Mannes etwas näher in das Auge zu fassen. Um so mehr da vor Kurzem der bekannte General Danilewsky, in seiner Geschichte des Kriegs in Finland 1808—1809, den sehr gewagten Versuch gemacht hat, auch ihn zum Helden zu stempeln — vorzugsweise wohl nur in der Absicht dagegen zwei tapfere und vielgeprüfte Krieger, die aber freilich beide das Unglück hatten Deutsche zu sein — Burhöwden und Knorring — herabzusetzen, und namentlich den letzteren unverdienter Weise in einem recht erbärmlichen Lichte erscheinen zu lassen.

Araktschejew stammte aus einer sehr armen Familie des kleinen, unbedeutenden Adels, der in den slawischen Ländern überall sehr zahl= reich ist, und war 1769 (23. Sept. a. St.) geboren. Sein Vater, verabschiedeter Major und Besitzer eines sehr kleinen Landguts im Nowgorodschen Gouvernement, war so arm, daß er den Diaconus im

Dorf, der den Sohn lesen und schreiben lehren sollte, nicht anders zu bezahlen wußte, als in Hafer, den er in sehr geringer Quantität lieferte. Mehr als nothdürftig russisch lesen und schreiben hatte der Sohn auch noch nicht gelernt, als er, vierzehn Jahr alt, 1783 in das „Artillerie- und Ingenieur-Cadetten-Corps" — (das heutige zweite Cadetten-Corps) abgegeben wurde. Hier machte er nun den üblichen Cursus ziemlich schnell durch, und soll sich besonders im Studium der Mathematik ausgezeichnet haben, obgleich von allen Seiten zugegeben wird, daß er in jeder anderen Beziehung vollkommen roh und ungebildet war und blieb. Besonders aber wußte er die Gunst des Directors, Generals Melissino, eines Grusiners, zu gewinnen, wurde in Folge dessen bald Unterofsizier, und schon als solcher beauftragt den jüngeren Cadetten Arithmetik vorzutragen. Kaum (1787) zum Unterlieutenant in der Armee vorgerückt, gelangte er durch die Empfehlungen seines Generals dazu den Kindern des Grafen, nachherigen Feldmarschalls und Fürsten Saltykow Stunden zu geben, wodurch seine finanzielle Lage bequemer und manche Begünstigung gewonnen wurde. Uebrigens blieb er, obgleich dem Namen nach zur Artillerie versetzt, doch immer in der Anstalt; seitdem er (1790) zum Capitain in der Armee vorgerückt war, als erster Adjutant des Generals Melissino.

Es ist bekannt mit welcher Sorgfalt der nachherige Kaiser Paul als Großfürst unter der Regierung seiner Mutter dem Heere fern und fremd gehalten wurde. Dagegen erlaubte man ihm gern, zu spielender Unterhaltung mit dem Soldatenwesen, in Gatschina eine eigene kleine Schaar zu bilden: die sogenannten Gatschinaischen Truppen, die zwar nur aus einigen hundert Mann, doch aber aus allen Waffengattungen bestanden. Es gab sogar eine Admiralität in Gatschina, die jedes Frühjahr die Ausrüstung einiger Kähne auf den Teichen des kaiserlichen Parks zu besorgen hatte. Sehr viel wurde da aufmarschirt und abmarschirt. Die paar hundert Mann befanden sich eigentlich im Zustand einer immerwährenden Wachtparade. Der Großfürst sprach unter Anderem einst den Wunsch aus, einen tüchtigen Offizier zu haben, der seine Artillerie in Ordnung bringen könnte; Melissino und Saltykow empfahlen Arakfscheyew zu dieser Stelle, und der war auch ganz der Mann dafür.

Der strenge Ernst, den er wie kein Anderer zu diesen Beschäftigungen mitbrachte, über deren Wichtigkeit und eigentliche Bedeutung hier wenigstens jede Täuschung unmöglich war; die Energie, die er darauf verwendete; die eiserne, durchgreifende Strenge, die unermüdliche Wachsamkeit, mit der er die augenblickliche, unbedingteste und pünktlichste Erfüllung eines jeden Befehls bei seinen Untergebenen erzwang; die ganz unbedingte Unterwürfigkeit, mit der er selbst ohne Widerrede jeden Befehl der Höhergestellten hinnahm und ausführte, ohne je zu fragen ob er vernünftig oder unvernünftig sei; die vollkommene, schweigende Ergebung mit der er sich von Seiten jedes Höhergestellten Alles, selbst jede noch so sehr die Ehre verletzende Mißhandlung gefallen ließ —: das waren Eigenschaften die ihm sehr schnell die Gunst des nachherigen Kaisers erwarben. Er war kaum fünf Wochen in Gatschina gewesen (seit 4/15. September 1792), als er (am 8/19. October) zum Artillerie-Capitain und Premier-Major in der Armee befördert wurde, wobei er zugleich die Erlaubniß erhielt täglich an der Tafel des Großfürsten zu erscheinen. Er rückte weiter vor, und war zuletzt in Gatschina als Oberster nicht nur Befehlshaber der Artillerie des Großfürsten, sondern auch Inspecteur der gesammten Infanterie des Gatschinaischen Heeres, in welchem ein Musketier-Bataillon, das seinen Namen führte, ihn noch insbesondere als Inhaber verehrte; und als der Kaiser Paul den Zarenthron bestieg, befand sich Araktschejew unter denen, die zuerst bedacht und hervorgezogen wurden.

Den 6/17. November endete die Kaiserin Catharina II. —: schon am 7/18. wurde Araktschejew zur Preobraschenskischen Garde versetzt, und zum Commandanten von Petersburg ernannt; den Tag darauf erfolgte seine Beförderung zum General-Major; am 9/20., als die Gatschinaischen Truppen aufgelöst und in die Garderegimenter eingereiht wurden, erhielt er ein aus den Grenadier-Compagnien des Preobraschenskischen Garderegiments gebildetes Bataillon — das heißt, das erste und vornehmste der russischen Armee — und schon am 12/23. schmückte ihn der St. Annen-Orden erster Klasse. Im Lauf des Winters noch mit der Leitung der Vorlesungen über Tactik beauftragt, die im kaiserlichen Palast für ein Auditorium von Stabs- und Oberoffizieren gehalten wurden, sah er sich am 5/16. April 1797 zum

Baron und Ritter des St. Alexander-Newsky-Ordens erhoben, und zwei Wochen später zum General-Quartiermeister ernannt, behielt er alle seine sonstigen Aemter.

Nun war dieser Araktschejew keineswegs ein Mensch ganz ohne Verdienst; es fehlte ihm nicht an natürlichem Verstand; als Artillerist hatte er gute technische Kenntnisse erworben; für die Verwaltung hatte er wirklich Talent und seine durchgreifende Art wußte überall Ordnung, oder doch wenigstens den Schein derselben zu erzwingen. Was ihn aber vor allen Dingen auszeichnete, war eine unerbittliche Strenge — eine unerhörte, leidenschaftliche Rohheit und Härte — eine wirklich beispiellose Grausamkeit. Sie war der Art, daß sie in ihren Einzelnheiten jedes Bild übersteigt, das man sich im Allgemeinen davon machen könnte; selbst der Vorbereitete, der auf das Aeußerste gefaßt zu sein glaubte, wurde dadurch oft in der entsetzlichsten Weise überrascht. Araktschejew kannte kein Erbarmen!

Und wie das bei solchen Charakteren wohl vorzukommen pflegt, —: **beispiellos war auch seine Feigheit.** Das weiß ganz Rußland. Die Art, wie diese im Einzelnen hervortrat und mitunter die unwürdigsten und lächerlichsten Scenen herbeiführte, übertraf ebenfalls jede Vorstellung. Es war so arg damit daß an ein Verbergen gar nicht gedacht werden konnte. Mehr als einmal in seinem Leben war Araktschejew genöthigt, mit einer Art von erzwungener Unbefangenheit von dieser Eigenthümlichkeit seines Wesens zu sprechen, und über ein unglücklich reizbares Nervensystem zu klagen. Seltsam nur, daß diese Reizbarkeit der Nerven sich niemals äußerte, wenn er — ohne Gefahr für seine eigene Person — den blutigsten und grausamsten Executionen beiwohnte.

Uebrigens wußte er sich zu wahren. Obwohl seine Laufbahn — bezeichnet durch die unbeachteten Seufzer und blutigen Thränen so vieler unglücklicher Schlachtopfer, so vieler unglücklicher Soldaten, die den Geist unter dem Stock aufgeben mußten — obwohl diese Laufbahn ihn zu den höchsten militärischen Ehren und Stellen führte, standen doch in seinen Dienstzeugnissen, in der „Kriegsdienste" überschriebenen Rubrik, bis an das Ende immer nur die einfachen Worte: „ist nie im Feuer gewesen." (въ сраженіи ни когда не бывалъ.)

Man kann sich nun schon ungefähr denken, wie es den armen Offizieren vom Quartiermeisterwesen unter solcher Leitung ergehen mochte. Bei näherer Untersuchung möchte sich vielleicht finden, daß auch heut zu Tage noch in mehr als einem europäischen Heere die Friedensbeschäftigungen der Generalstabsoffiziere ihren Obliegenheiten im Felde nicht sehr entsprechen, und wenig geeignet sind, sie darauf vorzubereiten —: zu jener Zeit vollends wußte man wenigstens in Petersburg diese Offiziere durchaus zu nichts anderem, als zu geist= tödtenden mechanischen Arbeiten zu gebrauchen. Das mühselige Nach= zeichnen einer Menge meist sehr unnützer Plane wollte gar kein Ende nehmen, und mußte unter Araktscheyew mit verdoppelter Anstrengung be= trieben werden; von einer anderen Arbeit war gar nicht die Rede. Araktscheyew war nicht der Mann der je fragte, oder zu fragen erlaubte, ob das, was befohlen war, einen Zweck hatte oder nicht. Wo er herrschte galt die Ansicht, daß es nur zweierlei Arten von Dingen gebe: befohlene und verbotene, und nur insofern die Dinge das eine oder das andere waren, hatten sie einen positiven oder negativen Werth. Die bisher sehr bequemen Dienststunden wurden nicht etwa blos ver= mehrt, sondern geradezu verdoppelt. Von 9 Uhr Morgens bis 2 Uhr nach Mittag war bisher gezeichnet worden —: jetzt mußten die Offi= ziere des Quartiermeisterstabs schon um sieben Uhr früh im Geschäfts= local versammelt sein und bis Mittag bleiben, um dann nach einer Unterbrechung von zwei Stunden, wieder von zwei bis sieben nach Mittag zu arbeiten. Dabei verlauteten wunderbare Dinge von dem Befehlshaber; täglich erfuhr man neue Beweise seiner rücksichtslosen Rohheit. In einer Caserne fand er z. B. bei einer Besichtigung ein Unteroffiziers=Zimmer nicht in der gewünschten Ordnung, und riß deshalb im Zorn einem Garde=Grenadier mit eigener Hand den Schnurrbart aus den Lippen! — Aber die Offiziere vom Quartier= meisterstab brauchten dergleichen nicht von außen her zu hören; sie er= lebten Aehnliches unmittelbar selbst, denn zu ihrem Unglück wohnte Araktscheyew im Winterpalast, unmittelbar über dem Saal in dem ge= zeichnet wurde, und da erschien er immer ganz unerwartet, zwei= und dreimal täglich in der Mitte seiner Untergebenen, um bei der geringsten Veranlassung, unter den nichtigsten Vorwänden, diesen oder jenen, oder alle mit einander auf das schnödeste anzufahren. Einst gab er in Gegenwart sämmtlicher Offiziere einem unglücklichen jungen Mann, Colonnenführer*) v. Vietinghoff, eine Ohrfeige. Ein anderes Mal, da ein Plan den er verlangte, nicht gleich zur Hand war, wendete sich der rohe Zorn gegen den Obersten Lehn. Dieser war älter an Jahren als Araktschejew, er war, was der Befehlshaber nicht von sich rühmen konnte, ein wirklicher Krieger, und zwar ein verdienter; er hatte die Ehre gehabt Suworow's Oberquartiermeister zu sein, und durch eine That glänzender Tapferkeit das Georgenkreuz erworben. Das alles hielt Araktschejew nicht ab ihn mit den pöbelhaftesten Schimpfreden zu überhäufen, die er überhaupt bei solchen Gelegenheiten keineswegs verschmähte. Lehn hörte ihn schweigend an, und verließ auch nachher den Saal nicht eine Minute vor der festgesetzten Stunde; aber gegen Abend vom Dienste frei, eilte er nach Hause, nahm ein Paar geladene Pistolen zu sich, und begab sich damit zu Araktschejew, den er jedoch nicht daheim fand. So kehrte denn der Unglückliche in seine Wohnung zurück, und nachdem er eilig einen kurzen Brief an den Befehlshaber geschrieben hatte, von dem er sich entehrt sah, machte er seinem Leben ein Ende, indem er sich eine Kugel durch den Kopf schoß.

Selbst dergleichen erschütternde Ereignisse bewirkten weder jetzt noch später auch nur das mindeste Schwanken, auch nur die kleinste Aenderung in dem Sein und Wesen Araktschejew's, der solche Ausbrüche der Roheit sogar ausdrücklich zu rechtfertigen suchte, indem er dabei nach Grundsätzen zu verfahren vorgab. Er, der doch selbst ein Russe war, dem ein natürliches Gefühl der Scham eine solche Aeußerung verbieten mußte, auch wenn sie seine Ueberzeugung aussprach, hat oft genug und öffentlich genug erklärt: so müsse man mit Russen umgehen; eine solche Behandlung sei das einzige Mittel sie zu etwas zu bringen.

Die Lage der Offiziere des Quartiermeisterstabs nannte Toll, wenn er später von dieser Zeit seines Lebens sprach, eine verzweif=

---

*) So werden in Rußland die Junker — in der preußischen Armee Fähnriche — des Generalstabes genannt.

lungsvolle. Das war das Wort dessen er sich bediente. Erst nach etwas mehr als zehn Monaten, die ihnen unerträglich lang schienen, wurden sie von diesem Druck befreit, und zwar in Folge eines etwas all zu öffentlichen Aergernisses. Araktscheyew fand ein Bataillon der Garde, das er hatte ausrücken lassen, nicht gut gerichtet, und wie er im Zorn die Fronte entlang vom linken zum rechten Flügel schritt, schlug er in einem fort mit seinem spanischen Rohr den Soldaten heftig auf die Schienbeine; — dann ließ er die Offiziere aus der Linie heraus und zu sich herantreten, um sie in Gegenwart einer Menge Zuschauer, laut schreiend und in der zornigsten Bewegung, mit solchen Reden zu überschütten, wie sie den unglücklichen Lehn zur Verzweiflung getrieben hatten. Das wurde zu arg gefunden, obgleich es eigentlich nicht schlimmer war als so manches Andere. Die Offiziere des Bataillons waren meist vornehme junge Leute; mehrere von ihnen in Verbindung mit anderen Würdeträgern, die bei dem Kaiser etwas galten. Kaiser Paul's leidenschaftliche Gunst war so leicht verloren als gewonnen. Araktscheyew wurde am 1/12. Februar 1798 aller seiner Aemter enthoben, und bis zur Wiederherstellung seiner Gesundheit beurlaubt, den 18/29. März aber ganz aus dem Dienst entlassen, jedoch als General-Lieutenant.

An seine Stelle trat als General-Quartiermeister der G.-L. Hermann, schon bekannt durch seinen Sieg über Batal-Bey, am Kuban (1790), ein Deutscher von Abkunft, ein verständiger Mann, von gradem, redlichem Charakter. Alles athmete freier.

Araktscheyew's Ungnade dauerte freilich nicht lange. Genau zwei Monate nach seiner Verabschiedung, am 18/29. Mai wurde er wieder angestellt, wobei er mit der zartesten Rücksicht in Beziehung auf die Stelle, die er auf der Rangliste der Generale einzunehmen habe, begünstigt wurde; man sah ihn von neuem mit den wichtigsten Aemtern bekleidet, mit neuen Orden geschmückt, in den Grafenstand erhoben, mit Gütern und Bauern überreich beschenkt; General-Quartiermeister konnte er indessen doch nicht sogleich wieder werden, da die Stelle besetzt war.

Unter General Hermann's milder und verständiger Leitung nahmen auch die Beschäftigungen in dem neubelebten Quartiermeisterstab

einen anderen Charakter an, der einen wirklichen Nutzen versprach.
Zunächst wurde die Thätigkeit einer militairischen Aufnahme der
Gränz-Provinzen des Reichs zugewendet, die im Fall eines Krieges
möglicher Weise der Schauplatz desselben werden konnten, und da der
Kaiser Paul, in der Nachahmung dessen was seit vielen Jahren in
Preußen geschah, sogenannte Feldmanoeuver in der Umgegend seiner
Hauptstadt veranstalten wollte, mußte auch der seither für solche
Uebungen classisch gewordene Boden, die Gegend um Krasnoe Selo,
unter der Leitung des Gen.-Maj. Meder in ähnlicher Weise aufge-
nommen werden. Dazu wurden die Lieutenants Eichen, Tanke und
Toll befehligt. Der letztere gewann hier die erste Erfahrung und
Uebung in thatsächlichen Aufnahmen; es gelang ihm damit bald so gut,
daß gegen das Ende der Arbeit ein Abschnitt der zu umfassenden Boden-
fläche ihm ganz allein anvertraut werden konnte, und er sich auch dieses
Auftrags zur vollkommenen Zufriedenheit seiner Vorgesetzten entledigte.

Nun erscholl durch ganz Europa die Kunde, daß die französische
Flotte des Mittelmeeres, mit dem General Buonaparte und einem
Heer von vierzigtausend Mann von Toulon aus in See gegangen sei,
und sie fesselte die gespannte Aufmerksamkeit eines ganzen Welttheils.
Zwischen dem russischen Hof und der französischen Regierung war unterdessen eine gewisse Spannung eingetreten; sie hatte, wie bekannt, noch
lange nicht zu einem vollständigen Bruch geführt — : doch faßte Kaiser
Paul den etwas seltsamen Gedanken, diese französische Flotte könne
wohl im Schwarzen Meer erscheinen, das Heer an den südlichen
Küsten Rußlands landen. Sofort bekam General Hermann den Befehl, mit einigen Ingenieur- und Quartiermeisterstabs-Offizieren nach
der Krimm zu eilen, um Sewastopol und einige andere Küstenpunkte
schleunig zu befestigen. Toll gehörte zu den dorthin Beorderten, und
machte bei dieser Gelegenheit mit einem Pionier-Capitain Elisunow
zusammen, seine erste Reise, die für ihn so angenehm als lehrreich
wurde, da Elisunow, als ein erfahrener Offizier, der namentlich viel
bei Festungsbauten, zuletzt in Kiew, gebraucht worden war, viel zu erzählen wußte, und Toll gern und mit Aufmerksamkeit zuhörte. Sie verließen die Hauptstadt am 21. Juni/2. Juli, und ihr Weg führte über
Welikі-Luki, Witepsk, Mohilew, Kiew, Krementschug und Elisabeth-

grab nach Nikolayew, wo sie General Hermann bereits vorfanden und in seiner Begleitung einen Major Engelmann, der in dem früheren Generalstab zu Catharina's Zeiten für einen geschickten Offizier gegolten hatte.

Mehrere Wochen vergingen in Erwartung einiger Ingenieur-Offiziere, die noch ankommen sollten —: da brachte plötzlich ein Feldjäger aus Petersburg die Nachricht von Buonaparte's Landung in Egypten, und von Nelson's Sieg bei Abukir. Zugleich erhielten der General und sein Stab eine veränderte Bestimmung. General Hermann sollte nun am Dniester ein Corps von 10,000 Mann sammeln, und sein Hauptquartier nach Kaminiec-Podolsk verlegen. Um die regelmäßige Einquartierung der Truppen, die erst gegen die Mitte des Winters aus dem Innern Rußlands her an den Dniester gelangen konnten, zu erleichtern, sollte der Major Engelmann eine Karte der Otschakowischen Steppe, und dann eine umständliche und genaue Cantonirungsliste entwerfen. Als Gehülfen wurden ihm der Lieutenant Toll und die Kolonnenführer Kratz und Jort beigegeben.

Hier handelte es sich nun um eine möglichst genaue und schnell ausgeführte Aufnahme nach Augenmaß —: oder richtiger, die Aufgabe bestand darin, eine alte und sehr schlechte Karte der Otschakowischen Steppe zu verbessern, alle Bäche, Dörfer und was sonst fehlte, einzutragen, und namentlich überall genau zu bemerken, aus wie viel Bauernhöfen ein jedes Dorf bestand. Toll gewann hier eine große Fertigkeit im Aufnehmen nach Augenmaß, so daß Major Engelmann ihn bei der Rückkehr nach Kaminiec-Podolsk dem Oberbefehlshaber als einen vorzüglich brauchbaren Offizier empfehlen konnte. Nebenher war er diesem ehrlichen Sachsen, der kein Wort russisch verstand, so lange er auch schon in Rußland diente, auch als Dolmetscher nützlich gewesen — und hatte dabei selbst seine Muttersprache geübt. So früh und seit so langer Zeit aus der Heimath und von den Seinigen entfernt, bedurfte er seltsamer Weise einer solchen Uebung.

Der Winter wurde in Kaminiec-Podolsk damit hingebracht die Karte ins Reine zu zeichnen, und die Truppen, wie sie anlangten, in die Winterquartiere zu verlegen, in denen sie sich zu einem Zug durch die Moldau und Wallachei an die Donau vorbereiten sollten. Denn in Folge eines Vertrags mit der Pforte waren sie bestimmt, bei Zechinowka über den Dniester zu gehen, um dann an der Donau Paswan-Oglu, den empörten Pascha von Widdin zu bekämpfen.

Drittes Kapitel.

1799. Feldzug in Italien.

Veränderte Bestimmung. — Gen. Rehbinder. — Marsch durch Galizien, Ungarn und die Lombardei nach Piacenza. — Bajonet=Uebungen. — Ein Brief Suworow's. — Belagerung von Tortona. — Schlacht bei Novi. — Toll's erstes Zusammentreffen mit Suworow. — Serravalle. — Zweites Zusammentreffen mit Suworow. — Beförderung zum Capitain. — Ein Brief des Kaisers Paul an Suworow.

Mit dem Frühjahr 1799 erhielten die unter dem Gen. Hermann am Dniester aufgestellten Schaaren eine durchaus veränderte Bestimmung. Schon im Anfang des März (a. St.) war das kleine Corps in engen Quartieren um Kaminiec=Podolsk vereinigt, und am 28. März / 8. April überschritt es 11 Bataillone und 2 Kosackenregimenter stark, in Folge der Befehle die Eilboten aus Petersburg überbracht hatten, bei dem Dorfe Gussätina die österreichische Gränze, um zur Verstärkung des von General Rosenberg befehligten Corps nach Italien zu ziehen. Bald darauf wurde auch Gen. Hermann abberufen, um den Befehl über die Truppen zu übernehmen, die an der Küste von Holland landen sollten. Er erfuhr dort bekanntlich ein Mißgeschick, das wohl nicht vorzugsweise ihm zuzuschreiben ist.

Den Befehl über die nach Italien bestimmten Verstärkungen übernahm der im Dienst älteste nach Hermann, nämlich der G.=L. Rehbinder, bei dem sich der nunmehrige Gen.=Maj. Gerhard als General-Quartiermeister befand. Der Zug ging zunächst auf Lemberg, und von dort auf der Straße die in neuester Zeit eine gesteigerte kriegsgeschichtliche Bedeutung erhalten hat, nach Dukla, durch die Karpathen=Pässe nach Eperies, Kaschau und Ofen; dann über Stuhlweißenburg,

Tapolcza im Bakonywald, Czakathurn, Pettau, Windisch-Feistritz, Cilly nach Laibach, und von dort nach Palmanuova auf italienischen Boden. Der Marsch war überhaupt angenehm, und damals wie zu einer uns näher liegenden Zeit, genau ein halbes Jahrhundert später, wurden namentlich in Ungarn die russischen Krieger sehr wohl aufgenommen — wie Brüder! In jeder Marsch-Station wurden da den Generalen und Offizieren zu Ehren, Gastmäler und Bälle veranstaltet. Der Marsch des Corps war freilich mit großer Sorgfalt so eingerichtet worden, daß er dem Lande nicht beschwerlich fallen konnte; nicht volle zehntausend Mann stark, marschirte die Schaar doch in vier Abtheilungen und die Truppen lagerten überall, anstatt Quartiere zu verlangen. Dafür fanden sie aber auch, wenn sie einrückten, auf dem neuen Lagerplatz bereits Alles vor dessen sie bedurften —: Holz und Stroh, Brod, Fleisch, Wein und Branntwein — an manchen Orten sogar ein Viertheil Pfund Toback für den Mann. Toll mußte als Divisions-Quartiermeister der zweiten Abtheilung, dieser überall voraneilen, um auf den Lagerplätzen, welche die örtlichen Behörden anwiesen, das Nähere zu bestimmen, und da er deutsch sprach, wurde er natürlich überall besonders gut aufgenommen. Auch von den Damen, die ihm, der so lange an abenteuerliche Gestalten in wunderlichem Putz und gepuderten Frisuren gewöhnt war, in ihrer malerischen Nationaltracht sehr reizend erschienen.

Auf dem weiteren Marsch von Palmanuova über Sacile, Treviso, Mestre, Padua, Rovigo, Guastalla und Parma nach Piacenza, sahen sich die russischen Offiziere zwar auch überall sehr höflich aufgenommen, aber von der Herzlichkeit der Ungarn zeigte sich hier keine Spur; Alles hatte einen anderen Anstrich. Es war nicht schwer zu bemerken, daß man die Herren nicht gerne im Lande sah, daß die sehr große Mehrzahl der Einwohner die Franzosen und ihr neuerndes staatliches Treiben sehnlich herbeiwünschte —: kurz, daß die gute Aufnahme nur eine Folge der großen Ehrfurcht war, die Suworow's Siege den Italiänern eingeflößt hatten.

Bei Piacenza den 8. Juli n. St. eingetroffen*), mußte den

---

*) Wir zählen fortan ausschließlich nach dem neuen Kalender.

Truppen nothwendig nach einem so langen Marsch einige Ruhe gegönnt werden, und während dieser Zeit erschien bei denselben ein Major Korff, vom Feldmarschall Suworow gesendet mit dem Auftrag, die neu angekommenen Regimenter in Suworow's Kampfweise zu unterrichten. Es ist bekannt daß der greise Feldherr gleich bei seiner Ankunft in Italien solche Lehrmeister auch zu den Oesterreichern gesendet hatte, und daß die Oesterreicher ihm das sehr übel nahmen. „Sie wunderten sich, wie wir aus einer fast offiziellen Geschichte des Feldzugs in der österreichischen militairischen Zeitschrift ersehen, nicht wenig über die unbescheidene Anmaßung, daß Leute die so viele hundert Meilen weit herkamen, ihnen lehren wollten, gegen einen Feind zu fechten, den sie nur dem Namen nach kannten" — und wir möchten es auch nicht übernehmen, diese Verfügung Suworow's als eine Maßregel sein berechnender Klugheit in Schutz zu nehmen. Ein gewandter Diplomat hätte sich schwerlich beikommen lassen das Selbstgefühl der Oesterreicher, und noch dazu gleich im Anfang, in so bedenklicher Weise zu berühren. Indessen hier hätten die Oesterreicher doch wenigstens sehen können daß es so böse nicht gemeint war, da Suworow denselben Unterricht auch für die russischen Truppen nöthig achtete, die noch nie unter seiner persönlichen Anführung gefochten hatten. Das hätte sie doch einigermaßen beruhigen müssen.

An sich waren die vorgeschriebenen Manoeuvres sehr einfach. Die Truppen wurden in zwei Treffen aufgestellt, die Bataillone des ersten Treffens deployirt in Linie, die des zweiten in Colonnen. Auf das Commando „Division vorwärts marsch im Geschwindschritt!" traten beide Treffen zugleich an; auf ein zweites Befehlswort „Unter das Kartätschenfeuer!" schlugen die Trommeln zum Angriff, und die Leute mußten sich, im ersten Treffen den Schritt verstärkend, so weit vorn überbeugen, daß sie nur ungefähr zehn Schritt weit vor sich sehen konnten, und auf die Worte „Auf Bajonette, Hurrah!" stürzten die Bataillone vollen Laufs vorwärts, um die feindliche Linie zu durchbrechen. Auch zog sich wohl ein Treffen durch das andere zu erneuerten, weiter gehenden Angriffen, — ein Mißlingen des ersten Stoßes liebte man nicht anzunehmen. Alles Schießen sollte dabei durchaus als eine ganz unbedeutende Nebensache erscheinen.

„Die Kugel ist eine Thörin, das Bajonet ein ganzer Mann!" pflegte Suworow zu sagen. Dennoch aber möchte wohl jeder erfahrene Krieger versucht sein zu glauben, daß diese Uebungen nicht ganz prosaisch und einfach ernstlich gemeint waren, denn daß in der alltäglichen Wirklichkeit der Dinge die Gelegenheit in dieser Weise anzugreifen höchstens nur als eine sehr seltene Ausnahme vorkommen kann, das ist freilich einleuchtend genug. Der Gedanke liegt nahe, daß die eigentliche Absicht wohl sein mochte auf die Einbildungskraft des Soldaten zu wirken und den kriegerischen Geist der Truppen zu steigern, indem man sie gewöhnte sich von den Forderungen, die der greise Feldherr an sie stellte, und die sie an sich selbst zu stellen hätten, eine sehr hohe Vorstellung zu machen — und es möchte kaum zu bezweifeln sein, daß eine solche Idee dabei hauptsächlich zum Grunde lag. Indessen ist es doch auch nicht zu leugnen daß unter Suworow's Befehl wirklich dergleichen Angriffe hin und wieder mit glänzendem Erfolg ausgeführt worden sind, und zwar nicht bloß gegen die Türken oder die undisciplinirten Haufen der Polen, die vor jedem ernsthaften Angriff auseinander stäubten, in welcher Gestalt er auch erfolgte; wenn man bedenkt welche Form das Gefecht damals gerade angenommen hatte, läßt sich das auch wohl erklären. Von der etwas unbehülflichen Linientaktik des siebenjährigen Krieges ausgehend, war man damals dahin gelangt, sich zu sehr in Schützenschwärme aufzulösen, sich über eine oft meilenweite Bodenfläche auszudehnen und in Tirailleur-Gefechte zu verwickeln, die eben der geringen Intensität des Kampfes wegen mitunter Tage lang ohne Entscheidung fortgesetzt werden konnten und gerade durch diese lange Dauer den Anschein einer großen Hartnäckigkeit gewannen. Es läßt sich wohl denken daß unter solchen Bedingungen ein entschlossener Angriff in Suworow's Weise, wo ihn die Umstände begünstigten, eben weil der Feind an eine andere Fechtart gewöhnt, darauf gar nicht gefaßt und vorbereitet war, den Rückhalt jener Schützenketten leicht über den Haufen werfen und damit rasch eine entscheidende Wendung des Gefechts herbeiführen konnte.

Die meisten von denen, die den russischen Soldaten vorzugsweise aus den Feldzügen von 1813 und 1814 kennen, werden dann weiter einwenden, daß gerade der russische Krieger, trotz seiner anerkannten

Tapferkeit, die wohl noch Niemand in vollem Ernst und aus wirklicher Ueberzeugung in Frage gestellt hat, am wenigsten zu einem Kampf Mann gegen Mann geeignet ist und <u>am wenigsten in ihm leistet</u>, weil <u>hier die körperlichen Kräfte</u>, an denen es dem Russen verhältnißmäßig eher fehlt, ein entscheidendes Gewicht in die Wagschale legen. Und es ist wahr, der slawische Stamm hat im Allgemeinen weniger Muskelkraft als der germanische; er möchte sogar in dieser Beziehung selbst dem einen und dem anderen Zweig des romanischen Stammes nachstehen —: gewiß wenigstens dem Nordfranzosen. Auch ist die Lebensweise des russischen Soldaten im Ganzen wenig geeignet seine Kräfte in der vortheilhaftesten Weise zu entwickeln. Aber man bedenke dagegen wohl: Rußland war im Jahr 1799 nicht wie 1814 durch lange Kriege und oft wiederholte, sehr starke Rekrutirungen an tüchtiger Mannschaft erschöpft; das Heer war im Verhältniß zur Bevölkerung bei weitem nicht so zahlreich als später und jetzt, und ebenso waren die sogenannten Elite-Truppen, Garden und dergleichen, nicht so zahlreich im Verhältniß zum Heer; sie entzogen den Linientruppen, auf die doch zuletzt das ganze Gewicht des ernsten Kampfes fällt, nicht in demselben Maße die besten Leute, und beides zusammen wirkte auch dahin, daß die Feldregimenter aus einer besseren Auswahl kräftiger Männer bestehen konnten. Wer den ganzen Unterschied zwischen damals und späteren Zeiten ermessen will, braucht sich nur von einem Umstand Rechenschaft zu geben. Er wird bei näherer Erkundigung finden, daß der heutige russische Soldat den Ruhm, das Unglaubliche an Beschwerden und Entbehrungen ertragen zu können, bei weitem nicht mehr in demselben Grade verdient als der frühere, und daß die Hospitäler sich weit schneller füllen, als in Suworow's Tagen.

Unter Suworow sind wirklich mehr als einmal Gefechte, und zwar mit Erfolg, in jener einfachen Form geführt worden; im Jahr 1807 versuchte man in Preußen hin und wieder unter vielfach veränderten Umständen auch wieder damit aufzutreten, aber man machte, wie uns der Prinz Eugen von Würtemberg erzählt, sehr bittere Erfahrungen; im Jahr 1812 war dann weiter nicht die Rede davon. Derselbe Gewährsmann, dessen Stimme von bedeutendem Gewicht ist, meint, man sei sogar während der letzten Feldzüge gegen Napoleon in Beziehung auf solche Thaten genialer Kühnheit zurückhaltender geworden als billig. Jetzt, nach langem Frieden, ist in der russischen Armee wieder sehr viel von Bajonetangriffen die Rede; Suworow's Worte werden häufig angeführt, man hört sogar hin und wieder von der „Allmacht des russischen Bajonets" reden. Die jüngeren Offiziere wiederholen das Alles in gutem Glauben, und leben zum Theil wirklich der unschuldigen Ueberzeugung daß der russische Soldat mehr für den Angriff als für die Vertheidigung gemacht, wie das bekanntlich eine jede Armee von sich behauptet, sich überhaupt auf Schießen wenig oder gar nicht einläßt, und unter allen Bedingungen gleich sein eigentliches Element, den Kampf mit der blanken Waffe, aufsucht. Diese unternehmenden jungen Herren werden sich freilich in dem ersten ernsten Gefecht, in dem ihr Heldenmuth in Anspruch genommen wird, außerordentlich enttäuscht fühlen.

Was Suworow's Weise im Ganzen anbetrifft, namentlich sein Auftreten in Italien, so ist darüber wohl noch lange nicht das letzte Wort gesagt. Die Oesterreicher und Russen hatten sich während ihres gemeinsamen Feldzugs nicht zum Besten vertragen. Abgesehen von den Reibungen die sehr abweichende politische Absichten herbeiführen mußten, und von Suworow's mitunter etwas herb durchgreifenden Formen, hatten die Russen überhaupt einen hochfahrenden Uebermuth gezeigt, zu dem sie in Wahrheit nichts berechtigte, und die Oesterreicher fühlten sich vielfach verletzt — auch in ihrer Eitelkeit. Dieser Umstand ist nicht ohne Einfluß auf die Darstellung des Feldzugs geblieben. Ein bitteres Gefühl sucht sich hin und wieder Luft zu machen in der Geschichte der Begebenheiten aus der Feder eines österreichischen Generals (in der österreichischen militairischen Zeitschrift). Namentlich geht das Streben dahin den Oberfeldherrn selbst in einem fast lächerlichen Licht erscheinen zu lassen; ihn als einen wunderlichen alten Mann zu schildern, der in einem fort im Begriff ist unverzeihliche Thorheiten zu begehen, so daß der Hoffkriegsrath und die weise österreichische Generalität mit ihm alle Hände voll zu thun und immerfort zu steuern und Unheil zu verhüten hat. Aber diese Darstellung hat doch eigentlich kein Glück gemacht; sie hat so wenig die Nachwelt, die nach einem halben Jahrhundert für Suworow wohl schon beginnt, als die Mitwelt überzeugt,

denn es steht ihr nun einmal die einfache geschichtliche Thatsache gegenüber, daß Suworow mit diesem vielfach getadelten Verfahren seine
Schlachten nach seinen Siegen zählte und Königreiche eroberte, und die
wird der gesunde Menschenverstand so leicht nicht vergessen. Unter seiner
Führung wurde auch jetzt Italien erobert, während dieselben österreichischen Feldherren, die Alles so viel besser wußten und verstanden als er,
und so viele seiner Thorheiten noch glücklich verhüteten — man weiß
was in deren Händen im folgenden Jahr aus Suworow's Eroberun-
gen geworden ist!

Es ist wahr, sein formelles Verfahren läßt manchen gegründeten
Tadel zu und kann nicht unbedingt als Muster aufgestellt, am wenigsten ohne Weiteres zur Nachahmung empfohlen werden. Dasjenige,
was man darin als Fehler bezeichnen könnte, wenn man einmal diese
etwas philisterhafte Redeweise beibehalten will, liegt sogar so offen zu
Tage, daß die Aufgabe, diese Fehler nachzuweisen, die in der österreichischen Darstellung vielfach angedeutet sind, eigentlich die Kräfte eines
jungen Mannes, der seine Studien in der Cadettenschule mit einem
gewissen Erfolg gemacht hat, nicht übersteigt. Aber man vergesse
darüber nicht, wie in dem Geiste des siegreichen Greises immer etwas
Großartiges, etwas Dämonisches und Gebietendes hervortrat, wenn
es sich um große Conceptionen handelte, oder um die Entschlossenheit,
die der eilende, entscheidende Augenblick forderte. Man vergesse nicht
die zauberhafte Gewalt, die er über Sinn und Gemüth des russischen
Kriegers übte, für den er eigentlich geschaffen war.

Da so viele Stimmen über Suworow laut geworden sind, und in
so verschiedener Weise, ist es wohl der Mühe werth zu hören, wie er
sich selbst bei Gelegenheit über sein eigenes Wesen äußerte, und es mag
daher vergönnt sein hier einen Brief einzuschalten, der, so viel wir
wissen, noch nicht gedruckt ist. Möchte es uns nur gelingen in der
Uebersetzung die einfache Treuherzigkeit des Originals einigermaßen
wiederzugeben.

Schon zu Suworow's Lebzeiten hatte ein Graf Fabrizian, Obrist-
Lieutenant in russischen Diensten, den Vorsatz gefaßt, das Leben dieses
außerordentlichen Mannes zu schreiben, und er wendete sich an ihn

selbst, um Nachweisungen darüber zu erhalten. Suworow antwortete ihm aus Warschau am 28. December 1794.

„Ihr Brief, geschrieben im Styl der Barden alter Zeit, voll Zuneigung und Anhänglichkeit, erinnert mich zu meinem Vergnügen an einen verdienten Gehülfen in den Siegestagen von Kobylin und Praga, und sichert Ihnen meine aufrichtige und herzliche Dankbarkeit."

„Die Materialien, die sich auf die Geschichte meiner kriegerischen Thätigkeit beziehen, sind so eng verflochten mit der Geschichte meines Lebens überhaupt, daß der originelle Mensch und der originelle Krieger nicht von einander getrennt werden dürfen, wenn das Bild des Einen oder des Anderen seine wirkliche Gestalt bewahren soll."

„Gott aufrichtig und ohne Heuchelei verehrend und liebend, und in ihm meine Brüder, die Menschen, nie verlockt durch den verführerischen Gesang der Sirenen eines schwelgerischen und müßigen Lebens, bin ich mit dem kostbarsten Schatz den es hier auf Erden giebt, mit der Zeit, immer sparsam und thätig umgegangen, sowohl auf dem weitesten Felde der Thätigkeit, als in der stillen Einsamkeit, die ich mir überall zu schaffen wußte. Entwürfe, die mit großer Anstrengung durchdacht waren, und mit noch größerer ausgeführt wurden, oft mit Hartnäckigkeit und zum Theil mit der äußersten, wie mit ungesäumter Benützung der unbeständigen Zeit —: das Alles in eine mir eigenthümliche Form gestaltet, hat mir oft den Sieg über die wankelmüthige Glücksgöttin verschafft. Das ist, was ich von mir selbst sagen darf, indem ich übrigens den Zeitgenossen und der Nachwelt überlasse, von mir zu denken und zu sagen, was sie denken und sagen wollen."

„Ein Leben, das so offen daliegt wie das meinige, kann durch keinen Biographen entstellt werden. Es finden sich immer aufrichtige Zeugen der Wahrheit, und weiter verlange ich nichts von dem, der es der Mühe werth achtet, über mich zu denken und zu schreiben. Das ist der Maßstab nach dem ich mich im Leben gerichtet habe, und dem gemäß ich bekannt sein möchte."

„Ihnen Materialien zu schaffen, erfordert freie Zeit, an der aber fehlt es mir in diesem Augenblicke: indessen habe ich den Befehl gegeben, Ihnen alle Papiere vom Anfang bis zum Ende des Feldzugs gegen die polnischen Rebellen, die es jetzt glücklicherweise nicht mehr giebt, in der Urschrift mitzutheilen. — Ein klarer und verständlicher Vortrag und Enthüllung der Wahrheit —: das sind nach meinem Wunsch die einzigen, aber heiligen Regeln für meinen Biographen."

„Ich weiß nicht ob ich Ihnen viel oder wenig von mir selbst gesagt habe, aber ich füge hinzu, daß ich für Sie immer Hochachtung und Freundschaft hege."

Das Bild, das der österreichische Bericht uns von Suworow geben möchte, befriedigt um so weniger unbedingt, da eben dieser Bericht doch auch so manches merkwürdige Geständniß enthält; da wir mehr als einmal gewahr werden, wie gerade die Weisheit des österreichischen Cabinets und seiner militärischen Rathgeber störend eingriff, und Suworow's groß und treffend gedachte Entwürfe durchkreuzte.

So auch gerade zu der Zeit von der hier zunächst die Rede ist —: unmittelbar nach der Schlacht an der Trebbia. Schon die Art wie diese Schlacht von österreichischen Schriftstellern aufgefaßt wird, hat etwas Eigenthümliches. Wir wären versucht zu glauben, daß Suworow sich gerade hier als ein Feldherr bewährte, der über das gewöhnliche Maaß hinaus ragte; er steht hier, wie uns scheint, mit Blücher auf dem Marsch von Wavre nach Belle-Alliance auf einer Linie, und darf sich wohl selbst neben Napoleon bei Rivoli stellen.

Das eine französische Heer unter Macdonald, aus Neapel herangezogen, war aus Toscana über die Apenninen nach den Legationen herabgestiegen, und rückte zwischen dem Gebirge und dem Po gegen Piacenza vor; Moreau wollte mit seinem Heere zunächst aus der Genuesischen Riviera in die Ebene von Tortona und Alessandria hervorbrechen, und beide sollten dann über Bobbio in Verbindung treten, in einer Weise, die, wie es scheint, ziemlich unbestimmt und schwankend gedacht war. Suworow, entschlossen sich zwischen beide zu werfen und sie einzeln vor ihrer Vereinigung anzugreifen, rückte zunächst dem Feinde entgegen, der sich bereits am entschiedensten in die Ebene vorgewagt hatte, am bestimmtesten in wirksamer Thätigkeit, aber auch am leichtesten zu fassen war: er eilte Macdonald an der Trebbia die Spitze zu bieten. Daß er hier nicht mit entscheidender Ueberlegenheit auftreten konnte, war, wie bekannt, nicht seine Schuld, sondern die des österreichischen militärischen Areopag's, der über mancherlei

Rücksichten einer kleinlich schlauen Politik nicht die Nothwendigkeit einsehen wollte, die Nebensachen der Hauptsache nachzusetzen, vielmehr sehr häufig umgekehrt die Hauptsache solchen Nebenrücksichten aufzuopfern gebot. Auch jetzt gestattete dieser Areopag nicht, daß die Belagerung von Mantua, die noch gar nicht angefangen hatte, vor der Hand in eine bloße Beobachtung verwandelt werde, damit die hier verwendeten Truppen auf das entscheidende Schlachtfeld herbeigezogen werden konnten. Er machte dies vermöge eines allerhöchsten Handschreibens unmöglich. Drei Tage, den 17., 18. und 19. Juni kämpfte nun Suworow mit fast gleichen Kräften in dem durchschnittenen Gelände an der Trebbia gegen Macdonald; an jedem Tage errangen die Verbündeten Vortheile, aber selbst am Abend des dritten schienen diese, soweit die Lage der Dinge sich übersehen ließ, noch nicht entscheidende zu sein. Unterdessen war in Suworow's Rücken Moreau an der Scrivia herab bis Tortona vorgerückt; die zu seiner Beobachtung unter Bellegarde zurückgelassenen Oesterreicher schwebten in Gefahr geschlagen zu werden, wie das auch am folgenden Tage geschah. Am Abend des 19. wußte Suworow bereits einen, Bellegarde's Schaaren jedenfalls bedeutend überlegenen Feind in seinem Rücken, wußte, daß die Franzosen bereits bis Casteggio und Novara streiften, und konnte die Gefahr ermessen, die jener zurückgelassenen österreichischen Abtheilung drohte. Es ist sehr die Frage, ob nicht mancher weise und behutsame General, mancher von den Unzufriedenen zum Beispiel, die Suworow's Thorheiten so gut einsahen, unter solchen Umständen einigermaßen den Kopf verloren und vergessen hätte, daß der Erfolg, und zwar ein großer und glänzender, immer noch in seiner Hand lag. Ein solcher Mann hätte sich wohl, um nicht zwischen zwei Feuer zu kommen, auf seinen Brückenkopf bei Parpanese zurückgezogen, und sich so für jeden Fall den Ausweg nach dem Mailändischen gesichert. Erfolgte dann auch ein gänzliches Umschlagen der Verhältnisse, lief es dabei nicht ohne bittere Verluste ab —: der österreichische Hofkriegsrath hätte gewiß das Benehmen des Generals durchaus gerechtfertigt gefunden, die „Unfälle" bedauert, aber seine Maaßregeln gebilligt. Suworow zweifelte nicht einen Augenblick was er zu thun habe; er sagte sich daß es möglich sei, die über Macdonald gewonnenen Vortheile zu einem vollständigen und glänzenden Siege zu steigern, und daß dann alles andere zur Nebensache herabsank, die sich von selbst ausglich —: er befahl die Angriffe auf Macdonald am 20. zu erneuern. So handelt nur ein Feldherr von großem Charakter. Aber Macdonald, außer Stand den Kampf fortzusetzen, hatte bereits in der Nacht zum 20. den Rückzug angetreten. Wie nahe lag es da, wenigstens der alltäglichen Mittelmäßigkeit, sich mit diesem Erfolg zu begnügen, und sogleich gegen Moreau umzukehren; ein beschränkter Bewunderer der inneren Operationslinien, wie es deren giebt, hätte ihn vielleicht deshalb sehr gelobt. Suworow erschreckten die Gespenster nicht, die von rückwärts her zu drohen schienen; er ließ nicht ab von seiner Beute, bis er durch eine energische Verfolgung, deren Bedeutung damals keineswegs so allgemein anerkannt war als jetzt, seinen Sieg zu einem entscheidenden gemacht hatte.

Nach dem österreichischen Bericht dagegen soll es scheinen als habe Suworow die verbündete Armee an der Trebbia in eine sehr beunruhigende Lage versetzt, in die Gefahr zwischen zwei Feuer zu gerathen; da sei ihm dann freilich nichts anderes übrig geblieben, als „nochmals — am 20. — die äußersten Kräfte anzustrengen, um sich seinen Gegner in der Fronte vom Halse zu schaffen, ehe ihm der andere in seinem Rücken auf den Leib kommen konnte." Was er that, wäre also ein unvermeidlicher Entschluß der Verzweiflung; man hätte eben gar nicht mehr die Wahl gehabt, wie man handeln wollte. Als ob nie ein Mensch in schwierigen Augenblicken Schwäche gezeigt hätte, anstatt heroischer Ausdauer! als ob nie ein Mensch in solcher Lage zu halben Maaßregeln seine Zuflucht genommen hätte! — Wie gesagt, es lag allerdings auch noch ein anderer Ausweg vor, eine der vielbeliebten „rückgängigen Bewegungen" auf den Brückenkopf von Parpanese, die behutsame Feldherren eben aus Furcht vor dem Feind im Rücken gewiß vorgezogen hätten.

Am Ende erscheint Suworow in der österreichischen Erzählung gerettet durch einen freiwilligen Rückzug Macdonald's. Als ein freiwilliger wird dieser Rückzug bezeichnet, obgleich dieser österreichische Bericht auch den aufgefangenen Brief Macdonald's an Perignon anführt, in welchem der Erstere als Grund seines Rückzugs anführt: „daß alle Generale der Armee von Neapel bis auf zwei Brigade-Chefs, und an dreißig General-Adjutanten todt oder verwundet seien, einzelne Regimenter gegen vierzig Offiziere verloren hätten, die Artillerie außer Stand gesetzt sei an dem Gefecht weiteren Antheil zu nehmen u. s. w." — Wenn der Rückzug eines Heers, dem die Hoffnung schwindet, das sich außer Stand fühlt den Kampf fortzusetzen, das erschöpft und entmuthigt weicht und dem verfolgenden Sieger eine reiche Beute von Gefangenen und Trophäen überläßt, ein freiwilliger genannt werden kann, dann giebt es überhaupt gar keine verlorene Schlacht.

Jetzt, nach dem Siege über Macdonald wollte Suworow, wie schon früher in einem günstigen Augenblick, seinen anderen Gegner Moreau, der in die Gebirge der Riviera zurückgewichen war, dort aufsuchen, noch ehe ihm Macdonald die Trümmer seines Heeres zuführen konnte; er wollte ihn zurück gegen Savona drängen, von Genua trennen, mit dem eigenen linken Flügel das Meer gewinnen, und damit der gesammten strategischen Lage des verbündeten Heeres eine vortheilhaftere Gestalt geben. Aber dem österreichischen Cabinet lag vor allen Dingen die Eroberung der festen Plätze in der Lombardei am Herzen, und man widersetzte sich von dieser Seite dem Beginnen des russischen Feldherrn, das wahrscheinlich Buonaparte's glänzende Erfolge im nächsten Jahr unmöglich gemacht hätte. Jede weitere Angriffs-Bewegung mußte unterbleiben, bis die Festungen gefallen waren; es folgte eine Zeit der Unthätigkeit, welche Frankreich ruhig benützen konnte, um sein Heer wieder herzustellen.

Auf die Bevölkerung der Gegend hatte übrigens die Schlacht an der Trebbia einen tiefen Eindruck gemacht; besonders in Piacenza, wo man das zuversichtliche Vorrücken der siegsgewohnten französischen Schaaren und dann ihren fluchtähnlichen Rückzug gesehen hatte. Die Truppen Rehbinder's wurden dort mit großer Hochachtung aufgenommen, man bemühte sich in jeder Weise zuvorkommend gegen die Offiziere zu sein, die manche Einladung erhielten; und allgemein war die Ueberzeugung, daß die Verbündeten nun auch bald in Frankreich eindringen würden.

Am 3. August rückte endlich Rehbinder's Abtheilung, über welche nun der General von der Infanterie Rosenberg den Befehl übernahm, durch 6 Escabronen des österreichischen Dragonerregiments Würtemberg verstärkt, von Piacenza aus, und nahm bei dem Dorfe Vighizzolo eine Stellung, um die Belagerung der Citadelle von Tortona zu decken, mit welcher eine österreichische Abtheilung unter dem General Alcaini beauftragt war. Toll war hier fast immer in Bewegung, namentlich oft zur Erkundung aller Wege ausgesendet, die nach der Apenninenkette führten, und auch sonst die Bodenbeschaffenheit zu untersuchen, da die Karten des Kriegsschauplatzes die man besaß, zwar richtig waren, aber in einem so kleinen Maaßstab entworfen, daß sich nach ihnen Lagerplätze und Stellungen nicht mit der Genauigkeit bestimmen ließen, die General Rosenberg verlangte.

Noch im Cadettenhause hatte sich Toll viel mit Befestigungskunst und Festungskrieg beschäftigt, hier bot sich nun die Gelegenheit eine wirkliche Belagerung zu sehen, und Toll benützte sie mit großem Eifer, indem er sich oft die Erlaubniß erbat die Laufgräben zu besuchen. Das Schauspiel zog ihn lebhaft an, und die Ruhe und Gemessenheit, die methodische Genauigkeit der österreichischen Ingenieure, an sich alles Lobes werth, war besonders für den Neuling, dem sie imponirte, ein Gegenstand großer Bewunderung. Die Besatzung der Citadelle bemühte sich natürlich den Gang der Arbeiten aufzuhalten, und machte, wie das vielfach als Regel gilt, während der ersten Zeit der Belagerung, so lange ihre Artillerie das Feld allein hatte, ein sehr heftiges Feuer. Die österreichischen Ingenieure ließen sich, zu Toll's Bewunderung, dadurch nicht irre machen und zu keiner Uebereilung verleiten. Ruhig und abgemessen gingen die Arbeiten ihren Gang, die Parallele wurde vollendet, so wie die in ihr angelegten Batterien, die aber sämmtlich maskirt blieben, bis die ganze Fronte bereit war; dann erst wurden alle Schießscharten auf einmal geöffnet, ein heftiges Feuer begann zur festgesetzten Stunde und Minute auf ein gegebenes Signal, und in wenigen Stunden sah Toll zu seinem Erstaunen das angegriffene Polygon der Citadelle zum Schweigen gebracht.

Bald schienen sich aber auch im freien Felde wieder von Neuem entscheidende Ereignisse vorzubereiten. Das französische Heer, verstärkt und neu ausgerüstet, man könnte sagen erneut, machte Anstalten noch einmal in die Ebene hervor zu brechen; es stand jetzt wie bekannt auch unter einem neuen Feldherrn, unter Joubert, auf den das französische Directorium, seitdem Hoche gestorben war, als auf seine wichtigste Stütze baute, in dem es sich, wie früher in Hoche, den Helden heranzubilden hoffte, der einst dem gefährlichen und schon gefürchteten Buonaparte entgegengestellt werden könnte. Suworow wollte den Feind am Fuß des Gebirges erwarten, und auch die Abtheilung des General Rosenberg mußte am 13. August eine Stellung auf den Anhöhen von Monte Gualdo und Torre di Monte Saggio, im Süden von Tortona nehmen, um sich einer feindlichen Colonne entgegenzustellen, die über Arquato aus dem Thal der Scrivia hervorzubrechen drohte. Rosenberg's Abtheilung wurde hier auch durch alle österreichischen Truppen Alcaini's verstärkt, insofern sie in den Laufgräben irgend zu entbehren waren.

Am 15. früh gewahrte man von hier aus, wie in der Ebene rechtshin, jenseits Pozzolo-Formigaro ein Geschütz- und Kleingewehrfeuer losbrach, das von Stunde zu Stunde bald heftiger bald schwächer ward: es war die Schlacht bei Novi die dort geschlagen wurde. Die Offiziere von Rosenberg's Stab versammelten sich auf den Anhöhen ihrer Stellung, von denen aus sie einen großen Theil des Schlachtfeldes übersahen, so daß sie mit Hülfe guter Fernröhre dem Gang der Schlacht, dem wechselnden Erfolg des Gefechts am Fuß und auf dem Abhang des Gebirges folgen konnten. So verbrachten sie den Tag in spannendem Zusehen eines entscheidenden Kampfes, dessen wahrscheinlicher Ausgang nicht mit einiger Bestimmtheit zu beurtheilen war.

Gegen sechs Uhr Abends sprengte eine Ordonnanz des Feldmarschalls heran und brachte dem General Rosenberg den Befehl, augenblicklich nach dem Schlachtfeld aufzubrechen. Ich finde dieses Umstandes in keinem bisher bekannt gewordenen Bericht von dieser Schlacht erwähnt. Nach der Zeit zu urtheilen, zu welcher der Befehl bei Rosenberg ankam, mußte er gegeben worden sein als die Schlacht eben bedenklich stand, und noch schlimmer aussah —: als der zweite Angriff Bagration's auf die Stadt Novi und die nächsten Berglehnen, der dritte des Generals Kray auf die Höhen vorwärts Pasturana mißlungen waren, und die Franzosen den theils weichenden, theils sogar fliehenden russischen Bataillonen, aus der Stadt auf die Hochfläche gegen Pozzolo-Formigaro folgten; ehe noch die von dem Gen. Melas angeordnete Umgehung vom rechten feindlichen Flügel her wirksam werden konnte. Rosenberg hatte reichlich anderthalb Meilen zu marschiren, wobei er noch über die Scrivia gehen mußte, was immer einigen Aufenthalt verursachen mochte, er konnte also erst sehr spät am Abend auf dem Schlachtfelde erscheinen, lange nach Sonnenuntergang, wenn der Kampf dieses Tages beendet sein mußte; für heute war das keine Hülfe mehr. Die einfachste Berechnung reichte hin den Feldmarschall davon zu überzeugen —: wurde dies Verhältniß im Drang der Umstände übersehen? — Oder bereitete sich wohl gar Suworow zu einer Fortsetzung des Kampfes am folgenden Tage? — Das Erstere, daß man in der Bedrängniß ohne sonderliche Ueberlegung nach allem und jedem griff, ist bei weitem das Wahrscheinlichere, doch entspräche auch das Letztere wohl der Persönlichkeit Suworow's; gewiß lag der Gedanke das Schlachtfeld aufzugeben, seiner Seele sehr fern. Da Rosenberg herbeigerufen wurde, ist es doppelt auffallend daß die 5600 Mann, die als Rückhalt bei Spinetti standen, nicht einen ähnlichen Befehl erhielten. Diese Abtheilung scheint vollständig vergessen worden zu sein, und das ist charakteristisch für den Zustand, der sich mitunter bildet, in Augenblicken, wo Alles etwas aus den Fugen kömmt.

General Rosenberg ertheilte sogleich die nöthigen Befehle um mit seiner Abtheilung aufzubrechen, und sendete den Lieutenant Toll voraus zum Feldmarschall, sowohl um zu melden daß er heranrücke, als auch um sich nähere Verhaltungsbefehle zu erbitten, wo er in die Schlachtlinie einzurücken habe. Mit diesen sollte dann Toll wieder entgegenkommen. Schwere Prüfungen standen dem jungen Mann auf diesem Wege bevor.

Der Kampf war bereits geendet als Toll' sich der Stadt Novi näherte, Trophäen und Gefangene, unter denen vier Generale, fielen überall den Verbündeten zu, der Feind wich in das Gebirge zurück; Suworow war bereits in einem Hause abgestiegen. Hier fand nun Toll den Feldherrn, den er nie zuvor gesehen hatte, ohne Uniform, in bloßen Hemdärmeln, kurzen Beinkleidern von Sommerzeug, die am

Knie durch eine Schnalle leicht befestigt waren, und kleinen Stiefeln, dazu mit Staub und Schweiß bedeckt, rasch aus einer Ecke in die andere auf und ab gehend. Alle Fenster waren weit geöffnet, an der Thüre stand ein Kosack mit gezogenem Säbel. Sowie Suworow den jungen Offizier erblickte, fragte er, von wem er gesendet sei? — „Vom General Rosenberg, war die Antwort, Euer Erlaucht zu melden daß sein Corps heranrückt, und daß er um Befehl bittet, wo er sich aufstellen soll." — „Gut mein Freund, ich werde ihm gleich die nöthigen Befehle schreiben." — Damit schickte der Feldherr nach dem österreichischen General-Quartiermeister Obersten Weyrother*), der gleich darauf in Begleitung des russischen Obrist-Lieutenants vom Quartiermeisterstab, v. Aberkas, und des Obersten Lawrow, des ersten Adjutanten Suworow's, eintrat. Der Feldmarschall dictirte Befehle an verschiedene Generale, deren Inhalt sich auf eine rasche Verfolgung des Feindes bezog; sie sollte in drei Colonnen erfolgen und Rosenberg Antheil daran nehmen. Während die Packete gesiegelt wurden, trat Suworow wieder zu Toll heran und fragte: ob die Minirer vor Tortona schon angesetzt seien? — unglücklicher Weise antwortete Toll: „ich weiß nicht" — und wie von einer Natter gestochen sprang der greise Feldmarschall drei Schritte weit zurück, mit den heftigsten Gebärden schrie er laut auf: „Ach! Gott sei uns gnädig! — ein Nichtwisserchen! — ein gefährlicher Mensch! — umringt ihn!" — wie ein Verzweifelnder rannte er im Zimmer herum unter den wunderlichsten Ausrufungen und Gebärden — Weyrother und Aberkas schienen sehr betroffen, Lawrow eilte in der größten Aufregung auf Toll zu und rief ihn an: „Was machen Sie? — wissen Sie etwa nicht, daß der Fürst die Worte: ich weiß nicht, gar nicht hören kann?" — Toll war wie versteinert dieser plötzlichen Scene leidenschaftlicher Verwirrung gegenüber. Es dauerte wohl zehn Minuten ehe Suworow sich wieder be-

---

*) Der Name dieses in mancher Beziehung merkwürdigen Mannes wird sehr verschieden geschrieben. Eigentlich hieß er wohl Weinrotter, denn so ist er, während er in Diensten stand, im österreichischen Militär-Schematismus benannt. Das ist aber gerade die am wenigsten allgemein bekannte Schreibart seines Namens. Wir bleiben daher auch bei der üblichsten.

ruhigte und erholte; er gab darauf dem jungen, noch immer sehr bestürzten Offizier den versiegelten Befehl an Rosenberg, und bemerkte dabei mit einem gewissen Ernst: „Sie müssen Alles wissen; sein Sie künftig vorsichtiger!" — Gewiß ist daß ihm nie ein Mensch zum zweiten Mal geantwortet hat: ich weiß nicht!

Toll eilte nun wieder dem General Rosenberg entgegen, den er schon über Pozzolo-Formigaro hinaus vorgerückt fand; seine Truppen zogen bis an das Schlachtfeld heran, wo sie sich für die Nacht vor Novi lagerten. Toll hatte mit gewaltigen Eindrücken zu kämpfen. Wie die Erscheinungen einer Schlacht den, der sie zum ersten Mal erlebt, mächtig ergreifen, dessen braucht hier nicht weiter gedacht zu werden —: aber an Eines wenigstens gewöhnt der Sinn sich sehr bald im thätigen Kampf: unter der Herrschaft einer großen Bewegung, bei Anstrengung aller Kräfte des Körpers und der Seele, in dem Schwanken zwischen Hoffnung und Gefahr, machen die blutigen Bilder Fallender und Verstümmelter, die rasch am Bewußtsein vorübergehen nicht ihren vollen Eindruck. Anders ist es mit dem, der wie Toll, sein erstes Schlachtfeld ohne die Spannung und Begeisterung des Kampfes, als ein verödetes betritt, und auf dem Boden, wo die feindlichen Mächte ihre Kräfte ausgerungen haben, nichts mehr findet, als tiefe Stille und grausige Bilder des Todes. Dieses Eindrucks vermochte der junge Mann nicht sogleich Herr zu werden; trotz der Ermüdung schloß sich sein Auge nicht die Nacht über, in dem Lager, wo das Aechzen Verwundeter und das Röcheln Sterbender an sein Herz schlug. Der Krieg schien ihm in seinen unruhigen Betrachtungen ein frevelhaftes Gewerbe — er dachte daran, wie oft ein solcher Kampf der Völker leichtsinnig herbeigeführt werde, und faßte den Entschluß, sobald er in die Heimath zurückgekehrt sei, die militärische Laufbahn aufzugeben, um im Civildienst sein Fortkommen zu suchen.

Der nächste Morgen bestätigte ihn in seinem Entschluß, den er nun für unwiderruflich hielt. Schon um 5 Uhr früh brach nämlich Rosenberg's Abtheilung auf, um zur Verfolgung des Feindes zunächst nach Gavi vorzurücken, und der Weg dahin führte über einen Theil des Schlachtfeldes, wo mit am heftigsten gekämpft worden war. Hier zeigten sich dem Auge die Spuren eines hartnäckigen Gefechts, und weiterhin Alles, was den Rückzug eines aufgelöst weichenden Feindes bezeichnet, todte Krieger und Pferde, umgestürzte Wagen, zerstreute Waffen lagen in blutiger Verwirrung umher, und oft mußte Toll sein Pferd vorsichtig lenken, damit dessen Hufe nicht Unglückliche verletzten, die noch Lebenszeichen von sich gaben. So gelangte man bis auf die Berglehnen die sich gegen das Lemmethal hinabsenken, dem Städtchen Gavi gegenüber, dessen alte Mauern und neueren Wälle die Franzosen noch hielten. Hier wurde angehalten um die Truppen etwas ausruhen zu lassen, — bald aber kam ein sehr unerwarteter Befehl von dem Oberbefehlshaber, auch für die Nacht hier stehen zu bleiben, und am folgenden Tag, den 17. August, nach Serravalle umzukehren; ein Befehl, der einen merkwürdigen Wendepunkt in der Geschichte dieses Feldzuges bezeichnet.

Mehr als einmal hatte Suworow im Lauf der Ereignisse den Entschluß angekündigt, in die genuesische Riviera vorzudringen und das französische Heer ganz vom italienischen Boden zu vertreiben, immer hatte Oesterreich die Ausführung hintertrieben, indem es darauf bestand daß man sich in nichts weiter einlasse, so lange die Festungen in der Lombardei nicht erobert seien. Bis dahin sollten alle Schlachten, die nur durch Versuche der Franzosen jenen Festungen Luft zu machen, herbeigeführt werden konnten, nur als eine That der Vertheidigung, alle Siege nur als glücklich abgewehrte Stöße des Feindes angesehen, und nicht weiter benützt werden, als eben um jene Belagerungen ruhig fortzusetzen. Jetzt gerade konnte von dieser Seite nichts mehr im Wege stehen, denn bis auf die Citadelle von Tortona waren jene festen Plätze nun gefallen. Eine rasche Unternehmung gegen die Riviera versprach bei dem damaligen Zustand der französischen Armee mehr als je den glänzendsten Erfolg, man wußte sogar durch einen aufgefangenen Brief Moreau's an Grouchy, daß dieser Feldherr, der an die Stelle des gefallenen Joubert getreten war, ein solches Unternehmen erwartete, und sich außer Stande glaubte, Widerstand zu leisten; daß er bereits den Rückzug seines Heeres bis in eine Stellung hinter der Roja angeordnet, und dabei die Verlegung des Hauptquartiers nach Nizza angeordnet hatte —: und dennoch sehen wir gerade jetzt Suworow sich selbst untreu werden. Nachdem er noch am Abend der Schlacht von Novi die thätigste Verfolgung des Sieges angeordnet hatte, sehen wir sie bereits am folgenden Tage aufgegeben. General Stutterheim, den man für wohlunterrichtet halten durfte, sagt — in der österreichischen militärischen Zeitschrift — Suworow sei eben um diese Zeit von seiner neuen Bestimmung nach der Schweiz in Kenntniß gesetzt worden, und da wäre es denn freilich natürlich genug, daß er sich nicht vorher noch in weit aussehende Unternehmungen südwärts einlassen wollte. Diese Erklärung galt denn auch lange Zeit ohne Widerspruch, bis neuerdings die Verfasser der bekannten „Geschichte der Kriege in Europa seit 1792" nachwiesen, daß Suworow am 16. oder 17. August nicht wohl von dem neuen Operationsplan unterrichtet sein konnte, der ihn in die Alpen sendete, und daß sich auch in dem Briefwechsel des Feldherrn aus diesen und den nächstfolgenden Tagen keine Spur einer Kenntniß desselben zeige. Sie berufen sich auf einen Brief Suworow's an den General Klenau vom 18., um zu beweisen, daß die Unternehmungen der französischen Alpenarmee von Savoyen her, und die unglücklichen Gefechte, die den 14. August am Grimselpaß stattgefunden hatten, den Oberbefehlshaber bewogen plötzlich am Fuß des genuesischen Gebirges anzuhalten. Ein österreichischer Offizier Ge...r (Gebler), der den Bericht des Generals Stutterheim in der dritten Ausgabe durch Anmerkungen bereichert hat, die sich mit einer gewissen schneidenden Schärfe gegen Clausewitz wenden wollen, in denen aber die verletzte österreichische Eitelkeit sich selbst arge Blößen giebt, nimmt natürlich diese Andeutungen sehr gern auf, und schreibt auch die Betrachtungen über die glücklichen Folgen die ein Zug in die Riviera gerade damals haben konnte, getreulich nach. Wir müßten uns auch allerdings vollständig und schließlich bei dieser Erklärung beruhigen, wenn sie nicht eben mit Suworow's ganzer Persönlichkeit und sonstigen Verfahrungsweise zu sehr im Widerspruch stände. Solche fernliegende und schwach wirkende Motive waren es in der Regel nicht, die Suworow's Handeln bestimmten, und obgleich Niemand ohne Ausnahme immer sich selbst gleich bleibt, kein erschaffener Geist sich immer in gleicher Spannung und auf gleicher Höhe erhält, kann doch ein Zweifel bleiben. Wenigstens muß bemerkt werden daß der Brief=

wechsel Suworow's, so wie Fuchs ihn in seiner Geschichte dieses Feldzugs mitgetheilt hat, nicht vollständig ist. Vielleicht daß ein würdiger Biograph Suworow's diesen Punkt noch näher aufklärt, und die Annahme, bei der wir jetzt stehen bleiben müssen, ganz sicher begründet oder ganz beseitigt.

Den 17. August also trat Rosenberg's Abtheilung den Marsch zurück nach Serravalle an, und Toll wurde vorausgesendet, um auf dem Lagerplatz das Nähere zu bestimmen. Nachdem er sowohl den Lagerplatz selbst als die Umgebung in ziemlich weitem Umfang auf das genaueste besichtigt hatte, erwartete Toll im Angesicht des alten Schlosses von Serravalle die Quartiermacher der Abtheilung, als er einen kleinen Trupp Reiter auf sich zukommen sah. Zu seiner Ueberraschung war es Suworow selbst, der auf seinem kleinen Kosacken-Pferd, in Hembärmeln, kurz in dem bekannten wunderlichen Aufzug, nur von zwei Adjutanten und etwa zehn Kosacken begleitet, zu ihm heranritt. Sowie Suworow hier einen russischen Offizier gewahr wurde, fragte er ihn, von wem er hergesendet sei und mit welchem Auftrag? — Da Toll über Beides Auskunft gab, ließ sich Suworow in ein längeres Gespräch mit ihm ein, befragte ihn über vieles Einzelne der Oertlichkeit, namentlich darüber, wohin die verschiedenen Wege führten, in welcher Weise Rosenberg's Abtheilung sich hier aufstellen werde — wie die Feldwachen ausgestellt werden, wohin die Patrouillen gehen sollten? — Sichtlich zufrieden mit den Antworten die er erhielt, fragte er den jungen Mann nach Rang und Namen, und auf die Antwort: Lieutenant Toll, äußerte er in deutscher Sprache: „Sie sind ein Liefländer und gehören zur Ritterschaft; — ich gratulire Sie zum Capitaine!" — Auch rief er sogleich seinen Adjutanten Stawrakow herbei, dem er sagte: „den Kaiser um seine Beförderung zum Capitaine bitten!" — und sprengte davon auf dem Wege nach Rivalta-di-Scrivia. Toll fühlte sich hoch beglückt. Er war durch Suworow persönlich befördert, und durfte stolz darauf sein, wie einer, den „die ruhmverleihende Hand des Löwenherz im Feld zum Ritter schlug!" — So hatte das zweite Zusammentreffen mit dem Feldherrn reichlichen Ersatz gegeben für das erste, und trug nicht wenig dazu bei die trüben Gedanken der beiden letzten Tage zu verscheuchen.

Schon am 18. bewegte sich die Abtheilung Rosenberg's weiter zurück in die Ebene, wo sie bei Rivalta-di-Scrivia Stellung nahm. Hier blieb sie volle drei Wochen in gänzlicher Unthätigkeit. Toll und einige andere junge Offiziere besuchten häufig das nahe Tortona, wo sich besonders in den ersten Tagen ein eigenthümlicher Zustand zeigte, da die Citadelle noch nicht genommen war. In Folge einer bestimmten Abmachung durften nach der Seite der Stadt hin keine Feindseligkeiten geübt werden, während von der Feldseite her die Belagerungsarbeiten gegen die Citadelle fortgesetzt wurden. So konnte man zuerst die Laufgraben besuchen und den Fortgang der Sappe beobachten, um sich dann in den Caffeehäusern der Stadt wie im tiefsten Frieden bei Gefrorenem und dergleichen zu erholen. Bald aber nahmen die Besuche in Tortona einen durchaus friedlichen Charakter an, denn es wurde mit dem Commandanten der Festung eine Uebereinkunft geschlossen die fortgesetzte Arbeiten unnöthig machte, indem festgesetzt wurde daß die Citadelle übergeben werden sollte, im Fall sie innerhalb dreier Wochen — bis zum 11. September — keinen Entsatz erhielt.

So bereitete sich denn nun Alles auf den Zug in die Schweiz, den Suworow dem neuen Operationsplan gemäß unternehmen mußte. General Korsakow war mit einem neuen, dreitausend Kosaken ungerechnet, etwa sechsundzwanzigtausend Mann starken russischen Heertheil bei Zürich angelangt; mit diesem sollte sich Suworow vereinigen, und durch mehrere österreichische Abtheilungen verstärkt, die Schweiz vollends erobern, um dann von der angeblich schwächsten Seite her in Frankreich einzubringen — womit es dem österreichischen Cabinet wohl schwerlich rechter Ernst war. Die eine österreichische Armee, im Süden, sollte unterdessen die Eroberung des oberen Italiens vollenden, die andere, unter dem Erzherzog Karl, die den größten Theil des Sommers unthätig an der Limmat zugebracht hatte, wurde um den Russen Platz zu machen, nach Schwaben hinausgeschoben, an den Oberrhein, wo sie, wie Clausewitz das Verhältniß sehr treffend bezeichnet hat, um einen Feind in Verlegenheit gerieth. Es war ein seltsamer Plan, bei dem Manches was sehr nahe lag, ganz unbedacht und unbeachtet blieb. Namentlich ist es kaum zu begreifen wie übersehen werden konnte, daß die russische Armee der ihr gestellten Aufgabe, auch durch einige tausend Baiern und das Condé'sche Emigranten=Corps verstärkt, durchaus nicht gewachsen sein konnte —: vollends gar, wenn dabei je in gutem Glauben an den abenteuerlichen Zug nach Frankreich gedacht wurde. — Das Alles wäre unerklärlich, wenn wir nicht wüßten, daß politische Reibungen und Zerwürfnisse unter den Verbündeten die eigentliche Veranlassung zu diesem neuen Operationsplan für den Feldzug des Spätjahrs wurden.

Der Kaiser Paul hatte, eben wie sein unglücklicher Vater, etwas Ritterliches; so abenteuerlich seine Ansichten und Plane, seine Vorstellung von der Macht die ihm zu Gebote stand, und von dem was sich damit ausfechten lasse, auch sein mochten — : seine Politik war immer wahr und redlich; die des österreichischen Cabinets dagegen war das natürlich ganz und gar nicht. Viel bestimmter als irgend ein Staatsmann seiner Zeit hatte Paul die Idee der Legitimität aufgefaßt, und wollte redlich Alles wieder aufrichten, was die französische Revolution umgestürzt hatte; das alte Europa, wie es vor dieser gewaltigen Erschütterung gewesen war, sollte aus seinen Trümmern wieder hervorgehen — sehr gewiß ohne daß der Kaiser sich mit besonders kritischem Sinn Rechenschaft davon zu geben wußte, wie weit man wohl zurückgehen müßte, um auf das eigentliche historische Recht zu kommen, und aus welchem Grunde man vorzugsweise bei dem einen doch am Ende willkürlich gewählten Standpunkt stehen bleiben müsse. Für das Wiener Cabinet galt es mehr den allgemeinen staatlichen und gesellschaftlichen Zustand der jüngsten Vergangenheit so viel als möglich festzuhalten und wieder herzustellen; ließ sich aber dabei in Folge glücklicher Bestrebungen im Einzelnen etwas gewinnen und erwerben, brachten die Wirren der Zeit in dieser Weise erwünschte Gaben — so wollte man recht gern ein wenig Unrecht haben — ganz im Sinn und Geist der guten alten Zeit. Schon in Wien machten Kaiser Paul's genaue Wiederherstellungs=Plane, als Suworow sie auf seiner Durchreise in den wunderlichsten Formen aussprach, nicht den besten Eindruck, denn die Frage, ob auch Venedig, das Österreich vor kurzem erworben hatte, als Republik wieder hergestellt werden sollte, lag zu peinvoll nahe. Die Träume von einer Zeit der Uneigennützigkeit, der Wahrheit und des Rechts in der Politik, die dann nach dem Willen des Kaisers von Rußland folgen sollte, setzten die Leute die für Meister der Staatskunst galten, in nicht geringes Erstaunen, und man wurde dadurch, daß Suworow den Diplomaten, die ihn weiter auszuforschen suchten, und die er natürlich bei weitem übersah, immer auszuweichen wußte, natürlich nicht ruhiger. Aber man bedurfte fürs Erste noch einiger Siege, und folglich der Russen in Italien; man schwieg also, und beobachtete mit still verhehltem Mißtrauen. Wie man aber nach Piemont vordrang trat der innere Zwiespalt immer entschiedener hervor. Suworow wollte überall das sardinische Wappen wieder aufrichten lassen, die Regierung im Namen des rechtmäßigen Herrschers, Königs von Sardinien hergestellt wissen. Auch die in Piemont ausgehobenen Truppen sollten für ihren Landesherren in Eid und Pflicht genommen werden. Oesterreich, das für den Fall des Friedens ganz freie Hand behalten wollte, widersetzte sich, und erlaubte auch dem König von Sardinien nicht, wie er es wünschte, in seine Staaten zurückzukehren; man ging sogar so weit, ein Paar Prinzen des königlichen Hauses, die dennoch in die Lombardei zu kommen wagten, im Rücken der Armee an einen Wohnort zu binden, den sie nicht gewählt hatten.

So gehemmt und gehindert verfiel der König von Sardinien auf einen etwas ungewöhnlichen Ausweg, wie das namentlich aus einem Brief des Kaisers Paul an Suworow hervorgeht, den wir hier einrücken, weil er einiges Licht auf die damaligen Verhältnisse wirft, und bis jetzt nur in einer wenig gelesenen russischen Zeitschrift abgedruckt, wohl nur wenig bekannt sein dürfte:

„Gatschina am 25. Aug. a. St. 1799. — Fürst Alexander Wassiliewitsch! Am gestrigen Tage habe ich aus Wien, und heute durch den Obersten Kuschnikow die Nachricht von Ihrem glänzenden Sieg über den durch Sie zur Ruhe gebrachten General Joubert erhalten. Ich bin sehr erfreut! und um so mehr, da der Gebliebenen nicht viele sind, und Sie gesund und wohlerhalten. Ich weiß nicht was angenehmer ist: für Sie Siege zu erfechten, oder für mich, Siege zu belohnen. Aber wir thun beide unsere Schuldigkeit, ich als Herrscher, und Sie als der erste Feldherr in Europa."

„Die Auszeichnung, die Ihnen der König von Sardinien zuwendet, erlaube ich Ihnen von ganzem Herzen, anzunehmen. Der König von Sardinien äußert in einem Brief — von dem ich, so wie auch von meiner Antwort eine Abschrift beilege — den Wunsch in meiner Armee unter Ihren Befehlen zu dienen, was ich ihm denn auch gestattet habe, weil ich darin ein Mittel finde ihn in seine Staaten einzuführen, ohne durch die Anwesenheit seiner alleinigen Person die Uebereinkunft zu verletzen, die zwischen mir und dem Wiener Hof geschlossen worden ist, in Beziehung auf sein Verweilen in Sardinien bis nach gänzlicher Beendigung des Krieges. Ueber die Rückkehr des heiligen Collegiums nach Rom wird hier mit dem Fürsten Rezzonico unterhandelt, und das Ergebniß wird Ihnen bekannt gemacht werden."

„Ich sende hierbei Belohnungen für die Einnahme von Serravalle, aber was Sie selbst anbetrifft, so weiß ich schon nicht mehr was ich Ihnen geben soll, denn Sie haben sich höher gestellt als alle Belohnungen. Wie Sie aus dem heutigen Parole-Befehl ersehen werden, habe ich Ihnen kriegerische Ehren zuerkannt. Dem Würdigen das Würdige*). Der römische Kaiser, mein Bruder, beabsichtigt, Sie, wenn Sie Italien verlassen, um den Befehl in der Schweiz zu übernehmen, durch das Großkreuz des Marien-Theresien-Ordens zu belohnen. Ich benachrichtige Sie aus Vorsicht zum Voraus davon, da ich weiß, daß eine übermäßige Freude gefährliche Folgen haben kann."

„Leben Sie wohl, Fürst! — Leben Sie, besiegen Sie die Franzosen und alle Uebrigen, die nicht die Wiederherstellung der Ruhe, sondern ihre Störung beabsichtigen ꝛc."

Als russischer General wollte der König von Sardinien in seine Staaten zurückkehren, in der Hoffnung, das wenigstens werde ihm

---

*) Der Befehl verfügte daß dem Feldmarschall überall dieselben Ehren erwiesen würden, wie dem Kaiser selbst, sogar in Gegenwart dieses Letzteren.

Oesterreich nicht verwehren können! — Auffallen muß es aber, daß der Kaiser Paul das alles schreibt, nachdem er bereits drei Wochen früher am 5/17. August den Feldmarschall mit dem neuen Feldzugs=Plan bekannt gemacht, und den Befehl zum Aufbruch nach der Schweiz ertheilt hatte, das heißt zu einer Zeit, wo der beabsichtigte Schritt des Königs von Sardinien nicht mehr zu dem gewünschten Ziele führen konnte, weswegen er denn auch unterblieb. Die Besorgniß daß ein Mann wie Suworow vor Freuden über das Theresien=Kreuz sterben könnte, wäre gewiß nicht weniger seltsam zu nennen, wenn wir nicht die Worte als Ironie verstehen müßten; und auch als Ironie bleiben sie seltsam genug.

Dem österreichischen Cabinet lag vor allen Dingen daran die Russen in Italien los zu werden, um da frei schalten zu können, und dieser Wunsch ward die Veranlassung des neuen Feldzugs=Plans.

Viertes Kapitel.

1799. Zug durch die Schweiz.

Marsch nach Taverne und Bellinzona. — Einnahme des St. Gotthart. — Gefecht an der Teufelsbrücke. — Altdorf. — Zug durch das Schächen= nach dem Muttenthal. — Gefecht bei Muotta. — Zug durch das Klönthal. — Rückzug durch das Sernftthal und über den Pantnerberg. — Ilanz. — Chur. — Feldkirch. — Lindau. — General Korsakow. — Cantonirungen in Schwaben. — Marsch nach Böhmen. — Winterquartiere in Budweis.

Als die der Citadelle von Tortona gestellte Frist abgelaufen war, brach das russische Heer, das in 35 Bataillonen und 8 Kosacken=Regimentern noch 20,944 Mann Infanterie, 1,750 Mann Artillerie und 3,889 Kosacken zählte, nach der Schweiz auf, in die es über den St. Gotthart eindringen sollte. Die Zahl war gering, besonders wenn man erwägt daß bei dem Fußvolk auch noch eine Anzahl Nichtstreiter mitgezählt sind, die leicht den zehnten Theil des Ganzen betragen haben könnten. Da den nordischen Flächenbewohnern, den Russen, die den Krieg nur in den südrussischen und moldauischen Steppen oder dem polnischen Flachlande kennen gelernt hatten, der Gebirgskrieg überhaupt, die Schweiz insbesondere, vollkommen fremd waren, begleiteten den Feldmarschall, außer dem Obersten Weyrother, in den er großes Vertrauen setzte, noch sieben andere Offiziere des österreichischen Generalstabs.

Gedeckt wurde der Zug durch eine Reihe österreichischer Abtheilungen, die am südlichen Fuß der Alpen aufgestellt waren: namentlich stand der Gen. Habbick mit 8,600 Mann bei Jvrea am Ausgang des Thals von Aosta; der Oberst Fürst Rohan bei Duomo d'Ossola, um den Simplon zu beobachten; der Oberst Strauch bei Abiasco im Ticino=Thal, auf der Straße die vom Gotthards=Gebirge herabkömmt. Die beiden Letzteren hatten zusammen gegen sechstausend Mann unter den Waffen. Von der anderen Seite her, im Osten, wurde der St. Gotthart durch die äußerste Spitze des linken Flügels der österreichisch=russischen Armee in der Schweiz beobachtet: durch den General Auffenberg, der mit 4 österreichischen Bataillonen (2,400 Mann) bei Dissentis im Vorder=Rheinthal stand.

In der nördlichen Schweiz hatte Korsakow seine 26,000 Russen in der seltsamsten und unverzeihlichsten Weise um Zürich, an beiden Ufern der Limmat zerstückelt und zerstreut; ungefähr 20,000 Oesterreicher (Auffenberg ungerechnet) waren in einzelnen Posten von Rapperschwyl an, längs der Linth, am Wallenstädter=See, am Luciensteig, und im Rheinthal aufwärts bis Reichenau in einer Reihe einzelner Posten vertheilt.

Von den 76,500 Mann französischer Truppen dagegen, über welche Massena in der Schweiz verfügte, stand die Division Thurreau (9000 M.) im Walliserland; Lecourbe mit den beiden Brigaden Gudin und Loison (9500 M.) auf dem St. Gotthart und im Reußthal, während eine dritte unter Molitor (3000 M.) den Ausgang des Klön= und obern Linththales bei Glaris hütete; die übrige Macht, von 55,000 Mann, sechs Divisionen bildend, stand Korsakow und Hotze an der Linth, auf dem Albis und Uetli, längs der Limmat und Aar, bis Basel gegenüber.

So wurde denn der Zug in die Schweiz durchaus nicht unter sehr vortheilhaften Bedingungen unternommen; denn man war bem fran=

zösischen Heer keineswegs überlegen, und noch dazu standen die Streitkräfte der Verbündeten in einem weiten Umkreis um den Feind herum, der das schwache Netz leicht irgendwo zerreißen konnte. Da ist es denn um so weniger zu begreifen, weshalb der Erzherzog Karl mit seinem österreichischen Heere die Schweiz so eilig verlassen und Korsakow seinem Schicksal überlassen mußte, um nach Schwaben zu ziehen, wo er, wir müssen es wiederholen, um einen Feind in Verlegenheit gerieth, und den ganzen Herbst über nichts that, weil da wirklich gar nichts zu thun war. Und auch in dem allgemeinen Plan, dem gemäß die Operationen in der Schweiz zunächst geleitet werden sollten, tritt Manches, wie das schon öfter besprochen worden ist, in eigenthümlicher Weise befremdend hervor. Suworow wollte oder sollte diesen Bestimmungen gemäß den 17. September in Airolo sein, am 19. den Gotthart angreifen, dann das Reußthal hinab nach Altdorf vordringen, um von hier aus auf beiden Seiten des Vierwaldstädter Sees Luzern zu erreichen. Zu gleicher Zeit sollten Korsakow aus Zürich, Hotze mit seinen Oesterreichern zwischen dem Zürcher und Zuger See gegen die untere Reuß und den Aargau vorbrechen. Auf dem Wege der zur Vereinigung der Heere führte, sollte also auch schon die Eroberung der Schweiz bewirkt werden; nicht etwa nur die Vereinigung, sondern ein umfassender Angriff der Stellung des französischen Heeres wurde beabsichtigt — ganz im Sinne der damals herrschenden Ansicht, der zufolge die umfassende Form auch in Beziehung auf den strategischen Angriff für die vortheilhafteste galt.

Dabei muß nun zweierlei besonders auffallen. Erstens, daß der Feind vollkommen unthätig gedacht wurde; daß man, wie es scheint, hoffte, er werde sich vollkommen leidend verhalten während das alles um ihn her vorging. Doch das kommt öfter vor in der Geschichte der Kriege; bei gar mancher strategischen und tactischen Anordnung, so z. B. bei Mack's Disposition zur Schlacht bei Tourcoing 1794, bei Weyrother's Entwurf zur Schlacht bei Austerlitz 1805, und auch wohl bei den Anordnungen zur Schlacht bei Wachau am 16. October 1813 wird man unwillkürlich an die Worte Bärenhorst's erinnert, der den Manoeuvrir-Künstlern seiner Zeit nachsagt, daß ein jeder von ihnen, ein jeder speculirende Manoeuvrist, vorherrschend einen geduldigen, schafartigen Gegner zu bearbeiten gedenke. — Dem Feldmarschall Suworow selbst war dies Bedenken keineswegs fremd; unter einigen Bemerkungen, die er den Tag vor dem Angriffe auf den Gotthart in Faido aufsetzte, findet sich merkwürdigerweise auch folgende: „Massena hat keinen Grund die Russen abzuwarten, er wird sich auf Korsakow und dann auf Condé werfen, und das ist genug."

Der zweite Punkt ist noch befremdender. Läßt sich schon nicht wohl einsehen, warum man eigentlich auf beiden Ufern des Vierwaldstädter Sees zugleich nach Luzern vorgehen, die ohnehin sehr geringe Macht Suworow's theilen, durch den See und die unwegsamen Gebirge in deren Busen er ruht, getrennt halten wollte, so ist es vollends ganz unbegreiflich, wie je im Hauptquartier zu Asti vergessen werden konnte, daß weder am linken, noch am rechten Ufer des Sees ein Weg von Altdorf nach Luzern führt. Der Weg vom Gotthart her hört am See bei Fluelen auf; Reisende und Waaren, die über das Gebirge aus Welschland kamen, mußten von hier aus zu Schiff weiter geschafft werden. Zur Linken läßt sich noch allenfalls ein Fußsteig finden, der auf Seedorf, Bauen, Ematten, Beckenried und Buochs führt, aber er ist theilweise der Art, daß die Führer ihn selbst dem einzelnen Fußreisenden nicht empfehlen, wenn sie nicht einen geübten Alpenwanderer in ihm erkennen, und auch der Pfad von Attinghausen nach der alten Abtei Engelberg gehört zu den rauhesten und unwegsamsten des gesammten Schweizergebirges. Am rechten Ufer vollends, wo man doch vorzugsweise bleiben mußte, wenn man wirklich mit Hotze und Korsakow in Verbindung kommen wollte —: da führt an den Felsenhängen des Arenberges durchaus gar kein Weg von Fluelen nach Sissigen und von dort nach Brunnen; es möchte kaum dem gewandtesten und kühnsten Wildheuer oder Gemsenjäger gelingen, am See entlang aus Uri nach diesem letzteren Orte zu gelangen — wahrscheinlich hat es noch nie ein Mensch versucht. Sissigen, in eine enge Felsenspalte eingeklemmt, steht mit der übrigen Welt nur durch den See und durch einen sehr mühsamen Fußpfad in Verbindung, der an der Rückseite des Arenberges sich herum windend, in das Schächenthal zu einer Brücke zwischen Bürglen und Spiringen führt. Von dem Dasein der Gemsenjägerpfade, die aus dem Schächen- in das Muttenthal führen, und die man dann in der Noth einschlug, um auf einem großen Umwege in die wegsameren Gegenden von Schwytz und Brunnen zu gelangen —: von deren Dasein wußte man anerkannter Weise im Hauptquartier zu Asti nichts; kein Mensch hatte dort daran gedacht diese Richtung einzuschlagen. Keine Spur findet sich in den bekannt gemachten Quellen für die Geschichte dieses Feldzugs, wie man sich eigentlich das Weiterkommen von Fluelen aus gedacht hatte. Soll man glauben daß Niemand wußte, wie es am Vierwaldstädter See eigentlich aussah, obgleich den Russen acht österreichische Generalstabs-Offiziere recht eigentlich als Führer beigegeben waren? — Oder sollte man sich bei allgemeinen, schwankenden Vorstellungen beruhigt haben, daß die Mittel weiter zu kommen, sich an Ort und Stelle schon finden würden? — Seltsam ist die Erscheinung, und gehört gewiß zu dem Eigenthümlichsten, das in neuerer Zeit vorgekommen ist.

Das Bedenkliche des Unternehmens wurde noch durch eine Verspätung von vier bis fünf Tagen gar sehr gesteigert. Denn muß man auf leidende Unthätigkeit des Feindes rechnen, dann vor Allem ist jeder Tag kostbar. Der Feind der heute noch unthätig die Dinge abwartet, thut es vielleicht morgen nicht mehr. Und so war denn auch der Erfolg, wie bekannt, kein glücklicher; dennoch aber der Zug ein ruhmreicher und in gewissem Sinne glänzender. Wie viel ist von Napoleon's Zug über den Bernhard gesprochen und gesungen worden! nicht mit Unrecht, wenn wir bedenken, daß er zur Ausführung eines großartig und genial angelegten Feldzugsplans führte — und welchen Umschwung der Dinge er herbeiführte. An sich aber, als That ausdauernden Heldensinnes, stehen zwei Unternehmen nahe verwandter Natur wohl ohne Vergleich höher: Suworow's Zug durch die Schweiz, und Macdonald's Zug über den Splügen.

Schon am 8. September rückte Rosenberg's Abtheilung von Rivalta nach Alessandria, in dessen unmittelbarer Nähe am 9. Suworow's kleines russisches Heer vereinigt stand, und kaum war Tortona am 11. den Verbündeten übergeben, so marschirte noch am Abend desselben Tages das Ganze nach Valenza. Mit rascher Eile ging nun der Zug am 12. nach Mortara, am 13. nach Torbico, den 14. nach Varese, den 15. nach Taverne, am Fuße der von dichten Kastanienwäldern bedeckten Abhänge des Monte Cencre. Ungefähr zwanzig Meilen wurden so zu einer in den Ebenen der Lombardei noch heißen Jahreszeit in vier Tagen zurückgelegt, und zwar ohne daß die Truppen erschöpft worden wären. Die Anordnungen waren musterhaft. Um zwei Uhr Morgens brachen die Truppen auf und blieben bis gegen zehn Uhr in Bewegung, zu welcher Zeit der Soldat auf einem vorher bestimmten Punkte seine Suppe fertig fand — denn Quartiermacher und Köche waren immer vorausgesendet. Hier richtete man sich für die heiße Tageszeit ganz zur Ruhe ein; die Soldaten durften sich nach ihrer Mahlzeit entkleiden, und hatten mehrere Stunden Zeit zum Schlaf. Erst gegen Abend nach vier Uhr setzte sich das Ganze wieder in Bewegung, um etwa gegen zehn Uhr das Nachtlager zu erreichen, wo man abermals Nahrungsmittel und was sonst nöthig sein konnte, in Bereitschaft vorfand. Schon von Varese aus wurde die gesammte Artillerie nach Como gesendet, von wo sie zu Wasser nach Chiavenna, dann weiter über den Splügen in das Rheinthal geschafft werden sollte; das schwere Gepäck, die beweglichen Hospitäler und was sonst an hindern-dem Troß einem Heere folgt, war schon früher nach Verona abgefertigt worden, um auf weiten Umwegen und fahrbaren Straßen durch Tirol an den Rhein zu gelangen, von wo aus das Ganze dann in den flacheren Gegenden der Schweiz zu der eigentlichen Streitmacht herangezogen werden konnte. Nur 25 Gebirgskanonen zweipfündigen Calibers, auf Maulthiere geladen, von einer in Piemont ausgehobenen Mannschaft bedient, folgten unmittelbar dem Zuge.

In Taverne sollte Suworow für vierzehn Tage Lebensmittel — Zwieback — und die nöthigen Saumthiere, um sie über das Gebirge zu schaffen, in Bereitschaft vorfinden. Aber er sah sich bitter getäuscht und unwiederbringlich auf mehrere Tage aufgehalten, worüber der alte Held in einen gewaltigen Zorn gerieth. Die Verwaltung des österreichischen Heeres, das Verpflegungswesen namentlich, war damals, wie eine Reihe von Jahren vorher und nachher, außerordentlich schlecht, was mehr als einmal schmerzlich empfunden wurde. Wie man das auch wohl jetzt noch im österreichischen Kaiserstaate in manchen Zweigen der Verwaltung sehen kann — z. B. beim Zoll — gingen hier Nachlässigkeit und Unredlichkeit Hand in Hand. Im Jahr 1795 mußte der Feldmarschall Clerfayt nach einem siegreichen Feldzuge den Befehl niederlegen, weil er den Versuch wagte diesem Unwesen zu steuern, und dabei in ein Wespennest stach, und noch im Jahr 1809 veranlaßten die Unordnungen dieser Art, die plötzlich zu Tage kamen, mit ein Schwanken und eine verzögernde Unsicherheit in dem Verhalten der Feldherren, deren Folgen der Selbstmord des General-Intendanten Faßbender natürlich nicht wieder gut machen konnte.

Diesmal traten die Mängel der Verwaltung recht grell hervor. „In einem so fruchtbaren Lande, wie Oberitalien nach der Ernte, brachte man auf nicht mehr als auf vier Tage Lebensmittel für das russische Corps zusammen; in einem Gebirge, wo sich alle Einwohner der Maulthiere bedienen, trieb man nicht mehr als 341 dieser Thiere auf, da man deren, um Vorräthe auf mehrere Tage dem Corps in die Schweiz nachzubringen, doch wenigstens 1400 benöthigte." (Worte des österreichischen Berichterstatters General Stutterheim.)

Suworow suchte sich sogleich mit aller Thätigkeit und Energie zu helfen; Zwieback wurde eilig herbeigeschafft; eine Menge Kosacken mußten absitzen und wurden als leichte Infanterie gebraucht, da jedes der sieben Kosacken-Regimenter, die noch bei der Armee waren nachdem eines mit der Artillerie und dem Gepäck gezogen war, eine bestimmte, auf alle gleich vertheilte Anzahl Pferde zum Transport der Lebensmittel liefern mußte. Auch 5000 leinene Säcke und die nöthigen Stricke wurden im Lande ausgeschrieben — kurz man wußte sich das Unentbehrlichste zu schaffen, aber Alles blieb am Ende doch ein kümmerlicher Behelf; die Steppenpferde der Kosacken konnten auf den Saumwegen und Hirtenpfaden des Hochgebirges nicht die Dienste der Maulthiere leisten, und um so weniger, da es für sie an ordentlichen Packsätteln fehlte. Das Heer war doch nur unvollkommen ausgerüstet und versorgt, und litt auch bald in den Urner und Schwytzer Felsenthälern den bittersten Mangel.

Fast schlimmer noch war der Aufenthalt von fünf Tagen, der über diese nothwendigen Anstalten entstand. Der Erzherzog Karl erzählt freilich daß schon am 10. in Asti der Beschluß gefaßt worden sei, den Gotthart erst am 24. September anzugreifen, und Clausewitz meint, man könne die Worte eines so wohl unterrichteten und so wahrheitstreuen Geschichtschreibers nicht in Zweifel ziehen. Wir müssen aber dennoch glauben, daß sich hier ein Irrthum in dem Berichte des Erzherzogs eingeschlichen hat, und um so mehr da er sich gewissermaßen selbst widerspricht, indem auch er wenige Zeilen weiter den Aufenthalt, den die mangelhaften Anstalten bei Taverne verursachten, als einen sehr unglücklichen Umstand beklagt. Suworow hatte drei Tage noch in der Ebene verloren, vom 9. bis zum 11. festgehalten bei Alessandria durch Bewegungen der Franzosen am nördlichen Abhange der genuesischen Apenninen, die einen Versuch Tortona zu entsetzen, anzukündigen schienen; er verdoppelte darauf seine Schritte, um die verlorene Zeit wieder einzubringen und dennoch am 19. den Gotthart angreifen zu können. Schwerlich hatte er die Ebene der Lombardei mit so rastloser Eile durchzogen, blos um dann fünf Tage am Fuße des Gebirges ganz unthätig zu verweilen, sich auf diese Weise anzukündigen und den Feind gleichsam zu Gegenmaßregeln aufzufordern. Auch wußte man im russischen Hauptquartier nicht anders, als daß die Verfügungen, denen zu Folge der Angriff auf den Gotthart fünf Tage später stattfinden sollte, erst in Taverne getroffen wurden. Der Aufschub war unheilvoll. Massena's siegreicher Angriff auf Korsakow erfolgte erst am 25. und 26., und konnte gewiß der Vorbereitungen wegen, welche der Uebergang über die Limmat erforderte, nicht einmal um Stunden früher erfolgen; da mußte sich jedenfalls eine andere Reihe von Begebenheiten entwickeln, wenn Suworow'schon am 24. bei Muotta eintraf, anstatt am 28.

Wie dem aber auch sei, am 20. setzte sich das Heer endlich wieder in Bewegung, indem zunächst Rosenberg's Abtheilung über den Monte Cenere nach Bellinzona vorrückte. Sie sollte fortan eine abgesonderte Heersäule bilden, bestimmt den Gotthart rechts zu umgehen, während Suworow selbst General Derfelden's*) Abtheilung gerade im Liviner Thal aufwärts führte. Rosenberg bildete eine eigene Vorhut seiner Abtheilung unter dem General-Major Miteradowitsch, dem Toll als Offizier vom Quartiermeisterstab beigegeben wurde. Den 24. sollte der Gotthart angegriffen werden, am 27. dachte Suworow in Luzern

---

*) Eigentlich von der Felden.

zu sein —: eine Verfügung die in Erstaunen setzt, und als Beweis gelten könnte, daß wirklich von den österreichischen sowohl als russischen Offizieren des Hauptquartiers kein Mensch eine Ahnung davon hatte, wie eigentlich die Gegend um den Waldstädter See her beschaffen ist.

Rechts ausweichend zog Rosenberg durch das Blegnothal, den 21. nach Dongio, den 22. über den Luckmanier nach St. Maria, den 23. das Medelser Thal hinab in das Tavetscher Thal, wo er sich bei Dissentis mit Auffenberg und seinen vier österreichischen Bataillonen vereinigte und dann etwas weiter vorwärts bei Mompétavetsch lagerte. Am folgenden Tage trennten sich beide Abtheilungen wieder; Auffenberg suchte von Sebrun über den Krützli-Paß, nordöstlich vom Crispalt, und durch das Maderaner Thal in das der Reuß nach Amsteg zu gelangen, um den französischen Truppen auf dem Gotthart den Rückzug nach dem Waldstädter See abzuschneiden, während Rosenberg mit seinen Russen den Vorder-Rhein entlang, das Tavetscher Thal hinauf, die Einsattelung zwischen dem Crispalt und Babus erstieg, um an dem Oberalp-See vorbei, in das Urserenthal und in die rechte Flanke des Feindes vorzubringen.

General Gudin hatte mit drei Bataillonen, die seine Hauptmacht bildeten, hinter Airolo, noch vor dem Punkte wo das Tremolathal, in dem ein wilder Felsenbach, aus dem See bei dem Gotthards-Hospiz entsprungen, herabstürzt, in das Liviner Thal ausmündet, den al Cimo del Bosco genannten oberen Rand eines jähen Abhanges besetzt, und hütete so in fast unangreifbarer Stellung den unmittelbaren Aufgang zum eigentlichen Gotthartsgebirge; das heißt zu dem nackten Felsenrücken, der sich zwischen dem Liviner- und Urserenthal, beide trennend, erhebt. Ein Bataillon hatte Gudin in seiner Rechten nach dem Furca-Paß entsendet; eine andere Abtheilung, die aus einem Theile der 67. Halbbrigade, wahrscheinlich aus zwei Bataillonen bestand, in seiner Linken, zwischen dem Crispalt und dem Oberalp-See aufgestellt.

Suworow griff am 24. Gudin's Stellung hinter Airolo an und ließ sich erst nach mehrfachem vergeblichen Anstürmen zu dem Versuch bereden, sie auf beiden Flügeln zu umgehen. Links wurde der österreichische Oberst Strauch auf das rechte Ufer des Ticino entsendet, wo er durch angebautes Gelände an zugänglichen Berglehnen den rechten

Flügel der französischen Stellung zu umgehen suchte; auf der anderen Seite erkletterte General Schweykowsky mit acht russischen Bataillonen gerade aufwärts, ohne einen Thaleingang benutzen zu können, die pfadlosen Felsenwände, die bisher selbst den Landeseingeborenen für unzugänglich gegolten hatten — : das Außerordentlichste der Art, das im Laufe dieser merkwürdigen Kämpfe in den Hochalpen vorgekommen ist. Gudin wich nun aufwärts zurück durch das Tremolathal, nach Maßgabe wie Schweykowsky sich an den Felsenwänden zu seiner Linken weiter gegen das Hospiz hin durcharbeitete; schneller aber als dieser vorrücken konnte, brauchten die Franzosen nicht zu weichen, da sie in jenem Thale überall sehr feste Aufstellungen fanden, gegen die alle unmittelbaren Angriffe erfolglos blieben, und so konnte Suworow in beständigem Kampfe nur sehr langsam gegen das Hospiz auf dem Gotthart vorbringen.

Unterdessen rückte auch Rosenberg's Abtheilung aus dem Vorder-Rheinthal gegen den Oberalp-See herauf. Toll befand sich bei den Jägern an der Spitze des Zugs. Um Mittag etwa entdeckten die Kosacken die französische Abtheilung am Oberalp-See, General Milerabowitsch ließ rascher antreten, bald wurden die Franzosen in ihrem Bivouak angegriffen, wo sie sich nicht mehr halten konnten, nachdem Rosenberg seine Vorhut verstärkt hatte. An den Fersen des Feindes drangen nun die Russen rasch bis gegen Urseren (Andermatt) vor. Hier war in der Zwischenzeit Lecourbe selbst mit einem Theile der Brigade Loison aus dem unteren Reußthale zu Gudin's Unterstützung angekommen; er hatte das Dorf besetzt und mit dem Reste seiner Truppen vor Hospital und dem westlichen Zufluß der Reuß eine Stellung genommen, in der er Gudin aufnehmen wollte, vielleicht um später wieder angreifend gegen den Gotthart-Paß vorzugehen. Nach dem Schalle des Feuers von Süden her mußte Suworow noch entfernt sein und den Widerstand des Feindes noch nicht gebrochen haben. Dieser Umstand bewog Rosenberg vor Urseren innezuhalten, und sich am Rande eines steilen, mit kurzem Alpenrasen bedeckten Abhanges aufzustellen, der sich gegen das Dorf hinabsenkt. In dieser Lage vergingen mehrere Stunden. Erst am Abend, als das Feuer, der Lärm des Gefechtes vom Gotthart her näher und näher gekommen war, befahl Rosenberg von Neuem zum Angriff vorzuschreiten. Dieser wurde in gar eigenthümlicher Weise ausgeführt; meist in sitzender Stellung ließen sich die russischen Soldaten theilweise den steilen Abhang hinabgleiten und stürzten dann, ohne zu schießen, entschlossen mit dem Bajonnet in das Dorf. Der Widerstand währte nicht lange; nur ein kleiner Theil der Vertheidiger floh den Wildstrom abwärts durch das Urner Loch über die Teufels= brücke; die meisten wichen auf Hospital gegen Lecourbe's Haupt= macht. Gudin war gegen den Furca=Paß gewichen; Suworow langte spät mit Derfelden's Abtheilung vor Hospital an. So jung und uner= fahren auch Toll damals noch war, schien es ihm doch, als ob von Rosenberg's Seite bei weitem mehr hätte geleistet werden können; er meinte, wenn dieser General, anstatt viele Stunden unthätig vor Urse= ren zu halten, sowie er dort anlangte, dies Dorf unverzüglich angriff, und selbst Lecourbe bei Hospital, dem er allein vollkommen gewachsen war, hätten mindestens von der Abtheilung Gudin's, die noch am Gotthart kämpfte, wohl nur Wenige dem Tode oder der Gefangenschaft entgehen können. Und auch jetzt noch konnte ein rasches Nachdrängen glänzende Ergebnisse herbeiführen, aber es unterblieb.

Lecourbe, dem durch den Verlust von Urseren (Andermatt) der Weg abwärts in das tiefere Reußthal versperrt war, ließ seine Kanonen, die nicht mitzunehmen waren auf den Felsenpfaden, auf denen er nun einen Ausweg suchen mußte, in die Reuß stürzen, und zog, während Dunkel und Nebel die Thäler füllten, auf wilden, selten betretenen Pfaden über den hohen Felsenrücken, der das Urseren= von dem Göschenen=Thale trennt, um an dem Wildbache in dem letzteren hinab, bei dem Dorfe Göschenen, unterhalb der Teufelsbrücke wieder in das Thal der Reuß zu gelangen.

Suworow ließ Strauch mit seinen Oesterreichern auf dem Gott= hart stehen, um ihn gegen das Wallis hin zu decken, und verfügte für den 25., daß eine Brigade unter dem General=Major Grafen Kamensky — einem Sohn des Feldmarschalls und älterem Bruder des später aus den Feldzügen von 1807 bis 1810 bekannten Feldherrn gleiches Na= mens — dem General Lecourbe von Hospital und Zum=Dorf aus nach Göschenen folgen sollte, um so die mit Recht gefürchteten, schwierigsten Engpässe der gesammten Schweiz, das Urner Loch und die Teufelsbrücke zu umgehen —: eine sehr wichtige Verfügung, deren seltsamerweise in keinem bis jetzt bekannt gemachten Berichte von diesem Feldzuge Erwähnung geschieht. — Es wäre gewiß sehr seltsam gewesen, wenn die Verbündeten wirklich, wie bisher angenommen wurde, nichts in dieser Richtung vorgesendet hätten. Daß hier durchzukommen war, darüber ließ Lecourbe's Rückzug keinen Zweifel, wenn man auch sonst gar nicht im Gebirge Bescheid wußte —: und selbst ganz abgesehen davon, daß der Gedanke, dem weichenden Feinde eine Abtheilung nachzusenden, die ihn auf der Spur verfolgt, unter allen Bedingungen ein sehr natürlicher ist, mußte man allerdings erwarten an der Teufelsbrücke einen Widerstand zu finden, der möglicherweise nur durch eine solche Umgehung gebrochen werden konnte.

Abwärts von Urseren (Andermatt) führt der alte Saumweg, der zu jener Zeit die Gotthartsstraße genannt wurde, am rechten Ufer der Reuß etwa 1200 Schritt von diesem Orte durch das Urner Loch, einen 80 Schritt langen, 4 Schritt breiten, durch den Felsen gesprengten Hohlgang; dann tausend Schritt weiter, als Karnies an der Felswand, ziemlich steil bergab zu dem leicht und kühn über dem Abgrund schwebenden Bogen der Teufelsbrücke, dessen Richtung mit jener der Straße einen rechten Winkel macht. Auch auf dem jenseitigen Ufer wendet der Weg, als Karnies an der Felswand hängend, sich wieder im rechten Winkel der Richtung des tiefer in seinem rauhen Bette schäumenden Wildstromes gemäß, abwärts nach Norden. Die etwa 30 Schritt lange Brücke besteht aus einem größeren Bogen, der sich auf das rechte Ufer stützt und auf eine vorragende Felsenklippe des linken, von der dann ein sehr viel kleinerer bis an das linke Ufer sich wölbt. Wurden diese Engnisse, namentlich das Urner Loch, ernsthaft, besonders mit Geschütz vertheidigt, so ist kaum abzusehen wie sie je durch einen offenen, stürmenden Angriff erobert werden sollten.

Zum Glück hatten sich die Verhältnisse so gestaltet, daß dort nur eine sehr geringe französische Streitmacht sein konnte; wahrscheinlich nur der Theil der in Urseren geschlagenen Abtheilung, der im ungewissen Abenddunkel seinen verwirrten Rückzug dorthin nahm; und zwar hatte diese wenig zahlreiche Mannschaft, nach dem Verluste dreier Kanonen in Urseren, gar kein grobes Geschütz bei sich. Aber wären auch die Mittel dazu ausreichender vorhanden gewesen, so konnte doch unter den obwaltenden Umständen ein unbedingtes Festhalten dieses Punktes nicht beabsichtigt werden, da Auffenberg bereits am 25. früh durch das Maderaner Thal Amsteg erreicht und besetzt hatte, und den Versuch, die Straße wieder freizumachen, welchen der im unteren Reußthal zurückgelassene Theil der Brigade Loison von Altdorf her machte, ohne große Mühe abschlug. Es galt also für die Franzosen den Paß nur so lange zu halten, als nöthig war, damit Lecourbe aus der Felsenschlucht von Göschenen in das Reußthal heruntersteigen, und einen ausreichenden Vorsprung gewinnen konnte.

Im russischen Hauptquartier konnte man das alles nicht wissen, und mußte einen tüchtigen Widerstand erwarten, wie die Hauptmacht sich am 25. Reuß=abwärts in Bewegung setzte. Miloradowitsch voran; dann folgte Rosenberg, zuletzt Derfelden. Toll marschirte wieder an der Spitze des Zugs, mit den Jägern. Die Franzosen hatten das Urner Loch ganz verlassen, und zwar nicht den Hauptbogen der Teufelsbrücke, wohl aber den kleineren Nebenbogen gesprengt; so erwarteten sie am linken Ufer aufgestellt den Feind. Das Gefecht aber, das sich hier ergab, war den geringen Mitteln der Vertheidigung gemäß keineswegs so hartnäckig und blutig, wie es in malerischer Uebertreibung gewöhnlich geschildert wird. Die Spitze der russischen Colonne wenigstens sah sich nicht, noch ehe sie das Urner Loch erreichte, dem feindlichen Feuer ausgesetzt, oder vollends dadurch genöthigt, sich rasch in den Hohlweg zu drängen, um der verheerenden Wirkung zu entgehen; das erste Bataillon an der Spitze wurde keineswegs „beinahe aufgerieben", wie selbst in der Geschichte der Kriege in Europa seit dem Jahre 1792 zu lesen ist. Die Vertheidigung war vielmehr, wie Toll berichtet, „sehr schwach." Erst am Ausgang des Urner Lochs und jenseits wurden die Russen mit einem „schwachen Hagel von Flintenkugeln" empfangen; die Colonne drängte rasch nach, so sah sich die Spitze schnell bis zur Brücke vorgeschoben, und bei der raschen Bewegung auf dem schmalen Saumweg, neben dem betäubenden Rauschen des Stroms, stürzte wohl Einer und der Andere schwindelnd hinab in die Reuß, der Verlust war aber keineswegs bedeutend. Während an der Brücke das schwache Schießen fortdauerte, kletterte oberhalb derselben eine Anzahl

russischer Musketiere von der Straße den sehr steilen Felsenhang in das
hier ungefähr 50 Fuß tiefere Bett der Reuß hinab — unter dem nahen
feindlichen Flintenfeuer, in steter Gefahr hinabzustürzen. Die Tradi-
tion berichtet, daß Offiziere sich hier an zusammengebundenen Schärpen
hinabließen. Bis über den Gürtel im Wasser wateten die tapferen
Leute entschlossen durch den Wildstrom, der sie, über Klippen und
Felsblöcke jäh abwärts schäumend, fortzureißen drohte, und suchten
die jenseitigen Felsen zu erklimmen. Natürlich konnte das kühne Unternehmen nur gelingen indem viele zugleich, in einer den Franzosen überlegenen Anzahl, in breiter Fronte durch den Strom gingen. Der
Feind wartete das Handgemenge nicht ab, das hier erfolgen konnte,
und wich gegen das untere Reußthal aus, aber manche der Seinigen,
die sich zwischen die Felsen vertheilt und zum Theil verstiegen hatten,
wurden ereilt und hinabgestürzt. Die ganze Gefechtsscene hatte nicht
lange gedauert; mehr Zeit aber erforderte die Herstellung des gesprengten Bogens durch mühsam herbeigeschaffte Balken und Bretter. Erst
gegen fünf Uhr nach Mittag kam man damit zu Stande, und
auch auf dem weiteren Marsch sah man sich vielfach aufgehalten.
Der Weg geht weiter abwärts, wo das Thal etwas breiter
wird, noch viermal von einem Ufer auf das andere über; alle diese
Brücken hatte der Feind zu verderben gesucht, aber freilich war ihm
das nur unvollständig gelungen, da hier keine Voranstalten zur Spren-
gung getroffen waren, so daß sie mit weit geringerer Mühe als oben
die Teufelsbrücke wieder hergestellt werden konnten. Erst spät am Abend
langte das Heer bei Wasen an, wo das Meyenthal vom Susten herab
in das Reußthal ausmündet. — Unterdessen hatte sich Lecourbe mit
dem, was er von der Brigade Loison und Gudin's früher beim Ober-
alpsee aufgestellten Bataillonen bei sich hatte, den Weg nach Altdorf
geöffnet. Diesem Gegner war Auffenberg nicht gewachsen; er wurde
aus Amsteg auf die nächsten Höhen des Maderaner Thals zurückgedrängt, wo er sich freilich hielt, aber den weiteren Zug Lecourbe's zum
Waldstädter See hinab nicht mehr hindern konnte.

Am 26. ging der Zug weiter abwärts, Miloradowitsch hatte
wieder die Spitze, dann folgten Rosenberg's Hauptmacht und Derselben; Kamensky, der sich von Göschenen her beim Hauptzug wieder

angeschlossen hatte, bildete die Nachhut und deckte den langen Zug
der Saumthiere. Nachdem man sich unterwegs mit Auffenberg ver=
einigt hatte, wurde, nach einem ganz unbedeutenden Gefecht, Altdorf
besetzt; Lecourbe wich nach dem linken, westlichen Ufer des See's bis
an die Berglehnen zurück, die hier das Reußthal begränzen, behielt
aber die Brücke bei Seedorf besetzt. Es macht einen eigenthümlichen
Eindruck, und zeugt selbst für die muthige, freudige Stimmung, in
welche außerordentliche Ereignisse, die Erscheinungen eines siegreichen
Kampfs in dieser großartigen Umgebung, den strebenden jungen Mann
versetzt hatten, wenn man aus einzelnen Aufzeichnungen sieht wie Toll,
der fechtend mit den Jägern in Altdorf eindrang, und nur kurze Zeit
dort verweilen durfte, lebhaft von Allem ergriffen wurde was hier
an die Tell's=Sage erinnert. Ihm war die Sage natürlich Geschichte,
und um so mehr freute er sich, in Mitten der rasch vorschreitenden
kriegerischen Thätigkeit, die ihn umgab und an der er Theil zu nehmen
berufen war, eines eilenden Blicks auf den alten Thurm, der sich an=
geblich dort erhebt, wo einst der verhängnißvolle Baum stand, unter dem
der Tell den Apfel vom Kopf seines Sohns schießen mußte, und auf
die Wandgemälde, welche diese bedeutsame Scene der in den Alpen=
thälern neubelebten Eigilssage darstellen.

Hier endlich, wenn auch hier erst, wurde man inne, daß von
Altdorf kein Weg nach Schwytz geht, und daß über den See nicht zu
kommen war, da der Feind natürlich keine Schiffe zurückgelassen hatte.
Suworow gab einen neuen Beweis jener Macht des Willens, die ihn
auszeichnete, indem er nicht einen Augenblick ungewiß blieb, was er zu
thun habe, und nicht einen Augenblick säumte, zur Ausführung zu
schreiten. Er wollte durch das Schächenthal, über die Felsenkette, die
mit dem Arenberg am See endet, in das Muttenthal, und durch dies
hinab nach Schwytz gelangen, und schon am 27. brach er dahin auf.
Der Entschluß war kühn; denn vor dem Anblick dieser Gebirge konnte
Mancher verzagen. Schon das Schächenthal gehört zu den rauheren
in den Gebirgen; wie eine Spalte öffnet sich der Eingang desselben in
der Felswand, die vom Crispalt herab bis zum Arenberg den rechten
Thalrand des Reußthals bildet, und immer enger wird es weiter hin=
auf; meist steil aufwärts führt der Pfad über schmale Alpenweiden am

Fuß der Felswände von einem Hirtendorf zum anderen; indessen waren hier doch keine im Hochgebirge unerhörten Schwierigkeiten zu besiegen. Wie dagegen die Felsensteige aussehen mochten, die von Unterschächen nach Muotta führen, das wußten nur Hirten und Jäger — was man davon erfahren mochte, war unvollständig und konnte nicht ermuthigend sein; gewiß hatte sich nie ein Heer auf solchen Pfaden bewegt. — Und nur der strebende Geist trieb den Feldherrn, diesen Weg mit solcher Eile einzuschlagen. Kein drängender Feind, keine unmittelbare Noth zwang ihn zu solcher Hast. Vielmehr konnte Vieles ihn bestimmen, hier seinen ermüdeten Schaaren einige Ruhe zu gönnen. Seit sechs Tagen mußte sich der Soldat bergauf bergab in einer ihm durchaus fremden Natur, auf Gebirgspfaden, und um manchen Felsenpaß war mit Hartnäckigkeit gekämpft worden; viele konnten so ungewohnte Anstrengungen nicht länger ertragen, und um so weniger, da auch drückender Mangel hinzukam. Denn die Kosackenpferde, die als Saumthiere dienen sollten, konnten auf den steinigen Pfaden auf und ab nicht folgen und blieben zurück; der weit auseinander gezerrte Zug wurde noch durch Schaaren ermüdeter zurückgebliebener Soldaten verlängert, die er einholte, und die nun mit ihm wieder fortzukommen suchten. So hatte man keine anderen Lebensmittel, als die, welche man dem Feind abjagte, oder bei den wenigen Bewohnern eines armen, und vielfach schon vom Kriege heimgesuchten Gebirgslandes vorfand. Schwere Wolken sammelten sich tief an den Berglehnen, schon am 26. ergoß sich ein strömender Regen in die Thäler, und schwellte die reißenden Bergwässer. Wie viele Gründe anzuhalten, um Alles wieder in seine gehörigen Fugen zu bringen! Ein weniger unerschütterlicher Mann als Suworow hätte es gethan, und seltsam! dann gestaltete sich Alles möglicherweise besser für die Verbündeten, und man kam wohlfeileren Kaufs davon. Man erfuhr dann vielleicht hier schon Korsakow's Unglück an der Limmat; in diesem Fall war kaum eine andere Wahl möglich, als durch das Schächenthal über die Balmwand in das obere Linththal zu ziehen — und welchen Beschwerden und Gefahren entging man auf diesem Wege! — Aber Suworow sah vor Allem im Geiste Korsakow und Hotze schon in Bewegung zum Angriff und im Kampf; er durfte nicht fehlen in dem Kreis, in dem sein Auftreten die Ent=

scheidung bringen sollte, und schon am 27. mit dem grauenden Morgen zogen seine Russen, mit Auffenberg's Oesterreichern, vereint in das Schächenthal.

Der Erzherzog Karl erzählt, Rosenberg's Abtheilung sei bis zum 28. bei Altdorf stehen geblieben und habe dort neue Gefechte gegen Lecourbe bestanden. Dem ist aber nicht so; auch Rosenberg zog schon am 27. in das Schächenthal, und ließ nur zwei Infanterie-Regimenter in Altdorf zurück. Lecourbe, der am Fuß der westlichen Berge auf der Lauer lag, dem man unverzeihlicherweise die Seedorfer Brücke gelassen, dessen Vorhut man sogar auf dem rechten Ufer der Reuß geduldet hatte, bekam es nur mit dieser kleinen Schaar zu thun, als er wieder zum Angriff vorging, und daß er keine entscheidenden Vortheile über sie gewinnen konnte, ist freilich seltsam genug.

Der Zug des Heeres ging langsam. Da die Spitze stockte, sammelten sich die nachrückenden Bataillone nach und nach bei Unter-Schächen, wo sie dicht zusammengeschoben auf den Matten standen, während die vorderen sich allmälig auflösten, um lang auseinandergezerrt die Bergwand zu ersteigen —: denn auch hier hatte Suworow, wie das in seiner Natur lag, nicht den etwas bequemeren Pfad durch das Bisithal erwählt, sondern den steileren, aber kürzeren über den Kinzig-Kulm, und eine enge Schlucht, die bei Muotta in das Muttenthal ausmündet. Einzeln suchten sich die ausgehungerten, durchnäßten Leute fortzuhelfen, sie unterstützten sich gegenseitig — sie kletterten barfuß über die steilen Abhänge, um auf den Felsenplatten, die der Regen schlüpfrig gemacht hatte, einen etwas festeren Anhalt zu gewinnen. Aber Viele, denen die Kräfte schwanden, verloren den Halt und glitten zerschmettert in Felsengründe hinab, und Viele erlagen der unsäglichen Anstrengung. Gruppenweise lagen sie ganz erschöpft in allen Schluchten und Vertiefungen, und ließen sich in gänzlicher Entmuthigung sterben. Die Tragthiere, die Pferde der Kosacken, blieben großentheils liegen, nachdem sie sich an den scharfen Felsen die Hufen abgestoßen hatten. Die Entfernung von Altdorf nach Muotta beträgt wenig mehr als zwei Meilen; vielleicht, ja wahrscheinlich hatte Suworow, unbekannt mit der Oertlichkeit, gehofft, den letzteren Ort noch am 27. zu erreichen; darauf deutet wenigstens der Umstand, daß man

Rosenberg schon an diesem Tag in das Schächenthal folgen ließ; und eben deshalb waren, wie es scheint, gar keine besondern, der Natur des schwierigen Unternehmens entsprechende Verfügungen getroffen worden; man zog eben unbesorgt aus, und fand sich dann in unerhörte Schwierigkeiten verwickelt, wie man sie in der Art nicht erwartet hatte. Die Spitze des Zugs war über zwanzig Stunden in Bewegung, um diesen qualvollen Marsch von zwei Meilen zurückzulegen, denn erst am 28. September kurz vor Sonnenaufgang langte sie bei Muotta an; doch mag sie die dunkelsten Stunden der Nacht auf dem Felsenrücken selbst angehalten haben. Im Ganzen währte der Zug nicht weniger als sechzig Stunden, denn Rosenberg traf erst am 29. Abends bei Muotta ein; die in Altdorf zurückgelassene Nachhut vollends erst in der Nacht vom 29. zum 30.

Eine schwache französische Abtheilung in Muotta wurde natürlich leicht vertrieben, sobald man stark genug war im Thal vorzugehen, und das russische Heer lagerte, wie es nach und nach anlangte, um diesen Ort. Aber hier kamen nun wiederholt Nachrichten, die dem Führer und seinen Helden jede Aussicht auf ein siegreiches Vordringen in die flacheren Gegenden, auf Lohn und Vergeltung für solche Anstrengungen und Leiden raubten. Denn an der Limmat und Linth war unterdessen vielfaches Unheil über Korsakow und Hotze hereingebrochen.

An dem Tage, an welchem nach den allgemeinen Anordnungen Suworow in Schwytz einzutreffen dachte, am 26. nämlich, sollte Korsakow aus Zürich vorbrechen, Hotze mit seiner an der Linth, zwischen dem Zürcher- und Wallenstädter See versammelten Hauptmacht nach Einsiedeln vordringen, und die Ausführung durch das Vorschreiten zweier abgesonderter österreichischer Abtheilungen vom linken Flügel her erleichtert werden. Da die beiden letzteren den weitesten Weg zurückzulegen hatten, mußten sie sich früher als die Hauptmacht in Bewegung setzen. Der Feldmarschall-Lieutenant Jellachich, der zwischen dem Wallenstädter See und Luciensteig stand, hatte 6½ Bataillone und 3 Escadronen, die ungefähr 4000 Mann betragen mochten, zwischen Wallenstadt und Sargans vereinigt, und drang schon am 25. auf dem linken, südlichen Ufer des Wallenstädter See's gegen die obere Linth bis Mollis vor. F.=M.=L. Linken im Rheinthal in Graubündten versammelte 3000 Mann (5 Bataillone, 1 Escadron) bei Ems am Rhein und bewegte sich seit dem 23. in einer dem Zug der Russen im Ganzen gleichlaufenden Richtung, erst im Rheinthal aufwärts bis Ruvis, von dort nach Panir, über den Rinkenkopf nach dem Wichlerbad, und dann das Sernftthal hinab gegen Glaris. Seine Bestimmung war dann, von hier aus durch das Klön= und Muttenthal die unmittelbare Verbindung mit Suworow herzustellen.

Aber Massena durchkreuzte diese Plane, indem er einen Tag früher, schon am 25., zum Angriff überging. Vier Divisionen hatte Massena zum unmittelbaren Angriff auf die Stellung der Russen bei Zürich vereinigt. Korsakow, dessen Beschränktheit, Eigensinn und maaßloser Dünkel hinlänglich bekannt sind, hatte seine Lage, die der Natur der Dinge nach nicht einmal eine gewagte zu sein brauchte, durch ganz unverständige Anordnungen zu einer geradezu verwegenen gemacht, und sich so eingerichtet, daß er einer Niederlage kaum entgehen konnte, wenn er angegriffen wurde. Auch entging er ihr nicht; er verlor am 26. sein gesammtes zahlreiches Geschütz, so wie die Hälfte seines Fußvolks, und befand sich schon am 27. nach einem unordentlichen Rückzug, wo zuletzt Jeder für sich selbst sorgte so gut er konnte, in der traurigsten Verfassung bei Schaffhausen jenseits des Rheins. Nicht minder glücklich war General Soult an der Linth, zwischen dem Züricher= und Wallenstädter=See gegen Hotze's Hauptmacht; er ging ebenfalls am 25. über den Fluß; der wackere Hotze und sein Chef des Generalstabs, Oberst Plunket, wurden bald im Anfang des Gefechts erschossen; die Oesterreicher verloren dreitausend Mann Gefangene und 20 Kanonen, und F.=M.=L. Petrasch führte sie wohl mit mehr Hast als eben nöthig war, über St. Gallen zurück: es ging dabei so eilig zu, daß eine österreichische Abtheilung in Wesen ganz vergessen wurde, und in Folge dessen Tags darauf größtentheils in französische Gefangenschaft gerieth. Als Petrasch vollends die Ereignisse bei Zürich erfuhr, eilte er, unverfolgt und ungedrängt bei Rheineck über den Rhein zu kommen, und zeigte auch dadurch, daß er im Vorarlberg den Landsturm aufbot, wie schwarz er Alles sah.

Der französische General Molitor stand unterdessen mit einer einzigen Brigade von 3,000 Mann an der oberen Linth, und zeigte sich hier des Marschalstabs würdig, den Ludwig XVIII. ihm vierundzwanzig Jahre später ertheilte. Er hatte den größten Theil seiner Truppen zwischen Netsthal und Näfels vereinigt, als am 26. Jellachich die Näfels-Brücke angriff. Aber dieser Letztere scheint mehr Vorsicht als Energie in seine Unternehmungen gelegt zu haben, und als er von Wesen her erfuhr, welches Unheil Hotze betroffen hatte, trat er ungesäumt den Rückzug an, den er am 28. bis Ragatz, und dann bis über den Rhein fortsetzte, ohne, wie es scheint, weiter zu berücksichtigen, was sich daraus für Suworow ergeben mußte. Er konnte ganz unverfolgt seiner Wege gehen, da Molitor sich die Linth aufwärts gegen Linken wenden mußte, der unterdessen bei Mitlödi oberhalb Glaris eingetroffen war, aber am 27. und 28. die Zeit ohne rechten Entschluß in unbedeutenden Gefechten hinbrachte.

So standen die Sachen, als Suworow's Schaaren sich allgemach bei Muotta wieder sammelten und ordneten. Aus der ganzen nördlichen Schweiz waren die Verbündeten vertrieben, und in divergenten Richtungen nach Schwaben, Vorarlberg und Graubündten über den Rhein zurückgedrängt. Nur Linken hielt sich noch in Suworow's Nähe; aber nicht auf lange; noch am 29. von Molitor heftig angegriffen, erfuhr er zugleich Jellachich's Rückzug, und diese Nachricht mochte ihn hauptsächlich bestimmen, auch seinerseits den Rückweg wieder durch das Sernftthal anzutreten; auch er war so glücklich, ziemlich unbehelligt von dannen gehen zu können, da Molitor schon wieder gegen einen anderen Feind umkehren mußte.

Andererseits hatte Massena nur zwei Divisionen bei Winterthur gelassen, um den Feind in Schwaben zu beobachten; und während zwischen dem Züricher- und Wallenstädter-See Soult's Division, die jetzt General Gazan befehligte, auf dem rechten Ufer der Linth blieb — nordwärts, wir wissen nicht genau in welcher Stellung — wendete sich Massena mit seiner Grenadier-Reserve und der Division Mortier von Zürich rückwärts gegen Suworow. Die erstere hatte er die Sihl hinauf, nach Schindellegi, auf dem Wege nach Einsiedeln gesendet;

die letztere traf schon am 28. bei Schwytz ein. Massena für seine Person begab sich, da er offenbar nicht wußte, was aus Suworow geworden war, über Luzern in das Reußthal zu Lecourbe, und folgte mit dessen Truppen am 29. den Spuren des russischen Heeres, das Schächenthal hinauf, wo man endlich inne wurde, auf welchem Wege und um welchen Preis es Suworow's Schaaren gelungen war weiter durch das Gebirge vorzubringen. Massena ließ darauf Loison's Truppen nach Brunnen überschiffen, von wo sie sich mit Mortier vereinigen sollten.

So fand denn Suworow, wenn er jetzt noch über Schwytz und Luzern in die flacheren Gegenden des Landes zwischen der unteren Reuß und Limmat vordringen wollte, nirgends mehr einen Anhalt, nirgends den Beistand verbündeter Schaaren, überall drohende Gefahr, und vor Allem konnte ein solcher Zug jetzt keinen Zweck mehr haben. Die Schweiz war verloren, der Feldzug verfehlt; die weitaussehenden Plane waren unwiederbringlich gescheitert. Es konnte sich nur noch darum handeln, glücklich wieder aus der Schweiz hinauszukommen, und selbst das war nicht leicht. — Suworow gab nicht leicht etwas auf, und überzeugte sich in seinem festen Sinn nicht so bald von der Nothwendigkeit, die Hoffnung auf einen Erfolg aufzugeben. So wollte er auch jetzt nicht gleich an Korsakow's Niederlage glauben, vermuthete eine Kriegslist des Feindes, der solche Gerüchte aussprenge, um sein rasches Vorschreiten zu lähmen, und verschloß sein Ohr, wie ihm seine Generale von der Nothwendigkeit sprachen, den weiteren Angriff aufzugeben und über den Bragel in das Klönthal auszuweichen. Er wollte im Gegentheil schon am 28. nach Schwytz vordringen, und verschob die Vorrückung dorthin nur deshalb auf den 29., weil er vor der Hand der eigenen Streitkräfte zu wenig Herr war. Aber die Nachrichten von den Unfällen an der Limmat wurden von allen Seiten her bestätigt, es konnte kein Zweifel bleiben, Suworow gab zürnend nach, der Marsch durch das Klönthal nach Glaris wurde beschlossen, und noch am 29. mußte Auffenberg mit seinen österreichischen Bataillonen aufbrechen, um den Bragel zu besetzen —: den ganz von grünen Matten bedeckten Bergrücken, der hüben und drüben an die Felswände gelehnt, die sowohl das Mutten- als das

Klönthal einschließen, die beiden Thäler, und damit die Wasser, die dem Vierwaldstädter See zufließen, von dem Stromgebiet der Linth trennt.

Fast hätte man diese Höhe ganz unbesetzt gefunden. Auf eine ungewisse Kunde von einem für die Oesterreicher glücklichen Gefecht im oberen Linththal, hatte Suworow schon Tags zuvor einen Trupp Kosacken nach Glaris vorgesendet, um den dortigen französischen Befehlshaber zur Niederlegung der Waffen aufzufordern. Molitor erfuhr erst auf diese Weise, welchen neuen Feind er in seinem Rücken erwarten müsse. Eben im Gefecht mit Linken, und nicht wenig überrascht, konnte er für's Erste nur ein Bataillon auf den Bragel entsenden, das natürlich durch Auffenberg leicht vertrieben wurde. Als am 30. September die ganze Macht der Verbündeten, mit Ausnahme Rosenberg's, den Weg durch das Klönthal einschlug, ließ Molitor den General Linken in Frieden ziehen, und führte selbst mehr Truppen gegen sie herbei; doch hatte er, wie es scheint, nicht mehr als drei Bataillone. Er leistete mit dieser geringen Macht am Klönthaler See und in jeder günstigen Aufstellung den rühmlichsten Widerstand, und verlor in den hartnäckigen Gefechten, in denen es mehrmals zum Handgemenge kam, zwar viele Leute, aber nicht ein einziges seiner Geschütze. Am 1. October erreichte Suworow Glaris; Molitor ging auf beiden Seiten der Linth nach Näfels und Mollis zurück; Suworow's Vortrab unter dem Fürsten Bagration folgte dorthin, und erstürmte diese beiden Dörfer; aber durch einige Bataillone von der bei Wesen und Schännis vereinigten Abtheilung Gazan's verstärkt, eroberte Molitor sie wieder und wußte sich zu behaupten. Daß dieser General sich auch hier noch ausdauernd dem Zug der Verbündeten in den Weg legte, in einer Lage, die einem ängstlichen General wohl bedenklich vorkommen konnte, da er die Linth und den Wallenstädter See im Rücken hatte, ist rühmlich; es spricht sich auch darin der Geist strebsamer Thätigkeit aus, der in dem französischen Heer allgemeiner und in einem höheren Grad verbreitet war, als in dem österreichischen, und den auch in dem russischen nur Suworow's Persönlichkeit hervorrief. Mancher behutsame Mann wäre wohl an Molitor's Stelle nach Urnen ausgewichen, und hätte höchstens Näfels zu halten gesucht; das müssen wir wohl glauben, wenn wir an Petrasch, Jellachich und Linken denken.

Rosenberg war, zwei Kosacken-Regimenter mitgerechnet, mit kaum 4000 Mann, ohne alles Geschütz, bei Muotta zurückgelassen, um Suworow's Zug gegen alle Angriffe zu schützen, die von Schwytz her kommen konnten, und hatte hier wirklich ein ruhmreiches Gefecht zu bestehen. Am 30. September nämlich unternahm Massena eine Erkundung das Muttenthal hinauf, und ließ sich in ein leichtes Gefecht ein, zog sich aber wieder nach Schwytz zurück, sobald sein Zweck erreicht war, d. h. sobald er sich überzeugt hatte, daß die Hauptmacht der Verbündeten schon weiter gezogen sei. Von Seiten der Russen glaubte man, wie das zu geschehen pflegt, einen wirklichen Angriff abgeschlagen zu haben, und erwartete eben deshalb keinen zweiten.

Rosenberg hatte sein Quartier in dem Franziskanerkloster des Orts genommen; da saßen am 1. October die Offiziere seines Stabs ruhig bei ihrem Mittagsmahl, als plötzlich General Rosenberg sehr eilig in das Zimmer trat, und mit überlauter Stimme rief: „Meine Herren! die Franzosen greifen an! eilen Sie, Jeder auf seinen Posten!" — Toll sah den ganzen Feldzug über streng darauf, daß immer das eine seiner beiden Pferde gesattelt war; diesem Umstand verdankte er es, daß er auch jetzt der Erste im Sattel war, und zunächst der Einzige, der den General vor den Ort hinausbegleiten konnte, wo sie bereits die acht sehr schwachen Bataillone, die hier zur Verfügung standen, unter den Waffen fanden. Massena drang mit Allem, was er für den Augenblick in Schwytz an Truppen hatte, und das konnten wohl gegen 8000 Mann sein, also mit zweifacher Ueberlegenheit, gegen Muotta vor, und trieb Rosenberg's Vortruppen ohne Mühe vor sich her. Rosenberg führte seine acht Bataillone einige hundert Schritte vorwärts, auf einen Punkt, wo sie in einer kleinen Bodenvertiefung zum Theil verdeckt standen, und in zwei Treffen die ganze Breite des Thals einnahmen; die Vortruppen wichen zu beiden Seiten gegen die Höhen am Fuße der Felsränder des Thals aus, und machten so die Fronte der Hauptmasse frei. Als der Feind sich bis auf einige hundert Schritte genähert hatte, ließ Rosenberg drei Bataillone des ersten Treffens, denen die fünf anderen als Reserve folgten, antreten,

und ohne einen Schuß zu thun, raschen Schritts mit gefälltem
Bajonet auf die französischen Schaaren losstürmen, die in drei Co=
lonnen vorrückten. Der Erfolg war glänzend, wie man ihn kaum er=
warten durfte; die mittlere feindliche Colonne wendete sich vor dem
entschlossenen Angriff bald zu wilder Flucht; auch die schwächeren,
aus Tirailleur=Schwärmen bestehenden Seiten=Colonnen wurden mit
fortgerissen; ein umgestürzter Munitions=Karren versperrte den Fahr=
weg im Thal, auf dem die Artillerie fliehen wollte — und fünf Ge=
schütze fielen den Russen in die Hände. Toll äußert, es sei schwer
sich einen Begriff davon zu machen, bis zu welchem Grade die Fran=
zosen von wildem Schrecken ergriffen waren, bis zu welchem Grade
sie alle Haltung verloren hatten; er selbst war erstaunt, zu sehen, daß
ein so einfaches Manoeuvre einen solchen Erfolg haben konnte. Die
Russen machten 1,020 Gefangene, unter denen der General Legowic
und ein General=Adjutant waren, und verfolgten bis Schwytz — die
Kosacken drangen selbst in diesen Ort. Erst hier nahmen einige Ba=
taillone der Brigade Loison, die eben aus Brunnen anlangten, die
Fliehenden auf, und setzten der Verfolgung Grenzen. Dies glän=
zende Gefecht söhnte auch den Feldmarschall Suworow wieder mit dem
General Rosenberg aus. Seit längerer Zeit, seit dem unglücklichen
und was schlimmer ist, zwecklosen Treffen bei Basignano, auf das
sich Rosenberg, durch den jungen Großfürsten Konstantin, der sich bei
der Armee befand, dazu angetrieben, ganz unnützerweise eingelassen
hatte, grollte nämlich Suworow diesem General. Was Toll per=
sönlich anbetrifft, so wurde ihm für Auszeichnung in diesem Ge=
fecht das erste Ehrenzeichen zu Theil: der St. Annen=Orden dritter
(jetzt vierter) Klasse (am Degen).

Massena dachte nun nicht weiter an Angriffe von dieser Seite;
er ließ nur wenige Bataillone bei Schwytz zur Beobachtung zurück
und sendete alle übrigen hier versammelten Truppen, unter Soult,
der den zur Rheinarmee abgerufenen Lecourbe ersetzt hatte, über Ein=
siedeln an die Linth, um sich dem Zug der Russen von vorn zu
widersetzen.

Suworow fand in Glaris einige Lebensmittel, die ihm sehr zu
Statten kamen, denn die Noth war auf das Höchste gestiegen; die Tra=

dition, die sich in den durchzogenen Alpenthälern erhalten hat, erzählt von russischen Soldaten, die sich in der Verzweiflung des Hungers an ungegerbten Kuhhäuten zu sättigen suchten. Dagegen aber war der russische Feldherr so erstaunt als erzürnt, hier keine der österreichischen Abtheilungen zu treffen, die sich mit ihm vereinigen sollten, und die durch die Ereignisse an der Limmat und am Züricher See erschreckt, eine nach der anderen jenseits des Rheins Sicherheit gesucht hatten. Die Erbitterung gegen die Oesterreicher war ohnehin im russischen Hauptquartier auf das Höchste gestiegen; Oesterreichs Politik in Italien, und mancherlei zufällige Reibungen hatten sie zuerst hervorgerufen; seither hatte man dann wirklich einigen Grund über die Oesterreicher zu klagen, und wie das in solchen Fällen selten ausbleibt, aufgeregte Leidenschaftlichkeit wiederholte sich diese Gründe mit einer gewissen Uebertreibung; in dem stolzen Bewußtsein ungewöhnliche Heldenthaten ausgeführt zu haben, in dem bitteren Gefühl, daß solche Thaten vergeblich geblieben waren, und nur zu Verlust und Leiden geführt hatten, legte man alles erduldete Mißgeschick den Oesterreichern allein zur Last. Daß der Erzherzog Karl nach vielen, in Unthätigkeit verlorenen, Monaten die Schweiz unnöthigerweise so früh verlassen, und Korsakow, wie man sich nun ausdrückte, preis gegeben hatte; daß die elenden Anstalten der Oesterreicher auch Suworow's Heer drückender Noth ausgesetzt hatten, das war, wie man glaubte, der alleinige Grund alles Mißgeschicks —: und nun sah man sich auch hier wieder von diesen unzuverlässigen Verbündeten rücksichtslos verlassen. Das Maß war voll. Suworow beschloß, wie es scheint fast augenblicklich, sich auf nichts mehr einzulassen, und sich durch das Sernfttthal jedem weiteren Zusammentreffen mit dem Feinde zu entziehen; denn schon am 2. October sendete er den Gen. Auffenberg mit seinen vier österreichischen Bataillonen auf diesem Wege voraus. Gerade der Umstand, daß unmittelbar nachdem Glaris erreicht war, die Einleitung zu dem Zug dorthin angeordnet wurde, zwingt uns fast zu glauben, daß der Gedanke, man sei nun hier abermals rücksichtslos verlassen und preisgegeben, der Ingrimm über die Oesterreicher, in der ersten Aufwallung eines neu erregten Unwillens zu diesem Entschluß führten. Im ersten Augenblick schien gar nichts

Anderes übrig zu bleiben und keine Zeit zu verlieren. In den nächsten Tagen veränderte sich indessen die Lage wieder einigermaßen, und Suworow, dem es schwer fallen mochte dem bisher stets behaupteten Ruhm der Unüberwindlichkeit zu entsagen, indem er dem Feind auswich, schwankte, wie es scheint, zwischen diesem und einem dem Anschein nach kühneren Entschluß — eine bei ihm seltene Erscheinung. Auf der einen Seite erhielt man die Nachricht von Rosenberg's glänzendem Siege, auf der anderen die, daß Gen. Jellachich aus Graubündten her wieder über den Rhein bis Sargans vorgegangen sei.

Dieser General langte schon am 2. wieder bei Sargans an, besetzte Wallenstadt mit einer vorgeschobenen Abtheilung, und seine Vortruppen gingen am südlichen Ufer des Sees noch weiter vor. Erst bei Kerenzen, nicht eine Meile von Mollis, trafen sie auf französische Posten. Daß Jellachich nicht selbst mit seiner Hauptmacht bis Wallenstadt vorging, daß es ihm gar nicht einfiel, es könnte möglicherweise seines Berufs sein, durch einen kräftigen Angriff auf Mollis zur Eröffnung der Verbindung thätig mitzuwirken: das sind lauter Dinge, die in den Augen der österreichischen Berichterstatter wohl ganz in der Ordnung sein müssen, da keiner von ihnen nöthig achtet ein Wort der Erklärung darüber zu sagen. Doch hatten die Franzosen wenigstens am 3. October noch nicht eine Macht bei Wesen und Schännis vereinigt, die ein solches Vorgehen sehr gefährlich gemacht hätte, besonders da eine Umgehung auf dem nördlichen Ufer des Sees nur auf weiten Umwegen möglich war. Dem russischen Heerführer wird es sehr zum Fehler angerechnet, daß er sich den Weg über Mollis nicht mit Gewalt geöffnet hat, seltsamerweise ohne daß dabei je einer größeren Thätigkeit der österreichischen Abtheilungen als einer doch auch möglichen Sache gedacht würde.

Suworow war, wie wir durch Stutterheim wissen, gleich Weyrother dafür, sich den Weg über Mollis nach Wallenstadt zu bahnen, alle anderen russischen Generale sprachen sich in und außer dem Kriegsrath leidenschaftlich gegen ein solches Unternehmen aus, der Feldherr selbst trat zuletzt ihrer Ansicht bei, und man kam auf den ersten Entschluß zurück, durch das Sernftthal abzuziehen. Die gänzliche Entkräftung der Truppen, und der bereits fühlbar werdende Mangel an

Munition waren die Gründe, die hauptsächlich geltend gemacht wurden. Wahrscheinlich hätten solche Rücksichten wenigstens bei Suworow selbst nicht den Ausschlag gegeben, wenn man noch Lust und Freude an dem Krieg gehabt hätte, wenn nicht der maßlose Unwille gegen die Oesterreicher gewesen wäre —: aber die Truppen mußten doch gewiß nach Allem was vorhergegangen war, sehr erschöpft sein, und Schießbedarf konnte auch nach so vielfachen Gefechten nicht im Ueberfluß vorhanden sein. Der Entschluß auf Wallenstadt vorzubringen, auch wenn sich Jellachich darauf beschränkte, die Russen dort in aller Ruhe und Sicherheit zu erwarten, und ihnen jede Wagniß allein zu überlassen, war wohl der bessere, das können wir besonders jetzt sehr deutlich übersehen. Aber die österreichischen Berichterstatter scheinen doch manches Motiv, das hier bestimmend mitwirkte, zu übersehen, wenn sie von einer „unerklärbaren (:!:) Verstimmung" der russischen Anführer sprechen; von einem „auf hohen Grad gesteigerten Kleinmuth"; zudem will gerade die Oesterreicher eine große Freigebigkeit mit solchen Bezeichnungen, Angesichts ihrer eigenen Kriegsgeschichte, nicht recht kleiden. Der Erzherzog Karl, den der alte Suworow um diese Zeit sehr unsanft behandelte, und der das, wie es scheint, doch nicht ganz verschmerzen konnte, äußert, der russische Feldherr hätte suchen müssen sich an der Linth Bahn zu brechen, und wenn er dabei auch auf Massena's ganze Macht stoßen sollte; ferner, der Versuch sich durch Massena's gesammte Macht durchzuschlagen, hätte nicht so viel kosten können als der Rückzug über die Panirer Berge. Darin liegt einige Uebertreibung; besonders darf nicht vergessen werden daß der Pfad im Sernftthal hinauf, über das Wichlerbad und die Panirer Berge, zwar beschwerlich, aber an sich keineswegs so schlimm war wie der über den Kinzig-Kulm. Er ist vielmehr selbst für Pferde brauchbar, und eine gewöhnliche Verbindungsstraße zwischen dem Vorderrheinthal und Glaris. Noch vor kurzem hatte Linken zweimal diesen Weg genommen; der vorausgeschickte Auffenberg ging noch am 3. October über diesen Paß, und kam ganz wohlbehalten in Ilanz an. Der beschlossene Rückzug war also keinesweges an sich ein in dem Grade bedenkliches Unternehmen, daß man sich zu verwegenen Entschlüssen hätte bewogen fühlen können, um

ihn zu vermeiden. Was ihn für die Russen in einem so hohen Grade
verderblich machte, war ein unerwartetes Ereigniß, ein plötzlicher
Schneefall im Gebirge.

Erst am 4. October ließ Suworow Rosenberg's Abtheilung von
Muotta nach Glaris heranrücken. Sie hatte in ihrer Stellung im
Muttenthal kein Gefecht weiter zu bestehen gehabt, und wurde nicht
verfolgt; was der Feind bei Schwytz zurückgelassen hatte, war zu
schwach um neue Angriffe zu unternehmen. Ueberall auf ihrem Zuge,
besonders am Klönthaler See, sahen die Truppen dieser Abtheilung
die Spuren des Kampfes, der sehr heftig gewesen sein mußte. An
demselben Tage sendete Suworow seine Tragthiere voraus; einige tau=
send Kranke und Verwundete mußten in Glaris der Milde des Feindes
überlassen bleiben; die eroberten Kanonen, die nicht mitgenommen wer=
den konnten, wurden unbrauchbar gemacht, die Lafeten vernichtet.
Auf der anderen Seite versammelte F.=M.=L. Petrasch ebenfalls am
4. October einen Theil seiner Truppen bei Mayenfeld am Graubündt=
ner Ufer des Rheins. Er hatte dazu erst durch den Erzherzog Karl
veranlaßt werden müssen. Man muß aber gestehen, es war ein wenig
spät, und daß der Mann mit den Seinigen jenseits des Rheins bei
Mayenfeld stand, konnte doch wirklich dem russischen Heere bei Glaris
gar nichts helfen; so spät unternommen und nicht weiter fortgesetzt
war das wirklich nicht mehr als ein bloßer Scheinversuch, Beistand
zu leisten.

Am 5. October früh um drei Uhr, bei dichtem Nebel, trat Suwo=
row's kleines Heer den verhängnißvollen Zug durch das Sernftthal
an. Der Marsch ging an diesem Tage bis Elm. Die Franzosen
verfolgten am Morgen ziemlich lebhaft, und erlangten auch anfänglich
einige Vortheile; bei Matt aber setzte ein entschlossener Angriff der
russischen Nachhut, die gegen den Feind umkehrte, diesen ein Ziel, und
die Verfolgung hörte ganz auf. Am 6. wieder vor Tage aufgebrochen,
mußte sich der Zug über das Wichlerbad, durch den Jäzischlund, nahe
am Hausstock vorbei über den Rinkenkopf, unter unsäglichen Anstren=
gungen die steilen Abhänge hinauf, die frisch gefallener Schnee zwei
Fuß hoch bedeckte. Der Schnee wich unter dem Fuße, und der
erschöpfte Krieger glitt oft wieder zurück, wenn er sich mühte aufwärts

zu kommen; zudem war das ganze Heer sehr bald barfuß, oder so gut wie barfuß; denn natürlich mußte nach solchen angestrengten Märschen über Felsen und durch Gebirgswässer, zum Theil in strömendem Regen, die Fußbekleidung des Soldaten in sehr schlechtem Zustande sein —: jetzt blieben die aufgeweichten und zerrissenen Schuhe und Stiefel häufig im feuchten Schnee stecken. Auf dem jenseitigen Abhange, nachdem der Kamm überstiegen war, sah es noch schlimmer aus, denn hier hatte ein scharfer Wind den Schnee meist weggeblasen, und nur eine dünne, in Glatteis verwandelte Lage auf den Felsenplatten zurückgelassen, die alle kleinen Spalten und Vertiefungen, auf denen der Fuß sonst haften konnte, füllte und ausglich, alle Ecken abrundete. Was noch an Gebirgsartillerie übrig war, kam nicht einmal bis zum Kamm des Gebirges hinauf; die Geschütze stürzten in Abgründe hinab, wie fast alle noch übrigen Saumthiere — die oft, wie sie hinabglitten, ihre Führer mit sich zogen in das Verderben. Auch Toll verlor auf diese Weise das eine seiner Pferde mit seinem sämmtlichen Gepäck; ein Jeder suchte fortzukommen wie und wo er konnte; man gerieth auf Pfade, die häufig von senkrecht herabkommenden Wasserrissen in der Felswand unterbrochen waren; über einen solchen Spalt sprang Toll's ermüdetes Pferd zu kurz, und stürzte in die Tiefe, doch hatte der führende Kosack, der vorangesprungen war, noch Zeit es loszulassen und rettete sich. Die Nacht überraschte den Zug, als kaum die Spitze den Kamm erstiegen hatte, und eine furchtbare Nacht mußte auf den nackten Felsen im Schnee verbracht werden — ohne Feuer, wie sich von selbst versteht. Um den greisen Feldherrn durch etwas warmen Thee erquicken zu können, um ein kleines Feuer zu Stande zu bringen, mußten die Stangen einer Anzahl Kosackenpiken zerhackt werden. — Doch erreichte Suworow für seine Person noch spät am Abend das Dorf Panir — die anderen Generale und ihr Stab duldeten mit den Soldaten unter freiem Himmel. Es ist kein Wunder, daß dieser Zug dem schon sehr zusammengeschmolzenen russischen Heere wieder einige hundert Mann kostete; besonders von den Piemonteser Artilleristen überlebten nur wenige diese schreckliche Nacht. Rosenberg's Marsch dauerte fast zweimal vierundzwanzig Stunden; erst in der Nacht vom 7. zum 8. und gegen Morgen erreichten die Truppen dieses Generals das Städtchen

Jlanz im Vorder-Rheinthal. Die wenigen Pferde, die nicht in Abgründe gestürzt oder unterwegs gefallen waren, langten aber nur nachdem sie erst die Eisen verloren, dann sich die Hufe abgestoßen hatten, erlahmt und vollkommen unbrauchbar hier an. Auch Toll's zweites Pferd war in diesem Zustande; er mußte es hier lassen.

Hier in Jlanz sammelte nun Suworow seine erschöpften Schaaren, die sich erst am 10. wieder ganz zusammenfanden; wie das nicht anders sein konnte im traurigsten Zustande und für den Augenblick vollkommen gefechtsunfähig, auch zählte das Fußvolk nicht mehr viel über 10,000 Mann. Toll war zu Fuß so gut wie barfuß hier angekommen; es blieb ihm weder Geld noch sonst etwas, als die abgetragene Kleidung, die er eben an hatte. Ein bewährter Dienstgefährte, Obrist-Lieutenant Sommer vom Quartiermeisterstab, theilte seine letzte geringe Baarschaft mit ihm, und Toll kam auf diese Weise in Besitz der Mittel, sich ein Paar Stiefel und etwas Wäsche anzuschaffen.

Als der Zug weiter ging, um sich dem Bodensee zu nähern, über Chur und Mayenfeld nach Feldkirch, wo Suworow mit Rosenberg's Abtheilung schon am 12. October eintraf, mußte Toll zu Fuß, ein kleines Bündel mit seiner sämmtlichen Habe, das heißt mit etwas Wäsche, unter dem Arme, nebenher ziehen. In Feldkirch wurde die rückständige Löhnung ausgezahlt; Toll konnte sich nun wieder nach und nach mit dem Nöthigsten versehen und einigermaßen vollständig ausrüsten — blieb aber noch geraume Zeit ein Fußgänger, denn ein Pferd zu kaufen reichten die Mittel nicht hin.

Seltsamerweise entwarf der Feldmarschall Suworow schon in diesen Tagen einen Plan zu neuen Angriffsbewegungen, die über den Rhein in den Thurgau, dort zur Vereinigung mit Korsakow führen sollten, und dann zur Eroberung der Schweiz, die unterdessen ganz in die Hände der Franzosen gefallen war, da die schwachen österreichischen und russischen Abtheilungen, die noch auf der linken Seite des Rheins und im Gotthartsgebirge verweilten, natürlich überall weichen mußten. Man kann in diesen Plänen, die wir aus den Mittheilungen des Erzherzogs Karl wohl nur unvollständig kennen, kaum etwas Anderes sehen, als das Widerstreben eines unbeugsamen Sinnes, der sich nicht darein fügen kann und will, Verlorenes aufzugeben —: denn wie die geringe Zahl russischer Truppen, die Suworow bei sich hatte, noch im Stande sein sollte, sogleich wieder im späten Herbst einen neuen beschwerlichen Feldzug mit der gehörigen Energie zu beginnen und darin auszudauern —: das ist denn doch wirklich kaum zu begreifen. Es bleibt gar sehr die Frage, ob selbst der begeisternde Einfluß, den Suworow's Persönlichkeit übte, den ermatteten Krieger zu solchen Wundern der Ausdauer spornen konnte. Korsakow seinerseits hatte so gut wie gar kein Geschütz, nämlich nur das wenige, das ihm eine kleine Abtheilung Baiern und die des Prinzen Condé zugeführt hatten. Die russischen Heere waren also gewiß vollständig außer Stande, die Schweiz allein wiederzuerobern; dagegen konnte vielleicht das Unheil wieder ausgeglichen werden, gewiß wenigstens zum Theil, wenn der Erzherzog Karl mit dem Haupttheile seiner überlegenen und vollkommen — mehr sogar als billig — ausgeruhten Macht von Schwaben her wieder in die Schweiz vordrang. Aber daran war nicht zu denken. Die Schritte des Erzherzogs wurden von Wien aus auf eine bedauernswerthe Weise geleitet und gelähmt, und er mag auch wohl selbst nicht den höchsten Grad möglicher Energie entwickelt haben. Zwar bringt er in seinen Werken neben dem strengen Tadel, dem er selbst sein damaliges Verfahren unterwirft, auch Einiges zu seiner Entschuldigung bei, das läuft aber im Grunde mehr auf eine bloße Erklärung der Erscheinung als auf eine Rechtfertigung hinaus. — Der Erzherzog scheint an der Möglichkeit, Suworow's Truppen gleich wieder vorwärts in die Schweiz zu führen, gar nicht gezweifelt zu haben, dagegen fand er sonst allerhand Bedenkliches in dem Plane des russischen Feldherrn. Der Versuch sich mit Korsakow jenseits des Bodensees schon auf feindlichem Boden zu vereinigen, schien ihm vor Allem gefährlich; er rieth daher dem russischen Feldmarschall, Korsakow an der schwäbischen Seite des Bodensees an sich heran zu ziehen, um dann schon mit diesem vereint nach dem Thurgau vorzubringen, wobei er selbst ihn durch Abtheilungen seines Heeres unterstützen wollte, die unterhalb des Bodensees über den Rhein gehen sollten. Davon, daß seine Hauptmacht in ihren Cantonirungs-Quartieren in Schwaben zu entbehren sein könnte, war also ein für allemal nicht die Rede.

Aber im russischen Heere und Cabinet hatte sich immer bestimmter

eine Stimmung entwickelt, die nothwendigerweise zu einer Aenderung
der russischen Politik führen mußte, da sie namentlich auch die des
Kaisers Paul geworden war. Bei solcher Erbitterung konnten Widerspruch und weiser Rath nur reizen, und so führte denn die Hin- und
Herschreiberei am Ende dahin, daß Suworow, wie bekannt, in furcht-
barem Zorn auch gegen den Erzherzog losbrach.

Unterdessen ging der Zug, den Toll immer als Fußgänger mit-
machte, am 15. und 16. über Dornbüren und Bregenz am Seeufer
hin nach Lindau, wo Toll mit dem Hauptquartier bis zum 30. blieb.
Hier meldete sich auch General Korsakow, dessen Abtheilung jetzt um
Stockach stand, bei dem Feldmarschall. Dieser hatte ihm von Muotta
aus, sowie er von seiner Niederlage hörte, geschrieben, daß er ihn mit
seinem Kopfe verantwortlich mache für jeden weiteren Schritt rückwärts.
Korsakow mochte nach solchen Worten wohl das Bedürfniß fühlen
etwas zu thun, um die Lage des Oberfeldherrn in der Schweiz zu
erleichtern — aber theils blieben ihm nach seiner Niederlage bei Zürich
nur geringe Mittel — theils war er am wenigsten der Mann dazu,
mit geringen Mitteln Großes zu leisten. Daß er nicht eher als am
7. October wieder in Bewegung kam, d. h. zu einer Zeit, wo es jedenfalls schon zu spät sein mußte, mag nicht ganz seine Schuld gewesen
sein —: traurig aber nimmt es sich aus, daß er offenbar selber nicht
genau wußte, was er eigentlich unternehmen wollte; seine Anstrengungen liefen am Ende auf eine sogenannte „Recognoscirung" jenseits
des Rheins hinaus —: ein Name, der sehr häufig solchen kriegerischen
Unternehmungen beigelegt wird, die als Kinder der Verlegenheit und
Halbheit gar keinen bestimmten Zweck haben. — Das Ergebniß war,
daß die Verbündeten die Rheinbrücken bei Diesenhofen und Constanz
verloren, die bei Biesingen freiwillig aufgaben. — Wie eine gewisse
eigenthümliche Art der Vaterlandsliebe überhaupt wunderbare Erscheinungen hervorrufen kann, hat vor kurzem ein junger Russe Namens
Sawélieff-Rostislawitsch, der aber freilich kein Krieger ist, vielmehr
seines Zeichens ein hoffnungsvoller angehender Orientalist, in einem
eigenen biographischen Aufsatze den seltsamen Versuch gemacht, auch
diesen Korsakow als einen großen, verkannten Feldherrn darzustellen,
der zu hoch stand und zu groß gesinnt war, um von kleinlichen Deut-

schen verstanden zu werden. Suworow beurtheilte ihn anders; es war für das ganze Heer nichts weniger als ein Geheimniß, daß der Oberfeldherr diesen General, der den russischen Fahnen einen Schimpf zugezogen hatte, mit noch mehr Verachtung als Unwillen empfing.

Von österreichischen Abtheilungen abgelöst zogen sich Suworow's nun mit denen Korsakow's vereinigte Truppen in den ersten Tagen des Novembers (vom 3. ab) tiefer nach Schwaben zurück, um nicht wieder auf dem Kriegsschauplatz zu erscheinen. Auch Rosenberg blieb nur bis zum 4. bei Bregenz stehen. Die Erholungsquartiere dehnten sich nun von Augsburg, wo das Hauptquartier nebst der ersten Colonne über Leutkirch, Babenhausen und Thanhausen am 6. eintraf, bis Mindelheim, Memmingen und Leutkirch aus. Gegen Ende des Monats wurden die Truppen in engeren Quartieren um Augsburg vereinigt, und von hier aus traten sie dann am 30. November den Rückmarsch, zunächst nach Böhmen, an. Die eine der beiden Colonnen, in welche das Heer getheilt war, zog unter Derfelden über Regensburg und Pilsen nach Prag, die andere, bei der sich Toll befand, an München vorbei, über Passau und Linz nach Budweis.

Auf dem Marsche wurden die Truppen überall sehr freundlich empfangen und zuvorkommend behandelt — besonders im Oesterreichischen, denn man hoffte noch immer sie im Frühjahr auf den Kampfplatz zurückkehren zu sehen. In Prag namentlich bemühte man sich vielfach die russischen Krieger günstig zu stimmen, als die erste Abtheilung des Heeres dort ihre Winterquartiere genommen hatte. Auch die schönen Damen des böhmischen Adels, unter denen vor Allen die Herzogin von Curland-Sagan und ihre reizenden Töchter dem österreichischen Staate nützlich zu werden trachteten, bewarben sich um Einfluß und suchten die erbitterten Gemüther zu beschwichtigen, indem sie ihre ganze Liebenswürdigkeit aufboten.

Dieselben Scenen wiederholten sich, natürlich nach einem kleineren Maßstabe, in weniger glänzender Weise auch in Budweis, wo Toll mit Rosenberg's Stab den Januar und den halben Februar zubrachte. Hier waren es freilich nicht reizende Herzoginnen welche die Rolle gastfreier Feen übernahmen, aber die Frauen der kaiserlichen Beamten und einiger Kaufleute, die sie vertraten, thaten wenigstens ihr Bestes, und es

fehlte den „Fasching" über weder an Bällen noch an Maskeraden.
Besonders merkwürdig schienen dabei Toll eine eigenthümliche Art
von Gastmälern. Man wurde von einem österreichischen Beamten
oder höheren Offizier in das „goldene Vließ" — den „weißen Bären"
oder sonst in einen der besseren Gasthöfe zu Tisch eingeladen, speiste
mit ihm in einem besonderen Cabinet, und wurde von ihm auf das
liebenswürdigste unterhalten. Zum Beschluß aber mußte der Gast
seine Zeche selber bezahlen. — Die Truppen wurden übrigens mit
allem Nöthigen im Ueberfluß versorgt.

Toll war mit seinem Freunde, dem Obrist-Lieutenant Sommer,
zusammen bei einem Kaufmann einquartirt, der sich alle Mühe gab
ihnen das Leben angenehm zu machen. Diese beiden Offiziere wurden
nun beauftragt, die an Ort und Stelle rasch entworfenen Plane der
Schlachten und Gefechte in Italien und selbst in der Schweiz, in das
Reine zu zeichnen. Sie arbeiteten mit so vielem Eifer, daß sie schon
nach vierzehn Tagen mehrere solcher Zeichnungen vorzeigen konnten.
Daß General Rosenberg an einem Plane des Gefechts bei Muotta
ganz besonderes Wohlgefallen fand, war natürlich; Toll mußte öfter
auf seinen Befehl sowohl zu russischen als österreichischen höheren Offizieren gehen, um ihnen die Zeichnungen vorzulegen und zu erklären.
Der General-Major Bender, der die österreichische (örtliche) Brigade
zu Budweis befehligte, war entzückt über die Plane und Toll's Berichte,
wie er denn überhaupt großes Wohlgefallen an dem jungen Manne
fand; er ließ es sich auch nicht nehmen ihn öfter in der angedeuteten
Weise zu Tisch einzuladen.

Fünftes Kapitel.

Rückmarsch. — Pharao-Bank in Krakau. — Brest-Litewski. — Suworow in
Kobryn. — Rückkehr nach Petersburg. — Aufnahme der Stadt. — Regierungsantritt des Kaisers Alexander.

Oesterreichs Bemühungen blieben vergeblich. Der Kaiser Paul
ging zwar oft von einer Meinung zur anderen über, und dann gewöhn-

lich von einem Aeußersten zum anderen —: aber mit einer gewissen Selbstständigkeit. Zu leiten und zu stimmen war er nicht; wenigstens gab es keinen Maßstab, nach dem sich hätte berechnen lassen, wie man ihn gewinnen könne.

Noch im Februar bekamen die russischen Truppen in Böhmen von ihrem Hofe Befehl, den Rückmarsch anzutreten. Rosenberg's Abtheilung, bei der sich Toll fortwährend befand, zog von Budweis über Brünn nach Olmütz, und von hieraus auf demselben Wege, den die erste Colonne von Prag her genommen hatte, über Teschen nach Krakau.

Eine Scene die Toll in dieser letztern Stadt, jedoch nur als Zuschauer, mit erlebte, machte einen tiefen und bleibenden Eindruck auf sein Gemüth. Das Hauptquartier des Generals Rosenberg blieb etwa zehn Tage in Krakau, und Toll wohnte diese Zeit über mit seinem Freunde Sommer zusammen in dem Gasthof, der auch den General beherbergte. Ein Abenteurer wollte die Gelegenheit, den Durchmarsch der Truppen und das rege Treiben das dadurch entstand, benützen, und legte in den Sälen dieses Hauses eine Pharaobank auf. Die aufgehäuften Massen von Ducaten und Thalern, die zusammengebundenen Packete Banknoten, erregten die Neugier der Fremden, die eintraten um hier zu speisen, oder weil Geschäfte sie zu dem befehligenden General führten. Die Lust sein Glück zu wagen, oder Langeweile veranlaßten dann zum Spiele. Der Banquier, der, um nichts zu versäumen, Tage und Nächte lang die Karten abzog und sich zu nichts Anderem Zeit und Ruhe gönnte, nicht einmal dazu, Ordnung und Reinlichkeit seines Anzuges wieder herzustellen; der, überwacht, mit entzündeten Augen, in solchem vernachlässigten Aufzuge, von ähnlichen Gestalten, seinen Croupiers umgeben, mit einer gewissen Stumpfheit Geld einstrich oder auszahlte, während es unter den Fremden, die ihr Glück versuchten, oft zu Ausbrüchen der Leidenschaft kam, war dem jungen Toll ein sehr widerlicher Anblick. Unter den unglücklichen Spielern war ein Fürst Meschtschersky, Major im Pensa'schen Infanterie-Regiment, der ganz gegen alle Ordnung des Dienstes noch immer am Spieltische sitzen blieb, nachdem sein Regiment schon seit mehreren Tagen weiter marschirt war. Er verlor hier nicht allein was er irgend an

Gelde bei sich hatte, sondern darüber noch Alles, was ihm sein Name und Credit verschaffen konnte; man wollte wissen daß er für mehr als fünfzigtausend Rubel Wechsel ausgestellt habe, und sah ihn zuletzt noch seine Pferde, seine Equipage, ja selbst was von seinen Uniformstücken irgend Werth hatte, wie seine Schärpe und Achselschnüre, am Spieltisch verlieren. Toll war zufällig gegenwärtig wie der Fürst seine allerletzten hundert Dukaten verlor; er sah mit steigendem Widerwillen wie sich die Züge des geplünderten Spielers bei jeder verlierenden Karte verzerrten, und zuletzt mit Entsetzen wie der Fürst bei dem letzten entscheidenden Schlage aufsprang, und unter den gräßlichsten Flüchen, unter lästernden Reden und Verwünschungen seiner Eltern, die Stirn gegen den Ofen schlug als wolle er sein Gehirn am Gemäuer verspritzen. Der Banquier und die übrigen Spieler kamen dabei, zur größten Verwunderung des jungen Zuschauers, nicht im mindesten aus der Fassung. Toll schrieb es dem Eindruck dieser Scene zu, daß er sich nie in seinem Leben gereizt fühlte sein Glück am Spieltisch zu versuchen; daß er es sogar geradezu nicht über sich gewinnen konnte an einem Glücksspiel Theil zu nehmen.

Der Marsch ging weiter über Lublin nach Brzest-Litowsky, wo Rosenberg's Abtheilung den 28. März / 9. April 1800 eintraf. Ein Jahr war vergangen seitdem die Schaar am Dniester die Grenzen des Reichs überschritt um in das Feld zu ziehen, und welch ein Jahr! wie reich an Erfahrungen und Thaten! wie viel hatte auch Toll in kurzer Zeit gesehen und erlebt! — Hier, in dieser Gegend, sollte er sich nun noch ein Paar Male, wie zum Abschied dem greisen Helden des eben bestandenen Feldzugs nahen. Suworow verweilte in der Nähe, in Kobryn, auf den Besitzungen welche ihm die Kaiserin Catharina geschenkt hatte, und hoffte, sich hier von den Anstrengungen zu erholen, denen so viele Jünglinge und kräftige Männer erlegen waren. Von einem Adjutanten des Feldmarschalls, einem Obersten Kuschnikow, und dem Director der Kanzelei, Staatsrath Fuchs, eingeführt, speiste Toll hier öfter an der Tafel des Feldmarschalls, doch nicht eigentlich in dessen Gesellschaft. Alter, Mißmuth, Ermüdung hielten den sieggekrönten, und bald schnöde behandelten Feldherrn in seinem Zimmer zurück; nur auf Augenblicke ließ er sich in den Speisesaal führen, um seine Gäste zu sehen und freundlich zu begrüßen.

Nach einiger Zeit traf der Befehl ein alle Offiziere vom Quartiermeisterwesen, die sich bei dem zurückgekehrten Heer befanden, unverzüglich nach Petersburg zu senden. Sie mußten demgemäß zu einer Jahreszeit aufbrechen, wo in jenen Ländern von einem Ort zum anderen zu kommen, wirklich sehr schwer und beschwerlich ist; wo der aufthauende Schnee und die austretenden Flüsse alle Wege grundlos machen.

In der Hauptstadt wurden diese Offiziere unter die Befehle des General-Major Steinheil gestellt, der sich durch die Aufnahme des russischen Finnlands, einen gewissen Ruf wenn nicht als Krieger, doch als Topograph und Kartenzeichner erworben hatte; täglich versammelte man sich in einem Gebäude das jetzt dem Artillerie-Departement eingeräumt ist, und nun fing das Zeichnen wieder an. Toll suchte sich wieder, mit Gefährten, die so gut wie er von wenigen hundert Rubeln Gehalt leben mußten, in der theuren Hauptstadt bescheiden einzurichten. Der Obristlieutenant Aberkas, ein anderer Herr v. Aberkas, der in Civildiensten stand, und zwei Lieutenants, Eberhart und Chatow, wohnten mit Toll zusammen, in der etwas entlegenen Sergief-Straße, und Eberhart, den ein entschiedener Hang zum Geiz sorgsamer und erfinderischer machte als die übrigen, verschaffte ihnen den Mittagstisch bei einer guten alten deutschen Bürgersfrau, wo die Mahlzeit einem jeden nicht mehr als 24 Kopeken Banco kostete. Wie wenige junge Leute würden sich nach so großartigen Erlebnissen in einem so bescheiden begrenzten Dasein gefallen; und wie Wenige von denen, die in der Jugend keine größeren Ansprüche machen durften, können es über sich gewinnen, wenn sie im Alter zu den höchsten Ehren und Würden gelangt sind, unbefangen, im Bewußtsein eines Werths der nicht von kleinlichen Aeußerlichkeiten abhängig ist, ja mit einer gewissen Freudigkeit davon zu erzählen, wie Graf Toll that.

An Sorgen und Gemüthsbewegungen fehlte es übrigens bei alledem den Offizieren nicht, so regelmäßig und einförmig ihr Leben sich fortbewegte. Eines Tages, als sie in den Sälen versammelt waren, die man ihnen als Geschäftslocal angewiesen hatte, wurde ein kaiser-

licher Befehl bekannt gemacht, vermöge dessen eine Menge Offiziere des
Quartiermeisterstabs ohne allen Grund verabschiedet — schonungslos
aus dem Dienst ausgeschlossen waren. Kein Mensch konnte errathen
weswegen. Die durch eine solche entehrende Verabschiedung Ueber-
raschten waren in Verzweiflung. Toll, bestürzt wie Alle, hatte Ursache sich im Stillen zu einem Unbegreiflichen Glück zu wünschen.
Unter den Ausgeschlossenen waren nämlich drei Hauptleute die, älter
im Rang als er, unmittelbar vor ihm in den Listen standen —: er
konnte sich nicht erklären warum dies umfassende Entlassen oder Fort-
jagen gerade bei ihm angehalten hatte, ohne ihn mit fortzureißen.
Später wurde ihm das Räthsel durch den General Steinheil gelöst.
Dieser hatte nämlich bei dem Grafen Liewen angefragt, was in Beziehung auf die entlassenen Offiziere nun weiter zu verfügen sei? —
ob sie etwa die Hauptstadt augenblicklich zu verlassen hätten? — Er
hatte bei dieser Gelegenheit auch Toll's erwähnt. Graf Liewen hatte
darauf gesagt, die Offiziere könnten es mit ihrer Abreise halten wie sie
wollten, und hinzugefügt: „Was Toll anbetrifft, von dem hat Seine
Majestät eine sehr gute Meinung, weil er eine sehr schöne Hand
schreibt." — Eine an sich sehr geringfügige Sache, eine schöne Hand-
schrift, hatte so Toll nicht allein vor Unglück bewahrt —: sie verschaffte ihm mittelbar sogar eine rasche Beförderung. Es war vermöge jener umfassenden Maaßregel etwas leer geworden im Quartiermeisterstab; viele ältere Offiziere waren entfernt worden, und in Folge
dessen wurde Toll schon am 30. April/12. Mai 1800 zum Major
ernannt, nachdem er kaum sechs Monate in dem vorhergehenden Rang
gedient hatte.

Der Kaiser Paul, der wohl fühlen mochte daß die russische
Armee eines höheren Grades taktischer Ausbildung bedürfe, beabsichtigte in der Nähe von Petersburg, und zwar in der unmittelbaren Umgebung der kaiserlichen Lustschlösser größere Truppenübungen, sogenannte Manoeuvres, nach dem Muster der in Preußen üblichen, zu
veranstalten. Als Vorbereitung wurde im Lauf des Sommers der
dazu bestimmte Landstrich aufgenommen, und eine Spezialkarte desselben ausgeführt. Unter dem Befehle der General-Majore Muchin
und Bulatow wurden vierundzwanzig Offiziere vom Quartiermeister-

wesen mit dieser Arbeit beauftragt; unter ihnen auch Toll. Der bestimmte Landstrich wurde in vierundzwanzig Abschnitte getheilt, deren jeder von einem der Offiziere bearbeitet wurde. Dem Major Toll war ein solcher Abschnitt in der Umgegend von Oranienbaum zugefallen. Um die Karte zusammenzusetzen und in das Reine zu zeichnen versammelte sich dann das ganze Commando in Peterhof, wo die Offiziere für die Zeit in die sogenannten Cavalierhäuser einquartiert waren.

Dieser Arbeit folgte aber unmittelbar eine andere, auf welche die Offiziere vom Stabe bei weitem weniger gefaßt oder vorbereitet sein konnten. Der Kaiser wollte ein Model von Petersburg nach einem sehr großen Maßstab machen lassen, und zu den Vorarbeiten wurden Toll und mehrere andere Offiziere befehligt. Der Auftrag beschränkte sich nicht bloß auf eine genaue Aufnahme der Stadt, aller Straßen, Plätze und Höfe; es sollte nicht allein ein Plan gezeichnet werden auf dem alle einzelnen Häuser genau bezeichnet wären —: auch die Façaden aller Häuser und selbst die Ansichten derselben von der Hofseite mußten mit der nämlichen geometrischen Genauigkeit gezeichnet werden. Man braucht sich nur zu erinnern welchen Umfang Petersburg damals bereits hatte, um sich vermöge einer leichten Berechnung zu überzeugen daß dieser peinlichen Arbeit gar kein Ende abzusehen war! Indessen fand Toll doch einen Gewinn dabei, indem sie ihm eine werthvolle Verbindung zuführte. Er lernte in dem gleichfalls zu diesem Geschäft befehligten Major Renni bei näherem Verkehr einen Mann kennen, der ihm in jeder Beziehung zusagte, und das war um so erwünschter da der Kreis, in welchem Toll bisher gelebt hatte, auf die unglücklichste Weise gestört wurde. Der Obristlieutenant Aberkas war wahnsinnig geworden. Renni nahm Toll's Vorschlag, sich zusammen einzurichten, sehr bereitwillig an, und unverzüglich bezogen beide eine gemeinschaftliche Wohnung im Hause eines Kaufmanns Apaischtschikow an der Kakuschkin-Brücke. Toll war viel im Hause des Leibarztes Beck, dem ihn der Schwiegersohn des Hauses, der Oberst Sommer empfohlen hatte. Toll führte auch Renni hier ein, und dieser heirathete später Beck's jüngere Tochter.

So verging der Winter. Was Toll am 12/24. März erlebte, lassen wir ihn wohl am besten mit seinen eigenen Worten erzählen.

„Der Hausherr, bei dem wir vier Zimmer für fünfundzwanzig Rubel monatlich gemiethet hatten, war ein Goldsticker, und in seiner Werkstatt arbeiteten meist Weiber von Garde-Soldaten, die des Morgens früh kamen und am Abend wieder nach Hause gingen. Am 12/24. März war ich früher aufgewacht als gewöhnlich; ich war aufgestanden und an das Fenster getreten. Da höre ich plötzlich mir in das Ohr flüstern: „Der Kaiser ist todt!" — Wie ich mich umwendete, erblickte ich den Hausherrn, der unbemerkt hereingekommen war und hinter mir stand. „Um des Himmels willen!" erwiderte ich, „was sagen Sie da! wie Sie unvorsichtig sind! nehmen Sie sich in Acht!" — Denn wir durchlebten wirklich eine Zeit in der man nicht vorsichtig genug sein konnte, und ich dankte jeden Abend von ganzem Herzen Gott, daß wieder ein Tag ohne Unglück vorübergegangen sei. Unser Hausherr aber gab mir zur Antwort: „Sein Sie ruhig; unsere Arbeiterinnen erzählen daß alle Garderegimenter ausgerückt sind, um den Huldigungseid zu leisten." — Eilig weckte ich nun Renni und theilte ihm mit was geschehen sei; wir kleideten uns schnell, um uns ohne Säumen nach dem Winterpalast zu begeben. Hier fanden wir in dem Theil des Gebäudes, den der Großfürst Alexander Pawlowitsch bewohnt hatte, Offiziere und Beamte aller Grade bereits in sehr großer Anzahl versammelt; auch in der Hofcapelle, wo unser jugendlicher neuer Kaiser mit aufgelöstem Haar, in Thränen, dem Gottesdienst für Sterbende beiwohnte. Hier leisteten auch die eben Anwesenden den Huldigungseid, wie eben ein Jeder dazu gelangte, ohne daß irgend eine Rangordnung oder irgend ein feierliches Ceremoniel beobachtet worden wäre. Wie ich darauf mit meinem Gefährten wieder heimging, sahen wir unterwegs überall unter dem Volk den Ausdruck einer Freude, die keine Feder schildern kann. Alle Leute die sich in den Straßen begegneten, umarmten sich, und wünschten sich gegenseitig Glück, wie beim Wiedersehn nach einer langen Trennung. — Wir waren denselben Tag zu Mittag bei dem Leibarzt Beck, der die ganze Nacht bei der Kaiserin Maria Feodorowna gewesen war. Hier wurde ganz frei und unbefangen vom Tode des Kaisers Paul Petrowitsch gesprochen; alle Einzelnheiten des Ereignisses wurden verhandelt als ob von etwas ganz Gewöhnlichem die Rede sei, und Niemand in der Gesellschaft verrieth dabei ein anderes Interesse als das der Neugierde. Mich aber bewegte innerlich vor Allem die schändliche That der Verbrecher, besonders des Grafen Pahlen, der vom Kaiser Paul mit Wohlthaten überhäuft worden war, und nun die Hauptrolle in der Verschwörung gespielt hatte."

Alexander hatte alle Fassung verloren und zerfloß in Thränen! er hatte gutmüthig geglaubt, man könne einen Kaiser von Rußland, einen Mann wie Paul, absetzen ohne ihm sonst ein Leides zu thun! — Er hatte erwartet, daß die Verschworenen so verfahren würden! — Ein Beweis, daß er weder die Geschichte des oströmischen Kaiserreichs, noch die Rußlands überdacht und verstanden hatte! — Ein Beweis, daß er noch sehr jung war in dieser alten Welt!

Es sei vergönnt hier im Vorbeigehen zu bemerken, wie seltsam überall und immer die Sage sich in die Geschichte eindrängt. Wie oft ist erzählt worden Kaiser Paul habe, wenige Tage vor seinem Ende gewarnt, zu dem Grafen Pahlen gesagt: „Man sagt mir daß eine Verschwörung gegen meine Person besteht, und daß Sie einer der Verschworenen sind!" und ohne auch nur einen Augenblick die Fassung zu verlieren, habe Pahlen erwidert: „Allerdings bin ich in der Verschwörung; wie sollte ich sonst die Schuldigen und das ganze Complot kennen lernen!" — Es giebt wohl kaum eine Anekdote die eine weitere Verbreitung und mehr Glauben gefunden hätte. Wie viel ist die seltene Geistesgegenwart des Grafen bewundert worden! — Und dennoch ist das, wenn auch nicht gerade eine Fabel, doch eine Sage, über die Pahlen selbst noch während seines Lebens oft genug Gelegenheit fand zu lächeln. Etwas Wahres ist allerdings an der Geschichte, aber sie lautete doch anders wenn Graf Pahlen selbst sie seinen Vertrauten erzählte. Der Kaiser redete ihn allerdings eines Tages bei der gewöhnlichen Morgen-Audienz mit den bekannten Worten an; Pahlen aber, auf das äußerste überrascht und erschreckt, wußte zunächst nichts Besseres zu thun, als einige Augenblicke in der Verbeugung zu verweilen, die er eben im Begriff war zu machen, damit der Kaiser ihm nicht in die Augen sehen, nicht Furcht und Entsetzen in seinen Zügen lesen konnte. Weiter ging zuerst seine Geistesgegenwart nicht. Erst als er glaubte durch schnelle Anstrengung den ge-

wöhnlichen Ausdruck seiner Züge einigermaßen wieder hergestellt zu
haben, wagte er sich aufzurichten, fand aber doch in der Eile keine
bessere Antwort als die Worte: „Wie könnte das sein Euer Maje=
stät! — dafür haben wir ja das Ordonnanzhaus!" — die er mit immer
noch niedergeschlagenen Augen sprach. — „Das ist auch wahr!"
sagte darauf der Kaiser plötzlich vollkommen beruhigt, und ließ diesen ge=
fährlichen Gegenstand des Gesprächs fallen. — Dies sogenannte Ordon=
nanzhaus war nämlich eine leitende Oberbehörde der geheimen Polizei,
mit einer ganz unbestimmten, eigentlich also unbegrenzten polizeilichen
und richterlichen Gewalt ausgerüstet. Der Kaiser Paul hatte bei
seinem Regierungsantritt eine ähnliche Behörde, die früher bestand,
mit vielem Geräusch aufgehoben. Wie jeder Mensch voraussagen
konnte, sah er sich bald genöthigt, sie unter einem neuen Namen wieder
herzustellen. Da nun das Ordonnanzhaus seine Schöpfung war,
setzte er in die Thätigkeit dieser bald im Geheimen, bald in offener Ge=
walt thätigen Behörde das unbedingteste Vertrauen, und vergaß, daß
sie eben auch unter dem Einfluß des Grafen Pahlen stand. Die War=
nung war nicht von Seiten des Ordonnanzhauses gekommen, und
schien darum keiner Beachtung werth.

Zweites Buch.

Allmäliges Emporsteigen zu höheren Stellungen unter dem Kaiser Alexander 1801—1811.

———

Erstes Kapitel.

Erste Truppenübungen bei Krasnoie-Selo und Peterhof. — Feldmarschall Graf Kamensky. — Fürst Peter Wolkonsky. — Persönliche Berührungen mit dem Kaiser Alexander.

Mit dem Regierungsantritt des Kaisers Alexander beginnt ein neuer Abschnitt in der Geschichte Rußlands. Der jugendliche Monarch kündigte, wie bekannt, den Völkern seines weiten Reichs noch an demselben Morgen, der ihn als Kaiser begrüßte, feierlich an, daß er im Sinn und Geist seiner Großmutter zu herrschen gedenke, und doch verfolgte er, durch den Gang der Weltgeschichte gezwungen, eine durchaus verschiedene Bahn. Es war ihm mit dem redlichen Eifer der Jugend um das Recht zu thun und um das Heil der Menschheit; um das, was er dafür hielt. Mit Macht bemühte er sich überall, in allen Zweigen des öffentlichen Lebens einen neuen, thätigen Geist zu wecken; Manches wurde freilich übereilt, Manches verkehrt angefangen; Vieles durch die bodenlose Unzuverlässigkeit und Untreue der Behörden, mit der eine lange Stufenleiter hinab immer wieder von neuem zu kämpfen gewesen wäre, theils in Nichts verflüchtigt, theils von seinem Ziele abgelenkt, und in vielen Beziehungen erlahmte der jugendliche Eifer, der seine Kräfte überschätzt hatte, nur allzu schnell, besonders wenn der Baum nicht gleich fertig sein und Früchte tragen wollte, sobald das Samenkorn in die Erde gelegt war; indessen geschah doch manches Lobenswerthe und Heilsame.

Auch nach außen, in seinen Beziehungen zu dem übrigen Europa, verfolgte Alexander einen der Politik Katharina's gerade entgegengesetzten Weg. Sie hatte es allerdings gern gesehen, daß Oesterreich, Preußen und England das revolutionäre Frankreich bekämpften; sie hatte dazu getrieben, aber ohne je an dem Kampfe Theil zu nehmen. Diesem war sie geflissentlich fremd geblieben, um, während das westliche Europa anderweitig beschäftigt war, ruhig ihre Pläne gegen Polen verfolgen zu können. Alexander dagegen dachte nicht an Konstantinopel und den Bosporus; er wollte wie sein Vater in den allgemeinen Gang der europäischen Politik eingreifen, sogar noch entschiedener. Für den Vertreter des Rechts, des Heils der Menschheit, war natürlich die nächste Aufgabe den Uebergriffen Frankreichs zu wehren.

Von staatswirthschaftlichen Einsichten war man damals in Rußland noch ziemlich entfernt, und so wurde denn auch der Zustand der Finanzen nicht gehörig gewürdigt. Man gab sich nicht Rechenschaft davon, inwieweit die Mittel, die dem Reichsschatz zu Gebote standen, genügten, die Kosten der Rolle zu bestreiten, die man zu übernehmen im Begriff war, oder wie sie in vernünftiger Weise vermehrt werden könnten, und blieb bei der allgemeinen Vorstellung stehen, daß man sich durch eine Vermehrung des Papiergeldes leicht das Nöthige verschaffen könne. Unsägliches Unheil ist dadurch veranlaßt worden. Ueber den Zustand des Heeres konnte man sich natürlich nicht in demselben Grade täuschen. Man mußte sich gestehen, daß es bei weitem nicht zahlreich genug war und in seiner taktischen Ausbildung zu sehr zurückstand, um zu genügen, wenn Rußland sich nicht mehr auf einen Kampf mit türkischen oder polnischen ungeregelten Horden beschränken, sondern im westlichen Europa eine entscheidende Stimme führen wollte. Unter der Kaiserin Katharina war es vernachlässigt. Mißbräuche und grober Unterschleif waren Schuld, daß die Regimenter mitunter auf eine ganz unbedeutende Kopfzahl herabsanken, der Soldat darbte, und an zweckmäßige Uebung wurde nicht gedacht. Unter Paul trat freilich, wie schon bemerkt, eine große Dienstesstrenge an die Stelle dieses allzu schlaffen Wesens, und es wurde mit einem in Rußland bis dahin nie erhörten Eifer in einem fort exercirt; aber ein taktischer Zweck war mit dieser immerwährenden Wachtparade nicht verbunden. Das Ganze blieb eine bloße Spielerei, die ihren Zweck in sich selbst trug; über die Dinge, die eine Wachtparade in ihrer Art zum Classischen erheben, kam man dabei nicht hinaus; der Parademarsch blieb immer das Eins und Alles. Schaden that dann auch der Armee ganz entschieden, daß des Kaisers seltsames, launenhaftes Verfahren viele Generale und Offiziere vertrieb, die wenigstens einige Erfahrung hatten. Die Feldmanoeuvres, die Kaiser Paul in Nachahmung der preußischen veranstalten wollte, erlebte er nicht mehr.

Mit großer Thätigkeit ging man nun unter dem neuen Herrscher an die zweckmäßigere Ausbildung und theilweise Umgestaltung des Heeres; man suchte dessen Organisation und Verwaltung zu regeln, und wenn es auch nicht gelang, auch nur der ärgsten Mißbräuche schon in den ersten Jahren Herr zu werden, so geschah doch etwas.

Was die taktische Ausbildung des Heeres anbetrifft, kam es im Sommer des Jahres 1803 endlich dahin, daß wirklich in der Umgegend von Krasnoie=Selo, etwa drei Meilen von Petersburg, auf den seither in der Geschichte des Exercirens berühmt und classisch gewordenen Feldern, Uebungen in größerem Maaßstab angestellt wurden. Die damals schon ziemlich zahlreichen Garden rückten dazu aus und wurden durch einige aus dem russischen Finnland herbeigezogene Regimenter verstärkt. Zwei Heere sollten hier gegeneinander auftreten. Das eine, dem die Rolle des Angreifers überwiesen war, befehligte der Feldmarschall Graf Kamensky, ein wunderlicher alter Mann, der etwas darin setzte seltsam und launenhaft, und in den Gewohnheiten des täglichen Lebens einfach und abgehärtet zu erscheinen, ohne daß ihm die Natur Genius und Großartigkeit des Charakters verliehen hätte, wie seinem Zeitgenossen Suworow. Das andere Heer, das den Angriff abwehren sollte, war unter die Befehle des Generals von der Cavalerie Michelson gestellt. Dieser war ein tüchtiger Haudegen ohne sonderliche Bildung. Er hatte bei der Besiegung Pugatscheff's das meiste Verdienst gehabt, und hörte sich gern als den Retter von Kasan bezeichnen. Manche Andere, die besser an den Hof taugten, waren ihm vorgezogen worden, er glaubte sich zurückgesetzt und nicht nach Verdienst anerkannt, klagte gern darüber gegen diejenigen, denen er sein Vertrauen schenkte, und äußerte sich sogar mitunter mit Heftigkeit über In=

triguen seiner Feinde, ohne doch eigentlich unzufrieden oder innerlich erbittert zu sein. Uebrigens stand er wegen einer selbst in Rußland und zu der Zeit nicht allgemeinen Grausamkeit in der Behandlung des Soldaten nicht im besten Ruf.

Dem Quartiermeisterstab, der das mechanische Kartennachzeichnen von Paul's Zeiten her bis dahin fortgesetzt hatte, wurden nun endlich Geschäfte zugewiesen, die seinem Wirkungskreise im Kriege mehr entsprachen; es waren jetzt Stellungen auszusuchen, Lager abzustecken und Märsche in ihren Einzelnheiten anzuordnen. Bezeichnend ist dabei, daß Major Toll General-Quartiermeister des Kamensky'schen Heeres werden mußte, weil mehrere ältere Offiziere, die auf der Rangliste höher standen, offen bekannten, daß sie mit der Sache nicht umzugehen wüßten, und sich der Aufgabe nicht gewachsen fühlten. Es kam hinzu daß Toll vom Cadetten-Corps her in dem Rufe stand, große Kenntnisse zu besitzen. Als er sich bei dem greisen Feldmarschall meldete, nahm dieser, der sonst nicht eben milde und freundlich war, ihn als einen Zögling des Cadetten-Corps, in welchem er selbst seine Erziehung erhalten hatte, sehr wohl auf, und ganz günstig wurde der alte Herr vollends gestimmt, als Toll einige Fragen zu dessen vollkommener Zufriedenheit beantwortete. Kamensky forderte den jungen Offizier auf täglich zu ihm zu kommen, und nahm ihn häufig mit, wenn er sich aufmachte, um den Schauplatz der angeordneten Uebungen vorläufig kennen zu lernen. Toll mußte sich dann zu dem Feldmarschall auf eine sogenannte Telega, einen vierräderigen Karren, setzen, und mit ihm über Stock und Stein in der Gegend herumfahren.

Mit der Oertlichkeit bekannt, entwarf dann Kamensky selbst die Disposition zu dem bevorstehenden Manoeuvre, so daß Toll und einige andere Offiziere sie blos mehrfach abzuschreiben und den verschiedenen Truppentheilen zuzusenden hatten. Am bestimmten Tage brachen die Garden von Petersburg auf und marschirten nach der Gegend von Krasnoie-Selo, wo Toll sie auf dem rechten Ufer der Duderowka im Lager aufstellte, während Michelson mit seinem kleinen Heere auf dem entgegengesetzten Ufer Stellung nahm.

Die Aufgabe, die Kamensky sich stellte, bestand darin, dem Gegner, der eine sehr ausgedehnte Stellung inne hatte, indem er auch

Krasnoie-Selo besetzt hielt, während er den rechten Flügel an den waldbewachsenen Jägerberg stützte, den Rückzug nach Gatschina abzuschneiden, nachdem er ihn gezwungen hätte, seine Stellung zu verlassen. Kamensky suchte den rechten Flügel seines Gegners zu umgehen, und Michelson sah sich dadurch unmittelbar zum Rückzug veranlaßt, wobei es in der Nähe des Dorfes Karelacht zu einem allgemeinen Gefecht kam. Geleitet von zwei alten Kriegern, die zwar beide weder Männer von ausgezeichneten Fähigkeiten, noch wissenschaftlich gebildete Theoretiker waren, doch aber wenigstens den Krieg aus vielfacher Erfahrung kannten, hatte das Ganze den Charakter einfacher Zweckmäßigkeit und einer gewissen Wahrheit; das heißt, es kam, insoweit das bei dergleichen dramatisch dargestellten Gefechten der Fall sein kann, dem nahe, was im Kriege möglich ist und wirklich geschieht. Für Toll waren sie lehrreich, weil er hier zum erstenmal der Vertraute umfassender Anordnungen war, die Ansichten des Oberbefehlshabers erfuhr, mit dem Zweck jeder Bewegung bekannt wurde, und überall Absicht und Erfolg vergleichen konnte. Er wurde aufmerksam darauf, wie man ohne Gefecht, durch eine bloße Bewegung, Richtung der Hauptmacht auf den schwächsten Punkt der feindlichen Stellung und drohende Umgehung, den Gegner zum Rückzug nöthigen könne. Namentlich beschäftigte ihn auch die Vereinigung der Artillerie in Masse, um auf einen entscheidenden Punkt zu wirken, die in Kamensky's Anordnungen lag.

Gerade dieser Einfachheit und Wahrheit wegen aber hatten die Anordnungen der beiden Generale, und die Ausführung, den Beifall des jungen Kaisers und seiner unmittelbaren Umgebung nicht gewonnen. Es hatte sich seit dem siebenjährigen Krieg, wie die gesammte militairische Literatur der Zeit bezeugt und Behrenhorst mit treffendem Spott berichtet, die seltsame Ansicht verbreitet, Friedrich der Große habe die glänzenden Erfolge seiner ruhmvollen Feldzüge durch sogenannte Manoeuvres zu Wege gebracht, d. h. durch kleine, unendlich fein und künstlich angelegte und mit der größten Genauigkeit ausgeführte Exercir-Kunststücke. Die Schlachten von Roßbach und Leuthen gaben vor Allem Veranlassung dazu. Diese Ansicht war namentlich auch den Herren geläufig, die sich in Militairuniform an den Höfen und in der großen Welt bewegten, und die sie doch eigentlich nur von Hörensagen, gleichsam durch den Widerhall haben konnten; sicher ist nie von einer geheimnißvollen Kunst des Manoeuvrirens mehr die Rede gewesen als damals. Künstlichkeit und Zusammengesetztheit war es, was man ausdrücklich von der Anordnung verlangte, und worin man den Beweis eines das ganze Gebiet der Taktik beherrschenden, geübten Geistes zu sehen glaubte; besonders wenn bei jeder Bewegung zwei oder drei verschiedene Zwecke zugleich verfolgt wurden, und irgend ein kleinlicher Mechanismus darauf angelegt war, den Feind zu überraschen, oder wie man sich einbildete, in eine Falle zu locken. Von den Truppen verlangte man dann in der Ausführung eine Genauigkeit der Bewegungen, vermöge welcher jeder Aufmarsch, jede Evolution im Raum bis auf Zolle mit der vorher angestellten Berechnung übereintraf; Frontmärsche, die zur Bewunderung aller Kenner ohne Schwankungen der langen Linien ausgeführt wurden, und künstliche Pelotonfeuer, die nie aus dem Tact kamen. Das Alles wurde bei Potsdam in höchster Vollkommenheit geleistet, man wollte es bei Petersburg nicht schlechter haben, und nachdem man sich bis dahin so ziemlich ohne theoretische Kenntnisse beholfen hatte, führte so der erste Schritt, den man zur taktischen Ausbildung des Heeres that, auf Irrwege, anstatt dem Ziele näher zu bringen.

Im folgenden Jahre — 1804 — sollte es also in der Gegend von Peterhof sehr viel kunstreicher hergehen. Der Fürst (Peter) Wolkonsky, General-Adjutant des Kaisers, später Chef des Generalstabs, und zuletzt Minister des kaiserlichen Hauses, war es, der diesmal hauptsächlich die militairische Zauberlaterne einrichten sollte. Seines Wesens ein sehr unbedeutender Mann von geringen Fähigkeiten und sehr beschränkten Kenntnissen, mußte der Fürst sich aber dabei in vielfacher Beziehung auf den Major Toll verlassen, und um so mehr, da dieser, einige Jahre früher bei der Aufnahme der Gegend um Peterhof beschäftigt, mit der Oertlichkeit genau bekannt war. Toll hatte also die Dispositionen auszuarbeiten, wozu ihm zwei Capitains vom Quartiermeisterstab, Seliäwin, der eine sehr schöne Hand schrieb, und Chatow, der eine große Uebung im Zeichnen hatte, als Gehülfen beigegeben wurden. Die Arbeit war keine geringe, da die Dispositionen zu den Manoeuvren, von denen man sich einen Begriff machen kann wenn man Guibert's Essay sur la tactique zur Hand nimmt, auf alle Einzelnheiten eingingen, genau bestimmten auf welchen Zug jede Colonne zu deployiren habe, ebenso die Richtungspunkte vorschrieb, im Raum Alles bis auf Fuß, beinahe bis auf Zolle vorher bestimmte, und nicht minder peinlich festsetzte, wie die einzelnen Bewegungen in der Zeit ineinander greifen sollten. Jede dieser Dispositionen wurde auf diese Weise ein Werk von vielen Bogen, und es mußten noch einige Zeichnungen beigefügt werden, um die Sache anschaulich zu machen. Dies Treiben darf uns durchaus nicht wundern; waren doch mitunter selbst Dispositionen zu wirklichen Gefechten, im Kriege, damals, wenn sie von gelehrten Generalstabs-Offizieren ausgingen, mitunter nicht im Mindesten anders beschaffen. Man sehe nur die Disposition zu dem dritten Angriff auf Costheim 1793 (in der neuen Bellona). Das Unternehmen an sich war ein sehr unbedeutendes; die Disposition aber, die gewiß kein Mensch auswendig behalten konnte, füllt nicht weniger als $9\frac{1}{2}$ gedruckte Seiten, und wie genau ist da Alles und Jedes vorgeschrieben! Obgleich das verwickelte Kunststück noch dazu bei Nacht im Dunkeln ausgeführt werden sollte, scheinen die gelehrten Planmacher doch der gemüthlichen Ueberzeugung gelebt zu haben, das Gefecht könne und werde sich, wie ein friedliches Manoeuvre ohne alle Reibung und Störung, ganz der Vorschrift gemäß, regelmäßig abspinnen. Wir müssen sogar, wenn wir gerecht sein wollen, hinzufügen, daß wir nicht durchaus berechtigt sind über diese vergangene Zeit vornehm zu lächeln. Ein langer Friede ruft immer und überall ähnliche Erscheinungen hervor; das eigentliche Wesen des Krieges wird mehr und mehr vergessen, und der Einfluß der Exercirplätze macht sich geltend. Man sehe nur die Dispositionen nach, die während des Feldzugs 1848 vom piemontesischen Hauptquartier ausgegangen sind, namentlich die zu den Gefechten von St. Lucia am 6. und Goito am 22. Mai; dem Sachverständigen kann es nicht entgehen daß sie ganz entschieden den Charakter von Dispositionen zu Exercir-Manoeuvren an sich tragen. Und ganz dasselbe läßt sich von sehr Vielem sagen, das in der russischen Armee während des Feldzugs 1828 verfügt wurde.

Für Toll waren diese Uebungen bei alle dem in mehr als einer Beziehung von Nutzen. Die Dispositionen und Zeichnungen mußten natürlich immer vorher dem Kaiser vorgelegt und umständlich erläutert werden; dabei wurde Toll dem jungen Landesherrn persönlich als ein vielversprechender Offizier bekannt, was in Rußland gewöhnlich entscheidend ist für die Laufbahn auf die man hoffen darf; man ward überhaupt aufmerksam auf den talentvollen jungen Mann, dem bald allgemein große Kenntnisse zugetraut wurden. Schon bei Gelegenheit jener früheren Uebungen unter Kamensky, mit denen man sich nicht zufrieden zeigte, war Toll von allen Betheiligten allein durch eine Belohnung ausgezeichnet worden. Er hatte nämlich, wie das in Rußland auch in Beziehung auf kriegerisches Verdienst üblich ist, einen Brillantring erhalten. Dieselbe Belohnung wurde ihm auch diesmal zu Theil, und der Kaiser hatte ihn so sehr schätzen gelernt, daß er ihn, was damals durchaus nicht etwas Gewöhnliches war, öfter freundlich anredete, wenn er ihm in den Straßen von Petersburg begegnete. Auch entspann sich seit der Zeit zwischen dem Fürsten Wolkonsky und Toll die Art von Freundschaft, die öfter vorkömmt zwischen einem vornehmen Herrn, dem die Verhältnisse unabweisbar, als eine Nothwendigkeit, eine bedeutende Stellung anweisen, und einem tüchtigen Mann der mit seinem Talent für ihn eintritt wo es gilt.

Dann wurde Toll auch durch diese Beschäftigungen zuerst wieder auf das Studium geführt. Kutusow hatte ein wahres Wort gesprochen, indem er sagte: „die Wissenschaften folgen Dir nicht aus dem Cadetten=Corps." Die meist ganz mechanischen Beschäftigungen, die ihm während des Friedens als Dienst aufgebürdet wurden, ließen nicht viel Zeit zu anderen Arbeiten, und waren nichts weniger als geeignet, den Geist zu regem Streben zu erwecken. Es fehlte auch sonst so ziemlich jedes anregende Element, da sich in der russischen Armee damals, wie man ohne die mindeste Uebertreibung sagen kann, eigentlich Niemand mit theoretischen Studien beschäftigte. Ein Jeder begnügte sich mit den Kenntnissen, die er im Cadetten=Corps erworben hatte, Niemand las, die militairische Literatur war in Rußland in dem Grade unbekannt, daß man wohl Mühe gehabt hätte unter den Offizieren auch der sogenannten wissenschaftlichen Corps Jemanden zu finden, namentlich unter den Eingebornen, der zu sagen gewußt hätte, woraus sie denn eigentlich bestand. Durch seinen Dienst bei Kamensky fühlte sich Toll veranlaßt dem Zusammenhang der Dinge im Kriege weiter nachzuforschen, und seinen Gesichtskreis in dieser Beziehung zu erweitern. Tempelhof's siebenjähriger Krieg wurde sein Studium, — und mußte es zunächst im Grunde wohl auch werden, da Puységur und mehr noch der noch ferner stehende, merkwürdige Feuquières veraltet schienen. Indessen, da Toll doch eigentlich nicht das Bewußtsein eines Mangels hatte, da ihm, bei der sehr hohen Meinung welche das russische Heer von sich selbst hegte, noch weniger einfallen konnte, daß diesem Heer und seinen Führern etwas Wesentliches fehlte, führten diese Bestrebungen ihn für jetzt nicht erheblich weiter. Es bedurfte einer ernsthafteren Krisis, um seinen Geist und sein Talent zur Reife zu bringen.

Zweites Kapitel.

Feldzug in Mähren 1805.

Die allgemeinen Verhältnisse. — General Graf Buxhöwden. — Marsch nach Mähren. — Kaiser Alexander und General Weyrother. — Schlacht bei Austerlitz.

Ein Jahr verging, und das russische Heer wurde von neuem zum Kampf gegen die wachsende, um sich greifende Macht Frankreichs ausgesendet. Die Revolution Frankreichs war in ein neues Stadium getreten, in dem sie entschieden ab- und rückwärts geleitet schien. Nicht blos die Träume jener durch eine falsche Vorstellung vom Alterthume geblendeten Männer, die vergessen hatten, daß der Mensch hienieden zum Ringen und Streben, nicht zum Besitzen und Genießen bestimmt ist, und durchaus ideale, utopische Zustände zu verwirklichen hofften, waren in tragischer Weise vernichtet, wie sie mußten: nicht blos der Wahnsinn, der daneben zerstörend wüthete, hatte sich erschöpft, und war zuletzt ohnmächtig in sich selbst zusammengesunken, wie immer, wenn er je zur Herrschaft gelangt —: auch das mögliche, vernünftige Ziel des Strebens war schmählich verfehlt. Den Begriff des Staates zur Geltung zu bringen, gegen jene mittelalterliche Ansicht der menschlichen Dinge, die in dem Recht zu regieren nur eine privatrechtlich in ihrem eigenen Interesse den Regierenden zustehende Befugniß sah; die Interessen der Völker an die Stelle der dynastischen zu setzen, die durch das herrschende Staatsrecht allein anerkannt waren —: das war der Sinn des vielfach unheilvoll und thöricht geleiteten Beginnens —: und nun war es einem klugen und energischen Italiener, Napoleone Buonaparte, gelungen sich zum Herren von Frankreich zu machen, um wo möglich die gute alte byzantinische Zeit wieder aufzubauen, nur zum Vortheil anderer Personen; seiner selbst nämlich, seiner Angehörigen, und seiner persönlichen Anhänger. Einer jener aristokratisch und akademisch eleganten Rhetoren, an denen es in Frankreich so leicht nicht fehlen wird, François de Neufchateau, rühmte ihm in das Gesicht, die Revolution sei durch ihn vollendet, denn es seien nun andere Menschen reich und vornehm geworden, und das habe Frankreich einzig und allein gewollt. Dafür also war Blut in Strömen geflossen, und vielfach gegen das Heiligste der Menschheit gefrevelt worden! Da Napoleon viele, und als Werkzeuge sehr brauchbare Männer an sich zu fesseln wußte, indem er ihre Selbstsucht befriedigte, konnte das Wesen freilich eine Zeit lang bestehen —: aber an sich war es ein elendes und empörendes Treiben. Die Einrichtungen des alten monarchischen Frankreichs waren wenigstens zu ihrer Zeit nothwendig gewesen —: das war bei weitem mehr als sich für die Napoleonischen Schöpfungen sagen ließ. Welche Bürgschaft der Dauer konnte es geben, da es, wenn nicht etwa die befriedigte Selbstsucht Einzelner entscheiden durfte, keine Antwort auf die Frage gab, warum denn eigentlich und mit welchem Rechte Napoleon herrsche, wenn einmal im Sinne der Vergangenheit regiert werden sollte? — Er, der doch nur als Träger einer neuen Zeit irgend eine Art von moralischer Berechtigung haben konnte. — Die ohne eigentliche Grundlage geschaffene Macht mußte sich um so schneller abnützen, da das zum Besten dieser neuen, das Haupt abgerechnet, vollkommen werth- und bedeutungslosen Dynastie und der gierigen Emporkömmlinge, von denen sie umgeben war, geplünderte und mißhandelte Europa sie früher oder später mit der ganzen Gewalt eines Völkerzorns bekämpfen mußte. Der neue Kaiser gründete eigentlich nichts, denn ein Schaffen wird man es doch nicht nennen, daß er das Volksleben auf einen Mechanismus der Verwaltung beschränkte und die Erziehung auf eine geistlose, mechanische Vorbereitung zu diesem mechanischen Treiben; eine öde Inhaltlosigkeit, das trostlose Ergebniß der Zerstörung, blieb das eigentliche Wesen der französischen Zustände, wie sie das noch jetzt ist.

Napoleon war eben eine von Grund aus prosaische Natur, wie dergleichen unter den Italienern nicht selten sind; er hatte keinen Sinn für das Ideale und keinen Glauben daran, und darum hat er auch nie etwas von dem Gange der Weltgeschichte begriffen. So hoch der Umfang und die Intensität seines geistigen Vermögens, die titanische Macht seines Willens ihn stellten —: das hatte er mit den Diplomaten, den sogenannten Staatsmännern und Weltleuten des alltäglichsten Schlages gemein. Auch beging er im Ganzen und im Einzelnen, im Großen wie im Kleinen, dieselben Rechnungsfehler welche die geschäftigen Leute der genannten Kreise so oft zu ihrer großen Verwunderung um das letzte Ergebniß ihrer klugen Berechnungen betrügen. Er verachtete nicht nur d i e Menschen, sondern d e n Menschen und ging von dem Grundsatze aus daß Selbstsucht der trivialsten Art der einzige Hebel sei durch den der Mensch in Bewegung gesetzt und in seinem Thun und Treiben bestimmt wird. Abgesehen davon daß mit Ausnahme sehr weniger Menschen eigentlich Niemand ganz folgerichtigerweise i m m e r, in jedem Augenblick und in jeder Lage seines Lebens ausschließlich durch dies Eine Element seines Wesens bestimmt wird —: sollten die Leute die sich für weltklug und erfahren halten, auch in Beziehung auf neunundneunzig Menschen unter hunderten Recht haben … : der Rechnungsfehler liegt immer darin daß sie an das Dasein des hundertsten nicht glauben können. Ein Mensch wie der edle Stein bleibt für einen Mann wie Napoleon immer, nicht bloß ein Räthsel, sondern ein fabelhaftes Wesen das es in der Wirklichkeit gar nicht geben kann. Obgleich er die von ihm sogenannten Ideologen tödtlich haßte, sah er doch eigentlich nichts in ihnen als Leute, deren ihm feindliche Selbst-

sucht sich anderer Mittel bediente als er; die ihre Größe auf einem
anderen Boden bauen wollten.

Dem Anschein nach stand der Kampf zwischen alter und neuer
Zeit nun still; es war die Rede nicht davon; nur um den rabulistisch
gedeuteten Inhalt der Verträge handelte es sich, um den Besitzstand der
verschiedenen Regierungen, materielle Uebergriffe, und um das vielbe-
sprochene europäische Gleichgewicht —: kurz um alle die Dinge mit
denen die Cabinets-Politik seit lange her gewöhnt war sich zu beschäftigen. Freilich trat, nicht immer gesehen, noch weniger anerkannt, ein
neues Element in den Kampf ein, da nicht bloß die Dynastien, sondern
auch die Völker sich durch Napoleon's soldatische Brutalität beleidigt
und mißhandelt, in ihrer Würde und Selbstständigkeit gekränkt fühlten.
Aber die leitenden Diplomaten, weit entfernt sich diesem mächtigen Element redlich anzuvertrauen, wollten lieber von seinem Dasein nichts
wissen, da ihnen solchen Erscheinungen gegenüber unheimlich zu Muthe
wird, oder suchten es nur hin und wieder theilweise, soweit man hoffen durfte es vollkommen dienstbar zu erhalten, mit schüchterner und
arglistiger Halbheit zu benutzen.

England sah sich nach kurzer fieberhafter Ruhe in einen neuen
Kampf mit Frankreich verwickelt, und suchte auf dem Festlande ein
Bündniß gegen Napoleon zu Stande zu bringen, um die drohende
Gefahr von seinen Küsten zu entfernen, die wenigstens Alles in peinlicher Spannung erhielt. Welcher Dienst war Napoleon dadurch geleistet daß ein solches Bündniß zu Stande kam! — Er war sogleich aus
der peinlichen Lage befreit, in der er sich entweder auf ein höchst mißli-
ches, unberechenbares Unternehmen, eine Landung in England, einlassen, oder sich dadurch bloßstellen mußte daß die ungeheuren, geräusch-
vollen und prahlerischen Rüstungen an der Nordküste Frankreichs zu
nichts führten. Es war nun ein anderer Feind vorgeschoben, den er
bequem fassen konnte, dem gegenüber sich ein Sieg und der vollständige Preis eines Sieges erkämpfen ließ.

Schon als England noch im Frieden mit Frankreich war, fast seit
dem Augenblick, wo er die Regierung antrat, hatte sich der Kaiser
Alexander bemüht ein Bündniß gegen Napoleon zu Stande zu bringen,
und ein Ereigniß, das für einen Diplomaten vom reinsten Wasser nur

ein erwünschter Gegenstand für halboffizielle Declamationen bei offiziellem Schweigen sein konnte; in Beziehung auf welches der österreichische leitende Minister, Graf Kobenzl, dem französischen Gesandten sagte: er begreife daß es politische Nothwendigkeiten gebe —: der schnöde Mord des Herzogs von Enghien nämlich, fiel bei dem jungen Beherrscher Rußlands wirklich und im Ernst schwer in das Gewicht. Ein Bündniß, zunächst zwischen England und Rußland, wurde endlich am 11. April 1805 geschlossen, Schweden trat sogleich bei, Oesterreich am 9. August.

Der Operationsplan, der in Wien unmittelbar durch den russischen General v. Wintzingerode und die österreichischen Feldmarschall-Lieutenants Fürst Schwarzenberg und Mack ausgearbeitet wurde, hatte in mancher Beziehung Aehnlichkeit mit dem 1799 zum Grunde gelegten. Auch jetzt sollten entfernte, weitgreifende Diversionen der Entscheidung auf dem eigentlichen Schauplatz des Krieges zu Hülfe kommen. Engländer und Russen im Verein sollten Neapel von französischer Herrschaft und Besatzung befreien, und von Süden her gegen den Po vordringen; während auf der anderen Seite, weit im Norden, ein gemischtes Heer von Russen, Engländern, Hannoveranern und Schweden, auf der Insel Rügen versammelt, von dort zur Eroberung von Hannover hervorbrechen sollte. — Auf dem eigentlichen Boden des entscheidenden Kampfes sollte ein österreichisches Heer von 142,000 Mann in Italien zunächst Peschiera und Mantua erobern; andere 53,000 Mann hatten die Aufgabe in Tirol die Verbindung zwischen Deutschland und Italien zu erhalten; ein drittes Heer in Deutschland, 89,000 Mann stark, war bestimmt am Lech ein Hülfsheer von 90,000 Russen zu erwarten, um dann mit diesem vereint durch Schwaben in die Schweiz einzubringen, wohin sich dann auch Oesterreichs italienisches Heer wenden sollte; und dann konnte von hieraus in einem zweiten Feldzuge Frankreich an seiner vermeintlich schwächsten Seite, durch die ehemalige Freigraffschaft Burgund angegriffen werden. Konnte man Preußen bewegen dem Bunde beizutreten, so sollte ein russisch-preußisches Heer nach Holland oder an den Mittelrhein gesendet werden, um da, man wußte noch nicht recht genau was, vorzunehmen. Das Ganze scheint sogar bald noch mehr dem Ungewissen verfallen zu sein, denn kurz vor dem Ausbruche der

Feindseligkeiten fand man es plötzlich zweckmäßig, die Neutralität der Schweiz anzuerkennen. Damit war dieser erste Operationsplan aufgegeben; was aber nun eigentlich geschehen sollte, darüber gingen die Bestimmungen, so viel sich aus Danilewsky's Werk entnehmen läßt, gar sehr ins Allgemeine. Die österreichische Armee in Italien sollte den Krieg angriffsweise führen; die an der Donau vereinigten Oesterreicher und Russen den Feldzug in Schwaben eröffnen, und dann über den Rhein gehen. Außer dem Angriff auf Neapel stand dabei ein Kriegszug von Hannover, von dem nördlichen Deutschland aus nach Holland, in entfernter und sehr schwankender Aussicht.

In den Augen des Kaisers Alexander war, wie man wohl sieht, die Hauptaufgabe, über die alles Andere einigermaßen vergessen und versäumt wurde, Preußens Beitritt zu dem Bündnisse gegen Frankreich herbeizuführen. Er sollte erzwungen werden, um welchen Preis es auch sei, und die Mittel wurden nicht allzu ängstlich erwogen. Die Verabredung daß ein verbündetes Heer aus dem damals schwedischen Pommern nach Hannover vordringen sollte, war sehr auffallend, da dies Heer nothwendigerweise ein Gebiet durchziehen mußte dessen Neutralität unter preußischen Schutz gestellt war. Seltsamer noch als die Nichtachtung eines selbstständigen Staates die schon darin lag, war der zweite Artikel der von Winzingerode und Mack getroffenen Verabredungen. Von den 100,000 zur Verstärkung des österreichischen Heeres bestimmten russischen Kriegern sollte nur die Hälfte an den Lech rücken; die anderen 50,000 Mann sollten von Böhmen aus Preußen bedrohen, und zusammt einem anderen 40,000 Mann starken, an der Ostgrenze des preußischen Polens aufgestellten russischen Heere, den Durchmarsch durch das preußische Gebiet erzwingen; man verabredete sich zu drohen daß man die Grenze ohne weiteres mit Gewalt überschreiten werde, wenn Preußen die Erlaubniß dazu verweigere. Der junge Kaiser trat doch für das Völkerrecht, und die Unabhängigkeit der europäischen Staaten, gegen Frankreichs Uebergriffe in die Schranken.

Die Fürsten des südwestlichen Deutschlands, auf deren Heere man auch einigermaßen gerechnet hatte, warfen sich Frankreich in die Arme, theils aus Feigheit, weil sie in Napoleon den Sieger im Voraus erkannten, theils weil sie von dem Machtspruche des Fremden auf Kosten ihres Vaterlandes dynastische Vortheile hofften. Alle Anordnungen von Seiten der Verbündeten waren auch der Art, daß dem unbefangenen Zuschauer der Erfolg nicht einen Augenblick zweifelhaft sein konnte, wenngleich natürlich Napoleon's geniales Auftreten nicht vorher zu sehen war. Schon seit einem Jahr und länger hatte Oesterreich zaubernde Rüstungen begonnen, und den nicht eben glücklichen Vorwand, die angebliche Nothwendigkeit eines Schutzcordons gegen das gelbe Fieber, benützt um eine ansehnliche Macht in Italien zusammenzuziehen. Man hatte also genug gethan um Frankreich herauszufordern und aufmerksam zu machen; da man aber noch keinesweges g a n z zum Kriege entschlossen war und Frankreich zu reizen fürchtete, that man nicht genug um wirklich gerüstet zu sein als es Zeit war. Den 9. August trat Oesterreich erst dem Bündniß entschieden bei, und nun sollte in wenigen Wochen nachgeholt werden was zum Theil seit einem Jahr und länger versäumt war. Jetzt sollten die Regimenter vollzählig gemacht, und zum Theil erst aus dem Innern des Reichs an die Gränzen gezogen werden, und als ob es an allen unvermeidlichen Schwierigkeiten und Veranlassungen zu Unordnungen nicht genug wäre, wurde, den Vorschlägen des Generals Mack, gemäß innerhalb dieser kurz zugemessenen Zeit, auch noch eine gänzliche Umbildung des österreichischen Fußvolks vorgenommen. Die 20 Companien eines Regiments die bis dahin, wie später wieder und auch jetzt noch, drei Bataillone (zu sechs Companien) und 2 Grenadier-Companien gebildet hatten, wurden nun in fünf Bataillone zu vier Companien eingetheilt. Der neuen Formen gewohnt zu werden, dazu blieb natürlich durchaus keine Zeit, da das nach Oberdeutschland bestimmte Heer, noch ehe alle ihm bestimmten Regimenter und Mannschaften herbeigekommen waren, schon am 4. September, aus seinem Versammlungslager bei Wels nach Baiern aufbrechen mußte. Dies geschah weil England, das den Feind um jeden Preis aus seiner Nähe entfernt wissen wollte, immer dringender den Beginn der Operationen verlangte, und dann auch weil man den Churfürsten von Baiern mit sich fortzureißen, oder sein Heer zu entwaffnen hoffte, was beides der zagenden Halbheit mißlang. Obgleich augenscheinlich zu schwach um dem Sturme allein zu begegnen, eilte das übel berathene österreichische Heer nach Ulm, diesem „strategischen Punkt" — dessen Besitz man entscheidend glaubte; dort fand es seinen Untergang, ohne daß seine Vernichtung dem Beherrscher Frankreichs auch nur eine Schlacht, einen irgend bedeutenden Kampf gekostet hätte.

Was in Rußland angeordnet wurde, war auch nicht Alles sehr zweckmäßig; man war der Unordnung nicht Herr geworden; die Regimenter waren nichts weniger als vollzählig; es fehlte daran sogar sehr viel; dennoch wurden unmittelbar vor dem Kriege zwei Reiter- (Dragoner-) und neun Infanterie- (sieben Musketier- und zwei Jäger-) Regimenter neu errichtet. Nur ein kleiner Theil der vorhandenen Streitkräfte wurde unmittelbar an den Lech gesendet; zwei Drittheile derselben dagegen zu drohenden Anstalten gegen Preußen verwendet. Die Garden vollends, ebenfalls an den Lech bestimmt, verließen Petersburg erst am 3. September n. St. Indem man auf diese Weise ein doppeltes Ziel zu gleicher Zeit verfolgen wollte, richtete man sich so ein daß man das eine wie das andere verfehlen mußte.

Uebrigens muß sich der Verfasser dieser Denkwürdigkeiten wohl Glück dazu wünschen daß ihm nicht obliegt eine vollständige Geschichte des Feldzugs 1805 zu schreiben. Diese Aufgabe ist vor der Hand wohl gar nicht in genügender Weise zu lösen, und bei der Wendung welche die Dinge in der neuesten Zeit wieder genommen haben, ist auch gar nicht zu erwarten daß die Materialien zu dieser Geschichte, namentlich von österreichischer Seite, in irgend ausreichender Vollständigkeit an das Tageslicht kommen könnten. Man sehe nur die Geschichte dieses Feldzugs in der bekannten „Geschichte der Kriege in Europa seit dem Jahre 1792." An Fleiß und Belesenheit wird nicht leicht Jemand die Verfasser dieses Werkes übertreffen; nicht die kleinste Notiz, die sich irgendwo in Zeitschriften findet, ist ihrem Blick entgangen, und außerdem standen ihnen höchst werthvolle handschriftliche Materialien zu Gebote; und wie lückenhaft und in mancher Beziehung ungenügend ist die Darstellung dennoch geblieben. Ueber Alles was die russische Armee betrifft, hätte freilich der General Danilewsky sehr vollständig Auskunft geben können, wenn ihm darum zu thun war; aber dem schwebten bei seiner Schriftstellerei immer nur durchaus subjective Zwecke vor, und er hoffte sie am besten durch vorsichtiges Schweigen über vielerlei zu erreichen, oder dadurch daß er den Thatsachen in einem gewissen gegebenen Sinn ein wenig nachhalf, oder sie auch wohl ganz umbildete. So erfahren wir denn von ihm nicht einmal wie stark denn eigentlich das russische Heer und seine verschiedenen Abtheilungen auf dem Kampfplatze erschienen, was er doch sehr leicht ermitteln konnte, da ihm alle Archive Rußlands zu Gebote standen, und auch ohne Zweifel wußte.

So wenig wir also hier auf die Einzelnheiten des Feldzugs an der Donau eingehen können, sei es doch vergönnt eine Bemerkung über den General Mack einzuschalten; sie kann vielleicht dienen manches öffentlich über ihn gesprochene Wort zu berichtigen, namentlich auch was in einem viel gelesenen und mit vollem Recht sehr hoch geachteten Werke, in des würdigen Schlosser „Geschichte des achtzehnten Jahrhunderts" über ihn gesagt ist. Von den Umständen in dieser Beziehung begünstigt, glaubt der Verfasser dieser Denkwürdigkeiten über Mack's Persönlichkeit, die ihn aus mehrfachen Gründen interessirte, besser unterrichtet zu sein als Schlosser. „Die Engländer bewirkten dann," sagt dieser berühmte Geschichtschreiber, „daß der unglückliche Mack wieder ein Hauptcommando erhielt, und die Aristokratie Oesterreichs war zufrieden, weil dieser sich vor ihr tief bückte und ihre Anmaßungen und ihren Ungehorsam demüthig ertrug. Mack war unstreitig sehr gut in der Kriegskanzlei; er war ehrlich, das beweist die Armuth worin er von 1806 bis 1814 lebte, die Soldaten liebten ihn; aber Feldherrnblick, Begeisterung, schneller Entschluß, Unverzagtheit in gefährlichen Lagen war seiner sich dem stolzen Adel stets unterordnenden Seele ganz fremd. Er duldete daher einen jungen Erzherzog über sich, der seinem Kopf und dem Einflüstern seiner Umgebung folgte, er hatte im Heer kein Ansehen, weil jeder der vornehmeren Generale und Obersten sich über den Mann ohne Geburt erhaben glaubte." (VI. Bd. S. 600.) — Es ist Wahres in diesen Worten, aber der Irrthum überwiegt, und im Ganzen ist das hier entworfene Bild ein falsches. Es wird noch verfehlter wenn Schlosser an einer anderen Stelle (S. 622) hinzufügt, daß Mack „die Seele eines Unterofficiers" bei jeder Gelegenheit verrieth. Mack war ein Mann von sehr achtungswerthem Character und ritterlicher Gesinnung; sein Gefühl für seinen Herrn und Kaiser Franz war ein idealisirendes, enthusiastisches, sehr weit entfernt von der „Ergebenheit" gewöhnlichen Schlages, die meist ein Gemisch von

Schlaffheit und Selbstsucht zur Grundlage hat. Sehr wenige Menschen nur bekümmerten sich um Mack und wußten was er that oder ließ, nachdem er vom Kriegsgericht verurtheilt und vom Schauplatz des öffentlichen Lebens verschwunden war; doch leben wohl noch einige mit der Thatsache bekannte Personen, die bezeugen könnten wie der längst vergessene, in beschränkten Umständen lebende siebzigjährige Greis einen jungen Mann der in seiner Gegenwart unehrerbietig vom Kaiser Franz gesprochen hatte, in höchster jugendlicher Entrüstung zum Zweikampf forderte, und wie schwer es war den zürnenden alten Herren zu beschwichtigen. Daß Mack ein in vielfacher Beziehung sehr begabter Mann war, dafür bürgt schon sein Emporkommen; denn ohne bedeutendes Verdienst erhebt sich ein Mann ohne Geburt und ohne einflußreiche Verbindungen nicht leicht irgendwo aus so untergeordneten Verhältnissen, wie die seinigen ursprünglich waren, zu Stellen die im Staate entscheidenden Einfluß gewähren. Der Feldmarschall Lacy hatte ihn dem Kaiser Joseph als einen Mann vorgestellt, dem er dereinst Oesterreichs Heere anvertrauen könne; als Loudon, der gerade keine Ursache hatte Lacy für seinen Freund zu halten, im Türkenkriege den Oberbefehl übernahm, betrachtete er natürlich Mack, als den Schützling Lacy's, mit Zurückhaltung und Mißtrauen; dennoch aber wußte Mack das Vorurtheil zu besiegen, die Achtung und das Vertrauen des Siegers von Belgrad zu gewinnen. Jetzt war es Niemand geringeres als William Pitt der entschieden verlangte daß Er an die Spitze des Heeres gestellt werde. Auch die österreichische Armee im Ganzen hatte lange Zeit eine sehr hohe Vorstellung von ihm, und wenn er auch einem großen Theile der Generalität nie genehm war, setzten Soldaten und Offiziere niederen Ranges ein um so größeres Vertrauen in ihn; als er im Jahre 1794 wieder bei der Armee in den Niederlanden erschien, nachdem ihn im Laufe des vorhergehenden Jahres eine Kabale verdrängt hatte, erwachte eine neue Zuversicht im Heere, und Soldaten und Offiziere wiederholten laut, dieser eine Mann sei achtzigtausend Streiter werth. Die liebenswürdigen und achtungswerthen Eigenschaften seines Gemüths waren Ursache daß die Offiziere, die seine persönliche Umgebung bildeten, zum Theil sehr ausgezeichnete junge Leute, ihm mit großer Ergebenheit anhingen; so der geistreiche Fürst Moritz Dietrichstein und Heinrich von Lebzeltern (später Feldmarschall=Lieutenant im Ingenieur=Corps), weniger vielleicht Graf Latour (1848 als Kriegs= minister ermordet) — und sehr viel gehörte dazu den Glauben an Mack's Feldherrnberuf bei ihnen wankend zu machen. Das Alles mußte doch einen Grund haben.

Mack war wirklich in einem sehr hohen Grade ein geistreicher Mensch. Daraus folgt aber noch ganz und gar nicht daß er zum Krieger, oder vollends zum Feldherrn geboren war. Man kann die Menschen vielleicht überhaupt ihren geistigen Befähigungen nach in zwei Klassen eintheilen: in solche bei denen eine schöpferische Einbil= dungskraft überwiegt, und in solche bei denen der Geist der Kritik vor= herrschend ist. Dichter und Künstler gehen aus der ersteren Klasse her= vor, Geschichtschreiber und Feldherren aus der zweiten. Mack gehörte ganz entschieden der ersteren an, und war in solchem Grade mit einer lebhaften Einbildungskraft begabt und von ihr beherrscht, daß man ihn wohl, wenn man sich hart ausdrücken wollte, einen Phantasten nen= nen durfte. Der scheinbare Ideenreichthum, der ziemlich natürlich aus solcher Quelle floß, die Unendlichkeit der Combinationen die er in einem Augenblicke zu übersehen und zu beherrschen schien, das große Material das ihm vermöge seiner Belesenheit und eines vortrefflichen Gedächtnisses immer zu Gebote stand, die Fülle der mystisch=strategischen Weisheit —: das war es auch eigentlich wohl was blendete und be= stach. Bei einer gewissen Neigung zum Enthusiasmus hatte er dann einen starken Glauben an die Schöpfungen seiner Einbildungskraft; die verwegensten Voraussetzungen wurden in seiner Vorstellung sehr leicht zu ganz ausgemachten Wirklichkeiten, auf die er mit einer Art von be= geisterter Zuversicht baute. Wie leicht ein solcher Mann zu täuschen war, wenn man dem Gange seiner eigenen Ideen folgte und mit ge= schickter Hand nachhalf; wie leicht irgend ein wirklich zufälliger Um= stand, oder ein wie zufällig gegebener Wink eine ganze Reihe von küh= nen Trugschlüssen in seinem Geiste hervorrufen konnte, ist darnach wohl leicht zu ermessen. Aber je mehr er sich in gehobener Stimmung zuver= sichtlich fühlte in einer Welt der Traumgestalten und Hirngespinnste, desto schrecklicher war das Erwachen, wenn dann endlich die Wirklichkeit aus den Wolken und Nebeln hervortrat in die er selbst sie dem eigenen

Blicke verhüllt hatte, und plötzlich in ihrem Ernst und ihrer Macht vor ihm stand. Da er weit entfernt war einen festen Character zu haben, seine lebhafte Einbildungskraft ihm vielmehr dann wieder alle Schrecken und Gefahren verdoppelte, verlor er sehr leicht ganz die Fassung, wie das solchen Sanguinikern wohl zu geschehen pflegt, und konnte vollkommen haltungslos der Spielball eines Jeden werden mit dem er sich auf ein Hin- und Herreden einließ, und der seinen Seelenzustand zu benützen wußte.

Nun kam noch dazu daß Mack sich, wie die meisten gelehrten Krieger seiner Zeit, sehr weit in jene durchaus verkehrte Ansicht vom Krieg hinein studiert hatte, die seit Friedrich des Großen Feldzügen herrschend geworden war, und deren Wesen in den Schriften des Generals Lloyd am faßlichsten hervortritt. Der berühmte Clausewitz meint zwar daß von der Bücherweisheit nur sehr wenig in das Leben übergeht, wir möchten ihm aber darin doch nicht unbedingt beistimmen. Es hätte, wenn dem wirklich ganz so wäre, wohl nicht so viele Beispiele unseliger Feldzüge unter der Leitung gelehrter Offiziere gegeben. Die Entscheidung im Ganzen war 1805, wie das Jahr darauf in dem Kriege gegen Preußen ohne Zweifel in den allgemeinen Verhältnissen gegeben, ganz so aber, wie wirklich geschah, konnten sich die Ereignisse gewiß nicht gestalten, wenn nicht Mack, Weyrother, der Herzog von Braunschweig, Massenbach und Phul, einer wie der andere, gerade in diesen seltsamen theoretischen Vorstellungen befangen waren, deren eigentliches Wesen darin lag daß sie den wirklichen Kampf, das Gefecht, nicht als das Mittel anerkannten das unmittelbar zum Zweck, nämlich zur Entscheidung führt, sondern ihm nur eine mittelbare Bedeutung zugestanden, insofern es, siegreich, zu Verhältnissen führe, von denen man die Entscheidung eigentlich abhängig glaubte; diese suchte man vorzugsweise in dem Besitz gewisser geographischer Punkte, die als strategische bezeichnet wurden. So glaubte Mack den Besitz von Ulm für den Krieg im südwestlichen Deutschland entscheidend, in einer Weise die nur einem bethörten Enthusiasten und Systematiker eigen sein kann; die Wichtigkeit des wirklichen Handelns und seiner Folgen im Kriege war ihm darüber nur allzu sehr in den Hintergrund getreten, und über die Zeit und die Mittel die ihm zu Gebote standen Ulm,

Ingolstadt und Memmingen zu befestigen und auszurüsten, wie er vorhatte, täuschte ihn seine lebhafte Einbildungskraft auch wieder.

So war denn Mack in jeder Beziehung, trotz seines ausgezeichneten Geistes, wie eigens zum Heerverderber geschaffen und gebildet; und nun kam noch ein Umstand hinzu der Alles erschwerte und die unvermeidlichen Reibungen sehr vermehrte. Mack war nicht ein so demüthiger Mann, nicht so gewöhnt sich nach allen Seiten hin zu bücken, wie Schlosser glaubt. Es wird ihm in der oben angeführten Stelle der Geschichte des achtzehnten Jahrhunderts zum Verbrechen gemacht daß „er einen Erzherzog über sich duldete"; ein Beweis daß Schlosser weder mit Mack's dienstlichen Verhältnissen, noch mit gewissen, wenn man will kleinlichen, Nothwendigkeiten der militairischen Hierarchie vertraut ist. Mack war dem Rang nach im Jahre 1805 einer der jüngeren Feldmarschall-Lieutenants in der österreichischen Armee; selbst unmittelbar bei dem Heer, das unter seiner Leitung an der Donau auftreten sollte, waren mehrere Generale angestellt die in der Rangliste weit über ihm standen, und die man nicht glaubte entbehren zu können. Diese Herren ohne weiteres auch der Form nach unter seine Befehle zu stellen —: das ging nicht! es wäre unerhört und eine Beleidigung gewesen. Hätte man Mack außer der Reihe zu einem höheren Militairgrad befördern und so über alle diejenigen stellen wollen die ihm früher Befehle geben durften, so wäre das Verhältniß dadurch schwerlich ein wesentlich besseres geworden; so lange die Noth nicht so arg war wie im Jahre 1848, konnte dergleichen in Oesterreich nicht möglich werden. Und nun war vollends noch zu beachten daß russische Truppen zu dem österreichischen Heere stoßen, und unter die Befehle des österreichischen Feldherren treten sollten, daß die Befehlshaber dieser Truppen, Kutusow und Graf Burhöwden, beide Generale der Infanterie waren, und schwerlich Befehle angenommen hätten von Jemanden der in der militairischen Hierarchie bedeutend niedriger stand als sie selbst; ja daß man russischer Seits bereits ausgesprochen hatte, man werde nur von dem Kaiser Franz oder einem Erzherzoge Befehle annehmen. Unter diesen Umständen wählte man einen Ausweg, wie er schon oft in ähnlichen Fällen gewählt worden ist, [und ohne Zweifel noch sehr oft gewählt werden wird. Der Form zu genügen übernahm der Kaiser Franz selbst die oberste Leitung des Ganzen, und ernannte Mack, der die eigentliche Leitung der Dinge haben sollte, zu seinem General-Quartiermeister; weiter wurde dann ein Prinz des kaiserlichen Hauses an die Spitze des österreichischen Heeres insbesondere gestellt; diesem stand Mack, sobald der Kaiser das Heer wieder verlassen hatte, mit sehr ausgedehnter Vollmacht in ganz eigenthümlicher Stellung nicht sowohl zur Seite als gegenüber. So war das Verhältniß ein demüthigendes, nicht für Mack, wohl aber für den Erzherzog, der gleichsam einen Doppelgänger im Oberbefehl mit solcher Vollmacht neben sich dulden mußte. Thugut's oft und laut ausgesprochenem Wahlspruch gemäß: „Un archiduc vaut l'autre!" — hatte man für diese durchaus nicht beneidenswerthe Stellung den Erzherzog Ferdinand von Este erwählt, der schon seiner Jugend wegen keine großen Ansprüche auf Selbstständigkeit machen konnte.

Weit entfernt so unterwürfig zu sein, verfiel Mack vielmehr leicht in entgegengesetzte Fehler des Betragens. Leute, die ihn genau kannten, aber nicht eben seine Freunde waren, nannten ihn einen sehr eitlen Mann; gewiß ist wenigstens daß er sich in einem sehr hohen Grade überschätzte. Die Art wie der Feldmarschall Lacy ihn vorgezogen, der Kaiser Joseph ihn aufgenommen hatte — der Umstand, daß es ihm so oft gelungen war bedeutenden Männern eine hohe Meinung von sich einzuflößen — das Alles konnte leicht dahin führen. Das Mißgeschick, das er 1794 in den Niederlanden, 1798 in Neapel erfahren hatte, machte ihn nicht irre an sich, denn es ließ sich von seinem Standpunkt aus gar wohl dadurch erklären, daß die Bedingungen die er gestellt hatte, nicht erfüllt worden waren, daß Kabalen seiner Feinde und Nichtbefolgung seiner Befehle Alles durchkreuzt hatten. Zu Fehlern des Betragens konnte bei so bewandten Dingen selbst der Ton veranlassen, der in der Literatur der Josephinischen Periode, und in der nächsten Umgebung Joseph's II. herrschte, denn da war es eine Zeitlang eben Ton zu sprechen, als ob fortan persönliches Verdienst allein gelten und entscheiden sollte. Noch dazu sah Mack seine Zeitgenossen in Oesterreich im Vergleich mit Loudon, besonders aber mit Lacy für den er mit jugendlicher Begeisterung schwärmte, einigermaßen als ein verkümmertes Epigonengeschlecht an. Stolz darauf, daß er Alles sich selbst zu verdanken habe, und ohnehin geneigt jede Vorstellung die sich seiner bemächtigte bis zur Uebertreibung zu steigern, ließ er sich wohl mitunter verleiten zu unrechter Zeit und Stunde einen etwas hohen Ton anzustimmen; er liebte es, als der oft verkannte Mann von wahrem Verdienst und Werth, auch vornehmen Herren gegenüber eine geistige Ueberlegenheit geltend zu machen und fühlen zu lassen. Damit reicht man aber in Oesterreich nicht weit. Abgesehen von den zahllosen Schwärmen von „Rittern" und „Edlen" die kein Mensch für voll gelten läßt, ist der eigentliche, wirkliche Adel bekanntlich in Oesterreich nicht zahlreich. Eine Menge der bedeutendsten Stellen mußte also immer Emporkömmlingen zufallen; man konnte selbst fragen ob im Ganzen dieses halb feudalistischen, halb byzantinischen Treibens Aristokratie oder Bureaukratie überwiege. Der hohe Adel sah auch recht gern Männer aus den mittleren Ständen in bedeutenden Stellen, besonders in solchen mit denen viele Mühe und Arbeit verbunden war, insofern sie sich nämlich zu tüchtigen Werkzeugen eigneten, und sich nicht beikommen ließen einen neuen Geist in das Ganze zu bringen. Er war milde und freundlich gegen einen solchen Mann, und gestattete ihm auch wohl mit vieler Herablassung in seinen gesellschaftlichen Kreisen die Stellung eines Geduldeten; feine Sitte verbarg mit vieler Schonung was eine solche Stellung Demüthigendes haben konnte, so lange der Begünstigte selbst nicht durch irgend eine Unvorsichtigkeit den Schleier zerriß. Nur durfte es einem solchen Mann nicht einfallen Ansprüche auf selbstständige Geltung zu machen, oder sich dem hohen Adel gleichstellen zu wollen. Das hat, wie es scheint, selbst in der allerneuesten Zeit auch dem Feldzeugmeister Haynau nicht gelingen wollen. Daß Mack viele Feinde hatte, auch in den höheren und höchsten Regionen, war bei seiner Art aufzutreten unvermeidlich. Kaiser Franz zwar setzte ein unbedingtes und unbegränztes Vertrauen in ihn, mit den Prinzen des kaiserlichen Hauses dagegen stand Mack sehr schlecht, besonders mit dem Erzherzog Carl, der ihm durchaus nicht gewogen war. Selbst in dem Heer das er unmittelbar befehligte, erfuhr er vielen Widerspruch. Doch nicht eigentlich von höheren Offizieren die der Aristokratie des Kaiserreichs angehörten; deren waren überhaupt da nicht eben viele angestellt, wie ein Blick auf die Schlachtordnung (Ordre de bataille) dieser Armee lehrt, und noch dazu war der bedeutendste von ihnen, der nachherige Feldmarschall Fürst Carl Schwarzenberg, Mack's sehr wohlwollender Freund. Seine hauptsächlichsten Widersacher im Hauptquartier waren der General-Quartiermeister des österreichischen Heeres an der Donau, Mayer v. Heldenfeld, und Oberst Bianchi, General-Adjutant des Erzherzogs Ferdinand —: Männer die der Hochmuth wohl auch als Emporkömmlinge bezeichnen konnte; denn General Mayer's Vater war ein armer und unbedeutender Offizier, Bianchi, später neapolitanischer Duca di Casalanza, zu Wien geboren, war der Sohn eines italienischen Sprachlehrers der seinerseits aus einer Pächter- oder Bauern(stabile)=Familie aus der Gegend von Como stammte —: beide aber waren ausgezeichnete Krieger, wie deren selbst das beste Heer immer nur sehr wenige zählt. Es läßt sich demnach leicht ermessen wie gespannt und zerrissen alle Verhältnisse werden mußten, sobald der Erzherzog sich nicht mehr unbedingt allen Anordnungen fügen wollte, die zum Untergang des Heeres führen mußten, wie Mayer und besonders Bianchi ihm bewiesen, und der milde Fürst Schwarzenberg, der wohl gerne so lange als möglich vermittelt hätte, doch auch gewiß nicht gerade leugnen konnte — sobald Mack in Abwesenheit des Kaisers unmittelbar selbst, vermöge seiner Vollmacht, dem Erzherzog und vielen älteren und höher gestellten Generalen gegenüber, eine amtliche Machtvollkommenheit geltend machte, die nur im Namen einer vorausgesetzten geistigen Ueberlegenheit für ihn in Anspruch genommen sein konnte, und zu der sein Rang im Heer ihn keineswegs berechtigte. Als man sich am Rande des Abgrunds sah, brach der Unwille los dem die militairische Disciplin so lange Stillschweigen geboten hatte, führte die unwürdigsten Scenen herbei, und machte übel ärger. — Uebrigens trägt Mack die Schuld des Unglücks bei Ulm bei weitem nicht allein*).

---

*) Warum sagen die Verfasser der „Geschichte der Kriege in Europa" (VI. Theil, 2. Band, Ste. 59) nicht daß der Eine politische Correspondent den Mack in hoher Region hatte, niemand anders war als der Kaiser von Oesterreich selber?

In Schlosser's Darstellung wäre freilich sehr viel mehr zu berichtigen. Es waltet da Irrthum in Beziehung auf sehr einfache Thatsachen. So verließ der Erzherzog

Ein Umstand ist, wie uns scheint, besonders merkwürdig und belehrend. Die Anlage des Feldzugs 1805 von Seiten Napoleon's ist in der Art großartig und treffend, daß dieser Feldzug allein ihn zum größten Feldherren seines Zeitalters stempeln würde, wenn die Geschichte auch weiter keine Thaten von ihm zu berichten hätte; die Energie und Folgerichtigkeit des Handelns kann in dem hindernden, erschwerenden Element der Wirklichkeit nicht weiter gehen. Darüber möchte es schwerlich verschiedene Meinungen geben können. Der Erfolg im Ganzen war von vorn herein dadurch in einem hohen Grade gesichert. Aber diese Vollständigkeit des Erfolgs, die Vernichtung des österreichischen Heeres bei Ulm, verdankt Napoleon dennoch nicht den

Ferdinand Ulm keineswegs mit 24,000 Mann, um sich persönlich der Gefangenschaft zu entziehen, sondern mit kaum 1500 Reitern. Werneck's Abtheilung die in ganz anderer Absicht entsendet war, hatte mit dem Abmarsch des Erzherzogs gar nichts zu schaffen. Weit entfernt sein Heer zu zerstückeln und aufzuopfern, „Tausende Preis zu geben", um die Person des Erzherzogs sicher zu stellen, suchte Mack diesen vielmehr in Ulm zurückzuhalten; in einem Augenblick wo Rettung nicht mehr zu hoffen war, am Vorabend der Ereignisse die das selbst ihm einleuchtend machten, fester als jemals überzeugt daß nicht er, sondern Napoleon am Rand des Abgrunds schwebe, und hauptsächlich mit Anordnungen zur Verfolgung des, seiner Meinung nach, dem Rhein zu fliehenden Feindes beschäftigt. — Nicht der F.-M.-L. Loudon, den Schlosser „einen der achtbaren und geschickten Generale der österreichischen Armee" nennt, ohne hinzuzufügen daß er einer der allerunglücklichsten war und nie auf einem Schlachtfelde erschien, ohne eine Niederlage zu erleiden —: nicht der, sondern der F.-M.-L. Graf Riesch befehligte die Oesterreicher in dem Treffen bei Elchingen am 14. October. — Der Fürst Lichtenstein (Moritz, General-Major) der geschäftig hin und her ging und die Capitulation von Ulm unterhandelte, war keineswegs derselbe der auch „hernach, nach der Schlacht bei Austerlitz den Kaiser Franz in Napoleon's Schlingen locken half" — der Unterhändler nach dieser letzten Niederlage war der Feld-Marschall-Lieutenant, später Feldmarschall, Fürst Johann Lichtenstein (der regierende). — Eben so ist in dem Seite 596 (3. Auflage 6. Band) angeführten Brief eines russischen Diplomaten nicht der nachherige preußische Staatskanzler Hardenberg gemeint, sondern ein Vetter desselben, der in hannöverischen Diensten stand, mit der hannöverschen Gesandtschaft nach Wien gekommen war, und dort mitunter eine etwas zweideutige Rolle spielte. Das was Schlosser über Mack sagt ist im Wesentlichen aus einer Quelle entlehnt die er selbst eine sehr unzuverlässige nennt, nämlich aus den sogenannten Mémoires tirés des papiers d'un homme d'état.

eigenen genialen Combinationen, sondern lediglich der beispiellosen Verblendung Mack's. Mit seinem Heer auf das rechte Ufer der Donau übergegangen, war Napoleon, wie sich aus seinem Briefwechsel ganz unzweifelhaft beweisen läßt, zweifach im Irrthum über Mack's Thun und Vorhaben; und das war sehr natürlich, denn was Mack wirklich that, konnte wahrlich kein Mensch vorhersehen. Einmal glaubte Napoleon die österreichische Armee im Rückzug nach Tirol —: dann hinter der Iller versammelt und verweilend. Seine Anordnungen bezweckten dem gemäß, zuerst, eine bedeutende Heeresmacht bei München zu versammeln, um den Russen den Weg zu vertreten, während der Rest seiner Armee bestimmt war theils Ulm auf dem rechten Ufer einzuschließen, theils die Oesterreicher gegen Tirol hin zu verfolgen. Der zweiten Voraussetzung entsprechend, beabsichtigte er etwas später das vereinigte Heer gegen die Iller zu führen, Mack dort aufzusuchen, und ihm eine Schlacht zu liefern. Das linke Ufer der Donau blieb dabei vernachläßigt, nur wenige Tausend Mann blieben dort unter dem General Dupont —: eine Abtheilung, wie man sie wohl entsendet um eine nicht sehr bedeutende Festung und mäßige Besatzung zu beobachten, und selbst diese wurde am 12. zurückgezogen. In Folge dessen hatte es Mack drei Tage lang, vom 11. bis zum 13. October, vollkommen in seiner Macht von Ulm aufzubrechen, und das Heer durch einen Rückzug nach Böhmen wenigstens dem schimpflichen Untergang zu entziehn. Nichts konnte ihn daran hindern, wenn er nur die mehr als einmal schwankend eingestandene Nothwendigkeit entschieden anerkannte, und nicht immer zu neuen Täuschungen zurückkehrte. Napoleon mag nicht wenig überrascht gewesen sein als er endlich erfuhr daß Mack sein ganzes Heer bei Ulm vereinigt habe und noch immer dort zaudere. Nach dem Gang seiner Ideen in den Befehlen an seine Generale zu schließen, muß das am Abend des 12. geschehen sein. Um den Weg nach Böhmen zu verlegen, die Oesterreicher einzuschließen, mußte das französische Heer das freiwillig aufgegebene linke Donau-Ufer erst durch das blutige Gefecht bei Elchingen wieder gewinnen; das geschah erst am 14. früh. Am Abend dieses Tages verließ dann der Erzherzog Ferdinand Ulm an der Spitze einer kleinen aber gewählten Reiterschaar um sich wenigstens für seine Person der drohenden Gefangenschaft zu entziehen, da Mack noch immer aus seinen Wunderträumen nicht zu erwecken war, und den Rathschlägen Bianchi's, den dringenden Bitten des Fürsten Schwarzenberg kein Gehör geschenkt hatte. So spät es nun auch war, gelang es doch dem Prinzen unter Schwarzenberg's Leitung zu entkommen, aber freilich gehörte dazu die äußerste Anspannung aller Kräfte, und mit einer größeren Abtheilung, mit Fußvolk und Geschütz, wäre der Zug über Geislingen und Aalen wie er ausgeführt wurde, nicht möglich gewesen. Das Unternehmen gelang, obgleich man bei Aalen angelangt, Zeit verlor, weil man einen Augenblick hoffte, sich erst mit Werneck, dann mit Kienmayer vereinigen, und aus geretteten Trümmern ein neues österreichisches Heer bilden zu können. Daß man in solcher Lage daran, nicht bloß an unmittelbare Rettung dachte, macht jedenfalls den Führern Ehre.

Napoleon aber hatte hier wie bei Krasnoie Ursache auszurufen: Oh! mon étoile! — Das Glück — dämonische Gewalten die außer aller Berechnung liegen, entscheiden sehr viel im Kriege, aber diese Mächte begünstigen mit einer gewissen Regelmäßigkeit den Starken, den besonnen Kühnen — : nie den verwirrt zagenden und rathlos zaudernden. Der große Feldherr hat Glück. Es ist der ernstesten Betrachtung werth, wie diese unberechenbaren Elemente des Erfolgs von 1796 bis 1812 immer zu Napoleon's Gunsten in die Wagschaale fallen, im Laufe seiner letzten Feldzüge dagegen gar oft gegen ihn. Es ist nicht minder der Betrachtung werth daß solche plötzlich vernichtende Unglücksfälle wie die von Ulm, eigentlich nie das Werk des Feindes sind, und wenn er ein Napoleon wäre; immer das der eigenen Thorheit und Schwäche!

Wir kehren nun zu dem zurück was in Rußland angeordnet wurde, und was Toll persönlich erlebte.

Schon im Anfang des Sommers war in Wolhynien ein russisches Heer von 54 Bataillonen, 40 Schwadronen, 12 Compagnien Fuß- und 2½ Compagnien reitender Artillerie, 2 Compagnien Pioniere, 1 Compagnie Pontoniere und 4 Kosacken-Regimentern unter Kutusow's Oberbefehl versammelt. Das Hauptquartier war in Radzywillow dicht an der Gränze Galliziens. Wenn alle Regimenter vollständig waren, zählte dies Heer, selbst den Generalstab und die Stäbe der verschiedenen Abtheilungen, sowie alle Nicht-Combattanten überhaupt mitgerechnet, **47,193 Mann.**

Außerdem rückten beständig neue Truppen aus dem Innern des Reichs in Litthauen ein, und bezogen Quartiere längs der Gränze. Diese erhielten vermöge eines Tagesbefehls vom 4./16. Juli die Organisation eines in zwei Corps getheilten Heeres, das unter dem Oberbefehl des Generals v. d. Cavalerie Michelson 90,000 Mann stark sein sollte. Das erste Corps unter dem General v. d. Cavalerie Grafen Bennigsen, dessen Hauptquartier nach Grodno verlegt wurde, sollte 40,000 Mann zählen; das zweite, dessen Hauptquartier nach Brest-Litowsky kam, zerfiel wieder in zwei Abtheilungen unter den Generalen Burhöwden und Essen.

Burhöwden hatte 30 Bataillone (das Fanagorische Grenadier-Regiment, die Musketier-Regimenter Riäschsk, Archangelgorod, Pskoff, Perm, Alt-Ingermanland, Wiborg und Kursk, und das 5. und 7. Jäger-) — 20 Schwadronen (Elisabethgradsche Husaren- und Uhlanen-Regiment des Großfürsten; das später zum Garde-Uhlanenregiment umbenannt wurde*) — 9 Companien Fuß- und 2 Companien reitender Artillerie; — 2 Pionier- und 1 Pontonier-Companien — und 6 Kosacken-Regimenter, die zusammen, wenn sie vollständig waren, alle Nichtstreiter mitgerechnet, in runder Zahl 30 bis 31,000 Mann ausmachen mußten, worunter 3000 Kosacken.

Essen's Abtheilung bestand aus 9 Bat. (den Ekaterinoslawschen und Moskowschen Grenadier- und Schlüsselburgschen Musketier-Regimentern) und 20 Schwadronen (den Dragoner-Regimentern Starodubow und Sewersk, nebst dem Alexandrinischen Husaren-Regiment) die mit der dazu gehörigen Artillerie, über welche nähere Nachweisungen fehlen, in derselben Weise 10,500 Mann betragen hätten. Eine Garde-Division von auch ungefähr 10,500 Mann sollte noch zu die-

---

*) Und wahrscheinlich auch das Charkowsche Dragoner-Regiment das Danilewsky nicht nennt, in diesem Fall 25 Schwadronen.

sen beiden Abtheilungen stoßen um sie auf 50,000 Mann zu bringen; die verließ aber Petersburg erst am 3. September.*)

Der Major v. Toll wurde vermittelst Befehls vom 29. Juli / 10. August bei dem Hauptquartier des Grafen Burhöwden angestellt, eilte dem gemäß nach Brest-Litowsky, und sah sich hier unter die Befehle eines Generals gestellt, der ihm bisher persönlich nicht bekannt war. Dieser General von der Infanterie Graf Burhöwden, ein Ehstländer von Geburt, der seine Stellung in der Welt großentheils seiner Verheirathung mit einer Fräulein Alercyew benannten jungen Dame — einer Tochter der Kaiserin Catharina II. — verdankte, zeichnete sich weder durch großen Ideen-Reichthum noch durch Scharfsinn aus. Man konnte ihn eher etwas beschränkt nennen. Und dennoch besaß er Eigenschaften die ihn wohl befähigten größere Massen zu befehligen. Vor Allem eine zähe, nachhaltige Energie in der Ausführung des einmal Beschlossenen. Unerwartete Schwierigkeiten machten ihn nicht irre und brachten ihn nicht zum Schwanken. „Er ließ nicht nach!" wie ein vieljähriger Kriegsgefährte von ihm zu rühmen pflegte.**)

Wahrscheinlich wohl in Folge der mannichfachen Verspätungen die nicht mehr viele Zeit ließen, wurde das Verfahren gegen Preußen nicht ganz so eingeleitet wie Mack und Wintzingerode zu Wien verabredet hatten. Man wollte nicht mehr zögern bis dieser neutrale und befreundete Staat auch von Böhmen aus bedroht werden konnte. Michelson erhielt nun Befehl, im Fall die Erlaubniß zum Durchmarsch durch das preußische Gebiet verweigert würde, ohne weiteres mit Gewalt über die Gränze zu gehen, und die Preußen, wenn sie sich etwa widersetzten, als Feinde zu behandeln. Burhöwden's und Essen's Abtheilungen sollten darauf das verbündete Heer an der Donau verstärken, Bennigsen, verstärkt durch Preußen das man so gewaltsam in den Dienst der Verbündeten zu pressen dachte, nach dem nördlichen

---

*) Das russische Heer hatte eine der preußischen unter Friedrich Wilhelm II. nachgebildete Verfassung. Die Grenadier-, Musquetier- und Jäger-Regimenter hatten 3 Bataillone zu 4 Companien; die Cürassier- und Dragoner-Regimenter 5, die Husaren-Regimenter 10 Schwadronen. Drei Uhlanen-Regimenter hatten je 10, zwei andere nur 5 Schwadronen.

**) Gen. v. d. Inf. Gotthart v. Knorring, bei Eilau ausgezeichnet.

Deutschland vordringen. Die Ueberzeugung die man bald gewann, daß man bei solchem Unterfangen Widerstand, und zwar ernsthaften, von Seiten Preußens zu gewärtigen habe, veranlaßte dann neue Aenderungen des Plans. Der Kaiser Alexander machte sich persönlich auf um nach Berlin zu reisen. Der russische Gesandte in Berlin, Alopeus, hatte nämlich gemeint, das möchte wohl das Beste sein; während die beiden Monarchen sich in der Hauptstadt Preußens des persönlichen Verkehrs und einer jugendlich offenen Freundschaft erfreuten, könnten dann die russischen Truppen die Gränzen überschreiten; da es alsdann das Ansehn haben werde als geschehe das in Folge einer Verabredung beider Landesherren, würden die getäuschten Preußen wohl dem Beginnen keinen ernstlichen Widerstand entgegensetzen. War einmal so viel geschehen, dann schien nichts mehr den Gang der Ereignisse hemmen zu können. Man hoffte, daß Preußen, wenn einmal die Neutralität verletzt war, keine Wahl haben, und gezwungen sein würde, sich ganz in die Arme der Verbündeten zu werfen.

Unter diesen Umständen erhielt Michelson am 18. / 6. September — zu einer Zeit wo das österreichische Heer bereits bis Ulm vorgegangen war, — ausgefertigte neue Vorschriften, denen gemäß er fürs erste nicht weiter gehn, und Bennigsen's Heertheil bei Grodno lassen — Burhöwden's und Essen's Abtheilungen aber, in dem damals Oesterreich unterthänigen, sogenannten West-Gallizien — dem Radomer Gouvernement — längs der Pilica aufstellen sollte.

Burhöwden's Abtheilung rückte dem zu Folge durch österreichisches Gebiet an die Weichsel, ging bei Pulawy über diesen Fluß, und bezog auf dem linken Ufer Cantonirungsquartiere. Das Hauptquartier kam nach dem Städtchen Kozienice — nämlich das Hauptquartier Michelson's, der sich persönlich bei dieser Abtheilung seines Heeres befand. Am 29. September n. St.*) traf Kaiser Alexander selbst in dem nahen Pulawy auf dem Schloß des Fürsten Adam Czartoryski ein, dem er damals großen Einfluß gestattete, weil er ihn in jugendlicher Weise für redlich hielt; dort wollte er die Antwort des Königs von Preußen in Beziehung auf eine persönliche Zusammenkunft er-

---

*) Wo ein einfaches Datum steht, ist immer der gregorianische Styl gemeint.

warten. Es war möglich daß sie abgelehnt wurde; für diesen Fall hatte Michelson bereits seine Maßregeln getroffen; die Disposition zum feindlichen Einmarsch in Preußen war den Generalen schon zugesandt. In der Zwischenzeit wurden glänzende Heerschauen und Paraden in den Erholungsquartieren veranstaltet. So verlor man hier die kostbare Zeit mit Dingen die möglicher Weise zu einem gewiß sehr unzeitigen Kriege mit Preußen führen konnten, und verwendete dazu die Truppen, die als Verstärkung an der Donau nur allzu nöthig gewesen wären. Man bedenke nur, daß Mack's österreichisches Heer selbst mit allen Regimentern und Ersatzmannschaften die ihm bestimmt aber noch nicht eingetroffen waren, kaum 80,000 Mann gezählt haben würde, bei Ulm und an der Iller aber gewiß nicht über 60,000 Mann unter den Waffen hatte; daß Kutusow's russische Armee nur 47,000 Mann ausmachte, selbst wenn alle Regimenter vollzählig waren — daß dagegen Napoleon eine Macht von nicht weniger als 200,883 Mann an die Donau führte, — ohne das siebente Armee=Corps unter Augereau, — Milhaud's Reiterei — die Badener und Würtemberger zu rechnen, die sämmtlich etwas später auf dem Kampfplatz erschienen. Offenbar liegt in diesem Mißverhältniß — und der Politik die es herbeiführte — die hauptsächliche Ursache des Mißgeschicks, das man erfuhr.

Man dachte eben an weitgreifende Diversionen nach Holland und Neapel ohne zu berechnen in wie entfernter Zeit sie im besten Fall erst wirksam werden konnten, und verlor darüber den entscheidenden Kriegsschauplatz an der Donau aus den Augen. Auf den Krieg mit Preußen war man übrigens, wie es scheint, gefaßt. Es ist als ob man es sich sehr leicht gedacht hätte Preußen gleichsam nebenher zu besiegen und mit sich fort zu reißen. General Danilewsky, der überhaupt zuweilen naiv ist, theilt eine merkwürdige Stelle aus einem Brief des Ministers der auswärtigen Angelegenheiten Fürsten Adam Czartoryski an den russischen Gesandten in Wien mit. „Der Kaiser, heißt es in diesem merkwürdigen Actenstück, täuscht sich nicht über die Nachtheile, welche ein Krieg mit Preußen in diesem Augenblick mit sich führt, aber die Ehre geht allem anderen vor, und wir würden den größten Theil unserer Kraft einbüßen, wenn sie gleich zu Anfang des Feldzugs in

solchem Grabe bloß gestellt würde. Es darf nicht geschehen, daß
Europa sage, der Kaiser von Rußland habe ein Heer vorrücken lassen,
habe sich in Person zu demselben begeben, und sei denn doch am Ende
vor dem Willen des Königs von Preußen zurück gewichen." —
(L'Empereur Alexandre ne se dissimule pas tous les désavantages
qu' offre dans ce moment une guerre avec la Prusse, mais l'honneur
va avant tout, et nous perdrions la plus grande partie de nos forces
s'il était compromis à ce point dès le début de la campagne. Il ne
faut pas que l'Europe dise, que l'Empereur de Russie a fait avancer
une armée, s'y est rendu en personne, et a fini par réculer devant
la volonté du Roi de Prusse.) — General Danilewsky glaubte wahr=
scheinlich wohl daß sich in diesen Worten die Größe und Herrlichkeit
Rußlands recht glänzend ausspricht; was sonst noch darin liegt,
scheint er nicht bemerkt zu haben. Und doch zeigt sich hier, neben
jenen ganz eigenthümlichen Ansichten von Völkerrecht und Selbstftän=
bigkeit souverainer Staaten, die schon in dem wiener Protocoll über=
raschen, eine mehr als erhabene Vorstellung von dem was man ver=
möge. Das Schreiben ist insofern wichtig, und erklärt manche Er=
scheinung der nächstfolgenden Zeit. Daß eine solche Ansicht der Dinge,
diese überschwengliche Meinung die man von sich selbst hatte, nothwen=
diger Weise zu einem solchen gänzlichen Schiffbruch führen mußte
wie man bei Austerlitz erlebte, ist sehr einleuchtend!

Aus der peinlichen Lage in die man sich an der Pilica begeben
hatte, wurde man übrigens, wie bekannt, durch die brutale Rücksichts=
losigkeit befreit mit der Napoleon an einer anderen Seite Preußens
Neutralität verletzte, indem er seine Schaaren ohne nur zu fragen über
preußisches Gebiet führte. Der in bedauernswerther Schwäche
schwankende preußische Hof war gereizt, beleidigt, und erklärte sich be=
reit dem Bündniß gegen Frankreich beizutreten. — Am 16. October
erschien der preußische Feldmarschall Graf Kalkreuth im Hauptquartier
zu Kozienice, wohin auch der Kaiser Alexander sich begab. Den 18.
erging der Befehl eine neue russische Reserve=Armee die aus 56 Ba=
taillonen, 70 Schwadronen, und 15 Kosacken=Regimentern bestehen
sollte, an der Gränze zwischen Polangen und Proskurow am Bog, auf
einer Linie von mehr als hundert Meilen Länge zu sammeln. Den

Befehl darüber erhielt der von Zürich her nur all zu bekannte General Rimsky-Korsakow, der sich seither auf Kannevaß-Arbeiten gelegt hatte, und dem Kaiser einst — freilich mehrere Jahre später — zu dessen Namensfest ein mit eigner Hand gesticktes ausgezeichnet schönes Sofa-Polster verehrte*).

Der Kaiser Alexander verließ darauf am 20. October Pulawy um nach Berlin zu reisen; nachdem er noch vorher befohlen hatte daß Burhöwden, und seinen Spuren folgend auch Essen über Radom, und durch preußisches Gebiet über Ratibor, nach Troppau, Olmütz und Krems zur Vereinigung mit Kutusow vorrücken sollte. Bennigsen wurde zu gleicher Zeit angewiesen über Warschau und Nowomiasto nach Breslau zu marschiren; von dort aus sollte es dann „nach den Umständen" weiter gehen.

Man wendete sich also nun endlich wieder gegen die Donau, aber freilich war jetzt bereits das österreichische Heer bei Ulm vernichtet, und Kutusow fand man nach mancherlei überstandenen Fährlichkeiten in Mähren wieder anstatt am Inn oder gar am Lech. General Danilewsky sagt uns leider nicht in wie weit man zu Kozienice und Pulawy von den Ereignissen an der Donau unterrichtet war. Nicht genug daß er über vieles Wesentliche mit Absicht schweigt —: er weiß auch wirklich nicht worauf es eigentlich ankömmt, und was eigentlich in der militairischen Geschichte eines Feldzugs erzählt werden muß. — Daß Mack am 17. October in Ulm kapitulirt hatte, das konnte man freilich am 20. in Pulawy nicht wissen —: aber sollte man auch das nicht gewußt haben, daß Napoleon's Heer zum Theil bereits am 7. unterhalb Ulm über die Donau gegangen war? — Daß Bernadotte und Marmont vom 3. bis 6. October über preußisches Gebiet gegangen seien, davon war man auf dem Umweg über Berlin schon seit sechs Tagen unterrichtet; die Richtung ihres Marsches auf den Theil der Donau zwischen Ulm und Regensburg war also bekannt. Man scheint

---

*) Der Kaiser Alexander, der unterdessen um eine Anzahl Jahre älter geworden war, sendete ihm als Gegengeschenk ein sehr hübsches Damen-Arbeits-Kästchen, mit Fingerhut, Stickseide und allem was dazu gehört. —

aber daraus gar nichts gefolgert zu haben, da man auch jetzt noch nicht wußte wo man mit Bennigsen's Heertheil hinwollte.

Auch Michelson verließ Kozienice um sich zu Bennigsen zu begeben; einen Monat später wurde er sogar, zu seiner großen Kränkung, ganz von dem unmittelbar auf dem Kriegsschauplatz thätigen Heere entfernt. Ein kaiserliches Schreiben vom 20. November übertrug ihm nämlich den Befehl über einen Theil der Truppen die sich allmälig unter Korsakow versammelten. Die 35 Bataillone 45 Schwadronen die ihm anvertraut wurden, sollten auf einer Linie von mehr als dreißig Meilen, von Brest=Litowsky bis Brody, zu augenblicklicher Verwendung in Bereitschaft gehalten werden.

Burhöwden's Heertheil, bei dem sich Toll fortwährend befand, rückte unter dem alleinigen Befehl des genannten Generals auf der vorgeschriebenen Straße nach Mähren vor, wohin Kutusow bereits zurückgedrängt war. Die erste Abtheilung dieser heranrückenden Verstärkungen vereinigte sich am 20. November bei Wischau mit dem im Rückzug begriffenen Kutusow, nachdem sie gegen dreißig Tage gebraucht hatte um einige sechzig Meilen zurückzulegen. Es wurde aber dennoch mit gutem Grund beschlossen den Rückzug weiter fortzusetzen; Brünn und seine Citadelle waren aufgegeben. Am 22. rückte Kutusow in die Stellung von Olschan unmittelbar vor Olmütz, wo sich auch die letzten Truppen Burhöwden's ihm anschlossen, und hier trafen zwei Tage später, am 24. endlich auch 10 Bataillone 17 Schwadronen und 1 Artillerie=Bataillon (4 Companien) der Garde ein, die in feierlicher Parade empfangen, und von den beiden, schon seit einigen Tagen in Olmütz verweilenden Kaisern von Rußland und Oesterreich begrüßt wurden.

Wenn man nun die Nachrichten durchsieht die über dies bei Olschan versammelte Heer vorliegen, bemerkt man leicht mit welchem unverzeihlichen Leichtsinn General Danilewsky das Material benutzt hat, das ihm zu Gebote stand wie keinem anderen — denn gerade seine Mittheilungen sind die ungenauesten und unzuverlässigsten. Ihm zufolge zählte dies Heer 104 Bataillone, 159 Schwadronen und 8 Kosacken= Regimenter; da er die darunter befindlichen Oesterreicher zu 20 Bataillonen, 54 Schwadronen angiebt — was freilich auch falsch ist —

müßten also die russischen Truppen 84 Bataillone und 105 Schwadronen betragen haben —: wenige Seiten weiter aber weist die von ihm selbst mitgetheilte Ordnung des Heeres zur Schlacht bei Austerlitz 94 Bataillone, dagegen aber nur 82 Schwadronen nach — im grellsten Widerspruch mit jenen ersten Angaben. Da Kutusow ursprünglich sechs, Burhöwden vier Kosacken-Regimenter bei sich hatte, fehlen deren jetzt zwei, und man erfährt nicht wo sie geblieben sind. Dagegen erscheint nun plötzlich im Lager bei Olschan und auf dem Schlachtfelde bei Austerlitz das Charkowsche Dragoner-Regiment, das nach allen früheren Listen weder bei Kutusow's noch bei Burhöwden's Heertheil vorkömmt, noch als mit den Garden heranrückend, und kein Mensch sagt uns wo und wenn, und auf welche Weise es zur Armee gekommen war.

Ueber die Oesterreicher ist kein Zweifel. Von den österreichischen Truppen die sich schon am Inn, erst unter Kienmayer, dann unter Meerveldt mit Kutusow vereinigt hatten, waren ihm nur wenige auf das linke Ufer der Donau und nach Mähren gefolgt. Mit der Hauptmasse hatte sich Meerveldt auf dem rechten Ufer zu halten gesucht, seine Truppen waren aber bereits am 8. November in dem Treffen bei Mariazell so gut wie gänzlich vernichtet worden. Einige vor diesem Unfall entsendete Truppentheile Meerveldt's hatten sich bei Wien mit mehreren hier zurückgebliebenen oder neugebildeten Bataillonen vereinigt, und waren von dort unter dem Fürsten Johann Lichtenstein zur Vereinigung mit der russischen Hauptmacht herangerückt, mit der sie sich auch noch während des Rückzugs, am 20. bei Pohorlitz vereinigt hatten. So waren hier 20½ Bataillone 43 Schwadronen Oesterreicher, 15,715 Mann stark, vereinigt.

Was die russische Heeresmacht anbetrifft, irrt sich der jetzige F.-Z.-M. v. Schönhals in seinem Aufsatz über die Schlacht bei Austerlitz (in der österreichischen militairischen Zeitschrift) in Beziehung auf die Zahl der vorhandenen Bataillone und Schwadronen nur in unbedeutenden Nebendingen, und die ohne Zweifel richtige Zahl von 94 Bataillonen 82 Schwadronen ist nicht eben schwer zu ermitteln. Was aber die Angaben des genannten Schriftstellers in Beziehung auf die Kopfzahl der wirklich vorhandenen Streiter anbetrifft, so erregen sie sehr große Zweifel. Wie er die einzelnen Regimenter' aufführt wären darunter manche bedeutend mehr als vollzählig gewesen, und hätten mehr Mannschaft gehabt als sie nach den Vorschriften sollten. Und auch abgesehen davon kann das russische Heer unmöglich auf dem Schlachtfelde, 2,500 (5 Regimenter) Kosacken mitgerechnet — aber ohne die Artillerie — 68,000 Mann gezählt haben. Denn ungefähr 6000 Nichtstreiter — Handwerker, Schreiber, Fuhrknechte u. s. w. — abgerechnet, hätten alle hier vereinigten russischen Truppen, wenn sie ganz vollständig waren, in runden Zahlen 62,400 Mann Fußvolk, 12,800 Reiter, 6500 Artilleristen und 4,000 Kosacken ausgemacht. Bedenkt man nun daß Kutusow's Heertheil in den früheren Gefechten nach Danilewsky's gewiß nicht übertreibendem Bericht 5840 Mann verloren hatte, und daß Biwachten im späten Herbst bei angestrengten Gewaltmärschen und oft mangelhafter Verpflegung ohne Zweifel mehrere Tausende in die Spitäler geführt hatten, so ergiebt sich wohl daß Schönhals' Angabe nicht richtig sein kann. Dieselbe Berechnung überzeugt uns auch daß die Armee selbst mit Einschluß der Artillerie und der Kosacken auf dem Schlachtfelde kaum 68,000 Mann stark gewesen sein kann, alle Regimenter müßten denn als sie auf dem Kriegsschauplatz erschienen in einem seltenen Grade vollzählig gewesen sein — was man bei einem russischen Heer der damaligen Zeit gewiß nicht voraussetzen darf. Die Vermuthung, daß das verbündete Heer auf dem Schlachtfeld bei Austerlitz nicht volle 80,000 Mann stark war, möchte demnach wohl gegründet erscheinen.

Wie gut General Danilewsky Auskunft geben könnte, das sehen wir wenn er beiläufig berichtet daß die 17 Bataillone der dritten Colonne unter Przibyschewski 7,563 Mann stark waren. Wir erfahren bei der Gelegenheit daß es Regimenter gab deren drei Bataillone, in Folge des Gefechts bei Schöngraben, auf 709 Mann herabgekommen waren*) —: aber wie gesagt, er achtet es nicht der Mühe werth ge-

---

*) Nach Abzug der beiden bei Schöngraben zu Grunde gerichteten Regimenter bleiben für die übrigen 11 Bataillone dieser Abtheilung 5,864 Mann. Das giebt 533 Mann für die durchschnittliche Stärke eines Bataillons, wobei man nicht übersehen darf daß darunter sich 2 befanden die eben erst mit Buxhöwden herangerückt,

nauer nachzusehen und uns vollständiger zu belehren, wie man denn eben immer gerade das Wesentliche vergebens bei ihm sucht. Er sagt uns auch nicht wie viele Geschütze das verbündete Heer führte. Das muß wohl in seinen Augen nicht des Wissens werth sein, da in keinem seiner militairgeschichtlichen Werke je davon die Rede ist.

In Folge der Vereinigung mit dem Hauptheer wurde Burhöwden's Abtheilung, als selbstständiges Ganze aufgelöst; die Truppen die ihr angehörten wurden in das Heer vertheilt. Es ist wohl nicht überflüssig daran zu erinnern daß die Eintheilung einer Armee in Armee=Corps und Divisionen, das heißt in Truppenkörper deren jeder, aus Truppen aller Waffengattungen zusammengesetzt, ein organisches, zu selbstständigem Auftreten befähigtes Ganze bildet, damals noch weder im russischen noch im österreichischen Heer üblich war. Die russische Armee war nach althergebrachter Weise, nach einer Schlachtordnung (ordre de bataille) als Ein einziges, nur in seiner Gesammtheit zu handeln bestimmtes, unzerlegbares Ganze geordnet; in Vorhut, zwei Treffen und Rückhalt (réserve) eingetheilt, wobei man denn als Normalstellung das gesammte Fußvolk in der Mitte, die Reiterei auf beiden Flügeln dachte. Bei dem österreichischen Heer befand man sich in dieser Beziehung, wenn man so sagen darf, in einer Art von Uebergangs=Periode. Weder ordnete man das Ganze unbedingt in der alten und in Wahrheit durchaus veralteten Weise wie die Russen, noch hatte man sich vollständig der neuen Formen bemächtigt, welche die Feldzüge des Revolutionskrieges nach und nach im französischen Heer entwickelt hatten. Man kannte keine bleibende Eintheilung der Armee. Mußte sie getheilt werden um einen bedeutenden Landstrich zu besetzen, so zerfiel

---

und drei andere die mit Generallieutenant Rosen's Abtheilung ebenfalls erst vor kurzem auf dem Kriegsschauplatz eingetroffen waren. Rechnet man die 12 Bataillone die bei Schöngraben hart mitgenommen worden waren zu 300 Mann; — die übrigen 72 Bataillone der Linie zu 520—530; — die 10 der Garde zu 620 (anstatt 660) so kömmt man wohl der Wahrheit ziemlich nahe; 10,000 Reiter (die Linien=Schwadron zu 115, die der Garde zu 140 Pferden) — und 5000 Artilleristen dazu gerechnet wäre das russische Heer auf ungefähr 63,000 Mann anzuschlagen — die Kosacken ungerechnet, die im kleinen Kriege sehr nützlich, auf dem Schlachtfelde kaum zu rechnen sind.

sie wie die Umstände erforderten, in einzelne Corps von sehr verschiedener Stärke und Zusammensetzung; wurde sie vereinigt, so verschwand diese Eintheilung wieder, und man ordnete sie als Ein Ganzes das man aber doch, den neueren Formen sich nähernd, nicht in Treffen eintheilte, sondern in Centrum, rechten und linken Flügel. So schuf man denn von neuem Abtheilungen die aus allen Waffengattungen bestanden, und allenfalls jede für sich auftreten konnten; — aber da die Eintheilung nicht eine bleibende war, bewegte sich nicht Alles in gewohnten, jedem geläufigen Formen, Truppen und Generale waren nicht als ein für allemal zusammen gehörend aneinander gewöhnt, und selbst den Offizieren des Hauptquartiers konnte die jedesmalige Eintheilung nicht in jedem Augenblick gegenwärtig sein, wie etwas das sich von selbst versteht, und keine besondere Aufgabe für das Gedächtniß bildet. Und wie sich überhaupt die gelehrten Offiziere der damaligen Zeit — oder vielmehr der damals vergehenden — in einer gewissen Künstlichkeit im Kleinen gefielen; in einer Weisheit die bei jeder armseligen Einzelnheit der Anordnungen eine Menge verschiedener Zwecke im Auge hatte, die alle zugleich erstrebt werden sollten, so liebte es der österreichische Generalstab auch das Heer wenigstens zu jedem wichtigen Act des Krieges wieder von neuem in verschiedene Colonnen mit ihren Unterabtheilungen einzutheilen — genau wie es das sehr scharf berechnete Bedürfniß gerade in diesem Fall zu erfordern schien; eben wie zu jedem neuen Spiel die Karten neu gemischt und vertheilt werden. Es bedarf wohl kaum der Erwähnung daß diese Art die Truppen zu handhaben, vorzugsweise wenn sie auf ein so wenig im Großen geübtes Heer angewendet wurde wie das russische damals war, besonders viele Erscheinungen der Unbehülflichkeit hervorrufen mußte.

Auch der Oberbefehl wurde nun neu geordnet. Der General Kutusow wurde förmlich zum Oberbefehlshaber des vereinigten russisch-österreichischen Heeres ernannt; die Geschäfte eines Dejour-Generals wurden dem General-Adjutanten Fürsten P. Wolkonsky überwiesen; zum General-Quartiermeister wählte man den österreichischen General-Major Weyrother — und das war eine ganz besonders unglückliche Wahl. Leider war der Feldmarschall-Lieutenant Schmitt, ohne Zweifel der tüchtigste Offizier des österreichischen Heeres, dem sein Ruf und

Ansehen diese Stelle sicherte, in dem Treffen bei Dürrenstein geblieben; Graf Meerveldt der eigentlich zum General=Quartiermeister bestimmt war, befand sich auf dem Marsch nach Ungarn; da verfiel man nun auf Weyrother, theils weil man auch ihn für einen weisen Adepten der Kriegskunst hielt, obgleich gerade er in den früheren Kriegen die denk= würdigen Niederlagen von Rivoli und Hohenlinden hauptsächlich her= beigeführt hatte, — theils weil er den Russen genehm war. Wie wir gesehen haben, war nämlich Weyrother schon unter Suworow dem russischen Heere beigegeben gewesen, wußte mit manchen Eigenthüm= lichkeiten dieses Heeres Bescheid, und verstand die russischen Generale zu behandeln. Er soll übrigens nicht eben arm an Geist und Kennt= nissen gewesen sein, doch beweisen die Thatsachen nur allzu bündig daß er ein im Felde durchaus unbrauchbarer gelehrter Systematiker war, durchaus befangen in den schon gerügten Ansichten vom Kriege. Er stand in jeder Beziehung weit unter Mack; als gewandter Empor= kömmling etwas zu sehr gewöhnt sich zu schmiegen und zu wenden, machte er es auch hier bald zum Hauptgegenstand seiner Bemühungen sich dem Kaiser Alexander angenehm zu erweisen. — Toll kam in Folge dieser Veränderungen wieder in die nächste Berührung mit dem Fürsten Wolkonsky indem er an die Spitze der Kanzlei dieses Generals gestellt wurde.

Kutusow's Oberbefehl blieb übrigens eine vollkommen wesenlose Form; dieser General hatte sogar jetzt weniger Einfluß auf den Gang der Operationen als zuvor, da eigentlich der junge Kaiser selbst die Leitung im Großen übernahm. Die eher zaghafte als kühne Vorsicht des vorgerückten Alters konnte freilich die Anordnungen nicht gut heißen welche die übermäßige Zuversicht der unerfahrnen Jugend ein= gab, aber Kutusow war ein viel zu guter Hofmann, um seine Ansicht mit Ernst und Nachdruck geltend zu machen. Er schwieg wenn nicht von Haus aus, doch wenigstens sehr bald, gab nach und ließ gewähren. Die Ausführung des Beschlossenen einzuleiten und anzuordnen, dazu war dann Weyrother als dienstbeflissenes Werkzeug bereit. Man könnte fragen warum der Kaiser nicht die Sache vereinfachte, und sich selbst an die Spitze der Armee stellte, um sie mit Weyrother's Rath zu befehligen, wenn er doch einmal dem alten Kutusow so wenig Einfluß gestatten wollte. Aber die Antwort ist leicht zu finden, und eine Eigenthümlichkeit in Alexander's Character erklärt die Sache. Aehnliche Erscheinungen kehrten unter seiner Regierung häufig wieder; er liebte es, gewisse Dinge unentschieden in der Schwebe zu lassen, und sich in nicht ganz ausgesprochenen Verhältnissen zu bewegen. Das hatte seinen Grund. Die vielen guten Eigenschaften des mildgesinnten, von dem besten Willen beseelten Kaisers sind in und außer Rußland anerkannt worden; aber wer ihn am besten kannte und am meisten verehrte, mußte doch gestehen daß er nicht frei von Eitelkeit sei. Der Wunsch unmittelbar selbst als Feldherr zu glänzen, den Siegeslorbeer in die blonden Locken zu winden, war sehr natürlich — aber so zuversichtlich er auch im Anfang glaubte daß russische Tapferkeit, durch seine persönliche Gegenwart begeistert, Alles vermöge, beherrschte ihn doch durchaus die Furcht sich persönlich eine Blöße zu geben — und der Gedanke schien nicht zu ertragen! Er wollte den Ruhm in seinen unmittelbaren Bereich bringen — aber ohne die Wagniß sich persönlich bloß gestellt zu sehen — und suchte sich deshalb immer eine Hinterthüre offen zu erhalten, zu der hinaus er im Fall eines schlimmen Erfolges wenigstens seine Person ganz aus dem Spiele bringen konnte. Wurde bei Austerlitz ein glänzender Sieg erfochten, dann erfuhr wahrscheinlich die Welt der Kaiser Alexander selbst habe, jung wie der Cid, den bis dahin unüberwindlichen Helden des Jahrhunderts besiegt. Aber es kam anders; da blieb es denn dabei daß Kutusow den Oberbefehl geführt habe. Der fand es seinem Vortheil gemäß zu schweigen, und äußerte nur gegen seine persönlichen Anhänger und Clienten in geheimnißvollen Worten daß er an dem Unheil nicht Schuld gewesen sei, ohne weiter zu erklären wie die Sache eigentlich zusammenhing.

So oft noch über diesen Krieg geschrieben worden ist, so oft ist auch die Bemerkung wiederholt worden, die sich freilich unabweisbar aufdrängt, daß wohl selten im Kriege das Zaudern so am rechten Ort gewesen wäre als diesmal für die Verbündeten in dem Lager von Olschan. Man stand da in einer starken Stellung in der man nichts zu fürchten hatte; um so weniger da auch Napoleon das Bedürfniß empfand seinen Truppen in der späten Jahreszeit, nach dem raschen Zug von den Ufern des britischen Canals bis nach Mähren einige Ruhe und Erholung zu gewähren —: und konnte man nur einige Wochen Zeit gewinnen, so mußte sich die Lage des Ganzen in entscheidender Weise ändern. Selbst abgesehen davon, was wohl das Wichtigste war, daß Preußen dann thätigen Antheil an dem Kampf nahm, hatte man selbst unmittelbar bei dem Hauptheer einige Verstärkungen zu erwarten, nämlich Essen's Abtheilung. Von Süden her zog der Erzherzog Carl mit einem 80,000 Mann starken österreichischen Heer aus Italien heran, das schon um die Mitte des December bei Wien, in Napoleon's rechter Seite thätig eingreifen und gefährlich werden konnte. Von der anderen Seite kam auch Bennigsen näher. Freilich, da man so viele Zeit mit Drohanstalten gegen Preußen verloren hatte, trafen dessen Vortruppen nun erst am 13. December in Breslau ein; indessen, man rechnete doch darauf aus seiner Abtheilung und den wenigen Oesterreichern die sich in Böhmen um den Erzherzog Ferdinand gesammelt hatten, ein drittes Heer zu bilden, das in Napoleon's linke Seite vordringen konnte, wenn dann die Entscheidung in Mähren noch nicht erfolgt war.

Aber so Vieles auch für ein bedächtiges Abwarten der Ereignisse sprach, wurde doch in Olmütz fast augenblicklich, sowie man nur beisammen war, und besprechen konnte was nun zu thun sei, der verhängnißvolle Entschluß gefaßt, sogleich aufzubrechen, Napoleon aufzusuchen und ihm eine Schlacht zu liefern. Das wurde beschlossen obgleich kein eigentlicher Grund dafür angeführt wurde, oder werden konnte, als die Beschwerde bei so rauher Jahreszeit zu biwachten, die man so schnell als möglich los werden müsse, und die Schwierigkeit der Verpflegung. Diese mußte allerdings große Schwierigkeiten haben, da alle für den Krieg in Schwaben angelegten Magazine dem Feinde in die Hände gefallen waren, in Mähren natürlich für nichts gesorgt sein konnte. Die Heeresverwaltung der Oesterreicher die, wie gesagt, gar sehr im Argen lag, war wenig geeignet unter solchen Umständen Rath zu schaffen.

Daß General Danilewsky den unheilvollen Entschluß zum Vorrücken vorzugsweise den Oesterreichern zuschreibt, das liegt in der Natur der Art Schriftstellerei die er treibt. Ihm zu Folge lag dabei eine Absicht zum Grunde die man als eine verrätherische bezeichnen müßte.

Die österreichischen Staatsmänner und Krieger sollen nämlich einen Sieg über Napoleon für unmöglich gehalten haben, und darum bemüht gewesen sein den Frieden um jeden Preis herbeizuführen, um nur den Druck des Krieges und die fremden Heere so schnell als möglich aus dem Lande los zu werden. Es kam ihnen, nach dieser Darstellung, nur darauf an die russische Armee in eine Niederlage zu verwickeln, die dann den Frieden herbeiführen mußte. Nach Beweisen darf man nicht fragen; die sucht man bei Danilewsky immer vergebens.

Woher der Entschluß zur Schlacht eigentlich kam, darüber kann man keinen Augenblick im Zweifel sein wenn man auch nur die wenigen Bruchstücke aus Briefen des Kaisers Alexander und seiner Umgebung gelesen hat, die Danilewsky selbst mittheilt, und es ist gewiß sehr charakteristisch daß dieser Entschluß gerade am 24. November gefaßt wurde —: unmittelbar nach einer großartigen Heerschau, zu welcher das Einrücken der Garden die Veranlassung gegeben hatte; in einem Augenblick also wo man sich durch den Glanz dieses Schauspiels in eine gehobene Stimmung versetzt fühlte. Der einflußreichste der österreichischen Generale, der Fürst Schwarzenberg, sprach sich sehr bestimmt gegen den Entwurf aus. Ebenso war Kutusow dagegen, und meinte man müsse sogar noch weiter zurückgehen wenn dem Mangel nicht anders vorzubeugen sei; er bediente sich dabei des Ausdrucks, Napoleon sei ein Feind dem man das Land wie auf einem Schenkteller anbieten müsse. Aber die glänzenden jungen Generale und Flügel-Adjutanten, die kriegerisch gesinnten Kammerherren von denen der Kaiser Alexander umgeben war, sahen die Sache anders an, und überboten ihn selbst sogar an hochfliegender Siegeszuversicht.

Doch mußte der Aufbruch aus Verpflegungsrücksichten bis zum 27. November aufgeschoben werden. An diesem Tage aber setzte man sich in Bewegung gegen das kaum acht Meilen entfernte Brünn und das in Erholungsquartiere verlegte französische Heer; die Anordnungen gingen ausschließlich von Weyrother aus, da Kutusow's Einfluß ganz aufgehört hatte. Sie gingen natürlich auch durch Toll's Hände, und wie einst bei der Belagerung von Tortona das österreichische Ingenieur-Corps, so wurde jetzt der österreichische Generalstab ein Gegenstand seiner aufrichtigen Bewunderung. Er bewunderte daß man so große

Massen mit so vieler Ordnung und Methode in Bewegung setzen und handhaben könne; Alles schien mit einer Weisheit geordnet die jede Schwierigkeit und jede Möglichkeit vorhersah; alle Bewegungen griffen auf das schönste ineinander; Alles bis auf das Kleinste herab war bedacht. Toll glaubte hier viel zu lernen.

Den 27. setzte sich das Heer in fünf Colonnen unter den Generalen Wimpfen, Graf Langeron, Przibyszewski, Fürst J. Liechtenstein und Fürst Hohenlohe in Bewegung; die Vorhut befehligte Fürst Bagration; der dritten Colonne folgte der Kaiser Alexander mit der höheren Generalität; ihr folgten auch die Garden als Rückhalt. Man sah auf die größte Ordnung, und bemühte sich sogar wie auf dem Uebungsplatze einherzuziehen, denn was kaum glaublich scheint, und doch auch von Danilewsky bezeugt wird: den Truppen, die in Zügen marschirten, war befohlen auf diesem Reisemarsche streng in Reihe und Glied zu bleiben, Schritt zu halten, und die Entfernungen zwischen den Zügen genau zu beobachten und einzuhalten.*) Dergleichen kömmt in allen früheren Dispositionen Weyrother's nicht vor; am wenigsten in der ihrer Kürze wegen berühmten zu dem verhängnißvollen Vorrücken auf Hohenlinden; auch konnte jedenfalls ein kriegserfahrener Offizier auf dergleichen nicht verfallen. Ihn trifft also in dieser Beziehung sicher kein anderer Vorwurf als der einer allzu bereiten Wohldienerei, und den theilt er wie es scheint mit sehr Vielen; denn es ist gewiß auffallend genug zu nennen, daß von allen erfahrenen Generalen keiner seine Stimme gegen solche Anordnungen erhob. Da man sich nun die Sache auf diese Weise sauer werden ließ, konnte natürlich ein Tagmarsch nicht sehr weit reichen; indessen gelangte man doch bis an den Pröblitzbach, an welchem sich der rechte Flügel rechts der Heerstraße aufstellte; den linken wollte die Alles berechnende strategische Weisheit etwas zurückhalten, damit er in dem offenen Gelände nicht allzu früh sichtbar würde, er rückte deshalb kaum zwei Meilen weit, nach Dobrochau und Brzezowitz vor.

---

*) Bei dem Zuge nach der Champagne 1792, zu einer Zeit als ein dreißigjähriger Friede den Ernst des Krieges nur zu sehr in Vergessenheit gebracht hatte, wurde Aehnliches bei der preußischen Armee befohlen. Aber gewiß nahm sich dergleichen 1805, nach den Vendéekriegen, noch viel seltsamer aus als 1792.

Die Spitze des französischen Vortrabs bei Wischau war nicht verstärkt worden, man glaubte deshalb die eigene Bewegung noch nicht entdeckt, und hoffte in Folge dessen eben diese bei Wischau stehende französische Reiterei überfallen zu können. Fürst Bagration wurde mit 56 Schwadronen verstärkt um diesen Streich auszuführen, und der Kaiser Alexander begab sich selbst zu ihm. Bagration ließ seine Abtheilung in drei Colonnen, auf der Hauptstraße und zu beiden Seiten derselben, vorrücken —: aber wer so feierlich daher zieht darf wohl kaum darauf rechnen irgend Jemanden zu überraschen; die acht Schwadronen französischer Reiter bei Wischau kamen mit einem Verlust von hundert Mann davon; und auch Murat, der mit der Hauptmasse des feindlichen Vortrabs bei Rausnitz stand, zog sich nach einer kurzen Kanonade zurück ohne es zu einem eigentlichen Gefecht kommen zu lassen. Für die Nacht lagerte das verbündete Heer in verschiedenen Stafeln bei Rausnitz, Pultsch, Mels, Wischau und Toppolan.

Napoleon erwartete, wie es scheint, in dem Augenblicke gerade nicht einen Angriff der Verbündeten — und wie sollte er auch auf etwas im Ganzen so Unzweckmäßiges gefaßt sein? — er war daher nicht ganz darauf vorbereitet sie zu empfangen. Nur sein 4. Armeecorps (Soult, 3 Divisionen), das 5. (Lannes, 3 Divisionen), die Garden und Murat's Reiterei waren unmittelbar um Austerlitz und Brünn vereinigt. Damit konnte man keine Schlacht annehmen. Bernadotte stand mit seiner Abtheilung (dem 1. Corps, 2 Divisionen) und den Baiern in Böhmen bei Iglau, dem Erzherzog Ferdinand gegenüber; Davoust mit dem 3. Corps nordwärts von Wien auf der Nikolsburger Straße, auf der er sich allmälig nähern sollte; eine seiner Divisionen hielt Presburg. Alle übrigen Truppen waren weiter vertheilt: Marmont mit dem 2. Corps stand südlich der Donau dem heranrückenden Erzherzog Carl gegenüber; Mortier mit seinem im Laufe des Feldzugs aus abgegebenen Truppen anderer gebildeten Heertheil, hielt Wien und die Brücke von Mautern besetzt; Ney war mit dem 6. Corps in Tirol; Augereau, die Würtemberger und die Badener noch nicht in unmittelbarer Nähe. Nun ergingen zwar am 28. Abends eilige Befehle an alle irgend erreichbare Truppen — das heißt an Bernadotte und Davoust — unverzüglich heranzurücken, allein sie brauchten Zeit um einzutreffen. Bernadotte langte erst am 1. December spät Abends bei Brünn an; Davoust war vollends erst am 2. früh Morgens in einer Stellung von der aus er thätig eingreifen konnte, und zwar nur mit den ihm zugetheilten Dragonern und einer Infanterie-Division. Die andere, die aus Presburg herankommen sollte, war selbst damals noch weit zurück. Das Heer der Verbündeten war dagegen am 28. schon, wenigstens mit seinen Vordertruppen, nicht volle zwei Meilen von dem Gelände entfernt auf dem Napoleon sein Heer zu versammeln dachte, und was eben zur Hand war, in engen Quartieren bis zum genannten Abend zusammenhielt. Gingen die Verbündeten entschlossen vorwärts, so mußte er natürlich über die Schwarzawa zurückweichen ohne eine Schlacht zu wagen, aber es fragte sich ob er dabei nicht in nachtheilige Gefechte verwickelt werden konnte, und dann ist auch die Schwarzawa nicht ein Fluß der einen überlegenen und unternehmenden Feind unter allen Bedingungen aufhalten könnte; rechnet man hinzu von wie verschiedenen Richtungen her Napoleon seine Verstärkungen erwartete, dann sieht man wohl daß die Verbündeten möglicherweise, so unzweckmäßig ihr ganzes Unternehmen war, doch wenigstens theilweise Vortheile erkämpfen konnten wenn sie unaufhaltsam im raschen Vordringen blieben. Denkt man sich einen Feldherrn wie Blücher an die Spitze des austro-russischen Heeres, so erfolgte das wahrscheinlich.

Einem Manne wie Napoleon konnten diese Möglichkeiten wohl nicht entgehen. Er griff um die ihm nöthige Zeit zu gewinnen, zu einem Mittel das er schon früher, selbst in wirklich mißlichen Augenblicken, bewährt gefunden hatte —: nämlich zu Unterhandlungen. Etwas Anderes als Zeitgewinn beabsichtigte er wohl schwerlich damit daß er noch in der Nacht vom 28. zum 29. seinen Adjutanten, den General Savary, in das Hauptquartier nach Wischau sendete, den russischen Kaiser zu einer persönlichen Zusammenkunft einladen ließ, und behufs dieser Besprechung einen Waffenstillstand von vierundzwanzig Stunden vorschlug. In der Umgebung Alexander's freilich legte man sich die Sache anders aus; man sah darin ein Zeichen der Furcht die man einflöße, des Schreckens der vor dem russischen Namen hergehe. Der General-Adjutant Fürst Dolgorukow der am 29. mit einer höflich ablehnenden Antwort zu Napoleon gesendet wurde, wollte, als er zurückkehrte, das ganze französische Heer in der tiefsten Entmuthigung und Niedergeschlagenheit gesehen haben; er meinte sogar Napoleon selbst habe alle Hoffnung und alle Festigkeit verloren, und erklärte laut der glänzendste Erfolg sei ganz unzweifelhaft; man brauche sich nur zu zeigen und der Feind werde sich zur Flucht wenden wie bei Wischau. Es darf nicht übersehen werden daß Dolgorukow und Wintzingerode damals bei dem Kaiser Alexander in besonders hohem Ansehen standen, und den meisten Einfluß hatten.

Aber wenn auch Napoleon die Zeit deren er bedurfte nicht durch Unterhandlungen gewann, gewährte man sie ihm doch in anderer Weise freiwillig, indem man sich unter Weyrother's Leitung in gar eigenthümliche strategische Manoeuvres einließ. Es ist sehr zu bedauern daß uns nirgends gesagt wird in wie weit man im verbündeten Heere mit der Lage des französischen bekannt war. Obgleich man im eigenen, gut gesinnten Lande Krieg führte, und an Kosacken und sonstiger leichter Reiterei keinen Mangel hatte, war man doch sehr schlecht unterrichtet, das ist gewiß. Indessen, Alles hat seine Gränzen; eine gänzliche Unwissenheit darf man bei alledem nicht voraussetzen. Es ist kaum möglich daß man nicht gewußt haben sollte, wo ungefähr sich die Hauptquartiere der französischen Marschälle befanden. Wie hätte man nicht wenigstens wissen sollen daß Bernadotte mit einer bedeutenden Macht bei Iglau stand, Marmont jenseits der Donau; daß Presburg seit einer Reihe von Tagen durch eine französische Division besetzt sei. Der Gedanke daß Napoleon bei Brünn nur einen verhältnißmäßig geringen Theil seiner Macht vereinigt haben könne, so wie der diesen Umstand rasch zu benützen, lag nahe. Auch weiß man daß im Hauptquartier zu Wischau, als am 28. Abends berathen wurde was nun weiter geschehen solle, auch der Vorschlag gerade auf die wahrscheinliche Stellung des Feindes loszugehen, zur Sprache kam; es ist aber nicht bekannt ob und wie weit gerade die angeführten Gründe dafür geltend gemacht wurden. Beschlossen wurde etwas Anderes, das künstlicher und strategischer aussah, nämlich den rechten Flügel des französischen Heeres zu umfassen, und von Wien und allen seinen Verbindungen abzuschneiden. Es sollte also eine Vernichtungsschlacht geben. Die Ausführung aber hatte viel Eigenthümliches; man glaubte ein solches Manoeuvre nicht taktisch auf dem Schlachtfelde selbst ausführen zu können —: es sollte schon strategisch eingeleitet sein, und es schien demgemäß nothwendig die bisherige Operationslinie — die Straße von Olmütz nach Brünn — zu verlassen, und links ausweichend auf eine von Brünn über Austerlitz nach Ungarn führende Straße überzugehen.

Wir müssen aber gleich hier bemerken daß diese strategische Uebersiedelung doch nur sehr unvollständig ausgeführt wurde, denn man ging nicht auf die Straße von Austerlitz nach Göding über, was vielleicht ein zu großer Bogen schien — sondern auf die Landwege die von Austerlitz längs der Littawa aufwärts nach Ungarisch-Hradisch und durch den Hrosinko-Paß nach Ungarn führen. Die müssen aber zu der Jahreszeit für ein Heer mit allen seinen Wagenzügen sehr beschwerlich und kaum brauchbar gewesen sein. Gepäck, Vorräthe an Schießbedarf und was sonst einem Heereszuge zu folgen pflegt —: das Alles blieb auch auf der Straße von Brünn nach Olmütz. Danilewsky sagt uns zwar beiläufig, die Wagenzüge hätten den Befehl erhalten, auf den Nebenwegen die das Gelände zwischen den beiden Straßen durchschneiden, auf die neue Operationslinie hinüberzuziehen, aber es bleibt dennoch sehr zweifelhaft ob je ein solcher Befehl ertheilt worden, und mehr noch ob selbst den Tag nach der Schlacht bei Austerlitz auch nur ein Anfang damit gemacht war. So ziemlich das ganze Fuhrwesen fiel auf der Olmützer Kunststraße den Franzosen in die Hände, das ist gewiß. Nur das Gepäck des Hauptquartiers war nach Austerlitz gelangt, sonst scheint wohl nichts in der angedeuteten Richtung in Bewegung gewesen zu sein. Man sieht auch daraus wie weit man entfernt war wirklich und im Ernst an ein mögliches Mißlingen zu glauben, und daran zu denken was in diesem Falle wohl zu thun sein möchte —: obgleich am 28. Abends, wie das in solchen Berathungen herkömmlich ist, der Vollständigkeit wegen festgesetzt wurde daß der Rückzug nach Ungarn gehen solle, wenn etwa die beabsichtigte Schlacht nicht siegreich ausfiel. Wahrscheinlich wurde der Abmarsch der Wagenzüge auf die Nebenwege als etwas Unnützes, eben auch nur der Vollständigkeit wegen Befohlenes, absichtlich aufgeschoben.

Das verbündete Heer selbst begann seine strategische Wanderung damit, daß es am 29., unter dem Schutz der Vortruppen, die unter

Bagration bis gegen Poſorſitz, und unter Kienmayer bis gegen Auſter=
litz und nach Buntſchowitz an der Littawa vorgeſchoben waren, links
ausbog und ſich in einer Stellung um Kutſcherau ſammelte. Dieſe
Bewegung, kaum ein Marſch zu nennen, war namentlich für die
Truppen unmittelbar bei Wiſchau wenig mehr als eine Veränderung
der Stellung; der rechte Flügel kam wirklich nicht viel über den Punkt
hinaus den der linke die Nacht vorher inne hatte. Am folgenden Tage
bewegte ſich dann der Zug ungefähr anderthalb Meilen weiter nach
Merhof, wo man an beiden Ufern der unbedeutenden Littawa, kaum
eine Meile von Auſterlitz lagerte. Hier erhielt das Heer, da eine
Hauptbegebenheit unmittelbar bevorſtand, wie billig eine neue Einthei=
lung, der zu Folge es, Bagration's und Kienmayer's Vortrab und die
Garden ungerechnet, abermals in fünf Colonnen zerfiel, von denen die
drei erſten nebſt Kienmayer's Abtheilung unter dem Grafen Burhöwden
den linken Flügel bildeten — die vierte unter dem öſterreichiſchen F.=M.=L.
Grafen Kolowrath, oder eigentlich unter Kutuſow, die Mitte — die fünfte
und Bagration's Abtheilung unter dem Fürſten Johann Liechtenſtein den
rechten Flügel.*)

Kienmayer hatte fünf Gränzer Bataillone und 23 Schwadronen
Oeſterreicher nebſt zwei Koſacken=Regimenter und drei Pionier=Compa=
nien; die erſte Colonne unter G.=L. Dochturow zählte 25 Bataillone,
eine Pionier=Companie und zwei Sotnen Koſacken, Ruſſen; die zweite
unter dem G.=L. Grafen Langeron 18 ruſſiſche Bataillone, eine Pionier=
Companie und ein halbes Koſacken=Regiment; die dritte, unter G.=L.
Przibyszewski, 17 Bataillone, eine Pionier=Companie (Ruſſen) und ein
halbes Koſacken=Regiment. Im Ganzen beſtand alſo dieſer linke Flü=
gel aus 65 Bataillonen, 23 Schwadronen, 3²/₅ Koſacken=Regimentern.
Da er den Hauptſchlag gegen den rechten Flügel des Feindes führen
ſollte, war ihm mehr als die Hälfte des geſammten Fußvolks zugewie=
ſen worden und auch die vierte Colonne ſollte ſich ihm noch anſchließen.

Dieſe vierte Colonne, oder die Mitte, beſtand aus 12 Bataillonen

---

*) Durch die neue Eintheilung wurde jedoch nicht ſowohl die Zuſammenſetzung
einer jeden Colonne in ſich geändert, als die Reihenfolge der Colonnen, und die
Befehlsverhältniſſe im Großen.

und einer Pionier-Companie Russen und zwei Schwadronen, 15½ Bataillonen Oesterreichern. Unter diesen letzteren befanden sich neun sechste, oder Reserve-Bataillone eben so vieler Regimenter, die in der Eile aus Neulingen gebildet, und kaum nothdürftig mit Offizieren versehen, nicht eben für sehr kriegstüchtig zu rechnen waren. Dasselbe gilt von einem halben Bataillon nur für die Dauer des Kriegs errichteter Wiener Jäger; die übrigen sechs Bataillone bildete das vollständige Infanterie-Regiment Salzburg. Kutusow befand sich bei dieser Abtheilung; dem Namen nach als Oberfeldherr, in der That aber nicht einmal in Beziehung auf die besondere Leitung dieser Colonne selbstständig, da auch der Kaiser Alexander sich am Tage der Schlacht bei ihm einfand.

Die fünfte Colonne bestand lediglich aus Reiterei (18 Schwadronen österreichischer Cürassiere, 30 Schwadronen russischer Dragoner, Uhlanen und Husaren).

Bagration hatte 12 Bataillone, 35 Schwadronen und acht Sotnen Kosacken unter seinen Befehlen; 10 Bataillone und 20 Schwadronen der Garde bildeten unter dem Großfürsten Constantin den Rückhalt.

Im Vorbeigehen verdient wohl bemerkt zu werden daß der Kaiser Alexander die Führung einer Colonne eigentlich dem Grafen Araktschejew zugedacht hatte, der sich in seiner persönlichen Umgebung befand und seines besonderen Vertrauens genoß. Araktschejew aber, der darüber in eine große und peinliche Aufregung gerieth, mußte den ehrenvollen Auftrag ablehnen, und war dabei genöthigt ganz unumwunden von der unseligen Reizbarkeit seiner Nerven zu sprechen. Er muß das wohl in sehr überzeugender Weise gethan haben, denn der Kaiser hat ihm nie wieder die Rolle eines Helden zugemuthet. General Danilewsky nennt dann Araktschejew unter denjenigen die den Kaiser auf das Schlachtfeld begleiteten. Das ist jedenfalls ein Irrthum. Araktschejew hat sich nie, auch nur in einem kaiserlichen Gefolge, in den Bereich eines Schlachtfeldes gewagt. Obgleich das genügt hätte um in seinen Dienstzeugnissen die Worte: „ist nie im Feuer gewesen" zu tilgen, hat er doch nie auch nur so viel über sich gewinnen können.

So setzte sich das Heer am 1. December um 12 Uhr Mittag von

Neuem in Bewegung, um etwa anderthalb Meilen weiter gegen den Feind vorzurücken, und die Höhen jenseits Austerlitz zu besetzen.

Zum Verständniß der folgenden Ereignisse wird es nöthig sein einige Worte über die Natur des Geländes einzuschalten. Nördlich von Brünn erheben sich ziemlich bedeutende, meist waldbewachsene, verhältnißmäßig unwegsame Anhöhen, mit steilen Abhängen. Die Straße von Brünn nach Olmütz geht in der Richtung von Westen nach Osten ihrem Fuß gleichlaufend. Es sind Seitenäste des böhmisch-mährischen Landrückens die sich, von Norden nach Süden auslaufend, bis hierher erstrecken; Nord und Süd ist auch die Hauptrichtung der tief eingeschnittenen Wiesenthäler durch welche mehr oder minder bedeutende Flüsse und Bäche von der Wasserscheide herab, der Donau zufließen. Von dem Punkt an wo sie aus dieser bergigen Region heraustreten, fließen die Bäche in flacheren Thälern mit feuchtem Wiesengrunde, deren Ränder nur stellweise steil werden, durch ein hügeliges Gelände dahin. Die Höhenzüge die im Ganzen natürlich die Richtung von Norden nach Süden behalten, so daß die Stellungen welche die Natur des Bodens vorzeichnet, ihre Stirnseite nach Osten oder nach Westen haben, erheben sich meist in flachen Abhängen auf denen alle Waffenarten sich ungehindert bewegen können; die Wiesengründe aber und die Bäche, häufig zu Teichen angestauet, mit den zahlreichen Dörfern die daran liegen, den Engnissen die sich hier bilden, den mitunter steilen Thalrändern, den Hohlwegen die sich zu den Ortschaften hinabsenken, bilden Bodenabschnitte welche der Vertheidigung günstig sind.

Im Westen ist das Gelände auf dem die Heere sich zur Schlacht bereiteten durch das bedeutendste dieser Gewässer begrenzt, durch die Schwarzawa, die an Brünn vorbei, in einem zwei bis dreitausend Schritt breiten, vielfach mit Gebüsch bewachsenen, von mehreren, jetzt natürlich zugefrorenen Bächen durchschnittenen Wiesenthal nach Süden hinabfließt.

Ungefähr eine Meile weiter nach Osten bildet der Goldbach, dessen Thal jedoch selbst an den Stellen wo es sich am meisten ausdehnt nicht über 600 Schritte breit ist, wieder einen Hauptabschnitt des Geländes. Von dem Punkt an wo, dicht oberhalb Bellowitz, die

Olmützer Heerstraße über diesen Bach führt, bis zu einer Entfernung von anderthalb Meilen südwärts, liegen in diesem Thal die Dörfer Bellowitz, Schlapanitz, Puntowitz, Kobelnitz, das Schloß Sokolnitz mit seinem ansehnlichen Park und Fasanengarten, die sich an beiden Ufern des Bachs ausdehnen, etwas weiter abwärts das Dorf Sokolnitz, dann Tellnitz und Moenitz. Bei Puntowitz nimmt der Goldbach ein anderes Gewässer auf, den Bzizker=Bach, der noch breitausend Schritt weiter nach Osten aus jener unwegsameren Region heraustritt, und am Fuß der Dwaroschnaer — in den französischen Berichten mont Santon genannten — steilen Anhöhen, und an dem Dorfe Girzikowitz vorbeifließt. Bei Kobelnitz füllt ein großer Teich, nur durch einen schmalen Damm von dem fließenden Wasser getrennt, den ganzen Thalgrund bis an den westlichen, hier sehr steilen Rand. Weiter abwärts dagegen, bei Tellnitz und Moenitz werden die Thalränder, namentlich der westliche, sehr flach.

Einen dritten Abschnitt bildet dann, wieder ungefähr eine Meile östlicher, erst ein Bach zu dem sich unterhalb Rausnitz mehrere kleine Gewässer vereinigen, der in einem ähnlichen Thal an dem Dorfe Krzenowic vorbeifließt, und bei Birnbaum in die Littawa fällt — dann dieser letztere Fluß, der in mehrere Arme getheilt feuchte, mit Weidengebüsch bewachsene Inseln umfaßt, und hier die Richtung von Nordost nach Süd=Westen, fast nach Westen hat, so daß er sich dem Goldbach nähert. Bei Augezd fällt er dann in den großen Saczaner Teich, den nur ein etwa 1,200 Schritte breiter, flacher Höhenzug von dem Goldbach trennt. Südlich neben dem Saczaner Teich, nur durch eine schmale Landzunge von diesem getrennt, durch Abzugsgräben mit ihm verbunden, dehnt sich der noch größere Moenitzer Teich fast eine Meile lang, dem Goldbach gleichlaufend, in der gleichen Entfernung von seinem linken Ufer, gegen Süden.

In diesem unregelmäßigen Dreieck nun, dessen Basis die Ollmützer Heerstraße bildet, das an einer Seite durch den Bzizker= und Goldbach, an der anderen durch den Rausnitzer=Bach, die Littawa und den Saczaner Teich begränzt wird, erheben sich die, durch die Ereignisse des Tages von Austerlitz berühmt gewordenen Pratzener Anhöhen, die Gegend in ziemlich weitem Umkreis beherrschend. Gegen die Littawa hin sind ihre Abhänge steil und von engen Schluchten und Hohlwegen zerrissen. Auf der anderen Seite senken sie sich sanfter zu dem Bzizker- und Goldbach hinab, und unbedeutende Gewässer fließen in schmalen, meist wenig eingeschnittenen Thälern den genannten Bächen zu. Auf dem Abhang liegt hier das Dorf Pratze gleichsam an der Spitze eines Dreiecks, dessen beide andere Winkelpunkte unten in der Tiefe durch die Dörfer Kobelnitz und Puntowitz bezeichnet werden. Es liegt an einem fließenden Wasser, in einem der gedachten Thäler, das den Höhenzug in eine nördliche und südliche Hälfte theilt. Die Höhen nördlich des Dorfs sind dann wieder durch eine der Hauptrichtung gleichlaufende flache Einsattelung, in welcher sich der Niederschlag sammelt, und sowohl das durch Pratze dem Goldbach zufließende Gewässer entspringt, als ein anderes das nördlich um die letzte Kuppe der Hügelkette herum durch Blasowitz zum Bzizker-Bach hinabrinnt, in einen vorderen und rückwärtigen Kamm gespalten.

In dies Gelände rückte das verbündete Heer. Kienmayer wurde jenseits der Pratzener Hügel bis Augezd vorgeschoben; die erste und zweite Colonne lagerten auf den Anhöhen südlich von Pratze, die dritte auf denen nördlich dieses Dorfs. Liechtenstein's Reiterei wurde ihre Stellung hinter der zweiten Colonne angewiesen, dem Fußvolk Kollowrath's die seinige hinter der dritten, durch die eben erwähnte Einsattelung von dieser getrennt, auf dem rückwärtigen Kamm des Höhenzugs.

Fürst Bagration rückte seinerseits aus der Stellung vorwärts Rausnitz, die er noch immer inne hatte, über den Bach, etwa dreitausend Schritte weiter auf der Ollmütz-Brünner Heerstraße vor, bis zu dem Dorfe Hollubitz, wo er sich hinter einem steilen Grund aufstellte — sechstausend Schritte vom rechten Flügel des Hauptheeres entfernt. Die Garden blieben jenseits des Rausnitz-Baches vor Austerlitz. Die Offiziere des Generalstabs, und unter ihnen auch Toll, bemühten sich das Gelände weiter vorwärts kennen zu lernen, so weit die bald einbrechende Dämmerung und der Feind dies gestatteten.

Die Stellung welche der Reiterei Liechtenstein's angewiesen wurde, möchte wohl ein Beweis sein daß am Morgen des 1. Decembers selbst

Gen. Weyrother in Beziehung auf die Einzelnheiten seiner Anordnungen zur Schlacht noch nicht ganz im Reinen war. Er hätte diese Reiterei sonst wohl schwerlich an einen Ort geschoben von dem aus sie in die Stellung, die ihr später zur Schlacht bestimmt wurde, nicht gelangen konnte ohne andere Colonnen zu kreuzen. Auch wurde Weyrother wirklich erst spät am Abend mit seiner Disposition fertig. Kutusow hätte gern den Angriff aufgeschoben bis man die Stellung des Feindes näher kenne, und sprach den Wunsch aus, die Anordnungen im Ganzen möchten der taktischen Ausbildung des russischen Heeres angepaßt werden, das damals in zusammengesetzten Manoeuvren mit größeren Massen wenig, oder die Garden abgerechnet, eigentlich gar nicht geübt war. Seine Ansicht blieb unbeachtet.

Um 12 Uhr Nachts wurden die Generale, die Colonnen führen sollten, in Austerlitz bei Kutusow versammelt, und hier erklärte Weyrother ihnen mündlich die Anordnungen zur Schlacht, die ihnen nachher auch schriftlich zugesendet wurden. Man dachte sich den Feind hinter dem Goldbach, von der Olmützer Straße bis Sokolnitz aufgestellt, und im Wesentlichen wurde verfügt daß Kienmayer und die erste Colonne bei Tellnitz, die zweite bei dem Dorf, die dritte bei dem Schloß Sokolnitz den Uebergang über den Goldbach erzwingen sollten. Jenseits aufmarschirt, sollten sich die drei Colonnen zu einer zusammenhängenden Aufstellung aneinander fügen, und rechts schwenkend, den Feind in der Flanke fassen um ihn von seinem rechten gegen den linken Flügel hin „aufzurollen" wie man das mit einem jetzt veralteten Mode=Ausdruck zu nennen beliebte; und Weyrother scheint angenommen zu haben der geduldige Feind auf den er rechnete, könne dagegen gar nichts Anderes thun als mit einem Theil seiner Linie rückwärts schwenken und einen sogenannten Hacken bilden, womit noch nie ein bedeutender Widerstand zu Wege gebracht worden ist.

Die vierte Colonne sollte, ebenfalls durch Pratze vor, und wie es scheint unterhalb des Kobelnitzer Teiches über den Goldbach gehen, um sich dem rechten Flügel der jenseits gebildeten Linie anzuschließen*).

---

*) Wie oft ist man veranlaßt Versäumtes zu beklagen! So viel der Verfasser dieser Denkwürdigkeiten auch mit dem Grafen Toll über die Schlacht bei

So hoffte man den Feind vor sich hertreibend in eine Aufstellung zwischen Schlapanitz und der Lateiner Kapelle — einer Kirche die zwischen dem Goldbach und der Schwarzawa in fast gleicher Entfernung von beiden auf der Hochfläche liegt — zu gelangen. Einen letzten, vielleicht den Hauptwiderstand, erwartete Weyrother an der Olmützer Heerstraße zwischen Latein und Bellowitz zu finden, wo allerdings ein der Straße gleichlaufender tiefer Grund eine vortheilhafte Aufstellung gewährt.

Die beherrschenden Pratzener Anhöhen sollten diesem Plan zufolge gänzlich verlassen werden; Fürst Bagration, alsdann durch einen weiten Raum von den vier Angriffs-Colonnen getrennt, wurde angewiesen den Erfolg auf dem linken Flügel ruhig abzuwarten, da ein Angriff seinerseits auf den Feind hinter dem hier noch tief eingeschnittenen Thal des Goldbachs bei Bellowitz und Schlapanitz nicht rathsam schien. Erst wenn Kutusow und Burhöwden bis Schlapanitz vorgedrungen waren, sollte auch er vorgehen. Wurde er in der Zwischenzeit angegriffen, so lag ihm ob seine Stellung und die Olmützer

---

Austerlitz gesprochen hat, zu fragen, wo eigentlich die vierte Colonne über den Goldbach gehen sollte, hat er versäumt. — Die Disposition zur Schlacht wie sie jetzt gedruckt vorliegt, drückt sich bekanntlich über manches Wesentliche sehr unbestimmt in kaum verständlicher Weise aus. Sie mag von Hause aus verwirrt genug gewesen sein, und unglücklicher Weise ist der gedruckte Text vollends nicht das Original, sondern eine Rück-Uebersetzung aus dem Russischen, in der wohl Manches noch seltsamer geworden ist. Es ist darin nicht ausdrücklich gesagt wo die vierte Colonne ihren Uebergang bewerkstelligen sollte, der Umstand aber daß sie zwischen den Kobelnitzer und Sokolnitzer Teichen vorgehen sollte, deutet darauf daß sie ebenfalls ihre Richtung auf die Strecke unterhalb Kobelnitz zu nehmen hatte. Nach Danilewsky hätte sie auf Kobelnitz vor und dort über den Teich gehen sollen, das ist kaum möglich wie der erste Blick auf das Gelände beweist. Auch entsendete Przibyszewsky von der dritten Colonne ein Bataillon um Kobelnitz zu besetzen und seine rechte Flanke zu decken, ein Beweis mehr daß die vierte Colonne nicht dorthin bestimmt war. Schönhals (in der österreichischen militärischen Zeitschrift) berichtet daß sie bei Puntowitz übergehen sollte. Das wäre an sich weder unmöglich noch selbst unwahrscheinlich, steht aber im Widerspruch mit den eben angeführten Bestimmungen der Disposition, und der Umstand daß die vierte Colonne durch Pratze defilirte beweist dann entscheidend daß sie nicht die Richtung auf Puntowitz hatte. Was Schönhals sagt ist also bloße Vermuthung und nicht eben eine glückliche.

Straße zu behaupten. Liechtenstein's Reiterei sollte die Verbindung zwischen ihm und dem linken Flügel erhalten, und sich zu dem Ende — vor Bagration zu beiden Seiten der Heerstraße aufstellen; die Garden hatten an Bagration's linkem Flügel als Rückhalt bereit zu stehen. Im schlimmsten Fall sollte der Rückzug auf Niemtschan, Hobiegitz und Herspitz, also die Littawa aufwärts gehen.

Kutusow schwieg zu Weyrother's Auseinandersetzungen, wie er denn wirklich hier nicht wohl anders konnte da er einmal als Oberbefehlshaber hingestellt war, die beschlossenen Anordnungen also der Form nach für die seinigen gelten mußten. Aber auch von den anderen Generalen erhob nur einer seine Stimme um Bedenken zu äußern und Einwendungen zu machen. Das war der etwas derbe Fürst Bagration, ein tapferer entschlossener Mann, jeder Theorie fremd, aber mit dem Krieg aus Erfahrung bekannt. Freilich sprach auch der sich nicht auf dem Austerlitzer Schloß aus, sondern erst als ihm die russische Uebersetzung der Disposition überbracht wurde, und eigentlich nur gegen die Offiziere seiner Umgebung. Da äußerte er sich sehr unzufrieden besonders mit Allem was ihn selbst betraf. Daß er unthätig da stehen sollte, wollte ihm nicht zu Sinn: „Warum? fragte er; soll ich ruhig zusehn wie der Feind Verstärkungen von dem linken Flügel nach dem rechten schickt?"

Mit der Uebersetzung der Disposition in das Russische ward, nachdem die Versammlung der Generale aufgehoben war, der Major v. Toll beauftragt. Er wurde damit erst gegen Morgen fertig, und da er die vierte Colonne führen, das ganze Heer um sieben Uhr früh zum Angriff aufbrechen sollte, mußte er unmittelbar vom Schreibtisch auf das Schlachtfeld eilen.

Während das Heer der Verbündeten drei Tage lang in einem sehr kleinen Umfang strategisch den Boden stampfte, hatte Napoleon seine Verstärkungen herbeigezogen. Bernadotte hatte nur die Baiern bei Iglau zurückgelassen und traf am Abend des 1. Decembers hinter Bellowitz ein; Davoust erreichte in der Nacht Groß-Raigern eine Meile hinter dem rechten Flügel der französischen Stellung. Den Tag über beobachtete der französische Kaiser und Feldherr die Bewegungen seiner Gegner; die Absicht seinen rechten Flügel zu umfassen wurde schon durch die strategische Einleitung zur Schlacht langsam verrathen, die Aufstellung auf den Pratzener Höhen ließ darüber vollends keinen Zweifel. Daß Napoleon die Absicht der Verbündeten errieth, zeigt sich dann auch in seinen Gegenmaßregeln entschieden und glänzend; wenn er aber, und mit ihm seine französischen Bewunderer, behaupten alle Anordnungen Weyrother's mit prophetischem Geist bis in ihre Einzelnheiten errathen zu haben — so wird wohl jeder Unbefangene gestehen daß kein Mensch solche Dinge erwarten und vorhersehen konnte wie in der Disposition des österreichischen Strategen vorkommen. Eben so lohnt es nicht der Mühe den Listen nachzuforschen die er angewendet haben will um das Selbstvertrauen der Gegner zu steigern. Das hieß jedenfalls Eulen nach Athen tragen — und wahrlich, der kriegerische Lorbeer wäre des Habens kaum werth wenn er durch solche Armseligkeiten zu gewinnen wäre.

Entschlossen den Angriff der Gegner durch einen mächtigen Gegenstoß zu lähmen, der sicherer geführt wirklich entscheidend träfe, wagte er es, wie bekannt, den größten Theil seiner Truppen schon am Vorabend der Schlacht vor den Engnissen aufzustellen hinter welchen man ihn suchte, und zwar ging er nicht bloß über den Goldbach, sondern auch über den Bzizker Bach vor. Nur die Hälfte der Division Legrand blieb auf dem rechten Flügel hinter dem Bach, um die Uebergänge bei Sokolnitz und Tellnitz zu vertheidigen; das schien genug um hier die Verbündeten aufzuhalten so lange es nöthig sein konnte. So waren denn zuerst nur 5 Bataillone und etwas Reiterei, die Davoust erst später verstärken konnte, gegen 65 Bataillone der Verbündeten verwendet. Dagegen sammelte Napoleon seine ganze Macht um auf der Olmützer Straße vorzugehen, und namentlich die Pratzener Höhen zu erobern, die Mitte des austro-russischen Heeres zu sprengen, und dann besonders gegen den linken Flügel vernichtende Schläge zu führen. Daß er diese Höhen ganz unbesetzt finden, daß man ihm die Sache so leicht machen würde, konnte er wohl nicht voraussetzen. Die zweite Hälfte der Division Legrand stand demgemäß bei Kobelnitz jenseits des Bachs; zwei Divisionen Soult's vor Puntowitz und Girzikowitz, bereit auf Pratze vorzurücken. Links von Girzikowitz schlossen sich zwei Divisionen Bernadotte's an, dann weiter Murat's Reiterei und zwei Divisionen Lannes' zu beiden Seiten der Olmützer Heerstraße, bis an die steilen Höhen bei Dwaroschna. Zehn Bataillone Grenadiere unter Oudinot und die Garden standen hinter ihnen als Rückhalt.

Es frägt sich wie stark das hier vereinigte französische Heer gewesen. Mathieu Dumas, dem man seither meist gefolgt ist, rechnet 97 Bataillone und 78 Schwadronen zusammen, die Verfasser der „Geschichte der Kriege in Europa seit 1792" haben aber nachgewiesen daß seine Liste nicht ganz richtig sein kann, und daß Napoleon namentlich an Reiterei aller Wahrscheinlichkeit nach bedeutend stärker war. Wie dem aber auch sei, angenommen selbst die angegebene Zahl Bataillone und Schwadronen sei richtig, so muß dies Heer doch gewiß mehr als 65,000 Mann unter den Waffen gezählt haben. Das ist nämlich die Zahl die von den französischen Schriftstellern gewöhnlich angegeben wird. Dieselben Bataillone und Schwadronen die als anwesend bezeichnet werden, waren aber mit sechs und neunzig tausend und einigen hundert Mann ins Feld gerückt. Da sie keine Schlacht geliefert und nie Mangel gelitten hatten, da man nichts von Krankheiten hört die eingerissen wären, können sie unmöglich in der kurzen Zeit zwei und dreißig tausend Mann, das heißt ein volles Drittheil der Gesammtzahl verloren haben. Um so weniger da die wenigen einigermaßen blutigen Gefechte die vorgefallen waren — wie die Treffen von Haßlach, Elchingen und Dürnstein — gerade Truppentheile betroffen hatten die sich hier nicht beim Heer befanden.

Es ist seltsam zu welchen unbedachten Behauptungen sich die Vergötterer Napoleon's, die begeisterten Priester des französischen Nationalruhms, verleiten lassen durch den Wunsch die Heere ihres Helden so klein als möglich zu machen, damit seine Siege recht wunderbar oder abentheuerlich erscheinen. Wenn die bei Austerlitz vereinigten Abtheilungen des französischen Heeres wirklich seit dem Beginn des Krieges einige dreißig tausend Mann verloren hätten, müßte die andere, größere Hälfte der Armee, die hier nicht anwesend war, da sie gerade die hartnäckigsten Gefechte bestanden hatte, doch wenigstens einen ähnlichen Verlust erlitten haben. Im Ganzen hätte demnach Frankreichs Heer gegen siebzig tausend Mann verloren —: das heißt eben so viel, wenn nicht noch etwas mehr als das österreichische, sammt allen Capitulationen in denen ganze Heertheile die Waffen streckten! — Jene, wie uns scheint etwas ungeschickten, Bewunderer Napoleons vergessen außerdem daß ihr Held, als Feldherr, nothwendiger Weise sehr viel in unserer Achtung verlieren müßte, wenn es wirklich wahr wäre daß er, trotz aller Mittel die ihm zu Gebote standen, nie ein dem feindlichen überlegenes oder auch nur an Zahl gleiches Heer auf dem entscheidenden Schlachtfelde zu vereinigen gewußt hat.

Wenn man Alles gehörig erwägt gelangt man zu dem Schluß daß wohl selten zwei Heere so gleich an Zahl aufeinander gestoßen sein mögen.*)

Im Hauptquartier des Kaisers Alexander brachte man die Nacht in einer gewissen Unruhe hin. Man befürchtete der Feind möchte die Nacht benützen um zu entkommen. Der Fürst Dolgorukow erschien auf den Vorposten bei dem Grafen Druck, und schärfte ein, man solle ja acht geben auf welchem Wege sich der Feind zurückziehe.

Endlich brach der Morgen des 2. December an, den die Siegeszuversicht kaum erwarten konnte. Schwere Nebel lagen noch ein Paar Stunden nach Sonnenaufgang auf der Gegend, besonders in den Tiefen. Das verbündete Heer trat unter das Gewehr; die drei ersten Colonnen senkten sich in langen Zügen durch das Gewölk links nach Westen hinab in die Tiefe. Die vierte wurde lange aufgehalten. Sie mußte der dritten durch Pratze und über die Anhöhen südlich dieses Dorfes folgen, und konnte sich daher nicht in Bewegung setzen, so lange diese vor ihr stehenden Bataillone Przibyszewski's nicht ganz vorbei waren, und sich durch die Engnisse im Dorf, die jenseitigen Abhänge hinan gewunden hatten. Einen weiteren Aufenthalt verursachte

---

*) Gen. Danilewsky sagt das französische Heer sei über 90,000 Mann stark gewesen, natürlich selbst ohne den Schatten eines Beweises, und nur weil nach seinem System ein feindliches Heer das ein russisches besiegt hat, ein für allemal bedeutend stärker gewesen sein muß als dieses. Daß die hier vereinigte Hälfte des französischen Heers seit dem Beginn des Krieges mehr als sechstausend Mann verloren haben mußte, ist nicht weniger einleuchtend als daß sie nicht zwei und dreißig tausend Mann verloren haben konnte.

Liechtenstein's Reiterei, die von links her vor Kutusow's Front-Linie vorüberzog, um auf den rechten Flügel, in die ihr angewiesene Aufstellung zu gelangen. Endlich war das Gelände vor der Stirnseite, der Weg nach Pratze frei —: aber wie durch ein banges Vorgefühl gebannt und gefesselt, zauderte Kutusow auch jetzt noch freiwillig, und gab den Befehl anzutreten, nicht eher als bis der Kaiser Alexander auf den Höhen bei ihm angelangt war, und ihn durch eine unmittelbare Aufforderung dazu zwang.

Man kann sich des Gedankens nicht erwehren daß dies unerklärliche Zaudern, das kaum einen anderen Grund gehabt haben kann als ein unbestimmtes Gefühl, folgenschwer geworden ist, und das Unheil noch größer gemacht hat als es ohnehin schon, und in jedem Fall, werden mußte. Wurde hier nicht eine unersetzliche Zeit verloren, so war gewiß Kutusow's Colonne schon großentheils aus den Tiefen und Engnissen heraus, und hatte schon die Anhöhen südwärts von Pratze erstiegen, ehe die Franzosen zum Angriff heran sein konnten. Man wurde sie dann vielleicht trotz des Nebels im Anrücken gewahr, und konnte mit raschem Entschluß auch den Höhenzug nördlich des Dorfs noch vor ihnen besetzen. Ein siegreiches Gefecht war, wie die Verhältnisse sich einmal gestaltet hatten, auch dann wohl nicht zu hoffen, aber man konnte doch den Feind in geregelter und zur Vertheidigung geeigneter Aufstellung empfangen; der Kampf begann dann wenigstens nicht in so ganz hoffnungsloser Weise, und konnte nicht in dem Grade verderblich werden wie wirklich geschah. Vielleicht wurden dann auch Kutusow und seine Umgebung nicht von den nächsten Ereignissen, von der augenblicklichen, drängenden Noth und Gefahr unmittelbar um sie her, so mächtig ergriffen, daß ihnen weder Zeit noch Besinnung blieb für einen weiter reichenden Gedanken. Man dachte dann vielleicht sogleich daran dem linken Flügel, der jetzt in der Verwirrung ganz seinem Schicksal überlassen blieb, Befehle zu senden wie sie die gänzlich veränderte Lage der Dinge nothwendig machte.

Doch der Tag sollte einmal so unheilvoll werden als möglich; — die Zeit war unwiederbringlich versäumt — und auf des Kaisers ausdrückliches Verlangen mußte nun Kutusow's Abtheilung ungefähr um 9 Uhr, wohl gerade in dem verhängnißvollsten Augenblick, antreten.

Und zwar, wie hier zu bemerken vergönnt sei, darf der jüngere Krieger, dem etwa nur die Taktik der Gegenwart bekannt wäre, das Wort Colonne in diesem Fall nicht in dem allgemeineren, uneigentlichen Sinn verstehen, der ihm in Dispositionen und Berichten öfter beigelegt wird. Es ist hier nicht bloß eine Abtheilung des Heeres so bezeichnet, die auf einem besonderen Abschnitt des Schlachtfeldes selbstständig zu handeln hätte, ohne daß durch diese Benennung ihre taktische Ordnung in sich näher angedeutet wäre: die sieben und zwanzig Bataillone Kutusow's zogen wirklich in halben Zügen links abmarschirt in einer langen Folge daher, und bildeten im engsten taktischen Sinn des Worts eine Colonne. So sollten sie bis dicht vor den Feind rücken, um dort als Ein Ganzes wieder aufzumarschiren, oder auf einen gegebenen Zug zu deployiren, der veralteten Verfahrungsweise gemäß, die man aus Guibert und Saldern kennen lernt. So konnte denn, wo irgend eine Engniß zu durchziehen war, von Entfaltung und Ordnung zum Gefecht regelmäßiger Weise die Rede nicht sein, so lange nicht auch der Schweif des langen Zuges aus der Engniß heraus war. Die einmal so aneinander gereihten Truppen in anderer Weise zu handhaben, die taktischen Einheiten aus denen die Colonne zusammengesetzt war, die Bataillone, rasch abzusondern, und selbstständig, gleichsam außer dem Zusammenhang zu verwenden —: darauf war man wenig gefaßt oder geübt; es ging dabei, wenn der Drang der Umstände unerwartet so etwas erheischte, nicht ohne einander widersprechende und durchkreuzende, unsichere Anordnungen und Bewegungen, nicht ohne Zeitverlust und wachsende Verwirrung ab. Diese taktische Unbeholfenheit war öfter Ursache daß, wie unter anderen 1793 bei Nerwinden, Colonnen schon mitten in ihren unsicheren Versuchen sich zu entwickeln mit leichter Mühe geschlagen wurden, während ihr Schweif noch in Engnissen steckte. Hier jedoch mußte man einigermaaßen darauf vorbereitet sein zunächst die Spitzen der Colonnen selbstständig zu einer Art von vorläufigem Postengefecht zu verwenden, um den Uebergang über den Goldbach zu erzwingen, und so hatte denn auch die vierte Colonne einen besonderen Vortrab von 3 Bataillonen und 2 Dragoner-Escadronen die an der Spitze marschirten.

Nur von einem Kosacken begleitet ritt der Major Toll in geringer

Entfernung vor der Colonne her durch das Dorf Pratze, den jenseitigen Abhang hinan. Höher hinauf bemerkte er, durch die dünner werdenden Nebel, Truppen die sich auf dem Kamm der Hügel bewegten. Er hielt sie für den Nachtrab der abrückenden dritten Colonne und ritt getrost darauf zu, bis plötzlich von oben herab ein lebhaftes Flintenfeuer losbrach und Kugeln um ihn her pfiffen. „Das ist der Feind!" mußte er überrascht zu sich selbst sagen, und wendete sein Pferd zurück gegen die Colonne, deren Offiziere in jenen Truppen auch nicht sogleich Feinde vermuthet hatten, die sich ruhig in halben Zügen aus der Tiefe herauf bewegte, bis unerwartet der Kamm der Höhen in Pulverdampf verschwand, und Kugeln nicht nur in die Spitze, sondern auch in die rechte Seite der Colonne schlugen. Denn auch die Höhen nördlich von Pratze, den Verbündeten nahe in der Seite, waren bereits in Feindes Hand. Marschall Soult hatte rasch die 26 Bataillone der Divisionen St. Hilaire und Vandamme herangeführt; jene hatte südlich, diese nördlich des Dorfes den Kamm der Anhöhen erstiegen. Die beiden Bataillone des Nowgorodschen Infanterie-Regiments, die an der Spitze marschirten und schon aus den Gassen von Pratze hinaus waren, stürzten, durch das plötzliche Feuer überrascht, in wilder Unordnung und Flucht in das Dorf zurück, ohne einen Versuch sich zu entwickeln und das Gefecht anzunehmen, und rissen das Bataillon des Apscheronschen, das unmittelbar folgte, mit sich fort. Die Nothwendigkeit die Höhen von Pratze wo möglich wieder zu erobern, muß wohl einem Jeden einleuchtend gewesen sein — aber zu umfassenden Anordnungen, oder auch nur von der Ueberraschung zu sich zu kommen, blieb hier, im nächsten Bereich der feindlichen Kugeln, keine Zeit; man war eigentlich schon im Gefecht ehe man es sich versah, und so entspann sich ein hartnäckiger Kampf, in dem, wie es scheint, von dem Oberfeldherrn an ein Jeder nur, wie es gehn wollte, ordnete und leitete, was er unmittelbar übersehn und erreichen konnte.

Danilewsky weiß und erzählt zwar ziemlich viel von dem Hergang dieses Gefechts im Einzelnen. Ihm zu Folge bildeten die neun übrigen Bataillone Russen unter Miloradowitsch ein erstes Treffen, das gegen die Höhen nördlich von Pratze vor ging, und unter Kutusow's persönlicher Leitung das Gefecht hielt, bis Kolowrath's Oesterreicher sich als zweites Treffen aufgestellt hatten; dann ließen die Russen sich von den Oesterreichern ablösen, um sich hinter ihrer Linie neu zu ordnen; die Oesterreicher jedoch flohen nach kurzem Gefecht, und rissen in der Unordnung auch das russische Fußvolk mit sich fort. Aber solche militairische Schriftsteller wie Danilewsky verfallen nur allzu oft in den Fehler den Gang eines Gefechts in ihrer Vorstellung so zu ordnen wie sich etwa ein Exercir-Manoeuvre entwickelt haben könnte, das sich ganz außer dem gewaltig bestimmenden kriegerischen Element in ruhigster Besonnenheit in regelmäßigen Formen bewegt; so lassen sie es bis zum entscheidenden Wendepunkt fortgehen, wo das Exerciren sich dann in Flucht und Niederlage auflöst. Dadurch werden ihre Berichte unwahr.

In der Wirklichkeit konnte hier, wo die gegenwärtigste Noth drängte, wo von den vielen anwesenden Generalen ein jeder ordnete und befahl so weit er in der steigenden Verwirrung Gehorsam fand, gewiß nichts Anderes entstehen, als ein zerstückeltes, vollkommen plan- und formloses Gefecht, das gewissermaaßen in einem beständigen Anfangen begriffen war, indem wieder und wieder einzelne Bataillone oder Regimenter wie sie leiblich geordnet waren, seitwärts aus der Colonne hinaus die Höhen hinan gegen den Feind geführt wurden, bald in kreuzende Feuer geriethen, und dann nach vergeblichen Anstrengungen und schwerem Verlust, mehr oder weniger aufgelöst wieder zurückwichen. Obgleich die Truppenzahl, die auf diesem Punkt ins Gefecht kam, von beiden Seiten so ziemlich gleich gewesen sein mag, machte doch die Ungunst der Umstände den Kampf für die Verbündeten, wie schon gesagt, von Anfang an zu einem vollkommen hoffnungslosen, und daß er in dieser Weise zwei Stunden währen konnte, macht gewiß den Truppen große Ehre. Der starke Verlust der Oesterreicher, die hier von ungefähr 9000 Mann 2400 einbüßten, beweist auf das bündigste daß sie ihren rühmlichen Antheil an diesen ausdauernden Anstrengungen hatten, und bei weitem mehr leisteten als sich von solchen neugebildeten Truppen irgend erwarten ließ.

Während dieser Zeit hatte, wie man wohl sieht, in Kutusow's und der beiden Kaiser Umgebung Niemand an den linken Flügel gedacht. Da waren die Spitzen der drei ersten Colonnen bereits seit acht und halb neun Uhr am Goldbach bei Tellnitz, Sokolnitz und dem Sokolnitzer Schloß in hartnäckige Postengefechte verwickelt; es war ihnen sogar gelungen auf das jenseitige Ufer zu gelangen, und sich dort theilweise zu entwickeln. Bei dem Theile der dritten Colonne, der diesseits des Baches blieb, entstand aber bald darauf Unruhe und Unordnung, als die Truppen, während vor ihnen hartnäckig gekämpft wurde, auch auf den Pratzener Höhen in ihrem Rücken, in einer Entfernung von kaum zweitausend Schritten, ein heftiges Gefecht losbrechen sahen. — Bei der zweiten Colonne bemerkte Graf Kamensky II. (der ältere Sohn des Feldmarschalls) der ihren Nachtrab befehligte, schon wie er die Abhänge gegen Sokolnitz hinabzog, das Anrücken Soult's von Puntowitz her. Er fand sich dadurch bewogen mit den sechs letzten Bataillonen dieser Abtheilung umzukehren und gegen die Höhen zurückzugehen, machte auch dem Führer der Colonne, dem Grafen Langeron, seine Meldung; dieser aber wollte ihr Anfangs keinen Glauben schenken und beachtete sie nicht. Dem Befehlshaber des linken Flügels, dem Grafen Burhöwden, wurde, wie es scheint, über diese wichtigen Ereignisse gar nicht berichtet! —

Kamensky führte seine beiden Regimenter auf den Kamm der Höhen südlich von Pratze in die rechte Flanke der Division St. Hilaire; Kutusow, der den Kampf jenseits des Dorfs hoffnungslos sah, und dies neue Gefecht bemerkt haben mochte, begab sich, schon an der Wange leicht verwundet, persönlich zu Kamensky — um seiner vollständigen Niederlage beizuwohnen. Denn die fünf Bataillone der Division Legrand, die bisher noch unten am Bach bei Kobelnitz gestanden hatten, stiegen nun herauf, und faßten ihrer Seits Kamensky's Bataillone in deren linker Flanke. Bald wurden die Trümmer der russischen Brigade die Höhen hinab nach Augezd geworfen, und der Feldherr selbst sah sich von den Fliehenden mit fortgerissen. — Zu spät und mit unzureichender Macht erschien Langeron, dem die Sache doch zuletzt bedenklich wurde, auf dem Kampfplatz. Die drei Bataillone die er von Sokolnitz her mitbrachte, wurden in wenig Augenblicken so ziemlich vollständig vernichtet.

Unterdessen war auch in der Mitte, bei der vierten Colonne, jede Möglichkeit das Gefecht länger zu halten, vollkommen erschöpft. Wie die vereinzelten Angriffe der Verbündeten gescheitert waren, wurden auch die zerstückelten Versuche Widerstand zu leisten durch die vorrücken= den Franzosen siegreich gebrochen. In vollkommener Auflösung strömten Russen und Oesterreicher fliehend über die rückwärtigen Höhen, die Littawa und den Rausnitzer Bach, querfeldein der Göbinger Heerstraße zu, und über diese hinweg gegen Herspitz und Hobiegitz hin. Auch der Kaiser Alexander mußte vor den nachdrängenden Franzosen weichen und dem Strom folgen. Seine ganze Umgebung hatte sich zerstreut; die Adjutanten und Generale waren hierhin und dorthin geeilt — der Fürst Adam Czartoryski, die Kammerherren Strogonow und Nowo= silzow hatten sich ganz und gar entfernt — wo Kutusow geblieben war wußte kein Mensch — und auch der Kaiser war in seiner Vereinzelung den Führern ganz aus den Augen gekommen.

Auf dem rechten Flügel sah es eben nicht besser aus. Auch dort= hin war der Feind mit überlegener Macht und Entschiedenheit angriffs= weise vorgegangen. Liechtenstein's Reiterei war lange ehe sie die ihr angewiesene Stellung erreichen konnte, schon bei Blasowitz, in ein nachtheiliges Gefecht verwickelt worden; die Garden und Bagration wurden gänzlich geschlagen. Bekanntlich wurden darauf die drei Co= lonnen des linken Flügels, durch die Truppen Soult's und die franzö= sischen Garden und Grenadiere, die Napoleon nun herbeizog, von rück= wärts her umfaßt. Nach der Niederlage Kamensky's soll Kutusow dem Grafen Burhöwden den Befehl zum Rückzug geschickt, der letztere aber noch gezögert haben, weil er bei der ersten Colonne den Umfang der Gefahr nicht ganz übersehn konnte; so wäre hier auch Burhöw= den's zähe Ausdauer verderblich geworden. Przybyszewski, bei dem Sokolnitzer Schloß ganz umringt, mußte nach einer verzweifelten Ge= genwehr mit den Trümmern seiner Abtheilung die Waffen strecken — die zweite und erste Colonne, bei Tellnitz zu einer gewiß nicht sehr ge= ordneten Masse zusammengeschoben, suchten, nach einem vergeblichen Versuch bei Augezd durchzukommen, zwischen dem Saczaner und Moe= nitzer Teich einen Ausweg, und flohen zuletzt, nachdem das einige Zeit vertheidigte Dorf Tellnitz verloren war, in wilder Verwirrung, zum Theil über das hin und wieder einbrechende Eis des Saczaner Teichs. Die russische Artillerie ging ohne Ausnahme ganz verloren;

nur Kienmayer hatte die Ehre sein österreichisches Geschütz aus diesem Kampf zurückzubringen. Ein auf etwa 8000 Mann geschätzter Rest der Truppen fand sich rückwärts, bei Neudorf und Ottnitz, wieder zusammen, und suchte im Abenddunkel den Weg von dort nach Milleschowitz, jenseits der Gödinger Straße.

Toll, erschüttert von den Erlebnissen des Tages, ritt mit den Fliehenden der vierten Colonne zurück, und war nicht wenig überrascht als er unerwartet den Kaiser Alexander, nur von dem Leibarzt Wyllie und dem Bereiter (Stallmeister) Jene begleitet, in einiger Entfernung querfeldein dahin reiten sah. Toll glaubte sich nicht ungerufen in die nächste Umgebung des Monarchen eindrängen zu dürfen, doch war es ihm bedenklich ihn so vereinzelt und verlassen zu sehn; er behielt die Gruppe im Auge und folgte ihr von Ferne. Ein unbedeutender Feldgraben hielt den Kaiser und seine Begleiter längere Zeit auf, denn der Kaiser Alexander, der eben nicht ein sehr sattelfester Reiter war, zögerte hinüberzusetzen und sah sich nach einem Uebergang um, obgleich der Stallmeister Jene mehrere Male hinübersetzte und zurück, um zu zeigen wie leicht die Sache sei. Endlich folgte das Pferd des Kaisers dem des Stallmeisters und er kam glücklich hinüber. Wie man sagt hatte sich der Kaiser schon seit einigen Tagen etwas unwohl gefühlt — jedenfalls ergriff ihn jetzt ein solches körperliches und geistiges Mißbehagen, daß er nicht weiter reiten konnte. Er stieg ab, setzte sich unter einen Baum auf die feuchte Erde, bedeckte das Gesicht mit einem Tuch, und brach in Thränen aus. Der Fall von der siegesmuthigen Stimmung am Morgen desselben Tages in diesen Zustand herab, war freilich ein sehr schlimmer! — Verlegen standen die beiden Begleiter in der Nähe. Auch Toll ritt nun heran, stieg ab, und stellte sich schweigend zu ihnen; da der Zustand sich verlängerte, faßte er nach einigem Schwanken und Bedenken ein Herz, trat dem Kaiser näher, und sprach Worte des Trostes und der Ermuthigung zu ihm. Eine verlorene Schlacht sei nicht die letzte Entscheidung des Schicksals, nicht ein Unglück das nicht wieder gut gemacht werden könne. Natürlich konnte er in dem Augenblick und in seiner Stellung nicht auf etwas Bestimmtes und Naheliegendes hinweisen, nicht in bestimmten Maaßregeln einen Grund neuer Hoffnung zeigen: seine Worte waren eben nur im Allgemeinen der Ausdruck eines männlichen Sinnes den Unglück nicht beugt. Der Kaiser hörte ihm zu, trocknete endlich seine Thränen und erhob sich; schweigend umarmte er Toll, stieg dann wieder zu Pferde, und ritt weiter nach Hodiegitz. Auch der damalige Rittmeister und Adjutant des Generals Uwarow, Czernyschew — hatte sich zum Kaiser gefunden, war von ihm versendet worden, kehrte wieder zurück, und sollte nun den General Kutusow aufsuchen. Der sollte Rath schaffen, denn irgend welche Anordnungen mußten doch getroffen werden. Ein glücklicher Zufall führte auch den General nach Hodiegitz, und nach einer kurzen Besprechung ritt der Kaiser, für den kein Wagen aufgetrieben werden konnte, weiter nach Uhrzitz. — Toll blieb bei Kutusow.

Tscheitsch auf der Gödinger Straße nach Ungarn war nun zum Sammelplatz des geschlagenen Heeres bestimmt: der Rückzug also in einer Richtung angetreten, an die vor der Schlacht Niemand gedacht hatte. Von Kienmayer's österreichischer Reiterei welche den Nachtrab bildete, einigermaßen geschützt, zogen dann die verbündeten Truppen am 3. December auf Wegen, welche ein kalter Winterregen die Nacht über durchweicht hatte, nach Tscheitsch. Den Trümmern der vierten Colonne, die sich bei Hodiegitz gesammelt hatten, folgten die Garden, welche die Nacht einigermaßen wieder geordnet vor Austerlitz zugebracht hatten, und Bagration's Abtheilung von Rausnitz her. Die geringen Reste des linken Flügels, von denen Graf Burhöwden, als er für seine Person mit dem 44. Jägerregiment anlangte, gar keine Auskunft zu geben wußte, rückten endlich auch auf Nebenwegen heran. Da die Schlacht in der Dunkelheit endete, war Napoleon über die Richtung welche die Verbündeten genommen hatten, ungewiß geblieben, und sendete sowohl auf der Olmützer als auf der Gödinger Heerstraße Truppen vor. Zum großen Glück der Verbündeten wurde die Verfolgung darüber weniger nachdrücklich als sie hätte sein können.

So war nun das Heer wieder beisammen, aber freilich gar sehr vermindert an Zahl, und wenige österreichische Geschütze abgerechnet, so gut wie ganz ohne Artillerie; sehr schlecht mit Schießbedarf versehen, ganz ohne Lebensmittel und Gepäck —: das Alles war auf der Olmützer Heerstraße geblieben und Beute des Feindes geworden. Für den Augenblick war man also wohl ganz außer Stand ein nur einigermaßen ernsthaftes Gefecht anzunehmen. Noch dazu sah der Verlust bis jetzt sogar noch größer aus als er wirklich war. Mehrere Tausende Versprengte und wieder entkommene Gefangene, die sich in den nächsten Tagen wieder einfanden, fehlten jetzt noch bei den Fahnen — und zum Ueberfluß mußte man erfahren daß in Ungarn gar keine Anstalten getroffen seien das Heer zu verpflegen. Wer hatte wohl ernstlich an einen Rückzug dorthin gedacht! —

Doch hätte sich der Kampf wohl fortsetzen lassen. Von Süden rückte eben jetzt Graf Meervelt mit einer freilich kaum 4000 Mann starken österreichischen Abtheilung heran, schon am 6. traf General Essen mit 12,000 Russen bei dem Heere ein; das stattliche Heer des Erzherzogs Carl war unbesiegt, Bennigsen auf dem Wege nach Böhmen, und in Ungarn zum Ausweichen Raum genug. Auch konnte es dort an Kornvorräthen nicht fehlen — und an Viehheerden war Ueberfluß; das Nöthige mußte also wohl zu schaffen sein. Aber der Muth war gebrochen durch den furchtbaren Schlag, und noch am Tage der Schlacht, spät Abends, sendete Kaiser Franz, mit Zustimmung seines Verbündeten, den Fürsten Johann Liechtenstein als Friedensboten an Napoleon.

Das Nachdrängen der Franzosen, auch in der linken Flanke, bestimmte Kutusow noch am dritten den Befehl zum weiteren Rückzug hinter die March zu geben, und in Folge dessen war das Heer am vierten jenseits der March um Holitsch gelagert. Napoleon, dieser große Mann der zu klein war um ein Gefühl für das heilige Wesen der Wahrheit zu haben, hat nicht nur in seinen seltsamen Bulletins, sondern auch, was für seinen Ruhm weit schlimmer ist, in den zu St. Helena dictirten Denkwürdigkeiten gesagt und wiederholt, der Kaiser Alexander sei umringt gewesen, unvermeidlicher Gefangenschaft verfallen — er aber, habe ihn aus rücksichtsvoller Großmuth entkommen lassen. Die Verfasser der „Geschichte der Kriege in Europa seit 1792" — haben sich die Mühe gegeben schlagend nachzuweisen daß dies eine der kühnsten — Erfindungen ist durch die man je versucht hat die Geschichte zu bereichern. Als Davoust seinen Vormarsch einstellte, weil ihn der Kaiser Alexander, der Wahrheit gemäß, schriftlich bedeutete daß während der Unterhandlungen eine vorläufige Waffenruhe stattzufinden habe, befand sich der Kaiser zu Holitsch, jenseits der March, über die wohl noch in den nächsten Tagen kein Franzose gekommen wäre, und der sich für jetzt selbst ihre äußersten Vortruppen erst bis auf fünf Viertheil Meilen genähert hatten. Nur der Nachtrab des verbündeten Heers konnte ins Gedränge kommen wenn Davoust im raschen Vorbringen blieb.

Bekanntlich folgte der einstweiligen Waffenruhe schon am sechsten ein förmlicher Waffenstillstand, in dem unter anderem bestimmt wurde daß das russische Heer sogleich, noch vor dem Abschluß des gehofften Friedens, den Rückmarsch in die Heimath antreten sollte. Demzufolge brachen die hier versammelten russischen Truppen am 9. aus Holitsch und der Umgegend in drei Colonnen auf. Toll, zu Kutusow's Hauptquartier eingetheilt, marschirte mit diesem das Wagthal hinauf nach Trentschin, dann in gleicher Richtung mit dem Fuß der Karpathen nach Kaschau und Eperies und von dort durch die bekannten Pässe der Karpathen nach Dukla und weiter nach Lemberg, um bei Brody die Grenze heimwärts zu überschreiten. Der Zug war natürlich in der Jahreszeit in dem unwegsamen Ungarn höchst beschwerlich; oft, namentlich im Gebirge, waren Geschütze und Fuhrwerke nicht anders fortzubringen als durch zahlreiche Gespanne Ochsen. Manches aber kam zusammen die Besiegung aller Schwierigkeiten zu erleichtern. Vor Allem sahen sich die russischen Krieger überall von der Bevölkerung auf das Beste gastfrei aufgenommen. Manche Stadt in Ungarn empfing die Offiziere mit einem Festmahl, und jede Hülfe wurde gern gewährt. Auch die Behörden bemühten sich in jeder Weise gefällig zu sein, da Oesterreich in Napoleon's Bedingungen zu willigen zauderte, und zu dem Entschluß neigte den Kampf noch einmal zu versuchen. Natürlich fehlte es weder an Abschiedsschreiben vom Kaiser Franz und dem Palatin von Ungarn, die sehr schmeichelhaft lauteten; noch an danksagenden Briefen und Antworten Kutusow's. Das gehört einmal zur Sache.

Auch in Gallizien erfreute sich das durchziehende Heer einer guten Aufnahme. Am 7. Januar n. St. 1806 traf es bei Radzywilow auf russischem Boden ein und wurde demnächst in Cantonirungsquartiere verlegt; die Garden zogen weiter nach Petersburg. Daß man neue Kämpfe erwartete, beweist schon der Befehl das Heer schleunig auf

95,000 Mann zu bringen. Wie die Sachen einmal in Rußland zu gehen pflegen, und besonders zu jener Zeit gingen, wäre diese Zahl wohl unter keiner Bedingung erreicht worden. Diesmal vollends blieben die Regimenter trotz aller Anstrengungen sehr unvollständig, denn eine ansteckende Krankheit, so oft die Folge eines Winterfeldzugs, raffte Rekruten wie alte Soldaten zu Tausenden dahin. Kutusow suchte dem Uebel so viel als möglich zu steuern indem er die Truppen in weitläuftige Quartiere verlegte. — Doch waren die Verluste sehr groß.

Der Major v. Toll erhielt um diese Zeit für die in der Schlacht von Austerlitz geleisteten Dienste den Wladimirorden vierter Klasse.

Drittes Kapitel.

Kutusow's Entfernung vom Heer. — Eindruck den die Schlacht bei Austerlitz in der russischen Armee zurückläßt. — Eindruck den sie auf Toll macht. — Studien.

Ein Ereigniß wie die Schlacht bei Austerlitz konnte nicht vorüber gehen ohne im russischen Heere einen mächtig nachwirkenden Eindruck zu machen — wenn auch die für einen solchen Eindruck empfänglichen Elemente in diesem Heere weniger zahlreich waren als in jedem anderen, wenn auch, wie sich von selbst versteht, der Soldat und der Linien-Offizier gar nichts davon empfanden.

Der Kaiser Alexander, der am besten wußte von wem er sich hatte berathen und leiten lassen, welch ein geringes Maaß von Macht, ja wie wenig Einfluß er dem General Kutusow eingeräumt hatte, konnte wohl nicht im Ernst mit diesem unzufrieden sein. In den Kreisen aber, in denen man überhaupt urtheilt, wurde Kutusow vielfach getadelt. Zum Theil hielt man ihn für den wirklichen Oberbefehlshaber; die besser Unterrichteten meinten er habe das Ansehen, das ihm sein Rang und eine lange Kriegserfahrung gaben, bestimmter geltend machen müssen, anstatt als geschmeidiger Hofmann zu schweigen, und die jugendlichen

Flügel-Adjutanten und Kammerherren des jungen Kaisers ohne weiteres gewähren zu lassen. So etwas ist leicht gesagt, und wird ohne alle Anstrengung auch von solchen wiederholt, die wahrlich nichts dergleichen thäten wenn sie in den Fall kämen.

Sei es nun, daß der Kaiser Alexander für angemessen hielt dieser Art von öffentlichen Stimme nachzugeben, wenn man das elegante Gerede gewisser gesellschaftlicher Kreise so nennen will —: sei es daß es ihm nicht unlieb war die Aufmerksamkeit auf Kutusow als den Urheber des Unheils abzulenken —: dieser wurde schon in den nächsten Monaten mit Zeichen der Kälte und einer gewissen mäßigen Ungnade vom Heer entfernt. Der greise General und Hofmann kannte seinen Vortheil zu gut um nicht auch das schweigend hinzunehmen. Einigen anderen Generalen ging es viel schlimmer. So wurde dem Grafen Langeron kund gegeben daß er seinen Abschied nehmen müsse; Przybyszewski vollends wurde, in Folge eines Verfahrens und aus Gründen über die man Danilewsky nachlesen muß, auf eine Zeit lang zum gemeinen Soldaten degradirt, dann mit Verlust seines Ranges und seiner Orden verabschiedet.

Aber die Demüthigung die man erfahren hatte war eine so schmerzliche, daß der Aerger darüber bei weitem mehr Stoff haben und weiter greifen mußte. Man schimpfte mit großer Erbitterung über die Oesterreicher, die an Allem schuld sein sollten, die kriegerischen jungen Herren, die so eifrig zur blutigen Entscheidung getrieben hatten, waren dabei natürlich am allerlautesten, und die tief verletzte Eitelkeit nahm ihre Zuflucht zu Beschuldigungen, die in wenig veränderter Form so ziemlich überall wiederkehren, wo Eitelkeit ein Hauptelement des Lebens bildet, und bei hereinbrechendem Unheil sich selbst aus dem Schiffbruch zu retten sucht —: man sprach von Verrath. Zwar schrieb man damals nicht, wie Danilewsky thut, den Entschluß zur Schlacht den verrätherischen Rathschlägen der österreichischen Herren zu, wohl aber gefiel man sich in dem seltsamen Wahn Weyrother's Disposition sei Frankreichs Kaiser und Feldherrn durch sie von dem austerlitzer Schloß aus mitgetheilt worden.

Der Fürst Dolgorukow, derselbe dem am Vorabend der Schlacht bange war Napoleon, geistig vernichtet durch die bloße Nähe des russischen Heeres, möchte bei Nacht und Nebel entwischen, schrieb schon am 18./6. December seinem Kaiser Worte, denen man eine gewisse eigenthümliche Gereiztheit deutlich anhört —: „Man hat die Armee Ew. Majestät auf das Schlachtfeld geführt, nicht sowohl um den Feind zu bekämpfen, als um sie ihm in die Hände zu liefern, und was diese Infamie vollständig macht, unsere Dispositionen waren dem Feinde bekannt, davon liegen bestimmte Beweise vor." — (On amena l'armée de Votre Majesté plutôt pour la livrer à l'ennemi, que pour le combattre, et ce qui achève cette infamie, c'est que nos dispositions étaient connues de l'ennemi, ce dont on a des preuves certaines.) — Wo sind sie, diese Beweise? — es hat weiter nichts davon verlauten wollen.

Daß dergleichen im ersten Augenblick gesagt wird, läßt sich noch allenfalls erklären. Aber wie Danilewsky, der doch Anspruch darauf macht für einen Krieger sowohl als für einen Geschichtschreiber zu gelten, noch vierzig Jahre später dieselben Dinge als ausgemachte Wahrheiten wiederholen mag, ohne einen weiteren Beweis als diese bare Behauptung die selbst jedes Beweises entbehrt —: es mag am Ende auch wohl zu begreifen sein, nur ist es gewiß schwerer zu verzeihen. Danilewsky spart keine Rhetorik um ergreifend auszumalen wie schnöder Verrath das Leben der russischen Krieger dem Feinde verkaufte, während Rußlands Kaiser selbst sein eigenes theueres Leben für Oesterreich einsetzte; nur weiß er eben durchaus gar keine Thatsache zu erzählen auf die eine solche Anklage begründet sein könnte. Dagegen liefert die Stellung welche Liechtenstein's Reiterei in den Nachmittagsstunden des 1. Decembers einnehmen mußte, wie schon bemerkt, den Beweis daß der österreichische General-Quartiermeister zu der Zeit mit den Einzelnheiten seines Plans noch nicht im Reinen war, folglich eine Disposition noch gar nicht vorhanden sein konnte. Am Abend desselben Tages aber hatte Napoleon seine Gegenmaaßregeln bereits getroffen. Man sieht also, abgesehen selbst von allem Uebrigen, daß für das vorausgesetzte Ereigniß eine nothwendige Bedingung alles irdischen Entstehens und Werdens fehlt, nämlich die Zeit.

Glücklicher Weise jedoch hatte das russische Heer auch eine, wenngleich nicht sehr große, Zahl Offiziere die ein besserer Geist trieb eine

solche weltgeschichtliche Erfahrung auf etwas Anderes zu beziehen als
auf eine derartige Eitelkeit. Zu diesen gehörte namentlich auch Toll.
Er war zunächst über das Erlebte nicht wenig erstaunt. Was der
Gegenstand seiner aufrichtigen Bewunderung gewesen war, Weyrother's
Anordnungen, diese planmäßig vorschreitende, methodische und geord=
nete Handhabung eines zahlreichen Heeres wo Alles zweckmäßig in=
einander zu greifen schien —: das hatte zu einem solchen gänzlichen
Schiffbruche geführt! Er konnte auf seinem damaligen Standpunkte
den Schlüssel zu dem Verständniß dieser Ereignisse nicht sogleich finden,
aber weit entfernt ihn in dem ersten besten leeren Wahn zu suchen, ge=
langte er zu dem Bewußtsein daß seiner militairischen Bildung, wie der
des russischen Heeres überhaupt, etwas fehle. Studium und Nach=
denken mußten ihn weiter führen. Man hatte sich bis dahin in der
russischen Armee so gut wie gar nicht, man darf beinahe ohne Ein=
schränkung sagen, gar nicht, um die militairische Literatur bekümmert;
sie war kaum dem Namen nach bekannt, man wußte kaum von den
Werken die in ihr Epoche machten. Die unbestimmt herrschende Vor=
stellung war daß der im Cadettenhaus erhaltene Unterricht genüge, und
wer schön und reinlich zeichnete galt für einen gelehrten Offizier. Jetzt
suchten sich Einige mit der Literatur bekannt zu machen und auf diesem
Wege einen allgemeinen Ueberblick, so wie einen bestimmten Maaßstab
der Kritik zu erlangen.

Toll las viel; er fühlte sich besonders von Jomini's Schriften
angezogen, ging in die Ideen dieses Theoretikers ein, und wurde selbst
ein sehr eifriger Anhänger seines Systems. Auch läßt sich nicht leug=
nen daß dies System, so einseitig und in gewissem Sinne beschränkt es
genannt werden muß, doch immerhin in einer Beziehung eine sehr tüch=
tige Grundlage hat. Im Widerspruch mit den früher herrschenden An=
schauungsweisen sucht es das entscheidende Element nicht in dem Besitz
gewisser geographischer Vortheile, sondern im Kampf, und eben deshalb
die Aufgabe für das formelle strategische Verfahren darin, die günstig=
sten Bedingungen für den Kampf herbeizuführen. Man darf also in
ihm wohl einen Fortschritt der militairischen Einsicht anerkennen, und
es in mancher Hinsicht wohl geeignet nennen, in das Verständniß des
Krieges einzuführen. Vor einer geistlosen und beschränkten Auffassung

und Anwendung des Systems, wie wir sie in so manchen neueren militairischen Schriften bewundern, z. B. in denen des Generals Buturlin, der den Jomini'schen Schematismus geradezu in ganz mechanischer Weise, wie einen hölzernen Maaßstab und Richtscheid handhabt, ohne die entfernteste Ahnung daß noch sonst ein geistiges Element zu beachten sein, daß es über die geometrische Regel hinaus irgend etwas geben könnte —: davor wurde Toll durch den eigenen gesunden Sinn, das angeborene Talent, und die bereits erlangte Erfahrung bewahrt.

Selbst das Feld der Erfahrung, das sich ihm nun zunächst eröffnete, war wohl geeignet eine vielseitigere Betrachtungsweise zu entwickeln. Toll wurde nämlich bei der gegen die Türkei verwendeten Armee angestellt, und machte so einen ungern begonnenen, zögernd und lau geführten Krieg mit, wo ihm einleuchtend werden mußte, daß der ideelle Begriff des Krieges, im wirklichen Kriege eigentlich nie in vollkommener Unbedingtheit hervortritt und verwirklicht wird; daß vielmehr die Kriegführung immer von mannichfachen Rücksichten abhängig bleibt, und die Politik nicht, wie man sich das zu denken liebt, ihre Rolle ganz ausgespielt hat, oder doch von rechtswegen ausgespielt haben sollte, wenn die des Kriegers beginnt, so daß nun ihre fernere Einmischung nur als ein unberechtigter Unfug zu betrachten wäre. Diese Feldzüge wurden um so lehrreicher für Toll da ihm bei dem minder zahlreichen Heer schon an sich eine bedeutendere Stellung zu Theil wurde — und ihm bald gelang das Vertrauen der Oberbefehlshaber zu gewinnen. Er war als Eingeweihter mit den Gründen ihres Thuns und Lassens bekannt, und übte bald selbst Einfluß auf den Gang des Krieges.

Unter diesen Bedingungen bildete sich Toll zu einer Tüchtigkeit heran die seine Laufbahn sicher stellte, so wenig er auch auf äußere Unterstützung zu rechnen hatte, und so entschieden ihn die Eigenthümlichkeit seines Charakters hinderte den einen und den anderen Weg einzuschlagen auf dem die Menschen sich in dieser Welt fortzuhelfen suchen. Er war vor Allem von einer unbedingten Grabheit und Wahrhaftigkeit des Charakters die es ihm unmöglich machte je ohne Einschränkung zu einer Coterie zu gehören, zu einem jener Kreise deren Mitglieder unter allen Bedingungen zusammenhalten, und sich gegenseitig unterstützen und halten —; denn immer hatte er vollkommen redlich die Sache im Auge um die es sich handelte, und nie vermochte er sie den mannichfachen besonderen Rücksichten nachzustellen, die in solchen Verbindungen so oft die entscheidende Hauptsache werden.

Auch eine leidenschaftliche Heftigkeit die er in den kräftigen, jüngeren Mannesjahren nicht zu beherrschen vermochte, mußte ihm in mancher Beziehung schaden. Im Bewußtsein der eigenen Redlichkeit und eines unbedingten Eifers brach er oft in einem furchtbaren Zorn los, wo er Nachlässigkeit und laue Versäumniß, oder vollends ein Vorwalten persönlicher Rücksichten zu gewahren glaubte. Er sprach dann leicht, namentlich auch zu den höher Gestellten unter deren Befehlen er eigentlich stand, manches verletzende Wort.

Leider haben wir über die wichtige nächstfolgende Periode seines Lebens, über die Feldzüge an der Donau, nur wenig Einzelnheiten zu berichten, und da wir wenig mehr thun können als bekannte Dinge erzählen, müssen wir uns kurz zu fassen suchen.

Viertes Kapitel.

Umbildung des russischen Heeres. — Bildung einer Dniester=Armee. — Toll's Anstellung bei derselben. — General Michelson. — Besetzung von Jassy und Bucharest.

Auch der Kaiser Alexander hatte wohl erkannt daß das russische Heer einer Vermehrung, einer besseren Gestaltung in sich, und vor Allem einer größeren taktischen Ausbildung bedürfe, um den Kampf mit Frankreich und Napoleon, dessen Erneuerung sich leicht vorhersehen ließ, mit besseren Aussichten auf Erfolg wieder aufnehmen zu können. Unmittelbar nach dem unglücklichen Feldzuge in Mähren wurde daher an einer Umbildung des Heeres im Großen wie im Kleinen, auf welche der Graf Araktschejew ohne Zweifel bedeutenden Einfluß übte, thätig gearbeitet.

Nicht allein daß während der beiden nächsten Jahre eine Anzahl neuer Regimenter gebildet wurden, sowohl Fußvolk als Reiterei, beson=

ders Dragoner: es wurde fortan Grundsatz die Armee bleibend, auch im Frieden, so einzutheilen und zu gliedern wie sie im Kriege bleiben sollte.

Das Ganze wurde in Divisionen getheilt, deren Zahl vermöge der erwähnten neuen Truppenbildungen auf fünfundzwanzig stieg. Die Garden bildeten die erste. Es lag dabei allerdings die Idee zum Grunde daß alle diese, aus allen Waffengattungen gebildeten, Truppenkörper, selbstständig nach einer allgemeinen Regel gegliedert, unter sich vollkommen gleich sein sollten. Als Norm galt daß eine jede Division in drei Brigaden Fußvolk, sechs Regimenter oder achtzehn Bataillone zählen sollte; dazu kamen zwei Regimenter, oder 10 Schwadronen schwerer Reiterei (Cürassiere oder Dragoner) und ein Regiment oder zehn Schwadronen leichter Reiter. Einige dieser Divisionen, die aus zwei Linien= und einer Jägerbrigade zusammengesetzt waren, standen bereits vollendet als das Vorbild da, welchem 1811 und 1812 das ganze Heer nachgebildet ward.

Indessen war doch diese Einförmigkeit nicht ganz streng durchgeführt; Ausnahmen welche durch örtliche oder andere Umstände geboten schienen, waren gestattet worden. Im Ganzen entsprachen 14 Divisionen genau der Norm; vier andere zeigten nur in Beziehung auf die Reiterei einige Abweichungen. Von den Uebrigen waren ein Paar, namentlich die nach Georgien verlegten, stärker an Fußvolk; andere, und darunter die an die sibirische Gränze entsendeten, so wie die Garden, schwächer.

Mit dieser neuen Einrichtung war eine Vermehrung der leichten Infanterie, der sogenannten Jäger, verbunden, die fortan in 32 Regimentern einen größeren Theil des gesammten Fußvolkes bildeten als bisher. Man fühlte sich weniger durch taktische Gründe dazu bewogen, als durch eine eigenthümliche Erscheinung die man in der russischen Armee bemerkt hatte. Von der ersten Errichtung der Jägerregimenter an hatte sich in ihnen ein besserer Geist gezeigt als in denen der Linie, mehr kühner Sinn und Tapferkeit. Daß dem so war so lange die Jäger etwas Neues waren, eine kleine, gewählte, besonders beachtete und gewissermaßen gehegte Schaar —: das läßt sich ganz gut begreifen —: seltsamer Weise aber scheint sich der Zauber der in dem Jägerrocke steckt, auch jetzt noch nicht erschöpft zu haben, nach einer Vermeh=

rung der Truppe die gar keine Auswahl mehr zuläßt. Selbst in den neuesten Feldzügen der Russen will man bemerkt haben daß die Jäger=regimenter auch jetzt noch besser sind als die anderen. Uebrigens un=terschieden sie sich im Grunde von denen der Linie durch wenig mehr als den grünen Kragen; ausgerüstet und bewaffnet waren sie ganz wie alle anderen Regimenter, und auf den eigentlichen Dienst leichter Trup=pen weder genug, noch in der zweckmäßigsten Weise geübt.

Auch die Artillerie war, mit Ausschluß eines Bataillons Fuß=Artillerie und einer Companie reitender die, der Garde angehörig, selbst=ständig blieben, in fünf und zwanzig Brigaden getheilt, die aber nicht durchgängig von gleicher Stärke waren (16 hatten je 6, 7 andere je 5, 2 endlich nur je 4 Companien).

Bald machten auch die Umstände eine veränderte Aufstellung der Armee längst der Gränze nothwendig, und diese Gelegenheit wurde be=nützt um Kutusow, dessen Heer aufgelöst wurde, zu entfernen. Man ernannte ihn zum General=Gouverneur von Kiew.

Die nächsten Rüstungen mußten der Türkei gelten. Während der Regierung des Kaisers Paul war das Verhältniß Rußlands zu der ottomanischen Pforte so freundschaftlich gewesen wie zu keiner früheren Zeit; seitdem aber hatte es sich merklich getrübt; Intriguen und Unterhandlungen deren Gang und Geist wir hier nicht zu erörtern haben, machten schon seit dem Jahre 1805 einen Bruch wahrscheinlich. Das türkische Reich schien allerdings in dem Augenblicke ein sehr schwacher Gegner, ja fast schon in sich zerfallen, denn seine Herrschaft in Afrika, und in einem großen Theil seiner asiatischen Provinzen, war eine ziemlich wesenlose Form geworden. In Aegypten herrschten nach dem Abzug der Engländer, erst die Beys der Mamelucken, dann Meh=med Ali sehr unabhängig, und zahlten der Pforte nur wenn sie eben wollten Tribut; in Asien beherrschte Djezar Pascha von Damascus aus ganz Syrien ohne sich im Mindesten um den Sultan zu kümmern. Fanatische Wahabiten bemächtigten sich der heiligen Städte Mekka und Medina, und bedrohten die an Arabien gränzenden Provinzen, und selbst in der europäischen Türkei wüthete überall Aufstand und innerer Krieg. Der bekannte Pascha von Widdin, Paswan Oglu, stand schon seit einer Reihe von Jahren vollkommen unabhängig da, und hatte mehr als ein gegen ihn ausgesendetes Heer des Sultans vernichtet. Nicht minder entschlossen und glücklich erhielt sich Ali Pascha von Janina als unabhängiger Fürst von Albanien; den Griechen in Attika und Morea war nie zu trauen; die Moldau und Wallachei wurden durch russischen Schutz und Einfluß der Pforte mehr und mehr entfremdet —; und ein südslawisches Volk an der Donau, dem wohl noch eine bedeutsame Zukunft vorbehalten sein möchte, die Serben, erhob sich in Waffen, vom Glück begünstigt seitdem es in dem schwarzen Georg Petrowitsch (Czerny Georg) einen kühnen und sehr klugen Führer gefunden hatte. Zum Ueberfluß hatten Sultan Selim's Neuerungen, die Einführung der Nizami Gedid, in europäischer Weise geübter Truppen, das alte Janitscharen-Heer zu bedenklicher Unzufriedenheit aufgeregt ohne dem Reich ein brauchbares neues Heer zu geben.

Dennoch, so leicht der Sieg auch scheinen mochte, konnte ein Bruch mit der Pforte zu einer Zeit wo alle europäischen Verhältnisse in gewaltsamer Spannung den Character einer unheimlichen Vorläufigkeit an sich trugen, und schwere Kämpfe ahnen ließen, der russischen Regierung nicht unbedingt gelegen kommen. Noch ungelegener mußte er der Rußland verbündeten englischen Regierung sein; theils weil sie gern Rußlands ungetheilte Macht für ihre Zwecke gegen Napoleon verwendet gesehen hätte, theils auch eben weil das türkische Reich, an dessen Erhaltung ihr gar sehr gelegen war, in seiner inneren Zerrüttung ganz ohnmächtig schien.

Sie erhielt denn auch den Frieden selbst nachdem der Kaiser Alexander im Spätjahr 1805 die Aufstellung einer Armee im südlichen Rußland angeordnet hatte, die sich bereit halten sollte auf den ersten Befehl über den Dniester zu gehen. Während des Kriegs in Mähren machte freilich die Bildung dieses Heeres, das zuerst der Graf Tormassow befehligen sollte, nur geringe Fortschritte. Jetzt aber, in den ersten Monaten des Jahrs 1806, wurde Ernst damit gemacht, und bald waren in den südlichen Provinzen, den Dniester entlang, fünf Divisionen vereinigt; nämlich die 9. (Fürst Wolkonsky der 3.) — 10. (G.-L. Möller-Sakomelsky) — 11. (G.-L. Miloradowitsch) — 12. (Fürst Galitzin) — und 13. (G.-L. Herzog von Richelieu). Die beiden ersten bildeten unter dem G.=L. Essen eine erste Abtheilung, die beiden folgenden unter dem G.=L. Baron Meyendorff die zweite. Die 13. Division blieb selbstständig. Im Ganzen zählte dies Heer 90 Bataillone, 100 Schwadronen, und nicht weniger als 286 Geschütze, aber nicht mehr als etwa 60,000 Mann; die Regimenter hatten also kaum zwei Drittheile der vorschriftsmäßigen Mannschaft unter den Waffen.

Der Oberbefehl wurde nun dem rüstigen siebenundsechzigjährigen General Michelson anvertraut. Der Major Toll sah sich zu dem Hauptquartier dieses Heeres befehligt, wo er im Lauf dieser Feldzüge selbst mehrere Male als Stellvertretender, die Geschäfte eines General=Quartiermeisters besorgte. Er kam hier wieder in, wenngleich entfernte, Berührung mit dem jetzigen Feldmarschall Paskiewitsch, der Stabs=Capitain in der Garde, Flügel=Adjutant des Kaisers und ohne bestimmte Aufträge Michelson's Hauptquartier zugezählt war.

Die hier vereinigte Macht konnte den Umständen nach eine bedeutende genannt werden; wenigstens war sie vollkommen genügend die Donau=Fürstenthümer zu besetzen und zu behaupten. Aber gerade in dem Augenblick wo der Friede nicht länger zu halten schien, wo sie wirksam werden sollte, sah sich Michelson eines großen Theils der Mittel beraubt die ihm zu Gebote standen. Denn kaum hatte er, im October 1806, den Befehl erhalten über den Gränzfluß zu gehen, sich der Festungen Chotym und Bender zu bemächtigen, und das Land bis zur Donau zu besetzen, als sich Rußland genöthigt sah in dem Kriege in Norddeutschland, an dem es nur als Hülfsmacht Antheil nehmen wollte, als Hauptmacht aufzutreten. Die Schlachten von Jena und Auerstädt hatten das preußische Heer vernichtet. Da wurde unter dem 23. Oct. (4. Nov.) eilig von Petersburg aus befohlen daß Essen's Abtheilung (die 9. und 10. Division) nach lithauisch Brest abrücken solle. Michelson's Armee blieb in Folge dessen kaum 30,000 Mann stark; dennoch aber hatte es dabei sein Verbleiben daß er, jetzt freilich nur mit zwanzig tausend Mann, die Donau=Fürstenthümer besetzen, zehntausend aber als Rückhalt auf dem linken Ufer des Dniesters lassen sollte. Man glaubte, wie es scheint, den Schritt auch mit dieser geringen Macht wagen zu können, weil man hoffte bei der

Schwäche des türkischen Reichs, die dazu aufforderte, werde es dennoch nicht zum Kriege kommen; eben die Besetzung des Landstrichs bis zur Donau, und die drohenden Vorstellungen des englischen Gesandten in Konstantinopel, würden genügen Alles was Rußland forderte von der Pforte zu erlangen.

Die normale Eintheilung in Divisionen konnte natürlich in dem kleinen Heer nicht beibehalten werden, wenn die Vertheilung irgend dem Zweck entsprechen sollte. Michelson theilte dem gemäß das Ganze in einen Vortrab von 4 Bataillonen und 1 Kosacken-Regiment unter den Befehlen des Fürsten Dolgorukow, und ein Haupt-Corps das wieder in zwei Abtheilungen zerfiel, deren erste unter Miloradowitsch aus 10 Bataillonen und 14 Schwadronen bestand; die zweite unter dem G.-L. Grafen Kamensky dem 1., der dem Fürsten Galizin im Befehl über die 12. Division gefolgt war, aus 12 Bataillonen und 4 Schwadronen. Dieser Haupttheil des Ganzen sollte bei Mogilew über den Dniester gehen und zunächst Jassy besetzen, während eine Seiten-Colonne von 15 Bataillonen, 8 Schwadronen und 2 Kosacken-Regimentern, unter Meyendorff weiter unterhalb bei Duboffari über Fluß und Gränze ging, und sich Benders zu bemächtigen suchte.

Auf dem linken Dniester-Ufer blieb der Herzog von Richelieu mit 11 Bataillonen und 12 Schwadronen. Einige Bataillone der 13. Division hielten außerdem Odessa, Cherson und mehrere Punkte in der Krim besetzt.

Die Truppen die wirklich zur Verfügung standen, betrugen also im Ganzen 52 Bataillone, 38 Schwadronen und 3 Kosacken-Regimenter*) zu denen noch 1 Pontonier-, 2 Pionier- und 12 Artillerie-Companien mit nicht weniger als 144 Stück Geschütz kamen. Da sie zusammen nicht volle 30,000 Mann ausmachten, sieht man wohl daß die Schwadronen im Durchschnitt kaum 100 Pferde, die Bataillone nicht volle 500 Mann unter dem Gewehr zählten, daß also dies Heer sehr weit entfernt war vollzählig zu sein.

Um den kaiserlichen Befehlen in Beziehung auf die nächsten Ope-

---

*) Danilewsky, dessen Hauptzahlen nicht immer zu den Factoren stimmen, sagt 53 Bataillone und 5 Kosacken-Regimenter.

rationen genügen zu können, hatte General Michelson die Einrichtung getroffen, daß zwar die 10. Division ohne Aufenthalt nach Litthauen abrückte, die 9. dagegen unter Essen's persönlicher Leitung einige Zeit bei Kameniec-Podolsk verweilen mußte, um sich von dort aus zur bestimmten Frist der Festung Chotym zu bemächtigen, was auch schon am 25. November*) ohne Mühe gelang, da die Türken nicht in der Verfassung waren den Platz zu vertheidigen. Essen setzte darauf seinen Marsch nach dem Schauplatz des Krieges in Preußen fort.

Bei der eigentlichen Dniester-Armee ging der Vortrab unter Dolgorukow am 23. bei Mogilew über den Gränzfluß, am 26. über den Pruth, und besetzte am 28. Jassy ohne Widerstand zu finden. Das Heer selbst und das Hauptquartier folgten in einer Entfernung von zwei Tagmärschen, so daß der Einzug in die Hauptstadt der Moldau am 30. November stattfand.

Weiter abwärts nach Süden hatte Baron Meyendorff bereits von Dubossari aus Unterhandlungen mit dem unzufriedenen Pascha von Bender angeknüpft. Dieser lebte schon seit einiger Zeit in Erwartung seiner Absetzung, und der damit in der Türkei regelmäßiger Weise verbundenen seidenen Schnur. Meyendorff, der in der Nacht vom 3. auf den 4. December über den Dniester ging, brauchte daher nur (am 5.) vor den Mauern Benders zu erscheinen; die Thore öffneten sich wie von selbst; in der Nacht vom 6. auf den 7. rückte erst der Vortrab, dann die ganze Abtheilung Meyendorff's in aller Stille und strengster Ordnung über die herabgelassene Zugbrücke in die Stadt, besetzte die Wälle und die öffentlichen Plätze, und bemächtigte sich des Geschützes. Leicht konnten nun am folgenden Morgen, als die Schlüssel der Stadt förmlich dem Befehlshaber der Russen übergeben waren, Besatzung und Bevölkerung entwaffnet werden; es war dafür gesorgt daß dabei keine Störung vorkommen konnte. Die Einwohner aber wanderten meist aus nach Ismail, und vermehrten dort die Zahl der Vertheidiger.

Während Michelson selbst noch in Jassy verweilte, entsendete er Miloradowitsch nach Bukarest, und den Fürsten Dolgorukow mit 1

---

*) Neuen Styls nach dem wir fortan wieder ausschließlich zählen.

Bataillon 5 Schwadronen, 1 Sotne Kosacken und 4 Kanonen nach Gallatz, von wo aus er Brailow und seine Besatzung beobachten sollte. Die wenigen Türken die aus Giurgewo unter dem dortigen Seraskier Mustapha Bairactar herbeigeeilt waren, konnten bei Bukarest keinen ausreichenden Widerstand leisten. Nur Miloradowitsch's Vortrab unter dem G.-M. Ulanius hatte ein unbedeutendes Gefecht an der Jalomitza; als Miloradowitsch selbst nahte, verließ Mustapha den Ort, in dem seine Leute noch zum Abschied schlimm gehaust hatten. Unmittelbar nach dem Einzug der Russen reiste auch Michelson selbst nach Bukarest wo er am 28. December eintraf. Toll begleitete ihn. Die beiden russisch gesinnten Hospodare Morusy und Ypsilanti, kurz vorher von der Pforte abgesetzt, wurden natürlich wieder eingesetzt. Ihre Absetzung war die unmittelbare Veranlassung zum Bruch geworden, und es half nichts daß die Pforte diese Maaßregel wieder zurücknahm, denn die russische Armee hatte sich schon ohne Zögern der Fürstenthümer bemächtigt.

Meyendorff hätte sich nun eigentlich auch noch der Festung Ismail bemächtigen sollen, aber Schwierigkeiten der Verpflegung, die er nicht schneller zu besiegen wußte, hielten ihn dreizehn Tage lang bei Bender auf, und als er nun endlich vor der genannten Stadt erschien war es jedenfalls zu spät. Meyendorff belehrte freilich den Befehlshaber Peglivan-Pascha daß die Russen die Moldau und Wallachei lediglich aus Vorsorge für die Wohlfahrt dieser Länder besetzt hätten — daß unruhiges Gesindel aber diesen Umstand benützen könnte, um unter dem Vorwande dies sei ein Friedensbruch, aus der Festung in das flache Land zu fallen, und da Unfug zu treiben — daß daher der Pascha nichts Vernünftigeres thun könne als eine russische Besatzung in Ismail aufnehmen um diesem Unheil vorzubeugen —: dem rohen Türken aber wollte das nicht einleuchten, und nach unbedeutenden Vorposten-Gefechten mußte sich Meyendorff unverrichteter Dinge nach Reni zurückziehen.

Unterdessen ging auch der Herzog von Richelieu bei Majaki, nahe dem Punkt wo der Fluß sich zum Liman erweitert, über den Dniester und besetzte ohne Widerstand Palanka, Akerman und Kilia. Den

Türken blieb vom Meer bis an die Aluta nichts als die drei Festungen Ismail, Brailow und Giurgewo.

Nun trat ein Stillstand in den Operationen ein, den schon die rauhe Jahreszeit in diesen, während der Wintermonate großentheils fast weglosen Steppengegenden gebot, den aber auch sonst die Umstände nothwendig gemacht haben würden; denn die Russen hatten sich ausgebreitet so weit ihre schwachen Mittel irgend erlaubten, sie durften sich kaum weiter wagen —: die Türken waren nicht gerüstet, und konnten vor der Hand nichts unternehmen.

Das Heer wurde dem gemäß in Winterquartiere vertheilt; Milorabowitsch blieb in und um Bukarest, sein Vortrab auf der Straße nach Giurgewo; Graf Kamensky um Slobodzie an der Jalomitza, von wo aus er Brailow beobachtete; Meyendorff bei Faltschi am Pruth, ziemlich entfernt von Ismail das er beobachten sollte; Richelieu's Division war nach Akerman, Kilia und Bender verlegt.

Die Nationalitäten regten sich damals noch nicht mit dem Bewußtsein, das sie in unseren Tagen wie neu belebt hervortreten läßt; der Zwiespalt zwischen den einheimischen Rumänen und den eingewanderten Fanarioten war noch nicht so scharf ausgeprägt wie zu einer späteren Zeit; man hoffte viel von dem russischen Schutz, die russische Armee wurde daher überall von den Bojaren und der Geistlichkeit mit einstimmiger Freudigkeit empfangen — und selbst von der Masse des Volks insofern die überhaupt in Betrachtung kommen konnte. Den Offizieren des Hauptquartiers verging unter diesen Bedingungen der Winter lustig genug mitten in dem halbasiatischen gesellschaftlichen Leben der Bojaren, das nur die schlechteren Elemente des europäischen in sich aufgenommen hatte, dessen Hauptinhalt leidenschaftliches, oft Tage und Nächte fortgesetztes Spiel, und Liebesabentheuer der Damen bildeten, in dem Barbarei und Leichtsinn, Pracht und Schmutz, Verschwendung und Elend sich seltsam genug kreuzten.

Indessen war doch General Michelson die Zeit über nicht eben müßig. Der Krieg mit der ottomanischen Pforte war zwar noch nicht erklärt; es schien sogar als hoffe man den Frieden auch jetzt noch zu erhalten —: doch war das natürlich kein Grund Zeit zu verlieren. Man säumte nicht sich mit den Serben in Verbindung zu setzen und ein förmliches Bündniß mit ihnen zu schließen. General Michelson erhielt eine besondere Summe von 13,000 Ducaten die bestimmt war dem Aufstand dieses Volks mehr Umfang und Haltung zu geben, und dem Führer Czerny Georg wurde ein kaiserlich russisches Generals-Patent ertheilt.

Fünftes Kapitel.

Kriegserklärung. — Gefechte bei Turbat und Giurgewo. — Blokade von Ismail. — Gefechte vor diesem Platz. — Ende des General Michelson. — Waffenstillstand von Slobodzie.

Die Serben hatten noch zum Schluß des Jahres 1806 große Vortheile erfochten; sie hatten die lange und tapfer vertheidigte Hauptfestung Belgrad erobert. Dennoch scheute sich die Pforte, durch den französischen Gesandten, General Sebastiani, ermuthigt, und unter seinem Einfluß, nicht länger Rußland den Krieg zu erklären. Vergebens betheuerte der russische Gesandte Italinsky, die Besetzung der Donau-Fürstenthümer sei kein Bruch des Friedens, kein Act des Krieges, sondern nur eine Maaßregel die man ergriffen habe um die Pforte zur Erfüllung der früheren Verträge zu zwingen. Er mußte die türkische Hauptstadt verlassen. England machte eben so vergeblich einen letzten Versuch vermöge eines Seeräuber-Anfalls auf Konstantinopel den Frieden zu erhalten. Ohne daß man eine Kriegserklärung oder sonstige Förmlichkeiten nöthig geachtet hätte, erschien eine englische Flotte vor der Stadt, und drohte mit Einäscherung, wenn der Sultan nicht augenblicklich gewisse Artikel unterschreibe, die ihm vorgelegt wurden. Ausweisung des französischen Gesandten, und Erneuerung des früheren Bündnisses mit Rußland und England, nahmen auf der Liste die ersten Stellen ein. Seltsamer Weise verlangte England damals für Rußland ein Recht, das eben dasselbe England in unseren Tagen diesem letzteren Reich nicht zugestehen wollte, als die Pforte es freiwillig gewährte: die freie Durchfahrt durch den Bosporus und Hellespont für die russischen Kriegsschiffe. Daß England nebenher und

faſt wie eine Sache die ſich ganz von ſelbſt verſtehe, für ſich die Aus=
lieferung der türkiſchen Flotte verlangte, überraſcht weniger, und iſt
gewiſſermaßen ganz in der Ordnung.

Diesmal aber waren der Geſandte Arbuthnot und Admiral
Duckworth doch am Ende die Getäuſchten. Sie verſäumten es
den günſtigen Augenblick zu benützen. Anſtatt raſch zu handeln,
ließen ſie ſich durch Unterhandlungen hinhalten, bis unter Gen. Seba=
ſtiani's Leitung am Ufer ſehr kräftige und zweckmäßige Vertheidigungs=
maaßregeln getroffen waren; dann mußte ſich das engliſche Geſchwader
unverrichteter Dinge entfernen, und fand den Rückweg durch die Darda=
nellen=Straße nicht ohne Gefahr und Verluſt.

Unterdeſſen rüſtete ſich die Pforte zum Kriege; der Großvizir
ſammelte bei Adrianopel und Schumla was in Europa und Aſien an
Truppen aufzutreiben war; der Paſcha von Bosnien erſchien mit
20,000 Mann zu Widdin, wo Paswan Oglu plötzlich geſtorben war.

Rußland konnte dagegen unter den obwaltenden Umſtänden für
ſeine Moldau=Armee, wie jetzt Michelſon's Heer genannt wurde, nur
wenig thun. Außer einiger Kavalerie und einer Anzahl Koſacken die
ſich ihr anſchloſſen, konnten ihr, wie wir durch Danilewsky erfahren,
nur 8,900 Rekruten geſchickt werden. Daß auch eine im Kiew'ſchen
und Poltawa'ſchen Gouvernement in der Eile errichtete Landmiliz zur
Verfügung des Oberbefehlshabers geſtellt wurde, nützte ihm natürlich
nur inſofern als er durch ſie einige ſchwache Beſatzungen am Dnieſter
konnte ablöſen laſſen. Michelſon ſuchte ſich zwar in etwas zu helfen
indem er die Saporoger Koſacken von jenſeits der Donau her unter die
ruſſiſchen Fahnen rief, und in der Wallachei aus Eingebornen einige
Truppen zu bilden bemüht war; dieſe blieben jedoch ſehr unzuverläſſig
und unbrauchbar. Auch der Hoſpodar der Wallachei, Ypſilanti,
ſtellte ein Bataillon; es war aber um nichts beſſer, und im Ganzen
war und blieb Michelſon durch gebieteriſche Umſtände auf die Verthei=
digung verwieſen, die ihm denn auch von Petersburg aus vorgeſchrie=
ben wurde.

Während der kommandirende General in dem unlängſt erworbenen
Georgien, Graf Gudowitſch, die aſiatiſchen Paſchaliks des türkiſchen
Reichs angriff —; die ruſſiſche Flotte im ſchwarzen Meere einen An=

fall auf Konstantinopel machte (der jedoch am Ende nicht einmal versucht wurde); — und eine andere Flotte unter dem Admiral Siniäwin im ägäischen Meere ebenfalls den Krieg angriffsweise führte, und den erwarteten Aufstand der Griechen auf den Inseln unterstützte, sollte sich Michelson nur in den Fürstenthümern erhalten. Er stellte sich selbst die Aufgabe Ismail wo möglich zu erobern, um wenigstens den Besitz der Moldau ganz zu sichern.

Die Truppen die ihm zu Gebot standen beliefen sich auf 52 Bataillone, 55 Schwadronen, 10 Kosacken-Regimenter, und etwa 1,000 Mann wallachischen Fußvolks. Danilewsky berechnet ihren Bestand ohne die Artillerie auf 38,500 Mann; eine runde Zahl wie man sieht; die Bataillone und Kosacken-Regimenter sind zu 500 Mann, die Reiter-Schwadronen zu 110 Pferden gerechnet. Ohne Zweifel wußte Danilewsky die richtige und genaue Zahl, er theilt sie aber hier so wenig mit, als bei anderen Gelegenheiten. Die Kosacken möchten wohl bedeutend schwächer gewesen sein. Im Ganzen ist so ziemlich gewiß daß dies Heer sehr unvollzählig war, und höchstens zwei Drittheile der vorschriftsmäßigen Mannschaft unter den Waffen hatte. An Artillerie befanden sich dabei 4 Zwölfpfünder-, 7 Sechspfünder- und 2 reitende Companien mit 156 Stücken Geschütz. Unter Milorabowitsch, Kamensky und Meyendorff in drei Abtheilungen getheilt, war es um die schon oben genannten Punkte versammelt. — Fünf Bataillone lagen außerdem als Besatzung in Chotym, Mogilew, Jassy und Bender.

Die Aufgaben für die Befehlshaber der einzelnen Abtheilungen ergaben sich sehr einfach aus den allgemeinen Verhältnissen; Milorabowitsch und Kamensky hatten bloß etwaige Angriffe von Giurgewo und Brailow her abzuwehren; Meyendorff sollte mit dem stärksten Heertheil Ismail belagern, und Michelson hegte die Hoffnung daß dieser Platz noch vor Ankunft des türkischen Hauptheers an der Donau fallen werde. Aber noch ehe Meyendorff seine Truppen versammelt hatte, machte Peglivan einen Ausfall aus Ismail, und schlug dessen Vortrab mit ziemlichem Verlust bei Kuby zurück.

Theils um diese kleine Scharte auszuwetzen und die Türken kein Gefühl von Ueberlegenheit gewinnen zu lassen, theils um Mustapha-Bairactar zu beschäftigen, damit er keine Verstärkungen nach Ismail sende, rückte Michelson am 16. März, in dem Augenblick wo Meyendorff endlich gegen diese Festung aufbrach, auch seinerseits mit 15 Bataillonen, 7 Schwadronen Husaren und zwei Kosacken-Regimentern des Gen. Milorabowitsch gegen Giurgewo vor, um einen Haufen von 8000 Türken anzugreifen, der sich etwa eine Meile herwärts dieses Orts auf der Heerstraße gelagert hatte. Toll begleitete ihn natürlich auf diesem Zuge.

Ein Nachtmarsch sollte die russische Schaar nach Daia, dicht vor die Stellung der Türken bringen, und das geschah auch, wenngleich nicht ohne große Mühe, Verlust und Gefahr, denn die Nacht war eine schlimme. Erst durchnäßte ein kalter Winterregen die durch die tiefe Dunkelheit dahin ziehenden Krieger; dann erhob sich einer jener Stürme die sich in jenen Gegenden, über das Flachland hinwehend, oft zu einer furchtbaren Gewalt steigern, und verwandelte den fallenden Regen in scharfe Hagelkörner. Einzelne Truppentheile verirrten sich in der eigentlich weglosen Steppe, und mußten mühsam wieder zusammengesucht werden, wobei sich namentlich auch, wie Michelson's Berichte besagen, der Flügel-Adjutant Paskiewitsch thätig gezeigt haben soll. Diese Berichte erwähnen auch einiger erfrorenen Soldaten; es läßt sich denken daß deren ziemlich viele gewesen sein mögen.

Daß die Truppen, nachdem sie seit dem vorigen Tage in aufgeweichten Wegen zum Theil sieben Meilen zurückgelegt hatten, fast unmittelbar nach einer solchen Nacht ins Gefecht geführt werden konnten, ist gewiß ein Beweis großer Tüchtigkeit. Danilewsky spricht zwar beiläufig von einer kurzen Ruhe die Michelson den Truppen, ohne Zweifel herwärts Daia, gewährt habe: aber man muß auch hier bedauern daß er die Wichtigkeit gewisser Einzelnheiten nicht zu kennen scheint, und immer Anekdoten nachjagt anstatt darüber Auskunft zu geben. Es wäre interessant zu wissen wie viel Zeit eigentlich nöthig war um Alles wieder in gefechtsfähigen Stand zu setzen; jedenfalls scheint aus den Berichten hervorzugehen daß nicht abgekocht wurde ehe es zum Angriff ging. Das ist viel.

Die Türken fand man jenseits eines kleinen Bachs der bei Daia vorbeifließt, in zwei Haufen gelagert. Der eine Theil hatte sich ungefähr dreitausend Schritte von Daia, östlich der Straße nach Giurgewo, bei dem Dorfe Tschadirsch-Oglu, auf einer kleinen Anhöhe an einem See verschanzt; der andere hatte sich in dem Dorfe Turbat, bei dem ein kleiner Bach in einen See fällt, über viertausend Schritte von Daia und westlich der Heerstraße, wie die Türken pflegen, durch Laufgraben und Erdaufwürfe sicher zu stellen gesucht.

Michelson ließ in vier Colonnen, die sich jenseits Daia fächerförmig auf Diagonalen links und rechts vorwärts bewegten, zum Angriff vorgehen. Die beiden ersten unter den General-Majoren Issayew und Ulanius sollten, links gewendet, die verschanzte Höhe bei Tschadirsch-Oglu angreifen — die dritte und stärkste unter Miloradowitsch rechtshin Turbat erstürmen; die vierte unter dem Gen.-M. Bachmetiew blieb als Rückhalt bei Daia. — Issayew und Ulanius schlugen einen Ausfall der Türken zurück; es gelang ihnen sie auf ihre Verschanzungen einzuschränken und darin zu umzingeln. — Miloradowitsch trieb ebenso die Spahi's, die ihm entgegenkamen, zurück, und nachdem die Reiterei der Türken aus dem Felde geschlagen war, verließ auch ihr Fußvolk Turbat um sich gegen Giurgewo zurückzuziehen. Nur eine kleine Schaar solcher wahnsinnig Tapferen wie sich unter den Orientalen häufig zeigen, ohne daß ihre schlecht geleiteten Anstrengungen dem Ganzen zum Vortheil gereichten, schloß sich in der unmittelbaren Nähe des Dorfs in ein festes, dem Mustapha-Bairactar gehöriges Schloß, verwarf jeden Vertrag mit dem Feinde, wehrte sich verzweifelt, und ließ sich nach der endlichen Erstürmung bis auf wenige, ganz mit Wunden bedeckte, Gefangene niedermetzeln.

Jene auf der Anhöhe bei Tschadirsch-Oglu eingeschlossenen Türken schlugen sich während der Nacht durch die umzingelnden Russen, und entkamen, wenn auch nicht ohne namhaften Verlust, nach Giurgewo. Issayew und Ulanius schlossen sich darauf wieder dem Haupttrupp an.

Michelson hatte jenseits Turbat Stellung genommen — wenn man das so nennen kann; seine Truppen lagerten dort in der Fläche. Am folgenden Tage, den 18. März, rückten die Türken in bedeutender Anzahl aus den Verschanzungen um Giurgewo, wie es schien zum ernstlichen Angriff vor. Michelson ging ihnen, wie das den Orientalen gegenüber immer gerathen ist, angriffsweise entgegen, und zwar nach der einfachsten aller denkbaren Dispositionen: die Infanterie war auf einer langen Linie zu beiden Seiten der Straße nach Giurgewo in Vierecke geordnet, die Reiterei hielt sich hinter den Zwischenräumen, Alles ging gleichmäßig vor zum parallelen Angriff; nur zwei Bataillone blieben zum Rückhalt. Die Türken stutzten und wichen, es kam nur zu einer Kanonade und unbedeutenden Reitergefechten. Zuletzt zogen sich die Türken in die Festung zurück und zündeten die Vorstädte an.

Die Gefechte beider Tage waren unbedeutend, doch glaubte Michelson seinen Zweck erreicht, und die Belagerung von Ismail mittelbar gefördert zu haben. Auch hielt er es für nützlich die Dörfer um Giurgewo zu verwüsten und dem Boden gleich zu machen, damit nicht feindliche Abtheilungen sich von Neuem in ihnen festsetzen könnten.

Drei Wochen stand Michelson in dieser Verfassung vor Giurgewo, dann führte er seine Truppen in die frühere Stellung bei Bukarest, mit einem gegen diese Festung vorgeschobenen Vortrab, zurück, um in Beziehung auf das gesammte Kriegstheater veränderte Anordnungen zu treffen. Er war nämlich nicht zufrieden mit den Maaßregeln Meyendorff's vor Ismail, die auch in der That nicht förderten. Man hatte dort die Festung auf dem linken Ufer eingeschlossen, auch die Insel Tschetal, das heißt das Donau-Delta zwischen dem Kiliaschen und dem Sulina-Arm des Stroms mit einer schwachen Abtheilung besetzt, eine Flotille von 38 Fluß-Fahrzeugen von Odessa her die Donau heraufgebracht, und mit ihrer Hülfe einen Versuch gemacht sich der kleinen Feste Tultscha auf dem rechten Ufer zu bemächtigen. Der war aber mißlungen, eben wie der stürmende Angriff auf ein vorgeschobenes Werk Ismail's auf der genannten Insel, der auch mit Verlust zurückgeschlagen wurde. Auch machte Peglivan Ausfälle die nicht immer unglücklich waren —: kurz die Dinge wollten dort keine günstige Wendung nehmen.

Michelson sendete nun gegen die Mitte Mai's den Gen.-M. Issayew mit etwa 1,500 Mann nach Serbien, um dort den siegreichen Aufstand zu unterstützen, und namentlich dem Führer Czerny Georg die Stütze einer durchaus disciplinirten Schaar zu gewähren, dann auch um Rußlands Einfluß in jenem Lande sicher zu stellen. Miloradowitsch erhielt den Auftrag mit 10 Bataillonen und 17 Schwadronen Bukarest zu behaupten; Kamensky bei Slobodzie sollte fortwährend die Verbindung zwischen ihm und Meyendorff erhalten, und Brailow, Hirsowa und Silistria beobachten. Für seine Person begab sich Michelson zu den Truppen vor Ismail, wohin Toll ihn begleitete.

Es lag in der Natur der Dinge daß dieser erste Theil des Feldzugs ziemlich thatenlos verging, da die Russen, auf die Vertheidigung angewiesen, nicht angegriffen wurden; und auch jetzt, als endlich der Vizir mit seinem Heer von Schumla gegen die Donau und nach Silistria herangekommen war, verursachten gewaltsame Ereignisse in Konstantinopel neue, wenigstens augenblickliche, schwankende Ungewißheit. Ein Aufstand der Feinde jeder Neuerung, der Ulema's und der Janitscharen, dem bekanntlich die europäische Diplomatie nicht fremd war, schien dort eine gänzliche Aenderung aller Maaßregeln bewirken zu müssen. Alle Minister wurden ermordet, der Sultan Selim selbst wurde als Ketzer vom Thron gestoßen und im Serail eingesperrt, ein anderer Prinz des herrschenden Geschlechts, Mustapha, aus der Art von Haft gezogen, in der im Orient die Prinzen von Geblüt den Thron oder den Strang erwarten, mit Mahomet's Säbel umgürtet. Doch führte diese Staatsumwälzung weder zur Ausweisung des französischen Gesandten aus Konstantinopel, noch zum Frieden, den England damals um jeden Preis herbeiführen wollte.

Der zögernde Vizir sah sich in seinem Amt bestätigt und angewiesen dem Plan gemäß zu handeln, den wie man Ursach hat zu glauben, Sebastiani's französische Offiziere an die Hand gegeben hatten. Während Mustapha-Bairactar mit seinem in europäischer Weise geübten Heer von Giurgewo gerade nach Bukarest vordrang, sollte der Vizir mit seinen vierzigtausend Mann bei Silistria über die Donau gehen, um Miloradowitsch, den man ganz zu erdrücken hoffte, von seinen Verbindungen abzuschneiden. Er ließ sogleich einen angeblich 16,000 Mann starken Vortrab unter Ali Pascha über die Donau gehen, mit dem Befehl, über Obilesti gegen Bukarest vorzubringen.

Aber den Türken war alles Europäische im Krieg wie im Frieden noch zu fremd als daß solche strategische Combinationen ihnen den Sieg sichern konnten. Miloradowitsch dagegen scheint seine Lage sehr richtig aufgefaßt zu haben. Daß leidender Widerstand bei Bukarest gegen eine von zwei Seiten heranziehende weit überlegene Macht, zu keinem günstigen Ergebniß führen konnte, war ihm einleuchtend; er faßte den lobenswerthen Entschluß erst dem einen dann dem anderen Gegner entgegenzugehen — er warf sich demgemäß zunächst nach Obilesti dem zuerst thätigen und gefährlichsten Feind in den Weg, und zwar nahm er den Weg über Soliman, so daß ihm selbst im ungünstigsten Fall der Rückzug nach der Moldau frei blieb. Ein rascher Anfall, ein unbedeutendes Gefecht genügten am 14. Juni — an dem Tage an welchem ein russisches Heer bei Friedland sehr unglücklich focht — Ali Pascha gegen Silistria zurückzuwerfen. Der Vizir, kaum über die Donau gekommen, ging sogleich auf das rechte Ufer zurück. — Miloradowitsch seiner Seits, rückte eilig auf der Straße nach Giurgewo dem Seraskier Mustapha-Bairactar entgegen, der sich aber zurückzog ohne ein Gefecht anzunehmen. So hatte sich Miloradowitsch rühmlich behauptet, gegen einen freilich sehr schwach ausgeführten Angriff.

Vor Ismail hatte sich Michelson bald überzeugt daß da nicht viel mehr zu thun war als Meyendorff bereits gethan hatte. An eine regelmäßige Belagerung war ohne schweres Geschütz nicht zu denken, und zu einem Sturm wie ihn einst Suworow ausgeführt hatte, achtete Michelson seine Truppen nicht zahlreich genug. Es blieb also bei der Einschließung des Orts, die nie zu einer ganz vollständigen gemacht werden konnte, und einer gelegentlichen, wie es scheint ziemlich planlosen, Beschießung aus hier und da aufgeworfenen, mit Feldgeschützen besetzten Batterien. Nur wurden einige dieser Batterien an andere Stellen verlegt, und es kamen einige neu angelegte hinzu. Die Besatzung machte, bald in größerer, bald in geringerer Zahl häufige Ausfälle, die mit abwechselndem Glück zu wiederholten Gefechten führten. Ein eigentlicher Erfolg war nicht abzusehen.

Schon am 7. Juni wohnte Toll einem auf diese Weise veranlaßten Gefecht vor Ismail bei. Dritthalb Wochen später, am 24. Juni, fand ein ernsthafteres statt. Obgleich die Russen auf der Insel Tschetal Fuß gefaßt hatten, war es nämlich doch nicht gelungen die Schifffahrt auf dem Strom ganz zu verhindern, und die Verbindung der Festung mit Tultscha und dem rechten Ufer abzuschneiden. Jetzt sollte eine auf dem rechten Flügel der um Ismail gelagerten Truppen, oberhalb der Stadt am Strom angelegte, diesen beherrschende Batterie, die Verbindung zu Wasser unmöglich, oder doch sehr gefahrvoll und schwierig machen. Die Türken suchten das neue Werk zu zerstören. Zahlreiche türkische Schaaren fielen in der entgegengesetzten Richtung, stromabwärts, aus dem nach Bender führenden Thor, und warfen sich auf den linken Flügel der Russen, wo Michelson persönlich das Gefecht leitete. Alle Reiterei die zur Hand war, die Bedeckung des Oberbefehlshabers nicht ausgenommen, wurde ihnen entgegengesendet und trieb sie zurück, so daß selbst ein Theil der Türken den Rückzug nach dem Benderschen Thor verlor, und fliehend um einen Theil der Stadt herum nach dem Kiliaschen eilen mußte. — Ein anderer Theil der Besatzung hatte unterdessen, auch aus dem Benderschen Thor hervorbrechend, auf dem rechten Flügel, die neue Batterie erobert, war aber bald wieder, durch herbeieilende Verstärkungen, daraus vertrieben, und in die Stadt zurückgeworfen worden. Ob die Türken in der Zwischenzeit das Werk zerstört, die Kanonen vernagelt hatten, darüber schweigen die Berichte.

Für den thätigen Antheil den er an Michelson's Seite an diesem Gefecht genommen hatte, wurde Toll durch den St. Annenorden zweiter Klasse belohnt.

Da die Kräfte der Russen nicht weiter reichten, die Türken wohl mehr an die inneren Verhältnisse ihres Reichs als an den Krieg mit Rußland dachten, wäre auf dem Schauplatz dieses Krieges in der nächsten Zeit schwerlich etwas Namhaftes vorgefallen, auch wenn nicht der Friede zu Tilsit gänzlich veränderte Verhältnisse herbeigeführt hätte. In Folge dieses in so mancher Beziehung merkwürdigen Tractats wurde nun vollends der Krieg auf längere Zeit ganz unterbrochen, und zugleich ließ sich voraussehen daß er unter ganz veränderten Bedingungen geführt werden mußte, wenn er ja wieder ausbrach. Da Rußland Cataro, Ragusa und die jonischen Inseln der französischen Regierung abtrat, da ein naher Bruch mit England kaum zweifelhaft sein konnte, war nicht daran zu denken daß die Flotte unter Siniäwin sich in ägäischen Meer behaupten könnte, wo sie bis jetzt siegreich gekämpft hatte. Auf einen Beistand von Seiten der Griechen in Morea und auf den Inseln war also nicht weiter zu rechnen. Selbst die thätige Mitwirkung der russischen Flotte im schwarzen Meer wurde sehr zweifelhaft; namentlich gehörte ein Angriff auf Konstantinopel von der Seeseite zu den unmöglichen Dingen, sobald die Pforte auf Englands Beistand zählen durfte. Dagegen war es nun leicht mit einer viel größeren Macht an der Donau aufzutreten.

Was alles in Tilsit in öffentlichen — geheimen — und ganz geheimen Verträgen verabredet wurde, muß man in Lefebvre's Histoire des cabinets de l'Europe pendant le Consulat et l'Empire nachlesen. Wir haben es hier nur mit dem zu thun was einen unmittelbaren Einfluß auf den Gang des Krieges an der Donau übte.

Napoleon hatte die Pforte zu dem Kriege gegen Rußland ermuthigt, und die abentheuerlichsten Versprechungen verschwendet. Selbst die Krim konnte möglicher Weise wieder mit dem türkischen Reich vereinigt werden, wenn der Sultan sich nur blindlings in seine Arme warf ohne zu verlangen, daß auch er seiner Seits bestimmte Verpflichtungen gegen den Verbündeten übernähme. Danach war Napoleon gezwungen sich im Tilsiter Frieden wenigstens zum Schein der ottomanischen Pforte anzunehmen. So wurde denn auch ausgemacht daß Rußland in seinen Streitigkeiten mit dem türkischen Reich, Frankreichs Vermittelung annehme. Die Feindseligkeiten sollten sogleich eingestellt werden, das russische Heer die Donaufürstenthümer verlassen, welche jedoch bis zum Frieden auch von den Türken nicht besetzt werden dürften.

So lautete der öffentliche Vertrag; weiter wurde dann, abgesehen von Allem was sich auf ferner liegende Pläne bezog, als unmittelbare Erläuterung verabredet, daß die russischen Truppen die Fürstenthümer nicht eher verlassen sollten als bis auch die Pforte sich verpflichtet habe, die Vermittelung Frankreichs anzunehmen, und die genannten Länder bis zum Frieden unbesetzt zu lassen. Michelson erhielt demgemäß den Befehl die Moldau und Wallachei nur unter diesen Bedingungen zu verlassen, dagegen den Krieg ohne Unterbrechung fortzusetzen wenn sie in Konstantinopel nicht ganz ohne Rückhalt angenommen wurden.

Bedeutet, daß demnächst Unterhandlungen eröffnet werden sollten, willigte der Großvizir in eine vorläufige Waffenruhe, erregte aber doch Michelson's Argwohn dadurch, daß er von Neuem bei Silistria auf das linke Donauufer überging, während Mustapha-Bairactar von Giurgewo bis an den Arshis vorrückte. Zwar erklärte er daß er keine Feindseligkeiten beabsichtige, General Michelson glaubte aber doch Milorabowitsch bei Bukarest durch einen Theil der bisher vor Ismail verwendeten Truppen (7 Bataillone, 10 Schwadronen) verstärken, und sein Hauptquartier wieder in die Hauptstadt der Wallachei verlegen zu müssen, wohin Toll ihn begleitete.

Bald erschienen nun auch der Staatsrath Loschkarew als russischer Bevollmächtigter, der Oberst Guilleminot als französischer Vermittler, beauftragt der Form nach die Interessen der Türkei zu vertreten, im Wesentlichen die Zwecke Rußlands zu fördern, und am 24. August wurde zu Slobodzie ein Waffenstillstand abgeschlossen, der bis zum 15. April des folgenden Jahres gültig sein sollte, auch wenn kein Frieden erfolgte. Das russische Heer sollte, nach den Bestimmungen dieses Vertrags, innerhalb einer Frist von fünfunddreißig Tagen die Fürstenthümer und alle seit 1806 besetzten Festungen räumen, die Türken jedoch diese so wenig als das Land besetzen; nur in Ismail, Brailow und Giurgewo sollten ihre Besatzungen bleiben wie bisher. Die beiderseitigen Gefangenen sollten freigegeben werden, und von russischer Seite versprach man sogar die Schiffe zurückzustellen, die Siniäwin und Greigh in wirklich rühmlichen Gefechten erobert hatten.

General Michelson war unterdessen am 17. August zu Bukarest gestorben. Baron Meyendorff übernahm, als der dem Rang nach älteste General im Heere den einstweiligen Oberbefehl, und fand gar kein Bedenken dabei diesen Vertrag unverzüglich zu ratificiren, und die Truppen heimwärts in Bewegung zu setzen um mit der Ausführung einen Anfang zu machen, obgleich er dazu gar keine Vollmacht hatte, und nicht einmal wirklich ernannter Oberbefehlshaber war. Darin schon lag eine unverzeihliche Uebereilung, und in dem ganzen Verfahren der Beweis vollkommener Unbrauchbarkeit zum Diplomaten. Welcher Mensch der irgend Anlage zum Unterhändler hatte, konnte sich wohl einbilden daß es eine solche übertrieben redliche Eile habe die Festungen am Dniester aufzugeben.

Auch war man in Petersburg sehr entrüstet; so hatte man es

nicht gemeint! — General Meyendorff, der sich auch als Krieger nicht eben glänzend gezeigt hatte, erhielt den Abschied. Daß der Waffenstillstand den Winter über dauern solle, schien nur den Türken vortheilhaft, deren Heer sich bekanntlich größentheils im Spätherbst unaufhaltsam zerstreut, um sich im Frühjahr wieder zu den Fahnen zu sammeln. Die eroberten Schiffe und Trophäen zurückzugeben, erlaubte die Ehre der russischen Waffen nicht; es war eine ganz ungewöhnliche Bedingung. Zuletzt tadelte man noch daß die Serben in den Waffenstillstand nicht mit aufgenommen waren; man übersah dabei freilich, wie es scheint, daß die Serben bereits am 14. Juli einen besonderen, für sie sehr vortheilhaften Vertrag mit der Pforte geschlossen hatten, der auch, zu größerer Sicherheit, von einem russischen Bevollmächtigten mit unterzeichnet war.

Daß unter diesen Bedingungen, so lange nicht die nachtheiligsten Bestimmungen dieses, nur von einem Unbefugten vollzogenen Vertrags, geändert waren, gar nicht die Rede davon sein konnte die Moldau und Wallachei zu räumen, das leuchtet gewiß einem jeden Diplomaten ohne alle Erörterung ein. In diesem Sinn war auch die Instruction des neuen Oberbefehlshabers gehalten, der nun auf dem Schauplatz erschien.

Sechstes Kapitel.

Der Fürst Prosorowsky Oberbefehlshaber der Moldau-Armee. — Kutusow sein Gehülfe. — Verstärkung des Heeres. — Toll's Beförderung zum Obristlieutenant. — Sein Verhältniß zu Kutusow. — Neue Einrichtungen im Heere. — Unterhandlungen. — Revolutionen in Konstantinopel. — Lager bei Kalieni. — Einfluß des Erfurter Congresses auf die Verhältnisse an der Donau. — Neue Staatsveränderung in Konstantinopel. — Erneuerung der Feindseligkeiten. — Feldzug 1809. — Belagerung von Brailow. — Kutusow's Entfernung von der Armee. — Toll's Versetzung zum 20. Jägerregiment nach Samogitien. — Leben in den dortigen Cantonirungen. — Studien. — Rückversetzung in den Generalstab. — Topographische Arbeiten in der Nähe von Petersburg.

Der Kaiser Alexander war während der ersten Jahre seiner Regierung einigermaßen in Verlegenheit um Feldherren für seine Heere, und zwar nach seinen ersten Erfahrungen mehr selbst als vorher. Unter den jüngeren Offizieren hatte er noch keinen gefunden, den er zum Münnich oder Suworow seiner Zeit bestimmen konnte —: Araktschejew hatte sich selbst ausgeschlossen. Die älteren Generale, die aus der Zeit der Kaiserin Catherina her mehr oder weniger Ansehen und Gewicht hatten, flößten ihm kein großes Zutrauen ein, das wissen wir aus einem seiner Briefe, den Danilewsky bekannt gemacht hat. Doch versuchte er es mit einem der Herren nach dem anderen. Jetzt, nach Michelson's Tode, fiel die Wahl auf einen Mann dessen Namen schon seit Jahrzehenden nicht mehr im Felde gehört worden war, und der auch in dem Augenblick, als Oberbefehlshaber der schon erwähnten, eilig errichteten und weder gehörig geordneten noch ausgerüsteten Landmilizen in den südwestlichen Provinzen des Reichs, zu Umanetz ein im Grunde sehr friedliches Amt verwaltete.

Der General der Infanterie Fürst Prosorowsky war es der im September des Jahres 1807 zum Oberbefehlshaber der Donauarmee, und zu gleicher Zeit zum Feldmarschall ernannt wurde. Aus den Denkwürdigkeiten des Grafen Henckel die jetzt gedruckt sind, ist zu ersehen daß dieser Mann, den Geburt und Verhältnisse ganz von selbst in eine bedeutende Stellung hinaufhoben, einst, vor langen Jahren, während des ersten Türkenkriegs der Kaiserin Catherina, als jugendlicher General dazu ersehen war den Achill des russischen Heeres vorzustellen — und wie schlecht ihn diese Rolle kleidete. Jetzt war dieser ehemalige Achill nachgerade zum Nestor der Armee herangereift ohne sich in dieser Rolle besser auszunehmen als in der früheren. Er war ein sehr abgelebter, hinfälliger Greis von fünfundsiebzig Jahren, der sich jeden Morgen den ganzen Körper mit Spiritus mußte reiben lassen um nicht den Tag über an gänzlicher Entkräftung zu leiden; trotz aller Mittel konnte er nur mit großer Mühe zu Pferde steigen — und es gab Tage, an denen er an sein Bett und seinen Lehnstuhl gefesselt bleiben mußte. Schlimmer als das war daß ihn sein Gedächtniß häufig täuschte oder ganz verließ.

Aengstlich, kleinmüthig, leicht erschreckt und aus der Fassung gebracht, war er selbst in seinen besten Jahren gewesen —: was konnte man vollends jetzt von ihm erwarten? — Von dem intellectuellen

Standpunkt dieses greisen Kriegers einen Begriff zu geben, genügen wohl ein Paar bezeichnende Worte aus dem ersten Operationsplan den er dem Kaiser vorlegte. Obgleich er hundertundfünfzigtausend Mann nöthig glaubt, um den Krieg angriffsweise führen und über die Donau gehn zu können, soll doch die Hauptarmee unter seiner persönlichen Leitung nicht über vierzigtausend Mann stark sein, denn eine größere Masse, meint er, sei unbehülflich „man könne damit nicht wohl manoeuvriren." — Die im Ganzen verlangte Zahl ist in seinen Augen auch nicht durch die Macht des Feindes geboten, sondern lediglich durch räumliche Verhältnisse: durch die Ausdehnung des Kriegstheaters. Die seltsame Vorstellung von einer Normalgröße eines Heeres die nicht ohne Nachtheil überschritten werden kann, die Verhältnisse mögen übrigens sein wie sie wollen —: diese Vorstellung, die sich freilich vor dem Richterstuhl des gesunden Menschenverstandes sehr wunderlich ausnimmt, ist, wie Kenner der militairischen Literatur wissen, nicht eben unerhört. Sie taucht hin und wieder auf in den strategischen und taktischen Erörterungen einer Zeit, als deren Hauptschriftsteller man Tempelhof bezeichnen kann. Bei manchen kritisirenden Strategen dieser Periode sieht man auch wohl, daß die Truppenzahl, die nöthig scheint ein Kriegstheater zu vertheidigen, oder taktisch, eine Stellung, nur nach räumlichen Verhältnissen beurtheilt wird, ohne sonderliche Rücksicht auf die Mittel die dem Feinde zum Angriff zu Gebote stehen: aber das Alles gehört einer Zeit an die im Jahre 1807 bereits eine längst vergangene war.

Prosorowsky's taktische Einsichten und Ansichten können wir nach den Manoeuvern beurtheilen die er einüben ließ. Da ordnete sich das ganze Heer in drei Treffen, deren erstes aus drei großen Infanterie-Quarrés bestand, zwischen welchen die Reiterei sich geschützt aufstellte. Zwei ähnliche Quarrés bildeten das zweite Treffen; das dritte bestand nur aus einem. Es entstand ein Dreieck das nach jeder Seite hin dem Feinde eine Fronte von drei Quarrés entgegenstellen konnte. Der Fürst Prosorowsky wollte also nicht aus der ganzen Armee ein einziges ungeheures Viereck bilden, wie noch der Fürst Galitzin im Jahre 1769 gethan hatte; er war der fortschreitenden Zeit glücklich bis zum Jahre 1770 gefolgt. Die Methode die unter Rumänzow aufgekommen war,

— Stellung des Heeres in einige, aber immer noch wenige, große und unbehülfliche Vierecke — die Schlacht am Kagul —: das waren die Dinge die ihm vorschwebten. Und so geht denn aus Allem hervor daß er durchaus in veralteten Vorstellungen lebte, wie bejahrte Leute pflegen, deren neueste persönliche Erfahrungen selbst, bereits in weiter Ferne liegen, und die schon seit einer Reihe von Jahren der Altersschwäche verfallen sind.

Man könnte die Frage aufwerfen ob der alte Herr wohl den Oberbefehl angenommen hätte, wenn der Feldmarschalls-Stab nicht war, der jede ablehnende Antwort unmöglich machte. Jedenfalls hatte Prosorowsky wenigstens das Bewußtsein seiner körperlichen Unbehülflichkeit und Schwäche, denn seines Alters und seiner Kränklichkeit wegen erbat er sich einen Gehülfen, namentlich Kutusow. Durch dessen Augen werde er sehen so oft er selbst sich außer Stand fühle irgendwo persönlich hinzueilen. „Er ist beinahe mein Schüler, und kennt meine Methode" fügte der neu ernannte Feldherr hinzu. Der Kaiser willfahrte dem Begehren, und Kutusow erschien in der Umgebung Prosorowsky's zu Bukarest. Dieser „Schüler" war übrigens auch schon weit über die Sechzig hinaus.

Bedeutende Verstärkungen, nicht weniger als vier Divisionen, — nämlich drei die der Friede an der Westgränze des Reichs entbehrlich machte — (die 16. G.-L. Rtitschew, die 8. G.-L. Essen der 3., und die 22. G.-L. Olsufiew) — und eine — die 15., G.-L. Markow — aus dem Inneren, so wie eine Anzahl Kosacken-Regimenter, folgten dem Feldmarschall auf dem Fuß. Doch war dessen Aufgabe zunächst nicht zu fechten, sondern zu unterhandeln.

Gleich nach seiner Ankunft eröffnete Prosorowsky dem Vizir daß General Meyendorff durchaus keine Befugniß gehabt habe den Waffenstillstand von Slobodzie zu bestätigen, daß man diesen Vertrag aber dennoch anerkennen wolle, wenn nämlich die Serben ausdrücklich in denselben aufgenommen würden, und die Pforte in eine Aenderung der beiden Punkte willige, die sich auf die Herausgabe der eroberten Schiffe und auf die Dauer des Stillstands bezogen. Die Schiffe wollte Rußland nicht herausgeben, und der Vertrag sollte anstatt bis zum 15. April zu gelten, in jedem Augenblick kündbar sein, so daß die Feindseligkeiten fünfunddreißig Tage nach der Kündigung begonnen werden könnten. Der Hauptsache, nämlich der Donau-Fürstenthümer, wurde gar nicht gedacht, aber Danilewsky belehrt uns daß in Beziehung auf diese Länder die Instruction des Feldmarschalls ganz einfach dahin ging den Vertrag, gleichviel unter welchem Vorwand, nicht zu erfüllen,*) selbst wenn die Pforte auf diese neuen Bedingungen einging, und die frühere Uebereinkunft in Folge dessen von Neuem bestätigt werden mußte.

Der Vizir antwortete daß ihm nicht obliege zu untersuchen in wiefern ein den Oberbefehl führender russischer Feldherr befugt sei oder nicht, einen Waffenstillstand zu schließen. Der Vertrag sei einmal geschlossen und bestätigt, und bestehe zu Recht. Auch that die Pforte das ihrige zur Ausführung, indem sie alle gefangenen Russen frei ließ, die in ihren Händen waren, und dadurch die russische Regierung zwang ebenfalls die Kriegsgefangenen zurückzuschicken.

Gründe die man sucht werden immer leicht gefunden; so ging es auch hier. Bei der damaligen Beschaffenheit der Kriegszucht im türkischen Heer stand es schwerlich in der Macht des Vizirs oder Mustapha-Bairactar's zu verhindern daß einzelne türkische Parteien über die Donau setzten, sich auf dem linken Ufer zeigten, Lebensmittel forderten und dergleichen. Das geschah denn auch. Türken erschienen vor den Thoren der drei Festungen, und in Galatz —: das genügte dem Fürsten Prosorowsky um die Uebereinkunft von Slobodzie in dieser Beziehung für gebrochen zu erklären, und in den Fürstenthümern zu bleiben.

So wurde unter vielfachem Hin- und Herreden der Waffenstillstandsvertrag weder verworfen — noch bestätigt — noch erfüllt. Rußland behielt die eroberten Schiffe und räumte die Wallachei und Moldau nicht; Alles blieb unentschieden in der Schwebe, aber die Waffen ruhten weil die Verhältnisse dies für beide Theile zur gebieterischen Nothwendigkeit machten.

Im Laufe dieses Winters — (den 21. Januar a. St., oder 2. Februar 1808) — traf den Major v. Toll seine Beförderung zum Obristlieutenant. Wichtiger für ihn und seine künftigen Verhältnisse war Kutusow's Anwesenheit beim Heer. Wie dieser ihn im Cadetten-

---

*) Danilewsky, Geschichte des Türkenkriegs, 1, S. 71.

Corps bereits bemerkte und auszeichnete, haben wir gesehen. Bei dem Heer in Mähren waren beide vorübergehend wieder in Berührung gekommen —: jetzt fand Kutusow seinen ehemaligen Schüler hier wieder, als einen Offizier der sich schon einen gewissen Ruf erworben hatte, und es bildete sich ein bleibendes Verhältniß. Kutusow machte Toll bald zu seinem beständigen Gefährten, lernte ihn von Neuem kennen, und gewann eine hohe Vorstellung von dem Vortheil der sich aus einer gehörigen Verwendung seines Talents und seiner Tüchtigkeit ziehen ließ.

Die erwarteten Verstärkungen waren bereits gegen Ende des Jahres 1807 eingetroffen, und brachten das Heer auf nicht weniger als 125 Bataillone, 90 Schwadronen und 27 Kosacken-Regimenter. Danilewsky berichtet daß es bei alledem wenig über 80,000 Mann stark war, und nach Allem was von dem Briefwechsel Prosorowsky's mit dem Kaiser und den Regierungsbehörden bekannt geworden ist, scheint das so ziemlich richtig zu sein. Vollzählig hätten diese Regimenter etwas über einhundertunddreißigtausend Mann unter den Waffen haben müssen; es fehlte also wieder viel — sehr viel, an der Vollzähligkeit, — und noch dazu brachen unter den Truppen bald die in jenen Gegenden gewöhnlichen Krankheiten, die Sumpf- und Steppenfieber aus.

In Beziehung auf die innere Gliederung und das ganze Verwaltungswesen der Armee verordnete übrigens der alte Feldmarschall manches Zweckmäßige. Die einreißenden Krankheiten forderten zu einer Vermehrung und sorgfältigeren Einrichtung der Hospitäler auf; auch die Verpflegung wurde besser geordnet. Was die taktische Verfassung des Heeres betraf, so wurde befohlen daß nur zwei Bataillone jedes Infanterie-Regiments (der Nummer nach das erste und dritte) unter dem Befehl des Obersten schlagfertig erhalten, und unmittelbar bei den Brigaden und Divisionen denen sie angehörten — kurz bei der zu den Operationen im Felde bestimmten Armee bleiben sollten. Das dritte (der Nummer nach das zweite) wurde als Rückhalt und Rekruten-Depot abgesondert. Und zwar so vollständig, daß der Oberst dem Befehlshaber dieses Bataillons den Bestand und den gesammten Haushalt desselben ganz in derselben Art überweisen mußte, wie den seines Regiments, im Fall einer Beförderung oder Verabschiedung, dem Nachfolger. Die Reserve-Bataillone, wie sie nun genannt wurden, erhielten ihr eigenes

Rechnungswesen, ihre besondere Kanzellei, Quartiermeister, Zahlmeister u. s. w. und bildeten alle zusammen eine Reserve-Armee. Ihre brauchbare Mannschaft hatten sie meist an die beiden Feldbataillone ihrer Regimenter abgeben müssen, die Rahmen wurden durch Rekruten wieder gefüllt. Ueberhaupt sollten hier die Rekruten ausgebildet, von hier aus die Feldbataillone ergänzt werden.

Allerdings war auf diese Weise etwas mehr Aussicht wenigstens die beiden Feldbataillone immer schlagfertig und einigermaßen vollzählig zu erhalten. Auch sah man sich später genöthigt die Einrichtung im ganzen russischen Heere nachzuahmen, und in allen folgenden Feldzügen bis 1831, die Regimenter mit nur zwei Bataillonen ins Feld rücken zu lassen.

Der Waffenstillstand lief zu Ende, und doch begann die kriegerische Thätigkeit nicht von Neuem — weil in Paris, unter Napoleon's Vermittelung russische und türkische Bevollmächtigte über einen Frieden unterhandelten. Da traten dann die bisher nicht öffentlich ausgesprochenen Pläne allmälig hervor. Rußland verlangte nun, als erste Bedingung, die Moldau und Wallachei mit allen noch nicht eroberten Festungen für sich, und die Donau zur Gränze; dann Unabhängigkeit Serbiens unter gemeinschaftlichem russischem und türkischem Schutz. Unmittelbar unter einander unterhandelten die beiden Kaiserhöfe über eine Theilung der europäischen Türkei — wobei natürlich der Bevollmächtigte der Hohen Pforte nicht betheiligt wurde.

Doch empfand das russische Cabinet Frankreichs Vermittelung bald als eine hemmende Fessel. Denn so lange die Unterhandlungen zu Paris nicht zu irgend einem Abschluß gekommen waren, konnte nicht wohl etwas Anderes unternommen werden. Und doch schien es bei der inneren Zerrissenheit des türkischen Reichs so leicht durch einen entscheidenden Schlag den Frieden auf die gestellten Bedingungen zu erzwingen; man glaubte sogar bis auf einen gewissen Grad man könne durch bloße Drohungen erlangen was man wünschte, wenn man nur nicht verhindert war sich ohne Mittelsmann unmittelbar an die Pforte selbst zu wenden.

Ein Versuch des Fürsten Prosorowsky mit Mustapha-Bairactar in Verbindung zu treten führte eine höfliche Antwort herbei, aber nichts weiter. Viel glaubte man sich dagegen von einer neuen Staatsumwälzung in Konstantinopel versprechen zu dürfen. Mustapha-Bairactar nämlich, ein treuer Anhänger des abgesetzten Sultans Selim, und ganz für alle von diesem beabsichtigten Neuerungen und Reformen gewonnen, benützte endlich, im Juni 1808, die Waffenruhe an der Donau um mit seinem in europäischer Weise gebildeten Heer nach Konstantinopel zu ziehen, wo er Selim auf den Thron zurückführen wollte. Die echt türkische Geschichte, wie der Sultan Mustapha dem auf das Serail heranziehenden Heer Selim's Kopf über die Mauer entgegen werfen ließ, ist bekannt, wie auch Bairactar's furchtbare Rache. Mustapha wurde vom Thron gestoßen, der letzte noch übrige Prinz des regierenden Hauses, Mahmud, als Sultan mit Mahomet's Säbel umgürtet, und Bairactar stand ihm als Vizir zur Seite.

Die Umstände zu nützen, den Augenblick wo Bairactar's Zug das türkische Donauufer ohne Vertheidigung ließ, erlaubten freilich die noch immer schwebenden Unterhandlungen nicht, aber man kannte Bairactar als einen Anhänger Englands, und leidenschaftlichen Feind Frankreichs sowohl als der Serben. Man hoffte also die Pforte werde demnächst ein Bündniß mit England schließen, oder irgend etwas gegen die Serben unternehmen. Prosorowsky erhielt Befehl die Feindseligkeiten ohne Weiteres wieder zu eröffnen, so wie eins von beiden geschehe —: denn in diesem Falle glaubte man das Vermittelungs-Geschäft Frankreichs als geschlossen betrachten zu dürfen.

In Erwartung der Dinge die da kommen könnten ließ der Feldmarschall den größten Theil des Heeres aus seinen Quartieren im Anfang des Juli in ein Lager bei dem Flecken Kalieni am Sereth zusammenrücken. Nur Miloradowitsch blieb mit einem besonderen Heertheil bei Bukarest; die zu Reserven bestimmten Bataillone versammelten sich unter den Befehlen des Gen.-L. Essen des 1. weiter rückwärts bei Birlad, am gleichnamigen Nebenfluß des Sereth. Hier hatte Prosorowsky zum ersten Mal eine bedeutende Truppenzahl unter seinen Augen vereinigt, und hier, namentlich auf dem Marsch in das Lager, ließ er dann auch die bereits erwähnten Uebungen ausführen. Er gesteht, in seinen Berichten an den Kaiser, daß es dabei ziemlich mühselig und unordentlich hergegangen sei, und daß die Truppen überhaupt aus Mangel an zweckmäßiger Uebung, sehr wenig Gelenkigkeit und Manoeuvrir-Fähigkeit hätten.

Der erwartete Angriff erfolgte nicht, auch der Schein eines Angriffs ließ sich nirgends nachweisen; es rissen in dem ungesunden Lager bei Kalieni Krankheiten ein —: da suchte man, um die Sache zu einer Krisis zu bringen, den Vizir Bairactar, dessen Stolz man kannte, durch mancherlei kleine Mittel zu beleidigen und zu reizen. Der Fürst Prosorowsky selbst betheuert er habe sich zu diesem Ende die größte Mühe gegeben, und dem Vizir in den allerschneidendsten und beleidigendsten Ausdrücken geschrieben —: vergebens! Es erfolgten keine Feindseligkeiten, Mustapha-Bairactar antwortete sehr höflich, versicherte daß man von Seiten der Türkei den Waffenstillstand nicht brechen werde, und genügte selbst den Forderungen Rußlands die sich auf den Vertrag von Slobodzie bezogen, indem er verfügte daß die Serben förmlich darin aufgenommen werden sollten.

Doch gab zu gleicher Zeit die ruhig ausgesprochene Erklärung, daß die Pforte die Donau-Fürstenthümer im Frieden nicht abtreten werde, hinreichend zu erkennen, daß man durch bloße drohende Worte seinen Zweck nicht erreichen werde. Da wurde es denn als ein sehr glückliches Ereigniß, als eine Erlösung aus peinlicher Lage empfunden, daß es auf der weltbekannten Zusammenkunft zu Erfurt gelang, die hemmende Fessel der französischen Vermittelung abzuschütteln. Diesmal ist es der General Danilewsky der bestimmter und unbefangener Auskunft giebt als andere Quellen, über Eins und das Andere das zu Erfurt abgemacht wurde, wie ihm das überhaupt zuweilen begegnet wo man es nicht gerade erwartet. „Alexander überließ Napoleon auf der Pyrenäischen Halbinsel nach Belieben zu schalten; Napoleon dagegen machte sich anheischig sich in die Händel Rußlands mit Schweden und der Türkei nicht weiter zu mischen, und sicherte dem russischen Reiche den Besitz von Bessarabien, der Moldau und Wallachei zu." — So lauten Danilewsky's Worte (Geschichte des Türkenkriegs, 1, S. 139).

Als Prosorowsky spät im October bestimmte Auskunft über diese neuen Verhältnisse erhielt, war in diesem Jahr keine Zeit mehr zu kriegerischen Unternehmungen. Vielleicht geschah es zum Theil deshalb daß er zunächst die Weisung erhielt die türkische Regierung zu unmittelbaren Unterhandlungen einzuladen, die in Jassy eröffnet werden sollten. Das Lager von Kalieni wurde aufgehoben, die Truppen in Winterquartiere verlegt; der Feldmarschall und Kutusow begaben sich nach Jassy, wohin auch Toll mit dem gesammten Hauptquartier kam.

Mustapha-Bairactar hatte kaum noch Zeit auf diese Vorschläge einzugehen; die alte Janitscharen-Partei, die, wie alle energischen Parteien, nie besiegt sein konnte so lange sie nicht vernichtet war, erhob von Neuem ihr Haupt. Von Neuem flossen Ströme von Blut in den Straßen von Konstantinopel, während mächtige Feuer ausbrachen und ein Flammenmeer die Kämpfenden zu verschlingen drohte. Der abgesetzte Sultan Mustapha verlor in dem Aufstand das Leben, und als Mustapha-Bairactar sich unwiederbringlich besiegt und verloren sah, machte er seiner merkwürdigen Laufbahn selbst ein heroisches Ende. Sultan Mahmud wurde nur verschont weil er der letzte Prinz seines Hauses war. Der neue Vizir, Yussuff, der zunächst in seinem Namen herrschte, erklärte sich zwar ebenfalls bereit Bevollmächtigte nach Jassy zu senden, aber die Pforte suchte zugleich, wie das unter den obwaltenden Umständen, besonders da sie die Forderungen Rußlands bereits kannte, wohl natürlich genug war, eine Stütze in England und Oesterreich. Ein englischer Gesandter erschien in Konstantinopel, wo bald darauf der Friede zwischen Großbritannien und der Pforte abgeschlossen wurde.

Das hatte man vorher sehen können, und es kam als Veranlassung zu neuem Streit nicht unerwünscht. Als endlich die lange erwarteten türkischen Gesandten in Jassy ankamen, am Tage vor dem der zu ihrem feierlichen Einzug bestimmt war, erhielt der Fürst Prosorowsky Befehl unverzüglich einen Offizier nach Konstantinopel zu senden, der die Ausweisung des englischen Gesandten ebenso gebieterisch verlangen sollte, wie man vor drei Jahren die des französischen verlangt hatte. Diese Sendung, deren Erfolglosigkeit sich einigermaßen vorhersehen ließ, wurde dem Flügeladjutanten Paßkiewitsch anvertraut, und die ablehnende Antwort die er erhielt, gab das Zeichen zur Erneuerung des Krieges, obgleich die Pforte bemerklich machte daß sie mit England nur einen Frieden und kein Bündniß geschlossen habe.

Den 22. März a. St. (3. April) 1809 wurde den Truppen

durch einen Tagesbefehl eröffnet daß der Krieg von Neuem beginne, und da man gewiß zu sein glaubte daß Paskiewitsch eine abschlägige Antwort zurückbringen werde, hatte man die verschiedenen Abtheilungen des Heeres, ohne seine Rückkehr abzuwarten, auf den Punkten versammelt von denen die Operationen ausgehen sollten: das Haupt-Corps unter Kutusow bei Fokschani, wohin sich auch Prosorowsky mit seinem Hauptquartier begab; — eine Seitenabtheilung, wie früher, unter Milorabowitsch bei Bukarest; — auf dem linken Flügel, vor Ismail, eine andere unter dem wieder zu Gnaden aufgenommenen Grafen Langeron; Galatz, wo die Donau-Flotille vor Anker lag, besetzte Gen. Saß mit einer kleinen Abtheilung; der aus den Reserve-Bataillonen gebildete Rückhalt unter dem G.-L. Essen dem 1. versammelte sich bei Jassy, und da Rußland, im Bunde mit Napoleon, wenigstens zum Schein an dem eben ausbrechenden Kriege gegen Oesterreich Theil nehmen mußte, schien es nothwendig noch ein besonderes Beobachtungs-Corps unter dem G.-L. Rehbinder bei Chotym aufzustellen. Während der langen Waffenruhe war das Heer fleißig geübt worden, man hatte das ganze Verwaltungswesen ziemlich in Ordnung gebracht, die Armee war daher in gutem Zustand, aber auch jetzt nicht stärker als etwa achtzigtausend Mann, d. h. eben so weit entfernt vollzählig zu sein als früher.

Die Aufgabe die dem Heer an der Donau gestellt wurde, war aber nun schon wieder theilweise eine andere geworden als sie im Jahre 1808 gewesen wäre. Damals wünschte man unbedingt die Erneuerung des Krieges; jetzt nicht mehr in derselben Weise, denn die Umstände und die herrschende Ansicht hatten sich in kurzer Zeit gar sehr geändert. Der Krieg Frankreichs mit Oesterreich der eben begann, der Sieg Napoleon's den man mit ziemlicher Gewißheit vorher sah, und Oesterreichs Zertrümmerung die man fürchtete obgleich man ein Heer aussendete um scheinbar mit daran zu arbeiten, machten jetzt den Wunsch rege so schnell als möglich zu einem Frieden mit der Pforte zu gelangen, um nach Oesterreichs Sturz ohne die lähmenden Schwierigkeiten, die ein Türkenkrieg doch immer mit sich führte, auf alle Fälle vorbereitet dazustehen. Daß man dennoch mit großem Gewinn aus diesem Zwist hervorgehen wollte, daß man dennoch fortwährend die Fürstenthümer und die Donaugränze verlangte, ist eben wie die frühere

Hoffnung diese Länder durch bloße Drohungen zu gewinnen, ein Beweis daß man den Feind gar sehr unterschätzte, und sich die Sache überhaupt ein wenig zu leicht dachte. Ein eigentlicher Operationsplan wurde dem greisen Feldmarschall zwar nicht vorgeschrieben, aber in allgemeinen Zügen deutete der Kaiser Alexander an daß „ein rascher Uebergang über die Donau und entscheidend geführte Schläge, wohl das beste Mittel sein würden die Pforte zum Frieden, und zur Abtretung der Fürstenthümer zu bewegen." Was eigentlich gemeint war ergiebt sich deutlicher schon aus einigen früheren Schreiben des Kaisers und des Kanzlers Rumänzow an Prosorowsky. Schon im August 1808 lauteten die kaiserlichen Befehle dahin, daß der Feldmarschall, im Fall der Waffenstillstand glücklich gebrochen werde, sogleich über die Donau gehen „und so weit als möglich" vordringen sollte, wobei dann bemerkt wurde: da Mustapha-Bairactar mit kaum fünfzehntausend Mann Konstantinopel habe erobern, und eine Staatsumwälzung bewirken können, dürfe man wohl auch hoffen daß russische Tapferkeit unter so weiser Leitung alle Hindernisse besiegen werde.

Man erwartete also in Petersburg einen raschen Zug gegen Konstantinopel, einen Feldzug in napoleonischer Weise — in der Bulgarei, die zwar an sich fruchtbar ist, und damals auch ziemlich angebaut war, in der man aber doch nicht wohl von Requisitionen leben konnte, da man es hier nicht mit einer zahmen europäischen Bevölkerung zu thun hatte, noch mit einer wohl abgerichteten europäischen Verwaltung, die „um das Land möglichst zu schonen" dem Feinde zu Allem verhilft was er verlangt und wünscht —: nicht zu gedenken daß da Alles was das Heer an Schießbedarf oder sonstigem Ersatz nöthig hat, aus großer Entfernung auf ungebahnten Wegen herbeigeschafft werden mußte. Charakteristisch ist dabei daß der Kaiser Alexander das was er eigentlich wollte, nicht einfach und bündig in gemessenen Befehlen, sondern nur in etwas unbestimmten Andeutungen aussprach, die sich verschieden auslegen ließen je nachdem der Erfolg gerieth. Daß Rußland nicht wie Mustapha-Bairactar auf eine mächtige Partei in Konstantinopel selbst rechnen durfte, scheint bei den Hoffnungen, mit denen man sich in Petersburg trug, gar nicht in Betracht gekommen zu sein.

Die Idee war wohl schon an sich eine etwas abentheuerliche, und ein ängstlich behutsamer, saumseliger Mann wie der Fürst Prosorowsky, war vollends gar nicht darauf eingerichtet dergleichen auch nur zu versuchen. Sein Operationsplan war in einem ganz anderen Sinn und Geist entworfen. Er wollte vor allen Dingen Brailow erobern, dann Tultscha, um in Folge dessen auch das so von allen Seiten eingeschlossene Ismail zur Uebergabe zu zwingen. Dann erst dachte er über die Donau zu gehen; wie weit? — davon scheint er sich fürs Erste noch nicht genaue Rechenschaft gegeben zu haben.

Zunächst standen also einige Belagerungen in Aussicht. Nebenher zeigte sich Hoffnung Giurgewo leicht zu erobern, und obgleich das ein vom eigentlichen Operationsplan ganz unabhängiges Unternehmen war, wollte man einen wohlfeilen Gewinn der sich wie von selbst bot, nicht aus den Händen lassen. Zuerst sollte Verrath die Sache erleichtern. Der Pascha von Ruschtschuck, Achmet, der in täglicher Erwartung der seidenen Schnur lebte, setzte sich mit Miloradowitsch in Verbindung, und versprach die Festung zu überliefern, indem er nachwies wie schlecht die Werke von Giurgewo seien, wie wenig die Besatzung zureiche, die er sich anheischig machte nicht zu verstärken. Prosorowsky befahl sich des Orts wo möglich zu bemächtigen ohne auf Paskiewitsch's Rückkehr, den Bruch der Unterhandlungen oder die Aufkündigung des Waffenstillstands zu warten. Die Verantwortung nahm er auf sich.

Achmet-Pascha's Verrath wurde entdeckt, er mußte nach Bukarest zu Miloradowitsch entfliehen. Sein Nachfolger, Chosrew-Mehmet-Pascha, beeilte sich den Platz in besseren Vertheidigungsstand zu setzen, und umsomehr da die Vorbereitungen der Russen, Anfertigung der Sturmleitern u. dergl. kein Geheimniß geblieben waren. Der Feldmarschall blieb dabei man müsse stürmen; der schlecht befestigte Ort sei jedenfalls eine leichte Beute.

Die Vorbereitungen zogen sich zufällig in die Länge, so daß der Sturm erst am 5. April stattfand, zwei Tage nach dem vorhin erwähnten Tagesbefehl. Also, obgleich die Türken zu Giurgewo von diesem Tagesbefehl, der nicht an sie gerichtet war, natürlich zur Zeit noch nichts wußten, konnte man doch, wie Danilewsky sehr treffend bemerkt, den Russen nicht vorwerfen daß sie den Waffenstillstand gebrochen hätten ohne ihn aufzukündigen. Uebrigens wurde das Unternehmen nicht vom Glück begünstigt, der Angriff vielmehr mit namhaftem Verlust zurückgeschlagen.

Die bei Fokschani versammelte Hauptmasse setzte sich erst am 15. April, 40 Bataillone, 10 Schwadronen und mehrere Kosacken-Regimenter stark, mit 60 Stück Feldgeschütz und einem Belagerungszug gegen Brailow in Bewegung. Der erste Marsch ging nach Martinesti, der zweite nach Vizir-Brod (oder Vizirköi — Vizir-Fuhrt) am Buseo, wo man einige Tage verweilte. Die türkische Armee versammelte sich erst bei Adrianopel; dennoch hielt man es für nothwendig, als man am 20. April wieder aufbrach um Brailow einzuschließen, das Heer von Anfang an in Schlachtordnung vorrücken zu lassen, und zwar in der voriges Jahr eingeübten, in welcher Prosorowsky das Geheimniß des Sieges zu besitzen glaubte, in drei Treffen und Vierecken. Der Feldmarschall sowohl als Kutusow gaben sich auf dem Zuge viele Mühe, und sahen streng darauf daß die Vierecke immer in gleicher Höhe blieben, auch die Zwischenräume genau beobachteten. Daß ein Marsch von etwa drei Meilen auf diese Weise vom frühen Morgen bis spät Abends dauerte, so daß die Truppen, die von Hitze, Durst, und dem Staub der Steppen zu leiden hatten, ihre Lagerstätte im höchsten Grade erschöpft erreichten, wird man wohl ganz natürlich finden.

Am folgenden Tage wurden die Vortruppen in die Festung zurückgeworfen, und diese eingeschlossen. Der Feldmarschall zerlegte sein Heer in drei Abtheilungen, die ungefähr viertausend Schritte von den äußeren Werken des Platzes lagerten: Graf Kamensky mit 10 Bataillonen 2 Schwadronen und 16 Stück Geschütz oberhalb der Stadt, den rechten Flügel an die Donau lehnend; — 8 Bataillone 2 Schwadronen mit 16 Stück Geschütz unter dem General-Lieutenant Essen dem 3. unterhalb, mit dem linken Flügel an die Donau gelehnt; — die dritte Abtheilung von 14 Bataillonen 6 Schwadronen und 20 Stück Geschütz, bei der sich auch das Hauptquartier befand, unter dem G.-L. Markow in der Mitte auf dem Wege nach Vizir-Brod. Weite Räume trennten natürlich die drei Lager; namentlich war Kamensky's linker Flügel um etwas mehr als eine halbe Meile von Markow's rechtem getrennt. Da das flache Gelände nirgends einen Schutz gewährte, mußte einem Feldherren der so vorsichtig marschirte, in dieser

Lage eigentlich ein wenig unheimlich zu Muthe fein. Auch fuchte er
fich alfobald durch Redouten zu decken, deren zunächft mehrere in den
Zwifchenräumen zwifchen den verfchiedenen Lagern angelegt wurden,
um Verbindungspoften aufftellen zu können. — Die entfernteren Verbindungen des Heeres wurden gefichert, durch einen Poften von
2 Bataillonen 2 Gefchützen und einer Anzahl Kofacken bei Kalarafch,
Siliftria gegenüber — einen zweiten von 1 Bataillon mit 2 Gefchützen
und Kofacken an der Donau Hirfowa gegenüber — und einen dritten
von 3 Bataillonen mit 4 Gefchützen, der beiden als Rückhalt dienen
follte. — Außerdem war eine kleine Abtheilung bei Bufco auf der
Straße nach Bukareft aufgeftellt.

Die Werke von Brailow waren der Art daß fie einer gewöhnlichen
europäifchen Befatzung kein großes Vertrauen eingeflößt haben würden.
An dem hohen, fteil abfchüffigen Ufer der Donau erhoben fich die
Mauern und Thürme eines alten griechifchen Klofters, feit langen
Jahren in ein feftes Schloß verwandelt, und von einem Mantel neuerer,
aber fehr fchlecht angelegter Werke umgeben, die ein faft regelmäßiges
Fünfeck mit fehr kleinen Bollwerken bildeten. Um diefen feften Kern
waren die unregelmäßigen Häufermaffen einer Vorftadt, die fich ftrom-
aufwärts weiter ausdehnte als nach der entgegengefetzten Seite, nach
orientalifcher Weife unordentlich durcheinander gebaut. Ein Erdwall
mit fehr unzureichender Seitenvertheidigung, auf dem hin und wieder
Batterien durch Schanzkörbe gedeckt waren; ein Graben, nirgends
über 12 Fuß tief, deffen Grund nicht überall vom Wall aus eingefehen
war oder beftrichen werden konnte, umgaben fie. Man darf aber nicht
vergeffen daß die hartnäckige Ausdauer der Orientalen in Vertheidigung
der heimifchen Stadt, des eigenen Herdes und Harems, oft auch
folchen Werken Bedeutung zu geben weiß.

Der Angriff hatte viel Eigenthümliches. Die Arbeiten wurden
an drei Stellen zugleich eröffnet, nämlich vor allen drei Lagern. Vor
jedem wurden von einer ftarken, weit gegen die Feftung vorgefchobenen
Redoute aus, Laufgraben vorwärts geführt, und an deren Ende,
300 bis 350 Toifen vom Erdwall der Vorftadt entfernt, Batterien
fowohl als Logements für die Bedeckung erbaut. Man arbeitete fogar
noch an einer vierten Stelle, aber in einer noch weniger methodifchen

Form. Vor Kamensky's Lager nämlich, wurde noch dicht am hohen Donauufer eine Batterie von fünf Geschützen errichtet. Durch das Feuer hoffte man theils die Vorstadt in Flammen zu setzen und die Einwohner zu ängstigen, theils die feindlichen Batterien zum Schweigen zu bringen. Das Erstere gelang mehrere Male an verschiedenen Stellen. Was das Letztere anbetrifft, so muß man sich fast wundern wie die russischen Ingenieure hoffen konnten dergleichen durch ein so regellos zerstreutes Feuer zu bewirken, das nirgends mit Ueberlegenheit und Energie auf einen Punkt geleitet war.

Nebenher wurde ein halber Versuch gegen Matschin gemacht, eine kleine Festung, die Brailow in der Entfernung einer Meile gegenüber, jenseits aller niedrigen Inseln und Arme des Stroms auf dem rechten Ufer der Donau liegt. G.-L. Saß mußte mit dreien seiner fünf Bataillone und hundert Kosacken von Galatz auf den Fahrzeugen der Donau-Flotille auf das rechte Ufer hinüber, und durch die sumpfigen Niederungen vorgehen. Der Obristlieutenant Toll wurde ihm aus dem Hauptquartier beigegeben. Man begreift nicht recht ob es eine bloße Erkundung, ein Ueberfall, oder ein stürmender Angriff werden sollte. Für etwas Ernstliches, was man denn doch beabsichtigt zu haben scheint, waren jedenfalls die Mittel zu gering, die dem General Saß zu Gebote standen. Dieser traf am 28. April vor Matschin ein, überzeugte sich aber nach einem schwachen und nicht eben glücklichen Versuch daß da nichts zu machen sei, und ging wieder seiner Wege nach Galatz zurück. Man gab den Gedanken nun auf dergleichen noch einmal zu versuchen, da hatte man denn auch keinen Grund weiter eine verhältnißmäßig so starke Abtheilung in Galatz zu lassen. Nur ein Bataillon blieb dort, mit den anderen vieren rückte Saß bei dem Heer vor Brailow ein; die Donau-Flotille wurde ebenfalls gegen den Strom näher herangebracht, und beschoß nun auch ihrerseits den Platz.

Das Feuer von den Wällen schwieg; man glaubte die feindlichen Geschütze ganz außer Stand gesetzt den Kampf fortzusetzen, und der Fürst Prosorowsky beschloß den Sturm auf die Umwallung der Vorstädte, der am Morgen des 2. Mais (20. Aprils a. St.) ausgeführt werden sollte. Auf den ersten Blick könnte es befremden daß ein so ängstlicher Mann wie dieser bejahrte Feldmarschall sich hier wie vor

Giurgewo so schnell bereit zeigte zu stürmen, und doch läßt es sich wohl erklären. Man hatte in früheren Zeiten Otschakow, Bender und Is=mail gestürmt; es mochte das dem Fürsten Prosorowsky ein von Al=ters her durch Gewohnheit geläufiger Gedanke sein. Und wie in der Welt und im Leben überhaupt, so wird auch im Kriege sehr viel öfter als man glauben sollte nach bloß angewöhnten Vorstellungen gehan=delt, und seltener nach den Ergebnissen eines unbefangenen, und wirk=lich folgerichtig bis zu einem nothwendigen Schluß geführten Denkens. Die Aengstlichkeit, deren Thun nicht sowohl durch ein entschiedenes Bewußtsein als durch einen schüchternen Instinct bestimmt wird, zeigt sich dann oft auch in solchen Fällen darin, daß man wenig wagen will wie man meint, und deshalb seinen Zweck mit halben Mitteln zu er=reichen sucht. Gerade die Aengstlichkeit gelangt auf diesem Wege dahin verwegen zu handeln.

Der Generallieutenant Essen der 3. sollte von Osten her einen Scheinangriff machen, und dabei durch das Feuer der Donau=Flotille unterstützt werden. Der wirkliche Angriff kam von der entgegengesetzten Seite, von Westen her, weil hier die Umwallung sich am weitesten von der eigentlichen Festung entfernte, und am wenigsten durch ihre Ge=schütze beherrscht wurde. Hier sollten drei Colonnen unter den Gene=ralmajoren Repninsky, Chitrow und Fürst Wäsemsky zu gleicher Zeit angreifen; eine jede bestand aus drei Bataillonen, denen ein Trupp von 30 Pionieren und 40 Freiwilligen voranzog; 200 Arbeiter folg=ten unmittelbar, und in weiterer Entfernung folgte jeder Colonne ein Rückhalt von drei Bataillonen; acht Schwadronen Dragoner mit zwölf Geschützen reitender Artillerie machten den Schluß des Ganzen. Zu=sammen zählten die zum Sturm bestimmten Truppen nach Danilewsky — wahrscheinlich jedoch ohne die Dragoner — 8,000 Mann unter den Waffen. Wo der Sammelplatz der drei Colonnen war, und auf welche Punkte sie gerichtet sein sollten, — welche den rechten oder den linken Flügel des Angriffs bildete, — darüber sagt der genannte Schriftsteller nichts. Ebenso wenig warum die Truppen ungewöhnlich früh, nämlich schon um 10 Uhr am Abend (des 1. Mais) ausrücken mußten. Die Rakete, die das Signal zum Angriff gab, stieg schon um 11 Uhr, man wich also sehr weit von der bekannten Regel ab, die kurz vor Tagesanbruch anzugreifen empfiehlt. Der Feldmarschall klagte nachher General Essen habe seinen Scheinangriff zu früh unternommen, und dadurch die Türken bei Zeiten aufmerksam gemacht. Es ist wohl möglich daß eine solche erste Uebereilung alle folgenden veranlaßte. Wie dem aber auch sei, die Sache lief höchst unglücklich ab. Die Colonnen gingen in der Dunkelheit fehl; die Türken, die ihre Annäherung bald gewahr wurden, warfen Leuchtkugeln, und bewiesen, sobald sie den Feind ersahen, durch ein verheerendes Feuer daß man sich in der Voraussetzung ihre Artillerie sei vernichtet, gar sehr geirrt habe. Die Freiwilligen an der Spitze waren den Colonnen weit vorausgekommen, an den Rand des Grabens gelangt, wußten sie in dieser Vereinzelung nichts Besseres als ein ohnmächtiges Flintenfeuer gegen den Wall zu eröffnen. Als die Colonnen selbst endlich heran waren fielen sie, wie es scheint, in dies Feuer ein, das zu nichts führen konnte, und an eine vernünftige Leitung des Ganzen war nun nicht mehr zu denken. Zwar brachte man die Leute noch etwas weiter vorwärts — nämlich bis in den Graben; wahrscheinlich trieb ein schutzsuchender Instinct sie dorthin. Aber, wie das bei solchen von vorn herein verdorbenen Unternehmungen, bei sinkender Hoffnung, wenn rathlose Ungewißheit sich Aller bemächtigt, zu gehn pflegt: sie fuhren im Graben fort mit Flinten gegen den Wall und in die Luft zu feuern, nirgends geschah etwas Zweckmäßiges, während die hier zusammengedrängten Haufen theilweise von einem verheerenden Seitenfeuer durchrissen, überall von obenher mit großen Steinen und Handgranaten überschüttet wurden. Repninsky's Colonne gelang es, nach dem Bericht, den Wall zu ersteigen, aber was hier nicht den Tod unter den Säbeln der Türken fand, wurde bald genug wieder in den Graben zurückgeworfen, und der Verlust wurde auch noch dadurch vergrößert daß die rückwärtigen Bataillone in der Dunkelheit auf die vorderen feuerten. Die beiden anderen Colonnen kamen nicht einmal so weit, und konnten auch kaum, denn in der hoffnungslosen Verwirrung waren die Sturmleitern weggeworfen worden und verloren gegangen, einen Wallbruch aber hatte das zerstreute Feuer des Belagerungsgeschützes nirgends bewirkt. Daß man den Rückhalt nachrücken ließ, konnte unter diesen Umständen begreiflicher Weise nur den Verlust steigern.

Der Fürst Prosorowsky, der das Unheil aus der Ferne ansah, und zum Theil wirklich sah als es zu dämmern begann, weinte, wie Danilewsky berichtet, warf sich zur Erde, und raufte sich das Haar in gänzlicher Haltungslosigkeit — und als der Tag höher stieg zogen endlich die traurigen Trümmer der verwendeten Truppen, in kleinen Haufen, vom feindlichen Feuer eine Strecke verfolgt, auf die russischen Lager zurück. Eingestandener Weise hatte man gegen fünftausend Mann verloren; also weit über die Hälfte der gesammten Mannschaft, und da man ohnehin nicht über sehr große Mittel zu gebieten hatte war der Verlust doppelt empfindlich. Auch der Obristlieutenant v. Toll war bei diesem unglücklichen Sturm, wir können aber leider nicht näher nachweisen welchen Auftrag er dabei hatte.

Prosorowsky klagte in seinen Berichten an den Kaiser über Mangel an Erfahrung bei den Generalen, Mangel an Zutrauen in ihre Führer und an Kriegszucht bei den Truppen. Der Kaiser zeigte sich in seiner Antwort unzufrieden, billigte überhaupt solche stürmende Angriffe aus dem Stegreif nicht, und bemerkte sehr richtig wenn man sich in wichtigen Augenblicken dennoch dazu bestimmen lasse, müsse man sie wenigstens nicht mit unzureichenden Mitteln unternehmen, da halbe Maaßregeln im Kriege verderblich seien. Dann bewegt ihn seine Unzufriedenheit deutlicher auszusprechen was er eigentlich haben wollte. Dadurch daß man sich mit den Festungen an der Donau aufhalte, werde man den Türken nicht solches Schrecken einjagen wie durch ein rasches Vordringen in das Innere des Reichs, der Feind gewinne Zeit sich zu ermuthigen und zu rüsten, und bald werde auch wohl eine englische Flotte im Schwarzen Meere erscheinen, wodurch dann jedes Unternehmen erschwert wäre. Man müsse daher, wenn es wirklich nothwendig sei Brailow zu nehmen, damit ein Ende machen, die übrigen Festungen „maskiren" — und ohne einen Augenblick weiter zu verlieren über die Donau, und ehe noch das türkische Heer diesseits des Balkans angelangt sei, im vollen Vertrauen auf russische Tapferkeit — auf Konstantinopel losgehen! — „Seitdem man über die Alpen und Pyrenäen hinwegzieht, kann das Balkangebirge für Rußlands Heere kein Hinderniß mehr sein."

Daß man in der Bulgarei nicht von Requisitionen leben kann;

— daß Prosorowsky, wenn alle Festungen unterwegs „maskirt" werden, und die Fürstenthümer besetzt bleiben sollten, keine irgend namhafte Macht im freien Felde übrig behalten konnte; — daß man noch durch keinerlei Erfolg ein zur Kühnheit berechtigendes Uebergewicht über den Feind gewonnen hatte; — kurz daß Eines sich nicht für Alle, noch überall und unter allen Umständen schickt, das kam im Kriegsrath zu Petersburg, wie es scheint, wenig in Betracht. Man machte sich dort eben ein durchaus falsches Bild sowohl von der Oertlichkeit als von den Umständen.

Es ist seltsam; im Rath der Fürsten wie der Feldherren gilt nur zu oft vorzugsweise der für einen vorsichtig weisen und erleuchteten Mann, der die allergrößte Vorstellung von den Schwierigkeiten der Kriegführung hat, und deren bei jeder Veranlassung eine wahre Alpenlast zu entdecken weiß; der so die Kunst besitzt jedes erkleckliche Unternehmen unmöglich, oder beinahe unmöglich, oder im mildesten Fall doch unabsehbar schwierig und bedenklich scheinen zu machen. Und dann auch wieder, glaubt man die Sache, im Gegentheil, mit irgend einer hochtönenden aber hohlen Redensart erledigt, als ob eine solche Redensart wirklich einen Inhalt hätte.

Unmittelbar nach dem verunglückten Sturm beschloß Prosorowsky zunächst Brailow vermöge eines regelmäßigen Angriffs zu erobern. Dann sollte das Heer auf drei Punkten über die Donau gehen —: Milorabowitsch bei Turtukay, um zunächst Ruschtschuck einzuschließen —: die Hauptarmee bei Brailow um Matschin und Silistria zu erobern —: eine Abtheilung unter dem Generallieutenant Markow bei Galatz um Isaktscha, Tultscha und die Insel Tschetal nacheinander einzunehmen, worauf sich denn auch Ismail nicht länger halten werde. Darauf wäre es denn an der Zeit gegen den Balkan vorzudringen, und die christlichen Einwohner der Bulgarei zum Aufstand gegen die Pforte zu bewegen. Es thue gar nichts, meinte Prosorowsky, wenn sich unterdessen das türkische Heer sammle; er werde es ruhig über den Balkan kommen lassen, um es diesseits der Berge zu schlagen und sogar zu vernichten, wie er sich ausdrückte. Der Rückzug über den Balkan, fügte er hinzu, werde dem Feinde doppelt verderblich sein, und wenn man verfolgend nach Adrianopel gelangt sei, werde die Pforte wohl nachgeben und den Frieden auf die verlangten Bedingungen schließen.

Kaum eine Woche später aber ließ der Feldmarschall die wenig vorgerückten Belagerungsarbeiten wieder einstellen, und meinte sie könnten kaum zum Ziele führen; man werde wieder stürmen müssen — der Angriff auf die innere Festung sei dann auch sehr schwierig — überall großer Verlust vorauszusehen —: kurz es scheint am Ende beinahe als sei die Eroberung von Brailow überhaupt etwas Unmögliches. Da zu gleicher Zeit immer dringendere Schreiben vom Kaiser einliefen, und erläuternde Auseinandersetzungen vom Grafen Araktschejew, in denen immer von Neuem verlangt wurde man solle auf Konstantinopel losgehen, und mit dem Türkenkrieg ein Ende machen ehe Napoleon's Kampf mit Oesterreich entschieden sei, wurden endlich in einem Kriegsrath Beschlüsse gefaßt, die dem Verlangen des Kaisers etwas mehr entsprachen, wenn sie auch nicht unmittelbar zu den erwarteten glänzenden Erfolgen führen konnten.

Man fand es nun, da der Graswuchs hinlänglich vorgeschritten, folglich wenigstens Grünfutter für die Pferde an Ort und Stelle zu finden war, thunlich über die Donau nach Bulgarien vorzurücken. Es wurde demgemäß beschlossen die Belagerung von Brailow aufzuheben, in der Nähe von Galaz über die Donau zu gehen, und nicht allzu weit von diesem Strome Stellung zu nehmen, während der Vortrab Silistria und Ruschtschuck beobachtete, und eine Abtheilung unter Markow Tultscha und die Insel Tschetal eroberte. Miloradowitsch sollte bis auf Weiteres vor Giurgewo, die Reservetruppen sollten auf dem linken Donauufer bleiben.

Zunächst wurde also am 19. Mai die Belagerung aufgehoben; leicht verfolgt ging das Heer über den Sereth zurück um in der Nähe von Galaz, bei Sebesti, ein Lager zu beziehen in welchem es etwas über zwei Monate vollkommen unthätig verweilte. Noch waren nämlich die Hochwasser des Frühjahrs nicht abgelaufen; aus seinen Ufern getreten hatte der mächtige Strom die sumpfigen Niederungen durch die er dahin fließt weit und breit überschwemmt, und das machte den zwischen Galaz und Reni begonnenen Brückenbau mühsam und schwierig.

Mancherlei Sorgen quälten da den alten Feldmarschall; er fürchtete die Oesterreicher, die wahrlich mit Napoleon genug zu thun hatten, möchten ihm von Siebenbürgen her in den Rücken kommen — er fürchtete eine Landung der von England unterstützten Türken im südlichen Rußland. Ueber das Alles mußte er von Petersburg aus beruhigt werden.

Die Brücke wurde endlich am 26. Juli fertig, aber Toll erlebte dies Ereigniß nicht mehr bei der Donauarmee. Prosorowsky und Kutusow, — der Meister und sein greiser Schüler — lebten nämlich schon seit lange nicht mehr im besten Vernehmen. Prosorowsky klagte dem Kaiser daß Kutusow auch im Heer gegen ihn Intriguen in Bewegung setze, und ihm das Vertrauen seiner Untergebenen zu rauben suche. An Unzufriedenen konnte es, wie die Sachen gingen, im Heere und im Hauptquartier nicht fehlen; und nach Allem was wir von Kutusow's Charakter wissen, mag der Feldmarschall in seinen Klagen auch nicht ganz Unrecht gehabt haben. Toll gehörte zu denen die eben nicht mit allen Maaßregeln Prosorowsky's einverstanden waren, und außerdem genoß er das Vertrauen Kutusow's, der ihn auf jede Weise auszeichnete und an sich zu ziehen suchte. Natürlich war er in Folge dessen dem Feldmarschall nicht angenehm; der alte Herr verfolgte ihn, und machte ihm mancherlei Unannehmlichkeiten, denen auszuweichen Toll's eigene Heftigkeit diesem nicht erlaubte. Kurz Toll mußte sich am Ende überzeugen daß seine Stellung im Hauptquartier nicht mehr haltbar sei.

Von einem Heer das im Felde steht in friedliche Dienstverhältnisse versetzt zu werden, verlangt aber kein Offizier; es blieb also Toll nichts übrig als um seine Versetzung aus dem Generalstab in die Linie zu bitten, wobei er sich natürlich eine Anstellung bei einem der hier an der Donau verwendeten Regimenter dachte. Aber Prosorowsky sorgte dafür daß er nicht bei dem Heere blieb. Toll wurde am 28. Juni (16. a. St.) als Bataillonsführer zu dem 20. Jägerregiment versetzt; das zur dritten Division eingetheilt, weit von der Donau, in Samogitien, in friedlichen Quartieren stand.

Bekanntlich wußte Prosorowsky dann auch Kutusow vom Heere zu verdrängen, indem er dessen Versetzung als General- und Kriegsgouverneur nach Wilna bewirkte.

Toll empfand natürlich seine Versetzung in weniger günstige Verhältnisse sehr schmerzlich. Noch dazu schien es als sei mit etwas Geduld der Schritt zu vermeiden gewesen, da der Fürst Prosorowsky, dessen letzte Kräfte durch die Gemüthsbewegungen aufgezehrt waren die ein so unglücklich geführter Oberbefehl mit sich brachte, schon im August starb, und den Fürsten Bagration zum Nachfolger hatte.

Die Sache war aber nicht mehr zu ändern, und wie sich die Dinge oft seltsam fügen, bahnte gerade diese Versetzung dem Obristlieutenant Toll den Weg zu einer einflußreichen und bedeutenden Stellung, in die er vielleicht nicht so unmittelbar und so bald gelangte, wenn er bei dem Heere an der Donau blieb.

Seine neuen Verhältnisse wurden ihm auch in mancher anderen Beziehung unmittelbar nützlich. Als Führer eines Bataillons übte er sich in der unmittelbaren Handhabung einer Truppe; er wurde mit dem sogenannten inneren Dienst vertraut; er lernte das Einzelne des Verwaltungswesens kennen, wie das Dasein des Soldaten, seine Bedürfnisse, und die Art mit ihm umzugehen. Er durchlebte mit einem Wort Zustände, die dem der einer höheren Stellung im Heere entgegensieht, nicht fremd sein dürfen.

Und auch in seinen Studien sah sich Toll während dieser verhältnißmäßig ruhigen Zeit bedeutend gefördert. Der Stab des Regiments stand in dem Städtchen Shawl, die Truppe zerstreut in den Dörfern der Umgegend, während die Offiziere meist auf Edelhöfen untergebracht waren. Toll war auf dem Schloß eines reichen Gutsbesitzers einquartiert — den wir übrigens so wenig als den Ort zu nennen wissen, da sich aus den uns vorliegenden Papieren nichts darüber ergiebt, und mühsame Untersuchungen deshalb anzustellen nicht der Mühe werth schien. Das Wesentliche ist daß Toll hier eine namentlich an militairischen und kriegsgeschichtlichen Werken reiche Bibliothek vorfand, und sie während der vielen freien Zeit, welche der Dienst unter solchen Verhältnissen auf dem Lande läßt, mit großem Eifer benützte. Wer je unmittelbar nach einer Periode rühriger, ganz nach außen gewendeter Thätigkeit auf Ruhe und Studium angewiesen war, der weiß mit welcher Begier der Geist alsdann alles Dargebotene erfaßt, welche Fülle von Ideen und Betrachtungen in uns erwacht, wenn wir einem fremden Ideengang nachgehen und ihn prüfen; welche Schätze unbewußt gesammelter Erfahrung, wie aus dem Schlummer geweckt, lebendig werden — wie überhaupt der Geist sich freudig im Besitz eines erweiterten Gebiets fühlt. Vielleicht gehört gerade die Einsamkeit dazu den ganzen Zustand zu seiner vollen Fruchtbarkeit zu steigern.

Uebrigens blieb Toll nicht allzu lange in diesen Verhältnissen. Er war im Heer schon zu sehr als ausgezeichneter Offizier bekannt um da vergessen zu werden. Namentlich kannte der Fürst Peter Wolkonsky wenigstens seine mannichfache Brauchbarkeit sehr gut, und vermittelte deshalb seine Rückversetzung zu dem Quartiermeisterwesen, die bereits am 13. Juli (1. a. St.) 1810 erfolgte. Toll kam wieder nach Petersburg, in Verhältnisse und Beschäftigungen die früheren ähnlich sahen; er war wieder mit topographischen Arbeiten beauftragt: mit der Aufnahme um Krasnoie-Selo, und erhielt als Belohnung für ihre ausgezeichnete Ausführung, im Jahr 1811 zuerst eine außerordentliche Summe von 1000 Rubeln Papier, und dann im Anfang des folgenden Jahres eine zweite von 4000 Papier-Rubeln. Auch wurde er in diesen Verhältnissen am 27. September 1811 (15. a. St.) zum Obersten befördert.

Drittes Buch.

1812 unter Barclay-de-Tolly's Oberbefehl.

Erstes Kapitel.

Der entscheidende Krieg mit Frankreich. — Allgemeine Verhältnisse und Vorbereitungen. — Toll's Anstellung bei dem Hauptquartier der ersten Westarmee in Wilna. — Zahl und Aufstellung des russischen Heers. — Toll's Operationsplan.

(Dies dritte Buch ist bereits 1850 geschrieben, ehe dem Verfasser Stein's Leben und Wolzogen's Denkwürdigkeiten zu Gesicht gekommen waren. Es schien am besten den Text so zu lassen wie er ursprünglich entworfen war, ohne die seither neu eröffneten Quellen zu einer Umarbeitung zu nützen: denn die Geschichte kann nur gewinnen wenn die Wahrheit in selbstständiger Weise von verschiedenen Seiten her zu Tage kömmt. Nur einige Zusätze schienen namentlich durch Wolzogen's Memoiren nothwendig gemacht, und sind, in Klammern eingeschlossen, von dem früheren Text unterschieden.)

Der entscheidende Kampf mit Frankreich nahte heran. Er war seit Jahren vorhergesehen; wahrscheinlich waren beide Kaiser, Alexander und Napoleon, trotz der großen Freundschaft die zu Erfurt so dramatisch — oder theatralisch, zur Schau getragen wurde, niemals im Zweifel darüber daß sie sich noch einmal, und zwar im ernsten Streit um den höchsten und letzten Preis, auf dem Schlachtfelde begegnen müßten, sobald sie, der Eine in Spanien, der Andere in Finnland und an der Donau, erlangt hätten, was die einstweilige Freundschaft leichter gewinnen ließ.

In der Erwartung dieses entscheidenden Krieges war der Kaiser Alexander unablässig bemüht gewesen sein Heer zu verstärken, und in jeder Weise zu dem Zustand heranzubilden, in dem es der Aufgabe die es erwartete, vollkommen gewachsen wäre. Neue Regimenter, und selbst ganze Divisionen, waren in den letzten Jahren gebildet worden. Es gelang sich mit Schweden zu befreunden, obgleich man ihm eben Finnland abgenommen hatte, und in Folge unverzeihlicher diplomatischer Fehler Napoleon's gelang es sogar mit dem beschwerlichen Feind an der Donau, mit der Türkei, im entscheidenden Augenblick, kaum einige Wochen vor dem Ausbruch des Kriegs in Polen, einen vortheilhaften Frieden zu schließen.

Der Entschluß den Kampf mit Frankreich wieder aufzunehmen war ein nothwendiger, und dennoch muß man ihn dem Kaiser Alexander als einen persönlichen sehr hoch anrechnen. Denn man empfand zwar in Rußland die Störung aller Handelsverhältnisse in mannichfachen Beziehungen sehr schmerzlich; man war unzufrieden, wenn man sich so ausdrücken will sogar sehr unzufrieden, mit der Lage der Dinge die sich daraus ergab —: dennoch aber darf man nicht glauben daß es etwa eine öffentliche Meinung gegeben, oder daß diese auf den Krieg mit Frankreich hingedrängt hätte. Der Mittelstand war damals noch unbedeutender als er jetzt ist; der Handelsstand schon deshalb ganz ohne Gewicht und ohne Zusammenhang mit der übrigen Bevölkerung weil er zum überwiegend größten Theil aus Fremden bestand; namentlich in den Seestädten und den beiden Hauptstädten des Reichs. Der Provinzial-Adel, aus dem die Beamtenwelt und die Offiziere des Heers größtentheils hervorgingen, dessen Bildung kaum gering genug gedacht werden kann, hatte gar keine Möglichkeit eines Verständnisses für das was außerhalb Rußlands vorging, und eben so wenig Interesse dafür. In diesen Kreisen wurde höchstens mit Erbitterung über die schlechten Preise der Landeserzeugnisse geschimpft, ohne daß sich die Betrachtung auch nur bis zu einer Frage nach den eigentlichen Ursachen dieser schlechten Preise erhoben hätte. Als der Feind im Lande war konnte sich ein National-Wille regen, der den Provinzial-Adel, die Geistlichkeit, die Bürger der Städte, und in den unmittelbar vom Feinde heimgesuchten Provinzen auch den Bauernstand mit nicht geringer Energie erfaßte —: aber in Beziehung auf weniger unmittelbar in das Leben der Bevölkerung eingreifende Verhältnisse, auf die entferntere auswärtige Politik, gab es in Rußland keine Stimme außerhalb der Kreise der vornehmen Welt. Hier neigte die Meinung freilich vorherrschend zu einem Frieden und Bündniß mit England, auch that in der letzten Zeit Alles was zum Hof gehört sehr empört über die Beleidigung die dem Kaiser in der Person seines nächsten Verwandten, des Herzogs von Oldenburg widerfahren war —: aber im Ernst und in der Wahrheit sind diese Kreise, wie bekannt, für Begeisterung und heroische Entschlüsse nicht sehr zugänglich). Auch fehlte es nicht an widersprechenden Stimmen; es gab der Leute genug die da meinten ein Bündniß mit Frankreich zur gemeinschaftlichen Beherrschung Europa's sei Rußlands angemessenste Politik. *) Der Kanzler, Graf Rumänzow, war namentlich durchaus französisch gesinnt; er erklärte ganz unumwunden, und so öffentlich als in Petersburg möglich ist: man müsse, um das gute Vernehmen zu erhalten, auf jede Forderung Napoleon's eingehen; und wie sich das unter solchen Bedingungen von selbst versteht, schien ihm auch Alles was verlangt wurde recht und billig. Er ging so weit wiederholt unumwunden auszusprechen: er sehe nicht was es schaden könne wenn man selbst, um Frankreich zu willfahren, französische Besatzungen und französische Zollwächter in die russischen Seestädte aufnehme! — Das wissen wir aus sehr guter Quelle, so daß wir uns für die Wahrheit der Thatsache verbürgen können, so seltsam und abenteuerlich sie scheinen mag.

Für die Sprache der edlen deutschen Flüchtlinge die sich um Stein sammelten, hatte in ganz Rußland nur der Kaiser Alexander ein Verständniß —: denn der Graf Armfeldt, der an diesen Dingen Antheil nahm, war eben kein Russe, sondern ein Schwede, und kaum seit zwei

---

*) Es tritt auch jetzt immer wieder hervor, sobald nicht revolutionaire Ungeheuerlichkeiten in Frankreich es für eine Zeitlang unmöglich machen. Nicht allzu lange vor der Februar-Revolution sprach sich einer der gebildetsten Russen, der Minister der Volksaufklärung, Graf Uwarow, der sehr gern Botschafter in Paris geworden wäre, in einem in Petersburg gedruckten Aufsatz über Pozzo-di-Borgo, ganz in diesem Sinn aus.

Toll, Denkwürdigkeiten. I.

Jahren russischer Unterthan. Nur der Kaiser begriff daß die öffentliche Meinung und der Volkswille eine Macht sein könnten, und verstand was Stein und seine Freunde sagen wollten, wenn sie von dem Völkerzorn sprachen, der nur auf den zündenden Funken warte. Die Herren seines Hofs kamen mit ihren Vorstellungen wohl nicht über eine banale „Unzufriedenheit" hinaus, die allenfalls durch gut angelegte Intriguen benützt, das heißt zum eigenen Vortheil ausgebeutet werden könnte. Auch hatten die damals in Rußland einflußreichen Männer — den eben jetzt entfernten Speransky etwa abgerechnet — nicht die Art von Bildung, die in ihnen einen Sinn für allgemeine Weltverhältnisse entwickeln konnte; das zeigte sich im Lauf der nächsten Jahre oft in schlagender Weise. Sie glaubten sich nicht berufen etwas Anderes zu beachten als Rußlands unmittelbaren Vortheil, im Sinn der alten, engherzigen und arglistigen Cabinetspolitik. Das Alles darf man auch bei der Beurtheilung der damaligen preußischen Verhältnisse nicht übersehen.

Bekanntlich war Napoleon lange Zeit unschlüssig ob er Preußen vor oder nach dem Kriege mit Rußland vernichten solle, und nur die Ueberzeugung daß die Sache hier nicht wie in Hannover und Hessen-Cassel durch Besetzung der Hauptstadt und ein Decret abgemacht sein werde, daß er im Gegentheil hier nicht zum Ziel gelangen könne ohne einen Kampf zu bestehen wie ihn die entschlossenste Verzweiflung führt —: nur diese Ueberzeugung bewog ihn den beabsichtigten Schlag bis nach dem Sieg über Rußland zu verschieben. Zweimal glaubte sich Preußen in seinem Dasein bedroht, und war eines Angriffs gewärtig; beide Male wurden die Maaßregeln der Vertheidigung mit dem Kaiser Alexander verabredet, die russischen Generale erhielten die nöthigen Verhaltungsbefehle, und die russische Regierung erklärte wie wir durch Danilewsky erfahren, natürlich im Zusammenhang mit diesen Unterhandlungen, daß sie den Uebergang französischer Truppen über die Oder als eine Kriegserklärung ansehen werde. Doch Napoleon entschloß sich, wie gesagt, zu einem Bündniß mit Preußen, und die Dinge nahmen eine andere Wendung.

So lange dies Bündniß nicht geschlossen war, hatten die bedeutendsten Männer in Preußen, Scharnhorst und Gneisenau an ihrer

Spitze, zu bewirken gesucht daß Preußen nicht bloß in dem äußersten
Fall wenn Napoleon ihm keine andere Wahl ließ, einen Bund mit
Rußland schließe, um den Kampf mit Frankreich anzunehmen, sondern
in jedem Fall, aus freier Wahl, und männlichem, selbständigem Ent=
schluß. Hier tritt uns wieder das Wunderbare in den Schicksalen der
Völker entgegen, denen oft zum Heil gereicht was an sich kein großes
Lob verdient. Die kräftigen Männer die den Krieg in dieser Form
herbeizuführen suchten, hatten vielfach recht in dem was sie zu Gun=
sten eines solchen Entschlusses anführten. Es ist wahr, Preußen mit
seinen acht Festungen, mit seinem kleinen aber vortrefflichen Heer, das
leicht durch hunderttausend begeisterte Freiwillige vermehrt werden
konnte, hatte eigentlich Rußland mehr zu bieten, als es in dem Fall
war von diesem Verbündeten zu fordern. Der Krieg, in dem Sinn
wie Stein, Scharnhorst und ihr Anhang wollten, zur National=Sache
der Preußen und der Deutschen gemacht, konnte Aussicht auf den glück=
lichsten Erfolg bieten. Und dennoch hätte dieser Weg wahrscheinlich
zu unabsehbarem Unheil geführt; dennoch war es besser daß Friedrich
Wilhelm III. nicht den Rath derer befolgte die Kühnheit und Weisheit
zu verbinden wußten, und sich der Meinung ihrer Gegner anschloß,
denen das Gefühl der eigenen Mittelmäßigkeit eine diesmal heilsame
Scheu vor jedem Außerordentlichen einflößte.

Denn erstens war schon, trotz alles Rüstens, die Heeresmacht
über welche Rußland verfügen konnte, in der Wirklichkeit bei weitem
nicht so furchtbar als auf dem Papier. Sie wäre in Wahrheit auch
in der Vereinigung mit dem preußischen Heer den Schaaren Napoleon's
an der Oder und Elbe nicht gewachsen gewesen, selbst abgesehen davon
daß hier auch noch die französischen Besatzungen preußischer Festungen
als wirklich wirksame Streitkräfte mit in das Gewicht fielen. Dann
aber — und das ist noch viel wichtiger — hätte diese Heeresmacht
unfehlbar unter dem Einfluß des in Rußland herrschenden Geistes
eigenthümlicher Beschränktheit gestanden. Man braucht sich nur zu
erinnern in welcher beschränkten, ausschließlich russischen Weise Kutu=
sow noch im Jahr 1813 die europäischen Verhältnisse beurtheilte; wie
wenig Barclay sich, während des Rückzugs nach der Schlacht bei
Bautzen, geneigt erwies auf den Rath preußischer Offiziere zu hören,

15*

obgleich ein Scharnhorst, ein Gneisenau, ein Grolmann darunter waren —: und man wird gestehen müssen daß es diesen preußischen Offizieren ganz gewiß 1811 nicht gelungen wäre den russischen Generalen die Rolle, die sie bei einem Angriffskrieg an der Oder und Elbe zu spielen hatten, begreiflich und annehmbar zu machen. Sich für Preußen aufzuopfern, wie sie meinten, wäre immer in den Augen der Russen eine Thorheit gewesen, der Krieg gewiß nicht mit der strebenden Energie, der rastlosen, äußersten Anspannung aller Kräfte geführt worden, die nöthig war, und sich 1813 wenigstens bei Blücher's Heer wirklich zeigte; es hätte sich vielmehr allenthalben in der Kriegsmaschine eine sehr große, störende und lähmende Friction offenbart, und eben weil der Kaiser Alexander allein in Rußland Träger einer edleren, umfassenderen und freieren Ansicht der Dinge war, hätte sein guter Wille sicher nicht genügt diese Friction zu beseitigen. Um so weniger da Alexander, wie man denn doch gestehen muß, kein Feldherr, und damals wenigstens ganz gewiß nicht im Stande war ein Heer selbstständig, ohne Rath und Leitung zu führen. Es war viel besser daß der Versuch nicht gemacht wurde, daß dagegen, ohne daß dies von Seiten der russischen Führer gerade beabsichtigt wurde, die ungeheure Ausdehnung Rußlands sich als ein mächtig bestimmendes Element der Entscheidung geltend machte.

Unter den Mitteln die Napoleon anwendete Rußland zu bekriegen, war eines ziemlich unsauberer Natur: die Fabrication falscher russischer Banknoten, die in Rußland ausgegeben werden sollten. General Gourgaud hat freilich den Versuch gemacht diese Thatsache, wie manches andere Unbequeme, vermöge einer hochfahrenden Redensart zu beseitigen. Er spricht von dem edel stolzen Charakter Napoleon's der solche niedrige Fälschung verschmähte. Das will aber wenig verfangen, da erwiesen ist daß Napoleon dem König von Sachsen eine Schuld von sechs Millionen Thalern in falschen russischen Banknoten bezahlte, die nachher in Dresden und Leipzig den Russen in die Hände fielen. Noch dazu beantwortete Berthier die verwunderten Fragen der ehrlichen Sachsen in einer Weise, die keinen Zweifel über die Absicht läßt, in der man so handelte. Wer damals in Rußland lebte erinnert sich auch wohl wie während der nächstfolgenden Jahre

gelegentliche Verluste und Störungen des Verkehrs durch falsche Bank=
noten veranlaßt wurden, die sich von Litthauen und Curland aus auch
nach den übrigen Provinzen verbreiteten.

Vielleicht lag auch gewissen Vorschlägen, die sich zunächst auf den
Handel zu beziehen schienen, eine strategische Absicht zum Grunde. Sie
wären dann ein Beweis daß Napoleon sehr bald nach der Erfurter
Zusammenkunft an das dachte was einen künftigen Kriegszug gegen
Rußland erleichtern könnte. Schon im Jahr 1809 nämlich machte
Caulaincourt in Petersburg den Vorschlag große Sammelpunkte von
Transportmitteln — dépots de roulage wie das genannt wurde, —
in Rußland anzulegen, sowohl um bei der Seesperre den Verkehr der
beiden russischen Hauptstädte mit dem westlichen Europa zu erleichtern,
als auch ganz besonders um dem Landhandel Europa's mit dem Orient
eine gesteigerte Bedeutung zu geben. Auf den angemessensten Punk=
ten, besonders da wo die Hauptstraßen des Landes sich vereinigen
und kreuzen — mit anderen Worten auf den wichtigsten strategischen
Punkten — sollten Transport=Mittel, Pferde und Wagen, nach dem
großartigsten Zuschnitt vereinigt werden, um die Waaren=Züge aus
Westen weiter zu schaffen. Natürlich mußten dann an diesen Orten
Futter=Vorräthe in einem entsprechenden Maaßstab angelegt werden,
und in Aussicht stand ferner die Anstellung französischer Agenten, die
gleichsam, ungefähr wie die Consule genannten Handels=Gesandten,
bei den dépots de roulage beglaubigt sein konnten, um die Interessen
ihrer Landsleute wahrzunehmen, und die schnelle und pünktliche Beför=
derung der für ihre Rechnung durchgehenden Waaren zu vermitteln.
Dieser Vorschlag wurde von dem Kanzler Rumänzow mit dem größ=
ten Eifer aufgenommen; die Ausführung von ihm auf jede Weise ge=
fördert. Es wurde eine Commission gebildet die theils aus russischen
Beamten bestand, theils aus Leuten die zur französischen Gesandtschaft
gehörten, oder ihr eigens deshalb beigegeben wurden. Hier sollte das
Nähere berathen und beschlossen werden, und da die Herren in Bezie=
hung auf die Wege und die sonstigen örtlichen Umstände vielfach sol=
cher Auskunft bedurften wie nur ein Sachverständiger geben konnte,
mußte der Commission auch ein Offizier von dem sogenannten Corps
der Wege=Communication beigegeben werden. Die Wahl fiel auf

einen unterrichteten jungen Mann der in den höheren gesellschaftlichen
Kreisen der Hauptstadt gern gesehen war, auf den Capitain Sablukow
(jetzt General-Lieutenant außer Diensten). Director dieses Ingenieur-
Corps war aber der Sache nach damals, unter dem Prinzen Georg
von Oldenburg, ein Holländer, aus dem Vaterlande vertrieben, und
General-Lieutenant in russischen Diensten. Ein Mann den der lang
genährte Haß gegen Frankreich und Napoleon scharfsichtig machte;
der erschrak als ihm sein Zögling Sablukow meldete wovon die Rede
sei. Er glaubte zu sehen wohin das führen sollte, daß nämlich Napoleon für den Fall eines Krieges ungeheuere Transportmittel und
Futtervorräthe an bestimmten, ihm bekannten Punkten, vorbereitet
wissen wollte, in der Hoffnung es werde ihm, namentlich in Litthauen,
leicht gelingen sich ihrer zu seinen Zwecken zu bemächtigen. Auch
schien die Sache darauf angelegt daß eine Menge französischer Beamter
mit dem Inneren des Landes und seinen Hülfsmitteln bekannt werden
sollten. Der General warnte, und wies den jungen Offizier an seinerseits so viele Schwierigkeiten als möglich, und immer neue zu machen;
namentlich dadurch die Ausführung zu hemmen daß er alle vorgeschlagenen Oertlichkeiten zu solchen dépots de roulage ungeeignet finde.
Diese Rolle spielte Sablukow länger als zwei Jahre mit großer Gewandtheit. So viele Reisen er auch in Auftrag der Commission
machen mußte, immer kam er mit den Beweisen zurück daß auf dem
gewählten Punkt Mangel an Futter, oder an zweckmäßigen Baulich-
keiten — oder die Schwierigkeit dergleichen dort aufzuführen — oder
die sumpfige Beschaffenheit häufigen Ueberschwemmungen ausgesetzter
Wege u. s. w. die Anlage ganz unmöglich mache. Als der Bruch
herannahte, und Lauriston, der unterdessen Caulaincourt abgelöst hatte,
Petersburg verließ, Sablukow sich in den hergebrachten gesellschaftlichen Formen bei ihm beurlaubte, fuhr der französische General, der
bekanntlich kein Diplomat, und nicht sehr fein war, unvorsichtig gegen
ihn heraus, daß auch er wichtige Pläne durchkreuzt habe. Sablukow
erwiderte, als russischer Offizier sehe er darin ein Compliment. — Es
wäre der Mühe werth in dem Archiv des französischen Ministeriums
der auswärtigen Angelegenheiten den Briefwechsel einzusehen der sich
auf diese Verhandlungen bezog. — Ob der Kaiser Alexander und der

Kanzler Rumänzow je erfahren haben woher im Anfang, als es dem Letzteren Ernst mit der Sache war, der geheime Widerstand kam, ist die Frage. Sablukow und sein General waren natürlich klug genug sich weder zur Zeit noch selbst später ihres selbstständigen Eingreifens zu rühmen, — auch war die Sache später vergessen, und kein Mensch fragte weiter nach.

Rußland war zur Zeit als der Krieg ausbrach, mit seinen Rüstungen noch nicht ganz fertig, und besonders erstaunte man, als es zur Sache kam, in der nächsten Umgebung des Kaisers nicht wenig über das Ergebniß der jahrelangen Vorbereitungen, das weit unter allen Erwartungen und Berechnungen geblieben war. Noch dazu war die beliebte Vertheilung der Truppen im Ganzen und Großen, theilweise durch die Nothwendigkeit, zum Theil aber auch durch eigenthümliche Plane geboten, von der Art daß dadurch die auf dem eigentlich entscheidenden Kriegsschauplatz, in Litthauen, vereinigte Macht, vollkommen ungenügend wurde.

Wir müssen hier in der Kürze die damalige Zahl und Eintheilung des russischen Heeres in Erinnerung bringen, das zur Zeit, was das Fußvolk anbetrifft, aus 6 Garde-Infanterie- (4 Grenadier- und 2 Jäger-) Regimentern, 14 Grenadier-, 96 Musketier- (Linien-Infanterie), 50 Jäger- und 4 eigentlich der Flotte angehörigen See-Regimentern bestand. Das Regiment hatte drei Bataillone; das Bataillon sollte, bei der Garde 768, bei den übrigen Truppen 738 Mann unter dem Gewehr haben.

Dazu kamen an Reiterei: 10 Kürassier-Regimenter (worunter zwei der Garde) — 4 leichte Cavalerie-Regimenter, und 2 selbstständige leichte Schwadronen der Garde, dann 36 Dragoner-, 11 Husaren- und 5 Uhlanen-Regimenter. Die Kürassier-, Dragoner- und leichten Garde-Reiter-Regimenter zählten je 5, die Husaren- und Uhlanen-Regimenter je 10 Schwadronen; die Schwadron sollte bei der Garde 159, bei der Armee 151 Mann und Pferde stark sein.

Der Garnison-Regimenter und Bataillone, der inneren Wache, der Halb-Invaliden und mobilen Invaliden-Compagnien, die sämmtlich zu Hülfe genommen werden um zusammenzurechnen daß Rußland damals über sechsmalhunderttausend Mann regelmäßiger Truppen verfügen konnte, erwähnen wir hier nicht, da diesen Schaaren selbst die Vertheidigung der Festungen auf dem europäischen Kriegsschauplatze nicht anvertraut wurde. Sie dienten theils die asiatischen Gränzen des Reichs gegen Räubereien zu schützen, theils als Polizeiwache im Inneren des Landes, und waren namentlich in ihrem damaligen Zustande auch zu sonst nichts zu gebrauchen. Nur insofern sie die Wagenzüge, die mit Schießbedarf oder Mundvorräthen zum Heer gingen, auf den Heerstraßen im friedlichen Inneren begleiteten, hatte ihre Thätigkeit eine Beziehung zu dem Krieg.

Die Eintheilung der Feldtruppen hatte wesentliche Veränderungen erfahren. Das Fußvolk bildete eine Garde- und 27 mit Zahlen bezeichnete Divisionen, von denen die beiden ersten aus je sechs Grenadier-Regimentern, jede der übrigen regelmäßiger Weise aus zwei Musketier- und einer Jäger-Brigade, zu zwei Regimentern, bestanden. Nur die zwei in Georgien und am Kaukasus verwendeten (die 19. und 20.) waren abweichend zusammengesetzt, und auch die 23. bestand nur aus zwei Brigaden (3 Musketier- und 1 Jägerregiment). Die 25. hatte nur 1 Musketier- und 2 Jäger-Regimenter, wurde aber durch 3 See-Regimenter die zu ihr stießen, den übrigen gleich.

Ferner wurde jeder Infanterie-Division auch eine Brigade Artillerie beigegeben die aus einer Zwölfpfünder- und zwei Sechspfünder-Batterien (mit je 12 Geschützen) bestand.

Dagegen war nun keine Reiterei mehr zu den Infanterie-Divisionen eingetheilt; die sämmtlichen Reiter-Regimenter waren in selbstständige Divisionen zusammengezogen, und bildeten so zwei Kürassier-Divisionen (zu 5 Regimentern), eine Garde- und acht Linien-Cavalerie-Divisionen. Jede dieser letzteren bestand aus vier Dragoner- und zwei Husaren- oder Uhlanen-Regimentern (ausnahmsweise hatte die 4. ein Husaren-Regiment mehr, die 8. ein Dragoner- und ein Husaren-Regiment weniger. Fünf abgesonderte Dragoner-Regimenter waren in Finnland, am Kaukasus und in Georgien verwendet).

Von der gesammten Infanterie war eine Division (die 27.) noch zu Moskau in der Bildung begriffen; zwei waren, wie gesagt, in den asiatischen Gränzländern des Reichs verwendet; drei, die 6., 21. und 25., in Finnland; — eine, die 13., war in und um Odessa zurückgelassen; — viere, die 8., 10., 16. und 22., bildeten in der Moldau und Wallachei die Donau=Armee. Es blieben also, außer der Garde, sechszehn Divisionen mit der entsprechenden Reiterei, die in Litthauen vereinigt wurden.

Die einst von Proforowsky bei dem Heer unter seinen Befehlen getroffene Einrichtung wurde hier zuerst allgemein angenommen. Jedes Infanterie=Regiment rückte nur mit zwei Bataillonen in das Feld; das dritte mußte an diese alle taugliche Mannschaft abgeben, um sie einigermaßen vollzählig zu machen, und erhielt als Ersatz eine Anzahl Rekruten, die es erst ausbilden sollte. — Außerdem gaben die dritten Bataillone auch ihre Grenadier=Companien an die im Felde stehenden Truppen ab; es wurden aus diesen Companien „vereinigte (сборные) Grenadier=Bataillone" gebildet, zwei zu je drei Companien in jeder Division. Vier Divisionen der 1. Armee behielten ihre beiden so gebildeten Grenadier=Bataillone bei sich; die der übrigen bildeten zwei besondere Divisionen und eine Brigade (eine Division von 8 Bataillonen in der ersten, eine von 10 Bataillonen in der zweiten Armee; in Tormassow's Reserve=Armee eine Brigade von 6 Bataillonen).

Die als Rückhalt ausgesonderten dritten Bataillone, die noch aus drei Musketier=Companien jedes bestanden, wurden weiter rückwärts in eigenen Reserve=Divisionen vereinigt, deren aber nicht weiter gedacht zu werden braucht, da sie mit wenigen Ausnahmen nicht als solche verwendet, sondern aufgelöst wurden um die Feldbataillone zu ergänzen.

In gleicher Weise ließen die Reiter=Regimenter, je nachdem sie leichte oder schwere waren, eine oder zwei Schwadronen als Reserve zurück, und rückten, die schweren mit vier, die leichten mit acht Schwadronen ins Feld.

Die gesammte in Litthauen vereinigte Truppenmacht wurde in eine Haupt=, und zwei minder zahlreiche Seiten=Armeen vertheilt; in jeder waren je zwei Divisionen zu einem Infanterie=Corps vereinigt, dem etwas leichte Reiterei beigegeben war. Die übrige Reiterei wurde zu Cavalerie=Corps vereinigt, die aber eigentlich Divisionen genannt werden müßten, da sie nicht eben sehr stark waren.

So gestaltete sich denn die gesammte Heeresmacht, die hier zur Verfügung stand, in folgender Weise.

A. Truppen in erster Linie (längs der Westgränze des Reichs).
Die 1. West-Armee, G. v. d. Infanterie Barclay de Tolly.

	Bat.	Schw.	Kos.-Reg.
I. Infanterie-Corps, G.-L. Graf Wittgenstein, die 5. u. 14. Infanterie-Division, 4 vereinigte Grenadier-Bataillone, 2 Dragoner- und 1 Husaren-Regiment	28	16	3
II. Infanterie-Corps, G.-L. Baggehuffwudt,*) die 4. und 17. Division, 1 Husaren-Regiment	24	8	—
III. Infanterie-Corps, G.-L. Tutschkow der 1., die 3. und 1. (Grenadier-) Division, 2 vereinigte Grenadier-Bataillone, Garde-Kosacken	26	6	1
IV. Infant.-Corps, G.-L. Graf Schuwalow,**) die 11. u. 23. Division, 2 vereinigte Grenadier-Bataillone, 1 Husaren-Regiment	22	8	—
V. (Garde-) Infanterie-Corps, der Großfürst Konstantin,***) die Garden und eine Division vereinigter Grenadiere, die erste Kürassier-Division . . .	26	20	—
VI. Inf.-Corps, Gen. v. d. Infant. Dochturow, die 7. und 24. Division, 1 Husaren-Regiment	24	8	—
Reiterei: I. Corps G.-L. Uwarow = 24 Schw.; II. G.-L. Baron Korff = 24 Schw.; III. G.-L. Graf Pahlen = 20 Schw.	—	68	—
Kosacken unter dem Ataman Platow . . .	—	—	14
Im Ganzen	150	134	18

und 49 Batterien mit 558 Stück Geschütz.

Wenn sie vollzählig waren mußten diese Truppen zählen:
die Infanterie = 108,232 Mann
die Reiterei = 20,394   „

---

*) So lautet der von den Russen gewöhnlich in Baggowut verstümmelte Name dieser schwedischen, in den Ostseeprovinzen Rußlands germanisirten Familie.
**) Bald durch den G.-L. Grafen Ostermann abgelöst.
***) In dessen Abwesenheit befehligte G.-L. Lawrow.

die Artillerie	=	13,946 Mann
die Kosacken	=	9,000 „
zusammen	=	151,572 Mann.

Sie waren aber bei weitem nicht vollzählig. Buturlin giebt sie, mit Einschluß von 9000 Kosacken, zu 127,000 Mann unter den Waffen an, und Danilewsky, der ohne Zweifel die Wahrheit sehr genau wußte, findet es angemessen ihm zu folgen. Aber auch diese Zahl ist unstreitig falsch, und bedeutend zu hoch. Wäre sie richtig so hätte an der vollen Zahl nur etwa ein Sechstheil gefehlt, womit man immerhin, namentlich in Rußland, ganz gut hätte zufrieden sein können. Der Kaiser Alexander und seine persönliche Umgebung hätten sich dann gewiß, als sie in Wilna eintrafen, weder so erstaunt noch so entrüstet darüber gezeigt, daß trotz der Auflösung der dritten Bataillone, und aller sonstigen Maaßregeln, das Heer nicht zahlreicher sei.

Wie Clausewitz bezeugt wußte man im kaiserlichen Hauptquartier, daß die erste West=Armee kaum hunderttausend Mann stark sei — und zu dieser Angabe stimmt auch was wir sonst aus zuverlässiger Quelle wissen. Der Herzog Eugen von Würtemberg namentlich sagt uns in seinen „Erinnerungen" daß man die Bataillone der Garde im Durchschnitt zu 600 Mann, die der Linie zu 500 rechnen kann; die Schwadronen der Garde und Linie zu 150 und 125 Mann und Pferden. In Beziehung auf die Reiterei möchten seine Angaben wohl noch etwas zu hoch sein. Die Durchschnittszahl von 500 Mann für ein Bataillon dagegen nähert sich gewiß der Wahrheit; denn mochten auch viele Musketier= und Jäger=Bataillone etwas stärker sein, so zählten dagegen die Bataillone vereinigter Grenadiere, die nur aus je drei Companien bestanden, gewiß nicht viel über 400 Mann ein jedes. Legen wir die Angaben des Herzogs von Würtemberg zum Grunde, so ergeben sich folgende Zahlen:

Infanterie . .	76,800 Mann
Reiterei . . .	17,450 „
Artillerie, ungefähr	10,000 „
Im Ganzen	104,250 Mann,

wozu dann noch ungefähr sechs= bis siebentausend Kosacken kommen —

nicht mehr; denn obgleich in fünf Sotnen — Hunderte — eingetheilt, ist ein Kosacken-Regiment doch selten viel über dreihundertundfünfzig Mann stark.

Es wird sich später noch in anderer Art ein Beweis ergeben daß diese Zahlen sich der Wahrheit nähern, die von Buturlin und Danilewsky beigebrachten dagegen zu hoch sind. Warum man in allen, von russischer Seite veröffentlichten amtlichen und halbamtlichen Berichten über diesen Feldzug, bemüht gewesen ist das Heer wenigstens etwas stärker zu machen als es wirklich war, läßt sich gewissermaßen wohl erklären. Wahrscheinlich wollte man nicht gern gestehen wie unverhältnißmäßig gering die Heeresmacht war, mit der Rußland in den entscheidenden Kampf gehen mußte, in dem es sich mindestens um seine politische Bedeutung in Europa handelte. Vielleicht fürchtete man die wahren Zahlen möchten dem westlichen Europa nicht den gehörigen Begriff von der Macht Rußlands beibringen, und dann auch wollte man wohl die Mängel der Verwaltung, die solche Ergebnisse zur Folge hatten, nicht in ihrer ganzen Blöße zeigen.

Die zweite West-Armee, Gen. v. d. Infant. Fürst Bagration.

	Bat.	Schw.	Kos.-Reg.
Das VII. Infanterie-Corps, G.L. Rajewsky. Die 26. und 12. Inf.-Division, 1 Hus.-Reg.	24	8	—
VIII. Inf.-Corps, G.-L. Borosdin. Die 2. (Grenadier-)Division, und eine Division vereinigter Grenadier-Bat.; die 2. Cürassier-Division	22	20	—
IV. Cavalerie-Corps, G.-L. Graf Siewers . .	—	24	—
9 donische Kosacken-Regimenter	—	—	9
Im Ganzen	46	52	9

mit 216 Stücken Geschütz. Die Kosacken (etwa 4000) ungerechnet, wird dies Heer auf 35,000 Mann unter den Waffen angegeben, was höchstens um ein- bis zweitausend Mann zu viel sein mag.

Die Reserve-Armee, Gen. v. d. Cav. Graf Tormassow.
Corps des Gen. v. d. Infant. Grafen Kamensky*).

---

*) Dies war der bereits mehrfach genannte, ältere Sohn des Feldmarschalls.

Die 18. Division, 6 Bataillone vereinigter Grena- Bat. Schw. Kos.-Reg.
biere und 1 Husaren-Regiment 18   8   —
Corps des G.-L. Markow.
Die 15. und 9. Inf.-Division, 1 Husaren-Reg. 24   8   —
Corps des G.-L. Baron von der Osten-Sacken.
Die Reserve-Bataillone der 12. und 15. Division,
1 Husaren-Regiment, und 16 Reserve-Schwa-
dronen verschiedener Regimenter . . . . 12 24   —
Cavalerie-Corps des G.-L. Grafen Lambert .   — 36   —
5 donische, 4 ukrainische Kosacken-Regimenter . — — 9

Im Ganzen 54 76   9

Ohne Kosacken etwa 36,000 Mann, mit 164 Stücken Geschütz in 14 Batterien.

Es ist ein bemerkenswerther Umstand daß die Bildung der Re-serve-Armee in dieser Weise gar nicht ursprünglich beabsichtigt war, ja mit dem ursprünglichen Operationsplan in Widerspruch stand.

Den ersten Anordnungen zufolge gehörten die sämmtlichen Feld-truppen dieses Heeres, d. h. außer Sacken's Abtheilung alle, der 2. West-Armee an, die demnach aus 88 Bataillonen und 92 Schwa-dronen*) bestand. (In diesem Verbande wurde Kamensky's Corps als das VIII. gezählt, Markow's als das IX.; Borosdin's Abthei-lung war als das X. bezeichnet.)

Es wurde sogar, wie wir später sehen werden, in dem Operations-plan als eine wesentliche Bedingung angesehen daß die erste und zweite West-Armee einander an Zahl ziemlich gleich seien; und daß jede von ihnen stark genug sei selbstständig zu handeln.

Außerdem hoffte man ein Heer von 40,000 Mann unter Tor-massow aus Reserve-Bataillonen zusammenzubringen. Beobachtung der österreichischen Gränze, und Vertheidigung eines besonderen, unter-geordneten Kriegstheaters in Wolhynien und Podolien sollten seine Aufgabe sein.

---

*) Eine Zeitlang zählte es sogar 112 Schwadronen, da auch Pahlen's Reiterei — (das III. Cavalerie-Corps) dazu gerechnet wurde.

Als aber im Frühjahr der entscheidende Augenblick heranrückte, ergab sich daß an Reserve-Truppen für dies Heer kaum Sacken's Abtheilung herbeizuschaffen sei. Einer besonderen Armee zur Vertheidigung des Südens glaubte man aber nicht entbehren zu können. Da erfolgte denn sehr spät, kaum einen Monat vor dem Ausbruch des Krieges, vermöge eines kaiserlichen Befehls vom 8/20. Mai, die Theilung der zweiten West-Armee, und Bildung der Reserve-Armee in der angegebenen Weise.

Ohne die Kosacken zu zählen — die zu zählen, wenigstens auf einem Schlachtfelde, kaum der Mühe werth ist — beliefen sich also die in erster Linie verfügbaren, wirklich vorhandenen und brauchbaren Truppen, allerhöchstens auf 175,000 Mann, aller Wahrscheinlichkeit nach sogar noch auf einige Tausende weniger. Das war wenig, den 452,000 Mann Napoleon's gegenüber! Das war nicht ein Heer mit dem man, unter den obwaltenden Umständen, bis an die Oder oder Elbe vorgehen konnte, wie Scharnhorst, Gneisenau und Boyen verlangt hatten! Davon überzeugte sich auch Gneisenau vollkommen, als er bei seiner vorübergehenden Anwesenheit im Hauptquartier zu Wilna die wahre Sachlage kennen lernte. Er hatte ganz recht wenn er dort erklärte daß die Anstalten der Russen nichts weniger als der Größe des Unternehmens entsprechend seien, und sich sehr besorgt um den Ausgang zeigte. Um so mehr da auch was an Truppen in zweiter und dritter Linie, zur Ergänzung des Heeres u. s. w. zu Gebote stand, weder der Größe der Aufgabe und der Gefahr entsprach, noch den Erwartungen die man von dem Erfolg jahrelanger Rüstungen hegen durfte.

B. Truppen in zweiter Linie.

Außer der in die erste Linie der strategischen Aufstellung vorgezogenen Abtheilung Sacken's standen noch 87 dritte Bataillone und 54 fünfte, oder neunte und zehnte Schwadronen der Reiter-Regimenter zu Gebote, die aber sämmtlich aus Rekruten gebildet, und so schwach waren, daß sie im Ganzen kaum 34,000 Mann unter den Waffen zählten. Vertheilt waren sie wie folgt:

30 Bat. 4 Schwadr. in Riga und Dünamünde, und bei Mitau,
19 „ — „ bei Dünaburg,
— „ 20 „ auf dem rechten Dünaufer von Walk bis Newel,

2 Bat.	— Schwadr.		bei Borissow an der Beresina,
18 „	—	„	in Bobruisk, an demselben Fluß,
12 „	14	„	bei Mozyr am Pripiät,
6 „	—	„	in Kiew,
— „	16	„	jenseits des Dniepr's, im südlichen Rußland, um Olwiopol,

87 Bat. 54 Schwadr. wie oben.

Dazu kommen, als eine der nächsten Verstärkungen welche die zweite Armee zu erwarten hatte, die aus Moskau heranrückenden 12 Bataillone der 27. Infanterie-Division, mit der dazu gehörigen Brigade Artillerie, die zusammen zu 8500 Mann angegeben werden, also ganz ungewöhnlich vollzählig gewesen sein müssen, was sich bei einer eben in der alten Hauptstadt des Reichs neugebildeten Truppe wohl einigermaßen denken läßt.

C. Truppen in dritter Linie.

Diese bestanden aus den erst im Herbst 1811 neu ausgehobenen Mannschaften, die in 36 Rekruten-Depots vereinigt waren. Diese Depots bildeten drei Linien hinter einander; die erste, von 19 Depots, begann bei Staraia-Russa in der Richtung auf Toropetz, durchschnitt die Straße von Smolensk nach Moskau bei Wiäsma, und verlängerte sich über Jelnia und Starodub bis Olwiopol.

Die zweite, von 10 Depots, ging von Petrosawodsk auf Nowgorod, Twer und Moskau, dann weiter auf Kaluga, Tula, Orel, Kursk, Charkow, und endete bei Catherinoslaw.

Die dritte, von 7 Depots, begann im Norden bei Wologda, und war bezeichnet durch die Punkte: Jaroslaw, Wladimir, Riäsan, Tambow, Woronesch und Nowo-Tscherkask an der Wolga, wo sie endete.

Um die hier versammelten Rekruten verwendbar zu machen, wurden aus ihnen vierte Bataillone der Infanterie-Regimenter, 6. Schwadronen der schweren, 11. und 12. der leichten Reiter-Regimenter gebildet, die aber natürlich nie als solche verwendet worden sind. Sie wurden aufgelöst sowie sie bei dem Heere eintrafen. Die Armee erhielt, bis zu dem Rückzug nach Tarutino aus diesen Depots 46,000 Mann Fußvolk und 9,300 Reiter.

Auch die sämmtlichen vorbereiteten Ersatz=Mannschaften des russischen Heeres genügten also an sich durchaus nicht, um je das Gleichgewicht der streitenden Parteien herzustellen. Sie wogen kaum die zahlreichen „Marschbataillone" und sonstigen Ersatzmannschaften auf, die dem französischen Heer folgten.

Es bleibt uns noch übrig der Magazine zu gedenken, und der Punkte auf denen die Artillerie=Reserve=Parks (Schießbedarfszüge) aufgestellt waren.

Für den unmittelbaren Bedarf des Heers in seiner anfänglichen Stellung in Litthauen waren, außer mehreren kleinen Magazinen, größere in Wilna, Zaslawl und Lutzk angelegt. Die großen Vor= räthe die im Lauf des Feldzugs dienen sollten, waren in Riga, Düna= burg, Drissa, Bobruisk und Kiew aufgehäuft.

Reserve=Parks mit dem Schießbedarf für 58 Divisionen, d. h. mit einer fast dreifachen Ausrüstung für das gesammte Heer, waren in drei Linien aufgestellt, von denen die erste von Dünaburg über Wilna, Nieswicz, Bobruisk und Polon nach Kiew ging — die zweite von Pskow nach Smolensk, während Nowgorod und Kaluga die End= punkte der dritten bezeichneten.

Wenn man sich die Aufstellung der Truppen zweiter Linie (der dritten Bataillone) vergegenwärtigt, die Anlage der Magazine und die Vertheilung der Schießbedarfszüge beachtet, erkennt man leicht daß der Bogen welchen die Düna, die Beresina und der Dniepr bilden, die Linie war die man zu vertheidigen dachte, und an der man den Feind aufzuhalten hoffte. Die Befestigungsarbeiten die unternommen wur= den um dieser Linie eine größere Widerstandsfähigkeit zu geben, lassen darüber vollends keinen Zweifel. Dünamünde und Riga waren von alten Zeiten her befestigt; im Lauf der letzten Jahre war beschlossen worden auch Dünaburg, so wie Borissow und Bobruisk an der Bere= sina, in Festungen zu verwandeln. Der letztere Platz, dessen Bau man im Jahre 1810 begonnen hatte, war so ziemlich vollendet, und konnte eine Belagerung aushalten. An den Werken von Dünaburg war lässiger gearbeitet worden, man beschränkte sich am Ende auf die Er= richtung eines Brückenkopfes, der auch nicht ganz fertig wurde, obgleich noch im Juni 1812 Bauern zum Festungsbau in den Ostseeprovinzen ausgeschrieben wurden, und auch wirklich nach Dünaburg abgehen mußten. Bei Borissow war ebenfalls nur ein in der Kehle geschlossener Brückenkopf von Erdwerken ziemlich starken Profils zu Stande gekommen.

Ungefähr vierzehn Meilen stromaufwärts von Dünaburg, wurde dem Städtchen Drissa gegenüber auf dem linken Ufer der Düna ein großes verschanztes Lager erbaut, das in dem Vertheidigungskriege den man vorhatte, nicht sowohl eine Hauptrolle, als die Hauptrolle spielen sollte. Auch hier hatte die Ausführung etwas spät begonnen. Am 24. Juni begannen bekanntlich die Feindseligkeiten; am 23. wurde der Obristlieutenant Clausewitz von Wilna aus nach Drissa gesendet um über den Fortgang des Baus zu berichten. Er traf also dort ein als der Krieg bereits begonnen hatte, und fand dennoch daß man noch nicht daran gedacht hatte das Profil der Werke durch Palissaden zu verstärken, und daß die dort angestellten Ingenieur-Offiziere, deren Fach der Brückenbau nicht war, noch nicht wußten wie sie es anfangen sollten, mit den Gefäßen von verschiedener Größe die zu Gebote standen, die nöthigen Brücken herzustellen.

Wir müssen nun auf die Stellung der Truppen erster Linie längs der Gränze zurückkommen, und sie näher andeuten, wobei, von kleineren Veränderungen abgesehn, zwei Perioden — die Zeit vor und nach der Theilung der zweiten West-Armee — zu unterscheiden sind.

Im April und der ersten Hälfte des Mai's 1812 war das Hauptquartier der ersten Armee in Wilna, das der zweiten in Lutzk, und besonders die erste stand in sehr weitläuftigen Quartieren zerstreut.

Sie hatte nämlich eine rechts entsendete Abtheilung — das 1. Corps, Wittgenstein — bei Szawl, — die Hauptmasse, aus dem II., III., IV. und V. Corps, nebst den Kürassieren und dem I. und II. Cavalerie-Corps bestehend, war auch in sich sehr zerstreut — (nämlich auf dem rechten Flügel das II. Infanterie- und I. Cavalerie-Corps bei Uciany, Wilkomir, und Boguslawiszky; — das III. Infanterie-Corps vor Wilna bei Troki, und dahinter das V. in und um Wilna selbst; — weiter links das IV. Infanterie-Corps bei Mosty am Niemen, und hinter ihm das II. Cavalerie-Corps bei Bielitza) — weit links entsenbet stand dann endlich das VI. Infanterie-Corps, das die Verbindung mit der zweiten Armee erhalten sollte, bei Prużany).

Die zweite Armee cantonirte in Wolynien und Podolien.

Aus dem Operationsplan ergiebt sich daß jedenfalls die Absicht war sowohl die erste Armee in sich enger zusammenzuziehn, als auch die zweite näher an dieselbe heranrücken zu lassen, sobald man mit der Bildung der Reserve-Observations-Armee an der österreichischen Gränze zu Stande gekommen sein würde. Auch geschah dies wirklich nach der Theilung der zweiten Armee, deren Hauptquartier erst nach Prużany, dann nach Wolkowisk verlegt wurde, in Folge welcher Bewegungen beide Armeen unmittelbar vor dem Ausbruch des Krieges folgende Stellungen inne hatten.

Die 1. Armee, Hauptquartier in Wilna.

Das I. Infanterie-Corps, als entsendeter rechter Flügel bei Keidany, mit einer Seitenabtheilung bei Rossiena und einem Vortrab bei Jurburg am Niemen. —

Von der um Wilna gruppirten Hauptmasse, das II. Infanterie-Corps zwischen der Swenta und Wilia, um Drzijski; — das III. und IV. Infanterie-Corps vor Wilna, jenes bei Nowi-Troki, dieses bei Olkienniki; — dahinter, in zweiter Linie das I. Cavalerie-Corps bei Wilkomir — die Garden und Kürassiere bei Swencany — und das II. Cavalerie-Corps bei Smorgony auf der Straße nach Minsk.

Weit links entsendet standen das VI. Infanterie-Corps, und Pahlen's Reiterei (III. Corps) bei Lida. Daß sie große Gefahr liefen abgeschnitten zu werden, wenn das Heer sich bei Wilna, oder vollends weiter rückwärts bei Swenciany versammeln sollte, lehrt ein Blick auf die Karte.

Platow's Kosacken standen um Grodno.

Die zweite Armee, Hauptquartier Wolkowisk.

Das VIII. Infanterie-Corps, die Kürassiere und das IV. Cavalerie-Corps um Wolkowisk.

Das VII. Corps etwas südlicher auf der Straße nach Prużany, um Nowy-Dwor.

Tormassow's Armee hatte ihre Quartiere um Dubno, wo das Hauptquartier war.

Um die Verhältnisse ganz zu übersehn muß man sich auch noch der beiden Heere erinnern, die auf entfernten Kriegsschauplätzen in Bereitschaft standen.

Nämlich in Finnland, unter dem Gen. v. d. Infanterie Grafen Steinheil*) die 6., 21. und 25. Division, nebst zwei Dragoner-Regimentern; die dritten Bataillone einbegriffen, zu 30,000 Mann angegeben.

An der Donau, in der Wallachei und Moldau, unter dem Admiral Tschitschagow, vier Infanterie-Divisionen (die 8., 10., 16. und 22.) zu 72 Bataillonen, und 80 Schwadronen Reiterei; zusammen angeblich eine Masse von 53,000 Mann.

Für diese beiden Heere waren auch besondere Rekruten-Depots eingerichtet; für das finnländische zu Kargapol und Olonetz; für die Donau-Armee zu Asow, Taganrock und Iwanowka bei Slawánoserbsk.

Gleich als die beiden Westarmeen gebildet wurden, im Anfang des Jahres 1812 erhielt der Oberst Toll eine Anstellung, als Director der zweiten Abtheilung der Kanzellei des General-Quartiermeisters der ersten Armee, bei dem Hauptquartier in Wilna. Er fand sich hier zunächst in einer nicht ganz günstigen Lage; denn er hatte sich zwar bereits einen bedeutenden Ruf erworben, und war vielen Generalen der Armee als ein sehr tüchtiger Offizier bekannt —: gerade dem ohnehin nicht sehr zugänglichen Barclay aber war er vollkommen fremd. Denn dieser war erst in der allerletzten Zeit, aus einer unbedeutenden Stellung sehr schnell zum Oberbefehl emporgestiegen, und war nie auf demselben Kriegsschauplatz mit Toll zusammengetroffen. Toll's unmittelbare Vorgesetzte aber, der General-Quartiermeister und Chef des Generalstabs dieser Armee, waren so unbedeutend, daß sie weder ihn nach seinem Werth schätzen, noch daran denken konnten ihn zu heben, und eine Annäherung zwischen ihm und dem Oberbefehlshaber zu vermitteln. Blieben die Dinge in dieser Verfassung, so hatte Toll unter Barclay eigentlich wenig Aussicht in einen bedeutenderen Wirkungs-

---

*) Aus russischer Verstümmelung ins Deutsche zurück verstümmelt, in den meisten Werken über diesen Krieg zu Steingell oder Stengell geworden.

kreis zu gelangen, als ihm seine Stellung in der Kanzellei anwies. Aber die Sache änderte sich als am 28. April der Kaiser Alexander selbst mit einem nur allzuzahlreichen und glänzenden Gefolge zu Wilna eintraf. Der Kaiser selbst kannte Toll, der Fürst Wolkonsky wußte aus Erfahrung wie gut er zu brauchen sei. Da nun Wolkonsky selbst, bei dem Widerspruch den hier der aus Petersburg mitgebrachte Operationsplan erfuhr, bei den vielfachen Zweifeln die sich erhoben, bei den widersprechenden Vorschlägen die gemacht wurden, sich gewiß gern der Nothwendigkeit entzog eine Meinung zu haben, verwies er eben auf den Obersten Toll, der im Namen des Kaisers oft um seine Ansicht befragt wurde, und so Gelegenheit fand seinen Werth geltend zu machen.

Unter Toll's Papieren findet sich ein vollständig ausgearbeiteter Operationsplan für den Feldzug 1812, und auf dem letzten Blatt ist bemerkt daß er ihn am 11. Mai (29. April a. St.) 1812 niedergeschrieben hat. Ob er diesen Plan blos als Studie entwarf, wie die einleitenden Worte vermuthen lassen, oder ob er aufgefordert war auch seinerseits Vorschläge zu machen, wissen wir nicht zu sagen. Eben so wenig ob Toll, den ersten Fall angenommen, diese Blätter ruhig in seiner Brieftasche barg, ohne einen Versuch seinen Ansichten Geltung zu verschaffen, oder ob er sie vor den Kaiser zu bringen suchte. Doch ist das Letztere wahrscheinlich. Sein freundschaftlicher Verkehr mit dem Fürsten Wolkonsky führte fast nothwendig darauf.

Da diese Vorschläge nicht beachtet worden sind können sie in einer Geschichte des Feldzugs 1812 mit Stillschweigen übergangen werden—: in Toll's Denkwürdigkeiten glauben wir sie als Beilage vollständig mittheilen zu müssen; um so mehr da sie einige bemerkenswerthe Aufschlüsse darüber geben, wie man sich im russischen Hauptquartier die allgemeinen Verhältnisse dachte, namentlich die Kriegsmacht über welche Napoleon in Polen verfügen könne.

Das russische Heer war zur Zeit als Toll diesen Plan entwarf noch in zwei Armeen getheilt, und man rechnete für Tormassow ganz auf die dritten Bataillone.

Toll geht davon aus daß der Krieg jedenfalls zunächst vertheidigungsweise geführt werden müsse, da der günstige Augenblick zum Angriff vorzugehen, versäumt worden sei, und der Feind Zeit gewonnen habe seine Hauptmacht, zweimal hundert und zwanzigtausend Mann stark, bei Warschau zu vereinigen.

So also dachte man sich im russischen Hauptquartier die allgemeinen Verhältnisse! Daraus erklärt sich sehr vieles.

Die zerstreute Aufstellung des Heeres auf einer langen Linie längs der Gränze, tadelt dann Toll, indem er äußert sie könne nur durch Verpflegungs-Rücksichten geboten sein, nicht aber als die zweckmäßigste in Beziehung auf den Beginn des Krieges betrachtet werden. Wenn der Feind, durch zwei Seiten-Corps gedeckt, mit seiner Hauptmacht, 160,000 Mann stark, von Warschau vordringe, könne er leicht eine innere Operations-Linie zwischen der ersten und zweiten russischen Armee gewinnen, jede Verbindung zwischen beiden abschneiden, und jede von ihnen einzeln mit überlegener Macht erdrücken.

Dem Angriff des Feindes zu begegnen, der wahrscheinlich von Warschau über Brest-Litowsky, oder über Briansk und Slonim vorgehen werde, sollte, nach Toll's Meinung Wittgenstein's Heertheil bei Kowno aufgestellt werden, um Curland gegen die Unternehmungen eines feindlichen Seiten-Corps zu decken.

Die Hauptmasse der ersten Armee (das II., III., IV. und V. Infanterie-Corps) sollte zunächst in engere Cantonirungen zwischen Grodno und Mosty am Niemen geführt werden, während das VI. Infanterie-Corps sich um Pruzany versammelte, und das II. Reiter-Corps zur Verbindung bei Wolkowisk aufgestellt wurde.

Zum wirklichen Beginn der Operationen sollte alsdann das VI. Infanterie Corps als allgemeine Vorhut nach Drohiczyn an den Bug rücken, die ganze übrige erste Armee zwischen Bialystok und Brest-Litowsky, die drei vortheilhaften Stellungen von Suchowola, Korycyn und Wassilkow, einnehmen, die zweite Armee um Wyssoko-Litowsk versammelt sein.

Richtete der Feind seinen Angriff gegen den rechten Flügel dieser Linie, so sollte das Heer bei Korycyn, oder besser bei Wassilkow, und wenn die zweite Armee rechtzeitig diesen Ort erreichen konnte bei Sokolka, zur Schlacht vereinigt werden. Gegen einen Angriff auf die Mitte sollte die erste Armee mit der zweiten sich in der festen Stellung bei dem Dorfe Woisky auf dem rechten Narew-Ufer zur Schlacht vereinigen; galt der Angriff dem linken Flügel, zwischen Brest-Litowsky und Niemirow.

Umständlich geht alsdann der Plan auf alles Einzelne ein, in Beziehung auf Anlage der Magazine, Aufstellung der Reserven u. s. w.

Die Hauptverbindungs-Linie mit dem Innern des Reichs sollte aus dem Gebiet von Bialystok über Slonim nach Nieswicz eingerichtet werden, und von dort einerseits auf Minsk, Borissow, Smolensk und Moskau, andererseits auf Slutzk, Bobruisk und Tschernigow.

Die Beobachtung der österreichischen (galizischen) Gränze, die Vertheidigung Wolyniens und Podoliens, blieb den dritten Bataillonen unter Tormassow überlassen. Für den sehr unwahrscheinlichen Fall aber daß der Feind seine Hauptmacht auf dies Kriegstheater versetzte, schlug Toll vor die erste und zweite Armee um Wladimir (in Wolynien) zu vereinigen, und die Verbindungslinie rückwärts über Lutzk und Shitomir auf Kiew eingerichtet werden. Denn vor Allem bestand Toll darauf daß die gesammte Streitmacht nicht anders als vereinigt verwendet werde, und besonders warnte er vor einer Trennung beider Armeen in der Weise daß die unwegsamen Sümpfe am Pripiat sich zwischen ihnen befunden hätten.

Dieser Operationsplan ist nun freilich auf durchaus irrige Voraussetzungen begründet. Richtige allgemeine Ansichten wird man aber eben darin erkennen müssen daß Toll die beiden Westarmeen vereinigt wissen will, und daß ihn das Gaukelspiel der Umgehungen nicht blendet. Auch der Grundsatz daß der Sieg in der Schlacht nicht sowohl von geistreich ersonnenen Manoeuvern abhängig ist, als von dem zähen Aussparen eines Rückhalts für den entscheidenden Augenblick, und daß eine energische Verfolgung einem Sieg erst Bedeutung und Werth giebt —: auch dieser Grundsatz war damals noch keineswegs ganz allgemein anerkannt. Das ließe sich nicht allein aus den Schlachten der Jahre 1806 und 1807 beweisen, sondern auch aus denen von 1809 wie sie österreichischer Seits geführt wurden.

In Beziehung auf die Geschichte des Jahres 1812 ist besonders bemerkenswerth daß keinem, auch der ausgezeichnetsten Offiziere des Hauptquartiers zu Wilna, auch nur entfernt einfiel die ungeheure Ausdehnung Rußlands zu Hülfe zu nehmen, was nachher, im Laufe der Ereignisse, ganz von selbst und ohne daß Jemand es beabsichtigt hätte, zur entscheidenden Hauptsache wurde.

Man verfiel darauf nicht, weil der Gedanke an sich neu war; und konnte um so weniger darauf verfallen weil man von der Macht die Napoleon zu Gebote stand und von der räumlichen Ausdehnung die sie den Operationen des Krieges geben mochte, eine falsche Vorstellung hatte.

Zweites Kapitel.

Verhältnisse des Oberbefehls. — Barclay und sein Stab. — Bagration. — Die Umgebung des Kaisers. — Fürst Wolkonsky — Grf. Araktschejew. — Gen. Phull. — Wolzogen. — Grf. Armfeldt. — Grf. Bennigsen. — Phull's Operations-Plan. — Barclay's, Bennigsen's und Armfeldt's widersprechende Ansichten. — Intriguen und Ungewißheit. — Das Schlachtfeld bei Wilna. — Toll's Gutachten. — Wolzogen's Ansichten.

Ehe wir weiter gehen, müssen wir uns die Verhältnisse des Oberbefehls vergegenwärtigen, die unsicher und schwankend waren, weil sie wieder etwas Nichtausgesprochenes enthielten.

Befehlshaber der ersten Westarmee war der Kriegsminister, General von der Infanterie, Barclay de Tolly, aus einer schottischen, seit langer Zeit schon dem rigischen Handelsstande angehörigen, und an der Düna germanisirten Familie. Früher nicht bemerkt, hatte er zuerst in Preußen die Aufmerksamkeit auf sich gezogen, dann in Finnland große Erwartungen erregt, so daß der Kaiser in ihm und dem jüngeren Kamensky die Männer zu erkennen glaubte die seiner Regierung kriegerischen Glanz verleihen könnten.

Darüber daß er ein Mann von nur mäßigen Fähigkeiten war,

sind alle Stimmen einig, und auch seine Bildung reichte nicht weit. Alle seine Erörterungen die sich auf die Leitung des Krieges beziehen, und die wir mit seinen eigenen Worten anführen können, beweisen nur zu sehr daß er es nicht bis zu einer umfassenden und bestimmten, in sich zusammenhängenden und folgerichtigen Ansicht von dem Wesen des Krieges gebracht hatte. Er behalf sich, wie mancher wackere Kriegsmann, mit fragmentarischen Anschauungen, denen ein gemeinsamer Mittelpunkt fehlte. Dagegen fehlte es ihm nicht an einer gewissen ruhigen Festigkeit des Charakters; in schwierigen Momenten trat bei ihm eine unerschütterliche Besonnenheit hervor, und nichts brachte ihn aus der Fassung. Diese vollkommene, wortkarge Ruhe gab auch seiner glänzenden persönlichen Tapferkeit etwas Ungewöhnliches. In diesen Eigenschaften war denn auch eigentlich sein Beruf zur Führung größerer Massen begründet, und wenn sie auch nicht genügten ihn zur Leitung eines weltgeschichtlichen Krieges zu befähigen, bürgten sie doch für eine gewisse Tüchtigkeit in einem engeren Kreise. Eigenthümlich war dann auch eine nicht gewöhnliche geistige Selbstständigkeit; es hat eigentlich niemals Jemand bedeutenden und bleibenden Einfluß auf ihn geübt, und das konnte auch gar nicht geschehen; seine Ansichten und Entschließungen, gut oder schlecht, waren immer seine eigenen. Dabei war er ein guter, wohlwollender Mann, von geradem, redlichem, vollkommen zuverlässigem Charakter. Man kann nicht sagen daß er bis dahin besonders viele Feinde gehabt habe, aber es läßt sich doch leicht erklären daß sich deren gleich eine Menge zeigten und meldeten so wie irgend sich ein Vorwand offenbarte über ihn Wehe! zu schreien, — und namentlich sobald dabei auf bedeutende Unterstützung zu rechnen, und nichts zu fürchten war. Denn vielen, sehr vielen unter den Russen war er schon als Deutscher nicht genehm, und das war eigentlich die Hauptsache; seine schnelle Beförderung vom Obersten zum General von der Infanterie und Kriegsminister mochte auch den Neid manches älteren Generals rege gemacht haben, und namentlich konnte sein kaltes, abgeschlossenes, immer gleiches Benehmen ihm unter den Slawen, die sich viel eher mit wechselnder Liebenswürdigkeit und Brutalität befreunden, nicht viele Liebe erwerben. Auch was damit zusammenhing, daß man nämlich keinen Einfluß bei ihm gewinnen

konnte, war für Alle die den Beruf in sich fühlten an der Leitung der
Dinge Antheil zu nehmen, ein sehr verdrießlicher Umstand.

Die Zusammensetzung seines Hauptquartiers war ganz verfehlt
zu nennen, besonders wenn die Leitung des ganzen Krieges von diesem
Forum ausgehen sollte. Der Chef des Generalstabs, Generallieute=
nant Lawrow war ein ganz unbedeutender Mann, dem es schwerlich je
einfiel in dieser Stellung etwas Anderes sein zu wollen als eine Art
von Kanzellei=Director. Der General=Quartiermeister, Generalmajor
Muchin, war ein Mensch von der beschränktesten Bildung, der schon
weil er kein Wort einer anderen Sprache als Russisch verstand, keine
irgend ausreichenden Kenntnisse, keinen angemessenen geistigen Gesichts=
kreis haben konnte. Es ließ sich auf der Welt nichts zu seinen Gun=
sten sagen als daß er eine große Uebung in topographischen Aufnah=
men hatte, und ganz vortrefflich zeichnete. Man hatte von ihm eine
sehr schöne Specialkarte von Wolynien.

Der Befehl über die zweite Westarmee war eigentlich dem jün=
geren Kamensky bestimmt gewesen, den man trotz seines elenden Feld=
zugs an der Donau für einen großen Feldherren hielt. Aber Kamensky
war schon 1811 gestorben, und so kam der Fürst Bagration an die Spitze
des Heeres, obgleich der Kaiser Alexander mit ihm, als er das Heer
gegen die Türken befehligte, nicht eben zufrieden gewesen war.

Graf Tormassow, der von Dubno aus die Reserve=Observations=
Armee befehligte, gehörte unstreitig zu den besseren Generalen des rus=
sischen Heeres, nur war ihm leider eine sehr schwankende Gesundheit
überall hinderlich.

Diese drei Befehlshaber waren aber ganz unabhängig von ein=
ander, und nicht einmal ganz leicht einander unterzuordnen, wenn man
dies beabsichtigt hätte; denn konnte auch Barclay als Kriegsminister
gewisse Ansprüche machen und Befehle ertheilen, so darf man doch nicht
übersehen daß sowohl Bagration als Tormassow dem Patent nach
ältere Generale von der Infanterie waren als er, und folglich in der
militairischen Hierarchie über ihm standen. Dieser Umstand trug im
Laufe des Feldzugs nicht wenig dazu bei die Verhältnisse ungemein
schwierig zu machen.

Und wem war denn nun die Leitung des Ganzen anvertraut, der

den gesammten Krieg lenkende Oberbefehl? — Den wollte der Kaiser Alexander selbst führen, aber ohne es mit Bestimmtheit auszusprechen, und der Generallieutenant v. Phull sollte ihm dabei mit seinem Rath, oder eigentlich leitend zur Seite stehen. Dieser, ein geborener Würtemberger, war nach dem Unglück des Jahres 1806 als Oberster aus preußischen Diensten in russische gekommen, und hatte den Ruf eines tief in die Geheimnisse der Strategie eingeweihten Adepten mitgebracht. An den Kriegen der Russen in Finnland und an der Donau hatte er keinen Antheil genommen — dagegen aber seither dem Kaiser Alexander Vorträge über die Kriegskunst gehalten. In Folge dieser Studien glaubte sich nun Alexander halb und halb — mit Hülfe dieses philosophirenden Kriegers — dem größten Feldherrn des Jahrhunderts gewachsen, ohne jedoch Zweifel und Unsicherheit ganz besiegen zu können, die sich mehr und mehr geltend machten wie der Augenblick der That heranrückte. Sehr schlimm war denn auch noch daß, eben weil der Kaiser nicht aussprechen wollte, daß er den Oberbefehl führe, das kaiserliche Hauptquartier nicht vollständig und ordentlich für die geregelte und umfassende Thätigkeit eingerichtet wurde, deren Mittelpunkt es unter diesen Bedingungen doch sein mußte.

Freilich lagen in der Umgebung des Kaisers die Elemente eines solchen Hauptquartiers scheinbar fertig zur Hand. Da war namentlich der Fürst Peter Wolkonsky, ein gutmüthiger Mann, treuer Gefährte und Diener des Kaisers, dem es auch nicht an einer gewissen Brauchbarkeit, nicht an Talent für das Räderwerk einer mechanischen Thätigkeit fehlte. Namentlich hatte er ein gutes Gedächtniß, verstand es die Geschäfte einer Kanzellei in geregeltem und raschem Gang zu erhalten, und besaß die Fähigkeit sich einer Menge Papiere schnell zu erinnern. Da er verwaltender Chef des Generalstabs war, hätte er sich eigentlich als Chef des Generalstabs für den ganzen Krieg betrachten müssen sobald der Kaiser den Oberbefehl übernahm. Dazu aber bezeigte er nicht die allermindeste Lust; ja er nahm sogar an diesen Dingen so gut wie gar keinen Antheil, und suchte selbst wenn er ausdrücklich aufgefordert war mit einer bestimmten Meinung hervorzutreten, die Nothwendigkeit zu vermeiden. So seltsam es scheinen mag läßt sich das zum Theil auch aus eigenthümlichen Verhältnissen erklä=

ren die im russischen Heer und Reich herrschen. Die Kunst emporzukommen besteht hier wesentlich darin daß man, bei großer Pünktlichkeit, nie und unter keiner Bedingung irgend eine Verantwortlichkeit übernimmt, und es auf diese Weise vermeidet sich eine Blöße zu geben; — und so ist denn auch in der ganzen russischen Armee, durch alle Grade — wenige, besonders energische, oder doch unternehmende Naturen natürlich ausgenommen — eine gewisse Abneigung selbstständig aufzutreten und zu handeln, vorherrschend. Da, wenn es ein Unglück giebt, die kaiserliche Ungnade immer irgend Jemanden mit großer Gewalt treffen muß, ist in der Regel ein Jeder bemüht, gleichsam bei einem Höhergestellten unterzukriechen, und die Verantwortlichkeit auf diesen zu übertragen, indem er sich selbst bestimmte Befehle und Instructionen verschafft, die ihn rechtfertigen wenn die Sache schief geht. Nun bedenke man die persönlichen Verhältnisse des Fürsten Wolkonsky. Einerseits mochte er, oberflächlich gebildet wie ein großer Herr, seine Schwäche und Unzulänglichkeit einigermaßen fühlen — andererseits mußten Geburt und Verhältnisse ihn ganz von selbst zu den ersten Stellen und Ehren emporheben; das Glück der tägliche und beständige Gesellschafter seines Kaisers zu sein, das von Allen die zum Kreise eines Hofes gehören vor Allem ersehnt und erstrebt wird, besaß er ohnehin. Alle diese Vorzüge mußten ihm ganz von selbst zufallen, wenn er nur nicht selbst durch irgend eine Unvorsichtigkeit Unheil und Verdruß herbeiführte. Wozu sollte er die Wagniß eines selbstständigen Auftretens und bedeutenden Eingreifens bestehen? wozu Gefahr laufen sich eine Blöße zu geben?

Auch der verwaltende Chef der Artillerie, der Graf Araktschejew, begleitete den Kaiser, dessen Vertrauen er besaß wie wohl kein Anderer. Araktschejew war gewiß der einzige Mensch der wenigstens oft wußte was sein Herr und Kaiser eigentlich dachte und wollte, worüber Alexander bekanntlich selbst die höchsten Staatsbeamten gern in Ungewißheit oder selbst im Irrthum ließ. Man könnte staunen daß gerade ein Mensch wie Araktschejew zu dem mildgesinnten Kaiser Alexander in einem solchen Verhältnisse stehen, und wie vermöge einer geheimen, dämonischen Macht, einen unbegreiflichen Einfluß auf ihn üben konnte, der sich bis an das Ende nie verleugnete. Aber man erinnere sich nur unter welchen Umständen der Kaiser Alexander auf den Thron gelangt war. Er hatte sich damals in der Nothwendigkeit gesehen die Mörder seines Vaters um seine Person und in den höchsten Stellen zu dulden, und gleichzeitig war der, einige Zeit in Ungnade entfernte, Graf Araktschejew, noch vom Kaiser Paul herbeigerufen, am Hofe erschienen. Als er Verdacht schöpfte hatte Paul sich Araktschejew wieder zugewendet, und von ihm volle Sicherheit erwartet; die Furcht vor Araktschejew hatte, wie es scheint, die Verschworenen zu raschem Handeln bestimmt. So erschien dem Grafen Pahlen, den Subows gegenüber, Araktschejew als das entgegenstehende Princip, und vielleicht liegt in diesem Umstand der Schlüssel zu dem Verständniß seiner Beziehungen zum Kaiser. Ueber Alles, über jeden Act der Regierung wurde Araktschejew zu Rathe gezogen — nur in Eines mischte er sich nie —: in die technische Führung eines Feldzugs. Der Krieg war ihm fremd, und er machte keine Ansprüche auf diesem Felde etwas zu gelten, oder auch nur eine Meinung zu haben.

Phull hätte von rechtswegen der General-Quartiermeister in dem kaiserlichen Hauptquartier sein müssen, aber dazu war er nicht zu brauchen, da er, obgleich seit fünf Jahren russischer General, nicht daran gedacht hatte Russisch zu lernen.

Diese einzelnen Elemente konnten sich also, obgleich vorhanden, doch nicht zu einem gebrauchstüchtigen kaiserlichen Hauptquartier zusammenschließen, theils weil den Leuten Beruf und Wille dazu fehlte, theils auch weil es gar nicht verlangt wurde, und folglich die Veranlassung fehlte. Anstatt sich gleichsam in wirklichen Besitz seines Amtes zu setzen, überließ ein jeder der Herren die Dinge ganz gern stillschweigend ihrem eigenen Verlauf.

Die Bedingungen eines Armeebefehls waren also nur in Barclay's Hauptquartier erfüllt. Der Kaiser aber hielt es, soviel man sehen kann, für möglich den Oberbefehl zu führen, ohne den Mechanismus eines Hauptquartiers, ohne täglich Berichte und Meldungen regelmäßig zu empfangen, ohne in jedem Augenblick das ganze Material von Nachweisungen über den Zustand und die Vertheilung der Truppen, über den jedesmaligen Standpunkt des Verpflegungswesens u. s. w. zur Hand zu haben — das natürlich nur dann immer zu Ge-

bote stehen kann, wenn es von einer wohlgeordneten Generalstabs=
Kanzellei in Ordnung gehalten wird. Der General Phull sollte ihm
dabei als ein durch kein bestimmtes Amt an einen bestimmten Kreis
der Thätigkeit gebundenes, über dem Ganzen schwebendes abstractes
Genie zur Seite stehen — als Camena Egeria ist man versucht zu
sagen.

Daß dieser glaubte in solcher Stellung und unter solchen Bedin=
gungen den Krieg leiten zu können, darüber wird man sich nicht wun=
dern, wenn man sich des Bildes erinnert, das Clausewitz von ihm ent=
wirft. Wir erlauben uns hier Clausewitzens Worte zu wiederholen —
denn warum sollten wir umschreiben, was wir nicht besser sagen
können?

„Phull galt im Preußischen für einen Mann von vielem Genie,"
so berichtet Clausewitz, „er, Massenbach und Scharnhorst waren die
drei Häupter des preußischen Generalstabs im Jahre 1806. Jeder
von ihnen hatte seine hohe Eigenthümlichkeit; die von Scharnhorst ist
die einzige gewesen welche sich als praktisch tüchtig erwiesen hat. Die
von Phull ist vielleicht die ungewöhnlichste, aber sehr schwer zu charak=
terisiren. Er war ein Mensch von viel Verstand und Bildung, aber
ohne alle materielle Kenntnisse. Er hatte von jeher ein nach außen so
abgeschlossenes geistiges Leben geführt, daß er von der Welt der täg=
lichen Erscheinungen nichts wußte. Julius Cäsar und Friedrich der
Zweite waren seine Lieblingsschriftsteller und Helden. Ein unfrucht=
bares Grübeln über ihre Kriegskunst ohne irgend einen Geist histori=
scher Untersuchung hatte ihn fast ausschließend beschäftigt. Die Erschei=
nungen der neueren Kriege gingen oberflächlich an ihm vorüber. So
hatte er sich ein höchst einseitiges und dürftiges Kriegssystem ausge=
dacht, welches weder einer philosophischen Untersuchung noch einer
historischen Vergleichung Stich halten konnte. Wenn ihm in seiner
Bildung fast alle historische Kritik und in seinem Leben fast alle Be=
rührung mit der äußeren Welt abging, so war es dagegen auch natür=
lich daß er ein Feind gewöhnlicher Philisterei, Oberflächlichkeit, Falsch=
heit und Schwäche war, und die bittere Ironie mit welcher er sich
gegen diese Fehler des großen Haufens erklärte, war es hauptsächlich
welche ihm das Ansehen von großer Genialität, Tiefe und Kraft gab.

Er war durch sein abgeschlossenes Wesen ein vollkommener Sonderling, aber weil er es ohne Bizarrerie war, so galt er nicht dafür."

„Bei allem Dem würde die bestimmte Richtung, die innere Wahrheit, der Abscheu vor allem Halben und Falschen und ein lebhaftes Gefühl für das Große noch einen ausgezeichneten und auch für die kriegerische Laufbahn tüchtigen Menschen aus ihm gemacht haben, wenn sein den Erscheinungen der äußeren Welt entfremdeter Geist sich nicht gleich verwirrt hätte, sobald sie einmal mit Gewalt auf ihn eindrangen. Der Verfasser hat niemals einen Menschen gesehen der so leicht den Kopf verloren hätte, der bei einem immer nur auf das Große gerichteten Blick so vom Kleinsten der wirklichen Welt überwältigt worden wäre. Es war die ganz natürliche Folge seiner abgeschlossenen Selbsterziehung. Reizbar und weich von der Natur geschaffen, hatte er sich eine Großartigkeit der Ansicht und Stärke des Entschlusses anraisonnirt, die ihm nicht natürlich war, und abgesondert von der äußeren Welt hatte er versäumt sich im Kampf mit derselben in dieser fremden Natur einzugewöhnen. Bis zum Jahre 1812 hatte ihn sein Dienstverhältniß niemals dazu gezwungen. Im Revolutionskriege hatte er größtentheils eine untergeordnete Rolle gespielt, und erst nach Beendigung der Feindseligkeiten als Generalquartiermeister beim Feldmarschall Möllendorf eine bedeutende Stelle eingenommen. Während der Friedensjahre im Generalstabe angestellt, fand er sich wie die meisten Offiziere des Generalstabs im Frieden, in einer Art illusorischer Thätigkeit, die sich in bloßen Ideen umhertreibt."

„Im Jahre 1806 war er der Generalstabs-Offizier des Königs; da der König aber nicht eigentlich kommandirte, so war auch Phull zu keiner eigentlichen Thätigkeit gekommen. Nach der ganzen Katastrophe brach seine Ironie gegen alles Geschehene plötzlich los; er lachte wie ein halb Wahnsinniger über die Niederlage unserer Heere, und anstatt jetzt, wo ein gewaltiges geistiges Vacuum eintreten mußte, hervorzutreten, seine praktische Tüchtigkeit zu bewähren, an die gesunden Fäden, die sich von dem zerrissenen Gewebe noch vorfanden, neue anzuknüpfen, wie Scharnhorst gethan hat, gab er überall das Ganze für verloren und trat in den russischen Dienst."

„Hier gab er also zuerst den Beweis daß er keinen praktischen

Beruf für schwierige Aufgaben in sich fühlte. Auch seinen Uebertritt selbst richtete er sehr ungeschickt ein, indem er die fremden Dienste in Petersburg suchte und annahm zu einer Zeit wo er sich mit einem Auftrage dort befand."

„Hätte der Kaiser Alexander mehr Menschenkenntniß gehabt, so würde er natürlich zu den Fähigkeiten eines Mannes wenig Zutrauen gefaßt haben, der eine schlimme Sache so früh aufgab, und sich dabei so ungeschickt benahm."

„Im Hauptquartier des Feldmarschalls von Möllendorf zu Hochheim im Jahre 1795 sagte Phull: „Ich bekümmere mich um Nichts, denn es geht doch Alles zum Teufel." — Im Jahre 1806 sagte er auf seiner Flucht, indem er hohnlachend den Hut abnahm: ‚Adieu preußische Monarchie!' Im November 1812 in Petersburg, nachdem die französische Armee ihren Rückzug schon angetreten hatte, sagte Phull noch zum Verfasser: „Glauben Sie mir, aus dieser Sache kann niemals etwas Gescheidtes herauskommen." Er ist sich also immer gleich geblieben."

„Haben wir nicht ganz vortheilhaft von seinem Verstande und Geiste geurtheilt, so müssen wir zur Ehre der Gerechtigkeit sagen daß man kein besseres Herz, keinen edleren, uneigennützigeren Charakter haben konnte als er zu jeder Zeit gezeigt hat."

„Unpraktisch wie Phull war, hatte er in den sechs Jahren die er in Rußland zugebracht hatte, nicht daran gedacht russisch zu lernen; ja, was viel auffallender war: er hatte auch nicht daran gedacht die Hauptpersonen, welche in der Regierung Rollen spielten, kennen zu lernen, und eben so wenig die Einrichtungen des Staates und des Heeres."

Diesem sehr bezeichnenden Bilde haben wir aus zuverlässiger Quelle nur einige Züge hinzuzufügen die sich auf Phull's Studien und erworbene Ansichten beziehen, und für das Verständniß seiner Plane nicht ganz unwichtig sind. Immer in das Studium des siebenjährigen Krieges vertieft, und doch unfähig den geistigen Kern des Feldherrnthums Friedrich's des Großen zu erfassen, war er nicht weiter gekommen als bis zu einer mechanischen, todten Regel die er sich aus Friedrich's und des Prinzen Heinrich Verfahren abgezogen hatte. Und die war:

daß ein Vertheidigungskrieg am besten durch zwei Heere geführt werde, von denen das Eine sich dem Feinde von vorn entgegen stellen müsse, während das Andere sogenannte Diversionen in dessen Seite und Rücken ausführe. Dann hatte ein neuerer Schriftsteller, nämlich Bülow, bedeutenden Eindruck auf ihn gemacht, und seinen Ansichten einzelne neue Elemente eingeimpft, während die großartigen Erfahrungen der Zeit die er selbst erlebte, spurlos an ihm vorübergingen. Aus Bülow hatte er sich die Regel entnommen daß sogenannte Flankenstellungen, neben der Straße, die man schützen will, das beste Mittel sind den Feind aufzuhalten.

Von der wirklichen Kriegführung hatte er kaum einen Begriff; und die Bedingungen alles wirklichen Handelns kannte er so wenig daß es ihm gar nicht einfiel sich auch nur eine Art von Kanzellei zu bilden, auch nur einen einzigen Offizier zu seiner wirklichen, unmittelbaren Verfügung zu haben, bis ihn der damalige Adjutant des Kaisers, Oberstlieutenant von Wolzogen, auf die Nothwendigkeit aufmerksam machte. Wolzogen selbst, der nicht ganz ohne Einfluß war, ließ sich dem General Barclay beigeben, um die Brücke zwischen diesem und Phull zu bilden. Wesentliches konnte dadurch natürlich nicht gebessert werden, denn wer nur nachliest was Clausewitz schonend über Wolzogen sagt, wird sich wohl überzeugen müssen daß dieser, auch ein ehemaliger preußischer Offizier, zwar ein sehr gelehrter Mann von seltener Belesenheit war, dem es auch nicht an Ideen, und oft sehr geistreichen Anschauungen fehlte, aber doch im Grunde nicht viel mehr als ein etwas schwerfälliger Pedant, der im Feld und im lebendigen Verkehr mit den Menschen wohl schwerlich etwas seinem Geist und seinen Kenntnissen irgend Entsprechendes leisten konnte. Nicht jeder ausgezeichnete Mensch ist ohne weiteres auch ein ausgezeichneter Krieger — so wenig als er nothwendiger Weise auch z. B. ein großer Maler ist; das darf man nicht vergessen. Rüstige Männer der That, wie unter anderen Toll, hatten eine sehr geringe Meinung von Wolzogen's Brauchbarkeit im Felde und der Umstand daß dieser, weit entfernt Phull's Planen zu widersprechen, im Wesentlichen damit einverstanden war, und sie in jeder Weise zu fördern suchte, beweist hinlänglich daß seine Gegner darin nicht so ganz unrecht hatten. Zudem glaubte Wolzogen es sei vergebens die Menschen überzeugen zu wollen, man müsse sie mit Feinheit und durch geschickte Behandlung leiten, und spielte demgemäß unter Slawen — den Meistern im Fach — eine Rolle für die ihn die Natur nicht bestimmt hatte. Natürlich diente das nur ihn verdächtig zu machen, und es kam dahin daß der redliche deutsche Gelehrte unter den Zöglingen des russischen Hofes für einen gefährlichen Intriganten galt. (Seine kriegerische Brauchbarkeit zu beurtheilen ist uns nun seit Kurzem in seinen eigenen Denkwürdigkeiten und Denkschriften das beste Mittel gegeben. Wenn wir da sehen daß er S. 120 den Haupturheber alles planlos-mystischen strategischen Geredes, den General Lloyd als eine Autorität der höchsten Art anführt, als einen Zeugen mit dessen Spruch jede Frage abschließend entschieden ist — : dann wissen wir wohl zur Genüge woran wir mit ihm sind.)

Da Barclay Kriegsminister war, ließ der Kaiser seine meisten Befehle, auch diejenigen die der zweiten und der Reserve-Armee galten, durch ihn ertheilen; nur ausnahmsweise ging etwas unmittelbar durch Wolkonsky, und das waren dann meist Papiere in Form von Briefen die ganz allgemeine Andeutungen enthielten.

Abgesehen selbst von allem Bedenklichen das in Phull's Maaß-regeln lag, war es schon schlimm daß Barclay einen Operationsplan ausführen sollte bei dem er gar nicht zu Rathe gezogen worden war, und den er weit entfernt war zu billigen. Aenderungen darin hätten ihm nicht einmal genügt; er wünschte vielmehr ihn ganz verworfen zu sehen, und that nur mit Widerstreben was ihm geheißen wurde. Dazu kam denn noch das Treiben der sehr zahlreichen persönlichen Umgebung des Kaisers. Sie bestand zumeist aus „vornehmen Müßiggängern" wie Clausewitz sich ausdrückt; aus eleganten, aber der Mehrzahl nach ziemlich leeren, General- und Flügel-Adjutanten. Gerade von diesen Herren, die kein bestimmtes Amt hatten, fühlten die meisten ein un-widerstehliches Bedürfniß sich in Alles und Jedes zu mischen, und in Alles darein zu reden; sie tadelten sehr viel, sehr laut und sehr absprechend, da ihnen die Umstände den Anhalt gewährten ohne den sie nicht hätten beschwerlich werden können. Besonders zeigten die unter den Flügel-Adjutanten des Kaisers sehr zahlreichen vornehmen Polen die rührigste Geschäftigkeit.

Bedeutender als dieser Schwarm waren die Grafen Armfeldt und Bennigsen. Der Erstere vermochte bekanntlich viel bei dem Kaiser obgleich er erst seit so wenigen Jahren russischer Unterthan war. Der Krieg im Großen war ihm fremd; vielleicht suchte er deshalb kein bestimmtes Amt, ohne Einfluß aber wollte er nicht sein. Bennigsen war einer der ältesten Generale von der Cavalerie in der russischen Armee — älter namentlich als Barclay und Bagration — aber für jetzt ohne Anstellung. Er fand sich unter dem Vorwande bloßer Höflichkeit ein, da ihm obzuliegen schien dem Kaiser die Honneurs des Landes zu machen wie man das nennt, weil seine erheiratheten Güter in der unmittelbaren Nähe von Wilna lagen; auch schien sich, da er General=Adjutant war, seine Anwesenheit im Hauptquartier, sobald der Kaiser beim Heere verweilte, in gewissem Sinne von selbst zu verstehen. Die Ernennung zum General=Adjutanten verleiht zwar in Rußland kein bestimmtes Amt; sie ist eine bloße Auszeichnung durch die man dem militairischen Hofstaat des Kaisers beigezählt, und die vergeben wird wie Orden und andere Ehren —: aber sämmtliche General=Adjutanten finden sich regelmäßiger Weise, insofern sie nicht durch ein bestimmtes Amt oder sonstige Verhältnisse daran verhindert — oder davon befreit — sind, überall ein wo der Kaiser als Militair auftritt. Das ist hergebracht. Natürlich wäre kein General=Adjutant in Bennigsen's Verhältniß ohne einen bestimmten Grund in Wilna erschienen. Sein eigentliches Geschäft war hier auf die Gelegenheit zu lauern, um gleich eintreten zu können sobald eine passende Stellung leer wurde; so viel als möglich Alles zu tadeln, über Alles bedenklich den Kopf zu schütteln, Zweifel und Mißmuth zu nähren, Einiges zu durchkreuzen und zu hintertreiben, und ein wenig nachzuhelfen wenn keiner der höchsten Befehlshaber und leitenden Rathgeber ganz von selbst in Ungnade fallen wollte, das waren die nothwendigen Elemente der gewählten Rolle.

Dem der das Leben kennt braucht nicht gesagt zu werden wie viele störende und gefährliche Reibungen aus solchen schwankenden, unvermittelten und zum Theil ganz haltungslosen Verhältnissen hervorgehen konnten.

Den Operationsplan hatte Phull in Petersburg ausgearbeitet,

und von dort aus waren auch die Einleitungen zu seiner Ausführung getroffen worden, lange ehe Barclay ihn kannte.

Leider können auch wir diesen vielbesprochenen Operationsplan nicht vollständig vorlegen, so wie ihn Phull verfaßt hatte, indessen sind wir doch im Stande etwas mehr darüber mitzutheilen als bisher bekannt war; ja wir hoffen daß man in unserer Darstellung nichts Wesentliches vermissen wird.

Wie man sich den Angriff des Feindes eigentlich gestaltet dachte? — das ist in den Auszügen die uns vorliegen nirgends gesagt, und vielleicht ging auch Phull's Denkschrift selbst nicht näher darauf ein. Nichts desto weniger ist aus der Anlage des ganzen Plans, und selbst aus der Aufstellung des Heeres vollkommen klar daß man den Hauptangriff durchaus nicht von da erwartete von wo er wirklich erfolgte, nämlich auf der Straße von Kowno nach Wilna. (Man werfe nur einen Blick auf den zweiten Plan im ersten Bande des Werkes von Danilewsky, und auf die Stellung der russischen Armee am 23. Juni, wie sie dort verzeichnet ist.) — In den russischer Seits getroffenen Maaßregeln liegt der entscheidende Beweis daß man annahm Napoleon werde, auf die mittlere Weichsel gestützt, mit seiner Hauptmacht die Gränze in der Gegend von Grodno und Bialystok überschreiten. Hier konnte er sich von Grodno gegen Wilna wenden — (wo er auf die erste West-Armee stoßen mußte) — oder gerade vorwärts gehen auf Slonim, Nieswicz und Minsk, die Straße auf Smolensk und Moskau verfolgend (wo ihm die zweite West-Armee gegenüber stand).

Gegen solchen Angriff sollte nun in dem Lande zwischen der Gränze, der Düna und Beresina der Vertheidigungs-Krieg, Phull's Ideen gemäß, durch zwei Armeen geführt werden, von denen die eine 120,000, die andere über 80,000 Mann stark gedacht wurde. Der erstere Fall, nämlich daß Napoleon von Grodno nach Wilna, und in dieser Richtung weiter vordrang, wurde als der wahrscheinlichere angenommen, oder vielmehr, es war geradezu der auf den man sich eigentlich vorbereitete und seine Maaßregeln berechnete. Doch meinte Phull man könne nicht wissen, ob der Feind von Wilna auf der Straße über Druja (und dann weiter über Sebesch und Pskow) nach Petersburg vordringen werde, oder auf der die nach Witepsk, Smolensk und Moskau führt. (Daß, nicht irgend ein geographischer Gegenstand, sondern die russische Armee selbst das nächste Ziel der Operationen Napoleon's sein könnte, und zwar um einer entscheidenden Schlacht willen: das dachte Phull nicht, trotz aller Lehren die in Napoleon's früheren Feldzügen lagen.)

Deswegen sollte die erste West=Armee bei Swencianh, drei Märsche hinter Wilna versammelt werden, und zwischen beiden Stra= ßen zurückgeführt in ein verschanztes Lager bei Drissa, das eben auch absichtlich — und nicht bloß wie Clausewitz meint weil sich sonst keine passende Oertlichkeit fand — zwischen den beiden Straßen gewählt war. Hier wurden starke Verschanzungen gebaut, Vorräthe gesammelt und Ergänzungen des Heeres vorbereitet. Vier Meilen von Druja, neun von Polotzk und zweiundzwanzig von Witepsk entfernt, beherrschte in Phull's Vorstellung das Lager bei Drissa als Flankenstellung sowohl die Straße von Wilna über Druja nach Petersburg, als die welche über Polotzk nach dieser Hauptstadt, und die dritte welche nach Witepsk und Moskau führt. So erklärt sich auch wohl die seltsame Ant= wort die Clausewitz erhielt als er Phull fragte: welche Rückzugslinie, die Straße nach Moskau oder die nach Petersburg, man denn überhaupt zu halten gedenke? — Dies müsse von den Umständen abhängen, er= widerte Phull, und meinte vielleicht je nachdem Napoleon auf dieser oder auf jener weiter vorzubringen suche, müsse man diejenige die er wähle von dieser Flankenstellung aus zu schützen suchen. Daß sein Untergebener in seiner Frage an einen Rückzug über Drissa hinaus dachte, möchte ihm wohl kaum klar geworden sein, da dieser Gedanke für ihn selbst gar nicht vorhanden war im Gebiete des Denkbaren. Doch lassen wir diese Vermuthung auf sich beruhen. — Phull war über= zeugt daß der Feind an der Flankenstellung bei Drissa nicht vorbeigehen könne, und diese Stellung selbst hoffte er so unüberwindlich zu machen wie das Lager bei Bunzelwitz, das Vorbild das er im Auge hatte, im siebenjährigen Kriege wenigstens schien. An diesen Schan= zen sollten sich die Wellen der feindlichen Macht brechen, und es machte ihm keine Sorgen daß man dabei in den Fall kommen konnte nach allen Seiten hin Front zu machen, wie der große König bei Bunzelwitz ja auch gethan hatte.

Dies Lager bei Drissa, das die Hauptstütze des ganzen Verthei=

bigungssystems werden sollte, war an einer Stelle angelegt, wo die Düna einen eingehenden Bogen bildet, dessen Sehne etwa vier Werst — über eine halbe Meile — lang ist, auf einer kleinen Hochfläche. Die Front, die einen flachen Bogen bildete, in einer Entfernung von sechs- bis achthundert Schritten von Tannen- und Kiefernwäldern umgeben, war durch eine dreifache Reihe theils offener theils geschlossener Werke, zum Theil auch durch Verhaue gedeckt, beide Flügel an den Strom gelehnt, dessen Ufer hier ziemlich hoch sind. Wolzogen, von Petersburg aus dazu entsendet, hatte die Stellung gewählt, Phull selbst die Verschanzungen nach einem von ihm erdachten System angegeben, und Sachverständige die es gesehen haben, geben zu daß es gegen einen Angriff in der Fronte ganz bedeutende Mittel des Widerstandes bot. Aber nichts konnte den Feind zwingen das Lager von vorn anzugreifen. Denn die Düna ist hier zwar breit aber seicht, und hat Fuhrten. Auf dem rechten Ufer waren gar keine Anstalten zur Vertheidigung gemacht, keine Schanzen errichtet. Das meist von Juden bewohnte Städtchen Drissa, ganz von Holz gebaut, war nicht zu halten, und konnte nur hinderlich sein. Daneben waren im freien Felde, in einfachen Schuppen, oder vielmehr unter Dächern die auf Pfählen ruhten, große Mehlvorräthe in Säcken aufgestapelt. Nur unvollkommen gegen die Witterung geschützt, konnten diese Vorräthe auch wohl in Brand geschossen werden.

In diesem Lager hoffte Phull wenigstens 120,000 Mann zu vereinigen, und er rechnete darauf daß der Feind seine Macht theilen, und mit einer Hälfte seiner Armee über die Düna gehen werde. Geschah dies, so sollten 50,000 Mann im Lager zurückbleiben, zur etwanigen Vertheidigung der Schanzen, und mit der größeren Hälfte des russischen Heeres wollte er über den Feind herfallen der sich über den Strom gewagt hatte. Oder sendete der Feind einen zu großen Theil seiner Macht um das Lager von dort einzuschließen, schwächte er sich dadurch über Gebühr auf dem linken Ufer, dann wollte Phull aus seinen Schanzen hervorbrechen, und ihn hier, wie er hoffte mit Uebermacht angreifen. Dabei scheint vergessen daß die nahen Wälder hier gar keinen Raum zu Angriffs-Operationen ließen, und daß die Rückseite des Lagers unterdessen ohne Schutz blieb. Man muß also wohl annehmen daß er jenen ersten Fall, die Veranlassung auf dem rechten Düna-Ufer angriffsweise zu verfahren, als den erwartete auf den man sich eigentlich vorzubereiten habe. Im Ganzen sollte der gehoffte Vortheil darin bestehen daß die russische Armee mit Leichtigkeit und nach Belieben auf dem einen oder dem anderen Ufer auftreten könne, während die beiden Hälften des durch den Strom getheilten feindlichen Heeres nur auf Umwegen mit einander in Verbindung blieben, sich nicht rasch genug gegenseitig unterstützen konnten, und so indem sie bemüht waren das Lager einzuschließen, Gefahr liefen einzeln geschlagen zu werden.

In der Wirklichkeit hätten die Dinge natürlich leicht anders kommen können. „Hätten die Russen diese Stellung nicht selbst wieder verlassen, so würden sie, gleichviel ob 90- oder 120,000 Mann stark, von hinten angegriffen in den Halbkreis der Schanzen hineingetrieben, und zu einer Kapitulation gezwungen worden sein" — meint Clausewitz.

Uebrigens waren, beiläufig bemerkt, selbst die Bedingungen nicht ganz erfüllt unter denen sich Phull sein verschanztes Lager gedacht hatte. Dünaburg sollte große Vorräthe bergen und eine Festung sein; Sebesch dachte man sich als einen zweiten Magazinpunkt, stark verschanzt und gegen jeden stürmenden Angriff gesichert. Das Alles war bloße Voraussetzung geblieben.

Während nun die feindliche Macht sich an den Schanzen von Drissa, und den hinüber- und herübergehenden Unternehmungen des russischen Heeres abnutzte und verbrauchte, sollte die zweite West-Armee, von Platow's Kosacken unterstützt, angriffsweise gegen deren Rücken und Seite zu Werke gehen, Diversionen machen, und einen sogenannten Chicanen- und Parteigänger-Krieg führen, bis sich der erschöpfte Feind in dem nach und nach erschöpften Lande nicht länger halten könne, und weichen müsse.

Der Vollständigkeit wegen wurde dann auch der zweite mögliche Fall berücksichtigt, daß nämlich der Feind die Richtung von Slonim, Nieswicz und Smolensk, d. h. gegen die zweite West-Armee, verfolgte. Der Operationsplan war aber in Beziehung auf diesen nicht eben so sorgfältig ausgearbeitet, und man sieht wohl daß er nicht ernsthaft erwartet wurde. Es war im Allgemeinen festgesetzt daß die angegrif=

fene zweite Armee in diesem Falle bis über die Beresina weichen, und sich dort hinter dem Brückenkopf bei Borissow behaupten sollte, während die erste Armee Seite und Rücken des Feindes angriff.

Endlich machte man sich noch auf eine Art von abgesondertem Krieg, auf einem besonderen, untergeordneten Kriegsschauplatz gefaßt. Napoleon selbst hatte dazu, ohne Zweifel geflissentlich, Veranlassung gegeben; drei Corps seines Heeres hatten Quartiere am Bug bezogen, und wie ein schlecht bewahrtes Geheimniß verbreitete sich die Kunde daß sie nach Wolynien bestimmt seien. Aengstlich wurde demgemäß die Gränze von Galizien bewacht, und wie sich ergiebt fürchtete man nicht allein daß der Feind von dorther suchen werde sich der reichen Provinzen am Dniester, Wolyniens und Podoliens zu bemächtigen um alle Hülfsmittel des alten Polens aufbieten zu können — sondern man hielt es auch für möglich daß ein feindliches Seitenheer entsendet werden könnte um über Kiew und durch die Ukraine gegen Moskau vorzudringen. — Dem letzteren Unheil wenigstens wollte man jedenfalls vorbeugen. Es sollte, wie schon gesagt, bei Dubno ein Heer aus Reservetruppen zusammengezogen werden, das, im Fall es mit überlegener Macht angegriffen wurde, über Shitomir bis Kiew zurückweichen konnte, um sich hier in einem verschanzten Lager zu behaupten. Mit den Arbeiten bei Kiew wurde auch wirklich ein Anfang gemacht, aber sehr lässig betrieben wie es scheint, blieben sie bald wieder liegen.

Die Befehle und Verfügungen die sich auf diesen Theil des Kriegsschauplatzes beziehen, sind seltsam mißverstanden worden. Selbst die scharfsinnigen und besonnenen Verfasser des bekannten Werks: „Geschichte der Kriege in Europa seit 1792" meinen man habe zu Wilna drei Möglichkeiten angenommen, nämlich daß Napoleon's Heeresmacht sich von Grodno nach Wilna und gegen die Düna — oder gegen Minsk und Smolensk — oder endlich (von Brest=Litowsky) über Shitomir gegen Kiew vorbewegen könnte, und dem Feinde in jeder dieser drei Richtungen eine Armee entgegengestellt. Einige theoretisirende Bemerkungen die der General Buturlin seiner Beschreibung des Kriegsschauplatzes gelegentlich einflicht um die eigenen strategischen Einsichten nicht ungenützt verkommen zu lassen, scheinen sie dazu verleitet zu haben. In Wahrheit ist aber doch der, wie man gestehen muß, etwas abenteuerliche

Gedanke, daß Napoleon sich mit seiner Hauptmacht auch wohl gegen Shitomir und Kiew wenden könnte, ohne von dem Dasein der russischen Hauptarmee Kenntniß zu nehmen, in dem Rath des Kaisers Alexander nicht ernsthaft erörtert worden. Schon der Umstand daß der ersten und zweiten West-Armee gar nichts vorgeschrieben war, was sich auf den angeblich angenommenen dritten Fall, Napoleon's Vordringen gegen Kiew, bezogen hätte, mußte eigentlich die genannten Schriftsteller aufmerksam machen, und das Mißverständniß verhüten. Der Tadel der an diese irrige Voraussetzung geknüpft wird, verfehlt natürlich sein Ziel.

Aber im Lauf des Mais zeigte sich entschieden daß die Bildung des Tormassow'schen Heeres aus dritten Bataillonen nicht möglich sei; doch wollte man Wolynien nicht ungedeckt, die österreichische Gränze nicht unbewacht lassen; man entschloß sich daher am 20. Mai die zweite West-Armee zu theilen, und fast die Hälfte der Truppen aus denen sie bis dahin bestanden hatte, dem General Tormassow zu überweisen. Man muß gestehen daß dadurch Phull's Plan eigentlich allen Sinn und inneren Zusammenhang verlor. Die beiden West-Armeen schwebten nun nicht mehr in einem gewissen Gleichgewicht, wie als wesentliche Bedingung des Plans vorausgesetzt war. Solche Umgehungen und Unternehmungen gegen Flanke und Rücken des Feindes wie sie Phull im Sinn hatte, sind ohnehin kein wirklicher Multiplicator der eigenen Macht, das beweist Clausewitz auf das bündigste. Sie können höchstens bewirken daß der überlegene Feind der umgehenden eine gleichwiegende Macht entgegenstellt —: was waren nun vollends einige dreißigtausend Mann die dem Fürsten Bagration blieben, in der Seite und im Rücken eines solchen Heeres wie Napoleon nach Litthauen führte? — Kaum etwas Anderes als eine bloße Drohung; man könnte sagen wenig mehr als eine bloße Andeutung der Dinge die da allenfalls, unter anderen Bedingungen, hätten geschehen können.

Oder, vorausgesetzt daß man sich auch diesen Fall im vollen, wirklichen Ernst als einen möglichen gedacht hatte: wenn Napoleon gegen Minsk und die Beresina vorging, wie sollten sich ihm diese dreißigtausend Mann vollends gerade von vorne entgegenstellen? — So war Alles schon im Entstehen wieder bedeutend verschoben.

Graf Tormassow erhielt nun die Weisung die österreichische Gränze zu beobachten, und im Fall er mit überlegenen Kräften angegriffen werde, gegen Kiew zurückzuweichen. Im Fall er sich nicht angegriffen sah, sollte er den G.-L. Sacken mit seinen dritten Bataillonen zur Beobachtung der Gränze zurücklassen, mit seinen übrigen Truppen nach Pinsk marschiren und sich durch die bei Mozyr stehende Abtheilung des Generals Ertel verstärken, um dann die rechte Flanke des Feindes zu bedrohen, der sich gegen die zweite West-Armee gewendet hätte. Für den ersten und wichtigsten der angenommenen Fälle, für den nämlich daß Napoleon der ersten Armee gegen Drissa folgte, ergab sich daraus, so wie man die Sache ansah, keine wesentlich selbstständige Aufgabe. Verlief sich Alles so wie man erwartete, dann mußte Tormassow's Thätigkeit, sowohl ihrer Bedeutung, als selbst der Form und Richtung nach, so ziemlich mit der dem Fürsten Bagration vorgeschriebenen zusammenfallen.

Damit man alle von Seiten Rußlands gegen den Feind getroffenen Maaßregeln im Zusammenhange übersehen könne, müssen wir noch der weit aussehenden Diversionen gedenken, die durch die entfernteren Seitenheere ausgeführt werden sollten, und zwar in zwei verschiedenen Richtungen.

Im Norden waren die drei in Finnland und um Petersburg vereinigten Divisionen unter dem Grafen Steinheil bestimmt, den Schweden bei der Eroberung von Norwegen — dem Preis der für ein Bündniß gegen Frankreich geboten war — zu helfen, und mit einem schwedischen Heer vereinigt sollten sie — alsdann an der nördlichen Küste Deutschlands landen. Noch kühnere Plane dachte man im Süden durch die Donau-Armee ausführen zu lassen. Diese sollte durch Serbien, nach Dalmatien und den illyrischen Provinzen am adriatischen Meer vordringen, ja noch weiter, bis nach dem oberen Italien und eben weil dies Unternehmen an das Seegestade führte, weil man höchst wahrscheinlich in Gemeinschaft mit einer englischen — oder vielmehr englisch-russischen — Flotte aufzutreten hoffte, war der Oberbefehl einem Seemann anvertraut worden.

Es ist die Frage ob auch diese weitgreifenden Nebenzweige des Operations-Plans von Phull ausgingen; man muß dies sogar billig bezweifeln. Denn diese Plane beruhten auf politischen Combinationen die ganz außer seinem Bereich lagen, und auch wohl dem Mann der Alles von strategischen Linien und Winkeln erwartete, und in deren Anschauung ganz verloren war, nichts weniger als geläufig sein mochten. Aber von wem auch der Gedanke ausging, es läßt sich nicht leugnen daß der Entwurf zur Kriegführung vermöge dieser Zuthat einigermaßen an die Werke der chinesischen Landschaftmalerei erinnert, welche die Perspective nicht kennt, und alle Gegenstände auf einen und denselben Plan verzeichnet. Wenigstens mußte der, der diese Dinge vorgeschlagen und eingeleitet hat, sich nicht Rechenschaft davon gegeben haben in welcher Abstufung die verschiedenen, möglichen Unternehmungen im Kriege entscheidend sind, je nachdem sie unmittelbar den Schwerpunkt der feindlichen Macht treffen, die Art an die Wurzel legen, oder nicht; und auch die Bedingungen der Zeit waren dabei wenig bedacht worden.

Freilich war nicht bloß darauf gerechnet worden was die entsendeten Heere an sich etwa leisten könnten; man hoffte vielmehr Volksbewegungen hervorzurufen, die selbst die Regierungen mit sich fortreißen könnten, denn man hatte damals noch keineswegs eine unbedingte Scheu vor solchem demagogischen Treiben, insofern es nur der guten Sache diente. So dachte man im Zusammenhang mit diesen Unternehmungen an die Errichtung einer deutschen Legion die im nördlichen Deutschland aufzutreten bestimmt war.

Denn der Kaiser Alexander wenigstens sah wohl ein daß dem Landungsheer ein national-deutsches Element mitgegeben werden mußte, wenn es Erscheinungen dieser Art hervorrufen sollte.

Im Süden rechnete man ohne Zweifel, und wohl nicht ganz mit Unrecht, auf die kriegsgeübte slawische Bevölkerung der illyrischen Provinzen — oder vielmehr der verschiedenen seit wenigen Jahren erst an Frankreich abgetretenen Regiments-Bezirke der österreichischen Militair-Gränze — und leicht schien es von hier aus das Feuer wieder anzufachen das in dem heldenmüthigen Tyrol noch unter der Asche glühte!

Einen der tyroler Führer, den Franz Fidelis Jubili, sah man in

Petersburg, wohin er aus London kam. Vielleicht enthüllt die Zukunft noch ob und in wiefern Persönlichkeiten von sehr verschiedener Bedeutung — der Erzherzog Johann — der damals vertriebene Herzog von Modena — und einige österreichische Generale, wie die Grafen Nugent und Wallmoden, um diese Dinge wußten. —

Aber wie viele Zeit mußte vergehen ehe irgend etwas von dem allen wirksam — ehe die Wirkung auf dem entscheidenden Kriegsschauplatz in Litthauen fühlbar werden konnte! — wie bald mußte man dagegen den Feind bei Drissa, wo man die Entscheidung erwarten wollte, kaum vierzig Meilen von der Gränze, unmittelbar vor sich haben! — Wie zäh und lang ausgesponnen man sich auch den Chicanen-Krieg um dies Lager her gedacht haben mag, die Entscheidung, auch die erwartete günstige, mußte erfolgt sein lange ehe jene Unternehmungen irgend ein Gewicht in die Wagschaale werfen konnten.

Uebrigens ging es damit wohl, wie es eben mit solchen Dingen zu gehen pflegt. Sie haben eine gewisse Geltung so lange sie in der Ferne liegen, und Alles sich in bloßen Vorstellungen bewegt, zum Theil auch deswegen weil die nüchternen Leute die nicht recht daran glauben können, Anstand nehmen, besonders einem dafür eingenommenen Kaiser gegenüber, mit ihren Zweifeln hervorzutreten. Wenn es aber zur Sache kömmt, wagt sich eben Niemand an die Ausführung; auch ist gewöhnlich inzwischen auf entscheidenden Punkten eine wirkliche, dringende Noth entstanden, und man sieht sich genöthigt die zu solchen fernliegenden Dingen bestimmten Kräfte mehr in der Nähe wirksamer zu verwenden. —

Schon von Petersburg aus hatten die Generale geheime Verhaltungsbefehle erhalten, die zunächst auf einen Rückzug ohne Kampf deuteten, und das war ihnen gar nicht recht, da sie von Napoleon's Macht eine durchaus irrige Vorstellung hatten, und sich stark genug zur unmittelbaren Abwehr glaubten. Sie klagten schmerzlich darüber, wie uns auch der Herzog Eugen von Würtemberg berichtet, und Barclay hoffte offenbar solche Plane rückgängig zu machen. „Ich hoffe daß Gott uns den Rückzug schenken wird" — schrieb er schon am 22. April dem Fürsten Bagration.

Als nun der Kaiser in Wilna eintraf und die höheren Befehlshaber mit dem Operations=Plan bekannt machte, mißfiel dieser im Heer allgemein. Man glaubte sich dem Feinde gewachsen, und auch abgesehen davon wurde die Stellung bei Drissa allgemein getadelt, weil sie weder auf der Straße nach Petersburg noch auf der nach Moskau lag. Die älteren Generale, die Bülow nicht gelesen hatten, wußten gar nicht wie sie das verstehen, und was sie daraus machen sollten. Armfeldt, der mit dem ganz wunderlichen Gedanken hervortrat die Armee solle sich bei Slonim verschanzen, wurde damit natürlich weniger gehört, als mit seinem Tadel der vorgelegten Plane. Barclay drang darauf daß man die erste Armee bei Wilna vereinigen müsse um hier eine Schlacht anzunehmen; Bennigsen stimmte ihm bei; es wurde eine Art von Intrigue angesponnen, durch die der Kaiser bewogen werden sollte von Phull und seinen Planen zu lassen, und zu diesen Vorschlägen seine Zustimmung zu geben. Auch die Generale Oppermann und Marquis Paulucci erhoben ihre Stimmen sehr laut und wollten wieder Anderes.

Der Oberst Toll erhielt von Seiten Barclay's den Auftrag, die Stellung auf dem linken Thalrand der Wilia und Wileika, die man im Auge hatte — dieselbe in welcher General Sacken 1831 das Gefecht gegen Gielgud annahm — genau zu erkunden, was wohl eigentlich Sache des Generalquartiermeisters gewesen wäre. Sein Urtheil konnte kein günstiges sein, da diese Stellung, auf einer wal=
digen Hochfläche, den steilen Thalrand unmittelbar im Rücken, wirk=
lich gar keine taktischen Vortheile bot.

Das Vertrauen des Kaisers zu Phull und dessen Planen wurde allerdings schon hier mächtig erschüttert, da er so viele Bedenken, so manchen Tadel, so viele widersprechende Vorschläge hören mußte. Es scheint als habe er im Zweifel auch das Urtheil eines unbefangenen, der Partei keines Generals angehörigen, und anerkannt tüchtigen Offiziers hören wollen, über die Aussichten die eine Schlacht bei Wilna bieten konnte, und deshalb durch Wolkonsky Toll's Gutachten fordern lassen. Der Auftrag den Toll soeben erfüllt hatte, konnte die Veran=
lassung dazu sein. Wenigstens wissen wir daß dieser Offizier am 3. Juni (22. Mai a. St.) ein schriftliches Gutachten bei dem Fürsten Wolkonsky eingereicht hat — ganz gewiß nicht ohne dazu aufgefordert zu sein. Der Inhalt dieser Denkschrift ist folgender:

„Von dem strategischen Standpunkt aus beurtheilt, steht die Wahl einer Stellung bei Wilna vollkommen im Widerspruch mit den wahren Grundsätzen der Kriegführung; daraus, daß man im Sinn hat sich in ihr aufzustellen, glaube ich folgern zu dürfen daß die Operations-Linie der ersten Armee von Grodno über Wilna, nach Dünaburg und Drissa gehen soll."

„Der Feind wird sich wahrscheinlich, nachdem er in Beziehung auf unsere erste und zweite Armee eine innere Operations-Linie gewonnen hat, mit seiner Hauptmacht, **das heißt mit ungefähr 100,000 Mann** (!) gegen die erste West-Armee wenden, indem er fortwährend vorzugsweise ihren linken Flügel bedroht."

„Nehmen wir an daß die erste West-Armee, nachdem sie zwischen Grodno und Wilna jedes Gefecht vermieden hat, bei dieser letzteren Stadt stehen bleibt um hier dem Feinde eine Schlacht zu liefern. Dieser Rückzug von Grodno wird nicht allein den kriegerischen Geist lähmen von dem unsere Truppen in hohem Grade beseelt sind, er wird uns auch in dem Grade schwächen, daß wir den Feind in der Stellung von Wilna kaum mit einer vereinigten Macht von 50,000 Mann bekämpfen können."

„Da ich Gelegenheit gehabt habe auf Befehl meiner Vorgesetzten die gedachte Stellung genau zu untersuchen, finde ich daß sie, vom taktischen Standpunkte aus beurtheilt, folgende Mängel hat."

„1) Die Wege welche nach Wilna führen, und zwar von Kowno, von Troki — dann von Olkieniki, Parabomin und Lida (diese drei von Grodno nach Wilna) — ferner von Turgiel, Oszmiana und Kena, liegen sämmtlich zwischen der Wilia und Wilenka, und vereinigen sich 2½ Werst von der Stadt, auf einem Raum von 8 Werst in der Breite zu vier Straßen, die dann durch vier Defilée, zwischen welchen jede Verbindung sehr schwierig ist, zur Stadt hinabführen."

„2) Die Stellung hat eine zu große Ausdehnung für eine Armee von 50,000 Mann und kann von dieser nicht in der Art besetzt werden daß dem Feind nicht ein Weg nach der Stadt eröffnet würde, wodurch alle unsere Verbindungen mit Niemenczyn*) abgeschnitten wären."

---

*) Uebergangspunkt an der Wilia oberhalb Wilno.

„3) Es ist wahrscheinlich daß der Feind seine hauptsächlichsten Anstrengungen gegen unseren linken Flügel richten wird. Wenn dieser geschlagen wird bleibt kein anderer Rückzug als durch Wilna auf die Straße nach Niemenczyn. Was könnte aber für uns verderblicher sein als ein Rückzug durch diese Stadt deren Einwohner bereit sind die Waffen gegen uns zu ergreifen."

„Ohne Zweifel wäre es vortheilhafter die Armee auf der Straße nach Oszmiana aufzustellen, die Wilenka im Rücken, während eine entsendete Abtheilung die jenseits Antokol gelegenen Anhöhen auf dem rechten Ufer der Wilenka besetzte; denn hier wäre die Operations-Linie auf Dünaburg weniger bloßgestellt. Doch stehen auch hier die gleichen Nachtheile bevor, denn die Wege von dieser Stellung zur Wilenka hinab, gehen gleichfalls durch Engnisse welche für die Artillerie sehr wenig brauchbar sind. Zudem kann der Feind, wenn er sich der Stadt (Wilna) bemächtigt hat, unseren Rückzug über die Wilenka sehr beunruhigen."

„Aus allem diesem geht hervor daß die erste Armee vermeiden muß mit dem Feinde in der Stellung bei Wilna zu schlagen, daß sie dagegen suchen muß sich der zweiten Armee zu nähern und vereint mit ihr dem Feinde in einer weniger ausgedehnten Stellung eine Schlacht zu liefern."

Wie man sieht benützte Toll die Gelegenheit um auch die Wahl der Rückzugslinie auf Drissa mittelbar zu tadeln; natürlich durfte er sich darüber nicht klar aussprechen, noch konnte er dabei verweilen. Auch seinerseits weit entfernt an einen Rückzug zu denken, wünschte er, wie Barclay und Bennigsen eine Schlacht; aber sie sollte nicht bei Wilna und nicht von der ersten Armee allein geliefert werden wie diese Generale im Sinn hatten, sondern weiter vorwärts, und von den beiden vereinigten Armeen zusammen.

Was seine Denkschrift bei dem Kaiser für einen Eindruck gemacht hat, wissen wir nicht zu sagen. Ganz ohne Einfluß ist sie wohl nicht geblieben. Bennigsen wollte nun die Schlacht weiter vorwärts bei Nowy-Troki geliefert wissen. Indessen, da von keiner Seite her Unbedenkliches und Ueberzeugendes vorgeschlagen wurde, hielt sich doch der Kaiser Alexander, trotz aller quälenden Zweifel die rege geworden waren, für jetzt noch an Phull und dessen Plane, und in Folge dessen wurden schon am 20. Juni vorläufige Verfügungen zur Vereinigung der ersten West-Armee bei Swenciany, drei Märsche hinter Wilna, getroffen — aller Einwendungen Barclay's ungeachtet. Doch sollten die Befehlshaber der einzelnen Abtheilungen den Rückzug nach den ihnen angewiesenen Punkten nicht eher antreten als bis sie einen weiteren, den Tag des Aufbruchs benennenden Befehl erhielten. Nur dem Grafen Wittgenstein wurde freigestellt den Rückzug mit dem I. Corps anzutreten ohne den näheren Befehl abzuwarten, im Fall er sich vom Feinde gedrängt sähe. —

Auch der Plan zu einer Landung in Norddeutschland wurde hier mit dem Prinzen Georg von Oldenburg, der den Kaiser herbegleitet hatte, und mit dem eben anlangenden Minister von Stein, vielfach berathen und besprochen —: und doch erwachte in dieser Unsicherheit des Wollens von Neuem der Wunsch der drohenden, gewaltigen Entscheidung wenigstens für jetzt noch auszuweichen, und die Hoffnung daß dies vielleicht noch möglich sei. Die Ankunft des Grafen Narbonne in Alexander's Hauptquartier nährte sie einigermaßen. Wie es zu gehen pflegt im Leben —: über dies Schwanken, diese Zweifel — diese weit ausgreifenden Plane, und schwachen Friedenshoffnungen, wurde das Nächste und Nothwendigste versäumt.

Man erfuhr nämlich daß ein sehr großer Theil des französischen Heeres durch Ostpreußen gegen den unteren Niemen heranrückte — daß Napoleon selbst am 12. Juni in Königsberg eingetroffen sei — und daß die Truppen an der Weichsel und diesseits dieses Stroms, nordostwärts, nach Podlachien abgerückt seien. Man wußte die Gegend zwischen der Gränze und der Weichsel ziemlich von Truppen entblößt, so daß Bagration auf diesen Umstand hin den seltsamen Plan entwarf, mit seiner Armee gegen Warschau vorzudringen, worüber er noch am 26. Juni an Barclay schrieb, indem er die Ermächtigung zu einem solchen Unternehmen nachsuchte. — Die feindlichen Heertheile am Bug glaubte man nach Wolynien bestimmt. Aus allen diesen Dingen mußte man doch nothwendig folgern daß der Hauptangriff nicht von Grodno, sondern vom unteren Niemen her zu erwarten sei — und eine veränderte Aufstellung des Heeres nöthig achten. Na=

mentlich mußte man sich wohl sagen daß jene entsendete Abtheilung bei Lida unter so veränderten Umständen dort nicht am rechten Ort, und möglicher Weise gefährdet sei. Dennoch dachte man nicht daran sie näher heranzuziehen; Alles blieb wie es eben lag und stand, so daß man in gewissem Sinn wohl sagen kann das russische Heer sei durch Napoleon's Uebergang bei Kowno überrascht worden. Es ist sogar die Frage ob man sich in Alexander's Hauptquartier durchaus und vollständig an den neuen Gedanken gewöhnt habe, den Feind von dieser Seite her zu erwarten. Die von Bennigsen vorgeschlagene Stellung bei Nowy-Troki weist wenigstens noch immer auf einen von Grodno her vermutheten Angriff hin.

Ehe wir zu der Eröffnung des Feldzugs übergehn müssen wir auch noch dessen gedenken was von Wolzogen's Ansichten bekannt geworden ist, und zwar weil es in neuester Zeit, namentlich durch den Herzog Eugen von Würtemberg hervorgeholt worden ist um ein längst beseitigtes, und in der That kaum begreifliches Mißverständniß wieder von Neuem in das Leben zu rufen.

Man hat nämlich die Sache wiederholt so darzustellen gesucht, als sei der Rückzug tief in das Innere Rußlands von Anfang an beabsichtigt, der leitende Grundgedanke gewesen, von dem alle Anordnungen der Kriegführung getragen wurden, und man beruft sich dabei auf Phull's Operationsplan; in dem sei der ganze Feldzug wie er sich wirklich verlief, bereits vollständig enthalten — nur freilich in verkleinertem Maaßstab. Durch diesen Nachsatz ist die Behauptung, welche übrigens, was doch auch zu beachten ist, von den officiellen Schriftstellern Rußlands, Buturlin und Danilewsky, nie aufgestellt worden ist, eigentlich wieder aufgegeben, denn es muß doch gewiß jedem Unbefangenen einleuchten, daß gerade der Maaßstab, in dem der Rückzug gedacht wird, etwas wesentlich Anderes daraus macht, und je nachdem er größer oder kleiner ist, auf ganz andere bestimmende Factoren des Erfolgs verweist.

Wollten wir, wie z. B. der Herzog von Würtemberg im Sinn zu haben scheint, den immer unveränderten leitenden Grundgedanken, der sich wie ein rother Faden durch das Ganze zieht, darin sehen daß der Kaiser Alexander von Anfang an beabsichtigte „den Krieg in die Länge zu ziehn" — so müßten wir wohl noch einen weiteren Schritt thun, uns zu einer noch allgemeineren Allgemeinheit erheben, und den unveränderten leitenden Gedanken darin finden daß der Kaiser Alexander von Anfang an beabsichtigte den Krieg vertheidigungsweise zu führen, denn jenes „in die Länge ziehn" d. h. das Aufschieben der Entscheidung bis zu der Zeit wo sich die Verhältnisse irgend wie günstig gestaltet haben, ist nothwendiger Weise der leitende Gedanke in jedem vertheidigungsweise geführten Kriege. In den Elementen die man in Bewegung setzen will jene endliche günstige Wendung herbeizuführen liegt aber das Wesen eines Kriegsplans, nicht in jener gewissermaßen unvermeidlichen allgemeinen Vorstellung.

Dessen was, wir müssen es wiederholen, in der That die entscheidende Hauptsache wurde, des Raums, ist nun aber in Phull's Planen nicht auf das entfernteste als eines Elements der Streitkräfte Rußlands gedacht. Das zwickmühlenartige Zusammenwirken zweier Armeen, das strategisch-taktische Gaukelspiel um Drissa herum, die Unternehmungen der zweiten Armee in Seite und Rücken des Feindes, der Parteigängerkrieg: das waren die Dinge durch welche die französische Uebermacht abgenutzt und aufgerieben werden sollte, anstatt sich gleichsam im Raum zu verlieren wie wirklich geschah. Die gegen den Feind aufgebotenen Mächte waren also ihrer Natur nach und wesentlich andere, und Phull's Operations-Plan hatte mit dem was der Gang der Weltgeschichte zur Erscheinung brachte, weder in Geist und Sinn, noch selbst in der Form des beabsichtigten Verfahrens irgend etwas gemein. Ja selbst die zufällige Veranlassung zu dem was wirklich geschah, gab der Phullsche Plan nur dadurch daß er aufgegeben wurde, und daß Alles was man im Sinn dieses Plans bereits gethan hatte, so viel als möglich wieder ungeschehen gemacht werden sollte. Dem Plan gemäß waren die beiden West-Armeen getrennt worden; daß sie getrennt blieben war ein wesentliches Stück des Plans —: das Streben sie wieder zu vereinigen führte zuerst tief in das Land zurück.

Der Herzog Eugen von Würtemberg beruft sich in seinen „Erinnerungen" auf einen Aufsatz den Wolzogen bereits im Jahre 1809 entworfen hat, und glaubt in ihm jenen leitenden Gedanken des Kaisers nachweisen zu können der höher stand als alle künstlichen militairischen Combinationen. Aber, auch abgesehn von den Rücksichten die der Herzog als russischer Offizier zu nehmen hatte, ist sein Buch in wohlwollender Absicht geschrieben, und eine solche Absicht setzt gewissermaßen die Stimmung voraus die bemüht ist den Dingen die beste Seite abzugewinnen.

Daß Wolzogen's Aufsatz doch am Ende nur für Wolzogen's Ansichten etwas beweisen würde, wollen wir nicht einmal geltend machen.

Wichtiger ist daß sich gar nichts darin findet was die Behauptung rechtfertigen könnte, wenn auch sonst manches bemerkenswerthe.

Es ist z. B. bemerkenswerth wenn Wolzogen äußert er habe die Berechnung angestellt daß das Requisitions-System nicht mehr ausführbar sei in einem Lande das nur 800 Einwohner, oder weniger, auf der Quadratmeile zähle. Und wer wird wohl nach Allem was wir seither in der Geschichte und in der Wissenschaft erlebt haben, dem Mann seine Anerkennung versagen der schon im Jahre 1809 folgende Worte niederschrieb: „überhaupt muß man den Gedanken ganz verbannen Land oder Gränzen vertheidigen zu wollen. Nur durch die Aufreibung der feindlichen Armee deckt man sein Land es mag dieses nun hundert Meilen vor unserer Gränze, oder hundert Meilen rückwärts im Innern unseres Landes geschehen; gleich viel! das Land ist nicht eher sicher als bis die feindliche Armee vernichtet ist."

Im Uebrigen verlangt Wolzogen zu einem Vertheidigungskrieg gegen Napoleon ein Heer anderthalbmal so stark als das seinige, und darin spricht sich wenigstens eine große Ehrfurcht vor dem militairischen Genius aus. — Dies Heer soll in zwei getheilt werden, von denen das eine dem Feinde an Zahl gleich, das andere halb so stark wäre. — Da Napoleon's geistige Ueberlegenheit sich hauptsächlich in den Schlachten geltend macht, müsse man diese vermeiden, und um gehörig ausweichen zu können, müsse das eigene Heer möglichst lange Operationslinien haben, die hier als möglichst lange Rückzugslinien zu betrachten seien. Da Napoleon für die Verpflegung seines Heeres auf Requisitionen rechne, könne er es nie lange zusammenhalten; er pflege es deshalb auch immer nur zu einem entscheidenden Schlage zu vereinigen, und die einzelnen Abtheilungen wieder getrennt vorgehn zu laſſen ſobald dieſer Schlag erfolgt ſei; auf dieſes Verfahren müſſe man das eigene berechnen. Man müſſe eine Stellung nehmen und ſie zum Schein verſchanzen, ſich aber, ſobald der Feind heranrücke vier oder fünf Märſche zurückziehn, um ſobald das feindliche Heer ſich wieder in einzelne Abtheilungen aufgelöſt habe, über die eine oder andere von dieſen herzufallen.

Man könne die Frage aufwerfen meint Wolzogen, ob man auf dieſe Weiſe nicht bald bei der entgegengeſetzten Gränze des eigenen Landes anlangen werde? — und da iſt man verſucht zu glauben der Verfaſſer habe überhaupt gar nicht an Rußland gedacht wo ſo etwas wenigſtens gewiß nicht bald erfolgen kann. Wenigſtens erwartet man, beſonders nach Allem was der Herzog von Würtemberg vorangeſchickt hat, daß die Antwort auf dieſe Frage auf die ungeheure Ausdehnung Rußlands verweiſen werde, auf die nothwendige Zerſplitterung der feindlichen Macht im Raum —: aber keineswegs. Wolzogen erwidert: allerdings könne das geſchehen, wenn man nicht Mittel der Kunſt zu Hülfe nehme. Es ſollen alſo Feſtungen angelegt werden als Endpunkte der Rückzugslinien, und bei den Feſtungen verſchanzte Lager; damit wäre dann dem eigenen Rückzuge und dem Vordringen des Feindes eine Gränze geſetzt.

Dünaburg, Driſſa, Boriſſow und Bobruysk waren die Punkte die befeſtigt wurden; Driſſa hatte Wolzogen ſelbſt ausgeſucht. Sind alſo ſeine Anſichten geltend geworden ſo geben dieſe Anſtalten den Maaßſtab zu ihrer Beurtheilung. Und wodurch war denn verbürgt daß dieſe Gränze ſich wirklich als eine ſolche bewähren werde? — daß das ruſſiſche Heer nicht erdrückt werden könne auf dieſen Endpunkten? — Das iſt in dem Aufſatz nicht geſagt, aber man ſieht wohl daß die verſchanzten Lager unter den Feſtungen unangreifbar gedacht werden, ſo daß der Feind ſogar vor ihnen zu Belagerungsarbeiten gezwungen wäre, wie vor dem Colberger Lager im ſiebenjährigen Kriege — und wir ſind weit entfernt zu behaupten daß daran an ſich und in größter Allgemeinheit etwas Widerſinniges läge.

Ein Umſchwung in der ganzen Lage ſoll dann durch mächtige Diverſionen herbeigeführt werden, die den Feind zum Rückzug zwingen. „Dieſe Diverſionen aber geben unſerem Defenſivſyſtem erſt Leben und

18*

Kraft, sagt Wolzogen, und deshalb riethen wir an, eine zweite Armee aufzustellen, welche zu diesem Endzweck schon am Anfang ihres Auftretens eine diesem Sinne entsprechende Direction erhalten muß. Ihre Direction wird aber dem Zweck entsprechen, wenn die gegen einander verlängerten Fronten der beiden Armeen sich in einem einwärts gehenden Winkel schneiden. Ihre beiderseitigen Rückzugslinien gehen demnach divergirend nach der großen Basis, und ihre Angriffslinien convergirend nach dem Rücken der feindlichen Armee."

Dann folgt daß diejenige Armee gegen welche der Feind sich wendet, in ihr verschanztes Lager zurückgehn soll, die andere geht sogleich zum Angriff über — kurz was eben zu diesem Kreis von Vorstellungen gehört.

Hier sehen wir ganz entschieden wie nahe denn doch am Ende Wolzogen in seinen Ideen dem General Phull steht. Die Ansichten dieses Letzteren finden hier ihren Ausdruck in theoretischer Form, und sein ganzes System ist uns nun klar.

In Wahrheit, man könnte weit eher die Grundzüge zu dem Herbstfeldzug von 1813 in Wolzogen's Aufsatz finden als irgend eine Beziehung zu dem was im Jahre 1812 den Ausschlag gab.

Uebrigens braucht man in den „Erinnerungen" des Herzogs Eugen von Würtemberg nicht einmal zwischen den Zeilen zu lesen, um eine wesentlich andere Ansicht der Dinge herauszulesen. Man sehe nur die Worte des Grafen Kutaisow nach die er anführt (S. 71). Sie sprechen die Wahrheit aus.

Gehört hatte der Kaiser Alexander allerdings von Dingen die weiter reichten; aber sie scheinen damals doch nur einen sehr bedingten Eindruck auf ihn gemacht zu haben, so daß er aus Phull's beschränktem strategischem Zauberkreis doch keineswegs heraus kam. Der General Scharnhorst hatte vor Allen die Ueberzeugung daß Napoleon an der ungeheueren Ausdehnung des russischen Reichs zu Grunde gehen müsse, wenn Rußland diese gehörig ins Spiel bringe, d. h. seine Kräfte bis zum letzten Augenblick aufspare, zu diesem Ende seine Heere so tief ins Innere ausweichen lasse als irgend nöthig sei um einer vorzeitigen Entscheidung zu entgehen, und unter keiner Bedingung Friede schließe. In seinem Freundeskreise zu Berlin wurde diese Ansicht vielfach besprochen. Ob der damalige Major, nachherige Feldmarschall v. b. Knesebeck von Scharnhorst angeregt, oder auf eigene Hand zu ähnlichen Vorstellungen gelangt war, thut nichts zur Sache. Er benützte jedenfalls seine Sendung im März 1812 dazu, mit dem Kaiser Alexander in geheimen, nächtlichen Zusammenkünften in diesem Sinn zu sprechen, konnte ihn aber weder davon ganz unbedingt überzeugen daß Napoleon auf Moskau, nicht auf Petersburg vordringen werde, noch davon daß Rußlands Heere, von denen man in Petersburg sprach, als zählten sie 300,000 Mann unter den Waffen, nicht genügend seien den Feind schon an der Düna aufzuhalten.

Freilich entließ Alexander den Major Knesebeck zuletzt mit den Worten: „Sagen Sie dem König, wenn ich auch bis Kasan zurückgebrängt würde, schlösse ich nicht Frieden!" — aber es ist sehr klar daß er damit nur einen heldenmüthigen Entschluß aussprechen wollte, den selbst das äußerste denkbare Unglück nicht beugen solle — nicht einen Plan. Als eine mögliche unglückliche Nothwendigkeit auf die er auch gefaßt sein wolle schwebte ihm ein solcher Rückzug vor, nicht als eine Maaßregel freier Wahl und bewußter Berechnung. In dem vertrauten Kriegsrath des Kaisers ist denn auch von dergleichen auch nach den Gesprächen mit Knesebeck nie die Rede gewesen.

Drittes Kapitel.

Eröffnung des Feldzugs. — Napoleon's Uebergang über den Niemen. — Barclay's erste Befehle. — Vereinigung der ersten West-Armee bei Swencianh. — Die dem Fürsten Bagration ertheilten Befehle. — Clausewitzens Bericht über das Lager bei Drissa. — Ankunft des Grafen Liewen, seine Ansichten. — Barclay's Zaudern. — Berathung in Widzy. — Rückzug nach Drissa. — Oberst Michaud. — Barclay's Vorstellungen. — Phull's Rücktritt. — Aufgeben des Lagers bei Drissa. — Ernennung Barclay's zum Oberbefehlshaber, Yermolow's zum Chef des Generalstabs, Toll's zum Generalquartiermeister.

Was die Eröffnung des Feldzugs betrifft, verfällt Danilewsky in einen gar seltsamen Irrthum. Er sagt nämlich (1. S. 166): „Am

12/24. Juni nach Mitternacht erfolgte der Uebergang" — nämlich des französischen Heeres über den Niemen. Durch diese nicht ganz bestimmte Fassung des Satzes wird vielleicht Mancher veranlaßt an die Nacht vom 24. auf den 25. zu denken, obgleich in der That Napoleon seine Heeresmacht schon vierundzwanzig Stunden früher, nämlich in der Nacht vom 23. auf den 24. über den Gränzstrom führte. Wenigstens geht es dem General Danilewsky selber so; der läßt, einmal in Verwirrung verfangen, den französischen Vortrab auch vierundzwanzig Stunden später als wirklich geschah vor Kowno, eine Meile vom Uebergangspunkte erscheinen, nämlich am 25. früh. Daraus ergiebt sich dann etwas jedenfalls sehr Wunderbares; dem Kaiser Alexander wird schon am 24. Abends, auf dem glänzenden Ball den ihm die sämmtlichen General=Adjutanten auf dem Landhause des Grafen Bennigsen gaben, gemeldet daß die Franzosen am 25. früh über den Niemen gegangen seien.

Doch auf dergleichen überraschende Dinge müssen wir bei Danilewsky schon gefaßt sein. Läßt er doch bei der Beschreibung des Schlachtfeldes von Gorodeczna einen Fluß gegen seine Quelle zurückfließen, und da er von Phull und dem Operationsplan durchaus nichts wissen will, erzählt er uns ganz treuherzig, einzig und allein um die Vereinigung mit dem Fürsten Bagration auf dem kürzesten Wege zu suchen habe der Kaiser Alexander die erste Westarmee nach Drissa geführt, und nicht gegen Minsk.

Da Napoleon als Selbstherrscher an der Spitze seines Heeres stand, war natürlich unter seinen Befehlen von einem eigentlichen, schriftlich ausgearbeiteten Operationsplan nie die Rede. Er bedurfte dessen nicht um zu wissen was er wollte, und Rechenschaft hatte er Niemanden zu geben. Da muß man sich denn der immer schwierigen Aufgabe unterziehen aus den einzelnen an die Marschälle erlassenen Befehlen, in denen zuweilen seine Absicht und die bestimmenden Gründe ausgesprochen sind, so viel als möglich das Ganze seines Plans zusammenzusetzen — und dadurch wird man nur allzu leicht zu einem Pragmatismus geführt, der hier wohl ganz besonders mißlich ist, da gewiß nicht ein Jeder sich zutrauen darf er könne Napoleon's Gedanken in ganzer Folge, in sich gleichsam neu erzeugen.

Danilewsky wagt sich auf das Feld dieses Pragmatismus um Napoleon's erste Maaßregeln zu deuten, und man muß gestehen daß es ihm damit ganz besonders unglücklich geht. „Obgleich am 11/23. die Corps des Vicekönigs den Niemen noch nicht erreicht hatten, und sich bei Olecko befanden, diejenigen des Königs von Westphalen aber bei Nowogrod, entschloß sich doch Napoleon mit der Macht die er eben bei Kowno vereinigt hatte den Feldzug zu eröffnen. Er wollte die Ankunft seines Bruders und seines Stiefsohnes nicht abwarten, indem er berechnete daß es ihm gelingen könne, unsere erste Armee einzeln zu schlagen, wenn er eile mit den bei Kowno vereinigten 250,000 Mann über den Niemen zu gehen." — So erzählt Danilewsky, und danach müßte man eigentlich glauben daß es eine obere Leitung in dem französischen Heer überhaupt nicht gab, daß ein jeder der unteren Befehlshaber nach Gutdünken handelte, und früher oder später den Gränzstrom erreichte wie es sich eben traf und Jedem bequem war. Die Frage, warum denn wohl mehrere Abtheilungen zu Armeen unter dem Vicekönig und dem einstweiligen König von Westphalen vereinigt waren, hat sich Danilewsky, bei allem Pragmatismus offenbar gar nicht vorgelegt.

Und doch scheint es diesmal gerade nicht allzu schwer in Napoleon's Maaßregeln seine Absicht zu lesen. Er hatte die Garden, und die Heertheile Davoust, Oudinot und Ney, nebst den Reitercorps der Generale Nansouty, Montbrun und Grouchy — ungefähr 220,000 Mann gegen Kowno zusammengezogen; der Vicekönig war bei Kalwary mit etwa 70,000 Mann zurück (mit des Vicekönigs eigenem und St. Cyr's Heertheil) — und mit 78,000 Mann zog der König Hieronymus vom Bug und Narew her gegen Grodno heran. Die Hauptmasse war bestimmt schnell gegen Wilna vorzudringen, und die auf einer langen Linie aufgestellte russische Streitmacht in zwei Hälften zu zerschneiden, die einzeln besiegt werden könnten. Daß der König Hieronymus erst sechs Tage später bei Grodno über den Niemen gehen konnte, gewährte den wohl nicht unberechneten Vortheil den Fürsten Bagration nicht vorzeitig besorgt zu machen und zum Rückzug zu bestimmen; dieser General wurde so in seiner gegenwärtigen Stellung festgehalten so lange als nöthig schien für Napoleon's Zweck. — Der

Vicekönig, der gleichfalls später (vom 28. Juni bis 2. Juli) bei Pilona den Niemen überschritt, hatte offenbar die Bestimmung jener gegen Wilna vordringenden Masse gegen Süden hin Seite und Rücken zu decken.

Im Hauptquartier zu Wilna erhielt man schon am 24. früh die Meldung, daß der Uebergang des Feindes über den Niemen jeden Augenblick zu erwarten sei, und unverzüglich wurde den Generalen Platow und Bagration der Befehl zugesendet ihre Unternehmungen gegen Flanke und Rücken des Feindes zu beginnen so wie er über den Strom sei. Unwillkürlich hält man dabei verwundert an. Man wußte nun vollends den Feind ganz entschieden bei Kowno: warum dachte auch jetzt noch Niemand daran daß unter diesen Bedingungen der General Dochturow einige Mühe haben könnte zur Vereinigung mit dem Heere in die Gegend von Swenciany zu gelangen? — daß die Zeit für ihn kostbar sei? — Gerade an diesen General wurde im Laufe des 24. keinerlei Befehl erlassen.

Am 24. Abends endlich wußte man den Feind diesseits des Nie= mens, den Feldzug eröffnet. Noch in der Nacht wurden die Befehle an Platow und Bagration erneuert, und den einzelnen Abtheilungen der ersten Armee der Rückzug nach dem von Phull ausersehenen Sam= melplatz in der Umgegend von Swenciany befohlen. Auf dem rechten Flügel sollte nun Wittgenstein nach Solof zurückgehen (auf der Straße von Wilkomir nach Dünaburg) — Uwarow (I. Cavaleriecorps) nach Peluszc, Baggehuffwudt (II. Infanteriecorps) nach Koltiniany (beides in geringer Entfernung westlich von Swenciany). — Auf dem linken Flügel waren Dochturow auf Kobylnity, und Korff mit dem zweiten Cavaleriecorps nach Konstantinow (östlich von Swenciany) befehligt. In der Mitte endlich hatte das III. und IV. Infanteriecorps (Tutschkow und Schuwalow) sich bei Wilna zu vereinigen, und zusammen nach Swenciany zurückzugehen.

Barclay für seine Person hatte weder seiner Ansicht entsagt, noch der Hoffnung den Kaiser Alexander zu einer Schlacht zu bewegen. Noch in dem Befehl an den Fürsten Bagration der am Morgen des 24. und zwar durch ihn erlassen wurde, schrieb Barclay: „Wenn es der ersten Armee nicht möglich ist mit Vortheil vor Wilna eine Schlacht zu liefern, wird

sie sich mit dem Grafen Wittgenstein und Dochturow vereinigt bei
Swenciany sammeln, wo dann vielleicht eine Schlacht geliefert wird.
Uebrigens, wenn es die Umstände erlauben wird die erste Armee von
Swenciany wieder vorwärts gehen, um den Feind anzugreifen." —
Am Abend desselben Tages mußte er sich freilich fügen, wenigstens in
Beziehung auf eine Schlacht bei Wilna, und die Befehle zum Marsch
nach Swenciany geben.

Bald darauf aber blieb Barclay einigermaßen Herr wenigstens
dessen was unmittelbar bei Wilna vorging — denn der Kaiser reiste
mit seiner ganzen persönlichen Umgebung schon am 26. in aller Frühe
nach Swenciany — und da zauderte er mit dem ungern angetretenen
Rückzug in einer Weise, daß General Phull darüber die lebhaftesten
Sorgen empfand. Ruhig und besonnen wie er war, wollte er nicht
weichen so lange er dazu keine bestimmte Nothwendigkeit sah; einige
unbedeutende Scharmützel bei dem Nachtrab gingen gut, und bestärk-
ten den Feldherrn in seinem Verfahren; besonders weil er den guten
Geist den das Heer zeigte, durch einen rastlosen, überstürzenden Rückzug zu vernichten fürchtete.

Schon am 26. waren das III. und IV. Infanteriecorps in der
Stellung vor Wilna vereinigt, bis auf den Nachtrab des Letzteren (ein
Husaren- und zwei Jägerregimenter unter dem Generalmajor Dorochow)
der seltsamer Weise den Befehl zum Aufbruch gar nicht erhielt, abgeschnitten wurde, und von Glück zu sagen hatte daß es ihm noch gelang sich mit der zweiten Armee zu vereinigen.

Hier blieb nun Barclay mit weniger denn 30,000 Mann den
27. ruhig stehn, weil er keinen Feind sah, und befahl selbst dem General Baggehuffwudt auf seiner ersten Marschstation, bei Szirwinty, anzuhalten. Am 28. jedoch, als Napoleon's Vortruppen in der Nähe
erschienen, zog er sich in drei Colonnen, von denen eine (die 1. Division) auf dem rechten, die beiden anderen (die 3. Division und das
vierte Corps) auf dem linken Ufer der Wilia abrückten, bis in die Gegend von Niemenczyn zurück. (Die erste Colonne kam nach Liubowo;
die zweite und das Hauptquartier nach Britaniszky; das vierte Corps
nach Kolungy, auf der Nebenstraße nach Swenciany.)

Bald nach seinem Aufbruch erschien Napoleon mit den Garden,

Davoust's Abtheilung und den drei Reitercorps vor Wilna; der russische Nachtrab wich unter ganz unbedeutenden Gefechten, die Magazine in der Stadt und die Brücke über die Wilia wurden angezündet — und feierlich empfing der Magistrat den Kaiser der Franzosen wie die letzten Kosacken sich entfernten. — Oudinot, den ein vergeblicher Versuch Wittgenstein abzuschneiden gleich bei Kowno auf das rechte Ufer der Wilia führte, hatte an demselben Tage bei Deweltowo ein unbedeutendes Gefecht mit dessen Nachtrab, und gelangte nach Wilkomir, wo er mehrere Tage stehen blieb. — Ney, der dem linken Ufer der Wilia folgte, erreichte Suterwa (drei Meilen unterhalb Wilna).

Den 29. machte Barclay noch einen kleinen Marsch rückwärts gegen Swenciany, das Hauptquartier kam nach Bojarelli, die drei Colonnen nahmen bei Podubinki, Pobbrozie und Powewiorka Stellung. In dieser Stellung verweilte er von neuem den 30. um dem zahlreichen Fuhrwesen Zeit zu geben, von dem die Straße erst frei werden sollte. Barclay durfte das wagen, denn zufrieden damit daß die erste Westarmee sich von freien Stücken von der zweiten entfernte, dachte Napoleon nicht daran sie lebhaft zu drängen. Die Mittel auch Litthauen zur Erhebung zu bewegen beschäftigten zu Wilna den Kaiser der Franzosen, und bald auch Maaßregeln welche zum Zweck hatten Bagration ganz zu umwickeln und zu vernichten.

In Swenciany brachten unterdessen der Kaiser Alexander und seine Umgebung die Zeit in einer gewissen Thätigkeit und Spannung, theilweise auch in Sorgen zu. Der Feldzug war von Seiten des Feindes in anderer Weise eröffnet als man erwartet hatte, dadurch war man natürlich veranlaßt auch die Gegenmaaßregeln von neuem zu überdenken. Auch nehmen sich die Dinge in der Nähe immer anders aus als man gedacht hatte, und nur sehr wenige Menschen sind im Handeln so entschlossen und so kühn als in der bloßen Vorstellung; man dachte wohl an Platow und Bagration, und den Erfolg wenn sie wirklich rücksichtslos zum Angriff übergingen, nicht mehr mit voller Zuversicht. So wich man denn gleich bei diesem ersten Schritt einigermaßen von dem Operationsplan ab, wenigstens in Beziehung auf Platow der nun den Befehl erhielt über Lida und Smorgony um das feindliche Heer herum, dessen rechte Seite er dabei fortwährend beunruhigen sollte, in die Gegend von Swenciany heranzuziehen. Bagration sollte hinter die Szczara bei Slonim zurückweichen, und besonders dafür sorgen daß er nicht von Minsk und Borissow abgeschnitten werde: eine Weisung die auch schon auf eine veränderte Vorstellung von der allgemeinen Kriegslage hindeutet. Diese Anordnungen müssen fast unmittelbar nach der Ankunft des Kaisers zu Swenciany getroffen worden sein, denn die Befehle, die diesmal wieder durch Barclay gingen, sind in dessen Generalstab schon am 27. ausgefertigt.

Dazu kam noch eine gewisse Sorge um Dochturow der von Lida her, Wilna, und selbst Oszmiana vermeidend, im weiten Bogen über Olszany, Danuszewo und Swir heranzog, und leicht abgeschnitten werden konnte, wie denn auch wirklich Napoleon den General Nansouty mit seinen Reitern entsendete, ihm bei Michaliszky an der Wilia den Weg zu verlegen. Barclay's Zaudern bei Wilna, und die Gefahren denen er sich dabei aussetzte, machten besonders den General Phull viel ernsthafter unglücklich. „Nehmen Sie sich in Acht," schrieb in Folge dessen der Kaiser dem General Barclay: „der Feind könnte unterhalb Wilna, zwischen Ihnen und Baggehuffwudt über die Wilia gehen."

Der 28. Juni war namentlich ein bewegter Tag, an dem Mancherlei bedacht und beschlossen wurde. Der Obristlieutenant v. Clausewitz (der berühmte Schriftsteller), Adjutant des Generals Phull, schon von Wilna aus entsendet um die Schanzarbeiten bei Drissa zu besichtigen, kehrte von dort zurück, und sollte nun dem Kaiser Bericht abstatten wie er die Dinge dort gefunden habe. Lebhaft schildert uns Clausewitz selbst in welcher peinlichen Verlegenheit er sich dabei befand, besonders auch weil natürlich Phull selbst, sein Vorgesetzter, und auf jede Weise bemüht ihm Wohlwollen und Freundschaft zu erweisen, bei diesem Bericht gegenwärtig war. Gewiß war es unter diesen Bedingungen nicht leicht unumwunden einen Tadel auszusprechen der gerade die Hauptbeziehungen, die ganze Anlage des Feldzugs treffen mußte. Clausewitz beschränkte sich in seinem Bericht auf den unmittelbaren Gegenstand seines Auftrags, wobei er aber doch auf eine leise Art die Schwierigkeiten berührte in die man verwickelt werden könne. Dem Kaiser, der eines unbedingten, enthusiastischen Lobes bedurft hätte um sich in seinem Glauben an die Maaßregel neu befestigt zu sehn, entging das nicht, wie sich erwies; denn einige Tage darauf ließ er diesem Offizier durch den Prinzen Georg von Oldenburg sagen: er glaube bemerkt zu haben daß Clausewitz nicht unumwunden seine Meinung ausgesprochen habe, und wolle noch einmal und allein über das Lager bei Drissa mit ihm sprechen.

Was den Fürsten Bagration anbetrifft, so beschloß der Kaiser nun, ihn näher an die Hauptarmee heranzuziehen, ja es sieht wirklich fast so aus als habe man beide Armeen geradezu vereinigen wollen, wie Buturlin und Danilewsky berichten; und zwar geht aus dem, diesmal durch Wolkonsky erlassenen Befehl hinreichend deutlich hervor, warum diese Maaßregel angeordnet wurde, und weshalb man sie ausführbar glaubte: Dinge, über welche die beiden offiziellen Schriftsteller schweigen. Noch wußte man Napoleon nicht in Wilna: da hat offenbar Oudinot's Vorgehen auf dem rechten Ufer der Wilia und gegen Wilkomir, verbunden mit dem gleichzeitigen Vorrücken Macdonald's mit dem preußischen Hülfscorps, der gleichfalls am 24. bei Tilsit über den Niemen gegangen war, und auf Rossieny marschirte, im Rath des Kaisers zu Swenciany den Gedanken erweckt daß Napoleon's Hauptmacht vom unteren Niemen her in dieser Richtung gegen die rechte Flanke der russischen Armee vordringe, und nur ihren rechten Flügel bis Wilna auszudehnen im Begriff sei. Schon Napoleon's früher nicht erwarteter Uebergang bei Kowno konnte diese Vorstellung gleichsam eingeleitet haben. Dazu paßt denn auch sehr gut Phull's Besorgniß: Der Feind, welcher auf der Straße von Kowno nach Wilna vorrückte, könne unterhalb Wilna über die Wilia gehen und Barclay abschneiden. (Welcherlei theoretische Ansichten zu diesen Vorstellungen führen konnten, ergiebt sich sehr deutlich aus Wolzogen's Denkschriften S. 116.) Ob Danilewsky die Befehlschreiben die er mittheilt, immer ganz wortgetreu wiebergiebt, ohne sich wenigstens kleine Auslassungen zu erlauben, können wir freilich nicht wissen; im Wesentlichen jedoch gewiß richtig, lautete nach ihm der am 28. Juni an Bagration erlassene Befehl des Kaisers wie folgt:

„Da ich es, in Folge der Bewegungen des Feindes gegen die rechte Flanke der ersten Armee, unerläßlich finde eine große Macht gegen ihn zu vereinigen, um einen starken Schlag gegen ihn zu führen, und dann angriffsweise gegen ihn zu verfahren, halte ich es für nöthig Ihnen vorzuschreiben, daß Sie, nachdem Sie mit der Ihnen anvertrauten Armee über die Szczara zurückgegangen sind, sich zur Vereinigung mit der ersten Armee, über Nowogrodek oder über Bielitza, wie es Ihnen bequemer sein wird, nach Wileyka ziehen, wohin Sie auch die gegenwärtig auf dem Marsch von Minsk nach Nowogrodek befindliche 27. Infanterie-Division zu befehligen haben. Indem Sie auf diese Weise gegen die rechte Flanke des Feindes operiren, haben Sie immer die erwähnte Vereinigung Ihrer Armee mit der ersten als Ihre Hauptaufgabe im Auge zu behalten. Im Fall Ihnen eine sehr überlegene Macht des Feindes nicht gestattet diese Bewegung auszuführen, bleibt Ihnen immer die Möglichkeit sich auf Minsk und Borissow zurückzuziehen."

Obgleich Barclay berichtete daß Napoleon in Person gegen Wilna herangerückt sei, wurde man doch, wie sich ergiebt, während der zunächst folgenden Tage in der einmal herrschend gewordenen Ansicht bestärkt. Wahrscheinlich dadurch daß einerseits von Wilna her nicht lebhaft verfolgt wurde, andererseits Ney am 29. Juni bei Euterwa (unterhalb Wilna) über die Wilia ging, und in der Richtung auf Maliaty (zwischen Swenciany und Wilkomir) vorrückte.

So werden auch die Sorgen begreiflich die Barclay's Zaudern dem General Phull machte. Dieser Stratege sah wohl im Geiste nicht bloß einen Feind der von Wilna her auf dem Fuß folgen und drängen konnte, was natürlich wenig zu bedeuten hatte, sondern vor Allem die Gefahr die von rechts her drohte. Wenn man auf der Heerstraße zwischen Wilna und Swenciany so lang auseinander gezerrt blieb, wie leicht konnte da nicht wenigstens ein bedeutender Theil des Heeres ganz von der Rückzugslinie nach Drissa seitwärts abgedrängt werden. Auch sendete, wie wir wissen, Phull wiederholt den Obrist-Lieutenant Clausewitz zu Barclay um auf eine schnellere Bewegung rückwärts zu bringen. Aber Barclay, der nicht leicht Gespenster sah, empfing diesen Unterhändler jedesmal sehr schlecht.

Auch die Bagration gegebenen Befehle wurden am 30. wiederholt. „Ihre Vereinigung mit uns ist der Gegenstand der mich ganz in Anspruch nimmt" (составляетъ всю мою заботу) schreibt der Kaiser: „je schneller sie von Ihnen bewirkt wird, desto mehr werden Sie mein Wohlwollen und den Dank des Vaterlandes erwerben." (Beiläufig bemerkt: Danilewsky erlaubt sich die Befehlsschreiben vom 28. und 30. in eines zu verschmelzen!) — Und ganz in demselben Sinne äußerte sich der Kaiser am 1. Juli in einem eigenhändigen Schreiben an Platow.

Nach diesen Worten sollte man glauben daß eine wirkliche, taktische Vereinigung mit der zweiten Armee beabsichtigt wurde. Ein späteres Schreiben des Kaisers an Bagration aber, in welchem die Fehler des Letzteren gerügt werden, legt der vorgeschriebenen Bewegung nach Wileyka eine andere Bedeutung bei, die man wohl auch gleich von Anfang mit im Auge gehabt haben mag. „Die Bewegung erst auf Wileyka, dann auf Minsk, wurde Ihnen vorgeschrieben," heißt es da, „nicht sowohl um Ihre vollständige Vereinigung mit der ersten Armee zu bewirken, als um die zweite Armee in eine Richtung zu bringen, in der sie den Mittelpunkt des Reichs im Rücken gehabt hätte, wodurch die Unternehmungen beider Armeen bequemer und wirksamer geworden wären."

Daß selbst im besten Fall immerhin ein Paar Wochen vergehen mußten ehe Bagration die nöthigen Befehle erhalten, und die dreißig Meilen von Slonim nach Wileyka zurückgelegt haben konnte, das mußte man sich wohl sagen. Ohne Zweifel erwartete man nicht daß zwischen dem Niemen und der Düna diese ganze Zeit über Alles unverändert bleiben werde wie es eben stand; man war gewiß darauf gefaßt sich unterdessen nach Drissa zurückzuziehen, und Bagration's Heranrücken dort abzuwarten. Wahrscheinlich also wollte man Bagration zunächst bis Wileyka heran haben, um ihn dann, je nach den Umständen, zur eigentlichen Vereinigung herbeizuziehen, oder von dort aus gegen die rechte Seite und die Verbindungslinien des Feindes mit dem Niemen zu verwenden, wie das vorzugsweise den Ansichten Phull's entsprach.

Das Heer des Königs Hieronymus, von dessen Dasein am Bug und Narew man im Allgemeinen wußte, dachte man sich noch immer, zusammt dem österreichischen Hülfsheer, gegen Wolynien bestimmt, wo es mit Tormassow gleichsam seinen besonderen Krieg zu führen haben werde.

War dem so, hatte Napoleon's Heer nur seinen rechten Flügel bei Wilna, verhielten sich die Dinge überhaupt so wie man sie sich dachte, dann konnte freilich Bagration die Straße von Slonim nach Wileyka noch so ziemlich frei finden —: eine Voraussetzung die auf den ersten Blick und wie wir die Verhältnisse jetzt kennen, vollkommen unbegreiflich scheint.

Aber es ist nicht zu leugnen, es zeigt sich in dem Allen immer wieder derselbe Irrthum in Beziehung auf die Großartigkeit der Kriegführung die durch Napoleon's Heeresmacht bedingt war —: keine Ahnung von der räumlichen Ausdehnung welche sie den Operationen geben mußte. Man dachte sich sogar in dieser Ideenverbindung den Kriegsschauplatz noch beschränkter als früher.

Dieselbe Befangenheit offenbarte sich gleichzeitig auch in anderer Weise. Der General-Lieutenant Graf Liewen, bis dahin russischer Gesandter in Berlin, traf nämlich in Swenciany ein während man mit diesen etwas kleinlichen Vorstellungen und Maaßregeln beschäftigt war. Er hatte in Berlin über die Lage des russischen Reichs viel mit ausgezeichneten Offizieren gesprochen, mit Scharnhorst und seinen Freunden. Dort hatte er die Ueberzeugung erlangt daß Rußland sich vorzugsweise auf seine räumliche Ausdehnung verlassen müsse, war ganz voll von dieser Idee und sprach natürlich auch mit dem Kaiser in diesem Sinne, von einem großartiger angelegten Rückzug nach dem Innern des Reichs; sein Ausdruck, den Clausewitz schon in Berlin von ihm gehört hatte, war: bei Smolensk müsse der erste Pistolenschuß geschehen. Aber er predigte zu Swenciany in der Wüste; die gerade zu dieser selben Zeit an den Fürsten Bagration und Platow erlassenen Befehle liefern den bündigsten Beweis wie vollkommen unbeachtet seine Stimme verhallte.

Clausewitz „theilte dem General Phull die Idee des Generals Liewen mit, und wollte diesen (Phull) gewissermaaßen darauf hinführen einen kühneren Gedanken als sein Lager bei Drissa zu fassen. Allein Phull war unter allen Menschen derjenige welcher fremde Ideen am schwierigsten faßte und in sich aufnahm; er behauptete: das sei eine Uebertreibung, ohne die Gründe davon anzugeben." — Dieser Träumer wandelte eben seinen eigenen Weg, ganz unabhängig von jedem

Einfluß von außen her, wie ein Nachtwandler — und erwachte dann auch gelegentlich wie ein solcher.

Unterdessen versammelte sich das russische Heer nun wirklich in den Stellungen die Phull gewählt hatte. Barclay traf am 1. Juli mit dem III. und IV. Infanterie-Corps vor Swenciany ein, wo die Garden die ganze Zeit unverrückt gestanden hatten; an demselben Tage langte Wittgenstein auf dem rechten Flügel bei Solok an, und Uwarow mit dem II. Reiter-Corps bei Pelusze. Baggehuffwudt hatte Koltiniany schon am 30. Juni erreicht. Auch auf dem linken Flügel gelangte Dochturow mit dem VI. Infanterie- und III. Reiter-Corps am 2. Juli glücklich nach Kobylniky, nachdem er sich dem drohenden Anfall Nansouty's durch einen Gewaltmarsch von sechs Meilen entzogen hatte.

Napoleon verweilte mit seinen Garden in Wilna und leitete von dort aus die Bewegungen die zum Zweck hatten Bagration's Heer ganz zu umstricken und zu vernichten: ein Unternehmen auf das jetzt der größere Theil der französischen Heeresmacht verwendet wurde. Der König Hieronymus, den 30. Juni und die folgenden Tage bei Grodno eingetroffen mit den Heertheilen Poniatowski's (Polen) und Vandamme's (Westphalen) sowie mit Latour-Maubourg's Reitern, sollte über Nowogrodek nach Nieswicz vorrücken, die Straßen durchschneidend auf denen Bagration seinen Rückzug gegen die Beresina versuchen konnte. Daß Hieronymus Rasttage machte und sich verspätete, nahm bekanntlich Napoleon nicht allein ihm sehr übel, sondern auch dem General Vandamme, den er seinem Bruder als militairischen Mentor beigegeben hatte. — Gen. Reynier mit den Sachsen, auch zu diesem Heer gehörig, erhielt etwas südlicher die Richtung auf Bialystok, Wolkowysk, Slonim und Nieswicz.

Das österreichische Hülfs-Corps unter Schwarzenberg, gegen Wolynien und Tormassow bestimmt, den 2. Juli bei Drohiczyn über den Bug gegangen, bewegte sich in südöstlicher Richtung vor, nach Wysoko-Litowsk.

Kaum in Wilna angelangt entsendete Napoleon (30. Juni) den Marschall Davoust mit zwei Infanterie-Divisionen seines eigenen Heertheils, Grouchy's Reitern (ohne die Kürassier-Division Doumerc die sich bei Oudinot befand) —, Valence's Kürassieren (Nansouty's Heertheil entnommen) und Abtheilungen der Garde, zusammen an 40,000 Mann, gegen Woloźin und Minsk; einige Tage später, sobald der Vice-König von Italien bei Nowy-Troki angekommen war, auch diesen mit seinem Heertheil in der Richtung auf Nikolayow am Niemen, und Nieswież. Zusammen betrugen die Heertheile reichlich das Vierfache der Macht über die Bagration verfügen konnte. Nach Maaßgabe wie er von diesen auf ihn gerichteten Bewegungen unterrichtet wurde, mußte die eigene Lage dem Befehlshaber der zweiten russischen Armee sehr gefährdet scheinen, und der Marsch auf Wileyka unausführbar — wofür ihn auch wohl ein jeder Andere an seiner Stelle gehalten hätte. Am 4. Juli bei Nikolayow an den Niemen gelangt, entschloß sich daher auch Bagration zunächst auf die Straße nach Minsk rückwärts auszubeugen; dann, da er sich auch dem Marschall Davoust bei Minsk nicht gewachsen glaubte, noch weiter südöstlich, auf Nieswież, Sluck und Bobruysk.

Nach Swencianny hin folgte von Wilna aus (abgesehen von Ney, Oudinot und Macdonald, die weiter links vorgingen) unmittelbar nur eine sehr geringe Macht; nämlich nur zwei Infanterie-Divisionen (von Davoust's Heertheil) und Montbrun's Reiter unter Murat. — Nansouty ward mit seinen Reitern (ohne die Kürassiere von Valence) und einer Infanterie-Division (von Davoust's Heertheil) weiter ostwärts nach Michalißki an der Wilia entsendet, um Dochturow den Weg zu verlegen.

Als Ney Maliaty (am 2. Juli) erreicht hatte, und Murat's Reiter dem russischen Nachtrab gegenüber erschienen, entschloß man sich zu Swencianny den Rückzug gegen Drissa fortzusetzen, der aber wieder langsamer ausgeführt wurde als dem General Phull lieb war. Das Hauptquartier des Kaisers und die Garden kamen am 3. Juli nach Widzy; die Hauptmasse des Heeres (das II., III., IV. Infanterie-, I. und II. Reiter-Corps) in die Gegend um Stary-Daugeliszky — wo Barclay's Hauptquartier war — Nowy-Daugeliszky und Melengiany; auf dem rechten Flügel ging Wittgenstein von Solok nach Nymszany zurück, auf dem linken Dochturow nach Postawy). — Der Marsch des folgenden Tages war noch kürzer: der Kaiser und die Garden blieben unbeweglich in Widzy; die Heertheile die Barclay unmittelbar führte gingen über die Disna zurück und nahmen bei dem Vorwerk Widzy-Wolowtschina Stellung, bis auf das IV. Infanterie- und II. Cavalerie-Corps die noch jenseits des Flusses bei Twerecz blieben. — Dochturow ging bei Koziany hinter die Disna zurück. — Die feindlichen Abtheilungen welche dem russischen Heere folgten, waren an demselben Tage (4. Juli) —: Oudinot in Awanta, Ney bei Maliaty, Murat bei Swenciany, Nansouty im Marsch auf Postawy.

In Widzy nun ereignete sich eine merkwürdige Scene, wenn uns nicht Alles täuscht, gerade im Lauf des 4., und wahrscheinlich in den späteren Stunden des Tages. Wir glauben den Bericht den Clausewitz als Theilnehmer darüber erstattet, wörtlich hier einrücken zu müssen, denn die Scene ist bezeichnend; sie wirft viel Licht auf Personen und Verhältnisse im kaiserlichen Hauptquartier, und war auch nicht ohne Einfluß auf das Verhältniß Phull's zum Kaiser.

„Als das kaiserliche Hauptquartier daselbst (in Widzy) war, erzählt Clausewitz, gingen plötzlich Nachrichten ein daß der Feind die Armee in ihrer linken Flanke umgangen habe, woraus zu folgen schien daß man seine Marschdisposition verändern müsse, wenn man nicht in den Fall kommen wollte den anderen Tag einzelne Kolonnen von einer Uebermacht geschlagen zu sehen."

Es war wohl einer der immer sehr unzuverlässigen Kosackenberichte der den Lärmen veranlaßte. — Am 5. sollten die Garden, von der Straße nach Druia und Petersburg ostwärts ausbeugend, eine Stellung zwischen Ugor und Zamofz nehmen, um dann in den folgenden Tagen die Seen von Braclaw in dieser Richtung zu umgehen und nach Drissa zu gelangen. Das Heer an der Disna sollte stehen bleiben, nur die bei Twerecz stehende Abtheilung über den Fluß zurückgehn. Da sah es freilich so aus, wenn die Meldung richtig war, als liefen Dochturow und die Garden Gefahr einzeln geschlagen zu werden — als könnte dem übrigen Heer der Rückzug nach Drissa ganz verlegt werden. Clausewitz fährt fort:

„General Phull, bei welchem der Verfasser wohnte, wurde plötzlich zum Kaiser gerufen und ihm dabei gesagt daß er den Verfasser mitbringen möge. Wir fanden den Kaiser in einem Kabinet; in einem größeren Zimmer vor demselben aber den Fürsten Wolkonsky, den General Araktscheyew, den Obersten Toll, den Hauptmann von der Garde Grafen Orlow. Der Oberst Toll war vom Generalstabe und wurde bald Generalquartiermeister der Armee des Generals Barclay, welches im russischen Dienst die Stelle eines Sous-chef d'état-major bedeutete. Der Chef des Generalstabs bekümmerte sich mehr um die allgemeinen Angelegenheiten, der Generalquartiermeister führte die taktischen und strategischen insbesondere: Obgleich der Oberst Toll es in dem Augenblick noch nicht war, so hatte er doch schon ziemlich die Bedeutung davon."

„Der Graf Orlow war Adjutant des Fürsten Wolkonsky; da dieser aber mit den Angelegenheiten der Kriegführung sich eben nichts zu schaffen machte, so konnte dieser junge Offizier noch weniger in Betrachtung dabei kommen."

„Fürst Wolkonsky theilte dem General Phull die erhaltenen Nachrichten mit und sagte ihm daß der Kaiser wissen wolle was jetzt zu thun sei. Da der Obristlieutenant Clausewitz die Marschstellungen bis Drissa aufgesucht habe, so sei er mit herberufen, und General Phull möge nun mit diesem Offizier und dem Obersten Toll überlegen welches die besten Maaßregeln wären."

„General Phull erklärte auf der Stelle es wären dies die Folgen des Ungehorsams welchen General Barclay gezeigt habe. Fürst Wolkonsky schien dies einzuräumen, machte aber die ganz natürliche Bemerkung daß es doch immer darauf ankomme zu entscheiden wie jetzt verfahren werden müsse. Phull zeigte sich hier in seiner ganzen Eigenthümlichkeit. Von der einen Seite durch unerwartete Ereignisse in eine sichtliche Verwirrung gesetzt, von der anderen durch die lange verschlossene Bitterkeit zu der Ironie hingetrieben die ihm immer nahe lag, brach er jetzt unverhohlen darin aus, und gefiel sich in der Erklärung daß er nun, da man seinen Rath nicht befolgt habe, auch die Aushülfe nicht übernehmen könnte. Er sagte dies indem er lebhaft im Zimmer auf und niederging."

„Der Verfasser glaubte zu vergehen über diese Erscheinung. Wie wenig er in seinem Inneren auch mit dem General Phull übereinstimmte, so war er von Anderen natürlich doch immer mit ihm assimilirt worden. Jedermann glaubte er sei ein Zögling Phull's und ganz in seinen Ideen befangen, ganz von seinen Fähigkeiten überzeugt. Phull's Benehmen war ihm also als wenn es sein eigenes wäre."

„Obgleich diese demüthigende Rolle, zu welcher der Verfasser hier ohne seine Schuld kam, ein sehr unbedeutender Gegenstand in einer so wichtigen Angelegenheit war, so wird man es doch menschlich und verzeihlich finden wenn der Verfasser gerade am meisten und zuerst davon angeregt wurde, denn am Ende können wir doch unser Selbstgefühl nicht ganz von uns trennen, und wenn wir auch in manchen Fällen darüber hinwegkommen, so schmerzt doch immer, in dem Augenblick wo es verletzt wurde, die Wunde."

„Der Fürst Wolkonsky und General Araktschejew schienen ungeduldig zu erwarten was aus der Sache werden sollte, ohne selbst die mindeste Lust zu bezeigen sich darein zu mischen; in jedem Augenblick konnte der Kaiser die Thüre öffnen, und nach dem Erfolg der Ueberlegung fragen; unter diesen Umständen fiel die Berathung den drei jüngsten Offizieren anheim. Oberst Toll, der Graf Orlow und der Verfasser thaten sich daher zusammen, um auf der auf dem Tisch ausgebreiteten Karte den Stand der Sache zu untersuchen. Graf Orlow als ein junger Offizier, der sich mit den größeren Bewegungen im Kriege niemals beschäftigt hatte, sonst aber von einem lebhaften Geiste war, fiel bald auf sehr ertraordinäre Vorschläge, die wir anderen beide nicht für praktisch halten konnten. Oberst Toll schlug eine Veränderung in den Bewegungen für den folgenden Tag vor, die an sich entsprechend gewesen wäre, aber leicht zu Verwirrungen führen konnte, weil es nicht mehr Zeit war sie mit Sicherheit anzuordnen. Dem Verfasser schien die Sache gar nicht so schlimm als man sie geglaubt hatte, im Fall sich wirklich Alles so verhielte wie man es voraussetzte; er hielt aber überdem die ganze Meldung noch für sehr zweifelhaft und war daher der Meinung es darauf ankommen zu lassen und keine Aenderung zu treffen. Wie gewöhnlich in einem Kriegsrath derjenige Recht behält der nichts thun will, so geschah es auch hier. Oberst Toll fügte sich in des Verfassers Ansicht und es wurde beschlossen dem Kaiser auseinanderzusetzen daß es am besten sei Alles bei den getroffenen Anordnungen zu lassen. Der Kaiser öffnete die Thür. General Phull und Oberst Toll wurden eingelassen und die Conferenz hatte ein Ende. Am folgenden Tage zeigte sich daß die Meldung falsch gewesen war; man erreichte das Lager von Drissa ohne einen Feind zu sehen als den welcher die Arriergarde drängte."

„Dieser Vorfall überzeugte den Verfasser auf das Anschaulichste daß es unmöglich mit einer solchen Armeeführung gut gehen könne. Im Kaiser mochte das Vertrauen zum General Phull einen neuen beträchtlichen Stoß bekommen haben, denn dieser wurde nun nicht mehr zu ihm gerufen wie sonst häufig geschah."

Solche Theoretiker wie Phull, Mack, Weyrother, Massenbach u. s. w. erwachen nie aus dem Wahn in dem sie in Beziehung auf ihre eigene Befähigung und auf die Haltbarkeit ihrer Systeme befangen sind, trotz alles Mißlingens und alles Unheils das sie herbeiführen, und zwar trägt dazu unter anderem ein Umstand bei der auch hier hervortritt. Ihre Vorschläge haben häufig, für die im thätigen Leben und Handeln gebildeten Empiriker, etwas so Befremdendes daß sie vielen Widerspruch hervorrufen, und daß starke Reibungen entstehen. So werden ihre Anordnungen selten oder nie ganz vollständig und unbedingt ausgeführt, und in den Versäumnissen wie sie das nennen, sehn sie dann den Grund alles Unglücks.

Diese Scene zeigt uns auch welche Stellung und welches Ansehn Toll bereits in der Armee erworben hatte, und auch ein eigenthümlicher Zug seines Charakters läßt sich bemerken. Toll vertheidigte seine Meinung oft in leidenschaftlicher Weise, und suchte was er für das Beste hielt, rücksichtslos durchzusetzen. Aber dabei war es ihm mit vollkommener Redlichkeit immer um die Sache, und nur um die Sache zu thun. Die Art von Eigenliebe die den Menschen bewegt seine einmal ausgesprochene Ansicht hartnäckig zu verfechten, selbst wenn er sich innerlich bereits zu einer anderen bekennen muß, nur um sich keine Blöße zu geben, um nicht zurückzunehmen was er einmal ausgesprochen hat: die war ihm vollkommen fremd! Wir werden öfter Fälle zu erzählen haben wo Toll ganz unbedingt und unumwunden zu einer fremden Meinung übertrat sobald er sie für die bessere erkannt hatte. —

Da die russische Armee Drissa erreichte ohne vom Feinde irgend wie behindert zu werden, wird es nicht nöthig sein die Anordnungen des Marsches, die man leicht bei Buturlin nachlesen kann, hier im Einzelnen wieder beizubringen. Zu bemerken ist nur daß meist des Nachts marschirt wurde, wofür sich kein anderer Grund denken läßt, als daß man die Tageshitze vermeiden wollte. Bei der Helligkeit der Nächte zu dieser Jahreszeit war damit freilich sonst keine Beschwerde verbunden; nur die Reiterei leidet bei solchen Märschen immer sehr, da Pferde bei Tage nicht schlafen. Uebrigens wurden die vierzehn Meilen von der Disna bis Drissa so langsam zurückgelegt, daß die Truppen erst innerhalb der drei Tage vom 9. bis zum 11. Juli in das Lager einrückten. — (Wittgenstein langte über Braclaw und Druia am 9. auf dem rechten Düna-Ufer bei Balin an; — im Lager selbst trafen ein: am 9.: Schuwalow und Korff (IV. Inf.- und II. Cav.-Corps); — am 10. die Garden; — am 11. Baggehuffwudt, Tutsch= kow und Uwarow (II. und III. Inf.-, I. Cav.-Corps). — Auf dem linken Flügel erreichten Dochturow und Pahlen (VI Inf.- und III. Cav.-Corps) ebenfalls am 11., von Koziany her, das rechte Ufer der Düna bei Prudniki. — Wie die Truppen anlangten nahmen sie die von Phull erdachte sehr symmetrische Stellung ein. Nämlich das II., III. und IV. Infanterie-Corps lagerten vom rechten zum linken Flügel in zwei Treffen zwischen der ersten und zweiten Schanzenreihe; hinter ihnen die drei Reiter-Corps; noch weiter rückwärts, hinter dem III. Infanterie-Corps, oder der Mitte, die Garden. Wittgenstein und Dochturow lagerten auf dem rechten Ufer des Stroms, der erstere Leon= pol gegenüber den rechten Flügel, der letztere bei dem Städtchen Drissa den linken des verschanzten Lagers überragend.

Murat folgte langsam, erreichte am 6. Opsa, und beobachtete von dort aus das russische Heer, vereinigte sich auch hier mit Ney und Nansouty, und rückte erst am 13. nach Zamosz vor, von wo aus er am 14. die Gegend von Slobodka besetzte. Oudinot blieb auf der Straße nach Dünaburg; Macdonald hatte sich gegen Curland und Riga gewendet.

Der Kaiser Alexander hatte sich mit seiner unmittelbaren Umge= bung bereits am 8. Juli in das Lager bei Drissa begeben, wo ihn so= gleich mancherlei sehr unerfreuliche Eindrücke empfingen. Zunächst erfuhr er hier daß Bagration nöthig geachtet habe erst auf Minsk, dann auf Nieswicz und Bobruysk auszuweichen, und damit verschwand die Hoffnung ihn in die Nähe des Lagers heranziehn, und gegen Seite und Rücken des Feindes verwenden zu können. Der Garde-Lieutenant Grabbe (jetzt General-Lieutenant), Adjutant des Generals Barclay, der eben von einer Sendung zu Platow zurückkehrte, brachte diese Nachricht mit. Danilewsky sagt uns nicht an welchem Tage Grabbe dem Kaiser diesen Bericht brachte, ja er läßt uns geflissentlich in Ungewißheit darüber ob er ihn überhaupt zu Drissa traf, oder wo sonst. Eben so verschweigt er sorgfältig Datum und Ausfertigungs- (Kanzellei-) Nummer der in Folge dieses Berichts an Bagration erlassenen kaiserlichen Befehle —: Einzelnheiten die er sonst nicht leicht versäumt beizubringen. Er thut das absichtlich um uns irre zu führen, um mit dreister Stirn erzählen zu können: der Kaiser Alexander habe bei dem Marsch nach Drissa Vereinigung mit der zweiten Armee bezweckt; er habe, als das Heer in das verschanzte Lager einrückte, **noch nicht gewußt daß der Fürst Bagration sich verhindert glaube zur Vereinigung heran zu kommen,** man habe sich daher bei Drissa behaupten müssen, bis man erfahren habe in wie fern es dem Fürsten gelingen werde den früheren Befehlen nachzukommen. Zu solchen — Kunststückchen, sieht sich Danilewsky genöthigt weil er nicht wissen will daß dies verschanzte Lager eine ganz andere, von jeder Vereinigung mit Bagration unabhängige Bedeutung hatte —: daß es einen Phull'schen Operationsplan gab der hier erst aufgegeben wurde.

Indessen ist es glücklicher Weise auch hier nicht schwer der Wahrheit auf die Spur zu kommen. Den Entschluß nach Bobruysk auszuweichen faßte Bagration am 6. Juli zu Mir; das kaiserliche Schreiben, das sich darauf bezog, erhielt er am 11. zu Timkowiczy, einen Marsch jenseits Nieswicz: um die Mitte dieser Periode von etwa fünf Mal vier und zwanzig Stunden muß also der Kaiser Alexander Grabbe's Bericht erhalten haben. Man kann sogar mit einer gewissen Zuversicht bestimmt hinzufügen: am 8.; denn gewiß hat Grabbe weniger Zeit gebraucht um von Mir nach Drissa zu reisen, als der eben in Folge seines Berichts unverzüglich mit neuen Verhaltungsbefehlen für die zweite Armee abgefertigte Flügeladjutant Wolkonsky bedurfte, um von Drissa aus den Fürsten Bagration jenseits Nieswicz zu erreichen, da dieser Bote jedenfalls einen Umweg machen mußte um das inzwischen durch die Franzosen besetzte Minsk zu vermeiden.

Das Schreiben welches der Flügeladjutant Wolkonsky dem Befehlshaber der zweiten Armee überbrachte, ist merkwürdig wegen der Ansicht, sowohl der damaligen Verhältnisse, als der Kriegführung überhaupt, die sich darin ausspricht. Es zeigt sich nämlich in diesem Brief keine Ahnung davon daß Bagration und sein Heer selbst das Ziel aller von Wilna südwärts entsendeten französischen Abtheilungen sein könnten; Vernichtung dieses Heers der Zweck der Entsendung. Vielmehr scheint der Kaiser von der Ansicht auszugehn daß Davoust den Auftrag habe sich gewisser geographischer Punkte zu bemächtigen, ohne sich weiter um Bagration zu bekümmern als insofern dieser ihm dabei etwa hinderlich wäre. „Ich beeile mich, heißt es in dem Schreiben, meinen Flügeladjutanten Wolkonsky zu Ihnen zu senden, um Ihnen bekannt zu machen daß Ihre Entfernung nach Bobruysk für den allgemeinen Zusammenhang der Kriegsoperationen sehr nachtheilig sein wird, und Davoust die Möglichkeit giebt zwischen der Düna und dem Dniepr bis nach Smolensk vorzubringen. Hätten Sie dagegen die Ihnen früher angewiesene Richtung auf Wileyka, oder zum allerwenigsten nach Minsk eingehalten, so hätten Sie sich in der Flanke oder im Rücken Davoust befunden, und seine Bewegung (auf Smolensk ohne Zweifel?) verhindert." — Nun rechnet der Kaiser dem Fürsten vor daß dieser mit Platow und Dorochow zusammen gegen 50,000 Mann haben müsse, Davoust nicht über 60,000 haben könne, fünfzigtausend Russen es aber gar wohl mit einer aus verschiedenen Truppentheilen zusammengesetzten Abtheilung von sechzigtausend Mann aufnehmen könnten. „Ich hoffe noch, fährt das Schreiben fort, daß Sie in Folge der durch Benckendorff — (einen früher abgesendeten Flügeladjutanten) erhaltenen Befehle wieder in Ihre frühere Richtung einlenken. Wir erwarten hier (in Drissa) in wenigen Tagen eine entscheidende Schlacht. Wenn der Allerhöchste unsere Anstrengungen mit Sieg krönt, dann wird es möglich sein mit einem Theil der ersten Armee gegen Davoust linke Flanke zu operiren;

dazu ist aber unerläßlich daß Sie unverzüglich die Richtung gegen dessen rechte Flanke einschlagen."

Noch also hatte sich der Gedanke, daß man eine entscheidende Hauptschlacht nicht anders wagen könne als in der Vereinigung mit der zweiten Armee, wenigstens bei dem Kaiser selbst nicht Bahn gebrochen. Noch hielt man sich an Phull's Plane, und hoffte Alles von den Schanzen bei Drissa. In diesem Sinn ist auch die Proclamation verfaßt die ebenfalls am 8. als am Jahrestag der Schlacht bei Poltawa (27. Juni a. St.) an das Heer erlassen wurde, um jeden ungünstigen Eindruck zu verwischen den etwa der Rückzug gemacht haben konnte. Das Heer sei nur zur Beobachtung an der Gränze aufgestellt, der Rückzug nothwendig gewesen um alle Abtheilungen zu vereinigen; das sei jetzt geschehen, das vorher bestimmte Schlachtfeld erreicht; jetzt, am Jahrestag des Sieges bei Poltawa, sei der Augenblick gekommen die alte Tapferkeit neu zu bewähren — u. s. w.

Und doch war das Lager dem Kaiser gleich bei seinem Eintritt in dasselbe sehr verleidet worden! Schon früher wußte man daß es der Flügeladjutant Oberst Michaud war der hauptsächlich den Kaiser auf manche Mängel der Anlage aufmerksam machte —: ein ausgezeichneter Ingenieur-Offizier der aus sardinischen Diensten in russische gekommen war, und hier, namentlich in seinem Fach, viel galt. Durch den neuesten Bericht von russischer Seite — Danilewsky's Werk — erfahren wir nun daß Michaud schon einen Tag vor dem Kaiser in Drissa eingetroffen war, das Lager besichtigt, und sich, sowie der Kaiser eingetroffen war, durch Vermittelung des Fürsten Wolkonsky eine Audienz verschafft hatte, um seine Bedenken vorzutragen. Das muß wohl wahr sein, da der General Danilewsky es unter den Augen des Fürsten Wolkonsky erzählen durfte. Der Kaiser machte sich noch an demselben Tage — am 8. — mit einigen Offizieren seiner Umgebung auf, das Lager zu bereiten, und auch der General Phull wurde zu dieser Besichtigung berufen. „Phull setzte dem Kaiser den Zweck der Werke auseinander," erzählt ein Augenzeuge (Clausewitz) — „wobei es nicht ohne die eine oder andere kleine Verlegenheit abging. Der Kaiser schien in den Aeußerungen seines Gefolges die Bestätigung dessen was der General Phull sagte zu suchen. Es zeigten sich aber meist nur zweifelhafte Mienen. Der Oberst Michaud — — schien mit dem Ganzen am wenigsten einverstanden, und er ist es auch gewesen der bald darauf seine Stimme laut gegen das Lager bei Drissa erhoben und den Entschluß des Kaisers endlich bestimmt hat."

Zunächst war man jedoch von der Idee noch nicht ganz abgegangen, denn noch am folgenden Tage (9. Juli) wurde Clausewitz beauftragt die Gegend auf dem rechten Ufer zu untersuchen um zu beurtheilen in welchen Stellungen man dem Feinde entgegen treten könnte wenn er den Fluß zur Umgehung der Fronte überschritten hätte.

Es erwies sich nun auch daß Dünaburg — d. h. der Brückenkopf auf den man zuletzt allein gerechnet hatte — nicht haltbar sei. Der dortige Kommandant, General Ulanow, wurde angewiesen sich im Fall eines Angriffs nur so lange zu halten als nöthig sei die Magazine fortzuschaffen. Ein nicht sehr ernstlicher Versuch Oudinot's sich des Werks (am 13. und 14.) zu bemächtigen mißlang freilich, aber da es mit dem Räumen der Magazine nicht schnell genug gehn wollte, sah man sich nichts desto weniger genöthigt die ungeheueren hier aufgestapelten Vorräthe den Flammen zu übergeben.

Und gerade wie man in Wilna die Armee weit schwächer gefunden hatte als sie sein sollte, entsprachen auch die Ersatzmannschaften und Verstärkungen die in Drissa vereinigt waren, bei weitem nicht den Erwartungen die man im kaiserlichen Hauptquartier gehegt hatte. Es waren 19 sehr schwache dritte Bataillone, und 20 Schwadronen, zusammen nicht mehr als 10,200 Mann. Sie genügten nur ungefähr den Verlust zu ersetzen den die Armee seit Wilna — natürlich fast nur durch die Desertion der in Litthauen gebürtigen Soldaten — erlitten hatte; das Heer war wieder nicht stärker als 104 oder 105,000 Mann, wie sich aus Barclay's eigenen Berichten ergiebt.

So kam denn Vieles zusammen um den Kaiser Alexander immer wieder von Neuem, und immer von einer anderen Seite her darauf aufmerksam zu machen wie bedenklich die Lage sei in welche Phull das Heer geführt hatte, und nach manchen Schwankungen und Zweifeln, deren Spuren sich in seinem Thun und in seinen Anordnungen deutlich genug zeigen, und die peinlich genug gewesen sein mögen wo so viel auf dem Spiele stand, sagte er sich endlich von allen bisher befolgten

Planen los. Man muß ihm die Gerechtigkeit widerfahren lassen anzuerkennen daß er sich überhaupt zu einer gar sehr erweiterten Ansicht der Dinge erhob, und hier schon eine Festigkeit zeigte auf die Napoleon nicht gefaßt war. Es ist das um so mehr anzuerkennen da in der That gar Vieles zu gleicher Zeit auf ihn einstürmte. Der Großfürst Konstantin, von jeher entschieden gegen den Krieg mit Frankreich, forderte ihn jetzt, da in einer so ungünstigen Lage jeder Widerstand hoffnungslos geworden sei, bringend auf ohne Weiteres Frieden zu schließen. Auch der Marquis Paulucci, seit wenigen Tagen Chef des Generalstabs, legte dies Amt mit großem Geräusch nieder, weil das Reich verloren sei.

Phull hatte das Vertrauen des Kaisers nachgerade gänzlich verloren. Schon seit der unglücklichen Berathung zu Widzy hatte sich Clausewitz bemüht den General auf diesen Umstand, und auf alle Nachtheile seiner Lage aufmerksam zu machen, um so den Gedanken in ihm hervorzurufen daß er sich ihr entziehen müsse. „Er sagte ihm unverhohlen daß, ob er gleich den General Barclay nicht für geeignet halte ein großes Heer gegen Buonaparte mit Erfolg anzuführen, es ihm doch schien als sei er ein ruhiger entschlossener Mann und ein tüchtiger Soldat; daß das Vertrauen des Kaisers sich täglich mehr zu ihm hinzuneigen schien, und daß wenn der General Phull den Kaiser bewegen könnte dem General Barclay den Oberbefehl zu übertragen, wenigstens Einheit und Zusammenhang in die Bewegungen kommen würde." (Clausewitz S. 33.)

Bei Drissa gerieth nun Phull vollends in eine sehr drückende Lage; der Kaiser sprach bald im Laufe mehrerer Tage gar nicht mehr mit ihm, und wie sich das gehört und ganz in der Ordnung ist, fing die Umgebung desselben an den General ganz zu meiden. Clausewitz „drang nun noch einmal in ihn dem Bruch zuvorzukommen, selbst zum Kaiser zu gehen und ihm den Rath zu geben den Befehl der Armee unbedingt in die Hände des General Barclay zu legen." — Nach einem schmerzlichen Kampfe entschloß Phull sich wirklich dazu. Es scheint auch daß sein eigener Muth zusammenbrach. Der Herzog E. v. Würtemberg, der das durch Wolzogen wissen konnte, giebt wenigstens zu verstehen Phull habe den Muth verloren und sich den schlimmsten Befürchtungen hingegeben, namentlich weil sich erwies daß die „starken Reserven" auf die er gerechnet hatte, nicht da seien. Der Kaiser empfing ihn mit jener ritterlichen Höflichkeit die ihn liebenswürdig machte, und schien nur dem Rath Phull's zu folgen, in dem Augenblick wo der Rath dieses Generals ganz und für immer beseitigt wurde.

In einem Kriegsrath dem Phull nicht mehr beiwohnte, zu dem überhaupt nur einige Generale des Hauptquartiers und aus der Umgebung des Kaisers (Wolkonsky, Araktscheyew, Barclay, der Prinz Georg von Oldenburg und Wolzogen), nicht die Befehlshaber der einzelnen Heertheile berufen waren, trug dann der Oberst Michaud noch einmal seine Bedenken in Beziehung auf das verschanzte Lager vor, und wie Danilewsky erzählt wurde der Beschluß gefaßt diese Stellung zu verlassen, und die Armee in „irgend eine andere Richtung" zu führen (взять какое нибудь другое направление) um Napoleon entgegen zu wirken, und sich dem Fürsten Bagration zu nähern. Diese Erzählung haben wir wohl nicht buchstäblich zu nehmen, denn schwerlich hat je, seitdem die Welt steht, ein Kriegsrath förmlich den Beschluß gefaßt das Heer „irgend wohin" — (куда нибудь) — zu führen. Wir wissen vielmehr daß Barclay die dringendsten Vorstellungen gegen eine Schlacht bei Drissa machte, daß er, dem jetzt die Augen einigermaaßen aufgegangen waren, über das Machtverhältniß der beiden kriegführenden Parteien, vor allen Dingen die Vereinigung der beiden russischen Armeen verlangte: Ansichten die auch der Oberst Toll, der täglich mehr um seine Meinung befragt wurde, bereits entschieden ausgesprochen hatte. Wolzogen, aufgefordert das Lager von Drissa, und überhaupt seine und Phull's bisherige Ansichten und Plane zu vertheidigen, sagte sich, gewiß zum nicht geringen Erstaunen des Kaisers, nun auch von allen diesen Dingen los, und zwar weil viele der bestimmenden Bedingungen des Operationsplans nicht erfüllt seien. Dünaburg und Sebesch seien nicht haltbare Festungen, und **namentlich sei man dem französischen Heer nicht an Zahl überlegen**, wie er vorausgesetzt habe!! — In Beziehung auf das, was nun weiter zu thun sei, waren bei Gelegenheit des erneuerten Hin- und Herredens während der letzten Tage, bereits mancherlei Vorschläge, und mitunter recht abenteuerliche, zum Vorschein gekommen. Man hatte dem Kaiser gerathen das Heer in der Richtung auf Bobruysk und selbst auf Minsk vorwärts zu führen, um dort den Fürsten Bagration aufzusuchen.

Der Herzog Alexander von Würtemberg, Oheim des Kaisers, General von der Cavalerie und General-Gouverneur zu Witepsk — in der Armee, wir wissen nicht warum, unter dem Beinamen Schischka (Tannzapfen) bekannt — hielt sich seit der Ankunft des Kaisers zu Drissa in dessen Hauptquartier auf. Der schlug vor eine starke Stellung bei Witepsk zu beziehen, die er als ganz unangreifbar schilderte, und hatte bereits den General Barclay für diesen Vorschlag gewonnen. Auf des Letzteren Antrag wurde wirklich beschlossen die Armee dorthin zu führen, wo man dann hoffte den Fürsten Bagration abwarten zu können; denn man glaubte daß dieser nach den letzten kaiserlichen Befehlen, wenn nicht über Minsk, so doch jedenfalls zwischen der Beresina und dem Dniepr heranrücken werde. Graf Araktscheyew fragte zwar ob man in dieser Richtung nicht in Beziehung auf die Verpflegung Schwierigkeiten haben werde, aber Barclay verwies auf das Magazin zu Welish, und fügte merkwürdiger Weise hinzu daß er auch zu Witepsk bereits Anordnungen getroffen habe.

Im geraden Widerspruch mit allen bisher verfolgten Planen wurde nun die Vereinigung beider Armeen das Ziel aller Bewegungen; das Streben sich zu erreichen führte tief in das Innere des Landes zurück, und der Krieg gewann von diesem entscheidenden Wendepunkte an einen durchaus veränderten Charakter.

Da der Kaiser beschlossen hatte das Heer zu verlassen, wurde Barclay von selbst, wenigstens was das Nächste betraf, selbstständiger Befehlshaber wenigstens der ersten Armee. Die Nothwendigkeit einer veränderten Zusammensetzung des Hauptquartiers dieser Armee hatte sich schon während dieser kurzen ersten Kriegsperiode nicht weniger bringend geltend gemacht, als die, Einheit in den Oberbefehl zu bringen. Gewiß muß es einem Jeden auffallen daß weder bei dem Kampf der Meinungen in Wilna und den Intriguen die sich dort durchkreuzten, noch bei den Berathungen in Swenciany und Widzy, noch bei Gelegenheit der Zweifel welche das Drissaer Lager erregte, je ein Mensch daran dachte den Chef des Generalstabs und den General=Quartiermeister zu=zuziehen, und diese Herren doch auch um ihre Ansicht zu befragen; daß von ihnen nie die Rede war. Ihre gänzliche Unbrauchbarkeit hatte sich eben hinreichend beurkundet. Lawrow erhielt unter dem Großfürsten Konstantin und als dessen Gehülfe den Befehl über das Garde=Corps, verschwand aber bald darauf vom Schauplatz um nicht wieder zu er=scheinen. Muchin wurde schon jetzt und für immer gänzlich entfernt.

An die Stelle des Letzteren trat am 12. Juli (30. Juni a. St.) als General=Quartiermeister der Oberst Toll. Der war hier an seinem Platz; die Rüstigkeit der besten Mannesjahre gestattete ihm die rege Thätigkeit zu der sein Geist ihn spornte. Er hatte die Fähigkeit ein weites Gelände rasch seinem Charakter nach aufzufassen, und ein glück=liches Gedächtniß für Oertlichkeiten —: da ging es rasch auf seinen Erkundungsritten, und der Dienst unter ihm war nicht gerade der be=quemste; ja er sagte einst den Untergebenen, ein tüchtiger Generalstabs=Offizier müsse täglich hundert Werst reiten, und wissen was er unter=wegs gesehen habe. Was er leistete wird sich aus der Folge ergeben. Leider besaß er das Vertrauen des ihm fremden und nicht sehr zugäng=lichen Barclay kaum halb; dazu kam daß er selbst nicht eben geschmeidig war, und wenn er mit seiner Meinung nicht durchdringen konnte, seine Heftigkeit nicht immer zu zügeln vermochte. Er sah sich öfter in Oppo=sition mit dem Feldherrn, und war gereizt besonders wo er auf Wol=zogen's störenden Einfluß zu stoßen glaubte.

Was den Chef des Generalstabs betrifft, so fiel die Wahl bei weitem weniger glücklich aus. Schon in Widzy war dies Amt dem vorhin bereits genannten etwas wunderlichen Abenteuerer, dem General=Lieutenant Marquis Paulucci delle Roncole anvertraut worden, einem Italiener der sich angeblich in den Kriegen gegen die Türken und Per=ser ausgezeichnet hatte. „Er war ein unruhiger Kopf von einer wunderlichen Suade. Der Himmel weiß wie man aus diesen Eigen=schaften auf die Fähigkeit geschlossen hatte daß er die großen Bewegun=gen und Angelegenheiten des Krieges zu leiten vorzüglich geschickt sei. Er vereinigte aber mit einem verkehrten Kopfe einen nichts weniger als gutmüthigen Charakter, und so wurde es bald klar daß kein Mensch mit ihm fertig werden konnte, und seine Anstellung — die Danilewsky, beiläufig bemerkt, ganz mit Stillschweigen übergeht — dauerte nur wenige Tage." — (Clausewitz S. 38.) — Unter den Bewohnern der russischen Ostseeprovinzen, die Gelegenheit hatten den Mann als ihren General-Gouverneur genau kennen zu lernen, dürfte sich kaum einer finden der nicht bereit wäre dies Urtheil als ein sehr treffendes zu unterschreiben.

Hier in Drissa trat der General-Major Yermolow an seine Stelle —: ein merkwürdiger Mann, von großem und gebildetem Verstand, regem Ehrgeiz, heftigem und energischem Charakter. Die Leitung eines Heeres im Kriege aber war ihm, wenigstens damals noch, eine sehr fremde Sache, über die er nicht viel nachgedacht hatte; er fühlte sich nicht einheimisch in diesem Thätigkeitsgebiet, beschränkte sich auf die allgemeinen Angelegenheiten, und überließ das Feld der taktischen und strategischen Maaßregeln dem General-Quartiermeister ausschließlich und ohne sich hineinzumischen.

Das war freilich das Beste was er in dieser Beziehung thun konnte, und in so weit Alles ganz gut. Nur ist mehr von Yermolow zu berichten. Man kann die hohe Achtung deren dieser Mann in Rußland genießt, die hohe Meinung die man dort in einem sehr weiten Kreise von ihm hat, nicht ohne Verwunderung sehen, da man doch am Ende vergebens nach den Thaten forscht, welche, wie man glauben sollte, die Grundlage eines solchen Rufes sein müßten. Yermolow ist gleichsam sehr lange ein hoffnungsvoller, viel versprechender junger Mann geblieben; so lange bis er ein alter Mann geworden war der in seinen besten Jahren große Dinge hätte leisten können. Aber zwischen jenen weit greifenden Hoffnungen und der elegischen Trauer um das Versäumte liegt eben nichts was so großartigen Vorstellungen entspräche. — Doch glaubt man bei längerer Beobachtung und näherer Betrachtung die Sache einigermaaßen zu verstehen. Es verbergen sich hinter jener Verehrung, deren Gegenstand Yermolow ist, sehr merkwürdige gesellschaftliche Erscheinungen. Dieser kräftige Mann ist nämlich unter anderem auch durch einen großen Fremdenhaß, vorzugsweise Deutschenhaß, ausgezeichnet. Viele Russen sehen mit einer gewissen Erbitterung zahlreiche Deutsche — meist aus den Ostseeprovinzen —

in bedeutenden Stellungen —; sie sagen sich natürlich nicht daß diese vermöge einer Art von Nothwendigkeit dahin gelangen, weil man in den Stellen, in denen es darauf ankommt daß etwas gethan werde, denn doch am Ende Leute haben muß die im Stande sind etwas zu thun —: denn wer gestünde sich wohl gern daß er selber nicht eben zu sehr viel zu brauchen ist, in Folge einer oberflächlichen oder unzureichenden Bildung, je nachdem er dem reichen oder dem kleinen Adel angehört? — So sehr nun auch jede, namentlich jede wissenschaftliche oder überhaupt schriftstellerische Leistung eines National=Russen verherrlicht, und absichtlich, ja zuweilen etwas mühselig überschätzt wird, sehen doch jene Leute immer und überall nur ungerechte und ganz unbegründete Bevorzugung der Fremden. — Als einst Yermolow eine Belohnung erhalten sollte, erbat er sich sarkastisch der Kaiser möchte allergnädigst geruhen ihn zum Deutschen zu befördern; wenn er es nur erst bis zum Deutschen gebracht habe, werde ihm alles Uebrige ganz von selbst zufallen. Diese Anekdote ist in Rußland sehr bekannt, und namentlich auch sehr beliebt. — So ist Yermolow Vorbild und Ideal einer Partei, die es dort zwar immer gegeben hat, die aber in neuester Zeit besonders zahlreich und bedeutend geworden ist, namentlich seitdem mehrere dieser Richtung huldigende Professoren der historischen und philosophischen Facultät zu Moskau Einfluß erlangt, und diese Universität zum intellectuellen Mittelpunkt des Treibens gemacht haben. Diese Leute, die es nicht ungern sehen wenn man sie als Slawänophilen bezeichnet, die dem Schatten Peter's des Großen zürnen wegen alles Fremden das er Rußland eingeimpft hat, und jedes fremde Element mit sehr ungünstigem Auge betrachten, sehen in Yermolow den echten Russen, und ihre Einbildungskraft erhebt ihn vor Allen zum eigentlichen Nationalhelden. Auch imponirt die Rolle einer stolzen Opposition, in der sich Yermolow gefällt seitdem es keine andere mehr für ihn giebt. Und wie sich denn immer der menschliche Geist nicht bloß in reinen und edlen Regungen bewegt und gefällt, so ergötzt sich auch eine geheime Tücke und Schadenfreude daran daß eine Persönlichkeit die der Regierung nicht immer bequem ist, denn doch nicht ganz beseitigt werden kann.

Daß Yermolow, als die Sachen nach seiner Meinung, die freilich auf mangelhafter Einsicht beruhte, aber von Vielen getheilt wurde, schlecht gingen, mit ganz besonderer Erbitterung gegen den deutschen Barclay und dessen angeblichen deutschen Rathgeber Wolzogen auf= trat —: das ist demnach sehr natürlich. Barclay wurde der Gegen= stand vieler Angriffe und Schmähungen; bald verlautete sogar das Wort „Verrath" und fand Wiederhall weit im Heere und im ganzen Reiche — bis in die Landsitze des Adels in den entferntesten Provinzen. Man kann nicht sagen daß der entehrende Verdacht von bestimmten Personen verbreitet worden sei; er ging ganz natürlich aus der allge= meinen aufgeregten Stimmung, aus der allgemeinen Entrüstung her= vor, da selbst im Hauptquartier Niemand einsehen wollte wie ungenü= gend die vorhandenen Mittel zum Kampf seien —: gewiß aber ist daß Yermolow den Unwillen gegen den Oberbefehlshaber auf jede Weise anfachte und schürte; und ebenso hat er wenigstens nichts gethan um auch nur den Verdacht niederzuschlagen. Mit Eifer hat er das Seinige beigetragen den Bruch zwischen Barclay und Bagration, der sich sehr bald ergab, unheilbar zu machen — und zum Unglück hatte der Kaiser Alexander, als er die Armee verließ, ihn ermächtigt ihm bei jeder bedeutenden Veranlassung unmittelbar zu schreiben. Wie Yermolow diese Befugniß benützt haben mag, das läßt sich denken. — Toll befand sich, wie schon erwähnt, oft im Widerspruch mit dem Feldherren: aber diesem Treiben war er vollkommen fremd. Bei der Geradheit und Redlichkeit seines Charakters konnte er, der Geradheit und Redlichkeit als Regel bei jedem Anderen voraussetzte, überhaupt nie einer Intrigue dienen, und nie zu einer Partei gehören, als zu der Partei der Sache.

Den Kaiser Alexander beschäftigten zu Drissa, besonders nachdem Phull's Pläne einmal aufgegeben waren, noch viele andere weitgreifende Maaßregeln; er war nun entschieden zu der Einsicht gelangt daß der Krieg nach einem weit größeren Zuschnitt geführt werden müsse als bisher beabsichtigt wurde. Zuerst wurde der Zug an das adriatische Meer und nach den illyrischen Provinzen aufgegeben, der zu den frühe= ren Plänen gehörte. Die Donau=Armee erhielt nun den Befehl, so wie die Bestätigung des Friedens aus Konstantinopel eintraf, nach Wolynien aufzubrechen, sich mit dem Grafen Tormassow zu vereinigen, und angriffsweise gegen den Feind vorzugehen.

Ferner verordnete der Kaiser daß bei Smolensk ein aus den Rekruten-Depots gebildetes Beobachtungs-Corps von 17 (vierten) Bataillonen, 8 Schwadronen und 4 Artillerie-Companien zusammengezogen werden solle. In den Provinzen, in denen man unter den gegenwärtigen Umständen nicht wohl daran denken konnte Milizen zu errichten, wurde eine starke Rekrutirung ausgeschrieben (5 Mann von je 500 männlichen Seelen) — und was die Hauptsache schien: in den alten, echt russischen Provinzen des Reichs sollte eine Volksbewaffnung zuwege gebracht werden; etwas wie man es neuerdings in Spanien erlebt hatte. Der Kaiser hatte im Sinne bei Kaluga aus „Milizen" ein neues Heer zu bilden, dem 55 vierte Bataillone der Linien-Regimenter als Kern die nöthige Haltung geben sollten. Miloradowitsch, für jetzt General-Gouverneur zu Kiew, wurde angewiesen den Oberbefehl zu übernehmen.

Diese Maaßregel, die Errichtung der Milizen nämlich, ist vielfach getadelt worden — und zwar in Rußland selbst nicht am wenigsten und nicht am mildesten. Wie uns scheint liegt dabei zum Theil ein beschränktes Verständniß zum Grunde. Zwar hat man nicht mit Unrecht eingewendet daß unter den in Rußland herrschenden Verhältnissen von diesen Miliz-Bataillonen eben keine große Tüchtigkeit zu erwarten war, da sich namentlich wenig Aussicht zeigte ein brauchbares Offizier-Corps zusammenzubringen. Man macht darauf aufmerksam daß, mit ganz unbedeutenden Ausnahmen, die Milizen viel zu spät fertig geworden sind und brauchbar, nämlich erst in den Jahren 1813 und 1814, wo man ihrer füglich hätte entbehren können; und besonders wird dann geltend gemacht, daß man sich durch Errichtung der Milizen, die gar nicht, oder zu spät zum Vorschein kamen, der Mittel beraubte das wirklich streitbare Heer, auf das zuletzt doch allein Alles ankam, einigermaaßen vollzählig zu erhalten, oder gar zu verstärken.

In gewissem Sinne hat dies Alles auch seinen guten Grund. Es ließe sich darüber Manches sagen, das aber zu weit führen würde. So möge denn hier die Andeutung genügen daß eine solche Vermehrung des Heeres wie der Kaiser Alexander in diesem Augenblick nöthig achtete, durch massenhafte Aushebung von Rekruten zu bewirken, vollkommen unmöglich war —: was blieb also zu versuchen? — Ueber die

Zeit innerhalb welcher eine neue Truppe gebildet und kriegstüchtig gemacht werden kann, hat man sich wohl nicht bloß in diesem Falle getäuscht, sondern auch anderswo und nur zu oft; es ist dazu sogar in der Regel sehr viel mehr Zeit erforderlich als man denkt. Man kann freilich sagen der Kaiser habe den Gedanken zu spät gefaßt —: aber konnte er ihn denn fassen so lange er darüber, wie weit die vorhandenen Mittel gegen den Feind reichten, in einer durch mancherlei Zusammentreffendes hervorgerufenen Täuschung befangen war?

Die Errichtung der Milizen bürgt jedenfalls dafür daß der Kaiser sich auf einen langen und hartnäckigen Kampf vorbereitete. Auch schrieb er aus dem Lager bei Drissa dem Kronprinzen von Schweden, daß er entschlossen sei den Kampf nicht aufzugeben, und wenn er Jahre lang dauern sollte und an den Ufern der Wolga erneuert werden müßte. Das Alles sind Dinge die nicht in dem Kreis des ganz Gewöhnlichen liegen.

Wenn der Mensch nach langem Kampfe, nach peinlichen Zweifeln und vielfachem Schwanken einen Sieg über sich selbst gewinnt, lange gehegten Vorstellungen und Planen von entscheidender Bedeutung im weitesten Sinne des Worts, entschieden entsagt, und neue Bahnen einschlägt —: dann stellt sich oft eine gehobene Stimmung ein, in der sich der Gesichtskreis erweitert — in welcher der Mensch sich von einer begeisterten Entschlossenheit beseelt fühlt.

Die Geschichte der nun folgenden zweiten Periode des Feldzugs ist nicht in demselben Grade absichtlich entstellt worden wie die der ersten —: doch sind natürlich Buturlin und Danilewsky weit entfernt die ganze Wahrheit zu sagen; Clausewitz und Hofmann standen nicht im Mittelpunkt der Ereignisse — welche Zurückhaltung dem Herzog Eugen von Würtemberg durch seine Stellung geboten ist, bedarf keiner Erklärung. — Wir müssen uns daher Glück dazu wünschen daß wir für die Geschichte dieser Zeit, außer manchen anderen Papieren, auch eine an den Kaiser Alexander gerichtete Denkschrift des Generals Barclay benützen können. Um so mehr da Barclay ein Ehrenmann war, dessen Wahrhaftigkeit nie ein Mensch in Zweifel gezogen hat.

Viertes Kapitel.

Rückzug von Drissa. — Polotzk. — Abreise des Kaisers. — Stellung bei Witepsk. Gefechte am 25., 26. und 27. Juli. — Nachrichten von Bagration. — Weiterer Rückzug — Vereinigung der ersten und zweiten Westarmee bei Smolensk.

Nur wenige Tage verweilte die russische Armee in dem Lager bei Drissa um das sich ursprünglich der ganze Feldzug bewegen sollte; schon am 14. Juli wurde es verlassen, das Heer ging auf das rechte Ufer der Düna zurück und nahm eine Stellung mit dem rechten Flügel bei Pokojewzy, mit dem linken bei Wolynzy. Nur das II. und III. Cavalerie-Corps blieben noch auf dem linken Ufer.

Es war hohe Zeit. Die russischen Heerführer hatten ohnehin von Glück zu sagen daß Napoleon die erste Armee so lange unberührt ließ und schonte, mit der Vernichtung der zweiten beschäftigt, die auch nicht gelang. Denn die Richtung welche die erste Armee auf Drissa genommen, der, wenn auch kurze, Aufenthalt dort, hatten dem Feinde eigentlich mehr als genügende Zeit gelassen ihr bei Witepsk zuvorzukommen. Jetzt waren bedeutende feindliche Massen wirklich, zunächst nach der Gegend von Glubokoie, d. h. in der Richtung nach Witepsk, in Bewegung; nämlich die Heertheile des Vicekönigs und St. Cyr's seit dem 12. von Smorgony und Amusziszky, die Garden von Wilna aus; und Napoleon selbst machte sich nach Glubokoie auf den Weg. Ohne Zweifel in der Absicht der ersten Armee den Weg nach Moskau und in das Innere des Reichs ganz zu verlegen, und sie nach dem Norden und gegen das Meer zurückzuwerfen.

Davon wußte man natürlich im russischen Hauptquartier noch nichts; Barclay, der nie bei einem Rückzug eilen wollte, glaubte deshalb ganz gemächlich noch einen Tag in der genannten Stellung hinter dem Drissaer Lager verweilen zu können, und brach erst am 16. wieder gegen Polotzk auf. Wittgenstein wurde mit ungefähr 25,000 Mann bei Pokojewzy zurückgelassen; der Rest des Heeres, nun freilich nicht mehr volle 80,000 Mann stark, zog auf dem rechten Düna-Ufer, auf das noch kein Feind herübergekommen war, also in ziemlicher Sicherheit, in zwei Colonnen gegen Polotzk weiter. Auch die beiden Reiter-Corps wurden über den Fluß zurückgenommen, und bildeten den Nachtrab. Den 18. kam das Hauptquartier nach Polotzk.

Hier verließ nun der Kaiser das Heer; der Großfürst Konstantin, der Kanzler Graf Rumänzow, der Fürst Wolkonsky, Graf Araktscheyew, der Minister Balaschew, Marquis Paulucci und viele andere vornehme Herren begleiteten ihn. Der General Barclay bekam in Beziehung auf die Führung der ersten Armee freie Hand, aber leider wurde gar nichts darüber verfügt wie es mit dem eigentlichen Oberbefehl gehalten werden sollte; wem die Leitung des gesammten Feldzuges anvertraut sei. Dem Fürsten Bagration die Leitung des Ganzen zu überlassen, davon konnte natürlich aus vielen Gründen nie die Rede sein, auch hat nie ein Mensch daran gedacht. Doch war er der ältere im Rang, es war also wenigstens nicht schmeichelhaft wenn er ohne Weiteres unter die Befehle Barclay's gestellt wurde. Darin lag die Schwierigkeit; man sollte fast glauben der Kaiser habe ihr persönlich aus dem Wege gehen wollen, und es den Herren überlassen sich selber zu helfen und zu verständigen wie sie wüßten und könnten. Die schlimmen Folgen blieben nicht aus. Zudem ließ der Kaiser sein immer noch sehr zahlreiches persönliches Hauptquartier bei der Armee zurück, wie eine Art von Zeichen daß er den Oberbefehl fortzuführen gedenke, und nur einstweilen abwesend sei. Der Herzog Alexander von Württemberg, General Bennigsen, Graf Armfeldt, und mehrere andere Generale blieben auf diese Weise bei dem Heer wo sie sonst eigentlich nichts zu thun hatten; bis nach Smolensk auch der General Phull, als eine jetzt ganz unbedeutende Person, ohne Zweifel in einer sehr drückenden Lage. General Barclay befahl daß dies Hauptquartier der Armee immer um einen Tagmarsch vorausgehen sollte; der ungeheuere Troß schien das nöthig zu machen; außerdem mag der Oberbefehlshaber wohl bald eingesehen haben, daß dies die einzige Möglichkeit sei sich vor unberufenen Rathgebern einige Ruhe zu sichern. Aber wo das Heer längere Zeit verweilte trafen alle diese Herren nothwendiger Weise wieder mit ihm zusammen.

„Die ursprüngliche Absicht des Feindes und das hauptsächlichste Ziel seiner Anstrengungen war," sagt Barclay in der erwähnten Denk=

schrift, „die beiden Armeen von einander zu entfernen, und sich dadurch den geraden Weg in das Innere Rußlands zu eröffnen."

„Um diese Anschläge zu hintertreiben geruhten Ew. K. Majestät folgende Vorschriften zu bestätigen: die erste Armee sollte von Drissa aus stromaufwärts längs der Düna marschiren um dem Feinde, behufs der leichteren Vereinigung mit der zweiten Armee, bei Witepsk und dann auch zwischen der Düna und dem Dniepr zuvorzukommen."

Einen darüber hinaus und weiter gehenden Operationsplan gab es damals nicht. Allerdings legte der Kaiser Alexander jetzt einen größeren Maaßstab an die Dinge, und war entschlossen den Kampf unter jeder Bedingung mit Ausdauer fortzusetzen. Wir haben soeben gezeigt daß er sich auf einen heroischen Kampf und große Opfer vorbereitete. Vieles, was damals angeordnet wurde, beweist daß er nun in der That anfing im Ernst zu glauben, man könne zu einem Rückzug weit in das Innere gezwungen werden: aber auch jetzt noch schwebte ihm diese Möglichkeit lediglich als eine Folge verlorener Schlachten vor, nicht als eine freiwillig gewählte Form des Widerstandes. Von einer Instruction die ihm den Rückzug zu irgend einem anderen Zweck als Vereinigung mit Bagration, oder vollends ausdrücklich als eine selbstständige Maaßregel gegen den Feind vorgeschrieben hätte, wie der Herzog von Würtemberg dergleichen durchschimmern läßt, davon weiß Barclay selbst gar nichts.

Der Herzog widerlegt sich übrigens selbst indem er die Worte des Barclay befreundeten Artillerie-Generals Grafen Kutaisow anführt. „Der Kaiser hat die Möglichkeit des Rückzuges bis Moskau nicht von Anfang an ins Auge fassen können — (weiter unten: Drissa war der erste Rückzugspunkt, „an Smolensk dachte damals kein Mensch") — und den Obergeneral zu nichts ermächtigt, was außer den Voraussetzungen lag. Nun muß dieser also auf eigene Verantwortung nach den Umständen handeln. Das klagte mir Barclay unzählige Male." — Wir müssen an diese Worte erinnern, denn die Geschichte der nächsten Wochen ist eigentlich nur der Commentar zu diesem Text.

Bemerkenswerth ist daß Barclay, dem so viel daran lag aus dem Lager bei Drissa herauszukommen und sich mit der zweiten Armee zu vereinigen, doch zunächst nur an einen Marsch nach Polozk dachte. Nur von diesem ist in der dem Grafen Wittgenstein zurückgelassenen Instruction die Rede, und Barclay belehrt darin diesen General, der weitere Marsch der ersten Armee werde von Polozk aus entweder nach Witepsk oder nach Newel gehn. In demselben Sinn äußert Barclay in seiner Denkschrift: „Meine Absicht war eine Stellung bei Polozk zu nehmen; von hier aus hätte ich die Bewegungen des Feindes bequemer beobachten, und (nöthigenfalls) den Grafen Wittgenstein verstärken können, indem zugleich die Straßen auf Sebesch und Newel, von woher ich meine Verpflegung erhielt, zu meiner Verfügung blieben."

Den Grund den man erwartet, nämlich daß er die Straße nach Petersburg nicht preisgeben wolle, so lange die Bewegungen des Feindes nicht weiter aufgeklärt seien —: den führt er nicht an.

Aber die bald erlangte Gewißheit daß der Feind gegen Beßenkowiczy und Witepsk in Bewegung sei, erlaubte nicht zu verweilen; schon am 19. wurde Uwarow (I. Reiter-Corps) gegen Witepsk vorausgesendet; am 20. brach die Armee dahin auf, und zog in zwei Colonnen weiter, von denen die eine mit dem Hauptquartier (Baggehuffwudt und die Garden) die Hauptstraße längs der Düna benützte, die andere (Tutschkow, III., und Ostermann, IV. Infanterie-Corps) den Umweg über Sirotino nahm. — Dochturow folgte in der Entfernung eines Tagmarsches, um das Fuhrwesen zu decken das dem Heere nachzog; Korff und Pahlen bildeten mit ihren Reitern den Nachtrab.

Unterwegs schrieb Barclay am 21. dem Fürsten Bagration daß er am 23. in Witepsk eintreffen werde, und eine Abtheilung bei Bubilowo über die Düna gegen Senno und weiter vorsenden werde, um zu erkunden was etwa vom Feinde zwischen Borissow und Orscha sei; nöthigenfalls werde er selbst dahin gehen. — Der Gedanke über Bubilowo und Senno auf der Straße nach Orscha zur Vereinigung mit der zweiten Armee vorzugehn, beschäftigte auch vorübergehend das Hauptquartier, wurde aber alsbald wieder aufgegeben —: wie Danilewsky berichtet bloß aus Verpflegungsrücksichten. Es konnte dabei auch wohl manches andere Bedenken sein.

Die 13 Meilen wurden in vier Tagen zurückgelegt; am 23. zog Barclay durch Witepsk auf das linke Ufer der Düna, und nahm mit dem II., III., IV. und V. Infanterie=Corps, dem I. und II. Reiter= Corps (von denen das letztere der zweiten Colonne gefolgt war) eine Stellung längs der Straße nach Babinowiczy, die nicht allen Sach= verständigen so vortheilhaft vorkommen wollte als dem Herzog Alexander von Würtemberg. Die Stirnseite war durch die Lutschesa gedeckt, die in einem tief eingeschnittenen Thal dahinfließt und sich bei Witepsk in die Düna ergießt, der rechte Flügel an diese Stadt gelehnt, der linke durch einen kleinen Bach gedeckt der in die Lutschesa fällt. Bedenklich aber schien besonders daß die kürzeste Rückzugslinie auf Smolensk, über Rubnia, sich in der Verlängerung des linken Flügels nach Südosten zog.

Dochturow kam an diesem Tage bis Kowalowtschina, vier Mei= len von Witepsk; Graf Peter Pahlen war mit dem III. Reiter=Corps noch einen halben Marsch weiter zurück. Sie mußten in dieser Stel= lung verweilen um dem Fuhrwesen (geretteten Vorräthen, Artillerie= Parks, Wagenzügen mit Kranken u. dergl.) Zeit zu geben, theils über Grodek auf Welikie=Luki und Toropetz, theils in der Richtung auf Surash und Welish einen Vorsprung zu gewinnen.

Zu Witepsk wurde Barclay durch die, wie sich nur zu bald er= wies, irrige Meldung erfreut, daß Mohilew bereits in den Händen Bagration's und durch seinen Vortrab besetzt sei. Nun schien ihm alles so sicher daß er die Vereinigung beider Armeen als im Grunde schon erfolgt betrachtete. „Dank dem Höchsten," schrieb er noch an demselben Tage dem Gubernator von Smolensk: „unsere Vereinigung ist erfolgt, und wir, der Fürst Bagration und ich, werden nun zum Angriff übergehen."

Sobald das Mißverständniß aufgeklärt war beschloß Barclay seinem Heer bei Witepsk nur eine kurze Ruhe zu gewähren, das Ver= pflegungswesen neu zu ordnen, wozu in Welish ein Magazin ange= legt werden sollte, und dann über Babinowiczy gegen Orscha vorzu= rücken, um den Heranmarsch der zweiten Armee zu erleichtern und ihr entgegenzugehen. Schon am 24. sendete er den Generalmajor Tutsch= kow den 3. mit 4 Jägerbataillonen, 12 Schwadronen, 1 Kosackenregiment und 6 Kanonen voraus nach der Gegend von Babinowiczy, die er vom Feinde reinigen sollte, während eine Kosacken-Abtheilung unter Orlow-Denissow gegen Senno vorging —: aber gleichzeitig rückte die feindliche Hauptmacht in drohender Weise heran, so daß die Ausführung dieser Pläne bald nicht mehr möglich scheinen mußte.

Murat nämlich war am 20. bei Disna; setzte von dort, Oudinot gegen Wittgenstein zurücklassend, mit Nansouty's und Montbrun's Reitern, den drei Divisionen von Davoust's Heertheil, die bei ihm waren, und dem Heertheil Ney's, den Marsch längs dem linken Ufer der Düna stromaufwärts fort, erreichte am 24. Beszenkowiczy, und traf dort mit dem Vicekönig zusammen, der von Kamen (von Glubokoie und Wilna) her anrückte, und dessen Vortruppen das genannte Städtchen bereits den Tag vorher besetzt hatten. Auch die Garden, und Napoleon selbst trafen am 24. Juli in der Gegend ein. St. Cyr, mit den Baiern weiter zurück, erreichte Uszacz.

Eine Erkundung die Napoleon sogleich von Beszenkowiczy aus auf dem rechten Ufer der Düna vornahm, überzeugte ihn, gewiß zu seinem großen Verdruß, daß das russische Heer bereits vorübergezogen sei, und nicht mehr von Witepsk abgeschnitten werden könne. Er entsendete Montbrun's Reiter auf das rechte Ufer um Dochturow zu beobachten, und ihm zu folgen.

Mit Tagesanbruch am 25. von dem Anrücken einer bedeutenden Macht in dieser Richtung benachrichtigt, entsendete Barclay sogleich den Grafen Ostermann (der jetzt an Schuwalow's Stelle getreten war) mit dem IV. Infanterie-Corps und 20 Husaren- und Dragoner-Schwadronen gegen Ostrowno, um den Feind so lange als möglich aufzuhalten, damit die nöthige Zeit gewonnen werde Dochturow und Pahlen in die Stellung bei Witepsk heranzuziehen. Auch dabei verleugnete sich Barclay's Ruhe nicht: die Vereinigung dieser Abtheilungen mit dem Heer wurde nicht beschleunigt. Sobald sie heran wären, nach beseitigtem Fuhrwesen, wollte Barclay noch immer gegen Orscha aufbrechen, und sendete deshalb im Laufe des Tages dem Fürsten Bagration im Namen des Kaisers den Befehl mit der zweiten Armee angriffsweise gegen die rechte Flanke des Feindes zwischen Berezino und dem Dniepr vorzugehen. Dem Befehl wurde noch ein besonderer erklärender Brief beigelegt, in welchem Barclay sich in eigener Person fast bittend an Bagration wendet.

„Sowie ich mich hier mit Mundvorrath versehen habe, breche ich in Gewaltmärschen gegen Orscha auf," sagt er darin, „um mich Ihnen zu nähern und dann gemeinschaftlich mit Ihnen gegen den Feind zu operiren. Wenn er seine gesammte Macht gegen die erste Armee richtet, dann vermag diese nicht der sehr überlegenen Macht zu widerstehen, und geräth in Gefahr, da sie eine bedeutende Abtheilung unter dem Grafen Wittgenstein entsendet hat, dem übrigens auch vorgeschrieben ist angriffsweise zu verfahren. Gegen Ihre rechte Flanke (Barclay rechnet daß Bagration nach Westen Fronte macht) befinden sich jetzt nur sehr geringe feindliche Streitkräfte, die sich übrigens auch noch gegen Senno gezogen haben, und sich gegen die mir anvertraute Armee wenden. Wer wird das Vaterland retten, wenn die Armee, die dessen Inneres decken soll, bedeutend leidet, durch eine Niederlage, die doch trotz aller Anstrengungen nicht ein unmögliches Ereigniß ist? — Das Schicksal des Reichs darf nicht den vereinzelten Streitkräften Einer Armee gegen einen sehr überlegenen Feind anvertraut werden, sondern die schnellste Vereinigung der Armeen ist die heiligste Pflicht beider, damit das Vaterland in ihrem Schutz sicher sei, und damit sie beide mit gemeinschaftlichen Anstrengungen den unzweifelhaften Sieg erstreben, der das Ziel unserer beiderseitigen Bemühungen ist; ich bitte Sie daher ganz ergebenst (покорнѣйшiй) mir in Erwiderung der Berichte die Sie von mir erhalten, genaue und so viel möglich häufige Nachrichten von der Stellung Ihrer Truppen zu geben, und von Allem was bei Ihrer Armee vorgeht; ebenso benachrichtigen Sie mich immer so schnell als möglich von allen Maaßregeln, die Sie schon verfügt haben, oder zu nehmen vorhaben, damit ich meine Bewegungen in entsprechender Weise anordnen kann. Vor dem Gedanken daß uns die Beschützung des Vaterlandes anvertraut ist, müssen in dieser entscheidenden Zeit alle anderen Rücksichten schweigen, Alles das, was sonst unter gewöhnlichen Verhältnissen einen gewissen Einfluß auf unsere Handlungen üben könnte. Die Stimme des Vaterlandes fordert uns zur Eintracht auf, welche die sicherste Bürgschaft unserer Siege und deren nützlicher Folgen ist; denn in Folge mangelnder Eintracht allein, haben selbst die berühmtesten Helden nicht vermocht sich vor Niederlagen zu wahren. Vereinigen wir uns und bekämpfen wir die Feinde Rußlands. Das Vaterland wird unsere Eintracht segnen."

Es ist gewiß ein sehr bedenkliches Verhältniß wenn der Oberbefehlshaber — oder der, der das sein müßte — in entscheidenden Augenblicken suchen muß durch bewegliche Reden zu erlangen, was von Rechtswegen der Gegenstand einfachen Befehlens und Gehorchens sein müßte; wenn er genöthigt ist, den Befehlshaber einer Abtheilung in umschreibenden Redensarten zu beschwören: er möge es doch um Gotteswillen diesmal mit dem Aelterthum im Rang so genau nicht nehmen.

Ostermann bestand im Lauf des 25. ein nicht unbedeutendes, hartnäckiges Gefecht gegen Murat, in welchem er bedeutenden Verlust erlitt; der feindliche Vortrab drängte bis diesseits Ostrowno, kaum zwei Meilen von Witepsk heran. Da mußte wohl der Gedanke an den unter solchen Bedingungen sehr gefährlichen Flankenmarsch nach Orscha aufgegeben werden; um so mehr da keine Nachrichten von Bagration einliefen. Anstatt dessen entschloß sich nun Barclay in seiner Stellung bei Witepsk eine Schlacht anzunehmen, und zwar, wie er in seiner Denkschrift sagt aus folgenden Gründen:

„1. Der Feind hatte noch nicht alle seine Streitkräfte versammelt; er hatte hier nur sein drittes Corps unter dem Marschall Ney zu seiner Verfügung; das vierte unter den Befehlen des Vicekönigs von Italien; einen Theil des ersten der sich um Senno befand; zwei Reiter-Corps unter den Befehlen des Königs von Neapel, und die Garden."

„2. Die Gefechte am 25. und 26. gewährten mir eine Bürgschaft für den Muth und die Tapferkeit der Truppen. Sie konnten im vollen Maaße die Hoffnung auf Sieg erfüllen, und

„3. Durch die Schlacht hätte ich ein Ziel von hoher Wichtigkeit erreicht, indem ich die Aufmerksamkeit des Feindes auf diesen Punkt lenkte, ihn aufhielt, und es dadurch dem Fürsten Bagration leicht machte sich der ersten Armee zu nähern."

Der leitende Gedanke war also die nun einmal doch gegen die erste Armee gerichtete Uebermacht des Feindes hier fest zu halten, um dem Fürsten Bagration freiere Hand zu verschaffen. Die feindlichen

Heertheile die Barclay selbst aufzählt, waren zur Zeit als sie über den Niemen zogen zusammen ungefähr zweimalhunderttausend Mann stark gewesen; ihr Verlust und der sonstige Abgang seither, obgleich ungeheuer, betrug, die zurückgelassenen Besatzungen mitgerechnet, doch wohl kaum ein Drittel der Gesammtzahl; selbst abgesehen also von Grouchy's Reitern die noch hinzukamen waren es immerhin 140,000 Mann, deren Angriff Barclay mit seinen 75,000 (à peine 82 mille sagt Buturlin der Kosacken und alles Mögliche hinzurechnet) — in der Stellung bei Witepsk erwarten wollte! — Das konnte natürlich nicht anders als höchst unglücklich ablaufen; wurde die Armee in ihrer linken Flanke umgangen, wie ohne allen Zweifel geschah, so verlor sie ebenso gewiß jede Möglichkeit eines Rückzugs, selbst auf der Straße von Poretschie, und wurde gegen die Düna geworfen, die hier zwischen hohen steilen Ufern dahin fließt, so daß der Uebergang nur an sehr wenigen Punkten möglich, und auch an diesen noch sehr schwierig ist. Wie das russische Heer, nicht etwa einer bloßen Niederlage, sondern gänzlicher Vernichtung entgehen sollte, ist gar nicht abzusehen, und man kann den beiden ausgezeichneten Schriftstellern, Clausewitz und Chambray, nicht verdenken, daß sie den Gedanken an eine Schlacht unter solchen Bedingungen ohne Rückhalt Wahnsinn nennen. — Andere sachverständige Geschichtschreiber des Feldzugs haben die Vermuthung ausgesprochen Barclay möchte die Absicht eigentlich nie in rechtem Ernst gehegt haben; er habe wohl nur der Stimme des Heeres nachgegeben, die freilich das Verlangen nach einer Schlacht schon jetzt ziemlich laut aussprach; die Nachrichten die von Bagration einliefen hätten ihm dann nur den erwünschten Vorwand gegeben den ohnehin beschlossenen Rückzug anzutreten. Da aber Barclay auch in seiner Denkschrift an den Kaiser wiederholt betheuert es sei seine ernste Absicht gewesen hier zu schlagen, muß man ihm das wohl glauben.

Auch schrieb Barclay am 26. in diesem Sinn sowohl dem Kaiser als dem Fürsten Bagration; doch meinte er, während er sich bei Witepsk schlüge, könne eine feindliche Colonne von Borissow und Toloczin auf Orscha, und von dort auf Smolensk vordringen um jede Verbindung mit der zweiten Armee abzuschneiden. Er bat und beschwor daher den Fürsten Bagration rasch und entschlossen auf Orscha vorzubringen, und sich dieses Ortes um jeden Preis zu bemächtigen, da sonst die Anstrengungen der ersten Armee „vergeblich und selbst verderblich" werden könnten. Er aber, werde von Witepsk nicht weichen „ohne eine Hauptschlacht zu liefern von der Alles abhänge."

Noch aber schien es nöthig einen Tag zu gewinnen um die letzten Truppen vom rechten Ufer herbeizuziehn. Konownitzyn, mit der 3. Infanterie=Division (vom III. Corps) und Uwarow's Reitern schon in der Nacht vorgesendet um Ostermann aufzunehmen und abzulösen, unterhielt deshalb an diesem Tage das Gefecht mit der Spitze des französischen Heeres unter Murat und dem Vicekönig, das im Ganzen mit Umsicht geleitet und mit großer Tapferkeit geführt, doch einige nicht ganz glückliche Zwischenfälle hatte, und wie das in der Natur der Sache lag, mit einem Rückzug endete. Die erste Division wurde zur Verstärkung vorgeschickt, so daß hier das ganze III. Corps zum Gefecht kam, dessen Führer Generallieutenant Tutschkow dann auch den Befehl übernahm. Auch der Oberst Toll begab sich zu Konownitzyn um das Heranrücken des Feindes zu beobachten, und wohnte einem Theil des Gefechtes bei. Gegen Abend zog sich die fechtende Abtheilung bis Dobreika zurück, wo der hier aufgestellte Ostermann sie aufnahm. Später wurden alle diese Truppen dann in die Hauptstellung des Heeres zurückgezogen, wo auch die letzten Abtheilungen vom rechten Düna=Ufer — Pahlen's Reiter — tief in der Nacht eintrafen.

So war man denn der Schlacht nahe deren Napoleon bedurfte, und die man im russischen Heer thöricht genug war nicht weniger entschieden zu verlangen. Die Dispositionen dazu waren bereits den Unterbefehlshabern mitgetheilt; man kann sagen das Schicksal des russischen Heeres, der Erfolg des Feldzugs, und selbst eine ganz unberechenbare Wendung der Dinge, schwebte an einem Haar! — „Den Generalen waren die gehörigen Instructionen ertheilt, erzählt Barclay selbst, und Alles war in der Erwartung der wichtigen Ereignisse des folgenden Tages; aber in der Nacht vom 26. auf den 27. erhielt ich vom Fürsten Bagration die Nachricht von seinem mißglückten Angriff auf Mohilew. Er theilte mir mit daß er gezwungen sei sich weiter rechts zu wenden, und die Hoffnung verloren habe sich mit der ersten Armee zu vereinigen, da der Marschall Davoust seine ge=

sammten Streitkräfte bei Mohilew concentrirt habe. Er gestand, wenn auch mit Betrübniß, daß weder er, noch ich mehr dem Marschall Davoust in der Besetzung von Smolensk zuvorkommen könne."

Dem schlagenderen dramatischen Effect zu liebe läßt Danilewsky den Adjutanten des Fürsten Bagration erst im Lauf des 27. eintreffen, in dem Augenblick wo sich eben Alles zum Kampf bereitete, die Artilleristen gleichsam auf das Befehlswort „Feuer!" warteten — und anstatt der etwas trostlosen Botschaft die er wirklich brachte, und die vielleicht nicht heldenhaft genug erschien, läßt er ihn melden: der Fürst marschire über Mstislawl auf Smolensk.

„Unter diesen Umständen wäre es nicht angemessen gewesen bei Witepsk eine Schlacht anzunehmen," meint Barclay: „denn selbst ein Sieg wäre nutzlos geworden wenn der Marschall Davoust unterdessen Smolensk besetzte. Der Gang des Krieges überhaupt hätte dann ein außerordentlich schwieriges Ansehen angenommen. Ich hätte ohne irgend einen Nutzen zwanzig oder fünf und zwanzig tausend Mann aufgeopfert, ohne die Mittel zu haben, selbst nach einem erhaltenen Siege, den Feind zu verfolgen: denn vermöge der Besetzung von Smolensk hätte sich Davoust im Rücken der ersten Armee befunden. Wenn ich mich dann entschlossen hätte ihn anzugreifen, wäre Napoleon mir auf dem Fuß gefolgt, und ich wäre umringt worden. Der einzige Rückzug der mir selbst nach einem Siege blieb, wäre auf Surash und Welish gegangen, und hätte folglich fort und fort von der zweiten Armee entfernt. Durch alle diese Erwägungen und Gründe bestimmt, beschloß ich ungesäumt nach Smolensk aufzubrechen. Dem dortigen Gubernator und dem Adelsmarschall wurde die Sorge für die Verpflegung des Heeres anvertraut."

Aber der Rückzug im Angesicht eines bereits nahe herangerückten Feindes, schien nicht leicht. Um nicht auf dem Fuß verfolgt zu werden wollte Barclay den Feind auch jetzt noch in dem Glauben erhalten, daß er gesonnen sei hier eine Schlacht anzunehmen. Er beschloß daher wenigstens bis Mittag in seiner Stellung zu bleiben, und sendete noch in der Nacht den Grafen Pahlen mit dem III. Reiter-Corps und einer zusammengesetzten Abtheilung Fußvolk, zusammen 14 Bataillone und 32 Schwadronen, über die Lutschesa auf der Straße nach Beszenkowiczy vor, um das jenseitige Gelände Schritt für Schritt und so lange als möglich zu vertheidigen. Barclay hoffte der Feind werde in Folge dieser Maaßregeln, mit den Vorbereitungen zu einer Schlacht beschäftigt, diesen Tag auf Erkundung der russischen Stellung verwenden, seine Massen zurückhalten, die entfernteren Heertheile heranziehen.

Durch diese Erklärung des Oberbefehlshabers wird, wie uns scheint, das Gefecht am 27. Juli erst verständlich; denn wie die Dinge bisher erzählt wurden, da vorausgesetzt war auch am Morgen dieses Tages sei Barclay noch entschlossen gewesen es zu einer Schlacht kommen zu lassen, blieb im Grunde unbegreiflich warum es eigentlich geliefert wurde. Die Gefechte der beiden vorhergehenden Tage glaubte man bestehen zu müssen um den Feind von der Hauptstellung abzuhalten bis alle Truppen heran seien: gerade am 27. aber fiel dieser Grund weg.

Barclay sah sich übrigens in seiner Berechnung nicht getäuscht. Da die 14 Bataillone des Nachtrabs, wie Clausewitz als Augenzeuge (Chef des Generalstabs bei Pahlen) versichert, kaum 4,000 Mann unter den Waffen zählten, konnte der Widerstand natürlich nur ein ganz unbedeutender sein, wenn man ernsthaft angegriffen wurde; aber mit dem Gedanken an den folgenden Tag und die bevorstehende Schlacht beschäftigt, verwendete der Feind nur eine nicht sehr bedeutende Macht gegen diesen vorgeschobenen Heertheil, und drängte nicht stark, so daß Pahlen sich in seiner Stellung hinter einem Thalgrund, den rechten Flügel dem Markow'schen Kloster gegenüber an die Düna gelehnt, ohne sehr große Anstrengungen lange halten konnte. Die Leistungen eines Nachtrabs werden unter solchen Bedingungen gewöhnlich überschätzt; daß es hier geschah, wo die ganze Armee noch dazu von dem überhöhenden rechten Ufer der Lutschesa her, das Gefecht übersah, und seinem Gang folgen konnte —: das ist sehr natürlich, denn das russische Heer gewann allerdings sehr viel dadurch daß Pahlen so lange jenseits der Lutschesa verweilen durfte. Barclay hatte nur darauf gerechnet bis Mittag stehen bleiben zu können: anstatt dessen wurde es möglich den Rückzug bis gegen Abend zu verschieben, wodurch der möglichen unmittelbaren Verfolgung natürlich eine sehr nahe Gränze gesetzt wurde. So waren denn auch die Berichte des

Oberfeldherren des Lobes voll, und in allen russischen Berichten wird dies von französischer Seite sehr lässig betriebene Gefecht als ein ganz besonders ehrenvolles hervorgehoben. Auch wurde der Graf Pahlen dafür zum General-Lieutenant befördert.

Der Oberst Toll hatte sich auf einige Zeit zu diesem letzteren begeben, und einem Theil des Treffens beigewohnt. Barclay sendete seine gesammte leichte Reiterei (Uwarow's und Korff's Abtheilungen) und mehrere Jägerregimenter vor, um Pahlen nöthigen Falls aufzunehmen. Die letzteren besetzten die Stadt, oder vielmehr die Vorstadt von Witepsk, sowie einige andere günstige Punkte des Geländes; die Reiterschaaren rückten nur bis auf die Höhen unmittelbar an der Lutschesa vor. Auch ließ Barclay die Truppen seines linken Flügels eine Bewegung links vorwärts machen als ob sie bestimmt seien die anbringenden französischen Abtheilungen in ihrer rechten Flanke zu umgehn, und man glaubte dadurch einigen Aufenthalt bewirkt zu haben.

Gegen vier Uhr nach Mittag wurde endlich, wie gesagt, der Rückzug angetreten, und zwar in drei Colonnen, von denen die linke unter Dochturow (V. und VI. Inf.-Corps) auf der kürzesten Straße nach Smolensk (über Rudnia) bis Kroliowo zurückging; die mittlere, bei welcher sich das Hauptquartier befand (III. Inf.-Corps) marschirte unter Tutschkow auf der über Kolyschki nach Poretschie führenden Straße bis Welediesy; die rechte (II. und IV. Inf.-Corps) zog sich auf der Petersburger Straße bis Haponowtschina. Als endlich Pahlen seine linke Flanke durch eine Umgehung bedroht sah, hielt er es, etwa um vier Uhr, gerathen hinter die Lutschesa zu weichen, in die eben von der Armee verlassene Stellung, und er und die zu seiner Aufnahme zurückgelassene Reiterei machten von hier an den Nachtrab, nämlich: G.-M. Schäwitsch vom 1. Reiter-Corps auf der Straße nach Rudnia, G.-L. Korff auf der von Kolyschki, Pahlen rechts auf der Straße nach Surash und Petersburg.

Die dreitägigen Gefechte hatten dem Heer 3,758 Mann gekostet (834 Todte, 1,855 Verwundete, 1,069 Vermißte, wie man sich häufig ausdrückt, da man nicht gern Gefangene aufzählt). — Mit welcher musterhaften Ordnung und Ruhe der Rückzug ausgeführt wurde, ist bekannt.

Zwei Tage später — den 29. — vereinigte Barclay die rechte und mittlere Colonne bei Poretschie, und seltsamer Weise sollte auch Dochturow dort wieder mit dem Rest des Heeres zusammentreffen. Denn, Barclay konnte allerdings vernünftiger Weise, so wie er die Stellung bei Witepsk verließ, gar nichts Anderes im Sinn haben als dem Feinde bei Smolensk zuvorzukommen, und davon spricht er denn auch in seiner Denkschrift: dennoch aber meldet er dem Kaiser am 27. nur von einem Rückzug bis Poretschie, wo er dann „nach den Umständen" handeln werde; und wie immer durchaus nicht geneigt weiter zu weichen als eine gleichsam handgreifliche Nothwendigkeit gebot, scheint er wirklich fürs Erste den Rückzug nur bis Poretschie unbedingt beschlossen zu haben, wofür sich kaum ein anderer Grund denken läßt als die Besorgniß, Napoleon könnte mit seiner Hauptmacht die Straße nach Petersburg einschlagen. Meldungen aber, denen zufolge der Feind bedeutende Streitkräfte gegen Smolensk vorbewegte, veranlaßten schon am 28. veränderte Beschlüsse. Dochturow erhielt nun den Befehl nach Rudnia zu marschiren, und dann ungesäumt weiter nach Smolensk, wohin der Rest des Heeres so schnell als möglich von Poretschie folgen sollte.

Auch meldete Barclay dem Kaiser daß nun Smolensk und die dort gesuchte Vereinigung mit der zweiten Armee das unmittelbare Ziel seiner Bewegungen seien. In seinen Briefen an den Fürsten Bagration scheint eine gereizte Stimmung mit Mühe unterdrückt; sie sind entschieden darauf berechnet den Ehrgeiz dieses Letzteren einigermaßen zu verwunden, und ihn dadurch zu größeren Anstrengungen anzuspornen. So schrieb Barclay aus Poretschie: „Ich gehe in Gewaltmärschen aus Poretschie auf Smolensk, um dort dem Feind auf jeden Fall zuvorzukommen, und ihm nicht zu gestatten weiter in das Innere des Reichs vorzudringen, weshalb ich auch fest entschlossen bin von Smolensk unter keinerlei Umständen weiter zurückzugehen, und dort eine Schlacht zu liefern, ohne zu beachten daß Napoleon's und Davoust's Streitkräfte vereinigt sind. Jetzt scheint es, kann nichts mehr Ihre rasche Bewegung auf Smolensk verhindern, von welcher das Schicksal des Reichs abhängt, ich rechne daher auf Ihre entschiedene Mitwirkung; ohne diese wird es schwer sein der ganzen vereinigten Macht des Feindes zu widerstehen. Die erste Armee wird dann wohl nur den Trost haben, daß sie sich, von ihren Genossen verlassen, zum Schutz des Vaterlandes aufgeopfert hat. Im Namen des Vaterlandes bitte ich Sie auf das allerbringendste in der grabesten Richtung auf Smolensk zu eilen. So wie Sie herangekommen sind, wird die erste Armee sogleich wieder ihre Richtung rechtshin nehmen, um das Pskowsche, Witepskische und Liefländische Gouvernement, die unterdessen gewiß vom Feinde besetzt werden, wieder frei zu machen."

Andere Briefe, die Danilewsky unterdrückt, scheinen, nach einigen Andeutungen in der erwähnten Denkschrift Barclay's, noch spitzer gewesen zu sein.

Napoleon, den 28. Juli zu Witepsk eingetroffen, scheint im Anfang ungewiß gewesen zu sein ob das russische Heer seinen Rückzug auf Petersburg oder auf Moskau genommen habe. Und da nun die Aussicht den Feind zu einer Schlacht zu bringen in weite Ferne schwand, der Zustand seines eigenen Heeres aber dringend Halt! zu machen gebot, ließ er den Nachtrab unter Pahlen durch Murat weder sehr weit noch sehr energisch verfolgen, und verlegte schon in den nächsten Tagen sein Heer, um Witepsk herum, in ziemlich weitläufige Erholungsquartiere. Auch Davoust's Abtheilung wurde von Mohilew über Orscha in diesen Kreis herangezogen; die früher unter dem König Hieronymus vereinigten Heertheile nicht minder. Ungehindert konnten also die beiden russischen Armeen sich bei Smolensk vereinigen, wo den früheren Befehlen des Kaisers gemäß, bereits unter dem G.-L. Wintzingerode eine Schaar von 17 Reservebataillonen, 8 Reiterschwadronen und 4 Artillerie-Companien versammelt war, und einen kleinen Vortrab (4 Bataillone) bis Krasnoi auf der Straße nach Orscha vorgeschoben hatte.

Den 31. Juli traf Dochturow mit dem V. und VI. Inf.-Corps bei Smolensk ein; am 1. August von der einen Seite Platow mit seinen Kosacken der unterhalb Mohilew auf das linke Ufer des Dniepr hinüber gegangen war, und dann bei Dubrowna (oberhalb Orscha) wieder auf das rechte, in der Gegend von Inkowo (auf der Straße von Smolensk nach Rudnia) — von der anderen Barclay selbst mit dem Rest seines Heeres, bei Smolensk. Bagration, der bei Stary=Bychow auf das linke Dniepr=Ufer hinüber gegangen war, und nun über Mstislawl heranrückte, eilte für seine Person dem Heer voraus und traf schon am 2. August in Smolensk ein.

Barclay, der durch das Fenster den Reisewagen des Fürsten anfahren sah, immer bedacht dessen Selbstgefühl oder Eitelkeit so wenig als möglich zu nahe zu treten, eilte sich mit der Schärpe zu umgürten, und ihm in strengster dienstlicher Form, als dem älteren General, mit seinem Rapport entgegen zu gehen, wie die militairische Etiquette erheischt. Beide glaubten sie hätten übereinander zu klagen; Barclay tadelte des Fürsten Langsamkeit und die Unentschlossenheit die zu so weiten Umwegen führte; Bagration, der auch keine vollständige Einsicht in die Verhältnisse gewonnen hatte, meinte immer nur er allein sei von feindlicher Uebermacht bedroht, die erste Armee dagegen habe freie Hand und könne durch Angriffe in des Feindes Rücken seine Lage erleichtern. Bei dem ersten persönlichen Zusammentreffen aber schienen sich alle Mißverständnisse aufzuklären, es sah aus als stehe man im besten Vernehmen, und Bagration, obgleich der Aeltere, stellte sich freiwillig unter Barclay's Befehle —: eine Selbstverleugnung die laut und allgemein gepriesen und gefeiert wurde.

Da nun auch die zweite Armee am 3. August bei Smolensk eintraf, fühlte sich das gesammte nun vereinigte Heer, das dem langen Rückzug schon mit Mißmuth zugesehen hatte, wie neu belebt; eine neue Epoche des Krieges mußte nun beginnen, voll Hoffnung und Zuversicht sah man in die nächste Zukunft.

Die Operationen des Fürsten Bagration sind vielfach getadelt worden, und es ist auch nicht schwer mancherlei Blößen und Schwächen darin nachzuweisen; besonders wenn man lediglich die formellen Verhältnisse im Auge behält, und dabei die Sachlage als ihm bekannt voraussetzt wie sie es uns ist. Uns scheint es als offenbarten sich in Allem was man ihm vorwerfen kann, vorzugsweise die Nachtheile die aus der Theilung der zweiten Armee fast unvermeidlich hervorgingen. Da nun in so, beinahe beispiellos großartigen Verhältnissen, eine Schaar von einigen dreißigtausend Mann in verwickelter Lage als ein selbstständiges Heer auftreten sollte —: was konnte man da Anderes erwarten als daß ihre Führer sich in allen Unternehmungen durchaus von dem Gefühl der eigenen Schwäche beherrscht zeigen würden; was Anderes als die schüchterne Halbheit der Maaßregeln die gewöhnlich aus solchem Bewußtsein hervorgeht? — Man tadelt Bagration daß er nicht auf Minsk losging und Davoust dort angriff; aber man denke sich in seine Lage; da man im Felde den Feind gewöhnlich etwas überschätzt, glaubte er bei Minsk auf einen überlegenen Gegner zu stoßen; vom König Hieronymus wußte er sich verfolgt, von dem Vicekönig von Italien dachte er sich in der Seite bedroht —: man frage sich wie viele Generale es wohl giebt die an seiner Stelle anders gehandelt hätten als er that. — Und wer kann sagen daß er bei einem Angriff auf Minsk gut gefahren wäre? — Hatte er dagegen die siebzigtausend Mann die ihm ursprünglich bestimmt waren, dann ging er wahrscheinlich auf Minsk los, denn dann gehörte kein ungewöhnlich heroischer Entschluß dazu.

Schwerer ist zu rechtfertigen daß Bagration sich auch bei Mohilew, wo ihm eine große Ueberlegenheit zu Gebote stand, auf einen sehr schüchternen, kaum mit halbem Willen unternommenen Versuch gegen Davoust beschränkte; auf einen mit so geringem Nachdruck unternommenen Angriff daß der Gegner nur 12 Bataillone in das Gefecht zu bringen brauchte um ihn abzuweisen. Daß Bagration dennoch am Ende zur Vereinigung nach Smolensk gelangte, ist eigentlich nicht sein Verdienst. Es hatte seinen Grund im Allgemeinen darin, daß Napoleon nun die Hoffnung aufgab die getrennten russischen Armeen einzeln zu schlagen, und daran denken mußte dem eigenen ermüdeten Heere einige Ruhe zu gewähren. Im Besonderen kam ihm zu statten daß für Davoust die Möglichkeit angriffsweise vorzugehen, am Dniepr erschöpft war. Dieser Marschall konnte gewiß nicht daran denken sich mit den 18,000 Mann die er etwa bei Mohilew haben mochte, über den Strom hinauszuwagen. Und wozu sollte er noch ferner suchen sich dem Fürsten Bagration in den Weg zu legen, mit einer unzureichenden Macht, die dieser erdrücken konnte sobald er nur den Muth hatte es zu wollen? — jetzt, da Bagration von keinem französischen Heertheile mehr verfolgt wurde, folglich nicht mehr zwischen zwei Feuer und in eine schwierige Lage gebracht werden konnte. Danilewsky meint freilich Davoust habe,

indem er bei Mohilew stehen blieb, einen unverzeihlichen Fehler began=
gen; besonders da den Tag nach dem Treffen bei dieser Stadt auch
Poniatowski mit seinem Heertheil dort eingetroffen sei. Wie soll man
es einem Geschichtschreiber des Jahres 1812 verzeihen wenn er das
nicht einmal weiß, daß Poniatowski sich nicht den Tag nach dem Tref=
fen, sondern erst fünf Tage später, nämlich am 28. Juli bei Mohilew
mit Davoust vereinigte!

Uebrigens wissen wir durch den Herzog Eugen von Würtemberg
daß Wolzogen sich bei dieser Gelegenheit ein wirkliches Verdienst um
die Armee erwarb, indem er, von Witepsk aus, zu diesem Ende zu
Bagration gesendet, den Marsch auf Smolensk gewissermaßen erzwang.
Bagration meinte es sei nicht wohl mehr möglich die Richtung dorthin
zu gewinnen, gerade wie er das Barclay geschrieben hatte. Wolzogen
erwiderte: „Der Kaiser befiehlt es, also muß es geschehen, und der
Feind wird es wahrscheinlich nicht zu hindern vermögen." (Jetzt er=
fahren wir vollends durch Wolzogen in was für abenteuerlichen Pla=
nen Bagration einen Vorwand suchte sich der Vereinigung mit Barclay
— und dessen Oberbefehl zu entziehen; wie genehm es ihm war den
Marsch auf Smolensk für unmöglich zu halten. Er wollte über den
Sosch in die Ukräne ausweichen und sein Heer dort durch neue Aus=
hebungen verstärken, — als ob man ohne Weiteres schlagfertige Trup=
pen nur so aus den Steppen hervorzaubern könne; dann wollte er kräf=
tig gegen Napoleon's Flanke und Rücken wirken! — Man ist danach
berechtigt zu glauben daß es ihm vielleicht schon früher, bei Mohilew,
aus denselben persönlichen Gründen die ihn jetzt bestimmten, nicht rech=
ter Ernst gewesen sein mag.)

Tormassow's Armee, aus der Theilung der zweiten hervorgegan=
gen, war während der ersten vier Wochen des Feldzuges so gut wie
gar nicht vorhanden. Sie hatte gar keinen Feind gegen sich, und
wurde so zu sagen gar nicht bemerkt. Später mußte sie sich im buch=
stäblichsten Sinne des Worts aufmachen um sich einen Feind zu suchen.
Dies geschah nachdem sie den Befehl erhalten hatte dem Feinde der
Bagration's Armee drängte, in die rechte Flanke zu gehen. Auch hier
hatten ihre Unternehmungen keinen weiteren Erfolg als daß ihr gelang
eine, der eigenen nur wenig überlegene, feindliche Macht auf sich zu

ziehen. Für die Russen aber war es nichts weniger als ein Vortheil daß so ungefähr gleiche Streitkräfte von beiden Seiten auf einem Nebenschauplatz beschäftigt waren; bei der unverhältnißmäßigen Ueberlegenheit welche die Franzosen von Hause aus hatten, wurde das Machtverhältniß auf den entscheidenden Punkten dadurch nur noch schlechter.

Beide russische Armeen lagerten nun bei Smolensk. Die Vorposten der ersten bildeten eine Kette von Cholm auf der Straße nach Poretschie, im Bogen, bis nach Krasnoi; und dies Städtchen ließ Bagration durch die eben aus dem Inneren eingetroffene 27. Infanterie-Division (Newerowsky) besetzen, der ein Dragoner-Regiment beigegeben wurde. G.-L. Wintzingerode wurde mit einem Dragoner- und drei Kosacken-Regimentern nach der Gegend von Duchowtschina entsendet, um von da aus Poretschie und den dortigen Feind zu beobachten. Der Heertheil welchen dieser General bisher bei Smolensk befehligt hatte, wurde aufgelöst. Die acht Reiter-Schwadronen gingen in das Innere zurück nach Kaluga, zu dem neuen Heer das Miloradowitsch dort bilden sollte, und dem es an einem Kern für seine Reiterei fehlte. Die Artillerie-Companien dagegen und die 17 Bataillone wurden aufgelöst und als Ersatzmannschaften den Regimentern der ersten und zweiten Armee einverleibt, und zwar wurden 10 der ersten, 7 der zweiten überwiesen.

Den Kosackenschwarm mitgerechnet wurden die beiden vereinigten Heere durch diese Verstärkung wieder auf 121,119 Mann gebracht; nämlich die erste Armee auf 77,712 Mann, worunter ungefähr 73,000 Mann Linientruppen, die zweite auf 43,407 Mann, worunter gegen 40,000 Linientruppen. Die Linientruppen beider Armeen zusammen insbesondere auf höchstens 113,000 Mann. Diese Zahlen, deren Richtigkeit keinem Zweifel unterliegt, liefern den Beweis daß sowohl Buturlin als Danilewsky, wie schon früher bemerkt wurde, die russische Armee beim Ausbruch des Krieges um wenigstens fünfzehntausend Mann Linientruppen zu stark angeben. Folgende sehr einfache Berechnung, bei der wir die Kosacken unberücksichtigt lassen, dürfte hinreichen um anschaulich zu machen daß die von uns angenommenen Zahlen sich mehr der Wahrheit nähern als die von den offiziellen Schriftstellern mitgetheilten.

Am 24. Juni war, nach Buturlin und Danilewsky,

die erste Armee stark 118,000 M.
die zweite „ „ 35,000 „
zusammen 153,000 M.

Dazu waren seither gestoßen:

Zu Drissa 19 Bataillone 20 Schwadronen = 10,200 M.
bei Bobruysk zur 2. Armee 6 Reserve-Bat. = 2,100 „
bei Mohilew die Brigade des Obersten
Gresser aus 3 Reserve-Bataillonen bestehend, zur 2. Armee = 1,000 „
bei Smolensk 17 Bat. und 4 Artillerie-
Companien, ungefähr = 7,000 „
die 27. Infanterie-Division, angeblich 8,500 „

zusammen 28,800 „

Im Ganzen 181,800 M.

Davon sind abzurechnen: entsendet unter
Wittgenstein und Winzingerode = 25,000 M.
Verlust in den Gefechten etwa = 7,000 „

zusammen 32,000 „

bleiben 149,800 M.
das Heer zählte bei Smolensk wirklich = 113,000 „

Unterschied 36,800 M.

welche die beiden Armeen in sechs Wochen durch Krankheiten, Desertion und dergleichen verloren hätten! — ein Viertheil der ursprünglichen Zahl! — Das heißt die russische Armee hätte bis dahin an Kranken, Entlaufenen und Nachzüglern verhältnißmäßig wenigstens eben so viel verloren als die französische; denn man darf nicht vergessen daß der anscheinend größere Abgang bei dieser letzteren eine große Menge zurückgelassener Besatzungen mit begreift. Nun ist aber bekannt daß bei der französischen Armee, in Folge des Mangels an Lebensmitteln, gleich bei der Eröffnung des Feldzuges eine beispiellose Unordnung einriß, daß sich ein förmliches Marodir-System nach einem kaum glaublichen

Maaßstab bildete, und daß Napoleon's Heer, in dem sich bald auch die Ruhr verwüstend zeigte, durch alles dies Verluste litt, wie sie wohl bei einem siegreich vorbringenden Heer bis dahin kaum erhört waren. Das russische Heer dagegen wich in musterhafter Ordnung und Haltung. Seltsamer Weise suchen gerade die Schriftsteller aus deren Angaben jenes überraschende Ergebniß hervorgeht, den Gegensatz, den das russische und das napoleonische Heer bildeten, mit einem bedeutenden Aufwand an Rhetorik so schlagend und dramatisch als möglich auszumalen. Verhielte sich die Sache wirklich so, wäre wirklich der russischen Armee ein so bedeutender Theil ihrer Mannschaft in solcher Weise abhanden gekommen, dann wären wenigstens die Declamationen die wir bei Danilewsky lesen müssen, sehr am unrechten Orte angebracht! — Nicht-russische Schriftsteller haben die Erklärung eines so überraschend großen Abgangs in der Desertion der aus den ehemals polnischen Provinzen gebürtigen Soldaten gesucht. Daß die Litthauer, die in den Reihen der russischen Armee standen, so ziemlich alle entliefen, mag wahr genug sein —: die Armee bestand aber ganz gewiß nicht zum vierten Theil aus Litthauern.

Geht man davon aus daß die erste und zweite Armee ursprünglich etwa 136,000 Mann stark waren, so ergiebt sich immer noch ein Abgang von zwanzigtausend Mann an Kranken und Entlaufenen, und das ist gewiß unter den damals obwaltenden Umständen das Aeußerste das irgend glaublich scheinen kann.

Fünftes Kapitel.

Das Hauptquartier des vereinigten russischen Heers; Barclay's schwierige Stellung. — Weisungen des Kaisers in Beziehung auf die Operationen. — Toll's Plan zum Angriff auf die feindlichen Quartiere. — Barclay's Ansicht. — Kriegsrath und Beschluß. — Gefecht bei Molewo-Boloto. — Napoleon's Marsch auf Smolensk. — Schlacht bei Smolensk. — Beschluß sich zurückzuziehen. — Abreise des Großfürsten Konstantin und Gr. Bennigsen.

Mit der Vereinigung der beiden Armeen war dem General Barclay allerdings ein schwerer Stein vom Herzen genommen, aber der ganze

Zustand blieb dennoch schwierig genug; er zeigte sich bald sogar weit schwieriger als Barclay denken konnte, trotz der anscheinenden Selbstverleugnung des Fürsten Bagration und der Bewunderung die man ihm deshalb zollte.

Bagration hatte sich nur freiwillig unter Barclay's Befehle gestellt. Da nun der Kaiser in seinen Schreiben, weit entfernt ein Verhältniß das sich so gleichsam von selbst gebildet hatte, ausdrücklich zu bestätigen, und ihm das Siegel seiner Machtvollkommenheit aufzudrücken, sich darauf beschränkte seine Freude über die Einigkeit der beiden Feldherren auszusprechen; da er namentlich in seinen Briefen an Bagration jedes Wort durch welches dieser sich ausdrücklich an Barclay's Befehle gewiesen glauben konnte, geflissentlich vermied, und nur wiederholt die Hoffnung zu erkennen gab der Fürst werde immer einmüthig mit diesem verfahren —: da läßt sich sehr leicht berechnen wie weit Barclay's Autorität über Bagration im Ernst reichen konnte. Genau so weit nämlich, als Bagration Lust hatte sie reichen zu lassen.

Hören wir Barclay selbst über seine damalige Lage. „(Denkschrift.) Niemals hat sich ein Oberbefehlshaber irgend einer Armee in einer so äußerst unangenehmen Lage befunden, als die war, in der ich mich befand. Eine jede der beiden vereinigten Armeen hatte ihren besonderen Oberbefehlshaber, der einzig und allein von Eurer Kaiserlichen Majestät abhing, und mit der Machtvollkommenheit ausgerüstet war die dieser Stellung entspricht. Ein jeder von ihnen hatte das Recht Eurer Majestät unmittelbar Bericht zu erstatten, und über die ihm anvertraute Armee nach eigenem Ermessen zu verfügen. — Ich hatte allerdings, in meiner Eigenschaft als Kriegsminister, das Recht im Namen Eurer Majestät allerhöchste Befehle zu erlassen, aber in so wichtigen Angelegenheiten, von denen das Schicksal ganz Rußlands abhing, wagte ich das nicht zu thun ohne ausdrückliche Allerhöchste Ermächtigung."

„So lag mir denn ob, um die beiden vereinigten Armeen zu nicht hoffnungslosen, zusammenstimmenden, und auf ein gemeinsames Ziel gerichteten Unternehmungen zu leiten, Alles aufzubieten um zwischen dem Fürsten und mir selbst die möglichste Einigkeit hervorzurufen: denn aus unserem vorhergegangenen Briefwechsel in Beziehung auf die zögernde Langsamkeit seiner Unternehmungen, hatte sich schon eine gewisse

Spannung ergeben. Ich sah mich genöthigt seiner Eigenliebe zu schmei=
cheln, und ihm in manchen Fällen gegen die eigene Ueberzeugung nach=
zugeben, um die wichtigsten Dinge mit desto größerem Erfolg durchsetzen
zu können. Mit einem Worte ich war in der Lage eine Rolle durch=
führen zu müssen auf die ich mich nicht verstand, und die mit meinem
Charakter und mit meinen Gefühlen durchaus im Widerspruch stand."

„Dessen ungeachtet glaubte ich mein Ziel vollständig erreicht zu
haben; aber die Folge überzeugte mich daß ich mich in dieser Beziehung
vollkommen geirrt hatte: denn der Geist der Intrigue und der Partei=
lichkeit der sich in der Armee kund gab, die Ansichten und Urtheile, die
unvortheilhaften Gerüchte die mit Absicht in Petersburg verbreitet wur=
den: das Alles nahm seinen Anfang bei der Vereinigung beider
Armeen. Zu eben derselben Zeit kehrte auch der Großfürst Konstantin
Pawlowitsch aus Moskau zur Armee zurück. Zu allem diesem muß
man denn auch noch die Personen hinzurechnen, die zu dem Hauptquar=
tier Eurer Kaiserlichen Majestät gehörten." — (In Beziehung auf den
Großfürsten Konstantin beschränkt sich Barclay auf eine leise Andeu=
tung, wie sich das ziemt. Daß der Großfürst ihn, gerade wie später
den Feldmarschall Diebitsch, persönlich nicht leiden konnte, durfte er
natürlich nicht bemerken, und jedenfalls brauchte er es dem Kaiser nicht
zu sagen, denn es war bekannt genug. Er hätte aber wohl hinzufügen
können daß der Großfürst unter Anderen auch einen sehr geschäftigen
jungen Offizier mitgebracht habe, der damals dessen ganzes Vertrauen
besaß —: den Obersten Fürsten Kubaschew nämlich — Kutusow's
Schwiegersohn!)

„Um Ihnen, allergnädigster Kaiser, auch nur ein schwaches Bild
alles dessen zu zeichnen was sich zu jener Zeit begab, erwähne ich nur
einiger der Hauptpersonen die sich damals in dem Hauptquartier zu
Smolensk befanden, und von denen ein Jeder sich berufen fühlte Alles
und Jedes zu tadeln."

„Der Herzog Alexander von Würtemberg, die Generale Bennig=
sen, Korsakow (der berühmte Züricher) und Armfeldt, hatten ein jeder
unter den Adjutanten Eurer Kaiserlichen Majestät, und in beiden
Armeen eine Anzahl Anhänger, die Alles und Jedes was irgend zu
ihrer Kenntniß gelangte, im weitesten Kreise bekannt machten. — Ich

sage mehr: sogar der Chef des Generalstabs, der General-Major Yermolow, ein Mann von Fähigkeiten, aber außerordentlich betrügerisch und sehr unzuverlässig, sogar der erklärte sich mit der allgemeinen tadelnden Stimme vollkommen einverstanden —: einzig und allein um sich bei einigen der obengenannten Personen, bei Seiner Kaiserlichen Hoheit (dem G.-F. Konstantin) und dem Fürsten Bagration einzuschmeicheln. Was mich insbesondere anbetrifft, so war ich sowohl selbst, als auch meine Kanzellei, unaufhörlich überlaufen von Leuten, die den genannten Personen ergeben waren, und die durchaus von den beabsichtigten Maaßregeln unterrichtet sein wollten. Sobald sie uns irgend eine, nach ihrer Meinung neue Nachricht abgequält hatten, theilten sie sich gegenseitig aus der Luft gegriffene Erzählungen mit; oft ganz öffentlich, auf der Straße. Es ist daher nicht im geringsten zu verwundern daß der Feind von Allem unterrichtet war."

„Ich that Alles was von mir abhing um diesem Ungemach wenigstens einigermaßen zu steuern. Ich entfernte die Personen, die sich besonders eifrig zeigten Alles bekannt zu machen und zu verbreiten, und zwar namentlich: die Adjutanten Eurer Majestät, Fürst Lubomirski, Graf Branicki, Wlobek und viele Andere. Dadurch machte ich mir ohne Zweifel keine Freunde in dem Kreise derer, die Eure Majestät zunächst umgeben. Ich hätte aber gewünscht das Recht zu haben auch einige Personen von höherem Range wegzuschicken."

Die namentlich angeführten Flügel-Adjutanten des Kaisers, die unter anständigen Vorwänden entfernt wurden, indem man sie mit Papieren zum Kaiser sendete u. dergl., sind sämmtlich Polen.

An Veranlassung zu den unheilvollsten Reibungen fehlt es nicht leicht, sobald Leute da sind die dergleichen wünschen. Hier ergaben sie sich schon in den ersten Tagen. Das Heer war schon mit dem lange fortgesetzten Rückzug nicht zufrieden, doch war die Vereinigung der beiden Armeen etwas so einleuchtend Nothwendiges, daß Niemand viel einwenden konnte, gegen die rückwärtigen Bewegungen durch die sie bewirkt werden sollte. Aber nun waren die beiden Armeen vereinigt; nun mußte der Krieg in einem anderen Geist geführt werden, das erwartete Jedermann. Um so mehr da von allen Nebenheeren Siegesnachrichten einliefen, die man so glänzend als möglich erscheinen ließ. Es schien hohe Zeit daß nun auch die Hauptarmee ihrerseits den Feind angreife und schlage. Das war die allgemeine Meinung die um so entschiedener hervortreten durfte da der Großfürst Konstantin den Ton angab. Dazu kamen nun die Instructionen des Kaisers, die den beiden vereinigten Armeen ausdrücklich zur Pflicht machten zum Angriff überzugehen.

„Ich habe Ihren Bericht, sowohl über die Gründe die Sie bewogen nach Smolensk zu gehen, als über Ihre Vereinigung mit der zweiten Armee erhalten," schrieb der Kaiser dem General Barclay: „da Sie diese Vereinigung zu Angriffs-Operationen unerläßlich nothwendig glaubten, bin ich erfreut darüber daß Sie jetzt nichts mehr verhindert dergleichen zu unternehmen, und nach Allem was Sie mir berichten, erwarte ich nun in kurzer Zeit die glücklichsten Folgen davon. Ich kann nicht verschweigen daß ich, obgleich bei der Eröffnung der Feindseligkeiten nothwendig war die Gränzen unseres Landes aufzugeben, doch nicht anders als mit Kummer sehen konnte daß diese rückgängige Bewegung sich bis Smolensk ausdehnte. Mit großer Befriedigung höre ich was Sie von dem guten Zustand unserer Truppen berichten, von ihrem kriegerischen Geist und dem glühenden Verlangen sich zu schlagen. Nicht weniger zufrieden bin ich mit den Proben ihrer ausgezeichneten Tapferkeit in allen Gefechten die bis jetzt stattgefunden haben, und der Ausdauer die sie auf allen langen und beschwerlichen Märschen gezeigt haben. Sie (Barclay nämlich) sind ganz ungebunden in Ihren Unternehmungen, frei von Hindernissen und unbeirrt, und ich hoffe deshalb daß Sie nichts versäumen werden die Absichten des Feindes zu durchkreuzen und ihm jeden möglichen Schaden zuzufügen; ergreifen Sie andererseits auch die strengsten Maaßregeln, um die eigenen Leute an Plünderung, Mißhandlung und Beschädigung der Bauern und Einwohner zu verhindern. Ich erwarte mit Ungeduld die Nachricht von Ihren Angriffs-Operationen, die ich nach Ihren Worten nun schon begonnen glaube" —

Der General Barclay hatte also nicht, wie der Herzog Eugen v. Würtemberg glaubt und andeutet, eine Instruction die ihm einen systematischen Rückzug zur Pflicht gemacht, ihn angewiesen hätte dem französischen Kaiser und seinen Schaaren das Schicksal des Crassus bei den Parthern zu bereiten, wie der Herzog sich ausdrückt; eine Instruction bei der nur das ein schlimmer Umstand war daß sie den Feldherren in Widerspruch brachte mit den Wünschen der Armee. Barclay selbst weiß von dergleichen ein für allemal nichts; auch nicht in der an den Kaiser gerichteten Denkschrift, in der er sich doch wohl vor Allem, um sein Verfahren zu rechtfertigen, auf den leitenden Gedanken des Kaisers berufen mußte, der dies Verfahren bestimmte — wenn es einen solchen Gedanken gab. Wenn man die Ansichten beachtet welche der Kaiser damals aussprach, kömmt man fast unvermeidlich zu dem Schluß daß er zu der Zeit wahrscheinlich den Fehler des Phullschen Operationsplans nur in der Trennung der beiden Armeen suchte, die einen Rückzug so tief in das Innere nothwendig gemacht hatte. Jetzt gab es gar keinen Operationsplan, das sagt der Kaiser selbst ausdrücklich, wie wir eben gesehn haben; alle Anordnungen waren den Feldherren an Ort und Stelle überlassen, und es läßt sich auch durchaus kein anderer „leitender Gedanke" des Kaisers erkennen als der, daß man den Feind womöglich nicht einen Schritt weiter lassen müsse, und daß es nun hohe Zeit sei ernsthaften Widerstand zu leisten, anzugreifen und Schlachten zu liefern. Man muß gestehen, ein so gänzliches, so weit verbreitetes, und so lange andauerndes Verkennen der eigenen Lage und der obwaltenden Verhältnisse überhaupt, ist gewiß selten vorgekommen in der Geschichte der Kriege!

Barclay sehen wir unter diesen Umständen schwanken in einer höchst peinlichen Ungewißheit, die sich zum Theil nur zu leicht erklären läßt. Er weiß nicht anders als daß nun entscheidende Schlachten geliefert werden sollen, um den Feind aufzuhalten, und zeigt sich damit auch einverstanden, soweit die ganz allgemeine Vorstellung reicht. Wenn aber der entscheidende Augenblick naht, entstehen Zweifel, es ergreift ihn das Gefühl daß man dem Feinde nicht gewachsen sei; und ein richtiger Takt, wir möchten sagen ein glücklicher Instinct, läßt ihn vor der blutigen Entscheidung zurückbeben. Die Gründe durch die er dann sein allgemein und leidenschaftlich getadeltes Verfahren zu rechtfertigen sucht, die er sich selbst dafür anführt, sind freilich nicht die glücklichsten, und er glänzt nicht als Dialektiker; denn seine Theorie geht nicht über die Vorstellungen hinaus denen zufolge immer nur ein geographischer Gegenstand, nie die feindliche Streitmacht unmittelbar selbst der Gegenstand militairischer Operationen ist. Ueberraschend wirft er in Betrachtungen, die eine ganz andere Richtung zu nehmen scheinen, die Frage auf: wer denn das Reich schützen und retten solle, wenn die ihm anvertraute Armee, die einzige Schutzwehr desselben, zertrümmert werde? — Aber er gelangt nicht von dieser Frage zu dem sehr nahe liegenden, ja wie man glauben sollte unvermeidlichen Schluß, daß man überhaupt nicht schlagen dürfe, so lange nicht neue Streitkräfte gebildet seien, so lange sich nicht in einer oder anderer Weise die Verhältnisse überhaupt, namentlich das Machtverhältniß der beiden sich bekämpfenden Heere, günstiger gestaltet hätten, sondern nur zu dem auch nicht ganz scharf und klar gefaßten Gedanken, daß man zwar schlagen, aber doch nicht zu viel dabei wagen muß. Selbst da wo er von dem Satz ausgeht daß man Zeit gewinnen müsse für die Rüstungen im Innern, betheuert er doch wieder daß er so gut wie ein anderer überzeugt sei von der Nothwendigkeit etwas zu unternehmen, zu schlagen, und auf einem anderen Punkt und unter anderen Bedingungen auch bereit dazu. Die Gründe warum er in jedem einzelnen Fall gerade unter den obwaltenden Verhältnissen nicht schlagen will, sucht er doch eigentlich nicht in den allgemeinen, das Ganze beherrschenden Verhältnissen, auf welche jene Frage verweist, sondern mehr in untergeordneten Umständen, die diesmal gerade die Wagniß zu groß erscheinen lassen. Einmal aber deutet er an daß er nicht glaubte sich unbedingt auf seine Umgebung verlassen — namentlich nicht auf die unbedingte, redliche Mitwirkung des Fürsten Bagration unter allen Umständen zählen zu dürfen. Wie lähmend ein solcher Zweifel wirken mußte, bedarf keiner Erklärung. Er spielte gewiß eine große Rolle in Allem was Barclay's Handeln bestimmte.

Uebrigens wollen wir uns dadurch, daß seine Beweisführungen nicht immer die gelungensten sind, nicht verleiten lassen die Feldherren-Tüchtigkeit des wackeren Barclay zu gering anzuschlagen. Männer, denen eine durchgreifende Bildung fehlt, zeigen sich oft außer allem Verhältniß schwächer in der logischen Erörterung der Gründe des Handelns als im Handeln selbst, wo es zuletzt auf einen richtigen Takt und einen entschiedenen Willen ankömmt. Alles trieb zur Schlacht;

Barclay allein war das hemmende Princip; dafür ist ihm Rußland unendlichen Dank schuldig.

Als nun die beiden Armeen vereinigt waren, schon in den ersten Tagen des August, trat der Oberst Toll mit dem Plan hervor die französische Armee in ihren Erholungsquartieren zu überfallen und entscheidend anzugreifen, wobei sich die Aussicht zeigte die verschiedenen Abtheilungen derselben einzeln zu schlagen.

Man war allerdings nachgerade inne geworden, daß Napoleon's Heer bedeutend zahlreicher sei als man anfangs gedacht hatte, aber dennoch glaubte man es auch jetzt noch schwächer als es wirklich war. Dagegen hatte man vielfach in Erfahrung gebracht daß es seit Eröffnung des Feldzugs einen ganz ungewöhnlichen Verlust erlitten habe. Schon von Swencianh aus war Graf Schuwalow mit einer diplomatischen Sendung zu Napoleon gesendet worden, und holte das russische Hauptquartier zu Widzy wieder ein, erstaunt über den Zustand der Heerstraße, die er mit gefallenen Pferden bedeckt und wimmelnd von Erkrankten und Nachzüglern der französischen Armee gefunden hatte. Seitdem hatte man nun alle Gefangenen ganz besonders in Beziehung auf die Verpflegungs-Verhältnisse ausgefragt. Man wußte daß die Pferde der französischen Reiterei schon bei Witepsk nur grünes Futter bekamen, die Leute anstatt des Brodtes meist nur Mehl, das sie zu Brei und Suppe verkochen mußten. Außerdem wußte man feindliche Abtheilungen vor Riga und Bobruysk, so wie den Generalen Wittgenstein und Tormassow gegenüber. Durch Verlust und Entsendungen mußte also die eigentliche Uebermacht bedeutend verringert sein. Nun war Napoleon's Heer in weitläuftige Quartiere verlegt, die man sich wohl noch etwas zerstreuter dachte als sie wirklich waren, und die jedenfalls von Surash bis Mohilew reichten. Der Augenblick schien günstig; einer von denen die man im Kriege nicht versäumen darf.

Die Stellung des französischen Heeres war folgende: Der Vicekönig von Italien cantonirte auf dem linken Flügel zwischen Welish, Surash und Janowiczy; Nansouty's Reiter standen vor ihm bei Poretschie. — In der Mitte war Murat mit der Reiterei Montbrun's und Grouchy's bis Rudnia vorgeschoben, und dehnte sich auf der Straße bis gegen Inkowo aus; hinter ihm stand Ney bei Liosna;

noch weiter zurück in und um Witepsk, wo Napoleon's Hauptquartier war, die Garden, und eine Division von Davoust's Heertheil; zwei andere Divisionen dieses Heertheils waren nach Paulowiczy, auf der Straße nach Orscha vorgeschoben. Davoust mit zwei Divisionen seines eigenen Heertheils, der Division Claparède (Polen von der Garde) und den Kürassieren des Generals Valence von Mohilew herangekommen, hatte diese Truppen zwischen Babinowiczy und Dubrowna am Dniepr in Quartiere verlegt. Weiter rechts waren die Westphalen, jetzt unter Junot, bei Orscha, auf dem äußersten rechten Flügel die Polen (Poniatowski) bei Mohilew eingetroffen. Natürlich war man von dieser Stellung nicht ganz genau unterrichtet. Namentlich wußte man nicht mit Bestimmtheit ob Napoleon's Garden sich bei Witepsk befänden.

Toll's Plan ging dahin die gesammte bei Smolensk vereinigte Macht schnell und entschlossen auf der Straße vorzuführen die über Rudnia auf Witepsk führt, und über den Haufen zu werfen was hier vom Feinde stand; so in Beziehung auf die rechts und links dieser Straße vertheilten Abtheilungen des französischen Heeres eine sogenannte innere Operationslinie zu gewinnen, und damit die Möglichkeit diese verschiedenen Abtheilungen einzeln mit gesammter Macht anzugreifen. Namentlich glaubte Toll daß es große Vortheile gewähren würde, die den rechten Flügel des feindlichen Heeres bildenden Heertheile in ihrer linken Flanke anzugreifen und gegen Mohilew zurückzuwerfen.

Er glaubte allerdings daß dies Unternehmen einen gänzlichen Umschwung der Dinge herbeiführen, und dem ganzen Krieg eine entscheidende Wendung geben könnte. Aber auch abgesehen davon hielt er ein solches Unternehmen für nothwendig, und selbst wenn dies höchste Ziel nicht erreicht werden sollte, versprach er sich die größten Vortheile davon. Es war jedenfalls nothwendig Zeit zu gewinnen für die Bildung der Milizen, überhaupt für die Rüstungen im Innern, und das konnte nach seiner Ansicht nur dadurch geschehen, daß man einen solchen lähmenden Schlag gegen den Feind führte. Vorausgesetzt sogar daß alle Abtheilungen des feindlichen Heeres sich dem unmittelbaren Angriff entzogen, daß sie sogleich zu einer Vereinigung rückwärts in Bewegung gesetzt wurden, konnte doch diese Vereinigung, wie Toll rechnete, erst hinter der Ula statt finden, und den Feind wieder bis dahin zurück gedrängt zu haben, schien jedenfalls ein bedeutender Gewinn. Gewagt schien dabei nichts, denn selbst im unglücklichen Fall deckten, wie Toll geltend machte, die weitläuftigen Wälder zwischen Rudnia und Smolensk den Rückzug, indem sie die Verfolgung lähmten. — Dazu kam noch daß man nach Toll's Ansicht nicht abwarten durfte daß der Feind seine Streitkräfte vereinigte, und die russische Armee bei Smolensk angriff, wo diese keine Stellung, kein günstiges Schlachtfeld fand ihn zu empfangen, während sich auf der Straße über Rudnia nach Witepsk deren mehrere nachweisen ließen.

Da dieser oft mit Lob erwähnte Entwurf auch gelegentlich Gegenstand mancher Rüge geworden ist, da neuerdings auch der Herzog Eugen von Würtemberg sich tadelnd darüber geäußert hat, erlauben wir uns darauf aufmerksam zu machen daß die Kritik, in Beziehung auf diese Pläne, Dinge die mit einander verbunden zur Erscheinung kommen, aber denn doch nichts weniger als identisch sind, etwas schärfer unterscheiden und sondern müßte als bisher geschehen ist.

Betrachten wir die damalige Sachlage wie sie wirklich war in ihrer Gesammtheit, so wird wohl jeder Unbefangene das Urtheil unterschreiben das Clausewitz fällt, und gestehen daß ein solches Unternehmen ein Element der Gefahr in sich trug. Theilweise Vortheile konnte man ohne Zweifel erfechten; es ist sogar sehr wahrscheinlich daß man deren auf diesem Wege erlangte. War man nun auf einen systematischen Rückzug und Widerstand in solcher Form vorbereitet; darauf gefaßt, zufrieden mit dem Einfluß den diese erkämpften Vortheile auf die weiter hinaus geschobene Entscheidung jedenfalls ausüben mußten, anzuhalten und umzukehren sobald der Feind seine Macht vereinigt hatte, und den erlangten materiellen und moralischen Gewinn gleichsam mitzunehmen auf den weiteren Rückzug —: dann war Alles ganz gut und schön. Die Gefahr lag aber darin daß eben nicht entfernt davon die Rede war den Krieg in diesem Geiste zu führen, daß man sich wahrscheinlich durch die ersten Vortheile und gesteigertes Selbstvertrauen hinreißen ließ, und sich am Ende in eine Hauptschlacht verwickelt sah, in einen entscheidenden Kampf mit einer Uebermacht die nicht die mindeste Hoffnung zum Siege ließ. Und man muß es gestehen, eine

Niederlage vor Smolensk war etwas ganz Anderes als eine verlorene Schlacht bei Borodino. Noch war Napoleon's Ueberlegenheit viel größer als später, und machte gewiß seinen Sieg viel vollständiger als bei Borodino geschah. Noch bedenklicher war dann daß hier die Möglichkeit angriffsweise vorzugehen für Napoleon bei weitem noch nicht erschöpft war; es folgte der Niederlage ein unter solchen Bedingungen immer entmuthigender Rückzug ohne Rast, und ohne ein Ziel an dem sich eine neue, bestimmte Hoffnung zeigte; eine fast unabsehbare Verfolgung; und darüber konnte das russische Heer gewiß ganz zu Trümmern gehen. Hatte der Kaiser Alexander auch in diesem Fall Festigkeit genug nicht Frieden zu schließen? — darauf kam es an! — Er hatte sich allerdings auf Vieles und auf sehr Schlimmes gefaßt gemacht, aber wer wagte wohl in solchen Verhältnissen von sich selbst zu rühmen daß durchaus nichts ihn übermannt haben würde? — Wir Anderen vollends bescheiden uns billig bei der Frage stehen zu bleiben, und Rußland und Europa Glück dazu zu wünschen, daß das Schicksal der Nationen damals die thatsächliche Beantwortung nicht herbeiführte!

Das Alles ist wahr, man muß aber denn doch hervorheben daß die Gefahr nicht in Toll's Entwurf an sich lag, sondern eben in der nun einmal im Hauptquartier herrschenden und selbst bei dem Kaiser geltenden Ansicht. Wie einerseits eine richtigere Würdigung der allgemeinen Verhältnisse diesen Entwurf ganz gut brauchen konnte, so mußte auf der anderen die herrschende Ansicht jedenfalls in irgend einer Form die drohende Gefahr herbeiführen. Möglicher Weise eine noch größere wenn man es zu einer Hauptschlacht kommen ließ ohne vorher theilweise Vortheile erfochten zu haben, wozu sich doch sogar der zweifelnde Barclay mehr als einmal bereit erklärte.

Sollte einmal den Andeutungen des Kaisers, dem Verlangen der Armee, der allgemeinen Stimme genügt werden; war man darüber einig daß nun ein Widerstand geleistet werden müsse der sich in kühnen Thaten bewegt, dann war das was Toll vorschlug doch wohl das Beste was geschehen konnte.

Auch bot Toll alle seine Beredsamkeit auf Barclay dafür zu gewinnen, aber mit sehr geringem Erfolg. Barclay bezeigte wenig Lust zur Sache; er war nicht ganz abgeneigt etwas gegen den Feind zu unternehmen, aber es sollte auf der Straße nach Poretschie geschehen. „Ein Anfall" sagt Barclay „konnte allerdings auf den König von Neapel und Ney, die sich bei Rudnia befanden, eher als auf die Uebrigen ausgeführt werden; aber wenn sie sich ohne Widerstand auf Liubowiczy und Babinowiczy zurückzogen, hätten wir den Feind nicht verfolgen können, da es nicht wohl thunlich gewesen wäre sich weiter als auf drei Märsche von Smolensk zu entfernen. Denn sonst hätte der Vicekönig von Italien Zeit und Gelegenheit gewonnen uns von Poretschie her in den Rücken zu fallen. So faßte ich denn den nach meiner Ansicht besten Entschluß. Ich wollte die zweite Armee bei Smolensk zurücklassen, um den Feind zu beobachten und die Straße nach Moskau zu decken, und unter dem Schutz einer Kette vorgeschobener Posten, denen oblag ihre Aufmerksamkeit zu verdoppeln, hätte ich dann mit der ersten Armee folgende Bewegungen ausgeführt."

„Diese Armee, zwischen Moschtschinky und Cholm aufgestellt, hätte den Vicekönig von Italien von seinem linken Flügel her mit Uebermacht angegriffen und geworfen. Wenn auf diese Weise meine rechte Flanke gesichert, das ganze Gelände zwischen Surash und Welish vom Feinde befreit und durch den General Wintzingerode besetzt war, dann wären beide Armeen gegen Rudnia vorgerückt und mit vereinter Macht auf den Feind gefallen. Wenn unterdessen (d. h. während der Bewegung gegen Poretschie) der Feind sich von Rudnia her Smolensk näherte, hätte sich die erste Armee, um ihm zuvorzukommen, vermöge eines Marsches mit der zweiten vereinigt."

Die gefeierte Theorie der inneren Operationslinien war dem General Barclay fremd, das sieht man wohl. Außerdem glauben wir hier, was des Bemerkens nicht unwerth scheint, eine eigenthümliche Unklarheit zu gewahren die in militairischen Auseinandersetzungen und Beweisführungen nicht selten vorkommt, und deren Wesen darin liegt daß man sich gewisse Operationen, Umgehungen z. B., welche einzelne Abtheilungen des feindlichen Heers ausführen können, gewissermaaßen als abstracte Größen denkt, ohne sich genau genug Rechenschaft davon zu geben welches Gewicht sie eigentlich unter gegebenen Bedingungen haben können. „Der Vicekönig kann uns unterdessen

von Poretschie her in den Rücken kommen" — das ist eine auf diese
Weise ganz in das Unbestimmte und Formlose verallgemeinerte Vorstel=
lung, der eine im Grunde ganz willkürliche Bedeutung beigelegt wird.
Was ein solcher Angriff von Poretschie her auf sich haben konnte, ja
ob der Vicekönig so etwas überhaupt unternehmen durfte, das hing in
der Wirklichkeit lediglich von dem Maaß der Streitkräfte ab die ihm
dort zu Gebote standen. Das bloße Dasein irgend einer feindlichen
Abtheilung bei Poretschie entscheidet darüber noch gar nichts. Indessen
ist es wahrscheinlich, wie wir gleich sehen werden, daß Barclay seinen
eigentlichen Gedanken hier nicht ganz ausspricht.— Wie dem auch sei,
einleuchtend ist jedenfalls daß gerade dieser Plan fast unmittelbar zu
einer entscheidenden Hauptschlacht mit dem vereinigten feindlichen Heer
führen mußte; entweder bei Rudnia oder bei Smolensk; namentlich
wenn die ersten Unternehmungen gegen Poretschie gelangen.

Toll war in Verzweiflung; von dergleichen konnte er sich durch=
aus keinen Erfolg versprechen. Er war auch wohl gereizt, denn er
glaubte hier auf Wolzogen's lähmenden Einfluß zu stoßen. Dieser
Offizier war allerdings im Allgemeinen gegen Schlachten, und sprach
diesmal insbesondere die Ueberzeugung aus daß Napoleon einen über=
wiegend großen Theil seiner Macht auf der Straße von Poretschie
habe. Die Ungewißheit in der man sich in Beziehung auf die eigent=
liche Stellung der Garden Napoleon's befand, konnte diese Vorstel=
lung veranlassen oder darin bestärken. Barclay aber zeigte sich durch=
weg beherrscht von dem Gedanken daß von Poretschie her eine über=
wiegende Gefahr drohe.

Toll wendete gegen Barclay's Plane ein daß auf diesem Wege
geringer Erfolg aber große Gefahr in Aussicht stehe. Wolle man sich
darauf beschränken die linke Flanke des Feindes zu umgehen, so könne
man dies nur mit einem Theil der eigenen Streitkräfte unternehmen,
denn ein Theil müsse zurückbleiben um Smolensk und die Straße nach
Moskau zu decken. Durch diese neue Trennung der kaum vereinigten
Streitkräfte werde aber dem Feinde die Möglichkeit geboten, den einen
oder den anderen Theil mit Ueberlegenheit anzugreifen. Natürlich
fürchtete Toll vorzugsweise einen Angriff auf die bei Smolensk zurück=
zulassende Heeresmacht. So wenig es ihm bei Barclay gelingen

wollte, so entschieden hatte er Bagration für seine Ansichten gewonnen, und besonders den Großfürsten Konstantin, der den Gedanken mit großem Eifer auffaßte, sehr entschieden und leidenschaftlich auftrat, und die Sache mit Gewalt durchsetzen wollte gegen den Oberbefehlshaber.

Der Großfürst brachte es auch dahin daß ein Kriegsrath zusammenberufen wurde, zu dem sich Barclay und Bagration, der Großfürst selbst, Yermolow und Toll, und dann noch der Chef des Generalstabs und der General-Quartiermeister der zweiten Armee, Gen.-Lieut. Graf St. Priest und General-Major Wistitsky versammelten. Hier trugen nun Barclay sowohl als Toll jeder seine Meinung vor.

Es kam sogar noch Anderes zur Sprache. Wolzogen meinte es wäre am besten Smolensk so viel als möglich zu befestigen, und bei diesem Ort ruhig der kommenden Dinge zu harren: ein Vorschlag der bei der einmal herrschenden Stimmung natürlich gar keine Beachtung fand — und auch in der That keine sonderliche Aussicht eröffnete, eben weil sich bei Smolensk, auf dem rechten Dniepr-Ufer, wo man doch den Feind erwarten mußte, keine vortheilhafte Stellung findet. Toll's Planen widersprach Wolzogen auf das Entschiedenste. Die Gegend von Rudnia sei unwegsam, meinte er; ein Heer könne dort nicht manoeuvriren; er wollte sie untersucht haben. — Vor uns liegt das Tagebuch eines in diesem Feldzug viel gebrauchten, ausgezeichneten Generalstabsoffiziers — des verabschiedeten Obersten S...... — der Wolzogen unter anderem auf seinem sogenannten Erkundungsritt gegen Rudnia begleitet hatte. S...... erzählt nun sie seien beide, Wolzogen und er selbst, ganz bequem im Schritt aus dem Hauptquartier bis zu dem Quartier des General Dochturow geritten und nicht weiter; dort hätten sie bei diesem General zu Nacht gespeist, und die Nacht ruhig geschlafen, um darauf den folgenden Morgen eben so bequem zurückzureiten (Wolzogen war allerdings ein etwas bequemer Herr, und wenn man sieht was er selbst bei anderen Gelegenheiten — Memoiren Seite 194 u. 260 — von sich erzählt, wird man dergleichen nicht eben für unmöglich erklären). Vielleicht waren ihm die Wälder diesseits Rudnia aufgefallen.

Wie dem auch sei, die Behauptung wirft sehr erwünscht ein erklärendes Licht auf seine Ansichten. Da er die Gegend von Rudnia in diesem Sinn unwegsam glaubte, begreift man nun wohl warum er sich Napoleon's Hauptmacht ein Mal und alle Mal auf der Straße von Poretschie dachte, und aus dieser eigenthümlichen Vorstellung gar nicht herauskonnte. Er meinte, während man sich in jenes unwegsame Gelände verlöre, werde Napoleon von Poretschie her Smolensk einnehmen, die Armee abschneiden u. s. w. (in seinen Memoiren erzählt nun Wolzogen er habe gemeint während man vorwärts marschire, könne Napoleon leicht durch rasches Vorschieben e i n e s seiner Flügel, das russische Heer von Smolensk abschneiden. Durch diese Wendung gewinnt es fast das Ansehen als habe er in prophetischem Geist gesprochen).

Was die Thatsache anbetrifft, die Unwegsamkeit jener Gegend, widersprach Toll ihm geradezu; er durfte das, denn er hatte sie wirklich erkundet auf einem raschen und weiten Ritt durch das Gelände das der Schauplatz der vorgeschlagenen Operationen werden sollte. Es kam deshalb zu einem verlängerten Wortwechsel.

Barclay der sich vor dieser Versammlung mit seinem General-Quartiermeister gleichsam auf eine Linie gestellt sah, gab endlich nach, doch nicht im Kriegsrath selbst sondern erst am Abend, nach einer besonderen Unterredung mit Toll und St. Priest; er mußte, da so vielerlei Gründe ihm geboten Bagration sowohl als den Großfürsten zu schonen; seine Lage aber wurde dadurch natürlich nicht besser. Indessen gab Barclay seine Einwilligung doch nur unter der Bedingung daß man sich nicht weiter als auf drei Märsche von Smolensk entferne. Durch ein ungestümes Vorbringen, meinte er, würde die Armee in eine schwierige Lage gerathen, und alle mit so vieler Mühe erworbenen Vortheile würden wieder verloren gehn. Er bemerkte dabei: „man habe es mit einem unternehmenden Feldherrn zu thun, der gewiß keine Gelegenheit unbenützt lassen werde seinen Gegner zu umgehn und ihm d a d u r c h den Sieg aus den Händen zu winden." — Die gestellte Bedingung setzte dem ganzen Unternehmen gleich wieder sehr enge Gränzen; und überhaupt ließen Barclay's Bemerkungen eine ängstlich zögernde, ungenügende Ausführung einigermaaßen voraussehen.

So ergab es sich denn auch. Den 7. August setzte sich das Heer gegen Rudnia in Bewegung. Bei Krasnoi blieb, um die Straße von

Orscha her zu beobachten, Newerowsky mit der 27. Infanterie-Division, dem Charkow'schen Dragoner-Regiment (vom IV. Reiter-Corps, zweiter Armee) und 3 Kosacken-Regimentern stehen. Da die 27. Division ganz aus neugebildeten Truppen bestand, waren, um ihr mehr Haltung zu geben, zwei Regimenter derselben durch ältere von Rajewsky's (VII.) Corps, namentlich von der 26. Division, abgelöst worden. — Ein Infanterie-Regiment verweilte als Besatzung in Smolensk. Eine Kosacken-Abtheilung unter dem G.-M. Krasnow beobachtete bei Cholm die Straße nach Poretschie. Das ganze übrige Heer zog in drei Colonnen vorwärts. Die zweite Armee, nach Abzug der Abtheilung unter Newerowsky, ohne die Kosacken wenig über 30,000 Mann stark, zog durch die Stadt auf das rechte Ufer des Dniepr herüber, und rückte dann auf der Straße die sich am Ufer des Stroms hinzieht, als linker Flügel des Ganzen bis nach Katan vor. Die erste Armee, ohne die Kosacken und zurückgelassenen Commando's ungefähr 70,000 Mann stark, zerfiel in zwei Colonnen, von denen die zur Linken (V. und VI. Infanterie-, III. Reiter-Corps) unter Dochturow auf der geraden Straße nach Rudnia bis Debritzy (vorwärts Prikas Wydra) vorging; die zur Rechten unter Tutschkow dem Ersten (II., III., IV. Infanterie-, I. und II. Reiter-Corps) zunächst die Straße nach Poretschie bis Shukowo verfolgte, dann auf Nebenwegen in die Richtung nach Rudnia einbog, und bis Kowalewskoy, in gleicher Höhe mit Dochturow gelangte. Das Hauptquartier kam nach Prikas-Wydra. Jede Colonne hatte ihren eigenen Vortrab. Eine Abtheilung von 4 Jäger-Bataillonen und 16 Schwadronen mit 6 Geschützen, unter dem G.-M. Fürsten Schachowskoy, wurde rechts nach Kasplia entsendet; eine andere von 6 Bataillonen und 2 Kosacken-Regimentern, rückte links über Rukitnia auf Tschabury, um die Verbindung mit der zweiten Armee zu erhalten.

Da man den Feind zu überraschen dachte, sollten die leichten Truppen der Vorposten-Kette heute, nach Toll's Plan, ganz unverrückt stehn bleiben. Auch machten sie nur eine unbedeutende Bewegung vorwärts, Platow bis nach Sarubenky.

Oberst Toll erkundete noch an demselben Tage von Neuem das Gelände so weit als möglich vorwärts; am folgenden sollte die erste

Armee nach Inkowo vorrücken, die zweite auf Nebenwegen in der Richtung von Katan nach Rudnia bis Nadwa.

Ueber Nacht aber gestaltete sich Alles anders, denn Barclay, bestärkt in seiner vorgefaßten Meinung, fand neue Veranlassung sich aus einem, wie er die Dinge ansah, bedenklichen Handel zu ziehen, und zur Ausführung seines ersten, im Kriegsrath verworfenen Plans zurückzukehren.

Er erhielt die Meldung daß der Vicekönig von Italien mit dem vierten Corps und dem ersten Reserve-Reiter-Corps des Feindes, verstärkt durch die Kürassier-Division Defrance, bei Poretschie stehe. Wenn es sich damit auch wirklich so verhielt bildeten doch gewiß die genannten Heertheile keine Macht die sich im Rücken des russischen Heeres nach Smolensk wagen durfte; gewiß war kein Grund sie zu fürchten, wenn nicht die Einbildungskraft, unter der Herrschaft jener vorgefaßten Meinung, Napoleon's Garden und Hauptmacht dahinter gesehn hätte. Ein an sich sehr unbedeutender Umstand, der mehr als einen ganz zufälligen Grund haben konnte, bestärkte den Oberbefehlshaber in diesen Ideen: die feindlichen Vorposten wichen überall zurück, außer auf der Straße nach Poretschie —: in seinen Augen ein Beweis daß hier die Hauptmacht des Feindes vereinigt war, und sich bereitete angriffsweise vorzugehn.

Wie er folgerte und was er eigentlich besorgte spricht er in dem Bericht an den Kaiser aus, in welchem er seine veränderten Pläne ankündigt. „Mir scheint, sagt da Barclay, daß Napoleon mit seiner Garde, einem Theil der leichten und der gesammten schweren Reiterei bei Witepsk sein muß; wenigstens läßt sich mit Bestimmtheit annehmen daß diese Truppen zwischen Witepsk und Poretschie stehen, denn im entgegengesetzten Fall könnte die feindliche Abtheilung die sich bei diesem letzteren Ort befindet, und die nach den letzten Nachrichten ziemlich stark ist, und aus Fußvolk, Reiterei und Artillerie besteht, nicht dort bleiben. Da ich einen geschickten und listigen Feind mir gegenüber habe, der jede Gelegenheit zu benützen weiß, bin ich in die Nothwendigkeit versetzt die strengsten Gesetze der Vorsicht zu beobachten, um so mehr da unser Hauptaugenmerk ist die nöthige Zeit zu gewinnen, während die Miliz und die Vorbereitungen im Innern des Reichs in Stand gesetzt werden können."

Weiter spricht dann Barclay seine Ansichten und Pläne in seiner Rechtfertigungsschrift in folgenden Worten aus: „Unter diesen Umständen konnte ich nicht dem Feinde nach, vorwärts dringen, und die Armee der Gefahr aussetzen in ihrer rechten Flanke umgangen zu werden. Ich beschloß vor allen Dingen meinen früheren Plan auszuführen um meine rechte Flanke zu befreien." —

Dem gemäß mußte ein Theil der ersten Armee schon am 8. August auf die Straße nach Poretschie hinüberziehen, nämlich das V. Infanterie-Corps nach Stabna wo es als Rückhalt aufgestellt blieb; das II. und IV. Infanterie- nebst dem I. Reiter-Corps nach Lawrowo, eine halbe Meile weiter vorwärts, neben der Straße in gleicher Höhe mit Moschtschinky. — Der Rest (das III. und VI. Infanterie-, II. und III. Reiter-Corps) blieb vorläufig unter Dochturow bei Prikas-Wydra stehen, um dort die zweite Armee abzuwarten. Bagration, der seine Truppen an diesem Tage bei Katan ruhen ließ, wurde eingeladen die Stellung bei Wydra einzunehmen, die „vortheilhafter sei als die bei Smolensk, in der er den Feind bequemer beobachten, und seine Vortruppen verstärken könne, auch der ersten Armee, und der Abtheilung bei Krasnoi näher sei."

Erst auf der Straße nach Poretschie war dem General Barclay wieder wohl. Noch an demselben Tage schrieb er dem Kaiser: „Von meiner neuen Stellung aus kann ich den Feind mit überlegener Macht in seiner linken Flanke angreifen, meine Verbindungen mit der oberen Düna wieder eröffnen, und die linke Flanke des Grafen Wittgenstein sicher stellen. Beide Armeen sind nur um einen Marsch von einander getrennt; die Straße nach Moskau und die ganze Strecke zwischen den Quellen der Düna und denen des Dnieprs durch sie gedeckt. Diese Stellung gewährt unzweifelhafte Vortheile, und volle Freiheit mit Erfolg nach den Umständen zu handeln."

Im Heere freilich wurde diese Stellung, in welcher sich Barclay so sehr gefiel, ganz anders beurtheilt; die Anordnungen des Feldherren machten sogar einen höchst ungünstigen Eindruck, und wurden von allen Seiten auf das Bitterste getadelt. Bagration drang in seiner

Antwort auf die Nothwendigkeit die Bewegung gegen Rudnia fortzu=
setzen; die linke Flanke des Heers, nicht die rechte sei bedroht, meinte
er. Toll, der mit vollem Recht annahm daß die Hauptmacht des
Feindes sich zwischen Witepsk, Rudnia und Orscha befinde, sah in den
angeordneten Maaßregeln die größte Gefahr; namentlich schien ihm
die zweite Armee bei Wydra wie als Opfer hingestellt. Der Groß=
fürst Konstantin vollends brach in der leidenschaftlichsten Weise los,
und kannte keine Rücksichten; Yermolow war nicht weniger bitter in
seinem Tadel, und überhaupt gebot sich Niemand Zurückhaltung, da
der Großfürst den Ton angab. Das Wort Verrath! — das selbst in
Beziehung auf Barclay gebraucht wurde, sprach ein Jeder ganz ohne
Schonung aus, den Obersten Wolzogen, den geheimen Lenker der Dinge,
und sein Verfahren zu brandmarken.

Ein glückliches Gefecht steigerte noch die allgemeine Verstimmung.
Platow, noch vor dem Abmarsch in die neue Richtung von Barclay dazu
veranlaßt, überfiel am 8., als der Marsch nach Stabna bereits ange=
treten war, bei Inkowo und Molewo=Boloto die Spitze des französischen
Heeres — Sebastiani's Reiterei — mit einigem Erfolg, und machte
etwa dreihundert Gefangene. Graf Pahlen, zu dem Barclay sich in
Person begeben hatte, unterstützte ihn dabei mit der Reiterei des Vor=
trabs der ersten Armee, der aus 32 Uhlanen= und Husaren=Schwa=
dronen (vom I. und III. Reiter=Corps) und 8 Jäger=Bataillonen be=
stand.*) Da glaubte man denn zu sehen was bei raschem Vordringen
und energischem Handeln erreicht werden könnte; Barclay schien das
russische Heer um einen gewissen Sieg zu betrügen.

Die Art wie dieser Feldherr sich dem Kaiser gegenüber deshalb zu
rechtfertigen sucht, verräth allerdings wieder eine gewisse Unklarheit.
„(Denkschrift.) In Petersburg ist in den Gesprächen in Beziehung

---

*) Danilewsky erzählt freilich Platow habe hier selbstständig gehandelt —:
aber ohne Zweifel wußte er die Dinge besser. Er will nur Barclay in einem un=
günstigen Licht zeigen, und Platow zum slawischen Nationalhelden stempeln.
(Uebrigens irrt auch Wolzogen wenn er glaubt Barclay habe die Offensive erst n a ch
diesem Gefecht aufgegeben; Barclay selbst berichtet die Dinge in dem Zusammen=
hange in dem wir sie erzählen.)

auf diese Begebenheit viel Tadel laut geworden, und besonders haben der Fürst Bagration und seine Anhänger mich vielfach angeklagt. Einige Zeit vorher, als ihnen obgelegen hätte anzugreifen und die Spitze der feindlichen Heeresmacht, die ihnen den Weg verlegte, zum Rückzug zu zwingen, da griffen sie diese nicht an; jetzt aber, da sie keine Verantwortung mehr zu scheuen hatten, sprachen sie einzig und allein von Angriffen. Mein Benehmen bei Witepsk beweist daß ich mich nicht davor fürchtete mit dem Feinde zusammenzutreffen. Ich führte aus was dem Fürsten Bagration obgelegen hätte auszuführen. Ich wendete mich gegen die Spitze der feindlichen Colonne, und hielt sie auf bis ich den Ort erreicht hatte, den ich zu besetzen vorhatte. Ich würde auch bei Rudnia den Feind entschlossen angegriffen haben, wenn er dort Stand hielt, denn ich hätte hoffen dürfen noch vor der Vereinigung seiner ganzen Macht einen Theil seines Heeres zu vernichten. Eine allgemeine Schlacht jenseits Rudnia, in der Gegend von Liubowiczy und Babinowiczy hätte zu gar nichts gedient, auch wenn wir das Schlachtfeld behaupteten. Sie hätte uns einen Verlust an Leuten zugezogen die nicht leicht zu ersetzen waren, da unsere Reserven zum Theil entfernt, zum Theil noch nicht gehörig ausgebildet waren. Der Feind dagegen hatte weiter zurück und in seinen Flanken entsendet, Abtheilungen die ihn schnell verstärken konnten. Wenn wir aber vollends geschlagen wurden, und der Feind uns von Poretschie her in die Flanke und in den Rücken fiel —: ich weiß nicht was dann aus der Armee, und sogar aus Rußland selbst geworden wäre! — Das Schicksal des Reichs hing, so lange es keine andere Armee gab diese zu ersetzen, von dem Ausgang der Schlacht ab, welche die mir anvertraute Armee lieferte. Unter solchen Umständen die Sicherheit des Reichs dem trügerischen Streben nach Ruhm nachzusetzen, wäre Verrath gewesen. Was haben wir an einen glänzenden Feldzug zu denken! Uns liegt ob den Feldzug gegen den Usurpator der gesammten bewohnten Erde mit der Vernichtung des Feindes zu vollenden. Dies Ziel war nicht anders zu erreichen als indem man den Krieg in die Länge zog. Bei Witepsk beabsichtigte ich zu schlagen, und hätte es ohne Zweifel gethan, denn dort konnte ich dadurch den vorgesetzten Zweck erreichen; ich ermüdete den Feind und hielt ihn auf, und verschaffte dadurch dem Fürsten Bagration die nöthige Zeit ohne Aufenthalt Smolensk zu erreichen."

So viel er auch hier wieder von der Nothwendigkeit spricht den Krieg in die Länge zu ziehen, ist es doch am Ende nur eine Schlacht jenseits Rudnia die ihm bedenklich dünkt, und auch die eigentlich nur wegen der Gefahr die von Poretschie her droht. Bei alledem glaubt man durchzusehen daß Barclay's Takt ihn doch sicher genug geführt haben würde, wenn nur die Befehle des Kaisers, die Intriguen des Hauptquartiers, und das Geschrei der ganzen Armee ihn unbeirrt ließen.

Zu Molewo=Boloto waren in Sebastiani's Wohnung einige Papiere erbeutet worden. Darunter ein Tagesbefehl in welchem Murat dem General Sebastiani meldete daß die Russen im Begriff seien mit ganzer Macht auf Rudnia vorzudringen, und ihn aufforderte sich auf die Infanterie zurückzuziehen. Von einer Vereinigung des französischen Heeres auf der Straße von Poretschie, die Danilewsky hinzufügt, stand nichts darin. — Aber man erstaunte den Feind so vortrefflich unterrichtet zu finden. Man glaubte nun die Beweise gegen den ehrlichen Wolzogen in Händen zu haben. In Wahrheit aber hatte der kaiserliche Flügeladjutant Fürst Lubomirski den russischen Angriffsplan unter den jungen Herren des Hauptquartiers zu Smolensk **auf der Straße** besprechen hören. Er beeilte sich seine Mutter, die in der Gegend auf dem Lande lebte, durch ein französisch abgefaßtes Briefchen zu warnen — und da Murat bei dieser Dame einquartiert war, kam die Nachricht auf dem gradesten Wege an den rechten Mann. Barclay aber wurde auch durch dies Befehlsschreiben Murat's von Neuem in seiner Ansicht bestärkt; und demgemäß wurde die angeordnete Bewegung am 9. fortgesetzt. Bagration brach früh von Katan auf und nahm die Stellung bei Prikas=Wydra, indem er seinen Vortrab unter Wassiltschikow nach Wolokowaia vorschob. Platow wich von Inkowo nach Gawriky zurück. Das III. und VI. Infanterie=, II. und III. Reiter=Corps unter Dochturow marschirten in den Nachmittagsstunden von Wydra ab, und vereinigten sich am Abend bei Moschtschinky, wohin Barclay's Hauptquartier kam, mit dem Theil der ersten Armee der bereits auf der Straße nach Poretschie stand. So war denn Alles in der Stellung von der aus der Angriff beginnen sollte.

Aber freilich, nachdem nun auch für dies Unternehmen drei Tage verloren gegangen waren, konnte nichts mehr daraus werden als ein Stoß in den leeren Raum. Denn so wie Napoleon von dem Gefecht bei Molewo-Boloto hörte, befahl er daß Murat und Ney die anrückenden Russen auf der Straße von Rudnia so lange als möglich aufhalten sollten; die drei Divisionen des ersten Corps die sich in der Nähe von Witepsk befanden, und der Vicekönig von Italien, erhielten den Befehl sich bei Liosna mit Ney und Murat zu vereinigen; Davoust sollte seine eigene Abtheilung, die Westphalen (Junot) von Orscha, die Polen (Poniatowski) von Mohilew her, und Latour-Maubourg's Reiter, zwischen Rassassna am Dniepr, und Liubowiczy versammeln. Nur die Infanterie-Division Dombrowski, und eine Brigade leichter polnischer Reiter (von Latour-Maubourg's Heertheil) blieben rechtshin entsendet um Bobruysk zu beobachten, und die Abtheilung des Generals Oertel bei Mozyr im Zaum zu halten. Es waren (ohne Latour-Maubourg's 4000 Reiter) über 185,000 Mann die so auf zwei Punkten — Liosna und Liubowiczy — vereinigt werden sollten. In der Richtung von Welish über Poretschie nach Smolensk blieb gar nichts vom Feinde außer 3 Bataillonen 8 Schwadronen die der Vicekönig von Italien in Surash zurückließ um Wintzingerode zu beobachten; davon mußte sich selbst Barclay doch am Ende überzeugen.

Am 10. August nämlich wurden Krasnow's Kosacken von Cholm aus, Wintzingerode's leichte Reiter aus der Gegend von Duchowtschina her, zur Erkundung gegen Poretschie in Bewegung gesetzt, und berichteten bald daß sich der Feind von dort zurückziehe, und zwar bis Trubilowo auf der Straße nach Witepsk.

Am folgenden Tag lief die Nachricht ein daß der Feind in derselben Richtung bis Kolyschky zurückgewichen sei. General Wintzingerode ging über die Düna, und am rechten Ufer gegen Witepsk vor, um dann weiter wo möglich die Verbindung mit Wittgenstein aufzusuchen. Krasnow beobachtete mit seinen Kosacken die Strecke zwischen Kolyschky und der Düna. Platow, der bisher bei Gawriky vor der zweiten Armee gestanden hatte, nahm jetzt, mit den sieben Kosacken-Regimentern die er unmittelbar bei sich hatte, Krasnow's frühere Stellung bei

Cholm ein; Graf Pahlen rückte als Verbindungsposten zwischen bei=
den Armeen nach Lutscha; Schachoffskoy stand mit seiner Abtheilung
noch immer bei Kasplia.

Daß die erste Armee unter diesen Bedingungen nicht eine ganz
nutzlose Bewegung vorwärts gegen Poretschie machte, ist sehr natür=
lich. Ueber seine damalige Ansicht der Dinge und seine nächsten Plane
äußerte sich dann Barclay, eben auch am 11. in einem Schreiben an
Bagration, in folgender Weise: „Die Bewegungen der ersten Armee
nach Smolensk hatte einzig zum Zweck auch die zweite Armee in die
Nähe dieser Stadt heranzuziehen, und dem Feinde den Weg in das
Innere des Reichs vollständig zu verlegen. Da dies Ziel erreicht ist,
liegt der ersten Armee nun ob die Verbindung mit dem Grafen Wittgen=
stein zu eröffnen, der in der Gegend von Polotzk zurückgelassen wurde,
und unterdessen in solcher Stellung zu bleiben, daß sie nöthigenfalls
der zweiten Armee, welche die Straße nach Moskau zu decken hat, zu
Hülfe kommen kann." — Das Gefühl daß die vorhandenen Kräfte
zum Angriff nicht ausreichten, und daß man dadurch auf die Verthei=
digung angewiesen sei, zeigt sich wieder schon in diesen Worten, und
spricht sich dann noch bestimmter in dem Verlangen aus daß Tormassow
und Tschitschagow in Seite und Rücken des Feindes thätig und ent=
schlossen vorgehen möchten.

Dieses Gefühl dessen er nie ganz Meister werden konnte, so oft
er sich auch, vom Kaiser und seinem Hauptquartier gehetzt und gespornt,
zu einem heroischen Entschluß hinaufzuschrauben sucht, veranlaßt ihn
am 12. August in einem Schreiben an Tschitschagow, auf die Grund=
idee des ursprünglichen, Phull'schen, Operationsplans zurückzugehen,
die er zu seiner Zeit bekämpft und verworfen hatte! — Er schreibt dem
Admiral, den man damals gegen den Dniestr herangekommen wußte:
„Unter den gegenwärtigen Umständen ist es der ersten und zweiten
Armee nicht erlaubt so zu verfahren daß das Innere des Reichs, wel=
ches sie decken, durch den geringsten Unfall in einem allgemeinen Tref=
fen einer Gefahr ausgesetzt werden könnte, und darum ist ihre defensive
Lage eine beinahe unthätige. Die Entscheidung des Kriegs durch rasche
Angriffsbewegungen hängt unmittelbar von der Moldauischen und von
der dritten Armee ab, und dies entspricht auch dem allgemeinen Kriegs=

plan, dem zu Folge derjenige Theil des Heeres gegen welchen der Feind seine Hauptmacht wendet, ihn aufhalten soll, während der andere, der eine geringere Zahl des Feindes gegen sich hat, diese über den Haufen werfen, und der Hauptarmee des Feindes in Flanke und Rücken gehen soll. Ich habe deshalb schon vor langer Zeit und mehr als einmal dem General Tormassow Mittheilungen gemacht, und wünsche von Herzen daß Sie auf diesem Theil des Kriegsschauplatzes durch Ihre Ankunft eine neue Thätigkeit hervorrufen möchten; ich bitte Sie deshalb auf das allerdringendste: wäre es nicht möglich, wenn nicht durch Gewaltmärsche, doch auf Wagen, wenn auch nur einen Theil Ihrer Truppen so schnell als möglich in der Richtung auf Kobryn vorwärts zu bringen, und demnächst dann auch den Rest der Armee, indem Sie sich zu gleicher Zeit in genaue Verbindung mit dem Gen. Tormassow setzen, um von ihm alle Auskunft über die Lage der dritten Armee zu erhalten, die ich selbst nicht in solcher Bestimmtheit habe wie ich zum Nutzen des Dienstes wohl wünschte."

Es ist nicht zu leugnen daß Unklarheit und Widersprüche sich steigern wie Barclay's Lage schwieriger und peinlicher wird. Was sollte es helfen oder bedeuten daß man dem Feinde den Weg in das Innere des Reichs „vollständig verlegte" — daß man sich ihm gerade in den Weg stellte, wenn man doch nicht eine Schlacht annehmen, vielmehr der Entscheidung ausweichen, und den Krieg in die Länge ziehen wollte? — Das Innere des Reichs vor jedem Angriff schützen, und den Krieg in die Länge ziehen indem man der Entscheidung ausweicht, diese beiden Vorstellungen die so seltsam verbunden und durch einander geflochten auftreten, stehen im vollkommensten Widerspruch und heben einander auf. Der Gedanke, daß die Entscheidung eben weil in der Zeit, nothwendig auch im Raum weiter hinausgeschoben werden muß; daß, wenn man sie nicht auf der Stelle annehmen will, gar nicht davon die Rede sein kann das Innere des Reichs zu schützen, vielmehr gar nichts Anderes übrig bleibt als tief in das Land zurückzuweichen und den Feind gleichsam dahin mitzunehmen —: der gewinnt auch jetzt noch so wenig Boden als früher, zur Zeit als Graf Liewen ihn zuerst im russischen Hauptquartier aussprach. Wenn man Alles zusammen nimmt was Barclay anordnete und darüber äußert, glaubt man freilich

einigermaßen zu übersehen, zu welcherlei Ergebniß er für jetzt in seinen
quälenden Zweifeln gelangte. Zum kühnen Angriff fehlt ihm der Entschluß; dagegen ist er, oder glaubt er sich wenigstens, bereit eine Vertheidigungsschlacht anzunehmen „um den Feind aufzuhalten" — aber
die Gründe eines solchen Handelns sind in seinem Geiste keineswegs
zu vollkommener Klarheit gediehen.

Auch den Admiral Tschitschagow mußte Barclay bitten, weil er
ihm nichts zu befehlen hatte. Wie eng überhaupt der Kreis war in
welchem er wirklich befehlen konnte, das sollte Barclay noch an demselben Tage in überraschender Weise erfahren. An diesem selben 12.
August nämlich marschirte Bagration mit der zweiten Armee von Prikas Wydra nach Smolensk zurück, ohne Barclay weiter um seine Meinung zu fragen, ohne die mindeste Rücksicht auf dessen Pläne und Ansichten. Unter seinen Gründen führt Bagration den Mangel an gutem
Wasser bei Prikas Wydra ganz zuerst an, und diese Klage mag wohl
nicht ganz aus der Luft gegriffen gewesen sein. Es war ein heißer,
trockener Sommer; Quellen und Brunnen versiegten, das russische
Heer fühlte den Mangel an Trinkwasser mehr als einmal drückend
genug; das französische, das überall schon ausgeschöpfte Brunnen und
getrübte Bäche fand, litt natürlich sehr viel mehr, und das schlechte
Sumpfwasser mit dem man sich behelfen mußte, mag nicht wenig beigetragen haben die Ruhr zu verbreiten. Ferner befürchtete Bagration
daß der Feind den linken Flügel des gesammten Heeres umgehen und
Newerowsky angreifen werde, um sich dann der Stadt Smolensk und
der Straße nach Moskau zu bemächtigen. Er ließ nur seinen Vortrab
unter Wassiltschikow bei Wolokowaia stehen, und zu dessen Unterstützung
bei Debritzy den General-Lieutenant Fürsten Gortschakow mit der Division zusammengesetzter Grenadier-Bataillone und acht Schwadronen
Uhlanen. Nebenher aber verbarg Bagration keineswegs daß ihn
eigentlich blos leidenschaftlicher, auf das Höchste gesteigerter Unmuth
zu dieser Bewegung rückwärts stimmte —: recht eigentlich in dem Augenblick in welchem sich Barclay bereitete wieder vorwärts zu gehen.*)

---

*) Danilewsky läßt Bagration schon am 9. nach Smolensk zurückmarschiren:
ein ganz unbegreiflicher Irrthum.

Die leichten Truppen die den Bewegungen des Feindes folgten, meldeten nämlich am 12., daß alle beobachteten Abtheilungen des feindlichen Heers über Rudnia hinaus wichen, und die ganze Macht Napoleon's sich in der Gegend von Babinowiczy, Liubowiczy und Dubrowna vereinige. „Ich schloß daraus," sagt Barclay (Denkschrift) „daß der Feind die Absicht habe uns von dieser Seite her anzugreifen; vielleicht in der Hoffnung einen Theil der ersten Armee, die sich bis Poretschie ausgedehnt hätte, abzuschneiden (von Smolensk). Um diesem feindlichen Anschlag zuvorzukommen entschloß ich mich beide Armeen in einer der besten Stellungen die wir im Laufe des Feldzugs gefunden hatten, bei Wolokowaia zu vereinigen, und hier die Schlacht abzuwarten."

Auch Bagration wurde natürlich wieder aufgefordert vorzugehen. Barclay erwartete am 15., dem Geburtstag Napoleon's, angegriffen zu werden. „Greift der Feind uns nicht an, dann suchen wir ihn selber auf," schrieb er dem Fürsten Bagration: „und um so zuversichtlicher da jetzt unsere rechte Flanke frei ist!" — Das machte, wie es scheint, in seiner Vorstellung einen großen Unterschied; nachdem die Gefahr von Poretschie her beseitigt war, konnte man es auf eine Hauptschlacht ankommen lassen.

Nach zwei Märschen nahm die erste Armee am 14. August Stellung zwischen Wolokowaia und dem Kasplia See; Graf Pahlen, der an der südlichen Spitze des Sees das Dorf Waulina besetzte, bildete den äußersten rechten Flügel; Platow wurde bis Inkowo vorgeschoben; das Hauptquartier kam nach Gawriky. „Es war zu wünschen," äußert Barclay, „daß der Feind uns in dieser Stellung angriff; alle Vortheile wären auf unserer Seite gewesen." — In der Erwartung eines solchen ernsten Zusammentreffens mit dem Feinde mußte man nun auch von Neuem überlegen wo der Rückzug hingehen sollte, im Fall der Verlust einer Schlacht ihn nöthig machte. Da so viele einflußreiche Leute von einem weiteren Rückzug gar nicht hören wollten, war man bis jetzt noch zu keinem Beschluß in dieser Beziehung gekommen; und nichts war vorbereitet. Erst hier, am 14. August, wurde der Beschluß gefaßt die nöthigen Verpflegungsmaaßregeln für den möglichen Fall eines Rückzugs auf der Straße nach Moskau zu treffen.

Aber der Entschluß hier eine Vertheidigungsschlacht zu liefern nachdem man eine anscheinend so günstige Gelegenheit versäumt hatte, wurde natürlich wieder allgemein und bitter getadelt. Auch Toll konnte sich davon nichts versprechen; es war ihm ein schlechter Ersatz für seine Plane! — Auch fand man daß die Stellung für die vereinigten Armeen zu eng sei —: eine gar seltsame Bemerkung, die wenigstens gewiß nicht von Toll herrührte. Aber man war nun einmal im Zug zu tadeln, und es läßt sich denken wie die bereits herrschende Verstimmung durch die Hin- und Hermärsche gesteigert werden mußte, die leicht vollkommen planlos erscheinen konnten, und jedenfalls schwankende Unentschlossenheit verriethen. — Wenn Barclay sich hätte auf kaiserliche Befehle berufen können, die ihm Zaudern und Abwarten zur Pflicht machten —: wie leicht und sicher hätte er sich dann in einem bestimmten Sinn bewegen können! — wie leicht wäre es dann gewesen den Sturm zu beschwören, und Schweigen zu gebieten!

Die Bewegungen beider Armeen paßten wieder nicht ganz zusammen. Man wäre nichts weniger als beisammen gewesen wenn am 15. wirklich ein Angriff erfolgte. Bagration, eben erst bei Smolensk eingetroffen, konnte oder wollte nicht am 13. schon wieder einen starken Marsch machen. Er setzte sich zwar in Bewegung, aber wie es scheint erst spät am Tage und nur mit dem VIII. Infanterie-Corps (Borosdin) und der Reiterei; wie weit er kam ist nirgends gesagt. Rajewsky blieb mit dem VII. Corps bis zum folgenden Tag bei Smolensk, ohne daß dabei irgend eine strategische Absicht zum Grunde lag; wahrscheinlich aus nicht sehr wichtigen Ursachen untergeordneter Natur, die in den russischen Berichten nicht einmal angeführt werden. Und doch, daß er so, fast zufällig, in der Nähe blieb, schlug dem russischen Heer zu großem Glück aus!

Denn eben als das russische Heer sich wieder gegen Rudnia vorbewegte, schritt Napoleon zur Ausführung des, wohl schon etwas früher entworfenen, Plans seine ganze Heeresmacht auf das linke Ufer des Dniepr zu versetzen, und auf der Straße von Orscha nach Smolensk vorzudringen. Wie verschieden das Urtheil ausfällt je nachdem der eigene Standpunkt ein anderer ist! — Buturlin, der in Jomini's Richtsteig den Schlüssel zu allen Geheimnissen und Räthseln der Stra-

tegie zu besitzen glaubt, nennt diesen Zug „das schönste Manoeuvre wel=
ches Napoleon im Lauf des ganzen Feldzugs ausgeführt hat" (le
plus beau mouvement qu'il ait exécuté de toute la campagne) —:
Clausewitz dagegen findet hier „das Unbegreiflichste im ganzen Feld=
zuge." Das russische Heer selbst war allein der Gegenstand aller Ope=
rationen Napoleon's; des Sieges gewiß suchte er eine Schlacht, und
glaubte weiter nichts zu bedürfen. Da kann sich Clausewitz nicht er=
klären warum Napoleon nicht lieber mit gesammter Macht über Rub=
nia gerade auf die russische Armee und Smolensk losging, anstatt eine
seitwärts ausbiegende Bewegung zu machen, durch welche er einen be=
deutenden Fluß, eine von Mauern und Thürmen umgebene, gegen den
stürmenden Angriff wohl zu vertheidigende Stadt, überhaupt schwierige
Engnisse zwischen sich und seinen Gegner brachte. Wie schwierig war
der Uebergang durch Smolensk auf das rechte Ufer des Dniepers auf
das Napoleon doch zurück mußte um seinen Feind aufzusuchen! — wie
leicht konnte Barclay sein Heer in Sicherheit bringen, ehe Napoleon
damit fertig war!

Aber wahrscheinlich fürchtete Napoleon nach seinen bisherigen
Erfahrungen die russische Armee werde wieder vor der Entscheidung
zurückweichen wenn er einfach gerade auf sie losginge — und hoffte
dagegen Smolensk im Rücken derselben gar nicht oder schwach besetzt
zu finden; so konnte er darauf rechnen sein Heer dort wieder auf das
rechte Ufer hinüberzubringen ehe Barclay und Bagration von ihren
unsicher tappenden Bewegungen vorwärts zurück waren, und sie gerade
dadurch unabweisbar zu der ersehnten Schlacht zu zwingen, daß er
ihnen die Straße nach Moskau und in das Innere des Reichs ver=
legte. Es scheint also wohl daß er diesmal ausnahmsweise die Wahr=
heit sagt in dem Fabelbuch, welches er seinen Getreuen in St. Helena
dictirt hat, denn dort werden ungefähr diese Gründe für sein Verfah=
ren angeführt. Aber freilich bleibt trotz dieser Erklärung noch mancher
Zweifel zu lösen. Gerade in dem Augenblick, in welchem der Zug be=
gonnen wurde, am 13. August, zeigte sich im Grunde wenig Aussicht
daß er gelingen könnte. Es käme darauf an zu wissen in wie weit
Napoleon damals von der Stellung des russischen Heeres unterrichtet
war; wo er die erste Armee vermuthete, und ob wirklich Wassiltschi=

kow's Stellung bei Wolokowaia ihm Bagration's Rückmarsch auf Smolensk vollkommen verbarg. Wie die Sachen jetzt stehen ist nur das Eine vollkommen klar, daß den französischen Generalen durchaus die Kenntniß der Oertlichkeiten fehlte, und daß dieser Umstand einen sehr großen Einfluß zu Gunsten der Russen, auf den Gang der Ereignisse übte.

Am 13. wurden bei Chomino und Raffaßna die nöthigen Brücken über den Dniepr geschlagen; Davoust, schon jenseits des Flusses, deckte die Arbeit. Noch an demselben Tage gingen Murat mit Ransouty's und Montbrun's Reitern, und Ney bei Chomino auf das linke Ufer hinüber; Grouchy, und die drei früher bei der Hauptarmee zurückbehaltenen Divisionen von Davoust's Heertheil bei Raffaßna; Junot rückte aus Orscha gegen Romanowo heran, Poniatowski erreichte diesen Ort im Marsch von Mohilew auf Krasnoi. Am 14. brach auf dem äußersten rechten Flügel Latour-Maubourg von Rogatschew auf um über Mstislawl auf Smolensk zu marschiren. Der Vicekönig Eugen und die Garden gingen bei Chomino über den Dniepr, auf dem rechten Ufer blieb nur Sebastiani's leichte Reiter-Division, von Montbrun's Corps, jetzt unter dem Generallieutenant Pajol, mit dem Auftrag auf dieser Seite gegen Smolensk vorzugehen.

Murat, dem Ney auf dem Fuße folgte, erreichte mit den drei Reiter-Corps schon in aller Frühe Liady, und erschien um drei Uhr Nachmittag vor dem Städtchen Krasnoi, das von einem russischen Bataillon besetzt, rasch erstürmt wurde. Newerowsky, der seine Infanterie hinter dem Städtchen aufgestellt hatte, und länger verweilte als gerathen war, weil er, wie es scheint, nur eine nicht bedeutende Abtheilung des französischen Heeres gegen sich im Anzug wähnte, sah sich nun in einer sehr üblen Lage, aus der er sich, wie bekannt, in sehr rühmlicher Weise rettete. Seine wenige Reiterei wurde sogleich vollständig aus dem Felde geschlagen; auch seine Artillerie, die sieben Geschütze verlor, mußte sich durch die Flucht retten; das Fußvolk, auf sich selbst angewiesen, zog sich, die zahlreichen Anfälle der französischen Reiterei abweisend, mit einer Fassung zurück, die man kaum glaubte erwarten zu dürfen, da diese Division zu zwei Drittheilen aus ganz neu gebildeten Bataillonen bestand; ein Umstand dessen oft mit Bewunderung gedacht wird. Doch kömmt es wohl öfter, ja eigentlich sehr oft, vor daß gerade solche unerfahrene Truppen in ähnlichen Fällen ganz Ueberraschendes leisten. Wenn nur der erste, allerdings sehr ge= fährliche Moment, glücklich vorübergeht, ohne daß ein panischer Schrecken Unordnung und Unheil veranlaßt, wenn Glück und Zufall wollen daß der erste Anfall des Feindes abgewiesen wird, dann wächst den Neulingen der Muth ganz gewaltig, und ihre Zuversicht wird um so größer je weniger sie Erfahrung haben, je weniger sie die Schwierig= keit der eigenen Lage einsehen. Auch die Oertlichkeit kam den wei= chenden Russen einigermaaßen zu statten; die sehr breite Poststraße auf der Newerowsky sich zurückzog, ist nämlich zu beiden Seiten mit Gra= ben und einer doppelten Reihe großer Birkenbäume eingefaßt —: kein übler Schutz gegen planlose Reiter=Angriffe, die Murat nicht durch seine Artillerie vorzubereiten verstand. Murat beschränkte sich darauf immer wieder von Neuem einzelne Regimenter, ja einzelne Schwadro= nen, in wilder Unordnung auf die durch Graben und Bäume geschütz= ten Massen des russischen Fußvolks zu hetzen, und dabei konnte freilich nicht viel herauskommen. Uebrigens darf man sich die Ordnung des Rückzugs auch nicht wie auf dem Exercirplatz denken. Newerowsky hatte anfänglich, ob Bataillon= oder Regimenterweise wissen wir nicht, volle Quarrés gebildet; nach und nach aber drängte die ganze Masse sich zu einer Colonne ohne Gliederung zusammen. Bei einem Dorf wo der Schutz der Graben und Bäume eine Strecke weit auf= hörte, trat ein besonders schwieriger Augenblick ein; es scheint fast als sei hier der Schweif der Colonne von der Straße abgedrängt und übel zugerichtet worden; jedenfalls kömmt wohl ein bedeutender Theil des Verlustes den Newerowsky erlitt, auf diesen Augenblick. Newerowsky hatte die Vorsicht gebraucht ein Bataillon und zwei Geschütze voraus= zuschicken, um an einem Bach, hinter einer Engniß einen Posten zu sei= ner Aufnahme bereit zu haben. Hier endete die Verfolgung, wahr= scheinlich wegen gänzlicher Ermüdung der Pferde; das Feuer jener bei= den Geschütze gab gleichsam das Zeichen dazu. Newerowsky der 1500 Mann, darunter 800 Gefangene verloren hatte, sah sich gerettet, und lagerte die Nacht bei Korytnia.

Russischer Seits erreichte Barclay, wie schon gesagt, die bei Wolo=

kowaia gewählte Stellung; Bagration traf mit der Infanterie des VIII. Infanterie-Corps bei Nadwa ein; aus den russischen Berichten läßt sich nicht mit Bestimmtheit ersehen, ob er nicht gar erst am 15. früh dorthin gelangte. Die 2. Kürassier-Division, welche zu diesem Corps gehörte, war jedenfalls am 14. Abends weiter zurück gegen Katan, wir wissen nicht genau wo; Rajewsky, gegen Abend erst aus= marschirt, biwachtete nicht volle zwei Meilen von Smolensk.

Meldungen kamen von Newerowsky; noch in der Nacht erfuhren beide Oberbefehlshaber, Bagration und Barclay, daß er bei Krasnoi von überlegener Macht angegriffen sei; aber seltsamer Weise verfiel man dennoch in beiden Hauptquartieren nicht darauf, daß Napoleon mit seinem ganzen Heer auf das linke Ufer des Dniepers hinüber ge= gangen sein könnte, und begnügte sich fürs erste mit ziemlich lässigen Maaßregeln, mit denen man allenfalls gegen eine mäßige Abtheilung des französischen Heeres ausreichen konnte. Rajewsky erhielt von Ba= gration den Befehl nach Smolensk zurück, und durch die Stadt nach Krasnoi vorzugehen, um Newerowsky zu unterstützen; nähere Ver= haltungsbefehle konnte er selbst auf seine ausdrückliche Anfrage nicht erhalten: wie es scheint glaubte man also, daß Newerowsky sich wohl bei Krasnoi selbst, oder ganz in der Nähe behauptet habe, und daß die Unterstützung genüge das linke Dniepr-Ufer vollkommen sicher zu stellen!

Im Uebrigen vereinigte Bagration am 15. früh bei Nadwa die unter Wasültschikow und Gortschakow zurückgelassenen Abtheilungen mit dem VIII. Infanterie-Corps. Platow, durch 2 Bataillone Jäger und 1 Dragoner-Regiment verstärkt, erhielt den Befehl dem Feinde über Jelissejewo, in der Richtung auf Liubowiczy zu folgen; Graf Pahlen sollte ihn unterstützen. Zugleich entwarf Barclay einen gar seltsamen Plan, der entschieden beurkundet daß man sich mit durchaus irrigen Vorstellungen beschäftigte, und Bagration, der sonst so ziemlich Allem und Jedem widersprach was von seinem Collegen kam, ging diesmal bereitwillig auf dessen Vorschläge ein. Barclay verfügte nicht mehr und nicht weniger als daß der Fürst Bagration mit der gesamm= ten zweiten Armee bei Katan über den Dniepr gehen solle, um auf dem kürzesten Wege den französischen Abtheilungen dort entgegen zu treten!

— „Im Fall es nöthig sein sollte," schrieb er dabei, „kann ich Sie verstärken, und selbst werde ich dann dem Feinde folgen" — (natürlich gegen Liubowiczy hin).

Dem Kaiser meldete Barclay an demselben Tage: „Die Bewegungen des Feindes gegen den Dniepr und auf das linke Ufer desselben, wodurch er beinahe die ganze Landstrecke zwischen dem Dniepr und der Düna verläßt, müssen in Verwunderung setzen; aber sobald ich mich von seinen wirklichen Absichten überzeugt habe, werde ich nicht ermangeln meine Maaßregeln den Umständen gemäß zu nehmen, und die Armee in eine Stellung bringen in der ich, immer im Stande den Fürsten Bagration zu verstärken, nichts desto weniger die Landstrecke zwischen dem Dniepr und der Düna behaupten kann."

Durch das VI. Infanterie-Corps bei Nadwa abgelöst, marschirte Bagration auch wirklich in den Nachmittagsstunden desselben Tages nach Katan, wo sogleich mit Brückenschlagen der Anfang gemacht wurde. Jetzt änderten sich die Ansichten.

Auf dem linken Ufer des Flusses hatte Napoleon im Lauf dieses Tages die Russen nicht gedrängt; die Masse seiner Truppen konnte nicht schnell genug herankommen. Rayewsky, der Newerowsky aufgenommen, sich drei Werste vor Smolensk, hinter einem Grund aufgestellt, und seinen Vortrab noch drei Werste weiter vorgeschoben hatte, durfte ruhig stehen bleiben bis zur Nacht. Erst nach vier Uhr Nachmittags erschien die Spitze der anrückenden Franzosen im Angesicht seines Vortrabs, der später durch Umgehung seines linken Flügels zum Rückzug genöthigt wurde, ohne daß es zum Gefecht gekommen wäre. In der Nacht ging Rayewsky nach Smolensk zurück, wo er sich in der Stadt selbst und den Vorstädten mit Erfolg zu behaupten hoffte. — Napoleon brachte die Nacht vom 15. zum 16. in Korytnia zu; überhaupt von dem Thun der russischen Armee schlecht unterrichtet seitdem er das alte, wirkliche Rußland betreten hatte, wo sowohl die polnischen Juden als eine gewisse halbgebildete und ganz verderbte Klasse des Mittelstandes, und mithin die Spione fehlten, erhielt er hier Meldungen die ihn glauben machten daß Barclay Smolensk schon seit drei Tagen geräumt habe. Das war ein für die Geschichte des nächsten Tages, und selbst für den Gang des Feldzugs nicht unwichtiger Umstand, denn man glaubte nun französischer Seits zunächst keine sehr große Anstrengung nöthig.

Smolensk in Vertheidigungsstand zu setzen, daran hatte im russischen Hauptquartier kein Mensch ernstlich gedacht; nicht sowohl deshalb weil man selbst mit Angriffsplanen beschäftigt war, als weil man den Feind eben nur zwischen dem Dniepr und der Düna, von Witepsk her erwartete, wie sich das noch in Barclay's etwas naiver Verwunderung ausspricht. Der Zustand der Stadt und ihrer Mauern ist aus Blesson's Beschreibung hinlänglich bekannt. Die alte, gewaltige Stadtmauer, 40 Fuß hoch und 18 Fuß dick, mit ihren 17 theils viereckigen, theils zwölf= und sechzehneckigen Thürmen, konnte freilich ohne alle Voranstalten nur wenig für die Vertheidigung benützt werden, war aber auch dem Angriff unzugänglich, und gewährte den Vertheidigern den sehr großen Vortheil, daß der Kampf auf wenige Punkte beschränkt wurde, wenn der Feind bis hierher vordrang: auf die beiden Thore nämlich, und einige Oeffnungen in der Mauer, durch welche einzubringen gewiß keine leichte Aufgabe war. An der Westseite ist die Mauer unterbrochen; ein bastionirtes Fünfeck, Erdbau von starkem Profil, von Peter dem Großen angelegt, sperrt die Oeffnung; ein flacher trockner Graben, und ein bedeckter Weg ohne Pallisaden umgeben das Ganze, und weiter vorwärts gewähren die Vorstädte, an der Ostseite verschanzt, und tief eingeschnittene Thäler, die sich zu beiden Seiten von der Höhe des flach ausgebreiteten Geländes vor der Stadt, um diese herum zu dem hinter ihr vorbeifließenden Dniepr hinabsenken, der Vertheidigung günstige Oertlichkeiten.

Sobald Murat's Reiter und Ney's Fußvolk am 16. früh vor der Stadt eingetroffen waren, entspann sich ein Gefecht, das indessen den ganzen Tag ziemlich unbedeutend blieb. Rajewsky selbst, ein sehr tüchtiger und verdienter Offizier, der allerdings dem Heer und Rußland durch die Behauptung der Stadt einen großen Dienst geleistet zu haben glaubte, äußert dennoch: „Ich schlug mich mit dem festen Vorsatz nöthigen Falls unterzugehen auf diesem Ehrenposten der Rettung. Wenn ich aber auf der einen Seite die wichtigen Folgen des Gefechts erwäge, auf der anderen den geringen Verlust den ich erlitt, dann sehe ich sehr klar daß der Erfolg nicht sowohl durch meine Anstalten bestimmt wurde, als durch den geringen Nachdruck der Angriffe Napoleon's." — Diese Worte führt namentlich Danilewsky an, und läßt nichts desto weniger das unbedeutende Gefecht in seiner Beschreibung zu einem hartnäckigen Heldenkampf werden. Freilich aus leicht begreiflichen Gründen. Er findet so die Gelegenheit den jetzigen Feldmarschall Paskiewitsch, der damals als General-Major unter Rayewsky die 26. Infanterie-Division befehligte, in einer sehr glänzenden Rolle ruhmgekrönt auftreten zu lassen —: oder vielmehr er schafft diese Gelegenheit.

Von den Nachmittagsstunden an konnte auch Rayewsky mehr und mehr auf ausreichende Unterstützung rechnen. Sobald nämlich Bagration bei Katan erfuhr daß die französische Armee bereits über Korytnia hinaus gegen Smolensk vorgedrungen, und folglich keine Möglichkeit mehr sei ihr den Weg dahin zu verlegen, packte er seine Brücke wieder zusammen, und marschirte eilend das rechte Flußufer entlang nach Smolensk. Bald nach Mittag erschienen seine ersten Truppen auf dem hohen Ufer hinter der Stadt; nach und nach die ganze zweite Armee. — Später am Abend traf auch die erste Armee hinter Smolensk ein. Sie war früh, noch vor Tagesanbruch, nachdem Rayewsky's Berichte dem General Barclay die Augen geöffnet hatten, von Wolokowaia und Nadwa aufgebrochen, und hatte die sechs Meilen in einem Gewaltmarsch zurückgelegt. Barclay's Heer marschirte in zwei Colonnen, von denen die eine unter Tutschkow dem 1. (III. und IV. Infanterie-, I. Reiter-Corps), auf dem schon öfter benützten Wege über Lutscha und Lawrowo die Straße nach Poretschie erreichte, und auf dieser heranzog; Schachofskoy's Abtheilung, die bisher bei Kasplia stand, folgte auf demselben Wege. — Die andere Colonne, unter dem Großfürsten Konstantin (das II. und V. Infanterie- und II. Reiter-Corps) verfolgte den geraden Weg über Prikas-Wydra und Schalometz. Dochturow, der mit dem VI. Corps von Nadwa auf dem kürzesten Weg über Tschabury und Rakitnia auf Smolensk zurückging, bildete eine besondere Colonne. Graf Pahlen ging mit dem Nachtrab bis Prikas-Wydra zurück. — Toll hatte die Nacht vom 15. zum 16. nicht im Hauptquartier zugebracht. Er hatte sich weiter vorwärts begeben, und übernachtete in einer verlassenen Bauernhütte, in der Absicht am folgenden Tage an der Spitze des Marsches zu bleiben, und das Gelände gegen Liubowiczy hin zu besichtigen. Einer seiner Offiziere, der Lieutenant Etscherbinin, war nicht wenig verwundert, als er früh gegen Morgen vor die Thüre trat, die Jäger die zu Platow's Abtheilung gehörten, im Rückmarsch gegen Wolokowaia vorbeiziehen zu sehen. Er weckte Toll, man warf sich rasch zu Pferde, und eilte nach Gawriky zurück — und da hier Barclay nicht mehr zu finden war, ohne Aufenthalt weiter. Der ferne Kanonendonner von Smolensk her rechtfertigte ohne weitere Erörterungen den Rückmarsch vollkommen, aber Toll meinte doch Barclay hätte bei alledem wohl seinen General=Quartiermeister können aufsuchen lassen. — Uebrigens traf er diesen General erst auf dem hohen Thalrand bei Smolensk wieder.

Es fragte sich nun was weiter geschehen sollte, und da ist es nicht ohne Interesse aus Barclay's Denkschrift zu ersehen wie ihm die Lage der Dinge erschien, und was er beabsichtigte. Um so mehr da Buturlin nicht genügende Auskunft giebt, und der Herzog Eugen von Würtemberg gar keine. Danilewsky der, wie man wohl sieht, sehr gut unterrichtet ist, beschränkt sich darauf einiges Material mitzutheilen, aus dem sich allenfalls errathen läßt was er keinen Beruf fühlt zu erzählen. Am wenigsten trifft die in der „Geschichte der Kriege in Europa seit 1792" aufgestellte Vermuthung zu. „Wahrscheinlich, sagen die Verfasser, lag diesen Anordnungen (zur Vertheidigung von Smolensk) keine andere Idee zum Grunde als: mit Gewinn einiger Tage dem Feinde beim Angriffe der Stadt einen namhaften Menschenverlust zu verursachen, worauf dann die Bewegung nach dem Innern fortgesetzt werden sollte." — Solche Absichten würden ohne Zweifel zum Grunde gelegen haben, wenn ein Rückzug weit hinein in die Provinzen Plan gewesen wäre. Aber davon war nicht die Rede. Barclay wollte bei Smolensk freilich nicht eine entscheidende Hauptschlacht annehmen, hatte aber dafür nur den einen Grund daß hier für die russische Armee kein vortheilhaftes Schlachtfeld, und die Rückzugslinie nach Moskau, mit der man sich gleichlaufend aufstellen mußte, gefährdet sei. Auch er dachte nur an einen Rückzug bis in die nächste vortheilhafte Stellung mit gesicherten Verbindungen. Er durfte, wie die Stimmung im Heer sowohl als in der Umgebung des Kaisers einmal war, jetzt noch weniger als früher an etwas Anderes denken, und stieß selbst bei der Ausführung dieses Gedankens auf einen Widerstand, dem er auf die Länge nicht gewachsen war.

„Napoleon's Absicht war sehr einleuchtend," sagt Barclay (Denkschrift). „Durch diese unerwartete Bewegung (nach Smolensk) trennte er uns von der Armee des Grafen Tormassow, von allen südlichen Gubernien, und sogar von Moskau. Bei der geringsten Säumniß ihm diese Vortheile wieder zu entreißen benützte er die so gewonnene Zeit, und konnte uns mit dem Uebergang über den Dniepr vor dieser Stadt zuvorkommen. Was für einen Eindruck und Schrecken hätte die Nachricht von diesem Ereigniß in Moskau und in den südlichen Gubernien gemacht und erregt! — Am meisten mußte man um die Ukraine und Kleinrußland besorgt sein."

Seltsam daß auch hier wieder die geographischen Vorstellungen die Hauptrolle spielen, und demgemäß Napoleon's Absichten, wie man sie sich wohl dem Geist seiner Kriegführung gemäß denken muß, und wie er sie auch selbst in seinen sogenannten Denkwürdigkeiten ausspricht, gleichsam in umgekehrter Ordnung erscheinen. · Barclay verfällt nicht darauf daß Napoleon ihm den Weg nach Moskau zu verlegen sucht, hauptsächlich um ihn zur Schlacht zu zwingen —: er nimmt vielmehr an Napoleon werde es auch wohl auf eine Schlacht ankommen lassen um das russische Heer von Moskau und dem Süden abzuschneiden. Buturlin gefällt sich darin diese, dem feindlichen Heerführer geliehenen Vorstellungen weiter auszumalen und in eine wissenschaftliche Form zu bringen, und spricht mit vieler Bestimmtheit in Napoleon's Namen. Daß eine Schlacht mit verkehrter Fronte, die er im Bewußtsein der Ueberlegenheit die ihm zu Gebote stand, und der Feldherrngröße die er mitbrachte, allerdings wagen durfte, entscheidender werden mußte als eine bloße Frontalschlacht, mag allerdings auch in Napoleon's Berechnungen gelegen haben —: aber das ist etwas ganz Anderes, und mochte auch wohl nur als eine erwünschte Steigerung des möglichen Gewinns in Anschlag kommen. Hauptsache war und blieb eine siegreiche Schlacht an sich. — Auffallend sind dann auch die etwas dunklen Andeutungen in Beziehung auf Kleinrußland und die Ukraine. Sollte man dort polnische Sympathien befürchtet haben? — Das ist kaum zu glauben; denn nach Allem scheint es als ob dies, wenigstens damals, eine ziemlich unnütze Sorge gewesen wäre.

„(Barclay's Denkschrift.) Es wurde demgemäß beschlossen daß die zweite Armee in der Nacht vom 16. auf den 17. auf der Straße nach Dorogobush (Moskau) abmarschiren, die erste Armee aber diesen gegen die rechte Flanke des Feindes ausgeführten Marsch decken sollte. Sie sollte den Feind aufhalten bis die zweite Armee Solowiewa-Pereprawa am Dniepr erreicht haben würde. Ein Theil der ersten Armee sollte dann auf demselben Wege folgen. Dem Fürsten Gortschakow lag ob mit einem starken Nachtrab (von der zweiten Armee) die Punkte bei Gedeonowo und Sabolotie bis zur Ankunft der Armee besetzt zu halten."

Ueber die Maaßregeln die zunächst genommen werden sollten waren die beiden Feldherren einig; sie dachten sich aber, wie sich bald genug erwies, ganz verschiedene Dinge dabei. Barclay wollte Smolensk nur halten bis man sich wieder der Straße nach Moskau gehörig versichert, und dem Feinde unmöglich gemacht habe sie zu verlegen, um dann auf dieser natürlichen Rückzugslinie Stellung zu nehmen. Bagration dagegen verlangte man solle sich in dieser Verfassung, Barclay hinter Smolensk, er selbst hinter der Kolodnia ganz in das Unbestimmte hinaus behaupten. Napoleon's Angriffe konnten nur entweder auf Smolensk gehen, oder auf die Straße nach Moskau; die ersten sollte Barclay abwehren, die anderen übernahm er (mit einigen und dreißig tausend Mann!) abzuweisen; und in dieser Form schien ihm ein Widerstand möglich, der dem Vordringen des Feindes Gränzen setzen — mit anderen Worten nichts Geringeres als den Wendepunkt des Feldzuges herbeiführen konnte! — Er schrieb dem Kaiser am 17., als er sich in Bewegung setzte: „Ich hoffe daß der Kriegsminister (Barclay) da er die ganze erste Armee vor Smolensk hat, Smolensk halten wird, und ich werde, wenn der Feind Versuche macht vorbei, und auf der moskauischen Straße weiterzugehen, ihn zurückschlagen." — Man sieht, die Worte sind nicht ohne Kunst so gestellt daß sie Barclay's Persönlichkeit als den Gegenstand bezeichnen, der allein den Erfolg zweifelhaft macht, und zur Anklage werden, wenn dieser General Smolensk aufgeben sollte. Nach einigen andeutenden Worten Barclay's zu schließen, möchte die Trennung der beiden Armeen, und ein entscheidender Kampf in solcher taktischen Trennung dem Fürsten Bagration hauptsächlich deswegen genehm gewesen sein, weil er dadurch selbstständig auf ein besonderes Schlachtfeld versetzt wurde, wo der Ruhm eines etwanigen Erfolges ihm allein und ungetheilt bleiben mußte.

Bagration zog Rajewsky an sich, brach am 17. um vier Uhr früh auf, und nahm Stellung an der Kolodnia, wenig über eine Meile von Smolensk, auf der Straße nach Moskau.

Die Vertheidigung der Stadt wurde dem General Dochturow anvertraut, der dazu sein eigenes Infanterie-Corps (das VI.) — die zurückgelassene Division Newerowsky, die Division Konownitzyn vom III. Infanterie-Corps und zwei Regimenter der 12. Division vom VII. Infanterie-Corps unter seinen Befehlen hatte.

Auf dem rechten Ufer des Dniepr's ordnete sich der Rest der ersten Armee in bedeutender Tiefe, auf der Straße nach Poretschie; zunächst standen das II. und IV. Inf.-Corps rechts und links derselben, dreitausend Schritt hinter den letzten Häusern der Petersburger Vorstadt von Smolensk, die sich auf diesem Ufer ausbreitet. Hinter diesen Truppen stand die 1. Grenadier-Division, weiter zurück das Garde- (V.) Corps, und ganz zuletzt die Kürassiere; sämmtlich rittlings auf der Straße. Ungefähr in gleicher Höhe mit dem II. und IV. Inf.-Corps, aber in einiger Entfernung von denselben, bildeten das I. und II. Reiter-Corps, eines hinter dem anderen, den rechten, — das III. Reiter-Corps den linken Flügel. Zahlreiche Batterien wurden bis an den hohen Thalrand des Dniepr vorgeschoben, und faßten während des Gefechts die feindlichen Truppen zum Theil mit großem Erfolg in Flanke und Rücken. Neben der stehenden, wurden zur Verbindung mit der Stadt noch zwei Schiffbrücken über den Fluß geschlagen.

Napoleon's Heer hatte sich schon den Abend vorher und während der Nacht vor Smolensk gesammelt; Ney, Davoust, Poniatowski, und Murat's Reiter bildeten einen weiten Halbkreis um die Stadt; die Garden standen als Rückhalt hinter der Mitte; der Vice-König Eugen und Junot, der sich in ganz unbegreiflicher Weise verirrt hatte, waren noch zurück.

Sachverständige haben es mehr als einmal fast unbegreiflich genannt daß Napoleon überhaupt angriff nachdem es ihm einmal nicht gelungen war die Stadt vor dem russischen Heer zu erreichen und zu besetzen; daß er sich nicht darauf beschränkte sie zu beobachten, um den Haupttheil seines Heeres oberhalb, bei Prudischtschewo, über den Fluß und auf die Straße nach Moskau zu führen. Dann hatte er die Schlacht in Händen deren er bedurfte. Es frägt sich welchen Einfluß hier eine unstreitig sehr mangelhafte Kenntniß der Oertlichkeiten geübt haben mag. Und dann wissen wir durch Chambray's Zeugniß, daß Napoleon, was freilich seltsam genug klingt, erwartete, das russische Heer werde durch Smolensk vorrücken um in der Ebene vor der Stadt eine Schlacht anzunehmen. Einigermaaßen konnte er in dieser Idee dadurch bestärkt werden, daß die Russen den Tag, um acht Uhr früh, mit an sich unbedeutenden Unternehmungen begannen, die allenfalls als die Einleitung zu einem Angriff zu deuten waren. Sie suchten sich einiger Punkte in der Nähe der Stadt wieder zu bemächtigen, welche die Franzosen am Abend vorher besetzt hatten. In solcher Täuschung ließ Napoleon den ganzen Vormittag des 17. ungenützt verstreichen. Erst um zwei Uhr schritt er zum Angriff, und nun entspann sich ein heißer, blutiger Kampf von welchem der Herzog Eugen von Würtemberg ohne Zweifel das wahrste Bild entworfen hat, und der am Abend damit endete daß die Russen die Vorstädte verloren und auf die eigentliche Stadt beschränkt wurden, was nicht gerade ein großes Ergebniß genannt werden kann — am wenigsten ein irgendwie entscheidendes. Einen Augenblick freilich — etwa um vier Uhr — sah es aus als könnte der Feind auch die Stadt mit Sturm erobern, was denn allerdings für die Russen einen sehr großen Verlust an Mannschaft und Geschütz nach sich ziehen mußte. Dochturow's Berichte lauteten sehr bedenklich: „er fürchtete, bei der gänzlichen Erschöpfung seiner Truppen zu unterliegen." — Fast wäre es den Feinden gelungen mit den aus der Vorstadt weichenden Russen zugleich durch das Malachowskische Thor in die Stadt zu bringen; der bedeckte Weg und der Graben waren theilweise in den Händen der Stürmenden. Die Garde-Jäger, die 4. Infanterie-Division (Herzog Eugen von Würtemberg, vom II. Infanterie-Corps) und zuletzt die Jägerbrigade (Potemkin) der 17. Division (ebenfalls vom II. Corps) wurden zur Unterstützung in die Stadt vorgesendet; die gefährlichen Angriffe auf die Thore und die Citadelle wurden glücklich abgeschlagen; dem Feuer des Geschützes, das in bedeutender Menge vereinigt, dem Sturm darauf neue Bahnen brechen sollte, widerstand das alte feste Mauerwerk. Ein Ausfall den der Herzog Eugen mit zwei Bataillonen aus dem Malachowskischen Thore wagte, führte zur Wiederbesetzung des bedeckten Wegs an dieser Stelle. Die Stadt ging in Flammen auf. Den Verlust der Russen giebt Buturlin auf 6000 Mann an; Barclay schätzt ihn wiederholt auf „mehr als 4000," wohl etwas zu gering, wenn man bedenkt daß die 4. Division allein 1300 Mann außer Gefecht hatte. Der Verlust der Franzosen muß, nach der Oertlichkeit und der Natur des Gefechtes, reichlich das Doppelte des russischen betragen haben.

Barclay glaubte Smolensk nicht länger halten zu dürfen; trotz der bewiesenen Tapferkeit waren die Truppen in der Stadt schon an diesem Tage in Gefahr gewesen; nun kam noch dazu daß der Feind von den Höhen am Ufer, deren er sich im Laufe des Tages bemächtigt hatte, die Brücken über den Dniepr beschießen konnte; das war sogar bereits geschehen, und die Verbindung mit der Stadt wurde dadurch sehr mißlich. Auch schien der Zweck erreicht; Bagration stand auf der Straße nach Moskau und hatte den nöthigen Vorsprung. „Der Feind wurde aufgehalten," schreibt Barclay (Denkschrift) —: „und die zweite Armee mit so vielem Erfolg gedeckt daß sie nicht einen Mann verlor."

Dem Kaiser berichtete er wenige Tage nach dem Treffen: „Unser Zweck bei Vertheidigung der Trümmer der Mauern von Smolensk, bestand darin, die Ausführung der Absicht des Feindes Jelnia und Dorogobush zu erreichen, aufzuhalten, indem wir ihn hier beschäftigten, und dadurch dem Fürsten Bagration die nöthige Zeit zu verschaffen Dorogobush ungehindert zu erreichen. Smolensk länger zu halten hätte durchaus keinen Vortheil gewährt; es konnte im Gegentheil die ganz nutzlose Aufopferung einiger tausend tapferer Soldaten nach sich ziehen. Darum entschloß ich mich nach der gelungenen Abwehrung des Sturms, in der Nacht vom 17. auf den 18. Smolensk zu verlassen, nur die Petersburger Vorstadt zu halten, und mit der ganzen Armee eine Stellung auf den Höhen Smolensk gegenüber zu ein=

men, indem ich mir das Ansehen gab als ob ich hier eine Schlacht annehmen wollte."

Dieser Ansicht entsprechend wurde Dochturow mit seinen Truppen spät am Abend, erst um, oder nach eilf Uhr, aus Smolensk zurückgezogen; gegen vier Morgens erhielt denn auch der Herzog von Würtemberg Befehl die Stadt zu räumen. Diese Anordnungen erregten unter den höheren Offizieren des russischen Heeres einen furchtbaren Sturm. Welche Stimmung, welcher Argwohn herrschten, haben wir bereits gesehen. Nun kam noch hinzu daß die zweitägige Behauptung von Smolensk, besonders das allerdings ehrenvolle Gefecht am 17., in welchem man aber denn doch am Ende einen Theil seines Schlachtfeldes, nämlich die Vorstädte, verloren hatte, im russischen Heer als ein ruhmvoller und höchst glänzender Sieg betrachtet und gefeiert wurde; namentlich bei den Heertheilen die nicht im Gefecht gewesen waren, erhob sich Alles zu einer siegesmuthigen, begeisterten Stimmung.

Zum Ueberfluß traf eben gegen eilf Uhr ein Schreiben Bagration's im Hauptquartier ein. Dieser General forderte darin auf die Vertheidigung von Smolensk fortzusetzen, um zuletzt zum Angriff überzugehen. Der leitende Gedanke dabei war, man solle den Feind seine Kräfte in vergeblichen Stürmen verbrauchen lassen, und wenn er ganz erschöpft sei, über den Fluß und durch die Stadt zum siegreichen Angriff vorbrechen, um den Sieg zu vervollständigen. Der Inhalt dieses Briefs blieb kein Geheimniß. Unmittelbar darauf erfolgte der eben erwähnte Befehl Barclay's die Stadt zu verlassen, und die Brücke zu verbrennen: da durchbrach der auf den höchsten Grad gesteigerte allgemeine Unwille alle Schranken.

Viele Generale verlangten mit großer Heftigkeit, im Sinn des Fürsten Bagration, die Vertheidigung von Smolensk, die schon zwei Tage lang mit so glänzendem Erfolg gelungen sei, solle in das Unbestimmte hinaus fortgesetzt werden; eine andere Partei ging in seltsamer Aufregung sogar noch weiter; sie glaubte die Kräfte und der Muth des Feindes, der mit so geringem Erfolg gekämpft habe, seien bereits erschöpft und forderte man solle die begeisterte, siegesfrohe Stimmung des Heeres benützen, von der Alles zu erwarten sei, über den Fluß und durch die Stadt vorgehen und den Feind unverzüglich angreifen —:

ein gewiß überraschend abenteuerlicher Gedanke, von dem man in ruhiger, nüchterner Stimmung kaum begreift wie irgend ein Mensch ihn fassen konnte. An der Spitze dieser Partei stand der Großfürst Konstantin, der sich maaßlos leidenschaftlich zeigte.

Der Großfürst und Bennigsen versammelten einige der höheren, Heertheile befehligenden Generale die eben in der Nähe waren, man begab sich in Masse zu dem General Barclay und suchte einen Widerruf der eben erlassenen Befehle zu bewirken: ein Schritt von sehr zweideutigem Charakter, den die Herren sicher nicht gewagt hätten wenn nicht eben der Bruder des Kaisers an ihrer Spitze stand. Denn das Gehaben eines solchen, zum Theil leidenschaftlich aufgeregten Kriegsraths, der sich dem Feldherren ungerufen aufdrängt, streift ziemlich nahe an Meuterei. Aber der Zauber der gewohnten Kriegszucht wird solcher Bewegungen immer Herr, wenn sie nicht auf charakterlose Schwäche stoßen — und auf die traf man bei Barclay nie.

Was uns von den Einzelnheiten dieses leidenschaftlichen Auftritts mitgetheilt worden ist, wagen wir nicht unbedingt als ausgemachte Geschichte wieder zu erzählen. Diese Dinge konnten ursprünglich nur einem sehr engen Kreis von unmittelbaren Theilnehmern bekannt sein, und von diesen fühlte sich natürlich keiner besonders veranlaßt sehr viel davon zu erzählen. Es geht damit wie immer wenn die Ereignisse solcher bewegten Augenblicke nach langen Jahren erzählt werden; die Einzelnheiten des Berichts stimmen nicht immer zu dem, was sonst unzweifelhaft und offenkundig von der damaligen Sachlage bekannt ist. Nur das ist gewiß daß Barclay seine Feldherren-Stellung mit ruhiger Festigkeit und Würde geltend zu machen und zu wahren wußte, und die Generale, den Großfürsten nicht ausgenommen, in ihre Schranken zurückwies. Zuletzt wendete sich Barclay noch insbesondere an den Großfürsten und eröffnete ihm: er habe dem Kaiser Papiere von solcher Wichtigkeit zu übersenden, daß er sie nur dessen Bruder anvertrauen könne; in einigen Stunden werde er die Ehre haben sie Seiner kaiserlichen Hoheit einzuhändigen zu lassen.*)

---

*) Natürlich sprach man auch in Petersburg nicht viel von dieser Scene, da sie

Wirklich verließ der Großfürst Konstantin unmittelbar nach diesem Auftritt das Heer und reiste nach Petersburg. Daß ihn jetzt auch sein eigener Wunsch dahin trieb, unterliegt keinem Zweifel. Gleich nach seiner Abreise verbreitete sich im Hauptquartier und im Heer, bald im weitesten Kreise, die recht wie geflissentlich in Umlauf gesetzte Kunde: der Großfürst eile nach Petersburg um dem Kaiser die Augen zu öffnen über Barclay's Unfähigkeit wie über den verderblichen Gang der Dinge, und um die Ernennung eines anderen Oberbefehlshabers, in Folge seiner Entfernung zu bewirken. — Auch dies Gerücht konnte natürlich dem Ansehen Barclay's nicht zuträglich sein. — Toll hatte an diesen Dingen durchaus keinen Antheil.

Der Oberst Fürst Kudaschew begleitete den Großfürsten; Graf Bennigsen folgte ihm sehr bald nach der Hauptstadt. Alle Versuche dieses Generals sich im Hauptquartier selbst unmittelbare Geltung zu verschaffen, waren vergeblich gewesen; er mochte wohl fühlen daß dies Treiben zu nichts führen konnte, und daß nach den letzten Auftritten seine bisherige Stellung überhaupt nicht mehr haltbar sei. Dagegen zeigte sich in Petersburg ein fruchtbares Feld für neue Intriguen. Wahrscheinlich wurde dort ein neuer Oberbefehlshaber ernannt; Bennigsen hielt es seinem Interesse gemäß zu den dort Anwesenden und Thätigen zu gehören.

Dem Kaiser gegenüber rechtfertigt Barclay sein Verfahren nicht ohne Bitterkeit in folgenden Worten: „(Denkschrift.) In Beziehung auf die Verlassung von Smolensk haben gleichfalls besonders diejenigen die sich damals fern von Smolensk befanden, und folglich an der Vertheidigung der verfallenen Mauern dieser Stadt keinen Antheil hatten, ungünstige Gerüchte und Denkschriften gegen mich verbreitet. Konnten sie vielleicht deshalb mit so vieler Frechheit (нахальство) tadeln?"

„Um den Widerspruch in diesem Tadel nachzuweisen, der ohne Zweifel seine Quelle einzig und allein in der Gewohnheit hatte, Alles was nicht von den weisen Leuten selber herrührte, ohne weiteres für verwerflich zu halten, will ich nur Folgendes erwähnen. Am 14. Aug.

---

unbestraft bleiben mußte —: am wenigsten mit Fremden. Doch ergiebt sich daß Stein davon wußte (Pertz, Leben Stein's III., 112).

schrieb ich beiden Armeen vor die Stellung bei Wolokowaia zu nehmen, und zwar weil sie in der ganzen Umgegend die einzige war, in der es möglich gewesen wäre den feindlichen Angriff mit Vortheil zu erwarten. Diese von mir verfügte Operation wurde getadelt als zu sehr unberechenbaren Ereignissen unterworfen. Man sagte, daß ich die ganze Armee in Gefahr bringe indem ich sie der vereinigten Macht des Feindes entgegenstellte. Jetzt dagegen, da die erste Armee von der zweiten getrennt war, verlangte man von mir, ich solle mich mit fünfundsiebenzig tausend Mann, hundertundfünfzig tausenden entgegen stellen. — Am 17. wurden die heftigen Angriffe des Feindes durch unsere tapferen Truppen zurückgeschlagen, das ist wahr, aber dieser Tag kostete der Armee über 4000 Mann an Todten und Verwundeten, und zwei Generale" (Skalon und Balla).

„Wenn es meine Absicht gewesen wäre die Stadt noch länger zu halten, dann hätten die Truppen in Smolensk, die am 17.*) eingetroffen waren, und seit vierundzwanzig Stunden in ununterbrochenem Feuer standen, durch den Rest der Armee abgelöst werden müssen: das heißt durch den erlesenen Theil derselben, der sich im Rückhalt befand, und bisher für eine allgemeine Schlacht aufgespart und geschont worden war. Man hätte dann diese Truppen einem Verlust von einigen tausend Mann aussetzen müssen, und zwar in einer schwierigeren Lage als am 17. August, denn der Feind hatte die Höhen inne, von denen aus er die Brücke über den Dniepr in der Seite beschießen konnte, wodurch er sogar die Verbindung der Armee mit der Stadt abschnitt. Aber setzen wir voraus daß ich die Stadt gehalten hätte; der Feind brauchte am 18. nur mit einem Theil seiner Armee unterhalb Smolensk über den Dniepr zu gehen, und meine rechte Flanke zu bedrohen, um mich zu zwingen, die Truppen aus der Stadt zurückzuführen. Dann wäre diese dem Feinde ganz plötzlich in die Hände gefallen, und ich selbst hätte, vollkommen ohne Nutzen, wohl acht bis zehn tausend Mann verloren, da ich mich in die Nothwendigkeit versetzt gesehen hätte, entweder wider meinen Willen die Schlacht gegen einen überlegenen Feind anzunehmen, oder im Angesicht desselben den Rückzug

---

*) In der Stadt Smolensk selbst nämlich.

anzutreten. — Die zweite Armee hätte mit Leichtigkeit den Feind ab=
lenken können, wenn sie ihrerseits oberhalb Smolensk über den Dniepr
vorging, aber auf solche zusammenstimmende Maaßregeln zu rechnen
ist nicht möglich, besonders wenn zwei Armeen unter zwei von einan=
der unabhängigen Befehlshabern gemeinschaftlich handeln sollen; das
zeigte sich in den Ereignissen des 19. Augusts."

„Viele verkündeten mit überlauter Stimme daß beide Armeen bei
Smolensk verweilen, und den Feind angreifen müßten — wahrschein=
lich um dem ganzen Kriege mit einem Male ein Ende zu machen. Ich
begreife nicht was da, im Falle des Mißlingens aus der Armee ge=
worden wäre, welche den steilen Thalrand des Dniepers und die bren=
nende Stadt im Rücken gehabt hätte. Alle diese Leute, die zu tadeln
liebten, und nachzuweisen, was eigentlich hätte gethan werden müssen,
würden sich wohl in einer sehr schwierigen Lage fühlen, und wohl
sogar alle Gegenwart des Geistes verlieren, wenn sie sich an der Stelle
des Oberbefehlshabers befänden, und auf ihre eigene Verantwortung
hin die Vertheidigung nicht bloß einer Stadt, sondern auch des ge=
sammten Reichs zu vertreten hätten. — Es ist leicht Anordnungen zu
erdenken wenn man dabei die allgemeine Zweckmäßigkeit nicht mit um=
faßt, und die Zukunft nicht berücksichtigt — besonders in dem Bewußt=
sein daß wir nicht verpflichtet sind sie auszuführen und die Folgen zu
verantworten."

Der Gedanke, daß Bagration mit seinen dreißigtausend Mann
zum Angriff über den Dniepr vorgehen konnte, ist freilich wieder ein
Beweis daß man sich keinesweges immer in folgerichtiger Weise gegen=
wärtig erhielt mit was für einem Feinde man es eigentlich zu thun
hatte, und was durch die Verhältnisse geboten war.

Sechstes Kapitel.

Gefecht in der Petersburger Vorstadt von Smolensk. — Barclay's Rückzug auf die
moskauische Straße. — Treffen bei Lubino. — Toll's Antheil daran. — Stellung an der Ula; Bagration's Einwendungen. — Stellung bei Dorogobush.
— Stellung bei Zarewo-Saimischtsche. — Kutusow's Ankunft beim Heer.

Um Mitternacht etwa brach das russische Heer aus seiner Stellung unmittelbar hinter Smolensk auf um eine andere, ungefähr dreitausend Schritt weiter rückwärts, rittlings auf der Straße nach Poretschie, mit dem linken Flügel bei Krachotkino zu nehmen. Gleichzeitig gingen die Truppen aus Smolensk nach und nach über den Fluß zurück; die letzten nach vier Uhr Morgens. Die Schiffbrücken wurden abgenommen, die stehende Brücke zuletzt angezündet. Aber freilich ging es bei diesem Rückzug nicht zum ordentlichsten her. Da der Feldherr, wie wir gesehen haben, in ganz anderer Weise in Anspruch genommen war, hatte sich keine Zeit gefunden eine förmliche Disposition zu entwerfen, oder die nöthigen Anordnungen im Einzelnen zu überdenken und zu treffen. Nicht einmal gehörig instruirte Colonnenführer konnten zu den einzelnen Abtheilungen gesendet werden; schon bei dem Rückmarsch der auf dem rechten Ufer haltenden Truppen ging es nicht ohne Stockungen und Zweifel ab, und in der Petersburger Vorstadt sowohl als auf dem Thalrand blieb gar nichts stehen um die aus Smolensk zurückkehrenden Truppen aufzunehmen. Dochturow seinerseits war eigentlich gar nicht in der Lage umfassende und in jeder Beziehung befriedigende Anordnungen zu treffen. Es mochte schon sehr schwer sein auf der Stelle zu übersehen was Alles an Truppen während des Gefechtes nach und nach in die Stadt gekommen war, und wo der Kampf im Abenddunkel jede einzelne Abtheilung hingeführt hatte; was auf dem rechten Ufer verfügt war, konnte er vollends gar nicht wissen. Doch wurde hier Alles sehr zweckmäßig eingeleitet; die Thore wurden verrammelt ehe man sie verließ; die einzelnen Befehlshaber erhielten einer nach dem anderen den Befehl die Stadt zu verlassen, und gingen in derselben Ordnung über die Brücken —: kurz die Ruhe und Besonnenheit in den Trümmern der brennenden Stadt verdient unter den obwaltenden Umständen alle Anerkennung.

Konownitzyn, ein tüchtiger und umsichtiger Krieger, der als der vorletzte über den Strom zurückging, ließ die Jäger seiner Division, das 20. und 21. Regiment, in der Vorstadt zurück, um die letzten Truppen aufzunehmen; dieser Brigade schlossen sich die Jäger der 17. Division an, die dem Herzog Eugen von Würtemberg und der 4. Division vorausmarschirten. Als aber die 4. Division vorbei war, zogen Konownitzyn's Jäger ab, da ihre Aufgabe erfüllt schien. Nur die Jäger der 17. Division blieben am Fluß und in der Vorstadt — oben auf dem Thalrande stand für den Augenblick nichts in schlagfertiger Verfassung. Freilich hatte Barclay, wahrscheinlich schon etwas früher, befohlen unter dem General-Lieutenant Korff eine Nachhut zu bilden, beauftragt dem Feinde Uebergang und Verfolgung zu wehren: aber sie sollte aus Theilen der aus Smolensk zurückkehrenden Truppen gebildet werden, was wohl nicht ganz zweckmäßig genannt werden kann. Auch war zur Zeit noch nichts davon zu Stande gekommen.

Das war um so schlimmer da inzwischen weiter rückwärts eine sehr bedenkliche Verwirrung entstanden war. Die Truppen der 12. und 27. Division bogen aus, um Bagration nachzumarschiren, wie ihnen befohlen war. Im Uebrigen muß wohl, wie sich aus dem Geschehenen ergiebt, jeder einzelne Divisions-General, den steilen Abhang hinan auf die Hochfläche gelangt, die Richtung eingeschlagen haben, von der er vermuthete, daß sie ihn auf dem kürzesten Wege zu seinem Heertheil führen werde. Thatsache ist daß sich, wohl schon durch den Uebergang über drei Brücken veranlaßt, mehrere Colonnen bildeten, die gar bald anfingen einander in der bedenklichsten Weise zu durchkreuzen — wozu das Bestreben jedes Generals seine auf mehreren Brücken zugleich übergegangene Abtheilung wieder in sich zu versammeln, nicht wenig beigetragen haben mag. Nun suchten auch Konownitzyn's Jäger ihren Heertheil querfeldein wieder zu erreichen, die Verwirrung nahm zu.

Mit angestrengtester Thätigkeit war Toll bemüht hier Alles auseinander zu wickeln und in zweckmäßige Richtung zu bringen, als plötzlich die Gefahr dringend zu werden schien.

Von Seiten des Feindes glaubte man die Vorstadt ganz ver-

laſſen; der Marſchall Ney ſendete ein einziges, kaum über 400 Mann
ſtarkes Bataillon Würtemberger, dem erſt ſpäter zwei Companien Por=
tugieſen folgten, durch eine Fuhrt über den Strom um ſie zu beſetzen.
Seltſamer Weiſe gelang es den 400 Würtembergern die 4 Bataillone
ruſſiſcher Jäger unter dem Oberſten Potemkin aus dem verfallenen
Brückenkopf und der Vorſtadt zu vertreiben, den Thalrand hinan bis
an den Kirchhof auf der Hochfläche vorzudringen, und auch dieſen in
Beſitz zu nehmen: was Alles auf Potemkin's Anſtalten nicht das beſte
Licht wirft.

Barclay der zur Stelle war, ließ ſogleich Konownitzyn's Jäger um=
kehren, aus eigener Bewegung führte auch Toll ein eben erreichbares
Jägerbataillon herbei, ordnete Potemkin's Brigade zu neuem Angriff;
und warf ſich mit dem ſchon am Tage vorher leicht verwundeten Ko=
nownitzyn vereint, dem Feind entgegen, der Anfangs natürlich ſehr
leicht bis an den Fluß zurückgetrieben wurde. — Durch eine Brigade
von 4 Bataillonen Würtembergern verſtärkt, wollen ſich die feindlichen
Truppen in dem verfallenen Brückenkopf behauptet haben, und dies
iſt auch wahrſcheinlich, obgleich alle ruſſiſchen Berichte einſtimmig
ausſagen, der Feind ſei ganz über den Dniepr zurückgeworfen
worden*).

Jetzt unter Korff's Befehle geſtellt, wurde der improviſirte Nach=
trab durch ſämmtliche Jäger des II. und IV. Infanterie=Corps bis
auf 14 Jägerbataillone, und weiter durch 16 Schwadronen Sumſche
und Mariupolſche Huſaren verſtärkt; er behauptete die Vorſtadt, wo
den ganzen Tag ein Plänkler= und Artillerie=Gefecht, vom jenſeitigen
Ufer her unterhalten, dauerte.

Vermöge der Fuhrten unterhalb der Stadt erſchienen im Laufe
des Tages auch einige leichte franzöſiſche Reiter auf dem rechten Ufer
des Dnieprs, wurden aber mit Leichtigkeit wieder vertrieben, da ihnen
Toll Truppen vom II. Corps entgegenführte. Der Herzog Eugen von

---

*) Danilewsky berichtet die Vorſtadt ſei ſchon am frühen Morgen in Brand ge=
rathen. Das iſt erwieſen falſch, und wird nur erzählt um den überraſchenden Ver=
luſt zu entſchuldigen. Die ruſſiſchen Jäger ſollen die Hitze nicht haben vertragen
önnen! —

Würtemberg, der die gemachten Gefangenen befragt hat, berichtet daß es nur Fourageurs vom 11. Husaren-Regiment waren.

Bei dem russischen Heer war natürlich Alles wieder in die gehörigen Fugen gebracht, doch läßt sich das Genauere ihrer Stellung auf der Straße nach Poretschie nach den vorhandenen Nachrichten nicht genau ermitteln. Es scheint, daß der linke Flügel des letzten Treffens an das Dorf Krachotkino gelehnt war*). In dieser Verfassung erwartete Barclay die Nacht um den Rückzug auf die moskauische Straße anzutreten.

Gegen Abend gerieth die Petersburger Vorstadt in Brand — gewiß nicht absichtlich von den Russen angezündet — und dadurch wurde dem Gefecht ein Ende gemacht. Durch einen Feuerwall getrennt vom Feinde, benützten die Franzosen die Umstände, um sich in dem alten, verfallenen Brückenkopf in der Vorstadt festzusetzen, und schlugen dann während der Nacht ein Paar Schiffbrücken neben der stehenden, die wiederhergestellt wurde.

Der Fürst Bagration seinerseits brach früh am 18. mit der zweiten Armee (mit welcher sich die Division Newerowsky wieder vereinigt hatte) aus seiner Stellung an der Kolobnia auf, und marschirte auf der moskauer Straße nach Solowiewo Pereprava zurück. Den Verabredungen — den sehr dringenden und wohl begründeten Wünschen Barclay's gemäß, hätte er, wie wir bereits gesehen haben, zunächst bei Gedeonowo, und dann weiter zurück bei Sabolotie (den Furthen von Prudischtschewo gegenüber) einen starken Nachtrab stehen lassen sollen, um die Straße nach Moskau zu vertheidigen bis die erste Armee wieder auf diese herausgerückt sein würde. Anstatt dessen ließ Bagration nur einen sehr schwachen Nachtrab zurück. Gegen Smolensk und Prudischtschewo wurden nur vier Kosacken-Regimenter unter dem (Kosacken-) General-Major Karpow vorgesendet; weiter zurück blieb der Fürst Gortschakow mit den Grenadier-Bataillonen Woronzow's, und mit Wassiltschikow's Reiter-Brigade stehen, das heißt mit etwa 3500 Mann! — und noch

---

*) Die vorliegenden Berichte sind in vielfacher Beziehung sehr unvollständig; so sagt uns keiner der russischen Schriftsteller an welchem Tage Pahlen's auf der Straße nach Rudnia zurückgelassene Abtheilung wieder zu dem Heer stieß.

dazu besagten seine Verhaltungsbefehle keineswegs daß er die erste Armee aufnehmen, die Straße halten solle: ihm war vielmehr vorgeschrieben der zweiten Armee zu folgen, sobald die ersten Truppen der ersten Armee in der Nähe sein würden. Diese Anordnungen sind wohl, gleich dem Rückmarsch von Prikas Wydra nach Smolensk, schwerlich etwas Anderes als eine etwas tückische und sehr verkehrte Ausgeburt leidenschaftlichen Unwillens. Dafür hielt sie denn auch Barclay. Beiläufig gesagt erfahren wir gar nicht wo denn eigentlich Gortschakow den Tag über stand. Buturlin erwähnt wohlweislich der ganzen, etwas bedenklichen Sache gar nicht, und Danilewsky hat nun einmal keinen Sinn für dergleichen, in seinen Augen unwesentliche Dinge.

Napoleon hielt den 18. über sein ganzes Heer in der Nähe der rauchenden — zum Theil noch brennenden, Trümmer von Smolensk versammelt. Schon am 17. Abends war es durch die Westphalen (Junot) verstärkt worden; am 18. traf auch der Vicekönig Eugen mit dem IV. Armee-Corps bei Smolensk ein, von dem jedoch die Infanterie-Division Pino bei Korytnia zurückgelassen war.

Die kritischen Bemerkungen die über die Ereignisse dieses Tages gemacht worden sind, veranlassen zu mancherlei fruchtbaren Betrachtungen. So meint Clausewitz es sei bloße Versäumniß daß die russische Armee nicht so wie sie Smolensk verließ, in der Nacht vom 17. zum 18., auch den weiteren Rückzug angetreten habe; nachdem dies einmal versäumt war, habe man freilich bis zur Dunkelheit des folgenden Abends warten müssen. — Dagegen bedenke man: die russische Armee hatte am 16. einen Gewaltmarsch gemacht; in der folgenden Nacht löste ein Theil derselben, nämlich Dochturow's Abtheilung, Rayewsky in Smolensk ab; den 17. stand das halbe Heer in andauerndem, angestrengtem und ermüdendem Kampf; in der Nacht zum 18. wurden diese Truppen aus Smolensk zurückgenommen, was unmöglich früher geschehen konnte: sollte und konnte man sie unverzüglich weiter marschiren lassen? — Nach einem Siege, und wenn es vorwärts geht, kann man allerdings solche Anstrengungen von dem Krieger verlangen; er wird ihnen nicht erliegen —: schwerlich aber darf man dasselbe wagen wenn man nach langem und hartnäckigem Kampf das Schlachtfeld aufgiebt, um den Schritt rückwärts zu wenden. Da könnte eine solche überstürzende Eile leicht sehr verderblich werden, und Alles darüber aus den Fugen kommen. In vielen Fällen möchten sich bald die moralischen Kräfte mehr noch als die physischen erschöpft zeigen.

Tadeln könnte man allenfalls daß nicht, sobald beschlossen war Smolensk zu verlassen, am Abend des 17., ein Theil der Truppen die keinen Antheil am Kampf hatten, z. B. das zunächst stehende IV. Infanterie-Corps, auf den Waldwegen die nachher Korff nehmen mußte, nach Gedeonowo entsendet wurde, um auf der Straße nach Moskau Stellung zu nehmen. Und zwar weil Barclay gar keine Ursache hatte sich blindlings auf den Fürsten Bagration zu verlassen, und ihm auch wirklich nicht traute. — Aber wenn man erwägt was im Hauptquartier vorging und in welcher Weise Barclay in Anspruch genommen worden war, wird man es nur allzu erklärlich finden daß er nicht zugleich an Alles und Jedes dachte. Auch ist Mißtrauen eine Regung des Gemüths der man so wenig gebietet als dem Vertrauen; die Forderung daß es in Beziehung auf einen gegebenen Fall in einem bestimmten Augenblick entstehe, ist streng genommen gar nicht zulässig —: und doch läge sie im Grunde in einem solchen Tadel.

Auch daß Napoleon im Lauf des 18. keine größere Thätigkeit entwickelte, ist getadelt worden; sogar bestimmter noch als das Benehmen seines Gegners. Hier ist nun aber wohl in Anschlag zu bringen daß die Franzosen nur mit schlechten Hülfsmitteln versehen, in ziemlich unbekannten Oertlichkeiten umhertappten; die vielen Furthen die der Dniepr besonders in diesem trockenen Sommer hatte, wurden erst im Lauf des Tages entdeckt. Noch wichtiger ist wohl daß der französische Kaiser von dem Thun der russischen Heerführer sehr schlecht und mangelhaft unterrichtet war. Er wußte nicht daß die erste und zweite Armee sich getrennt hatten; daß Bagration an der Kolodnia stand; um so mehr war er im Zweifel darüber welche Rückzugslinie die russische Armee halten werde: die auf Moskau oder die Straße nach Petersburg. Man könnte freilich fragen: warum war er nicht besser unterrichtet? — Bei den Formen welche die neuere Kriegführung angenommen hat, ist es mehr denn je von entscheidender Wichtigkeit durch leichte Truppen und kühne Parteigänger Herr des Geländes zwischen den beiden einander bekämpfenden Heeren zu bleiben, um den Feind nie aus den Augen zu verlieren; hier vollends waren die Franzosen doppelt darauf angewiesen in dieser Weise das Feld zu halten, da sie alle Dörfer öde und verlassen fanden; Niemanden dem man Nachrichten abfragen konnte; weder Spione noch selbst Wegweiser und Führer. Die Aufgabe wäre wohl den zahlreichen Kosackenschwärmen gegenüber nicht eine ganz leichte gewesen —: aber daß dergleichen nicht einmal versucht wurde ist gewiß nicht zu entschuldigen. Man dachte nicht an solche Thätigkeit, und selbst der gewöhnliche Vorpostendienst wurde zu jener Zeit im französischen Heer, wie bekannt, äußerst nachlässig betrieben. Wie es Fehler giebt, welche Neulinge schwer vermeiden, scheinen andere sich vorzugsweise bei einem Heer dem die Erscheinungen des Kriegs ganz alltäglich geworden sind, leicht einzuschleichen.

Wie aber die Sachen einmal standen, erklärt sich wohl natürlich genug daß an diesem Tage von dem französischen Hauptquartier aus keine großartigen und entscheidenden Maaßregeln angeordnet wurden. Die Kritik macht sich oft die Sache leicht indem sie nicht streng zu ermitteln sucht welche Ansicht von den gesammten Verhältnissen in denen man sich befand, in einem gegebenen Augenblick herrschend, und zu welchem Grade von Klarheit und Zuversicht sie gediehen sein konnte; oder an welche Bedingungen in dem besprochenen Augenblick das Handeln in einem bestimmten Sinn gebunden war. Doch kennt ein Jeder der auf irgend einem Felde menschlicher Thätigkeit erfahren ist, den Ernst der Wirklichkeit, und weiß wie immer und überall das wirkliche Handeln etwas gar Anderes ist als die bloße Vorstellung davon. Wir sollten nicht so oft vergessen daß es überall nur vielfach bedingt zur Erscheinung kommen kann.

Für die folgende Nacht (vom 18. zum 19.) war aber nun für das russische Heer der Rückzug geboten; ihn unmittelbar auf der großen Straße auszuführen, mußte sehr mißlich erscheinen, denn von Smolensk bis Schein-Ostrow gegenüber, ungefähr eine halbe Meile weit, zieht sie sich unmittelbar am rechten Ufer des Dnieprs dahin, im Bereich des Geschützfeuers vom linken her. Zudem war am Abend, die Vorstadt durch welche dieser Weg führte, theilweise in den Händen des Feindes, und man mußte erwarten daß er bald eine ansehnliche

Macht herüber bringen könne; auch frägt sich ob der Brand bereits ganz erloschen war. Jedenfalls hätte dem Marsch ein neues Gefecht vorhergehen müssen um sich wieder ganz in Besitz der Vorstadt zu setzen —: und wie viele Stunden der Nacht wären dann noch zum Marsch übrig geblieben? wahrscheinlich wäre der Tag darüber angebrochen. — Auch war der Weg welchen Barclay einschlug, von seiner Stellung aus, streng genommen kein Umweg, wenn man auch allerdings fürchten mußte auf demselben nicht so schnell fortzukommen als auf der großen Heerstraße.

Den Tadel welchen Clausewitz ausspricht indem er bemerkt: Toll, von dem allerdings die Disposition zum Rückzug herrührte, habe sich vielleicht etwas zu sehr in Generalstabskünstelei verwickelt —: dieser Tadel trifft hier wohl nicht zu. Er scheint auch nur durch ungenügende Kenntniß der Thatsachen veranlaßt. Clausewitz glaubt nämlich der Gen.-M. Tutschkow d. 3. sei mit seiner Abtheilung auf der großen Heerstraße gegen Lubino zurückgesendet worden, und meint so gut wie diese Abtheilung habe auch eine bedeutendere Colonne den genannten Weg benützen können. G.-M. Tutschkow marschirte aber eben auch nicht auf der Heerstraße.

Die Armee wurde in zwei Colonnen getheilt, die sich nach zwei Märschen bei Solowiewa Pereprawa wieder vereinigen sollten. Die erste unter Dochturow, aus dem V. und VI. Infanterie-, dem II. und III. Reiter-Corps, und der gesammten Reserve-Artillerie bestehend, machte den weiteren Umweg. Sie folgte zunächst der Straße nach Poretschie bis nach Stabna, und bog von dort ostwärts ab um auf Nebenwegen Prudischtschy zu erreichen. Diese Colonne brach um 7 Uhr Abends auf. Die zweite welche der G.-L. Tutschkow d. 1. befehligte, und bei welcher sich Barclay selbst befand, bestand aus dem III., IV. und II. Infanterie- und I. Reiter-Corps; sie sollte zwei Stunden später, nämlich um 9 Uhr aufbrechen, nur bis Krachotkino auf der Straße nach Poretschie bleiben, und von dort in einer Art von Bogen über Polujewo, Gorbunowo, Shabino und Koschayewo die Straße nach Moskau noch vor Lubino wieder erreichen, und dann den heutigen Marsch bis Bredichino fortsetzen. Korff sollte mit Anbruch des Tages auf demselben Wege folgen; Platow mit seinen Kosacken von Smolensk bis Poretschie eine Kette bilden, deren einzelne Posten, wie sie dem Heere folgten, sich einander mehr und mehr näherten, um zuletzt bei Solowiewa-Pereprawa wieder eine vereinte Masse zu bilden.

Die Straße nach Moskau dachte man sich natürlich durch Bagration's Nachtrab gedeckt und vertheidigt. Am Ende aber erwachte, wie man wohl sieht, in Barclay's Gemüth doch ein Mißtrauen — das die Ereignisse nur zu sehr rechtfertigten, und das ihn bewog selbst einigermaßen für die Sicherheit der Straße zu sorgen, von welcher das Heil der Armee jetzt großen Theils abhing. Es wurde aus 6 Bataillonen der Division Konownitzyn (dem Revalschen Infanterie-, 20. und 21. Jägerregiment) vom III. Infanterie-Corps, welches ohnehin die Spitze der Colonne bildete, dem Elisabethgradschen Husaren- und 3 Kosackenregimentern nebst einer reitenden und einer Fußbatterie unter dem General-Major Tutschkow d. 3. ein Vortrab gebildet, der zwei Stunden früher als die Colonne selbst aufbrach (um 7 Uhr Abends) und auf dem Wege über Gorbunowo u. s. w. die Heerstraße bei Zeiten erreichen sollte, um verfügen zu können was die Sicherheit des allgemeinen Marsches erfordern möchte.

Die Sache schien so wichtig daß der General-Quartiermeister der Armee, Oberst Toll, den Auftrag erhielt mit dieser Abtheilung zu gehen —: ein Umstand den Danilewsky geflissentlich verschweigt, weil er sich nun einmal vorgenommen hatte den Obersten Toll entweder gar nicht zu nennen, oder nur ganz beiläufig, bei Gelegenheiten wo man ihn allenfalls als eine unbedeutende Nebenperson konnte erscheinen lassen. Indem er Toll mit Stillschweigen übergeht, sucht Danilewsky nicht ohne Mühe, und mit bedeutendem Aufwand von Rhetorik, den General Tutschkow — der, wohl zu merken, zur Zeit als sein Werk erschien, Mitglied des Reichsraths war, — zum Helden des Tages zu machen. Dieser Offizier, dessen Laufbahn als General mit diesem Gefecht anfing und endete, mag ein ganz braver Mann gewesen sein, aber so viel man weiß ging er in keiner Weise über das gewöhnliche Maaß eines brauchbaren Brigade-Generals hinaus. Unter allen Bedingungen liegt es zudem in der Natur der Sache, daß ein General-Major der sechs Bataillone befehligt, zu einer ziemlich unbedeutenden Person wird, wenn der General-Quartiermeister der Armee sich bei ihm befindet und ihn mit seinem Rath unterstützt. Besonders wenn er, wie hier selbst nach Danilewsky's Bericht der Fall war, gar keine näheren Verhaltungsbefehle, keinen bestimmten Auftrag hat, und anstatt dessen darauf angewiesen ist an Ort und Stelle von dem General-Quartiermeister zu erfahren, was je nach den Umständen eigentlich seine Aufgabe sein wird. Toll wurde für die bei dieser Gelegenheit geleisteten Dienste durch den Wladimir-Orden dritter Klasse belohnt; und zwar schlug Barclay ihn dazu vor. Auch in diesem Umstand offenbart sich einigermaaßen das eigentliche Verhältniß.

Der Marsch dieses Vortrabs, auf den Wald- und Feldwegen von Dorf zu Dorf, wurde nicht ohne Aufenthalt und Mühe zurückgelegt, so daß man wohl sah wie die Haupt-Colonne selbst hier unter vielfachen Schwierigkeiten nur langsam fortkommen werde. Namentlich waren die Brücken über Gräben und Gewässer, nur für leichte einspännige Bauernwagen eingerichtet, zu schwach für das Geschütz und mußten alle Augenblicke ausgebessert werden. Mehr als zwölf Stunden vergingen ehe diese, doch kaum 4,000 Mann starke, Abtheilung eine Entfernung von etwa $2^{3}/_{4}$ Meilen zurückgelegt hatte; erst gegen acht Uhr Morgens (am 19.) erreichte sie diesseits Lubino die Heerstraße — und fand sie von russischen Truppen verlassen. Der Fürst Gortschakow war abmarschirt der zweiten Armee gegen Dorogobusch zu folgen, so wie ihm gemeldet wurde daß von Koschayewo her Truppen der ersten Armee im Anzuge seien: eine unter den obwaltenden Bedingungen wirklich recht eigenthümliche Pünktlichkeit in der Ausführung seiner Verhaltungsbefehle!

Toll führte die Abtheilung Tutschkow's sofort bis auf gleiche Höhe mit Latischino gegen Smolensk vor, um den Punkt wo das Heer auf die Straße ausmünden mußte hinter sich zu haben und zu decken. Für seine Person ging er dann mit Tutschkow zusammen zur Erkundung, bis zu den Kosacken des Generals Karpow vor, und hier erfuhren beide daß dieser allein mit 4 Kosacken-Regimentern zurückgelassen sei den Feind zu beobachten. Sie konnten bald mit eigenen Augen sehen daß der Feind aus Smolensk, oder vielmehr aus der Petersburger Vorstadt sich mit Heeresmacht heranbewegte; zugleich meldeten die Kosacken daß er bei Prudischtschewo Brücken über den Dniepr schlage. Toll und

Tutschkow eilten zurück zu ihren Truppen und setzten sich in Bereitschaft den Feind zu empfangen. In ihrer Aufstellung vor dem Straganbach, der zugleich, vermöge der Wendung seines Laufs nach Westen, dem linken Flügel zur Anlehnung diente, ein flaches Thal, einen fast oder ganz ausgetrockneten Bach vor sich, wurden die vier Jäger-Bataillone rechts und links der Heerstraße im Gebüsch am Bach vertheilt; das Geschütz fuhr auf der Straße selbst auf, die es bis auf eine ziemliche Entfernung bestreichen konnte; das Revalsche Infanterie-, und das Husaren-Regiment blieben als Rückhalt; die Kosacken breiteten sich auf dem linken Ufer des Straganbaches aus die Gegend von Prubidschtschewo zu beobachten.

Schon war viele Zeit gewonnen; denn eigentlich konnte der Feind längst da sein; aber er war durch eine seltsame Verwickelung von Umständen, die auf einem anderen Punkt ein hartnäckiges Gefecht herbeiführte, mehrere Stunden aufgehalten worden.

Bei der Ausführung der Disposition zum Marsch war man nämlich im russischen Heere mit einer Fahrlässigkeit zu Werke gegangen, die immer unverzeihlich bleibt, wenn sich auch allenfalls nachweisen läßt daß Aehnliches hin und wieder auch anderswo bei Nachtmärschen vorgekommen ist. Vergebens suchen Buturlin und Danilewsky einen Schleier über diese Ereignisse zu werfen, und sie wenigstens unverständlich zu machen — wenn auch die Wendung welche der Letztere nimmt, etwas feiner angelegt ist als Buturlin's handgreiflich entstellter Bericht. Das I. Reiter- und III. Infanterie-Corps brachen nämlich pünktlich zur festgesetzten Stunde, um 9 Uhr Abends auf, und folgten der vorgeschriebenen Richtung. Graf Ostermann dagegen, (IV. Inf.-Corps) verspätete sich dermaßen, daß der rechte Flügel des ihm folgenden II. Corps, der den Schweif der Colonne bildete, sich erst nach ein Uhr in Bewegung setzen konnte. Nicht allein daß auf diese Weise zwischen dem III. und IV. Corps ein Zwischenraum blieb, der einem Marsch von mehreren Stunden gleichkam —: auch die einzelnen Regimenter von Ostermann's Heertheil marschirten, wie es scheint, nicht im Zusammenhang, sonst hätten sie sich unmöglich auf verschiedenen Wegen verirren können, wie doch, nach einigen Andeutungen zu schließen, wahrscheinlich geschah. Der Umstand daß die kleinen Brücken häufig brachen, der Zeitverlust den die Ausbesserung derselben bedingte, konnte wohl eine solche Zerstückelung der Colonne herbeiführen. Von dem Irrmarsch dieser Nacht wußte übrigens wohl an Ort und Stelle kein Mensch sich Rechenschaft zu geben, später vollends wäre jeder Versuch das Genauere zu erforschen ganz hoffnungslos gewesen. Nur so viel ist gewiß: ein Theil des IV. Inf.-Corps und das ganze II. welches ihm folgte, kamen von dem Wege von Krachotkino nach Gorbunowo irgendwie ab, auf Nebenwege die rechts in den Wald hinein führten, und das Ergebniß war daß diese Truppen, nachdem sie fast im Kreise herum marschirt waren, zwischen fünf und sechs Uhr morgens, bei Gedeonowo, nur wenig über zweitausend Schritte von der Petersburger Vorstadt, wieder aus den Wäldern herauskamen. Schon war Ney über den Dniepr gegangen; seine Truppen standen bereits in dichter Masse jenseits der Vorstadt; man hörte bei den Russen ganz deutlich die Signalhörner seiner vorgehenden Schützen; die Trommeln und die Musik heranrückender Regimenter.

Zum Glück war Barclay selbst auf diesem Punkt. Wie er dahin gerathen? — ob er schlafend im Wagen von seinem Kutscher dahin gebracht wurde, der vielleicht hinter irgend einem Regiment des IV. Corps herfuhr? — ob er von Gorbunowo her umgekehrt war um zu sehen was aus den ausbleibenden Truppen geworden sei? darüber belehrt uns Niemand. Aber Barclay zeigte hier daß er ein tüchtiger Kriegsmann sei, der nicht leicht die Fassung verlor. Ueberraschung und Verwirrung scheinen nicht gering gewesen zu sein; ein Augenzeuge, der Herzog Eugen von Würtemberg, berichtet von **mehreren Colonnen die sich kreuzten**, die Barclay mit rauhen Worten wieder in eine ordentliche Folge und in die Richtung auf Gorbunowo zu bringen suchte; ja noch vier Stunden später, zwischen neun und zehn Uhr, ließ Barclay dem Herzog Eugen sagen: er müsse sich noch länger behaupten, da **noch mehrere verirrte Regimenter im Walde steckten**. Die Division des Herzogs war beisammen; das müßten also Regimenter gewesen sein die zu vor ihr marschirenden Abtheilungen gehörten, und sich einzeln verirrt hatten, so daß der Herzog mit seiner Abtheilung an ihnen vorbei marschirt war? — (Doch waren, so viel man sehen kann, am Abend, als man bei Lubino die Heerstraße erreichte, sowohl das II. als das IV. Infanterie-Corps — das letztere vielleicht mit einer Ausnahme — wieder ganz beisammen. Man muß sich übrigens erinnern daß, da die sämmtlichen Jäger unter Korff entsendet waren, die beiden Divisionen des II. Corps nur 8 Bataillone eine jede zählten; im IV. die eine 10, die andere 6 Bataillone.)

Zum unmittelbaren Schutz gegen den Feind hielt Barclay, so wie die Lage in der man sich befand, offenbar wurde, zwei Regimenter der 17. Division (Bieloserst und Willmanstrandt), eine halbe Schwadron Husaren und 4 Geschütze an, und schob sie auf eine Anhöhe jenseits Gedeonowo vor, wo sich diese kleine Schaar, unter dem Herzog Eugen, verstärkt durch das letzte Regiment der 4. Division (das Tobolskische), halten sollte bis Alles in Sicherheit wäre. Das Wesen des Zustandes in den man hier gerathen war zeigt sich auch darin, daß diese beiden Regimenter der 17. Division nicht etwa die letzten in der Reihenfolge waren, sondern das erste und dritte, und daß sie verschiedenen Brigaden angehörten. Korff erhielt den Befehl, nicht wie er früher sollte, um den Feind so lange als möglich über die Richtung des Rückzugs zu täuschen, über Krachotkino zurückzugehen, sondern auf den kürzesten Fußpfaden und Karrenwegen durch den Wald nach Gedeonowo heranzukommen.

Glücklicher Weise konnte der Feind alle diese Verhältnisse nicht übersehen. Vielleicht imponirte sogar das plötzliche Erscheinen russischer Truppen bei Gedeonowo; man wußte nicht recht was es bedeute, und was daraus werden sollte. Und wie gar oft im Kriege geschieht, wurde so eine der günstigsten Gelegenheiten versäumt die russische Armee in Unheil und schwere Verluste zu verwickeln.

Die ersten Bewegungen der Franzosen waren ziemlich unsicher. Um drei Uhr früh waren die Brücken über den Dniepr fertig; Ney ging hinüber, und in nordöstlicher Richtung über die Petersburger Vorstadt hinaus, wo er zunächst anhielt —: zwischen den Straßen nach Petersburg und nach Moskau, wahrscheinlich um sowohl die eine als die andere einschlagen zu können sobald man über die Bewegungen des russischen Heeres genügend aufgeklärt wäre. Murat sollte rechts von ihm mit zwei Reiter-Corps auf die Moskauer Straße zur Erkundung vorgehen; Grouchy links auf der Straße nach Poretschie. Dieser Letztere war angewiesen bis Stabna vorzugehen, und wenn der Feind dort verschwunden sei, weiter in der Richtung nach Duchowtschina einzubiegen.

Erst zwischen sieben und acht Uhr — also in demselben Augenblick in welchem Toll und Tutschkow der 3. die Heerstraße bei Lubino erreichten — wurde der Herzog Eugen vor Gedeonowo angegriffen. Danilewsky sucht das Gefecht auf diesem Punkt als ganz unbedeutend darzustellen, und geht leicht darüber hin, als sei es nicht der Rede werth. Welch ein glänzendes Denkmal des Ruhmes — aere perennius — hätte er ohne Zweifel gerade hier dem Herzog Eugen, dem jugendlichen Helden und nahen Verwandten seines Kaisers errichtet, wenn sein Werk zehn Jahre früher erschien! — Vor dem Treffen bei Kurtupö (1828) nämlich; vor allen Mißverständnissen und gespannten Verhältnissen die ein gewisser Artillerie-General daraus zu entwickeln wußte, damit manches Bedenkliche das ihn persönlich betraf, in unaufgeklärtem Dunkel bleibe!

Freilich verwendete zu allem Glück Ney nicht gleich seine ganze Macht gegen die kleine Schaar Russen, nach und nach aber bekam es der Herzog mit einer steigenden feindlichen Uebermacht zu thun, das Gefecht wurde hartnäckig und blutig — darüber sind alle Berichterstatter einig; es nahm dann eine bedenkliche Wendung als Ney, nach neun Uhr größere Massen in Bewegung setzte, und konnte leicht mit einer gänzlichen Niederlage der russischen Abtheilung enden. Doch ein glücklicher Angriff der Reiterei Korff's die eben eintraf (und wie es scheint auch einiger Abtheilungen Elisabethgrad'scher Husaren, die aus Tutschkow's Stellung vorgegangen waren), schaffte etwas Zeit; Korff rückte endlich auch mit seinem Fußvolk heran, mit dem er hinter Gedeonowo aufmarschirte. Der Herzog Eugen konnte, etwa nach zehn Uhr, glücklich seinen Rückzug in der Richtung nach Gorbunowo antreten, und nahm auf Barclay's Befehl bei Haponowtschina von neuem Stellung, um seinerseits wieder Korff aufzunehmen. Dieser Letztere hatte noch einen Angriff zu bestehen, und als er abzog erlitten die letzten Bataillone einen wohl nicht bedeutenden Unfall und einigen Verlust. Noch vor Haponowtschina ließ der Feind von der Verfolgung in dieser Richtung ab. Er wendete sich rechts gegen die Moskauer Heerstraße von der jetzt ein lebhaftes Gewehrfeuer herüber schallte.

Gegen zwölf Uhr waren nämlich Ney's Vortruppen vor Tutschkow's b. 3. Stellung zwischen Latischino und Toporowtschina erschienen; hielt das Gefecht bei Gedeonowo nicht auf, so konnte der Feind, wie schon gesagt, füglich zum mindesten drei, auch wohl vier Stunden früher mit Heeresmacht hier — und vielleicht in diesem Augenblick schon Herr der Straße bis Lubino und Bredichino hin sein, was bedenkliche Verwickelungen herbeiführen mußte. Denn man sagt uns zwar nichts Zuverlässiges darüber wo und in welcher Verfassung sich zur Zeit als das Gefecht begann Tutschkow's des 1. (III. Inf.=) Corps befand, aber aus Nebenumständen ergiebt sich daß es, nach einem etwa fünfzehnstündigen Marsch, erst gegen zwölf Uhr (gewiß nicht früher) die Heerstraße erreichte. Man sieht wie das Gefecht welches der Herzog Eugen ehrenvoll bestand, nach mehr als einer Seite hin sehr wichtigen Einfluß übte.

Der schwachen russischen Abtheilung unter Tutschkow dem 3. und Toll kam zu statten daß die Ueberlegenheit des anrückenden Feindes nur sehr allmälig fühlbar werden konnte, wie gewöhnlich wo ein Gefecht ohne eigentlich erwartet zu sein, sich aus dem Marsch entwickelt. Ney hatte hier zunächst nur eine seiner Divisionen (Razout) zur Verfügung; und auch deren einzelne Regimenter langten natürlich nur eines nach dem anderen an. (Die beiden anderen Divisionen gingen in dem gebrochenen Gelände links der Straße vor.) Das Treffen begann mit einer Kanonade; dann entwickelte sich ein Plänklergefecht das, wie es in solchen Fällen zu sein pflegt, zunächst hauptsächlich Erkundung der feindlichen Streitkräfte zur Absicht haben mochte; als dann das Gefecht ernsthaft und das Gewicht der feindlichen Uebermacht drückend wurde, konnte Tutschkow der 1. die beiden letzten Regimenter seines Heertheils (Leibgrenadier und Gr. Araktscheyew=Grenadier) umkehren lassen, um dem Nachtrab unter den Befehlen seines Bruders zu Hülfe zu eilen. Das III. Inf.=Corps war also ganz auf der Heerstraße, und in der Richtung nach Bredichino, lange ehe der Nachtrab sich genöthigt sah seine erste Stellung aufzugeben; das zeigt sich noch bestimmter darin daß die beiden genannten Regimenter, auf den erhaltenen Befehl, aus der Gegend von Lubino umkehrten. Mit dieser geringen Unterstützung gelang es der ausdauernden Tapferkeit des Nachtrabs sich bis drei Uhr Nachmittags in seiner ersten Aufstellung zu behaupten.

Genöthigt um diese Zeit über den Straganbach zurückzuweichen, fand er hier in einer sehr festen Stellung neue Mittel des Widerstandes; Barclay erschien bald selbst auf dem Kampfplatz; zeigte sich wie immer im Angesicht des Feindes, fest und besonnen, ordnete die Verstärkungen wie sie anlangten, und lieferte ein blutiges Gefecht an dem nach und nach alle Truppen der drei hier zurückgehenden Infanterie=Corps entweder thätigen, oder doch als Rückhalt zum Schlagen bereit aufgestellt, mittelbaren Antheil nahmen. Dabei gereichte den Russen sehr zum Vortheil daß bei dem Feinde die Einheit der Leitung durchaus fehlte. Napoleon der an diesem Tage kein ernsthaftes Gefecht mehr erwartete, da die russische Armee zu seinem Leidwesen wieder nicht Stand hielt, verweilte lange in Smolensk, begab sich erst spät am Tage auf eine Anhöhe bei Wiäsowna, kaum eine halbe Meile von der Stadt und kehrte gegen Abend in diese zurück, immer noch in dem Wahn daß Ney es nur mit einem Nachtrab zu thun habe. Ney der mit seinen drei Divisionen auf der Heerstraße heranrückte, und erst gegen Abend, wie es scheint auf mehrmalige Forderung, zwei Divisionen (Gudin und Morand) von Davoust's Heertheil als Verstärkung erhielt; — Murat der sich mit Nansouty's und Montbrun's Reiterei rechts der Straße ausbreitete wo er die Niederung und die Wälder zwischen dieser und Bubleiewa vor sich hatte — und Junot der bei Prubischtschewo über den Dniepr ging, waren von einander unabhängig, und ihre Bewegungen stimmten nicht recht zusammen.

Barclay hatte dem Marschall Ney zunächst nur 17 Bataillone entgegenzustellen — gewiß kaum 8000 Mann. — Jetzt nämlich, zwischen drei und vier Uhr, kamen endlich die ersten Truppen des IV. Inf.=Corps aus den Wäldern bei Tischinino hervor. Die Lücke zwischen diesem und dem III. Infanterie=Corps hatte sich also seit dem Aufbruch durch den Zug in die Irre und zufälligen Aufenthalt so vergrößert daß sie jetzt einem Marsch von mehr als vier Stunden gleichkam. Auch scheinen die Truppen des IV. Corps, wenn sie auch wieder beisammen waren, doch nicht in ganz ordentlicher Reihenfolge marschirt zu haben, denn von den drei Regimentern die zunächst herbeigezogen werden konnten, gehörten zwei (Rylsk und Catherinburg) der 23., das dritte (Jelets) der 11. Division an. — Von dem III. Corps zurückgesendet, traf auch ein (zusammengesetztes) Grenadierbataillon (von Konownitzyn's Division; der 3.) auf dem Kampfplatz ein.

Sechzehn Stücke Geschütz, darunter 8 Zwölfpfünder, die eben vom IV. Infanterie-Corps anlangten, wurden nebst 6 Bataillonen (Leibgrenadier-Regiment, Catherinburg, Jelets) auf die große Straße gestellt; 2 (Infanterie-Regiment Reval) besetzten als rechter Flügel den Wald vorwärts Doriny; 6 Bataillone mit 4 Stücken Geschütz (20. und 21. Jäger-, 1 Grenadier-Regiment Araktscheyew, 1 Grenadier-Bataillon) den buschigten, sumpfigen Grund links der Heerstraße; 3 (Infanterie-Regiment Rylsk, 1 Bataillon Araktscheyew) endlich standen noch weiter links in und hinter dem Gehölz von Bubleiewa. Zwischen diesem Dorf und Siniäwina marschirten 26 Schwadronen Husaren (mit 4 Stück Geschütz) unter dem Grafen Orlow-Denissow in vier Treffen auf. Korff hatte nämlich, so wie er Haponowtschina und den Herzog Eugen wieder hinter sich hatte, seine beiden Husaren-Regimenter vorausgeschickt; sie müssen wohl zum Theil im Trab marschirt sein, da sie jetzt schon eintrafen; 2 Schwadronen Issumscher Husaren hatten sich unterwegs mit ihnen vereinigt, und hier stieß auch noch das Elisabethgradsche Regiment zu dem Trupp. Die Kosacken stellten sich zuerst vor der Reiterei auf, bei Gumschinino und Martino. Diese Stellung der Reiterei war, da sie Sümpfe im Rücken hatte, besonders so lange sie nicht durch Fußvolk unterstützt werden konnte, etwas gewagt, aber durch die Nothwendigkeit geboten.

Ney fand, wie es scheint, Bedenken die sehr starke Stellung hinter dem Straganbach anzugreifen ehe seine Verstärkungen angelangt waren, und suchte fürs erste das Gefecht hinzuhalten; das Schützengefecht und das Feuer des Geschützes brach nicht ab.

Erst als seine Verstärkungen, nämlich die Division Gudin von Davoust's Heertheil, heran waren, d. h. um fünf Uhr Abends, unternahm Ney nachdrückliche stürmende Angriffe auf die Stellung der Russen; und zwar mußte Gudin in zwei Colonnen gegen die Hauptbatterie auf der Heerstraße vorbringen; die Division Razout von Ney's eigenem Heertheil, ebenfalls in zwei Colonnen gegen den sumpfigen Grund zur linken der russischen Stellung. Seine beiden anderen Divisionen (Lebru-des-Essarts, und die Würtemberger) — behielt Ney als

Rückhalt zurück; die erstere diesseits des Straganbachs, hinter Gubin, die andere auf seinem rechten Flügel, dem Gehölz von Bubleiewa gegenüber. In dieser Form wurde der Angriff zwischen fünf und sieben Uhr mit schlechtem Erfolg mehrfach wiederholt. Gubin und Razout waren zusammen am Tage dieses Treffens ungefähr 14,000 Mann stark, also den 12 russischen Bataillonen auf die sie unmittelbar stießen gewiß um das Doppelte überlegen —: dennoch wurden sie jedesmal mit großem Verlust zurückgeschlagen. Der tapfere und geachtete General Gubin verlor hier das Leben.*)

Auf dem linken Flügel ward die Reiterei unter Orlow-Denissow in ein Gefecht verwickelt, welches die Russen für ein sehr glänzendes und ruhmvolles halten, weil sie glauben es mit Murat's gesammter Reiterei zu thun gehabt zu haben. Das ist aber nicht der Fall. Murat's Reiter waren weiter zurück. Junot freilich, mit seinen 14,000 Westphalen im Marsch von Prubischtschewo gegen die moskauische Heerstraße, hätte dem Gefecht schon sehr früh eine rasch entscheidende Wendung geben können; denn schon als Tutschkow d. 3. sich noch jenseits des Straganbaches hielt, hatte er zwischen Tebenkowa und Martino eine Anhöhe erreicht, von welcher aus er bereits die Heerstraße übersehen konnte. Blieb er in dieser Richtung im Marsch, so konnte von russischer Seite gar nicht daran gedacht werden die Stellung hinter dem Straganbach zu nehmen und zu halten; Tutschkow d. 3. mußte gleich viel weiter zurückgehen; sein Rückzug wurde sogar sehr mißlich; es war die Frage ob er noch zu rechter Zeit und ohne Nieder-

---

*) Wolzogen erhielt im Lauf des Gefechts von Toll den Auftrag eine Batterie in eine zweckmäßige Stellung zu führen, und sieht in dieser sehr natürlichen Anordnung nichts Geringeres als ein schwarzes Complot — einen hinterlistigen Anschlag auf sein Leben!! — Ein solcher Auftrag sollte doch einen Generalstabs-Offizier nicht in dem Grade aus der Fassung bringen. — Hielt sich Wolzogen etwa als strategischer Adept für zu kostbar um den Gefahren des Kampfes ausgesetzt zu werden, gleich andern Offizieren seines Ranges? — Man kann nur bedauern daß er sich, in seiner Eitelkeit verletzt, zu solchen, doch wirklich unwürdigen Dingen hinreißen läßt. — Uebrigens täuscht ihn sein Gedächtniß mehrfach in Beziehung auf dies Gefecht; er irrt sich namentlich was die Ordnung anbetrifft in welcher die verschiedenen Infanterie-Corps des russischen Heeres in der Marsch-Colonne auf einander folgten.

lage über Kosina hinauskam, und die Dinge konnten sich überhaupt bedenklich für die Russen gestalten. Aber selten geschieht im Kriege Alles was geschehen könnte. Junot's Thun und Treiben in diesen Tagen macht es wahrscheinlich daß er, wie einige französische Zeugen dieser Begebenheiten andeuten, schon jetzt zu Zeiten an der Gemüths= krankheit, an dem trüben Wahnsinn litt, in dem ein Jahr später sein Leben endete. Anstatt ohne Aufenthalt vorzugehen verbarg Junot seine Truppen in den Wäldern bei Tebenkowa; und als er später wieder etwas vorrückte, war es nur um an einem kleinen Bach und Sumpf wieder anzuhalten — da sich unterdessen Orlow=Denissow's Reiterei ihm gegenüber entfaltet hatte. Murat sprengte bekanntlich für seine Person, mit einer kleinen Bedeckung zu Junot heran, und fragte verwundert warum er nicht vorwärts gehe? — aber Junot wußte mancherlei Ausreden; besonders hatte er nicht den ausdrückli= chen Befehl sich in ein Gefecht einzulassen. Vergebens suchte Murat ihn durch Zureden und Scherz im Wachtstuben=Ton alter Camerad= schaft zu etwas zu bringen; Junot ließ sich nur mit Mühe bewegen ein Bataillon und eine Companie leichter Infanterie vorzusenden, von denen die letztere, die sich, wie es scheint, etwas unvorsichtig aus dem Gebüsch in die Ebene vorwagte, einem raschen Angriff des Mariupol= schen Regiments erlag. *) — Auf erneuertes, dringendes Zureden Murat's sendete Junot später, gegen fünf Uhr, zur Zeit als Ney's An= griffe ernsthaft wurden, auch seine Reiterei vor; aber diese — nur 12

---

*) Danilewsky macht aus dieser Companie zwei Regimenter. Ueberhaupt ge= räth dieser Schriftsteller in einen seltsamen Widerspruch mit sich selbst, indem er zwar bei jeder einzelnen Gelegenheit die Verluste der Franzosen in hergebrachter Weise vergrößert, dieselben im Ganzen dagegen, während dieser Periode des Feld= zugs in einem kaum glaublichen Verhältniß vermindert. Trotz der ganzen Regimen= ter die bei jeder Gelegenheit zusammengehauen, oder durch das russische Bayonet mit Stumpf und Stiel vertilgt werden, trotz der unerhörten Verluste welche die fran= zösische Armee durch Krankheiten und Marodiren leidet, und die er selbst mit vielem Talent höchst malerisch schildert, berechnet er doch den Gesammt=Verlust dieses Heeres, von dem Uebergang über den Dniepr bei Rassasna bis Borodino, auf nur 15,000 Mann — : damit es bei Borodino noch 170,000 Mann stark erscheinen kann, woran ihm, des vollständigen Effekts wegen, sehr viel gelegen ist.

Schwadronen — konnte natürlich nicht mehr thun als den Feind beschäftigen. Die Kosacken stäubten zwar vor ihrem ersten Angriff auseinander, und rissen das Sumsche Husaren-Regiment in ihrer Flucht mit sich fort —: aber durch einen Angriff in die Flanke der verfolgenden Westphalen stellte Orlow-Denissow das Gefecht wieder her. Es folgten wiederholte Angriffe hinüber und herüber, ohne sonderlichen Erfolg; und da den Russen hier eine sehr bedeutende Ueberlegenheit zu Gebote stand — 26 Schwadronen gegen 12 —, kann es für sie wohl nicht sehr schwierig gewesen sein das Gefecht zu halten.

Am Straganbach dagegen, wurde es, wie der Abend nahte, doppelt blutig und ernsthaft. Glücklicher Weise waren noch ehe die Krisis des Kampfes eintrat die sämmtlichen Truppen des IV. Infanterie-Corps herangekommen, so daß nur das II. noch auf den Nebenwegen zurück war, und um die Stellung sicher halten zu können, bis auch dies die Heerstraße erreichte, hatte Barclay auch das ganze III. Infanterie-Corps von Bredichino her, sammt dem I. Reiter-Corps wieder auf das Schlachtfeld umkehren lassen. Das Grenadier-Regiment Catherinoslaw (2 Bataillone) verstärkte den rechten Flügel bei Gretschichy und Doriny; Konownitzyn rückte mit den 6 Bataillonen seiner Division über die noch nicht verfügt war (Regiment Murom, Tschernigow, Kaporie) heran, die Mitte zu unterstützen — die Infanterie-Regimenter Pernau und Polotzk, vom IV. Infanterie-Corps wurden mit einer reitenden Batterie von 12 Geschützen, nach dem linken Flügel gesendet, um Orlow-Denissow's Reiterei zu unterstützen, was eben dringend nöthig wurde; — das Infanterie-Regiment Kerholm, wie ausdrücklich bemerkt wird, das einzige des IV. Corps das jetzt nicht in erster Linie verwendet war, nahm als Rückhalt, bei Lukanowo Stellung, auf dem Höhenzug der den diesseitigen (rechten) Thalrand der Jerowenka bildet; links neben diesen beiden Bataillonen dehnte sich auf denselben sanften Anhöhen das I. Reiter-Corps bis Duchowskoie aus, in einem Treffen aufmarschirt um zahlreicher zu scheinen, aber im Grunde nur als Decoration, da es die Sümpfe vor sich hatte, die es von Orlow-Denissow's Reitern trennten. Die drei Grenadier-Regimenter Pawlowsk, Taurien, St. Petersburg (6 Bataillone) bildeten jenseits der Jerowenka, vor Lubino, den letzten Rückhalt.

Wir wiederholen hier diese Einzelnheiten der Aufstellung um darauf aufmerksam zu machen daß über ein Regiment des IV. Infanterie-Corps alle Nachweisungen fehlen, nämlich über das Infanterie-Regiment Selenginsk, das noch dazu, da man links abmarschirt war, eigentlich an der Spitze des IV. Infanterie-Corps marschiren mußte. Das ist ganz verloren; wo war es geblieben? — War es etwa in Folge der Verwirrung während der Nacht, aus seiner Stelle in der Marschreihe gekommen? — langte es erst später mit dem II. Infanterie-Corps oder mit Korff an? — es wird eben nirgends erwähnt und wir sind außer Stande diese Fragen zu beantworten.

Spät, um 7 Uhr erneuerte Ney seinen Angriff mit seiner gesammten Macht. Die Würtemberger wurden herbeigezogen Gubin's, jetzt von Gérard befehligte Division zu verstärken; Ledru wurde zu Razout, und mit ihm gegen die sumpfige Niederung vorgesendet, so daß Ledru und die Würtemberger aneinander vorbeimarschiren mußten. Die ganz ermüdeten russischen Truppen (Leibgrenadier, Jelets, Catherinburg) wichen — wie Augenzeugen berichten ziemlich schnell, auch die Artillerie fuhr ab, was Alles solcher Uebermacht gegenüber nicht zu verwundern ist. Barclay, dem nun das gesammte Geschütz auch des IV. Infanterie-Corps zu Gebote stand, vereinigte das Feuer mehrerer Batterien gegen die vordringenden Franzosen; bald rückte Konownitzyn mit seinen sechs frischen Bataillonen heran, ging seinerseits zum Angriff über, und es kam zu einem in der Wirklichkeit höchst seltenen Ereigniß, zu einem wirklichen Handgemenge, einem längeren, hartnäckigen Kampf Mann gegen Mann. Die Russen wollen die Franzosen wieder ganz über den Bach zurückgeworfen haben, und zwar — was bestimmt nicht wahr ist — sehr schnell und in regelloser Flucht. Wie konnten wohl 6 Bataillone einen so vollständigen Sieg über vier französische Divisionen erfechten! Die Franzosen erzählen sie hätten sich endlich auf den Höhen jenseits des Stragan behauptet, und das ist auch wohl ganz entschieden ausgemacht; die Berichte einzelner Truppentheile, namentlich der Würtemberger, die vorliegen, lassen darüber keinen Zweifel. Doch behauptete sich Konownitzyn seinerseits höchst wahrscheinlich vor Kosina, was ihm wohl die nun ganz entschieden hereinbrechende Nacht möglich machte. Ganz spät kam es auf dem rechten Flügel, bei Gretschichy, mit Truppen Gubin's noch zu einem besonderen Gefecht, das in der Dunkelheit ohne eigentliche Entscheidung aufgehört zu haben scheint. Tutschkow d. 3. der jetzt dort befehligte, gerieth dabei am Ende dieses für ihn ruhmvollen Tages, da er sich zu weit unter die Schützen vorwagte, verwundet in Gefangenschaft. Während dieser Abendgefechte war der Schweif der russischen Marsch-Colonne endlich aus den Wäldern heraus und heran gekommen.

Um sieben Uhr Abends nämlich war Baggehuffwudt nach einem achtzehnstündigen Marsch mit den vier Regimentern der 17. Division, und zweien der 4. diesseits Tischinino angelangt, und hatte sich auf den Höhen an der Jerowenka, diesen Bach im Rücken, hinter der Mitte und dem rechten Flügel der Linie am Stragan aufgestellt (der Herzog Eugen v. Würtemberg hatte nämlich bei Shukowo eingetroffen, das Willmanstrandtsche und Bieloserskische Regiment wieder zu ihrer Division geschickt, und war dagegen durch ein Regiment seiner eigenen Division verstärkt worden, das ihn wahrscheinlich dort erwartete). — Korff der später anlangte, stellte sich hinter Baggehuffwudt auf, diesen links überragend, so daß er mit seinem linken Flügel die Moskauer Heerstraße erreichte. Ganz im Dunkeln traf der Herzog Eugen mit den letzten 4 Bataillonen ein, marschirte an Baggehuffwudt vorbei, und biwachtete die Nacht ihm zur Linken, dicht an der Heerstraße (wie den Heranmarsch berichten Buturlin und Danilewsky auch die Aufstellung dieser Abtheilungen durchaus irrig).

Auf dem linken Flügel zeigte sich noch zuletzt was Junot hier in jeder Periode des Kampfes bewirken konnte. Der westphälische Gen.-Lieutenant Ochs nämlich erbat sich doch zuletzt um 7 Uhr die Erlaubniß zu einem Angriff der hier dem Gefecht eine Wendung gab. Freilich stimmen auch hier wieder die beiderseitigen Berichte nicht, doch ist die Wahrheit leicht zu ermitteln. Orlow-Denissow sagt — oder vielmehr Danilewsky läßt ihn sagen, was nicht ganz dasselbe ist — sein linker Flügel sei umgangen und lebhaft beschossen worden. Das ist nicht wohl möglich, und von französischer Seite weiß Niemand etwas davon. Danilewsky zeichnet dann vollends auf seinen kleinen Plan des Treffens eine Colonne die von Ney's Heertheil herkömmt um diese Umgehung auszuführen, was natürlich ganz aus der Luft gegriffen, und an sich höchst abenteuerlich ist. Der General Ochs dagegen erzählt (was Loßberg bestätigt) er habe mit zwei westphälischen Garde-Bataillonen den Wald vor Bubleiewa, und ein zweites dahinter liegendes Gehölz erobert. Das ist ohne Zweifel die Wahrheit, und Danilewsky möchte hier, wie ihm auch sonst begegnet, den Bericht seines Gewährsmannes mißverstanden haben. — Das Ergebniß war, wie beide Theile berichten, daß Orlow-Denissow, da er den bisherigen Stützpunkt seines rechten Flügels verloren, seine Verbindung mit der russischen Hauptmacht gefährdet sah, den Boden räumen mußte, welchen er den Nachmittag über vertheidigt hatte. Links rückwärts schwenkend nahm er eine neue Stellung mit dem rechten Flügel gegen die Rückseite des sumpfigen Gebüsches welches anfänglich das 20. und 21. Jäger-Regiment vertheidigten, mit dem linken an die Sümpfe gelehnt die er früher im Rücken hatte. Die 4 Bataillone und 12 Kanonen um die er gebeten hatte, verstärkten ihn in dieser, mit der wenig über tausend Schritt entfernten Heerstraße, gleichlaufenden Stellung; das Pernauische Regiment bildete ein Viereck in der Mitte derselben; das Polozkische rückte auf den rechten Flügel der Reiter, wo die 12 Geschütze auf einer vortheilhaften kleinen Anhöhe auffuhren (gewiß dem General Ochs gegenüber; war der nicht über Bubleiewa vorgedrungen so mußte diese Batterie hier vollkommen überflüssig sein, und Danilewsky liefert so, indem er die getroffenen Gegenanstalten berichtet, den entscheidenden Beweis daß die Angaben der westphälischen Generale richtig sind). Um acht Uhr fielen auf dieser Seite die letzten Schüsse.

Auf Seite der Franzosen traf die Division Morand zu spät ein um noch Antheil am Gefecht zu nehmen. Sie war von Smolensk aus in nordöstlicher Richtung vorgesendet worden. Wie weit sie gekommen war als sie den Befehl erhielt umzukehren, und Ney auf der Heerstraße zu verstärken —: darüber konnten ihre Führer schwerlich genau Auskunft geben, wahrscheinlich bis in die Wälder nordwärts von Toporowtschina. Chambray bedauert daß man sie zurückberufen habe, und meint sie hätte einen entscheidenden Erfolg herbeigeführt wenn man sie in ihrer ersten Richtung ließ —: eine Ansicht die wohl nur aus Unkunde der Oertlichkeiten und der bei dem russischen Heere obwaltenden Verhältnisse, hervorgegangen ist. Eine Stunde später hätte Morand die moskauer Heerstraße im Rücken der russischen Aufstellung erreicht, sagt nämlich Chambray. Das geschah gewiß nicht; vielmehr mußte diese Division wohl, wenn sie im Vorrücken blieb, irgend wie auf das II. russische Infanterie-Corps stoßen, und konnte sich leicht, zwischen feindlichen Colonnen, in ein für sie selbst bedenkliches Gefecht verwickelt sehen.

Fassen wir die Ergebnisse des blutigen Tages zusammen, so ergiebt sich daß die Russen am Abend in der Mitte und auf dem linken Flügel in eine Lage versetzt waren, welche die Fortsetzung des Kampfes jedenfalls unmöglich gemacht haben würde —: sie hatten aber auch gar keine Veranlassung ihn fortzusetzen. Mit Achtung gebietender Tapferkeit hatten sie sich gegen eine namhafte Ueberzahl behauptet bis alle Truppen dieser Colonne auf der moskauer Heerstraße vereinigt waren: der Zweck des Kampfes war vollkommen erreicht. Die Franzosen hatten die geringen erfochtenen Vortheile — wenn man das ja so nennen will — viel zu theuer erkauft, und weder Gefangene noch Trophäen aufzuweisen. Sie verloren an diesem Tage 7000 Mann; der Verlust der Russen wird von Einigen auf fünf-, von Anderen auf sechstausend Mann angegeben. Im Ganzen hatte Napoleon's Heer seit dem Uebergang über den Dniepr bei Rassassna in den Gefechten, nach Chambray's gewissenhaftem Bericht, 19,000 Mann verloren; das russische, wie eine ziemlich zuverlässige Berechnung lehrt, ungefähr 14,000 Mann.

In der Nacht wurde nun, auf Seiten der Russen, zuerst die sämmtliche Artillerie zurückgesendet; am 20. um vier Uhr früh brachen dann die sämmtlichen an der Jerowenka vereinigten russischen Truppen auf, und marschirten nach Solowiewa-Pereprawa, wo sie sich wieder mit der Colonne Dochturow's vereinigten. Theils noch am Abend desselben Tages, theils am 21. gingen die Truppen der ersten Armee hier auf vier Schiffbrücken über den Dniepr. Nur ein Nachtrab der aus sämmtlichen Kosacken und 32 Schwadronen Linien-Reiterei (Sum-, Mariupol-, Elisabethgrad-Husaren, Polnische Uhlanen-Reg.) unter Platow bestand, blieb jenseits des Flusses, an welchem auch unmittelbar hinter dem Uebergangspunkte 12 Bataillone Jäger mit einer reitenden und einer halben Sechspfünder-Batterie unter dem G.-M. Baron Rosen zu dessen Unterstützung bereit standen.

Bagration war mit der zweiten Armee am 20. bis nach Michailewka zurückgegangen, und setzte am 21. den Marsch bis Dorogobusch fort.

Alle Bewegungen des russischen Heeres hatten von jetzt an nur den einen Zweck: ein vortheilhaftes Schlachtfeld zu suchen, auf dem man den Angriff des Feindes erwarten könne. Denn die Stimmung im Lande und im Heer war nun bereits eine solche geworden daß ein Jeder die so lange schon von allen Seiten geforderte Schlacht, wenn nicht aus anderen Gründen, doch als ein nothwendiges Uebel wollen mußte. Schon von Smolensk aus, wir wissen nicht an welchem Tage, hatte Barclay einige Offiziere des Generalstabs entsendet das ganze Gelände rückwärts längs der Moskauer Heerstraße zu erkunden. Deren Meldungen bezeichneten zwischen Smolensk und Gshatsk zwei günstige Stellungen: bei Uswiät an der Usha (zwischen Solowiewa P. und Dorogobusch) — und bei Zarewo-Saimischtsche (jenseits Dorogobusch). Man hatte also nun bestimmte Punkte im Auge. Der Oberst Toll ging fortan in der Regel dem Heer um einen Tagmarsch voraus um dessen nächste Stellung zu wählen und zu ordnen.

Die russischen Berichte sagen einstimmig daß die erste Armee am 21. hinter der Usha eintraf; Hofmann verlegt das Eintreffen dort in seinem Tagebuch auf den 22., und was entscheidend sein möchte, Barclay selbst nennt in seiner Denkschrift diesen letzteren Tag. Buturlin zufolge wurde wenigstens das Hauptquartier erst am 22. in die Stellung hinter diesem Bach verlegt. Von Solowiewa bis an die Usha sind ungefähr 4½ Meile; da nun die Truppen theilweise erst am 21. über den Dniepr zurückgingen, ist wohl Barclay's Angabe die richtige.

Toll fand die Stellung an der Usha sehr günstig. „Sie war in der That sehr vortheilhaft aber man kann nicht sagen sehr stark," sagt Clausewitz. „Mit dem rechten Flügel am Dniepr hatte sie ein kleines Flüßchen, die Usha, vor der Fronte. Diese ist unbedeutend und fließt in keinem eingeschnittenen Thal, bildet aber doch immer ein Zugangshinderniß, wobei die flache Abdachung der Ränder der Wirkung der russischen Artillerie sehr vortheilhaft war. Die Gegend vor der Fronte war im Allgemeinen offen und gut zu übersehen, im Rücken war sie etwas verdeckter, gab also Gelegenheit seine eigene Aufstellung zu verbergen." — Nur der linke Flügel hatte keine eigentliche Anlehnung.

Wie wir aus einem kleinen theoretischen Aufsatz ersehen, der uns vorliegt, lassen sich Toll's Ansichten in Beziehung auf die Verwendung der Truppen, besonders in einer Vertheidigungsschlacht, in folgenden einfachen Sätzen zusammenfassen: der Sieg bleibt in der Regel dem, der zuletzt noch einen zur Verfügung stehenden Rückhalt übrig hat, und ihn im entscheidenden Augenblick überraschend auftreten läßt; daraus ergiebt sich die Regel der Stellung zur Schlacht eine verhältnißmäßig geringe Ausdehnung, aber desto größere Tiefe zu geben, um durch eine Mehrzahl hinter einander aufgestellter Treffen das Gefecht lange nähren zu können. — Ferner ist bei der großen taktischen Ausbildung und Beweglichkeit der heutigen Armeen überhaupt nicht mehr mit so vieler Zuversicht und besonders nicht in solchem Umfange als früher auf Naturhindernisse, als Stützpunkte der Flügel zu rechnen, unter allen Bedingungen also rathsam sich wo möglich so einzurichten daß die rückwärtigen Treffen die vorderen zu beiden Seiten überragen, und den umgehenden Feind seinerseits in der Flanke fassen können. Wo namentlich ein Flügel besonders der Umgehung ausgesetzt scheint, muß man ihn nie dadurch zu sichern suchen daß man ihn in einen Haken zurückbiegt, sondern durch einen weiter rückwärts aufgestellten Rückhalt, der darauf vorbereitet ist dem umfassenden Angriff des Feindes durch einen Gegenangriff in seine Flanke zu begegnen.

Diesen Grundsätzen gemäß hatte Toll auch die Verwendung der Truppen in der Stellung an der Uscha gedacht; nur die erste Armee sollte sie unmittelbar vertheidigen, die zweite etwa eine halbe Meile (4 Werste) weiter zurück gegen Dorogobush eine Reserveaufstellung nehmen, den linken Flügel überragend, den sie auf diese Weise deckte, indem dadurch zugleich die Mittel gewonnen wurden in überraschender Weise zum Angriff überzugehen. Clausewitz, dem Toll seine Ideen an Ort und Stelle mittheilte, konnte sie, vorausgesetzt daß überhaupt eine Schlacht geliefert werden sollte, nur billigen, und ging lebhaft darauf ein; — auch Barclay billigte diesmal ganz unbedingt die Vorschläge seines General-Quartiermeisters, und war entschlossen zum entscheidenden Kampf.

In diesem Sinne wurde Bagration aufgefordert von Dorogobusch bis an die Uscha zurückzukehren. Aber das Gefühl daß man dem Feind nicht gewachsen sei, behauptete daneben, wenigstens im Geiste des Feldherrn, sein Recht. Vieles weit Greifende hatte schon im Drang der Umstände aufgegeben werden müssen; so mußte man auch jetzt wieder dem Plan entsagen aus Milizen ein neues zahlreiches Heer zu bilden dem die Linien-Bataillone unter Miloradowitsch als Kern dienen sollten. Barclay forderte diesen General jetzt auf mit allen brauchbaren Truppen, die er bei Kaluga, Moschaisk und Wolokolamsk habe, nach Wiäsma vorzurücken. Man dachte nicht daran sich vor der Schlacht durch diese Schaaren zu verstärken, denn so lange schien die Entscheidung nicht mehr aufzuschieben —: Miloradowitsch sollte bei dem genannten Orte einen Rückhalt bilden auf welchen das Heer sich im schlimmsten Fall zurückziehen könne, und der die in der Schlacht erlittenen Verluste zu ersetzen diene: ein Beweis daß Barclay nicht eben unbedingt auf einen Sieg rechnete! — In demselben Sinne schrieb er an den Grafen Rostopschin, Kriegs-Gouverneur von Moskau, und bat ihn dringend die Ausrüstung der nächsten Milizen so viel als möglich zu beschleunigen, damit sie bald einen Ersatz gewährten für den zu erwartenden Verlust. Unter demselben Tage (22.) setzte Barclay auch Wittgenstein und den Grafen Tormassow von seinem Entschluß in Kenntniß, und forderte den Letzteren auf mit größter Thätigkeit auf den Rücken und die Verbindungen des Feindes zu wirken; von der dritten Armee hänge jetzt das Schicksal des Vaterlandes ab. — Daß Tormassow am 12. bei Gorodeczna, Wittgenstein am 18. bei Polotzk geschlagen war, wußte Barclay noch nicht.

Am 23. traf Bagration auf dem bezeichneten Punkte in der Nähe der ersten Armee ein, nachdem er bei Dorogobusch unter dem G.-M. Siewers eine starke Abtheilung Fußvolk und Reiterei auf dem rechten Ufer des Dnieprs zurückgelassen hatte um diese Stadt zu decken. — Zu gleicher Zeit wich von der anderen Seite der Nachtrab unter Platow und Rosen vor dem anrückenden Feinde bis in die Hauptstellung des Heeres zurück.

Napoleon entsendete nämlich die Division Pino (15 Bataillone vom 4. Corps, Italiener) und Pajol's Reiter-Division (von Montbrun's Corps) gegen Poretschie um Wintzingerode zu beobachten. Die Division Laborde, 10 Bataillone von der jungen Garde, blieb als Besatzung in Smolensk. Das übrige Heer erhielt die Richtung auf Moskau. Murat (mit Nansouty's und Montbrun's Reitern), Davoust und Ney, die ihm auf dem Fuße folgten, so wie weiter zurück die Garden, welche am 23., und die Westphalen, die am 24. aus der Gegend von Smolensk aufbrachen, rückten auf der großen Heerstraße heran, die übrigen Truppen rechts und links zur Seite: der Vicekönig Eugen folgte zuerst der Straße nach Duchowtschina bis Pomogailowa, ging dann auf Querwegen auf die Straße von Duchowtschina nach Dorogobush über, und sollte auf dieser am 25. bei Sasselié eintreffen: gleichzeitig mit Grouchy's Reitern, die bis Duchowtschina vorgegangen waren, und von dort wieder einlenkten. — Auf der anderen Seite hielt sich Poniatowski, der über Belkino marschirt war, in gleicher Höhe mit der Hauptcolonne, und nicht über 1½ Meilen von der Heerstraße. — Latour-Maubourg zog weiter rechts, nachdem er vier Tage bei Dibrino still gelegen, über Mstislaw auf Jelnia und sollte den 28. dort eintreffen.

Mit Tagesanbruch am 22. gingen Abtheilungen von Murat's Reitern durch Furthen bei Solowiewa-Pereprawa über den Dniepr, und gleich darauf wurde mit dem Schlagen zweier Brücken der Anfang gemacht. General Rosen ging, auf Platow's Befehl, mit den Jägern und der Linien-Reiterei des Nachtrabs in eine günstige Aufstellung bei Michailewka zurück. Vor dieser erschien der Feind der durch die sandigen Kiefernwälder folgte, um vier Uhr Nachmittag, und da es zuerst natürlich nur Reiterei war die sich zeigte, konnte Rosen hier ein nicht ganz unbedeutendes Gefecht bis spät Abend hinhalten.

Den folgenden Tag gegen Mittag rückte der Nachtrab bei dem russischen Heere ein, Abends auch die Kosacken; die vordersten französischen Truppen waren in der Nähe; man erwartete in Kurzem die ersehnte Schlacht. Latour-Maubourg's Reiter mitgerechnet zählte Napoleon's Heer am 23. August noch 155,675 Streiter (wie es scheint jedoch ohne Pajol's leichte Reiter-Division) — der Abgang betrug also

im Ganzen seit dem Uebergang über den Dniepr nicht weniger als
dreißigtausend Mann! — eine ungeheure Zahl in so wenigen Tagen!
— Zieht man von dieser Zahl nun noch die entsendeten Divisionen
Laborde (4500 M.) und Pino (8000 M.) ab, so ergiebt sich daß die
zur Schlacht verwendbaren Truppen

111,478 Mann Fußvolk

und 31,697 Reiter

zusammen 143,175 Mann

betrugen (wobei die Artillerie mitgerechnet ist). Das russische Heer
hatte nach Abzug der Abtheilung unter Siewers gewiß nicht über
90,000 Mann unter den Waffen —: ein Machtverhältniß das wahr=
lich selbst in einer vortheilhaften Stellung keinen günstigen Erfolg
hoffen ließ.

Zur Wagniß kam es nicht, denn ganz überraschender Weise wollte
Bagration, der die Zeit her immerfort Schlachten verlangt und jeden
Schritt rückwärts leidenschaftlich getadelt hatte, als er für seine Person
am 23. zu Barclay kam, von einer Schlacht in dieser Stellung durch=
aus nichts wissen! — Er fand sie ganz verwerflich; schon eine unbe=
deutende Anhöhe jenseits der Usha, dem rechten Flügel gegenüber, sollte
sie als dominirender Punkt ganz unhaltbar machen; besonders aber
war dem Fürsten um seine linke Flanke bange, so weit er auch zurück=
stand, und ihm zufolge mußte man befürchten umgangen und an den
Dniepr gedrängt zu werden. Toll, dem an der Sache und nur an der
Sache lag, fest in seinen Ansichten, wollte natürlich seine Idee nicht
gleich aufgeben, suchte den Fürsten zu überzeugen und widersprach —:
darüber brach Bagration in die äußerste Heftigkeit aus, und drohte dem
Obersten Toll mit Degradation zum gemeinen Soldaten, indem er aus=
rief: „Herr Oberst, Ihr Betragen verdient daß man Ihnen die Flinte
auf den Rücken giebt!" — Nebenher erklärte er bei Dorogobush sei
eine viel bessere Stellung. Das glaubte ihm nun zwar Barclay nicht,
da die vorausgesendeten Generalstabs=Offiziere nur Uswiät und Zarewo=
Saimischtsche genannt hatten, aber er sah sich in der unglücklichen Lage
nachgeben zu müssen, da er durchaus keine wirkliche Autorität über
Bagration hatte. Wie sollte er, der jüngere General, diesen gleichsam

unter den Obersten Toll stellen! — Barclay ergab sich um so eher in das Unvermeidliche, da Wintzingerode und der Kosacken-General Krasnow meldeten daß der Vicekönig Eugen (Grouchy) sich von Duchowtschina nach Dorogobusch wende.

Was mögen nun Bagration's eigentliche Gründe gewesen sein eine Schlacht in diesem Augenblick und an dieser Stelle um jeden Preis zu hintertreiben? — Eine Vermuthung liegt so nahe daß man sich ihrer kaum erwehren kann. Bekanntlich wurde sehr eifrig daran gearbeitet Barclay „zu stürzen" wie man das nennt, und da der Großfürst Konstantin deshalb nach Petersburg gereist war, nicht ohne Hoffnung auf Erfolg. Es ist die Frage ob Bagration nicht schon unter der Hand wußte, daß bereits am 17. ein zu diesem Ende gebildeter Rath zu Petersburg den Auftrag erhalten hatte die Ursachen des unbefriedigenden Ganges der Dinge beim Heere zu erforschen. Wie dem auch sei, gerade in diesen Tagen war die ganze Intrigue im Hauptquartier in größter Thätigkeit; wie wir aus Danilewsky ersehen wurde der Kaiser überschüttet mit Briefen, in denen über Barclay's Unfähigkeit und Unschlüssigkeit geklagt, und berichtet wurde wie er durchaus das Vertrauen der Armee verloren habe, und Alles einen verderblichen Gang nehme, weil jede günstige Gelegenheit zur Schlacht versäumt werde. Solche Briefe hatten namentlich Graf St. Priest am 20., Yermolow am 22. — am Tage vor jener leidenschaftlichen Scene — an den Kaiser abgefertigt. Wurde nun in diesen Tagen eine Schlacht geliefert, noch dazu in einer Stellung die Barclay aus freiem Antrieb, ohne Zuthun Bagration's, gewählt hatte — dann waren die Herren sämmtlich Lügen gestraft! — Und wenn nun vollends der Erfolg ein günstiger war — wo blieb dann die Hoffnung Barclay entfernt zu sehen! — Dazu durfte es also nicht kommen!

Bemüht den Frieden im Hauptquartier so lange als möglich zu erhalten oder wieder herzustellen, meldete Barclay nicht sogleich den eigentlichen Grund warum die Stellung an der Usha verlassen wurde, und ließ auch jetzt noch keine Klage über Bagration laut werden. „Der Verlust der ersten Armee in den letzten Schlachten ist sehr bedeutend," schrieb er dem Kaiser: „Aus diesem Grunde und auch in Erwägung dessen daß die Armee für den Fall eines ungünstigen Erfolges gar keine

Verstärkungen hinter sich hat, sehe ich mich genöthigt Eure Majestät um den Befehl zur Bildung eines Reserve=Corps zu bitten, das mir zur Verstärkung dienen, und auf das ich mich auf der Moskauischen Heerstraße zurückziehen könnte. Ich habe in dieser Beziehung schon an Miloradowitsch geschrieben; unterdessen werde ich, um die Wechsel= fälle jedes übereilten Unternehmens zu vermeiden, im Verein mit dem Fürsten Bagration mich bemühen einer Hauptschlacht auszuweichen. Indessen, wir sind in einer solchen Lage daß ich zweifle ob mir dies gelingen wird, aber ich hoffe auf Gott, auf die Gerechtigkeit unserer Sache und die Tapferkeit unserer Krieger." — Ohne eine Ahnung davon zu haben arbeitete Barclay durch solche schonende Briefe seinen Feinden in die Hände! — Es ist schade daß Danilewsky nicht gera= then findet auch die gleichzeitigen Schreiben Bagration's und Yermo= low's vollständig mitzutheilen; es wäre gewiß anziehend zu sehen wie sich diese und Barclay's Briefe, bei einem entschiedenen Gegensatz in der Gesinnung und den Absichten, in Beziehung auf gewisse Beschul= digungen gegenseitig zu bestätigen schienen. Und nun müssen diese Papiere noch einem Geschichtschreiber wie Danilewsky als Waffe gegen Barclay's Andenken dienen!

Einen wirklichen Unterschied hätte es übrigens kaum gemacht wenn gleich damals dem Kaiser und seinen Räthen die Wahrheit be= kannt geworden wäre; denn schon am 20. war Kutusow zum Ober= befehlshaber ernannt worden, und gerade am 23. machte er sich auf den Weg zur Armee.

Diese ging dann in der Nacht vom 23. zum 24. nach Dorogo= bush zurück. Hier nahm die erste Armee vor der Stadt Stellung, mit Ausnahme des II. Inf.-Corps, das auf das rechte Ufer des Dniepre entsendet werden mußte. Die zweite Armee, zu welcher Siewers wie= der mit seiner Abtheilung stieß, stellte sich links rückwärts $1^{1}/_{3}$ Meile von der ersten, bei Brashino wieder auf. — Der Nachtrab unter Pla= tow und Rosen ging am 24. bis auf eine halbe Meile von der Usha zurück.

Was nun diese Stellung bei Dorogobush anbetrifft, so meldet Clausewitz, ein ganz unparteiischer Zeuge, daß sie nach seiner Ueber=

26*

zeugung abscheulich war: „Sie hatte vor der Fronte gar kein Hinderniß des Zugangs und keine freie Aussicht; das ziemlich weitläuftige, winklige und bergige Dorogobush hinter dem rechten Flügel, und einen Theil der Truppen, nämlich das Corps von Baggehuffwudt jenseits des Dniepers, in einer noch viel schlechteren Stellung. Der Verfasser war in Verzweiflung wie er diesen Wechsel sah, und Oberst Toll in stiller Wuth."

Barclay untersuchte die Stellung gleich am Morgen — und dachte natürlich nicht einen Augenblick daran hier eine Schlacht zu liefern. „Ich fand in ihr die schlechteste unter allen die wir im Laufe des ganzen Feldzuges eingenommen hatten," erklärt Barclay (Denkschrift) „und zwar weil 1) ich ein ganzes Corps auf dem rechten Ufer des Dniepers gegen den Vicekönig von Italien verwenden mußte — 2) weil ich den Rest des Heeres über Gebühr ausdehnen mußte, um mich rechts an den Dniepr zu stützen, und zugleich mit dem linken Flügel Höhen zu besetzen auf denen Truppen unumgänglich nöthig waren." (Beiläufig bemerkt: Danilewsky berichtet, die beiden Feldherren Barclay und Bagration hätten diese Stellung zu eng gefunden!!!) — „Dennoch blieben vor dieser Stellung in der Entfernung eines Stückschusses beherrschende Anhöhen, von denen aus der Feind unsere Aufstellung erkunden und uns mit seiner Artillerie vernichten konnte. — 3) In geringer Entfernung von (hinter) der Fronte, befand sich die Stadt mit ihren hölzernen Gebäuden, auf einem von Schluchten zerrissenen Boden. — 4) Die zweite Armee mußte sich in einiger Entfernung aufstellen, acht Werst von der ersten, auf dem Wege von Jelnia nach Wiasma. — Vielleicht schien die Stellung bei Dorogobush gerade dieses letzteren Umstandes wegen vortheilhaft, da die zweite Armee in ihr getrennt und unabhängig von der ersten war, und einigermaßen durch sie geschützt."

Ob es wirklich dies abgesonderte Feld des Ruhmes war, das den Fürsten Bagration lockte, das müssen wir dahingestellt sein lassen. — Wir hören nicht daß Bagration, als es zur Sache kam, irgend mit Nachdruck auf einer Schlacht bei Dorogobush bestand, wie man nach allem Vorangegangenen entschieden erwarten mußte; gerade dadurch wird es wahrscheinlich daß er die angebliche Stellung bei diesem Orte überhaupt nur vorgeschützt hatte um eine Schlacht zu verhindern, Barclay von der Usha wegzubringen, und einige Tage für dessen Absetzung zu gewinnen. Wunderbar aber ist es zu sehen wie selbst diese ihrer Natur nach ziemlich unsauberen Intriguen dem russischen Heer zum Heil geriethen, indem sie eine neue Verzögerung der Schlacht herbeiführten.

Barclay dachte nun bis in die zweite bezeichnete Stellung bei Zarewo-Saimischtsche zurückzugehen. In der Nacht vom 24. zum 25. in drei Colonnen aufbrechend sollte das Heer zunächst in zwei Märschen die Gegend von Semlewo erreichen. Die erste Colonne (die zweite Armee) ging von Braschino nach Boshan, am 26. nach Luschky zurück; die zweite (aus dem III., IV., V. und VI. Inf.-Corps bestehend) nach Tschatobotowo, und mit dem zweiten Marsch nach Semlewo; die dritte (das II. Infanterie- und I. Reiter-Corps und 3 Kosacken-Regimenter) nach Konuschkino, dann nach Afanassiewo. — Da die Gegend hier offener wurde, blieben das II. und III. Reiter-Corps zurück, den Nachtrab nöthigenfalls zu unterstützen.

Am 26. bestand dieser Nachtrab (12 Bataillone, 32 Schwadronen und Platow's Kosacken) an der Osma, hinter Dorogobush, ein ziemlich heftiges Gefecht gegen Murat. — Da auch Winzingerode mit seiner Abtheilung aus der Gegend von Duchowtschina zurückging, und sich jetzt zwischen Duchowtschina und Bieloi befand, wurde an demselben Tage der General Krasnow mit drei Kosacken-Regimentern auf die Straße von Wiäsma nach Duchowtschina entsendet um die Verbindung mit ihm zu erhalten. Der G.-M. Schewitsch sollte mit 2 Bataillonen, 8 Schwadronen Dragoner dieser Abtheilung bei Krasnoi als Rückhalt dienen.

Vielleicht durch das Drückende seiner Lage, durch das allgemeine Geschrei dazu veranlaßt, beschäftigte sich Barclay um diese Zeit mit dem Gedanken die Sache noch vor Zarewo-Saimischtsche zur Entscheidung zu bringen. Toll, und der General-Major Troufson, Chef der Ingenieure bei der ersten Armee, wurden am 25. nach Wiäsma voraus gesendet mit dem Auftrag: „dort eine Stellung aufzusuchen und sie so zu befestigen daß ein Heertheil von zwanzig- bis fünfundzwanzigtausend

Mann sich dort gegen den Feind behaupten könne, während die erste und zweite Armee, auf diesen Punkt gestützt, angriffsweise operirten."
— Dem Fürsten Bagration theilte Barclay mit daß Miloradowitsch und die mit ihm heranrückenden neuen Truppen bestimmt seien den Ort zu vertheidigen, und dem Kaiser meldete er am 26.: „Es scheint daß nun der Augenblick gekommen ist in welchem der Krieg eine erfreulichere Wendung nehmen kann, da der Feind, unerachtet seiner Anstrengungen alle Kräfte zu vereinigen, sogar Poniatowski's Corps, das Rogaczew, Mohilew und das ganze von ihm besetzte Gelände verlassen hat um sich Napoleon zu nähern, doch in dem Maaße wie er vorwärts geht, auf jedem Schritt und in jedem Gefecht mit uns schwächer wird. Dagegen werden unsere Truppen durch die Reserven verstärkt welche Miloradowitsch nach Wiäsma heranführt. Jetzt ist meine Absicht zwanzig- oder fünfundzwanzigtausend Mann bei dieser Stadt Stellung nehmen zu lassen, und sie so zu befestigen daß dieser Heertheil dadurch in den Stand gesetzt werde einen überlegenen Feind aufzuhalten, damit ich meinerseits mit desto größerer Zuversicht angriffsweise operiren könne. Daran hinderten bis jetzt wichtige Gründe: vor allen der daß die beiden Armeen, so lange sie nicht durch Reserven verstärkt waren, beinahe die einzige Streitmacht Rußlands gegen einen überlegenen und listigen Feind ausmachten. Folglich war es nöthig die Armee nach Möglichkeit zu erhalten und nicht einer Niederlage auszusetzen, um den Absichten des Feindes, der seine ganze Macht zu einer entscheidenden Schlacht vereinigte, entgegen zu handeln. Wir sind bis jetzt so glücklich gewesen unseren Zweck zu erreichen ohne den Feind aus dem Auge zu verlieren. Wir haben ihn bei jedem Schritt aufgehalten und werden ihn wahrscheinlich dadurch zwingen seine Macht zu theilen. Das ist dann der Augenblick wo unser Angriff beginnen muß."

Auch vor diesem Forum mußte Barclay sein beständiges Ausweichen sorgfältig erklären und entschuldigen; von einer leitenden Rückzugsidee des Kaisers war nach wie vor nicht die Rede. — Den Feind dachte man sich, wie aus Allem hervorgeht, in zwei Colonnen getheilt: unter dem Vicekönig Eugen, welcher über Blagowa und Bereski heranrückte, von dem man also wohl erwartete daß er unterhalb der Stadt über den kleinen Fluß Wiäsma gehen, und auf dessen rechtem Ufer vor der Stadt erscheinen werde —: und unter Napoleon selbst, auf und südlich neben der Hauptstraße. Gegen die eine dieser Massen — ohnstreitig gegen den Vicekönig — sollte Wiäsma vertheidigt werden, während man selbst die andere angriff, und man hoffte wohl auf keine große Ueberlegenheit zu stoßen. Von wem der Plan herrührte — ob von Toll, in dessen Geist dergleichen allerdings war —: darüber wissen wir nicht Auskunft zu geben. — Uebrigens konnte man sich auch nicht lange mit diesem Gedanken tragen, denn noch am 26. kehrte Toll mit der Nachricht zurück daß bei Wiäsma keine haltbare Stellung einzurichten sei, und jenseits dieser Stadt, dem Punkte wo mehrere Straßen sich kreuzen, war so etwas nicht mehr ausführbar; dort ließen sich die verschiedenen Abtheilungen des feindlichen Heeres nicht mehr getrennt denken. Es blieb also nichts übrig als eine Vertheidigungsschlacht bei Zarewo-Saimischtsche.

Dorthin ging nun ohne Aufenthalt der Rückzug (den 27. nach Wiäsma, wo sich die erste und zweite Armee nahe vereinigt aufstellten; den 28. nach Feodorowskoie; den 29. nach Zarewo-Saimischtsche). — Der Nachtrab hatte am 27. bei Bielomirskoie an der Ossma, nicht weit von Semlewo, ein hitziges Gefecht gegen Murat, und hielt überhaupt den nachrückenden Feind auf jedem Schritt auf, wo die Dertlichkeit sich irgend günstig zeigte; besonders seitdem Platow nach Moskau abgerufen, und Konownitzyn, ohne Widerrede einer der tüchtigsten Generale der russischen Armee und wohl auch jener kriegerischen Zeit überhaupt, noch am 27. Abends, auf ausdrücklichen Befehl des Kaisers mit der Führung dieses Nachtrabs beauftragt war. Den Hergang beschreibt der General Hofmann in folgenden Worten, die seitdem auch von anderen Schriftstellern wieder angeführt worden sind. „Hauptsächlich wurden diese Rückzüge durch Echelons reitender Artillerie ausgeführt, die sich unter dem Schutz zahlreicher Cavallerie in freiem, und leichter Infanterie in coupirtem Terrain ablösten. In vortheilhafter Aufstellung beschoß sie den Feind so lange bis er überlegene Artillerie dagegen auffuhr, seine Colonnen trotz ihres Verlustes immer weiter vordrangen oder bis auf einen gewissen Grad die Aufstellungen der russischen Arrieregarde tournirt hatten. Dann wurde rasch abgefahren und dem zweiten Echelon die Wiederholung überlassen. Von dem

Umgehen wurde man hierbei durch die Kosacken sicher und zeitig benachrichtigt. Die mobile, trefflich bespannte reitende Artillerie konnte allenthalben in größter Geschwindigkeit folgen; die Pulverkarren wurden gewöhnlich bis auf einen pro Geschütz zurückgeschickt. In einer dazu schon ausersehenen Stellung wurde dann Nachmittags gewöhnlich fester Stand gehalten und hiermit das Tagewerk geendigt."

Durch die 3. Inf.-Division (12 Bataillone) und das II. Reiter-Corps (16 Schwadronen) auf 24 (? 26) Bataillone und 48 Schwadronen verstärkt, zog sich der Nachtrab in dieser Weise bis auf 2½ Meile von Zarewo-Saimischtsche zurück. — Napoleon war an demselben Tage mit der Hauptmasse seines Heeres in und um Wiäsma; sein Vortrab weiter vor, Konownitzyn gegenüber; der Vicekönig Eugen bei Nowoie, Poniatowski bei Pokrowskoie.

Bei Zarewo-Saimischtsche zu schlagen war nun Barclay fest entschlossen, so schwer ihm dieser Entschluß auch noch immer fallen mochte. „Am 29. trafen beide Armeen hier ein," sagt er (Denkschrift). „Die Stellung war sehr vortheilhaft. Die beiden Armeen waren hier auf einem nicht sehr großen Raume aufgestellt, und hatten ein offenes Gelände vor sich auf welchem der Feind seine Bewegungen nicht verbergen konnte; 12 Werst von dieser Stellung, hinter Gschatsk, wurde eine andere, gleichfalls vortheilhafte gefunden. Der General Miloradowitsch berichtete daß er am 30. mit einem Theile seiner Reserven bei Gschatsk eintreffen werde. Das Alles waren hinreichende Ursachen um sich hier auf eine entscheidende Schlacht vorzubereiten. Ich war fest entschlossen sie an dieser Stelle anzunehmen: denn im Fall eines Mißlingens konnte ich mich noch in der Stellung bei Gschatsk halten. Ich hätte dort die auf meine Bitte durch den General Miloradowitsch herangeführten, aus 12 Bataillonen, 8 Schwadronen und einigen Artillerie-Companien bestehenden Verstärkungen gefunden. Den Gubernatoren von Tula, Orel, Tschernigow wurde befohlen die in diesen Provinzen gesammelten Vorräthe von Lebensmitteln und Pferdefutter nach Kaluga zu schaffen. Den Ingenieuren beider Armeen wurde sogleich vorgeschrieben in der Fronte und auf den Flanken einige Redouten zu errichten. Den Nachtrab welcher den Befehl erhalten hatte den Feind aufzuhalten, hatte ich bereits durch die 3. Division und das II. Reiter-Corps unter dem G.=L. Konownitzyn verstärkt. Und nach der Abberufung des Generals Platow nach Moskau übernahm der General Konownitzyn auf allerhöchsten Befehl das Kommando über den gesammten Nachtrab."

Die beiden vereinigten Armeen zählten bei Zarewo=Saimischtsche, ohne die Kosacken, noch 95,734 Mann unter den Waffen. Sie hatten also seit ihrer Vereinigung bei Smolensk ungefähr sechszehn= bis siebzehntausend Mann verloren: das heißt kaum einen Mann anders als im Gefecht: ein ehrenvoller Beweis von Ordnung, streng bewahrter Kriegszucht und guter Haltung.

Die anrückenden Verstärkungen waren auch hier wieder, wie bei Drissa und Smolensk, bedeutend schwächer als man erwartet hatte. Man rechnete, wie wir gesehen, auf zwanzig= bis fünfundzwanzigtausend Mann —: anstatt dessen kamen unter Miloradowitsch nur 15,589.

Im Ganzen also standen 111,323 Mann zur Verfügung. Gar seltsam aber ist es daß Barclay gar bis jetzt nicht daran dachte diese Verstärkungen noch vor der Schlacht zum Heere heranzuziehen. Er wollte sie als einen sogenannten strategischen Rückhalt bei Gschatsk stehen lassen: eine etwas unklare Vorstellung. Die Anordnung deutet darauf daß Barclay sich die bevorstehende Schlacht denn doch auch diesmal überwiegend als eine verlorene dachte, nach der man in der Nähe einen Anhalt brauchen werde.

Uebrigens nahmen die Dinge eine ganz veränderte Wendung, denn noch am 29. traf der Fürst Kutusow als neu ernannter Oberbefehlshaber zu Zarewo=Saimischtsche ein; Barclay und Bagration sahen sich ihm untergeordnet.

In der Antwort auf das kaiserliche Schreiben, in welchem ihm diese neuen Anordnungen bekannt gemacht wurden, sagte Barclay: „ich bin nicht gesonnen mich jetzt, wo die entscheidenden Augenblicke heran nahen, über die Operationen der Armee die mir anvertraut war, weitläuftig zu erklären. Der Erfolg wird lehren ob ich irgend etwas Besseres für die Rettung des Reichs hätte thun können? — Wenn ich mich durch blinden, thörichten Ehrgeiz leiten ließ, dann vielleicht hätten Eure kaiserliche Majestät Berichte von Schlachten empfangen, und dennoch befände sich der Feind unter den Mauern von Moskau, ohne einer Macht zu begegnen die hinreichend und im Stande wäre sich ihm zu widersetzen." — „Jeder treue und redliche Diener seines Herren und des Vaterlandes" fügte er hinzu: „muß bei der Nachricht daß ein neuer Oberbefehlshaber über die sämmtlichen Heere ernannt ist, bevollmächtigt alle Operationen auf ein Ziel zu leiten, eine wahrhafte Freude empfinden. Genehmigen Sie, gnädigster Herr, den Ausdruck der Freude die mich erfüllt. Ich erhebe Gebete zum Himmel daß der Erfolg den Absichten Eurer kaiserlichen Majestät entsprechen möge. Was mich anbetrifft, so wünsche ich nichts Anderes als mit Aufopferung meines Lebens meine Bereitwilligkeit zeigen zu können dem Vaterlande in jedem Rang und in jeder Stellung zu dienen."

Bei Borodino bewies dann dieser tief gekränkte — redlich gesinnte Ehrenmann daß dies nicht leere Worte waren.

Beilagen.

Beilage I.

Unternehmungen des Generals Korsakow am 7. October 1799.

Ueber die Ereignisse bei dem Heere des Generals Korsakow ist von russischer Seite bisher so wenig bekannt gemacht worden, daß der briefliche Bericht eines Augenzeugen — (des Gen.-Lieut. v. St..., der damals als junger Offizier bei dem Dragoner-Regimente Gudowitsch diente) — vielleicht nicht ganz ohne Interesse sein dürfte.

„Ueber alle Beschreibung wehe thut es uns daß wir das Kriegstheater verlassen müssen ohne erst den Flecken abzuwaschen den Korsakow durch seine geringen Generals-Talente der russischen Ehre und unserem unglücklichen Corps zugezogen hat."...

„Verzweifelte Tapferkeit und Wuth fochten (bei Schlatt) gegen den geübtesten und schlauesten Feind den Europa jetzt hat, und ohngeachtet die vortrefflichen französischen Generale und ihre mörderische Artillerie ihr möglichstes anwendeten, mußten sie doch den tapferen Russen weichen, die das (bei Zürich und Baden vergossene) Blut ihrer Kameraden fürchterlich rächten. Wir erfochten den schönsten Sieg; jetzt aber fing ein ganz anderer Kampf an: wir mußten die Ungeschicklichkeit unseres commandirenden Generals büßen, und verloren eine Schlacht nachdem wir den Feind 3 Stunden Wegs gejagt hatten: alle gemachte Beute an Kanonen und Fahnen ging wieder verloren, und unsere Infanterie verlor dazu noch 4 Kanonen und 7 Fahnen. Mörderisch war dieser 7. October bei Schlatt, jenseits des Rheins, links von Schaffhausen, nach dem Bodensee zu, und eine halbe Stunde von dem Kloster Andelfingen. — Bei Zürich war unser Regiment nicht, bei Schlatt kamen auch wir ins Gefecht, und unser General (Graf Gudowitsch) war so glücklich eine Kanone zu nehmen; die einzige die bei unserem Corps erobert ist."

„Den Morgen um 9 Uhr geschah der Angriff, und um Mittag waren wir schon drei Stunden, bis zu dem Kloster Andelfingen an der Thur vorgerückt. Dies that der rechte Flügel unseres Corps (er bestand aus 19 Bataillons Infanterie, 35 Escadrons Cavalerie, und 10 Kanonen von der Feldartillerie, die Regimentsstücke nicht mitgerechnet). — Der linke Flügel ging bei Diesenhofen über den Rhein um dort anzugreifen. Unterdessen machte der feindliche Obergeneral Massena eine geschickte Wendung, lockte den rechten Flügel unserer Armee immer weiter vorwärts, und rückte gegen den linken Flügel auf das Städtchen Diesenhofen mit drei starken Colonnen Infanterie, einer zahlreichen Cavalerie und der ganzen leichten Artillerie vor, uns den Rückzug in das Lager abzuschneiden, und während der rechte russische Flügel immer vorrückte, den Brückenkopf bei Büssingen einzunehmen, und so dem ganzen Corps ein Ende zu machen. Die Tapferkeit unseres linken Flügels den unser braver Regiments = Chef kommandirte, vereitelte den Plan, und rettete das Corps vom Untergang (der linke Flügel bestand aus 6 Bataillonen Infanterie und 10 Escadrons Cavalerie ohne Kanonen, auch unser Regiment war hier). Mangel an Infanterie nöthigte unseren General die erste Escadron unseres Regiments unter dem Major Gerngroß absitzen zu lassen, sie attaquirte zu Fuß mit dem Bajonet die feindliche leichte Artillerie, und nahm eine Kanone. Major Falk von unserem Regiment stieß auf 4 Kanonen, und ließ sie umwerfen und die Räder zerschlagen, weil er sie nicht mitnehmen konnte. Unsere Cavalerie auf dem linken Flügel attaquirte in Front mit dem größten Ungestüm: selbst die französischen gefangenen Offiziers sagen sie hätten noch nie eine so heftige Cavalerie=Attaque ausgehalten. Da der rechte Flügel retirirte und Korsakow befahl die Brücke bei Diesenhofen abzuwerfen, mußte der linke Flügel sich über den Rhein ins Lager zurückziehen, und konnte nur eine feindliche Kanone mit sich nehmen, und sogleich wurde die Rheinbrücke bei Diesenhofen abgetragen."

„Der rechte Flügel zog sich in den Büssinger Brückenkopf zurück, der am linken Rheinufer liegt, und unsere Schiffbrücke deckte. — Um $^1/_2$8 Uhr Abends waren wir total geschlagen, und hatten nur den Brückenkopf noch am jenseitigen Rheinufer; — der rechte Flügel ruhte eben in den Schanzen, während die Cavalerie anfing sich über die Schiffbrücke in das Lager zu retiriren, als um 10 Uhr das fürchterlichste Lauffeuer anfing, das nur durch den Kanonendonner und das wüthende Geschrei der Franzosen unterbrochen wurde. Die feindliche Armee stürmte den Brückenkopf aber sie wurde mit Verlust von 400 Mann zurückgeschlagen. Das Feuer dauerte eine ganze Stunde —: kein schöneres Schauspiel sehe ich nie mehr! Denken Sie sich theuerster Freund, eine dunkle Octobernacht, und nun zwölf Bataillone Infanterie und zwanzig Kanonen die während einer ganzen Stunde ein lebhaftes und ununterbrochenes Lauffeuer machten; man sah die ganze Form der Schanzen durch das Feuer vom kleinen Gewehr beschrieben, und diese schöne feurige Linie wurde nur durch die schnell aufeinander folgenden Kanonenschüsse unterbrochen. — Da unsere Escadron die Nacht vor der Schlacht auf dem rechten Flügel auf den entfernten Vorposten gestanden hatte, und auch auf dem nämlichen Flügel unter dem Commando des Tataren Generals Baranofsky ins Feuer kam, standen wir eben in der Schanze hart am Rhein, als der Sturm anfing, und bin ich also die ganze Zeit Zuschauer gewesen. Schön war der Anblick wie zwei französische Bomben einen Augenblick früher, ehe sie in den Rhein fielen, platzten, den majestätischen Fluß in Unruhe brachten, und an das steile jenseitige Ufer mit fürchterlichem Lärmen anprallten. — Um $^1/_2$12 kehrten wir in unser Lager zurück und genossen nach einem sehr heißen Tage endlich einige Bissen, die uns sehr gut schmeckten." —

„Wir haben Befehl erhalten uns hier an der Grenze von Mähren 14 Tage aufzuhalten um wieder neue Kräfte zu sammeln; ganz Deutschland sagt wir halten Winterquartiere und gehen im Frühling wieder an den Rhein — und unser Commando hat uns unsere Marschroute nach Polen geschickt. Das Letztere wünscht keiner von uns, und das Erstere der größere und bessere Theil, selbst unsere Generäle."

Aus diesem gewiß zuverlässigen Bericht geht hervor daß die Macht welche Korsakow zu jener „Recognoscirung" verwendet, eine viel bedeutendere war als die officiellen Zeitungsberichte angeben, denen alle Schriftsteller seither folgen mußten. Auch schweigen die officiellen Berichte, man möchte sagen in herkömmlicher Weise, über die verlorenen Kanonen und Fahnen.

Beilage II.
Operationsplan 1812.

Die kriegerischen Vorbereitungen von Seiten Rußlands und die Vereinigung seiner Truppen auf verschiedenen Punkten, sind gewisse Vorzeichen eines unvermeidlichen Krieges mit Frankreich.

Die gegenwärtige Aufstellung der russischen Truppen längs der westlichen Gränze, von der Umgegend von Szawl, bis zu der Umgegend von Lutzk, die in der Länge eine Ausdehnung von ungefähr 800 Werst umfaßt, und die Anlage der verschiedenen Magazine längs dieser Linie, berechtigen zu dem Schluß daß diese Aufstellung nur die Erleichterung der Verpflegung zum Zweck hat, nicht aber die zweckmäßigste in Beziehung auf den Beginn des Krieges ist. Denn der Zwischenraum zwischen beiden Armeen ist so groß, daß der Feind, wenn er seine Hauptmacht bei Warschau vereinigt und außerdem zwei Seiten-Corps hat, eine innere Operationslinie zwischen beiden gewinnen kann (obgleich das VI. Inf.-Corps als Observations-Corps zwischen ihnen aufgestellt ist) — er kann so jede Verbindung zwischen den beiden Armeen abschneiden, und eine jede von ihnen einzeln mit Ueberlegenheit angreifen und vernichten (разбить).

— Ich brauche hier nicht zu erörtern wie vortheilhaft der angriffsweise geführte Krieg ist, denn ich muß zu meinem Bedauern bemerken daß der günstige Augenblick den Krieg angriffsweise zu führen, für uns vorüber ist. Erstens weil die Franzosen Zeit gehabt haben die Verpflegung einer Armee zwischen der russischen Gränze und der Weichsel unmöglich zu machen, und alle Vorräthe an Lebensmitteln und Futter in den befestigten Orten an und jenseits der Weichsel — in Warschau, Modlin, Thorn, Graudenz, Marienwerder und Danzig, nebst der neuen Festung Zamosc — in Sicherheit zu bringen; und zweitens weil sie Zeit gewonnen haben sich 220,000 Mann stark bei Warschau zu versammeln, weil sie also eine überlegene Macht gegen eine unserer beiden Armeen vereinigen könnten, da diese aus der gegenwärtigen Aufstellung auf zwei Operationslinien vorrücken müßten: die eine von Wilna über Grodno nach Warschau, die andere von Lutzk über Wladimir nach Warschau.

In Betracht dieser Umstände nehme ich an daß uns wenigstens für den Anfang nichts übrig bleibt als den Krieg vertheidigungsweise zu führen, wozu ich folgenden Plan vorschlagen würde.

Die gegenwärtige Aufstellung der Armee bietet den Vortheil daß der Feind aus ihr unseren eigentlichen Operationsplan nicht errathen kann. Wahrscheinlich wird er, durch unsere ausgedehnte Stellung dazu veranlaßt, seine Hauptmacht, etwa 160,000 Mann stark (!) in der Umgegend von Warschau versammeln, und auf der kürzesten und für ihn vortheilhaftesten Operationslinie auf Brest-Litowsky, oder auf Briansk, Slonim und weiter vorgehen, um durch diese Bewegung das VI. Inf.-Corps zum Rückzug zu zwingen, und die Verbindung zwischen der ersten und zweiten Armee aufzuheben. Um den unheilvollen Folgen vorzubeugen, denen alsdann beide Armeen ausgesetzt wären, ist es nöthig sie einander in folgender Ordnung zu nähern.

Das 1. Corps des G.=L. Grafen Wittgenstein, 18,000 Mann stark, rückt aus der Gegend von Szawl nach Kowno. Die Aufgabe dieser Abtheilung ist die Bewegung des Feindes längst dem Niemen zu beobachten, Litthauen durch seine Stellung unmittelbar zu decken, und jeden feindlichen Versuch auf Curland (wenn der Feind nach dem Uebergang über den Niemen sich etwa entschließen sollte gegen Libau oder Mitau vorzugeben) durch Bedrohung seiner Verbindung mit dem Niemen zu hintertreiben.

Die erste Westarmee, aus dem II., III., IV. und V. Infanterie-Corps, nebst dem I. u. II. Reserve-Cavalerie-Corps bestehend, 80,000 Mann stark, rückt in folgender Weise aus ihrer gegenwärtigen Stellung vor:

Das II. Corps, in drei Tagen bei dem Flecken Boguslawißki vereinigt, rückt über Podwarißki, Sumelißki, Daugi und Merecz nach Grodno, wo es, ohne Rasttag, in neun Tagen eintrifft und ein Lager bezieht.

Das III. Corps, in zwei Tagen bei Nowy-Troki vereinigt, nimmt seine Richtung über Orany, Marcinkancy, Jezióry auf das Dorf Komotow, wo es den sechsten Tag eintrifft und ein Lager bezieht.

Das IV. Corps wird, mit Ausnahme des 1. und 18. Jäger-Regiments die nach Odelsk und Krynki kommen (an der Gränze des Grodno'schen Gouvernements und Bialystock'schen Gebiets) um Mosty (am Niemen) verlegt, wo es den fünften Tag versammelt sein kann.

Das V. Corps in sechs Tagen bei Wilna vereinigt — (außer den Truppen in Oszmiany, Smorgonn, Wileyka, Kurzenec, Olszany, Dewenißky, Slowiensk und Wolozina, die sich in Oszißky versammeln und dort den Rest des Corps erwarten) marschirt über Paradomin, Oszißky, Kamionka, nach Dubno*), wo es den 7. Tag eintrifft und ein Lager bezieht.

Das I. Reserve-Cavalerie-Corps, in einem Tage bei Ueiany versammelt, marschirt über Wilkomir, Boguslawißky, Podwarißky, Daugi nach Grodno, wo es sich am dreizehnten Tag mit dem II. Infanterie-Corps vereinigt.

Das II. Reserve-Cavalerie-Corps vereinigt sich in drei Tagen bei Bielißa, und marschirt in vier Tagen nach Wolkowisk, wo es ein Lager bezieht.

Aus allen diesen Lagern auf dem rechten Ufer des Niemen, und bei Wolkowisk kann die erste Armee auf verschiedenen Wegen, innerhalb einer vorher berechneten Zeit, an einem bestimmten Tage die gewählte eigentlich strategische Aufstellung im Gebiet von Bialystock erreichen. Nämlich das II. Infanterie- und I. Cavalerie-Corps von Grodno in zwei Märschen Suchowola — das III. und V. von Komotow und Dubno in drei Märschen Koricyn — das IV. nebst dem II. Cavalerie-Corps von Mosty und Wolkowisk aus in vier Märschen Wassilkow (bei Bialystock). — Das Hauptquartier der ersten Westarmee kömmt nach Sokolka (zwischen Bialystock und Brest-Litowsky drei Meilen von jedem dieser Orte.)

Die genannten Stellungen bei Suchowola, Koricyn und Wassilkow, sind alle drei sehr vortheilhaft, und in gleicher Weise für ein Heer von vierzig bis sechzigtausend Mann angemessen. Und da die Entfernung von Suchowola nach Wassilkow nicht mehr als 45 Werst (6½ Meile) beträgt, ist es leicht die ganze Armee, nach Umständen, auf welchem der beiden Endpunkte dieser örtlichen Linie es nöthig sein wird, in zwölf Stunden zu vereinigen. Die Vereinigung in der Mitte würde nur sechs Stunden Zeit erfordern.

So wie die Armee diese Stellungen eingenommen hat, entsendet sie starke Abtheilungen, nach dem Wygoda benannten Krug nicht weit von dem Flecken Gonionds; nach dem Krug Tatary gegenüber Tykoczyn, und nach dem Vorwerk Chorojczo und dem Flecken Suraz; diese vier Posten sind durch eine Kette von Kosackenposten längs der Gränze (d. h. am Bobr und Narew) mit einander verbunden.

Das VI. Infanterie-Corps, versammelt sich, 18,000 Mann stark, um Pruzany, und marschirt in sechs Tagen über Kameniec-Litowsky, Wyssoko-Litowsk und Semiätißky nach Grano und Drohyczin (am Bug) wo es, als allgemeiner Vortrab

---

*) Nicht zu verwechseln mit Dubno in Wolhynien.

Operationsplan 1812.

beider Armeen ein Lager bezieht; eine Abtheilung dieses Corps wird nach Ciechanowice entsendet.

Die zweite Westarmee, welche aus dem VII., VIII., IX. und X. Infanterie-Corps, und aus dem III. und IV. Reserve-Cavalerie-Corps, zusammen ungefähr 80,000 Mann stark, besteht, nähert sich gleichzeitig mit der ersten der Gränze; nämlich:

Das VII. Infanterie- und III. Cavalerie-Corps marschiren nach Siemiatifzky und beziehen dort ein Lager. Das VIII. und X. Infanterie-Corps nach Nemirow — das IX. Infanterie- und IV. Cavalerie-Corps nach Brest-Litowsky. Das Hauptquartier der zweiten Armee kömmt nach Wyssoko-Litowsk.

Die Reserve-Observations-Armee des Generals von der Infanterie Grafen Tormassow, 40,000 Mann stark, ist um Dubno (in Wolynien) aufgestellt, um die österreichischen Truppen zu beobachten.

Die erste Reserve-Armee versammelt sich 40,000 Mann stark, bei Borissow an der Beresina.

Die zweite Reserve-Armee, ebenfalls 40,000 Mann stark, versammelt sich bei Mozyr am Pripiät. — Diese Punkte sind zu einstweiligen Vereinigungspunkten bestimmt, weil ein großer Theil der diesen Armeen bestimmten Truppen noch im Heranmarsch aus verschiedenen Rekruten-Depots im Innern Rußlands begriffen ist. Sobald beide Armeen vollständig versammelt sind rücken sie weiter vor; nämlich die erste nach Nieswicz, die zweite nach Dawitzgrodek (am Zusammenfluß des Horyn und Pripiät, in mitten der verrufenen öden Sümpfe durch welche dieser Fluß dahin schleicht) — wo sie Lager beziehen.

Diese Aufstellung der verschiedenen Abtheilungen des activen Heeres kann aber nur so lange der Feind sich mit seiner Hauptmacht in der Umgegend von Warschau befindet, so bleiben. Sobald er näher herangerückt ist, liefe unsere Armee auch in ihr Gefahr theilweise geschlagen zu werden. Um dem vorzubeugen, wollen wir die Vereinigungspunkte angeben wo, je nach den verschiedenen möglichen Fällen die sich ergeben können, die Schlacht anzunehmen wäre. Zuerst aber ist es nöthig die Entfernungen zu ermitteln die beide Parteien zurückzulegen haben könnten.

Auf unserer Seite sind von Brest-Litowsky nach Suchowola, d. h. von dem linken Flügel der örtlichen Linie die wir einnehmen zum rechten, 176 Werste (25 1/7 Meilen) die, einen Gewaltmarsch vorausgesetzt, in siebenzig Stunden zurückgelegt werden könnten. Diese Nothwendigkeit könnte sich aber nur dann ergeben, wenn wir von den Bewegungen des Feindes gar keine Nachrichten hätten, und er plötzlich, indem er mit vereinigter Macht in der Gegend von Szczucyin erschiene, das II. Corps bei Suchowola mit einem Angriff bedrohte, wo denn das II. Infanterie- und I. Cavalerie-Corps um der augenscheinlichen Gefahr zu entgehen sich sogleich bei Korycin mit dem III und V. Corps vereinigen müßten. Die Abtheilung bei dem Wygoda-Kruge muß die Engniß bei demselben hartnäckig vertheidigen, und dadurch den über den Bobr vordringenden Feind so lange als möglich aufhalten, in gleicher Weise müßte der ganz ähnliche Posten bei dem Tatary-Kruge gehalten werden. — Es versteht sich, daß diese Posten nicht durch ganze Divisionen besetzt zu sein brauchen; 2000 Mann leichter Infanterie mit Kosacken und einigem Geschütz genügen für jeden.

Anmerkung: eine Stellung die eine Ausdehnung von 176 Werften hat, könnte mißbilligt werden. Man muß aber bemerken, daß die Armee diese Stellung nur einnimmt um ihre eigentliche Absicht nicht vorzeitig zu verrathen, und um den Bewegungen des Feindes von Warschau her entsprechend, ihre Macht auf jedem beliebigen Punkt vereinigen zu können.

Wenn das II., III. und V. Infanterie- und I. Cavalerie-Corps nicht zweckmäßig finden in der Stellung von Korycin ein Gefecht anzunehmen, müssen sie sich,

ohne den einstweiligen Verlust der Verbindung mit Grodno zu beachten, auf Wassil=
kow zurückziehen, und dort (mit dem IV. Infanterie=, II. Cavalerie=Corps vereinigt)
— auf dem linken Ufer des sumpfigen Flüßchens Suprasl eine sehr feste Stellung
einnehmen. Ich halte es nicht für überflüssig bei dieser Gelegenheit bemerklich
zu machen daß zwar allerdings beide Ufer dieses Flusses günstige Stellungen bieten,
daß diese aber durch einen so großen Zwischenraum von einander getrennt sind, daß
die Artillerie in der einen der anderen nicht gefährlich werden kann. — Die Abthei=
lungen bei dem Wygoda= und Tatary=Kruge ziehen sich in diesem Fall auf den kürze=
sten Wegen nach Bialystock zurück, gehen unterhalb Arzylkow über den Suprasl, und
nehmen Stellung bei dem Dorfe Fasty, wodurch sie den linken Flügel der Armee
vollkommen sicher stellen.

Wahrscheinlich wird, während die Vereinigung der ersten Armee erfolgt, auch
die zweite sich genähert haben, und in der Lage sein zusammt dem VI. Infanterie=
Corps auf die Verbindungen des Feindes zu wirken.

Das ganze Verfahren läßt sich auch auf den linken Flügel unserer örtlichen Linie
anwenden, im Fall der Feind sich mit vereinter Macht in der Gegend von Konstan=
tinow zeigt. Dann wird es nöthig unsere Armee zwischen Brest=Litowsky und Nie=
mirow zu vereinigen.

Anmerkung: wenn es der zweiten Armee, zur Zeit wo die bei Korycin vereinig=
ten Abtheilungen mit einem Angriff bedroht sind, bereits gelungen ist durch Gewalt=
märsche Wassilkow zu erreichen, wäre die Stellung bei Sokolka der bei Wassilkow
vorzuziehen. Die Vereinigung der beiden von Korycin und Wassilkow dorthin
rückenden Armeen könnte der Feind auf keine Weise verhindern, und durch diese
Stellung würde unsere Operationslinie auf Slonim mehr sicher gestellt.

Der kürzeste Weg der den Feind von Warschau auf die von uns eingenommene
örtliche Linie führt, geht über Wengrow, Granó und Bielsk. Um diesen Punkt
durch Gewaltmärsche zu erreichen, bedarf er gewiß nicht weniger als acht Tage, allen
Aufenthalt mitgerechnet, den Widerstand beim Uebergang über die Flüsse und auf
dem Marsch veranlassen kann. Wir dagegen brauchen nur fünfundzwanzig Stunden
um alle Truppen beider Heere bei dem Dorfe Woisky zu vereinigen.

Daran ist kein Zweifel, daß der Feind, wenn er sich erkühnt uns in dieser
Stellung bei Woisky auf dem rechten Narewufer — die man genau untersuchen
muß — anzugreifen, vollständig geschlagen wird. Denn wir hätten hier, nach
Vereinigung aller unserer Kräfte, 148,000 Mann regelmäßiger Truppen und
25,000 Kosacken, folglich alle Mittel einen angemessenen Widerstand zu leisten.

Die Russen haben überall die Franzosen besiegt wo sie mit vereinter Macht
kämpften; nur dem Umstand daß wir unsere Armee vereinigt hatten, und in Bereit=
schaft dem Feinde zu begegnen, verdanken wir es daß die Franzosen während der
Feldzüge 1806 und 1807 unsere Gränzen nicht überschritten. Die Hauptkunst am
Tage einer Schlacht besteht darin nach Möglichkeit starke Reserven auszusparen. Die
Mittel dazu finden sich nur in der Vereinigung des Heeres. Berühmte Siege sind
durch einen entscheidenden Angriff der Reserven erfochten worden. Wenn aber die
Reserven nicht an dem Kampf selbst Theil zu nehmen brauchen, dann können sie,
eben weil ihnen jeder Verlust erspart worden ist, den geschlagenen Feind mit frischen
Kräften unermüdlich verfolgen, und ihn in eine ganz hoffnungslose Lage versetzen.
Nicht selten wird dadurch das Schicksal des Krieges entschieden und ein vortheil=
hafter Friede herbeigeführt.

Der Erfolg eines ganzen Feldzugs hängt oft von der richtigen Wahl einer
Operationslinie ab. Die vorausgesetzte Stellung unserer Armeen verweist uns auf
eine Operationslinie die aus dem Gebiet von Bialystock über Slonim, Nieswicz,
Minsk, Borissow und weiter über Smolensk nach Moskau, und gleicherweise von
Nieswicz über Slutzk, Bobruisk und Rogaczew auf Tschernigow führt. Vermög=

dieser einfachen Operationslinie befindet sich die Armee in der gradesten Verbindung mit den fruchtbarsten Gubernien Rußlands, nämlich dem Witebskischen, Smolenskischen, Mohilewschen und Kiewschen, aus denen auf den vorhandenen Wasserwegen alle nöthigen Vorräthe leicht zum Heere geschafft werden können. Namentlich aus dem Witebskischen und Smolenskischen auf der Düna und Beresina bis Borissow, von dort 150 Werst zu Lande, bis zu dem Flecken Stolbzow am Niemen, und von da den Fluß hinab bis Grodno, und nach Umständen selbst weiter gegen Königsberg.

Der Pripiät, der sich in den Dniepr ergießt, bietet einen anderen Verbindungsweg mit dem Mohilew'schen, Kiew'schen und Tschernigow'schen Gubernium, und Wolhynien. Obgleich die Zufuhr auf diesem Fluß schwieriger sein wird als auf dem Niemen, da sie gegen den Strom geht, bleibt sie wegen der Anfuhr von Getraide aus der Umgegend von Ostrog und Nowgrad-Wolynsk, auf dem Horyn und Slucz — (die bis Mitte Juni schiffbar bleiben) — nach Pinsk, und von hier auf der Jassiolda, dem Oginsky'schen Canal und der Szczara nach Slonim, doch immer noch leicht und vortheilhaft genug. Im Fall eines Rückzugs unserer Armee bis an die Gränze des Minskischen Guberniums, zeigt sich die Möglichkeit, wenn die Zeit es erlaubt, alle vorhandenen Vorräthe den Pripiät hinab nach Mozyr und weiter nach Kiew hinzuschaffen. Aehnliche Vortheile bietet die gewählte Operationslinie auch in Beziehung auf die kürzeste Verbindung sowohl mit den Schießbedarfs-Vorräthen die sich bei Nieswicz, Bobruisk, Kiew, Smolensk, Briänsk und der Schostenski'schen Fabrik befinden, als mit den Rekruten-Depots im Innern von Rußland. Kleinrußland bietet die Mittel die Pferde unserer Reiterei und Artillerie vollzählig zu erhalten.

Sollte sich aus den Bewegungen des Feindes ergeben daß er den Krieg nach Wolhynien verlegen will, dann könnte die um Wladimir vereinigte Armee die Operationslinie von diesem Ort auf Lutzk, Shitomir und Kiew wählen.

In jedem Fall aber, und wozu auch die Umstände veranlassen mögen, muß man sich ausschließlich für Eine dieser beiden Operationslinien entscheiden: denn der Pripiät der zwischen beiden durch ausgedehnte Sumpfgegenden dahinfließt, macht jede Verbindung zwischen Armeen die etwa auf beiden Linien zugleich operirten, sehr schwierig; man muß also vermeiden sich rittlings (à cheval) am Pripiät, d. h. auf beiden Ufern zugleich aufzustellen, damit es dem Feind nicht gelingt eine der beiden Armeen mit Uebermacht zu erdrücken während die andere vergebens bemüht ist ihr zu Hülfe zu kommen, indem er seine Macht auf einer Seite vereinigt und die Engnisse die über den Pripiät und durch die Pinskischen und Kowelskischen Sümpfe führen, mit kleinen Abtheilungen besetzt und sperrt.

Es ist möglich daß man dagegen Folgendes einwendet: „In derselben Zeit während Napoleon gegen die erste Armee vorgeht, kann die zweite über den Bug gehen, auf seine Verbindungen operiren, und ihn von Warschau abschneiden." — (Wenn nämlich die erste und zweite Armee getrennt nördlich und südlich des Pripiät aufgestellt blieben wie sie am 11. Mai 1812 waren.) — Was würde sich denn daraus ergeben? — 1) Da die beiden Armeen in ihrer Entfernung von einander keine schnelle Verbindung mit einander haben, würden schon deshalb ihre Unternehmungen nicht gleichzeitig auf ein Ziel zusammenwirken — 2) die Lage eines auf die Vertheidigung angewiesenen Heeres, das sich gewöhnlich schon auf allen Punkten angegriffen sieht, nachdem es kaum etwas von den Bewegungen des Feindes erfahren hat, ist hinlänglich bekannt — 3) setzen wir voraus daß die zweite Armee, um die Umstände zu benützen, aus der Vertheidigung in den Angriff übergeht, so werden doch, einleuchtender Weise ihre Operationen nicht eher beginnen, als bis Napoleon mit seiner gewöhnlichen, reißenden Geschwindigkeit bereits die erste Armee erreicht, mit überlegener Macht angegriffen und vollständig geschlagen hat. Setzen wir voraus es gelänge der zweiten Armee Napoleon von Warschau abzuschneiden, damit verlöre er noch keineswegs seine Verbindungen mit der Weichsel überhaupt, an der er auch auf anderen Punkten, zu Thorn, Graudenz, Marienwerder und Danzig Vorräthe hat, derer zu Königsberg und Lyck nicht zu gedenken. Daraus folgt daß Napoleon, nachdem er die erste Armee geschlagen hat, während er sie durch einen Theil seines Heeres verfolgen läßt, gegen die zweite umkehren, und — vereinigt mit dem rechten Flügel seines Heeres der bis dahin der zweiten Armee ausgewichen ist — auch sie mit überlegener Macht angreifen und schlagen wird.

Man muß freilich bemerken daß die durch Wolhynien gehende Operationslinie für den Vertheidigungskrieg große Vortheile bietet, wie davon ein Blick auf die Karte überzeugt; denn die Flüsse Styr, Horyn und Slucz, die von Süden nach Norden fließen, bilden in nicht allzu großer Entfernung von einander starke Abschnitte, an denen sich viele vortheilhafte Stellungen finden. Dennoch ist für die vereinigte Heeresmacht die erste vorgeschlagene Operationslinie vorzuziehen; die Armee des Generals Tormassow kann auf dieser zweiten operiren.

Die Wasserverbindung zwischen dem Pripjät und Niemen, vermöge des Oginsky'schen Canals und der Szczara giebt die natürliche Linie der Magazine, die mit Leichtigkeit gefüllt erhalten werden können, und deshalb schlage ich Mosty am Niemen, Slonim, Telechany und Pinsk zu Hauptmagazinpunkten vor. Aus diesen müssen Magazine einer vorderen Reihe, zu Grodno, Wolkowisk, Nowy-Dwor, Pruzany und Kobryn nachgefüllt werden — und aus diesen wieder die Magazine einer dritten noch weiter vorwärts liegenden Reihe von Magazinen zu Sokolka, Meliko-Brestowice, Bielowesa und Kameniec-Litowsky. Aus diesen letzteren wird unmittelbar die Armee versorgt. Es versteht sich daß außerdem große Vorräthe in Bielitz, Nowogrudeck, Nieswicz, Minsk, Borissow, Bobruisk, Mozyr und Dawydgorodok bereit sein müssen.

Magazine auf der Operationslinie des I. Infanterie-Corps. Da die vortheilhafteste Operationslinie für dieses Corps auf Janow, Wilkomir und Dünaburg geht, sind demgemäß ein Hauptmagazin zu Wilkomir, kleinere zu Poniewiez, Janow und Kowno anzulegen.

Magazine auf der Operationslinie der Tormassow'schen Armee. Die Hauptmagazine sind zu Luczyn und Ostrog anzulegen. Aus diesen werden kleinere weiter vorwärts gelegte, zu Klewan, Rowno und Bakowiczy nachgefüllt, aus welchen die Armee sich unmittelbar versorgt. Außerdem sind große Vorräthe bereit zu halten in: Zaslaw, Stary-Konstantinow, Nowgorod-Wolynsky, Shitomir und Kiew. — Die Artillerie-Parks befinden sich zu Luczyn, Polonne und die hauptsächlichsten zu Kiew.

Da die sämmtlichen Gränzprovinzen einen sehr schwachen Schlag Pferde haben, müssen alle Transporte durch Ochsen-Gespanne befördert werden.

Dem Krieg mit der Türkei muß man, in Betracht der gegenwärtigen politischen Lage auf jede Weise ein Ende zu machen suchen; der vortheilhafteste Friede für uns wäre, wenn die Pforte einwilligte, indem sie das Vermittleramt in dem bevorstehenden Kriege zwischen Rußland und Frankreich übernimmt, die Festungen Chotim, Bender und Ackerman als Unterpfand des Friedens in unseren Händen zu lassen. Diese drei Festungen gehörig ausgerüstet, und eine für den Fall eines Friedensbruchs auf dieser Vertheidigungslinie aufgestellte Abtheilung von 20,000 Mann, werden genügen nöthigenfalls alle Anstrengungen der ottomanischen Pforte aufzuhalten. Unter solchen Umständen wird es dann möglich sein von den vier Infanterie- und zwei Cavalerie-Divisionen welche gegenwärtig die Donau-Armee bilden, drei Infanterie- und eine Cavalerie-Division zur Vereinigung mit der Armee des General Tormassow zu entsenden; die vierte Infanterie- und eine Cavalerie-Division bilden die Besatzungen der genannten Plätze.

Allgemeine Maaßregeln die zu verfügen sind im Fall dieser Operationsplan angenommen wird. 1) Es muß alles in einem Theil von Litthauen, Samogitien und Kurland vorräthige Getraide genau verzeichnet, und nur soviel als zur Ernährung der Bevölkerung nöthig ist im Lande gelassen, das übrige nach Windau und Libau, und von dort zu Wasser nach Riga geschafft werden. Was sich in dem anderen Theil von Litthauen findet wird nach Kowno, Wilkomir, Poniewiez und Janow zusammengeführt.

2) Die gegenwärtig in den Magazinen von Slonim, Pinsk und Mozyr vorhandenen Kornvorräthe müssen vervollständigt, neue Magazine auf den angegebenen Punkten angelegt werden.

3) Es müssen ausgezeichnete Offiziere des Quartiermeisterstabs und Ingenieur-Corps mit Pionier-Abtheilungen zur Erkundung des ganzen Landstriches zwischen dem Niemen und dem Priviät entsendet werden. Diesen Offizieren wird die Aufgabe gestellt alle Heerstraßen, Uebergänge über die Flüsse, Engnisse und militairischen Stellungen, und Verbindungswege sowohl zwischen den verschiedenen Stellungen als zwischen den Heerstraßen, genau zu untersuchen; ebenso kürzere Verbindungen vermöge neuer Wege, und Durchhaue durch die Wälder zu eröffnen, die Verbindungswege aber die vorzugsweise dem Feinde nützlich sein könnten, abzugraben und zu verderben; ferner von allen gefundenen vortheilhaften Stellungen Plane nach einem großen Maaßstab zu entwerfen, und Beschreibungen hinzuzufügen, mit Angabe der starken und schwachen Seiten dieser Stellungen, und der zur Vertheidigung erforderlichen Truppenzahl. Mit einem Wort ein jeder der höheren Befehlshaber ist verpflichtet seine Meinung über die möglichen Angriffs- und Vertheidigungs-Operationen in dem angenommenen Landstrich schriftlich einzureichen.

Da die Zahl der Kosacken bei der ersten und zweiten Westarmee zusammen sich auf 25,000 Mann beläuft, wird es zweckmäßig sein, indem man bei den Armeen selbst nur die Zahl läßt die unerläßlich ist um den Vorpostendienst im Verein mit der regelmäßigen leichten Reiterei zu besorgen — in keinem Fall mehr als 5,000 Mann — die übrigen 20,000 in fliegende Corps von 1,000 bis 3,000 Mann einzutheilen, doch so daß es möglich bleibt sie zu einem starken Corps zu vereinigen, wenn es sich darum handelt einen starken Streich gegen den Feind zu führen. Der Zweck dieser Anordnung ist auf das feindliche Gebiet vorzudringen und dort einen Parteigänger-Krieg zu führen; nächtliche Ueberfälle auf die Quartiere cantonirender Truppentheile auszuführen; Wagenzüge von einem Heere ziehen zu vernichten — Eilboten aufzufangen —: mit einem Wort dem Feinde dem möglichsten Schaden zuzufügen. Im Fall bemerklich wird daß der Feind seine Macht sammelt um einen Hauptangriff auf unser Heer auszuführen, haben sich diese fliegenden Kosacken-Abtheilungen gleichfalls unserem Heer zu nähern indem sie fortfahren Rücken und Seiten des Feindes zu bedrohen. Diese Anordnungen werden uns große Vortheile gewähren; erstens wird Napoleon sich dadurch genöthigt sehen einen großen Theil seiner Reiterei zu entsenden und diese wird doch nie die Oberhand über die Kosacken gewinnen, die ihr vermöge eigenthümlicher Schnelligkeit der Bewegungen, überall zuvorkommen können. Zweitens wird der Feind die Gefangenen die er etwa macht, unter viel stärkerer Bedeckung als gewöhnlich geschieht, zurückschicken müssen (und das ist eine zweite Veranlassung sich zu schwächen) — und wenn es gelingt diese Bedeckungen zu schlagen, (wovon im letzten Krieg gegen die Franzosen Beispiele vorgekommen sind) dann können die Kosacken sich durch eine, aus einem Theil der befreiten Gefangenen gebildete, und mit feindlichen Gewehren bewaffnete Infanterie verstärken, um weitere Angriffe mit größerer Zuversicht auszuführen; jedoch müssen sie nicht versäumen die Hauptmasse der befreiten Gefangenen, wie früher, zur schnellsten und sichersten Wiedervereinigung mit der Armee zurückzuschicken.

Beilage III.

Schlachtordnung der russischen Armee bei Eröffnung des Feldzugs 1812.

Die erste Westarmee.

Oberbefehlshaber der Kriegsminister: Gen. v. d. Inf. Barclay=de=Tolly.
Chef des Generalstabs: Gen.=Lieut. Lawrow.
Generalquartiermeister: Gen.=Major Muchin.
General vom Tage (Dejour): General G. M. Kikin.
Chef der Artillerie: G.=M. Graf Kutaissow.
Chef der Ingenieure: G.=L. Trousson.
General=Intendant: wirklicher Staatsrath Canerin.

Das I. Infanterie=Corps.

G.=L. Graf Wittgenstein.
Chef des Generalstabs: G.=M. d'Auvray.
Oberquartiermeister: Oberst von Diebitsch.
Chef der Artillerie: G.=M. Fürst Jaschwil.
Chef der Ingenieure: G.=M. Graf Siewers.
General vom Tage: G.=M. Graf Igelströhm.

5. Infanterie=Division:

G.=M. Berg I.; G.=M. Kasatschkowsky	Inf.=Reg. Sewsk	2 Bat.
	" " Kaluga . . .	2 "
G.=M. Fürst Sibirsky	" " Perm	2 "
	" " Mohilew	2 "
Oberst Frolow	23., 24. Jäger	4 "
	Grenadier=Companien . . .	2 "

Positions=Bat. Nr. 5; leichte Nr. 9, 10.

14. Infanterie=Division:

G.=M. Sasonow; Oberst v. Harpe	Inf.=Reg. Tula	2 "
	" " Nawaginsk . . .	2 "
Oberst v. Helfreich	" " Tenginsk . . .	2 "
	" " Ehstland . . .	2 "
Oberst Wlasow 25., 26. Jäger		4 "
	Grenadier=Companien . . .	2 "

1. Pionier=Companie.

Positions=Bat. Nr. 14; leichte Nr. 26, 27.
Cavalerie von der 1. Division:

G.=M. Kachowsky; G.=M. Balk	Drag.=Reg. Riga	4 Esc.
	" " Jamburg . . .	4 "
G.=M. Kulniew	Hus.=Reg. Grodno . . .	8 "

Reserve=Artillerie, 1. Brig. Positions=Bat. Nr. 27; reitende Nr. 1, 2; 2 Pontonier=Companien. Kosacken, 3 Regimenter.
28 Bataillone, 16 Escadronen, 9 Batterien, 3 Reg. Kosacken, 3 Companien.

II. Infanterie=Corps.

G.=Lieut. v. Baggehuffwudt;

G.=M. Wsewoloshsky. Husar.=Reg. Elisabethgrad . . 8 Esc.

Schlachtordnung der russischen Armee bei Eröffnung des Feldzugs 1812. 421

4. Infanterie-Division:

G.-M. Herzog Eugen von Würtemberg; G.-M. Rossy { Inf.-Reg. Tobolsk ... 2 Bat.
" " Wolynien .. 2 "
G.-M. Püschnitzky { " " Krementschug . 2 "
" " Minsk ... 2 "
Oberst v. Pillar 4., 34. Jäger ..... 4 "
Positions-Bat. Nr. 4; leichte Nr. 7, 8.

17. Infanterie-Division:

Gen.-Lieut. Olsuwieff; Oberst Tschubarow { Inf.-Reg. Riäsan ... 2 "
" " Bielo-Osero . 2 "
G.-M. Tutschkow III. { " " Brest ... 2 "
" " Wilmanstrandt 2 "
Oberst Potemkin 30., 48. Jäger .... 4 "
Positions-Bat. Nr. 17; leichte Nr. 31, 32; reitende Nr. 4.
24. Bat.; 8 Esc.; 7 Batterien.

III. Infanterie-Corps.

Gen.-Lieut. Tutschkow I.

1. Infanterie-Division:

G.-M. Graf Strogonow; Oberst Sheltuchin I. { Leibgrenadier-Reg. ... 2 "
Gren.-Reg. Araktschejew 2 "
G.-M. Zwieleniew { " " Pawlowsk . 2 "
" " St. Petersburg 2 "
G.-M. v. Fock { " " Catherinoslaw 2 "
" " Taurien .. 2 "
Positions-Bat. Nr. 1; leichte Nr. 1, 2; reitende (Nr. 2.).

3. Infanterie-Division:

Gen.-Lieut. Konownitzyn; G.-M. Tutschkow IV. { Inf.-Reg. Murom . 2 "
" " Reval .. 2 "
Oberst Wojeikow { " " Tschernigow 2 "
" " Kaporie . 2 "
G.-M. Fürst Schachowskoy 20., 21. Jäger . 4 "
Grenadier-Compagnien . 2 "
Positions-Bat. Nr. 3; leichte Nr. 5, 6.
Leibgarde-Kosacken-Regiment und Escadron vom schwarzen Meer   6 Esc.
1 Kosacken-Regiment.
26 Bat.; 6 Escadronen; 1 Kosacken-Regiment; 7 Batterien.

IV. Infanterie-Corps.

G.-Lieut. Graf Schuwalow.

11. Infanterie-Division:

G.-M. Bachmetiew II.; G.-M. Tschoglikow { Inf.-Reg. Kexholm . 2 Bat.
" " Pernau .. 2 "
G.-M. Filissow { " " Polotzk . 2 "
" " Jeletz . 2 "
Oberst v. Bistram 1., 33. Jäger ... 4 "
Grenadier-Compagnien . 2 "
Positions-Bat. Nr. 11; leichte Nr. 3, 4.

23. Infanterie-Division:

Gen.-M. Bachmetiew I.; G.-M. Okuniew Inf.-Reg. Rylsk ... 2 "

Beilage III.

```
                                    Inf.Reg. Catherinburg . .   2 Bat.
                                   ⎧Inf. = Reg. Selenginsk      2  „
           G.=M. Ateropol          ⎨
                                   ⎩ 18. Jäger . . . .          2  „
Positions=Bat. Nr. 23; leichte Nr. 43, 44.
                                    Husaren=Reg. Isum .       . 8 Esc.
    22 Bataillone; 8 Esc.; 6 Batterien.
```

V. Infanterie=(Reserve=)Corps.

Se. K. H. der Großfürst Constantin.

Garde = Infanterie = Division:

```
                                   ⎧G.=Inf.=Reg. Preobraschensk 3 Bat.
G.=M. Sermolow; G.=M. Baron Rosen  ⎨ „   „    „  Semenow      . 3  „
                                   ⎩ „   „    „  Ismailow     . 3  „
           Oberst Udom             ⎨
                                   ⎩ „   „    „  Lithauen     . 3  „
                                   ⎧Leib = Garde = Jäger . . . 3  „
           Oberst v. Bistram       ⎨
                                   ⎩Finland, Garde = Jäger . . 3  „
    2 Positions=, 2 leichte, 1 reitende Batterie der Garde.
```

1. Division vereinigter Grenadiere:
 Divisions=General nirgends genannt. Garde=Marine=Equipage . 1 „
 Die Grenadier=Compagnien der 1., 4., 17., 23. Inf. = Division . 7 „
 1 Pionier = Compagnie.

1. Kürassier=Division.

```
                                     ⎧Kür. = Reg. Chevalier = Garde 4 Esc.
G.=L. De=Preradowitsch; G.=M. Schewitsch ⎨ „   „   Garde zu Pferde 4  „
                                     ⎩ „   „   des Kaisers .     4  „
                                     ⎧ „   „   der Kaiserin . ,  4  „
           G.=M. Borosdin            ⎨
                                     ⎩ „   „   Astrachan         4  „
    26 Bat.; 20 Esc.; 5 Batterien; 1 Pionier=Compagnie.
```

VI. Infanterie=Corps.

General v. der Infanterie Dochturow.

7. Infanterie = Division:

```
                                   ⎧Inf.=Reg. Moskau .       . 2 Bat.
G.=L. Kapziewitsch; Oberst Liapunow ⎨ „    „   Pskow .       . 2  „
                                   ⎧ „    „   Libau .        . 2  „
           G.=M. Graf Balmen       ⎨
                                   ⎩ „    „   Sophia         . 2  „
           G.=M. Balla 11., 36. Jäger . . . .                   4  „
Positions=Bat. Nr. 7; leichte Nr. 12, 13.
```

24. Infanterie = Division:

```
                                   ⎧Inf.=Reg. Ufa . . .        2  „
G.=Lieut. Lichatschew; G.=M. Zibulsky ⎨ „   „   Schirwan . .   2  „
                                   ⎧ „    „   Butyrsk .       . 2  „
           Oberst Denissiew        ⎨
                                   ⎩ „    „   Tomsk .         . 2  „
           Oberst Wuitsch 19., 40. Jäger . . . .                4  „
Positions=Bat. Nr. 24; leichte Nr. 45, 46.
                                    Husaren=Reg. Sum         . 8 Esc.
    reitende Batterie Nr. 7.
    24 Bataillone; 8 Escadronen; 7 Batterien.
```

Schlachtordnung der russischen Armee bei Eröffnung des Feldzugs 1812. **423**

I. Cavalerie-Corps.

Gen.-Lieut. Uwarow; Gen.-M. Tschailikow
{ Garde-Husaren-Reg. . . . 4 Esc.
  ,, Uhlanen ,, . . 4 ,,
  ,, Dragoner ,, . . 4 ,, }

?G.-M.Tschernischew
{ Drag.-Reg. Kasan . . . 4 ,,
  ,, ,, Curland . . 4 ,,
  ,, ,, Nieschin . . 4 ,, }

24 Escadronen; 1 reitende Batterie.

II. Cavalerie-Corps.

G.-M. Baron Korff; Oberst Dawydow

G.M. Pantschulidzew II. *)
{ Drag.-Reg. Pskow . . . 4 ,,
  ,, ,, Moskau . . 4 ,,
  ,, ,, Kargapol . . 4 ,,
  ,, ,, Ingermanland . 4 ,,
  Polnische Uhlanen-Reg. . . 8 ,, }

Positions-Batterien Nr. 28, 29, 30; reitende Nr. 6.
24 Escadronen und 4 Batterien.

III. Cavalerie-Corps.

G.-M. Graf Pahlen III.; G.-M. Skalon

Oberst Klebeck
{ Drag.-Reg. Orenburg . . 4 ,,
  ,, ,, Sibirien . . 4 ,,
  ,, ,, Irkutsk . . . 4 ,,
  Hus.-Reg. Mariupol . . . 8 ,, }

Reitende Batterie Nr. 9.
20 Escadronen; 1 Batterie.

Leichte Truppen.

Gen. v. d. Cavalerie und Ataman Platow:

14 Kosacken-Regimenter,
1 reitende (donische) Batterie.

Im Ganzen: 150 Bataillone,
134 Escadronen,
18 Kosacken-Regimenter,
Artillerie 43 Batterien von der Linie,
zu 12 Geschützen, und zwar:
14 Positions- (12pfünder) ⎫
20 leichte (6pfünder)   ⎬ Batterien,
9 reitende   ⎭
5 Garde-Batterien, 2 Positions-,
2 leichte, zu 12 — eine reitende zu
10 Geschützen.

Im Ganzen: 43 Batterien, mit 558 Geschützen.
Die reitenden und 12pfünder Batterien waren vollzählig, die 6pfünder Batterien nicht alle; annähernd läßt sich daher berechnen daß diese Geschützmasse bestand aus:
128 12pfündern,
64 20pfündigen Einhörnern.

---

*) Ein Grusiner, der eigentlich Pantschulidzö hieß; die Grusiner in russischen Diensten hängen gern ihren auf é und ö endenden Namen ein w an um ihnen ein slawisches Ansehn zu geben.

Beilage III.

248 6pfünder, ⅓ der ganzen Zahl 10pfündige Einhörner eingerechnet.
118 Geschütze reitende Artillerie, zur Hälfte
6pfünder, zur Hälfte 10pfündige Einhörner.

558 Stück.

Eine Reserve-Artillerie hatte dieses Heer seltsamer Weise ursprünglich nicht; sie wurde erst später aus abgegebenen Batterien der einzelnen Heertheile, und Verstärkungen gebildet.

3 Pionier- }
2 Pontonier- } Compagnien.

Die zweite Westarmee.

Oberbefehlshaber: General von der Infanterie Fürst Bagration.
Chef des Generalstabs: G.-L. Graf St. Priest.
Generalquartiermeister: Gen.-M. Wistitzky.
General vom Tage: Oberst Marin.
Chef der Artillerie: Gen.-M. Baron Löwenstern.
Chef der Ingenieure: Gen.-M. Förster.

VII. Infanterie-Corps.

Gen.-Lieut. Rajewsky.
26. Infanterie-Division:

G.-M. Paskiewitsch; Oberst v. Liephart } Inf.-Reg. Ladoga . . . 2 Bat.
„ „ Poltawa . . 2 „
? Oberst Sawoyna } „ „ Nishegorod . . 2 „
„ „ Orel . . 2 „
Oberst Gogel 5., 42. Jäger . . . . . . 4 „

Positions-Batterie Nr. 26; leichte Nr. 47, 48.

12. Infanterie-Division:

G.-M. Kolübäkin; Oberst Ryléjew } Inf.-Reg. Narwa . . . 2 „
„ „ Smolensk . . 2 „
Oberst Panzerbieter } „ „ Neu-Ingermanland 2 „
„ „ Alexopol . . 2 „
G.M. Palitzin 6., 41. Jäger . . . . . . 4 „

Positions-Batterie Nr. 12.; leichte Nr. 22, 23.

G.M. Wassiltschikow Husaren-Reg. Achtyr . . 8 Esc.
Reitende Batterie Nr. 8.

24 Bataillone; 8 Escadronen; 7 Batterien.

VIII. Infanterie-Corps.

Gen.-Lieut. Borosdin.
2. Infanterie-Division:

G.-M. Prinz Karl v. Mecklenburg-Schwerin. Oberst Schatilow } Gren.-Reg. Kiew . . . 2 Bat.
„ „ Moskau . . 2 „
Oberst v. Burhöwden } „ „ Astrachan . . 2 „
„ „ Fanagorie . . 2 „
Oberst Hesse } „ „ Sibirien . . 2 „
„ „ Klein-Rußland 2 „

Positions-Batterie Nr. 2; leichte Nr. 20, 21.

Schlachtordnung der russischen Armee bei Eröffnung des Feldzugs 1812. **425**

2. Division vereinigter Grenadiere:
G.-M. Graf Worontzow ——— die Grenadier-Companien der 7. u.
24. Inf.-Division . . . . 4 Bat.
die der 2., 12. und 26. Inf.-Div. 6 „
Positions-Batterien Nr. 31, 32.
2. Kürassier-Division:
G.-M. v. Knorring; G.-M. Kretow { Kür.-Reg. des Milit.-Ordens 4 Esc.
„ „ Catherinoslaw . 4 „
„ „ Gluchow . . . 4 „
G.-M. Dufa { „ „ Klein-Rußland . 4 „
„ „ Nowgorod . . 4 „
22 Bataillone; 20 Escadronen; 5 Batterien.

IV. Cavalerie-Corps.

G.-M. G. Siewers; G.-M. Pantschulidzew I. { Drag.-Reg. Charkow . 4 Esc.
„ „ Tschernigow 4 „
Oberst Emanuel { „ „ Kiew . . 4 „
„ „ Neu-Rußland 4 „
Uhlanen-Reg. Litthauen . 8 „
Reitende Batterie Nr. 10.
1 Pionier-Compagnie,
1 Pontonier-Compagnie,
24 Escadronen; 1 Batterie.

Leichte Truppen.

G.-M. Ilowaisky V.
9 Kosacken-Regimenter und 1 reitende (donische) Batterie.[1]
4 Batterien sind nicht nachgewiesen, müssen also wohl die Geschütz-Reserve dieses Heeres gebildet haben.
Im Ganzen 46 Bataillone,
52 Escadronen,
18 Batterien mit 216 Geschützen,
1 Pionier- } Compagnie,
1 Pontonier-
9 Regimenter Kosacken.

___

Auf dem Marsch die 27. Infanterie-Division:
G.-L. Neweroskn; G.-M. Kniäshnin { Inf.-Reg. Wilna . . . . 2 Bat.
„ „ Simbirsk . . . 2 „
Oberst Stawitzky { „ „ Odessa . . . 2 „
„ „ Tarnopol . . . 2 „
Oberst Woyeikow 49., 50. Jäger . . . . . 4 „

Die Reserve- oder Observationsarmee.

Oberbefehlshaber: Gen. von der Cavalerie Graf Tormassow,
Chef des Generalstabs: G.-M. Intzow,
Generalquartiermeister: G.-M. v. Rönne,
Chef der Artillerie: G.-M. Siewers.

Corps des Generals von der Infanterie Grafen Kamenski.
  18. Infanterie-Division:
  G.-M. Fürst Stscherbatow; G.-M. Bernadossow { Inf.-Reg. Tambow . 2 Bat.
                                                "   "   Wladimir . 2 "
  G.-M. Fürst Chawansky { "   "   Dniepr . 2 "
                          "   "   Kostroma . 2 "
  G.-M. Metscherinow 28. 32. Jäger . . . . 4 "
Brigade vereinigter Grenadiere, die Grenadiere der 9., 15., 18. Inf.-Div. 6 "
Positions-Batterie Nr. 18; leichte Nr. 34, 35; reitende Nr. 11.
                                     Hus.-Reg. Pawlograd . 8 Esc.
         18 Bataillone; 8 Escadronen; 4 Batterien.

            Corps des General-Lieutenant Markow.
  15. Infanterie-Division:
  G.-M. Nasimow; G.-M. Stepanow { Inf.-Reg. Koslow . . . 2 Bat.
                                  "   "   Witebsk . . . 2 "
  Oberst Oldekop { "   "   Kursk . . . 2 "
                   "   "   Kolywan . . . 2 "
  G.-M. Fürst Wiäsemskoy 13., 14. Jäger . . . 4 "
  9. Infanterie-Division:
  Die Generalität nirgends genannt { Inf.-Reg. Niäshsk . . . 2 "
                                     "   "   Abscheron . . . 2 "
                                     "   "   Nascheburg . . 2 "
                                     "   "   Jakutzk . . . 2 "
                         10., 38. Jäger . . . . 4 "
                         Husaren-Reg. Alexandria . . 8 Esc.
Positions-Bat. Nr. 9, 15; leichte 16, 17, 28, 29; reitende Nr. 12.
         24 Bataillone; 8 Escadronen; 7 Batterien.

          Corps des General-Lieutenant Baron Sacken.
  36. Infanterie-Division:
  G.-M. Sorokin, die Reserve- (dritten) Bataillone der 13. und 18. Inf.-Div. 12 Bat.
  11. Cavalerie-Division:
              { Reserve-Escadronen der 4. Cavalerie-Division . 4 Esc.
  G.-M. Laskin { der 5. . . . . 8 "
              { der 2. Kürassier-Division . . . . . 4 "
                Husaren-Regiment Lubno . . . . . 8 "
Positions-Batterie Nr. 33; reitende Nr. 13.
         12 Bataillone; 24 Escadronen; 2 Batterien.

                    Cavalerie-Corps.
  G.-M. Graf Lambert; G.-M. Berdäjew { Drag.-Reg. Starodub . . 4 "
                                      "   "   Twer . . . 4 "
  G.-M. Chruschtschew { "   "   Shitomir . . 4 "
                       "   "   Arsamas . . 4 "
  Oberst v. Knorring Tataren-Uhlanen . . . . . 8 "
  G.-M. Barkow { Drag.-Reg. Wladimir . 4 "
                 "   "   Taganrog . . 4 "
                 "   "   Serpuchow . . 4 "

Verzeichniß der Offiziere vom Quartiermeisterstab, als Toll ꝛc.

9 Kosacken-Regimenter.
Reserve-Artillerie: Positions-Batterie Nr. 34.
      1 Pontonier- \} Compagnie.
      1 Pionier-
Im Ganzen: 54 Bataillone,
     76 Escadronen,
     14 Batterien mit 164 Geschützen,
     9 Kosacken-Regimenter,
     1 Pionier- \} Compagnie.
     1 Pontonier-

Beilage IV.

Verzeichniß der, zur Zeit als Toll zum Generalquartiermeister der 1. Armee ernannt wurde, bei derselben angestellten Offiziere vom Quartiermeisterstab.

Bei dem II. Infanterie-Corps:
  Lieutenant Bruun,
  Sec.-Lieut. v. Knorring.
Bei dem III. Infanterie-Corps:
  Lieutenant Iwanow (später Oberst bei der Militair-Akademie in
    Petersburg),
  Lieutenant v. Diest (später k. preußischer General-Major),
  „ Fürst Menschikow, kaiserlicher Flügel-Adjutant (Ad-
    miral und Chef des Seewesens, 1854 Com-
    mandirender in der Krim).
Bei dem IV. Infanterie-Corps:
  Oberstlieutenant Suyew,
  Lieutenant Markewitsch,
  Fähndrich Fürst Andreas Galitzin (General-Lieutenant).
Bei dem V. Infanterie-Corps:
  Oberst Kuruta (später General von der Infanterie),
  Capitain Brosin I.,
  Fähndrich Lukasch (später General-Major und Chef des Stabes
    des VI. Armee-Corps).
Bei dem VI. Infanterie-Corps:
  Oberst Emelianow,
  Lieut. Liprandi (General-Lieutenant und Divisions-Commandeur).
Bei dem I. Cavalerie-Corps:
  Stabs-Capitain Brosin II.,
  Colonnenführer Burnaschew (Vice-Gouverneur in Kursk).
Bei dem II. Cavalerie-Corps:
  Capitain Schubert (Sohn des berühmten Astronomen; später
    General von der Infanterie und verwalten-
    der Generalquartiermeister der Armee),
  Colonnenführer v. Sternhielm (Oberst außer Dienst).
Bei dem III. Cavalerie-Corps:
  Lieut. v. Dannenberg (General von der Infanterie und bei Inkerman
    Commandirender des vierten Inf.-Corps),
  Colonnenführer Schramm.

Bei dem Artillerie-Commando:
: Fähnbrich v. Dannenberg.
Bei der Avantgarde.
: Oberst Gawerdowsky,
: Lieut. Jung,
: Sec.-Lieut. Messing,
: ,, Murawiew I. (bei der Verschwörung von 1825 betheiligt; — in Sibirien).
Bei der Wagenburg:
: Sec.-Lieut. Bergenstrahl,
: Colonnenführer Richter (später General-Major).
Im Hauptquartier:
: Oberst Habbe,
: Obrist-Lieut. v. Harting (später General-Lieutenant),
: ,, v. Hofmann (s. preußischer General-Lieutenant),
: ,, Neithart (als General von der Infanterie und Commandirender in Grusien gestorben),
: ,, v. Clausewitz (s. preußischer General; der berühmte Schriftsteller),
: ,, Tscherkassow,
: Capitaine Tenner (General-Lieutenant),
: ,, Krause,
: Sec.-Lieut. Sohne,
: ,, v. Helfreich,
: ,, Osersky,
: ,, Chomutow,
: ,, Traskin,
: Fähnbrich Murawiew II. (General von der Infanterie; Commandirender des Grenadier-Corps; 1855 in Grusien),
: ,, Murawiew III. (wirklicher Staatsrath; Gouverneur von Kursk),
: ,, Amantow,
: ,, Seänkowsky,
: ,, Glasow,
: ,, Etscherbinin (wirklicher Staatsrath).
Commandirt:
: Oberst Michaud, Flügel-Adjutant, zur Dienstleistung bei dem Kaiser,
: ,, v. Eichen II. (bei den Arbeiten im Lager zu Drissa),
: Oberstlieutenant v. Wolzogen ⎱ zur Dienstleistung bei dem General Barclay.
: ,, Tschuykewitsch ⎰

Beilage V.

Feldmarschall Müffling über den russischen Operationsplan 1812.

Der verstorbene Feldmarschall Müffling erzählt in seinen Denkwürdigkeiten General Phull habe ihm 1819, in Brüssel, seinen Plan zu dem Feldzug 1812 mitgetheilt. Der sei auf einen Rückzug tief in das Innere des Reichs, ja ausdrücklich bis nach Moskau berechnet gewesen. Nur der erste Theil aber, den Entwurf zum Rückzug bis nach Drissa enthaltend, habe als Disposition den Generalen des Hauptquartiers bekannt gemacht werden dürfen; der zweite sei als strenges Geheimniß behandelt worden. Weiter sucht Müffling dann das Verdienst der eigentliche Urheber dieses Plans zu sein, für seinen Freund, den verstorbenen Feldmarschall Knesebeck in Anspruch zu nehmen.

Der Brief des letzteren, welchen Müffling zum Beweise abdrucken läßt, bestätigt aber keineswegs eine so weit greifende Behauptung, vielmehr nur daß Knesebeck anfangs sogar bei dem Kaiser Alexander selbst mit seinen Ideen wenig Eingang fand, und zuletzt das, was wir am Schluß des Kapitels (S. 277) aus anderer Quelle erzählt haben.

Sonderbar! uns liegt das Zeugniß eines anderen, sehr würdigen Mannes vor. Des Herrn v. Smitt, der als Verfasser der Geschichte des Krieges in Polen 1831, rühmlich bekannt ist. Auch der war mit dem General Phull befreundet, traf ebenfalls in Brüssel mit ihm zusammen — seltsamer Weise in demselben Jahre 1819 — und wurde gleichfalls von ihm über den Feldzug 1812 vielfach belehrt. Phull legte nacheinander alle seine Pläne vor, und commentirte sie, um sich zu rechtfertigen —: aber sie reichten eben nur bis Drissa; von einem zweiten Theil, ja von noch mehreren folgenden Abschnitten des Operationsplans, von einem als möglich gedachten weitern Rückzug war dabei nie die Rede.

Wolzogen, dessen Denkwürdigkeiten nun auch gedruckt sind, der intime Freund Phull's, der Mittelsmann zwischen ihm und den russischen Feldherrn, auch von dem Kaiser Alexander mit seinem Vertrauen beehrt, weiß eben auch durchaus nichts von einem solchen zweiten Theil des Plans, und seine theoretischen Aufsätze aus jener Zeit beweisen zur Genüge daß er so wenig als Phull darauf verfallen war in der räumlichen Ausdehnung ein bestimmendes Element des Erfolgs zu sehen.

Uebrigens paßt, was Müffling erzählt, durchaus nicht zu gar vielem was offenkundig, und nicht entfernt zu bezweifeln ist, und kann daneben nicht bestehen.

Es paßt nicht zu der Antwort die Phull gab, als Clausewitz ihn mit den Ansichten des Grafen Liewen bekannt machte, daß bei Smolensk der ernsthafte Widerstand erst anfangen müsse. Das sei eine Uebertreibung, meinte Phull.

Es paßt ganz und gar nicht zu der Antwort, die Phull gab als Clausewitz fragte welche Rückzugslinie er denn zu halten gedenke, die auf Moskau, oder die auf Petersburg? — Das müsse von den Umständen abhängen, meinte Phull.

Und noch im November 1812, als der Feldzug sich durch eine wunderbare Fügung wirklich ganz so gestaltet hatte, wie ihn Phull entworfen haben soll, als die Franzosen in Moskau waren, oder es schon wieder verlassen hatten und augenscheinlich bereits um jede Möglichkeit des Erfolgs gekommen waren, zu einer Zeit wo dies so ziemlich ein jeder einsah, sagte Phull noch in ungestörter Verblendung zu Clausewitz: „Glauben Sie mir aus dieser Sache kann niemals etwas Gescheidtes herauskommen!" — Wie hätte er sich je so äußern können, wenn sich die Sache so verhielt wie Müffling berichtet?

Das Wichtigste aber, und entscheidend ist wohl, daß die ganze Anlage des Feldzugs 1812 den Gedanken an einen solchen zweiten Theil des Operationsplans ausschließt. Wie hätte man sich wohl nach Drissa hin verirren können, wenn man unter irgend einer Bedingung mit der 1. Armee weiter in das Innere des Landes zurückwollte! — Daß man nicht wohl wieder heraus, am allerwenigsten wieder in die Richtung auf Moskau kommen konnte, wenn man den Feind hier stehendes Fußes erwartete, vollends auf beiden Ufern der Düna zugleich, worauf man doch vollkommen gefaßt war —: das mußte denn doch wohl jedem einleuchten; und gewiß niemand hätte je das Heer dahin geführt wenn nicht das verschanzte Lager, die Festung

Dünaburg und das befestigte Sebesh der Damm sein sollten an dem sich die Wellen der feindlichen Macht einmal und für immer brechen mußten.

Auch haben wir gesehen daß von einem Verlassen des Lagers, von einem weiteren Rückzug, nicht eher die Rede sein konnte, als bis Phull jeden Einfluß aufgegeben hatte und ganz beseitigt war.

In dem Kriegsrath zu Drissa wurde dann darüber verhandelt ob man das Lager halten solle? — Ein fertiger Vorschlag aber, was wohl zu thun sein möchte wenn diese Frage verneint wurde, lag von Seiten Phull's, Wolzogen's und sämmtlicher faiseurs nicht vor. Die waren auf etwas Weiteres nicht eingerichtet.

Barclay endlich, erhielt als nun weiteres verfügt werden mußte, auch nicht den leisesten Wink daß der Operationsplan noch einen zweiten Theil habe; niemand forderte ihn auf noch weiter den Cunctator zu spielen, vielmehr wurden weit andere Dinge von ihm verlangt.

Es dürfte dies bei Weitem nicht das einzige Mal sein daß die Angaben des geistreichen Feldmarschalls vor der Kritik nicht bestehen. Wir werden noch mehrfach Gelegenheit haben ihn zu berichtigen.

Bei **Otto Wigand**, Verlagsbuchhändler in Leipzig, ist so eben erschienen und in allen Buchhandlungen zu haben:

Geschichte der Englischen Literatur.
Von
Dr. Johannes Scherr.
gr. 8. 1854. Preis 1 Thlr. 20 Ngr.

Geschichte der deutschen Literatur.
Von
Dr. Johannes Scherr.
Zweite, durchgesehene und verbesserte Auflage.
Mit funfzig Portraits
der ausgezeichnetsten Dichter und Gelehrten deutscher Nation.
gr. 8. 1854. 1 Thlr. 10 Ngr. Schön geb. 1 Thlr. 20 Ngr.

Geschichte deutscher Cultur und Sitte.
Von
Dr. Johannes Scherr.
gr. 8. 1854. 3 Thlr. 10 Ngr. geb. 3 Thlr. 20 Ngr.

Dichterkönige.
Von
Dr. Johannes Scherr.
16. 1855. Schön gebunden 2 Thlr. 20 Ngr.

Geschichte der Schöpfung.

Eine Darstellung
des
Entwicklungsganges der Erde und ihrer Bewohner.

Für die Gebildeten aller Stände.

Von

Dr. **Hermann Burmeister,**
Professor der Zoologie in Halle.

Mit 228 größtentheils nach Handzeichnungen des Verfassers von J. Allanson in Holz geschnittenen Illustrationen.

Sechste Auflage 8. In 6 Heften à 10 Ngr.

Exemplare auf starkem Velinpapier, in gr. 8. prachtvoll gebunden 4 Thlr.

Geologische Bilder

zur

Geschichte der Erde und ihrer Bewohner.

Von

Dr. **Hermann Burmeister,**
Professor der Zoologie zu Halle.

Zweite vermehrte und verbesserte Auflage.

2 Bände. 8. eleg. brosch. Preis à 1 Thlr. 18 Ngr.

Inhalt.

Erster Band.

1. Die Entstehung der Erdoberfläche.
2. Der menschliche Fuß als Charakter der Menschheit.
3. Vergangenheit und Gegenwart des Thierreichs.
4. Die Seele und ihr Behälter.
5. Die gegenwärtige Paläontologie.
6. Vom Werth thierischer Geschöpfe.

Zweiter Band.

1. Der Ocean.
2. Der schwarze Mensch.
3. Der tropische Urwald.
4. Die Obstsorten Brasiliens.
5. Der brasilianische Organisationscharakter.

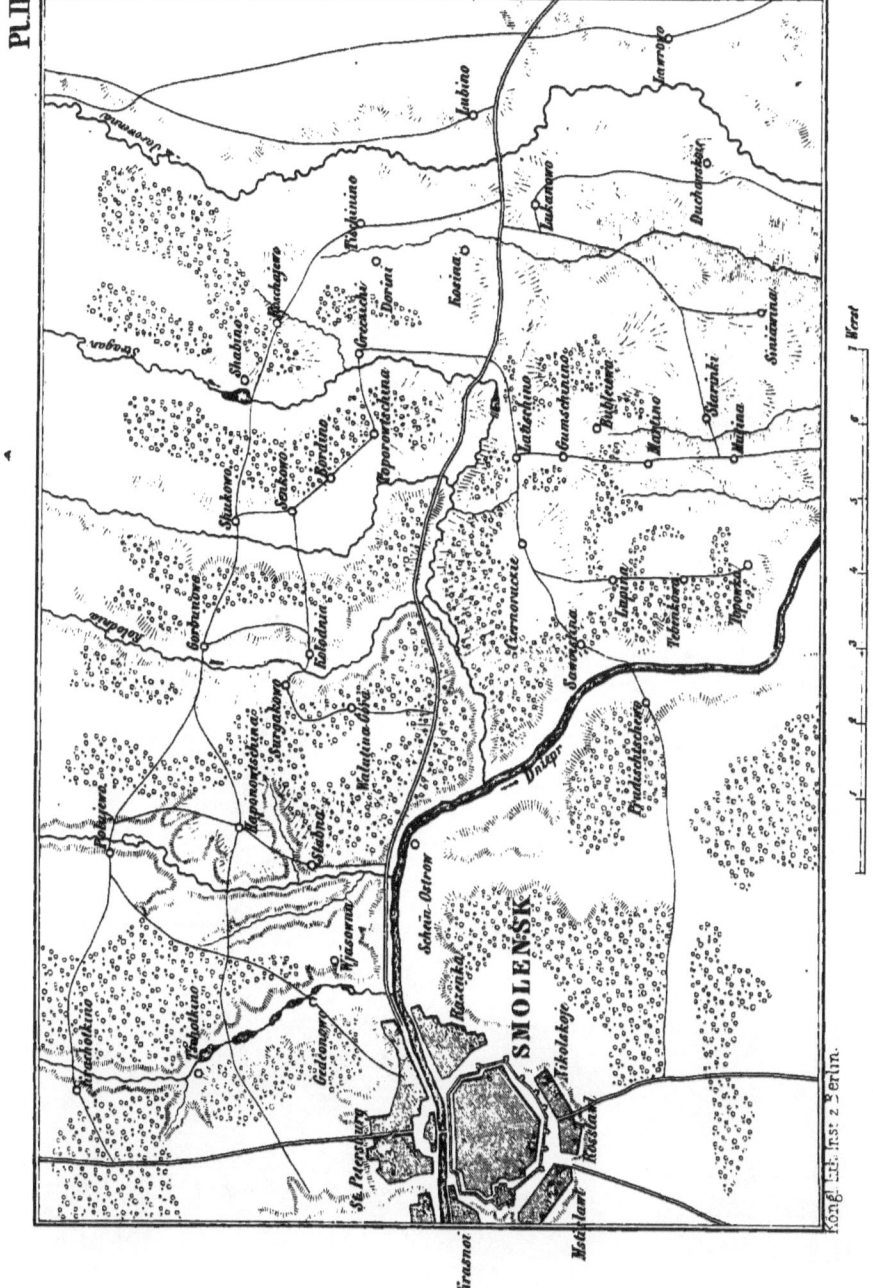

www.ingramcontent.com/pod-product-compliance
Lightning Source LLC
Chambersburg PA
CBHW032137010526
44111CB00035B/598